OBRA DEFINIT

PARA CONOCER LAS DOCTRI

EL SISTEMA CIENTÍFICO LULIANO

ARS MAGNA

EXPOSICIÓN Y CRÍTICA

POR

D. SALVADOR BOVÉ, PBRO.

LICENCIADO EN SAGRADA TEOLOGÍA

Sufficit mihi mea probare et aliena non carpere. (San Jerónimo en carta á San Agustín).

Tengo yo bastante con probar las Doctrinas del Beato y no molestar á sus adversarios.

CON CENSURA ECLESIÁSTICA

BARCELONA

Tipografía Católica, calle del Pino, núm. 5

1908

AL EXCMO. É ILMO. SR.

DR. D. JUAN MAURA Y GELABERT

OBISPO DE ORIHUELA

En el siglo XVIII, la crítica del omniscio P. Feyjóo, espíritu más brillante que profundo *según el sentir del señor Menéndez y Pelayo, proclamó la inutilidad de las Doctrinas lulianas.*

Durante todo el siglo XIX España siguió creyendo las censuras de aquel escritor.

Pero en nuestros días el claro ingenio de Vuestra Excelencia Ilustrísima ha dictado las siguientes palabras:

«De las obras del Beato Lulio, estudiadas sin prejuicios de escuela y con imparcial criterio, puede sacarse un precioso caudal de doctrina con que enriquecer al Neo-Escolasticismo, que, armonizando lo antiguo con lo moderno—vetera novis augendo,—*va abriéndose paso conquistando en el campo de la filosofía nuevas y excelentes posiciones, de las cuales no logran desalojarle sus más irreconciliables enemigos.*

A estas conquistas de la ciencia escolástica pueden cooperar los lulistas modernos cultivando sin intransigencias, ni exclusivismos, ni entusiasmos exagerados, el estudio de las doctrinas del Maestro, *que, levantadas de la postración y el olvido en que yacían, van llamando ya la atención de los doctos, recobrando paulatinamente el respeto y consideración que poco há se les negaba y de que son merecedoras sin duda alguna.» (En la obra* El Optimismo del Beato Raimundo Lulio).

Ahora bien, siguiendo las pisadas luminosas de Vuestra Excelencia Ilustrísima, nuestra humilde pluma ha ensayado á probar en este Libro que, así el Ascenso como el Descenso del entendimiento (que son las dos partes substanciales que integran el Sistema Científico Luliano ó Arte Magna) deben ser incorporados en los tesoros de la filosofía moderna, pues ellos son preciosos diamantes que brillan hermosísimos cual los otros en la corona que circunda las sienes de la Ciencia Cristiana.

Siendo esto así, como realmente lo es, ¿á quién dedicar, ofrecer y consagrar esta Obra, sino á Vuestra Excelencia Ilustrísima, que ha sido su inspirador? Alientos faltaran á mi voz para defender la utilidad de las Doctrinas lulianas, si los escritos de Vuestra Excelencia Ilustrísima no me sirvieran de mentor, escudo y protección.

Del valor de estos trabajos sobre la Filosofía y Teología del Beato Raimundo Lulio *no tengo yo para qué hablar, cuando los celebrados Padres Jesuitas que redactan* Razón y Fe *han afirmado que, en vista de ellos, el novísimo Renacimiento lulista tiene ya un jefe adiestrado y consumadísimo.*

Tratándose, pues, de una obra sobre las Doctrinas lulianas, á nadie mejor que á Vuestra Excelencia Ilustrísima puede ser dedicada, ya que tantas pruebas ha dado de tener sabiduría para defender aquellas Doctrinas y expresiones para declarar sus merecimientos.

A la sombra de Vuestra Excelencia Ilustrísima no se nos objetará ser inútiles los trabajos sobre el Lulismo, por no tratar de Biología, Antropología y Sociología que parecen ser el campo exclusivo donde hayan de librarse hoy las batallas en favor de la Ciencia Cristiana.

Sin negar las palpitaciones del momento presente, no es verdad menos cierta que los siglos no se han aprovechado aún, ni del Descenso luliano del entendimiento (ó leyes naturalísimas del razonar, por las que, mediante unas ideas trascendentales, alcanzamos lo particular que se inquiere: leyes igualmente legítimas y fecundas en la Ciencia, que las de todos conocidas y llamadas del Ascenso), ni tan siquiera de lo mucho que en este Ascenso intelectual nos aportara, imperecedero y eterno, el gran Polígrafo español.

Gloria es del Beato Lulio el haber redactado los cánones de este Descenso del entendimiento, semejante, sino igual, á la gloria inmortal de Aristóteles por haber formulado á su vez los cánones del Ascenso.

Nuestra Patria se envanece por ello.

Sabida cosa es, además, que en nuestros días se ha dicho no haber restauración posible para la Filosofía y Teología lulianas; que el Lulismo se ha de inventariar en la Historia, no incorporar en el organismo viviente de la filosofía perenne; y como, según nuestro humilde parecer, tales juicios son equivocadísimos por faltarles quizás á quienes los formulan la suficiente lectura de las obras del Beato Raimundo, de ahí que la honra de nuestro Doctor y Maestro pídenos también que salgamos en su defensa, que no es propiamente suya, sino de la verdad y de la justicia.

La gloria de la Patria y el amor filial al Maestro nos mueven á trabajar por el Lulismo. Y no tememos con ello desertar del campo en donde luchan los buenos, porque, según Alberto Magno, Diis, patribus et magistris nunquam redditur aequale: *á Dios, á la Patria y á los Maestros jamás se les da cabal recompensa.*

Cobijados por la sombra de Vuestra Excelencia Ilustrísima aspiramos á que, en vista de la presente obra, suspendan los doctos el juicio que habían formulado sobre las Doctrinas lulianas teniéndolas por inútiles.

Besa el Anillo Pastoral de Vuestra Excelencia Ilustrísima, implorando sus paternales bendiciones, este su afectísimo servidor y humilde Capellán,

SALVADOR BOVÉ, *Pbro.*

San Quirico de Tarrasa, 31 Enero 1908.

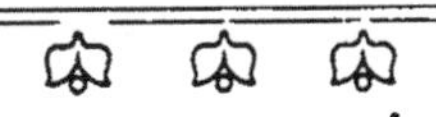

ACEPTACIÓN DE LA DEDICATORIA

(Hay el sello del escudo de armas de Su Ilma.).

SR. D. SALVADOR BOVÉ, *Pbro.*

Mi estimado amigo: Acepto la Dedicatoria que V. me ha enviado.

Celebraré que el libro de V. tenga el éxito que sin duda alguna se merece.

Yo no he reanudado todavía mis estudios lulianos, pero no tardaré mucho en hacerlo, Dios mediante.

Suyo siempre afectísimo amigo,

† EL OBISPO DE ORIHUELA.

8 Febrero 1908.

Juicio crítico

El autor de la obra **El Sistema Científico Luliano** *se ha visto honrado con la siguiente carta del Sr. Menéndez y Pelayo*

Sr. D. Salvador Bové.

Santander, 7 de Octubre de 1908.

Muy señor mio y de todo mi aprecio:

He leído con sumo interés el libro sólido y profundo que ha escrito usted para servir de introducción á la grandiosa exposición y crítica de la Filosofía Luliana que con tan grandes brios ha emprendido. Cuando ésa obra esté terminada será un verdadero monumento á la gloria del Beato Ramón y á la filosofía española que produjo en él una de las águilas del pensamiento. Bien lejano estaba yo cuando hace bastantes años ensayé algún ligero conato de apología y vindicación del Doctor Iluminado, de pensar que había de ser testigo de un renacimiento tan vigoroso de sus doctrinas. Quizá no esté lejos el dia en que vuelvan á ser públicamente enseñadas y comentadas, gracias al órden sistemático con que usted va á presentarlas.

Conociendo usted mi modo de pensar, puesto que varias veces cita mis escritos honrándolos con inmerecidos elogios, bien comprenderá usted la simpatía con que he visto la solución valiente y armónica que da usted al problema del conocimiento, y la manera hábil con que expone é interpreta á la moderna la mente del Beato Lulio acerca del Ascenso y Descenso del entendimiento, y el verdadero concepto de su Ciencia Universal. En todo ello demuestra usted el profundo y directo estudio que de sus obras ha hecho, el caudal de su saber filosófico, la independencia y brio de su carácter, y la facilidad y energía de su estilo. Ha hecho usted bien en escribir su libro en castellano, porque maneja perfectamente nuestra lengua, y de este modo puede llegar á más lectores su contenido, que no interesa únicamente á los catalanes.

Bien impugnados quedan los adversarios del Lulismo, que lo son en su mayor parte por desconocimiento de la materia. No le faltarán á usted polémicas ni recriminaciones, pero teniendo usted de su parte á un pensador tan insigne como el señor Obispo de Orihuela, y encerrando la restauración luliana en los límites que él mismo tan acertadamente ha fijado, se encuentra usted en terreno muy sólido para contestar á todo género de ataques.

Me parece duro lo que usted dice sobre la publicación, que considero utilísima, de los textos catalanes del Santo. Algunos de ellos contienen, aunque en forma popular, una parte de su doctrina, ó hacen aplicaciones interesantes de ella, y aunque no añadan mucho al conocimiento del filósofo, que debe estudiarse en la edición maguntina, sirven para el conocimiento del hombre y del artista: aspecto que no es indiferente para comprender del todo su vida intelectual, aunque sea secundario para el fin escolástico.

Felicita á usted por su magna empresa, y le desea muchos años de vida y salud para llevarla á su término, su afectísimo amigo y s. s. q. b. s. m.

M. Menéndez y Pelayo

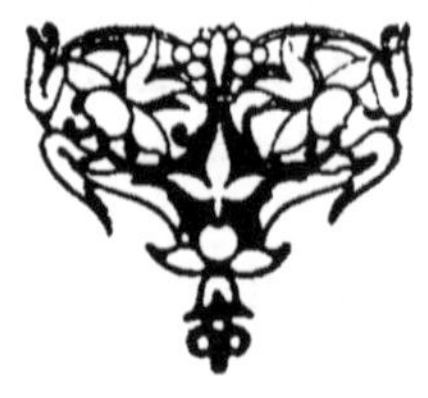

Síntesis de la Obra

Las afirmaciones capitalísimas de la Obra

El Sistema Científico Luliano

son las siguientes:

1) *El Sistema Científico Luliano es la solución armónica del problema del conocimiento.*

2) *El Sistema Científico Luliano compónese en substancia del Ascenso y Descenso del entendimiento; es á saber, ascendemos en el conocimiento de la verdad por medio de los sentidos externos é internos y por el entendimiento agente y posible, y luego descendemos contrayendo y especificando á las particulares cuestiones científicas que se inquieren los atributos de la Divinidad (bondad, grandeza, poder, eternidad, etc.) habidos en el Ascenso, y en los cuales se hallan, implícitos ó explícitos, los términos todos, las palabras ó dicciones que integran el discurso oral del hombre.*

3) *El Sistema de la Ciencia no es completo con solo el Ascenso del entendimiento; debe perfeccionarse y completarse con el Descenso.*

4) *Aristóteles redactó los Cánones del Ascenso; el Beato Lulio ha redactado los Cánones del Descenso; uno y otro valiéronse para ello de una observación psicológica constante é intensa: lo que uno y otro hicieron en realidad fué* **sorprender** *y* **traducir** *á nuestra naturaleza racional.*

5) *El Descenso Luliano del entendimiento es connatural al hombre, y, por tanto, es útil á la ciencia.*

6) *Al razonar ó argumentar, todos los hombres—aun los legos en filosofía--emplean y practican el Descenso Luliano del entendimiento, si bien de una manera inconsciente.*

7) *Por lo que, los Cánones del Descenso Luliano del entendimiento son tan naturales al hombre, tan legítimos y tan fecundos para la ciencia, como los mismos Cánones del Ascenso aristotélico.*

8) *El Descenso Luliano del entendimiento hay que incorporarlo al organismo de la ciencia contemporánea; y lo*

mismo debe hacerse con lo que haya de original y asimilable en el Ascenso que el Beato Lulio nos propone en sus obras.

9) *El Descenso Luliano del entendimiento debe ser el hermoso y definitivo coronamiento del aristotelismo ó neo-escolasticismo del Instituto Superior de Filosofía de Lovaina.*

10) *El Sistema Científico Luliano es la conciliación y armonía, tan deseadas, de Platón con Aristóteles.*

11) *El Sistema Científico Luliano no es anti-tomista; por el contrario, aspira á embellecer y enriquecer, á perfeccionar y completar, las Doctrinas del Doctor Angélico las cuales consisten sólo en el Ascenso aristotélico del entendimiento.*

12) *El Descenso Luliano del entendimiento no consiste en el conocido procedimiento deductivo ú Ontología común á todas las Escuelas filosóficas, sino que es una nueva deducción, una nueva Ontología.*

13) *El conocido procedimiento deductivo ú Ontología común á todas las Escuelas tiene por base* el concepto del sér; *la nueva deducción ó nueva Ontología que el Beato Lulio preconiza en su Descenso del entendimiento, tiene por base* las leyes del sér.

14) *Hay dos Ontologías ó procedimientos deductivos: la Ontología del Ascenso y la Ontología del Descenso.*

15) *La Ontología del Ascenso es la de todos conocida, la de Aristóteles, Santo Tomás de Aquino, la común á todas las Escuelas.*

16) *El Beato Raimundo Lulio admite la Ontología ó procedimiento deductivo del Ascenso, puesto que admite en toda su integridad, ni más ni menos que Aristóteles y Santo Tomás, el Ascenso del entendimiento.*

17) *Aplicado el Ascenso, aplicada la Ontología de este procedimiento intelectual; nuestro Doctor y Maestro emplea asimismo en su Descenso intelectivo otra deducción, otra Ontología, basada en las leyes del sér, esto es, en las definiciones de los atributos de la Divinidad, los cuales atributos se hallan* multipliciter et divisim *en todas las criaturas, constituyendo las leyes de todo sér criado.*

18) *La Ontología del Ascenso tiene por punto de partida el* substratum *del sér criado*: ens, verum, bonum, unum; *la Ontología del Descenso tiene por punto de partida los atributos de la Divinidad en cuanto son las razones creadoras ó creatrices del Universo.*

19) *La Ontología del Ascenso parte de la criatura; la Ontología del Descenso parte del Criador.*

ÍNDICE DE LAS MATERIAS

INTRODUCCIÓN

CAPÍTULO PRIMERO

CAPÍTULO II

CAPÍTULO III

CAPÍTULO IV

CAPÍTULO V

CAPÍTULO VI

CAPÍTULO VII

CAPÍTULO VIII

CAPÍTULO IX

CAPÍTULO X

CAPÍTULO XI

CAPÍTULO XII

CAPÍTULO XIII

CAPÍTULO XXIII

CAPÍTULO XXIV

CAPÍTULO XXV

CAPÍTULO XXVI

CAPÍTULO XXVII

CAPÍTULO XXVIII

CAPÍTULO XXIX

CAPÍTULO XXX

CAPÍTULO XXXI

Págs.

CAPÍTULO XXXIV

CAPÍTULO XXXV

Crítica del Sistema luliano en sus dos partes de ascenso y descenso del entendimiento

CAPÍTULO XXXVI

Págs.

CAPÍTULO XLII

CAPÍTULO XLIII

CAPÍTULO XLVII

CAPÍTULO XLIX

(por error de caja dice XLVIII)

CAPÍTULO L

(por error de caja dice XLIX)

CAPÍTULO LIV
(por error de caja dice LIII)

APÉNDICE I

APÉNDICE II

APÉNDICE III

PRÓLOGO (1)

Parecer del P. Querubín de Carcagente, Ministro Provincial de la Orden de Menores Capuchinos de la Provincia de Valencia

SR. D. SALVADOR BOVÉ, PBRO.

Muy señor mío y distinguido amigo: Los pliegos que tengo á la vista de su razonada é importantísima obra titulada *El Sistema Científico Luliano—Ars Magna*—expresan de un modo completo y definitivo las aspiraciones generosas y fecundísimas para la ciencia cristiana y española de cuantos, guiados por un amplio y razonable eclecticismo y renegando de inveteradas y perniciosísimas bande-

---

(1) No sin temor damos al público esta obra: lo confesamos ingénuamente. No es que dudemos de las afirmaciones contenidas en estas páginas numerosas; de ninguna manera. Podemos equivocarnos, pero ello es fruto de un largo y detenido estudio. Nuestras convicciones son firmísimas.

¿Por qué tememos, pues? Por la ignorancia crasísima que hay en todas partes de las Doctrinas lulianas y por los grandes prejuicios de escuela que aun existen contra el Beato Raimundo Lulio.

Todos los ignorantes son atrevidos; todos los sectarios son temibles.

Por eso, á medida que iba imprimiéndose nuestro libro, ofrecíamos sus pliegos á varias personalidades, distinguidas por su virtud y ciencia, sacerdotes doctos é imparciales, para que nos dieran su leal y entendido parecer sobre lo mismo, para cobijarnos bajo la sombra de su respetabilidad y méritos reconocidísimos. Es que somos muy miedosos. Sí, lo repetimos, nos dan miedo los ignorantes.

Aquellas personalidades son: el M. R. P. Querubín de Carcagente, lector de Sagrada Teología y Ministro Provincial de los Padres Capuchinos de la Provincia de Valencia; el *P. Francisco de Barbens*, lector que ha sido de Teología y Filosofía en los Conventos de su Orden capuchina; y el actual Profesor de Filosofía en el Seminario Conciliar de Gerona, *Dr. D. José Pou y Batlle*, presbítero.

A todos mil gracias por su imparcialidad en la debatida cuestión del Lulismo y por sus bondades hacia nuestra humilde persona.

***

rías de escuela, anhelan ensanchar y enriquecer el perenne caudal de los conocimientos humanos con las copiosas, originales y grandiosísimas concepciones del más fecundo y genial de nuestros filósofos, el incomparable Polígrafo mallorquín Beato Raimundo de Lulio.

Hoy es cosa sobradamente demostrada, y V. acierta como nadie á descubrir, en toda su desnuda fealdad, este procedimiento bochornoso de los impugnadores del Lulismo, que la rutina unas veces, la ignorancia otras, la pasión de determinada escuela en muchas ocasiones, y casi siempre la fatuidad ó el ridículo alarde de una erudición más aparatosa que sólida, más mendigada que propia, han sido los únicos consejeros de los que han puesto el esfuerzo de su pluma y de su palabra en la tarea anticientífica y antiespañola de menospreciar y esterilizar con innobles y vituperables censuras las luminosas, profundas y asombrosísimas enseñanzas del Doctor Iluminado y Arcangélico. Esa crítica desatentada de los adversarios del Lulismo ha podido vivir y sostenerse impunemente hasta nuestros días atrincherada detrás de dos falsos supuestos, á saber: la heterodoxia de muchas proposiciones del Beato Lulio y la utópica pretensión de su *Arte Magna* de dar por constituída una ciencia universal que abarca todas las ciencias, y cuyo solo conocimiento basta para conocerlas á todas.

Por eso una obra bien meditada, escrita con serena y sana crítica, cuya fuerza principal parta de las obras ó doctrinas controvertidas de Lulio, bien leídas, pensadas y digeridas, y que coadyuven á fortificarla y puntualizarla en los choques entre amigos y contrarios las defensas de los primeros y los ataques de los segundos; una obra, quiero decir, como la que V., mi ilustre amigo, ha puesto en mis manos y se dispone á publicar, es sin duda alguna la más conducente, la más apropiada, la más segura y eficaz para pulverizar y desvanecer esas acusaciones infundadas é imperiosas, y reducir á silencio perpetuo á los antiguos y modernos mantenedores de las mismas.

Tanta luz, en efecto, derrama su libro sobre la pureza y ortodoxia de los escritos de nuestro insigne Mártir franciscano, coronando esa demostración, ya de suyo palmaria, con la única autoridad competente é inapelable en materias de esta índole, la Iglesia católica; de una manera tan brillante, segura y razonada expone y precisa el verdadero concepto, significación y alcance del *Arte Magna* ideada y practicada por nuestro gran Lulio, que me cabe asegurar que ha conseguido V. plenamente ante el público sensato é imparcial, se entiende, su doble objetivo al redactar tan nobilísimo trabajo, ó séase, el de cerrar con doble llave el repugnante y superfluo período de censuras y apologías para comenzar el período prolífico y progresivo del estudio de las Doctrinas lulianas.

Tal como V. entiende y presenta la restauración del Lulismo para incorporarlo y multiplicar con él las conquistas de la ciencia cristiana, de verdad le digo que, no solamente la juzgo realizable, sino oportunísima y provechosa en alto grado, puesto que sin esa íntima trabazón y perfecto paralelismo que establece el iluminado Doctor entre la cosmología y la ontología, entre la realidad y la idea, entre el mundo objetivo y el mundo subjetivo, entre la lógica aristotélica y la dialéctica platónica, es de todo punto imposible integrar el código, uno y universal, para indagar y conocer la verdad entera, para concertar los entendimientos, para acabar con las estériles luchas de escuela, para fallar con todos los pronunciamientos legales sobre un problema cualquiera que de este modo quedaría resuelto sin apelación para proceder al examen y sentencia definitiva de otros nuevos; única forma, en verdad, de impedir el que la ciencia quede largo tiempo estancada y no marche con la celeridad debida, obedeciendo á los esfuerzos generosos de sus cultivadores, de triunfo en triunfo y de progreso en progreso.

Y que este soberbio resultado, esta uniformidad y fijeza en el procedimiento discursivo, esta codificación completa é íntegra de los modos y reglas para alcanzar la verdad, puede obtenerse con la aplicación del Lulismo á la ciencia, es cosa que sólo pueden poner en duda los que desconocen ó no aciertan á comprender el Sistema Científico luliano aun en sus líneas más generales, ó bien se obstinan en sostener ese dualismo antagónico que por largos siglos ha imperado en las escuelas entre los secuaces de Aristóteles y los discípulos de Platón, entre los partidarios exclusivistas del método *inductivo* del primero y los del *deductivo* del segundo, como si las leyes del ser fueran contrarias y no paralelas á las del conocer, como si la negación de unas ú otras ó simple oposición entre ellas no condujera fatalmente al positivismo ó al idealismo más crudos y exagerados. Por eso es lícito y hasta de justicia afirmar que Aristóteles es incompleto sin Platón, y Platón lo es también sin Aristóteles. Y sólo es completo nuestro Lulio, que ocupa el peldaño intermedio entre el Maestro del Liceo y el Maestro de la Academia, no para dividirlos y enguerrarlos, sino para acercarlos y conciliarlos, para armonizar sus respectivos métodos de enseñanza, para identificar por modo maravilloso y realísimo la variedad cosmológica con la unidad ontológica ó metafísica.

Con esta conveniente conciliación, que responde adecuadamente á las estrechas relaciones y necesaria correspondencia que guarda lo real con lo ideal, y cuyo fruto legítimo y espontáneo es el *realismo moderado* convertido en Sistema, equidistante así del empirismo baconiano como del idealismo hegeliano, colocamos á la razón en posesión de la única verdadera filosofía, la filosofía empírica y trascendental simultáneamente, la filosofía de Santo Tomás ó el Beato Escoto y la de Lulio, con una sola diferencia respecto de esta última, diferencia únicamente de método y procedimiento, pues mientras el Doctor Angélico y el Doctor Sutil construyen la ciencia sirviéndose preferentemente de la *inducción*, subiendo del efecto á la causa, de lo particular á lo universal, el Doctor Iluminado, por el contrario, escoge con preferencia el fundarla *a priori*, descendiendo de la causa al efecto, de la idea á la realidad, de las formas ejemplares y universales á las formas concretas y actuales.

Sirviéndonos de un símil diremos que Santo Tomás y Escoto construyen el templo de la ciencia *materialmente*, haciendo de operarios; y Lulio lo construye *formalmente*, haciendo de arquitecto. Pero téngase en cuenta que ninguno de los tres Doctores excluye *enteramente* el empleo de ambos métodos, que los tres por igual reconocen su bondad y los tienen por fuentes primarias de todo conocimiento, que lo que hacen es preferir uno de los dos, conforme á la índole y giro que imprimen á sus especiales lucubraciones, y que, por consiguiente, la comparación que acabamos de hacer es sólo relativa y limitada á esa preferencia.

Mas por lo mismo que el Doctor Arcangélico da una importancia singular á la dialéctica deductiva, y se constituye en su campeón, y reglamenta y metodiza su uso, y la eleva á la categoría de *Arte Magna* y general que da reglas aplicables á todas las artes y ciencias; se impone la necesidad de contar con él en el moderno movimiento filosófico, cuya nota característica, cuya fuerza principal, causa de fecundidad asombrosa y ariete formidable contra positivistas é ideólogos, estriba en la conciliación y armonía de las dos tendencias que alternativamente han venido compartiéndose el cetro de las inteligencias superiores, la platónica y la aristotélica. ¿Cómo prescindir, pues, de Lulio que hizo de esa conciliación bandera, y formó una Lógica nueva, la Lógica trascendental, para sistematizarla, y surgió muy luego una Escuela de su nombre para difundirla y perpetuarla?

Porque los que no han visto hasta aquí en el *Arte Magna* luliana más que un laberinto de visiones, abstracciones huecas y trampantojos, un mero artificio combinatorio de letras, números, nombres, árboles, colores, esquemas, predicados, signos algebráicos, figuras geométricas, tablas generales y cuadros sinópticos, han dado muestras inequívocas de no haberla leído convenientemente, y mucho menos estudiado y profundizado. Prescíndase de toda esta corteza, que siempre tendrá siquiera el mérito de la originalidad, del esfuerzo genial que representa y de la tentativa audaz que supone esa aplicación de la teoría del cálculo á la metafísica; y, detrás de tan ingenioso como variado y complicado mecanismo, fácil nos será sorprender el *universal* de Platón y el *particular sensible* de Aristóteles estrechamente unidos y abrazados.

Y si esto sucede al desentrañar no más la parte exclusivamente metódica, la parte puramente didáctica, directiva, accidental y extrínseca de la vasta especulación luliana, parte que lastimosamente han confundido siempre los adversarios del Lulismo, y hasta no pocos de sus discípulos y expositores, con la parte doctrinal, interna y científica; aquí, en las entrañas del *Ars Magna,* donde su genial Autor ha vaciado y cristalizado todo su pensamiento y planteado y desarrollado plenamente su Sistema de la ciencia, ciego á la fuerza ha de ser quien no vea y distinga con profusa claridad aquella conciliación platónico-aristotélica.

Otros pensadores eminentes, antes y después de Lulio, han sentido y proclamado la necesidad de aplicar á la ciencia ese *realismo armónico;* pero sólo el Doctor Iluminado ha conseguido realizar tal aspiración, únicamente él la ha convertido de simple generosa tendencia en práctica y eficacísima pedagogía intelectual. La gran dificultad para hacer efectiva dicha aplicación consistía en que, mientras el *organon* aristotélico contiene un cuerpo de leyes completo y perfectamente organizado para el *ascenso* del entendimiento, tan bien dispuesto y tan acabado que no parece posible añadir á él novedad alguna; el *Parmenides* de Platón se limita á plantear el problema del *descenso* del entendimiento, indica únicamente que en las ideas puras, arquetipas, universales, necesarias y eternas, se encuentra la razón íntima de las cosas, su causa y su verdad. Evidente es que no satisface esta mera indicación, que no basta esta iniciación ó estado embrionario del ideal platónico para considerarlo como fuente segura y madre fecunda del conocimiento racional; hace falta más, hallar la clave de semejante proceso para la inquisición de la verdad, el fundamento firmísimo en que descansa esta especulación *a priori,* y las leyes naturales y lógicas mediante las cuales, debidamente y con fruto, puede practicarla la razón humana al proponerse inquirir una verdad cualquiera de la ciencia. Platón no dió ni con esa eterna base ni con esas leyes necesarias del ser. San Agustín se adelantó á Lulio en la designación del punto fundamental, estableciendo que las eternas ideas, las ideas ejemplares, puras, impasibles, incorruptibles, *beatas y divinas,* como las llamó Platón, son necesariamente los mismos atributos de Dios y las perfecciones divinas, reflejadas y traducidas en el entendimiento; pero cómo vemos en estas perfecciones y atributos de la Divinidad la constitución interna de las cosas, en qué forma y manera podemos bajar, con pie firme y orientación segura, de aquellas altísimas y soberanas cumbres á este mundo inferior de las criaturas; más claro, de qué medios, reglas ó leyes nos hemos de valer para deducir de las perfecciones divinas una verdad científica cualquiera, eso no lo dijo el Doctor Hiponense. La formación de esta nueva Lógica estaba reservada al genio potentísimo y eminentemente organizador del Beato Raimundo; es su creación más portentosa; es por ella el verdadero Aristóteles del *descenso* del entendimiento, del método deductivo, para el cual redactó sus cánones, sus reglas, sus leyes de aplicación, como antes lo hizo el Estagurita para el *ascenso* ó método inductivo.

Lulio, pues, completando por una parte á Platón y á San Agustín; aceptando por otra, en toda su integridad, el génesis y desarrollo del conocimiento, propuestos y metodizados por Aristóteles; y empleando, finalmente, ambos procedimientos, por igual verdaderos, naturales, legítimos y fecundos, en la adquisición de toda ciencia, en el descubrimiento y comprobación de toda verdad, es sin duda el representante más glorioso de la conciliación platónico-aristotélica, es el primero que la ha hecho viable, lógica, necesaria, el primero que la ha presentado bajo el carácter de Sistema universal de la ciencia, el primero también que ha descubierto en esa armonía la verdad total, la aplicación íntegra, completa, de la razón á la Filosofía y de ésta á todas las ciencias. Es indudable que el hombre observa, experimenta, conoce mediante los datos suministrados por los sentidos corporales: he aquí la razón del método inductivo; pero no lo es menos que todo hombre es metafísico en potencia, que la razón humana es ávida de lo general, que todos, consciente ó inconscientemente, raciocinamos mediante leyes universalísimas y trascendentales: he aquí la razón del método deductivo. Por consiguiente, tan legítimo y connatural es al hombre el *ascenso* como el *descenso* del entendimiento; tan naturales, constantes y universales son las leyes lulianas como las leyes aristotélicas; y el hombre jamás podrá levantar el palacio de la ciencia sin el uso proporcionado, al modo que lo hizo nuestro Lulio, de ambos procedimientos: *ascendiendo* y *descendiendo;* sin el primero carecerá de base; sin el segundo no llegará á cubrirlo ni á coronarlo.

Los que se oponen al *descenso* luliano del entendimiento suelen apoyarse en dos suposiciones enteramente gratuitas: 1.ª, que el Beato Raimundo partió para establecerlo de un falso principio, cual es la existencia de una Ciencia Universal; y 2.ª, que las nociones comunísimas y generales de esa Ciencia, por cuanto no pueden ser adquiridas por medio de los *singulares,* conducen forzosamente al *ontologismo* ó al *innatismo.* Pero lo cierto es que la Ciencia Universal existe, ó no existe ciencia alguna, porque no hay ciencia que no sea de lo universal y de lo absoluto, y, en conclusión, sólo alcanza la ciencia quien alcanza lo universal. ¿Supone esta Ciencia Universal la muerte de las llamadas ciencias particulares? Lejos de ser así, es ella de quien reciben éstas su razón de ser, la savia para crecer y desarrollarse, ó sean, las semillas y los principios mediante los cuales son posibles y se explican todas ellas. Lo que tienen de necesario, de universal, de inmutable, esto es, de *científico,* todas las ciencias particulares, no es más que una especificación ó contracción de las razones, principios y leyes generales de esa Ciencia Suprema ó *Arte Magna* de Lulio. Y como conocemos á Dios y sus atributos y perfecciones por el discurso de la razón natural, debidamente aplicada á ese conocimiento, y no por intuición ontológica ni por idea alguna innata del Ser Supremo, adquirimos del mismo modo esa Ciencia Universal, que no viene á ser otra cosa que el mismo conocimiento divino como origen y órgano fiel de todo conocimiento humano.

Me limito, mi docto amigo, á apuntar solamente las anteriores observaciones sobre la gigantesca obra del Doctor Arcangélico, bien porque mi único intento de presente es darle á conocer la afinidad grandísima de nuestros juicios acerca de la discutida y zarandeada personalidad científica de Lulio, bien porque V. expone, desarrolla y comprueba todos esos puntos, por mí sucintamente tocados, con tal tino y maestría, con tal arte y discreción, con un criterio tan sobrio y tan elevado, y con una noción tan clara, tan extensa y tan profunda del ingente *opus lullianum*, que no dudo que ha de convencer á los más recalcitrantes y arrastrar poderosamente hacia el estudio de las Doctrinas lulianas á todos los verdaderos amantes de la ciencia, venga de quien venga. Porque tampoco me cabe duda que, exceptuando á los que todavía pretenden pasar plaza de cancerberos del templo de Minerva, cuantos hasta el día de hoy han afirmado que el Lulismo debía sólo ocupar un capítulo de la historia de la Filosofía, pero jamás ser agregado al organismo vivo de la ciencia contemporánea, han de reconocer de buen grado, tan pronto como recorran las páginas de su luminosa exposición y crítica del *Arte Magna*, que han sido víctimas de la misma equivocación que padecieron insignes sabios de otros tiempos, no ciertamente por falta de rectitud y talento, sino por falta de estudio luliano en los propios libros de Lulio, por haber ido acaso á beber de buena fe sus nociones sobre el Lulismo en fuentes tan turbias y microbiadas como las invectivas venenosas del inquisidor dominico P. Aymerich, las cartas tan frívolas como pretensiosas del benedictino P. Feyjóo y los cargos infundadísimos del por otra parte concienzudo y verídico historiador P. Mariana, de la Compañía de Jesús.

Afortunadamente las corrientes filosóficas de nuestra época no las dirige ni las sujeta ningún cauce particular, por ancho y poderoso que sea su álveo; marchan decididas hacia ese fecundo eclecticismo racional que acepta la verdad sin mirar de qué tiempo es ni de qué cátedra proviene, por la razón de que la verdad es eterna, no tiene genealogía, es célibe é inclusera, y jamás ha hecho pacto de ser exclusivamente tomista, ni escotista, ni lulista, ni nominalista, ni suarista, ni vivista, ni cartesiana, ni escocesa, ni positivista, ni kantiana, ni de ninguna otra bandería ó escuela, por muy ilustre y autorizado nombre que haya alcanzado en la república de las letras. Por esta causa, el único enemigo que puede hoy tener y temer el Lulismo, es la ignorancia petulante y descarada, el desconocimiento completo ó el estudio superficial, rutinario ó transmitido por un tercero, inepto ó apasionado, de lo que es, de lo que representa y vale dentro de las creaciones del humano pensamiento más sublimes y atrevidas.

Para gloria y aumento abundantísimo de la ciencia cristiana y española, la obra verdaderamente admirable y magistral de V., señor Bové, hará en adelante inexcusable toda ignorancia, todo plagio misérrimo de los cargos y acusaciones incalificables de los pasados detractores del Lulismo, pues, comenzando por demostrar la existencia de dos métodos igualmente racionales para inquirir la verdad, llamado el uno *ascenso* (método inductivo) y el otro *descenso* (método deductivo); dejando luego con extricta propiedad marcados el origen y linderos correspondientes á uno y otro procedimiento, es á saber, los dos principian á conocer por los sentidos corporales, pero con la diferencia esencial que donde termina el *ascenso* allí comienza el *descenso*, los dos alcanzan el conocimiento de las cosas, pero también con la diferencia substancial de que mientras por el Ascenso comenzamos nuestras nociones científicas, y á pesar de que la práctica del Descenso es imposible sin practicar primeramente el Ascenso, sólo conseguimos corroborar esas nociones, perfeccionarlas y completarlas por medio del Descenso; deduciendo lógicamente, después de la premisa sentada, cual es la de que el conocimiento humano es incompleto con sólo el Ascenso, porque su perfección y complemento está en el Descenso, la necesidad imperiosa é ineludible de emplear ese doble método en la investigación y construcción de toda ciencia; probando más adelante hasta la evidencia que el Ascenso y el Descenso del entendimiento son partes esenciales del Sistema Científico luliano, ó *Arte Magna*, que los cánones ó lógica del Descenso fueron redactados por el Beato Lulio, al modo que el genio de Aristóteles redactó la lógica ó cánones del Ascenso, que unos y otros son igualmente leyes naturales, constantes y universales del pensamiento, y necesarias y provechosas y fecundas para la adquisición de la verdad y para el progreso de las ciencias; demostrando, finalmente, que el *Arte Magna*, en sus dos partes de Ascenso y Descenso del entendimiento, contiene y practica sistemáticamente la deseada armonía de Platón con Aristóteles, armonía que ha sido antes, es ahora y será siempre la constante aspiración de los filósofos de más talla, y que consiste en la conciliación y uso conveniente del empirismo racional y de la especulación ideológica; á la vista de estos asertos, quiero decir, que en su libro toman el carácter de verdaderas demostraciones, es segurísimo que no habrá pensador ó filósofo de verdad que no se sienta fuertemente arrastrado á estudiar las vastas é inagotables lucubraciones del iluminado Doctor, y, sobre todo, ninguno de los sabios que aquí en España y en Francia y Alemania é Inglaterra proclaman hoy día la necesidad de conciliar la filosofía empírica de Aristóteles y la trascendental de Platón, convencidos de que ningún problema científico deja de resolverse lógicamente en una ú otra, ó en la concordia de ambas, podrá negarse á saludar con aplauso y adherirse con entusiasmo al Renacimiento luliano, felizmente iniciado por V. y secundado poderosamente por los estudios luminosísimos del insigne Prelado Sr. Maura, que es en la actualidad una de las mayores glorias científicas del Episcopado español.

Pero V. no se contenta con excitar vehementemente la afición y amor de los hombres de ciencia hacia el estudio de las Doctrinas lulianas, no se satisface con convencerlos plenamente de que, dadas las corrientes armónicas y conciliadoras de la ciencia contemporánea, se impone una pronta y vigorosa restauración del Lulismo; sino que facilita aquel estudio y esta restauración en gran manera, despojando con plausible prudencia la inmensa Enciclopedia de Lulio de todo lo que una larga experiencia ha demostrado ser parte muerta y embarazosa, sin virtud ni eficacia, para adaptarla convenientemente á los gustos literarios y científicos de la época. Y por cierto que nada perderá de su admirable grandeza y de su virtualidad prodigiosa la roqueña construcción científica del inmortal Polígrafo mallorquín, porque se le desnude de la espesa corteza en que va envuelta, de esos triángulos y cuadrángulos, de esos árboles y círculos concéntricos, de esas fórmulas algebráicas y figuras geométricas, en una palabra, de todas esas representaciones esquemáticas y combinaciones cabalísticas del *Arte Combinatoria*. La verdadera originalidad de Lulio y la médula y alcance de su doctrina no consiste ciertamente en esos accidentes, en las letras, en los números, en los colores, en las figuras, ni en el juego de predicados, ni en las casillas y artificio combinatorio del *Arte*, donde tantos han tropezado y tantos otros han tomado pie para volver del revés á su Autor, tomando lo externo por fundamental, los esquemas por las ideas ó el signo por la cosa significada. Por consiguiente, prescindir de toda esa álgebra filosófica es como descorrer el velo que oculta la trascendental y luminosa sabiduría de Lulio; es dejar libre el camino para penetrar sin trabas molestas, y á la plena luz del día, en los senos recónditos é inexplorados del *Arte Magna;* es, finalmente, remover de las obras lulianas todo lo externo y caduco que el tiempo ha envejecido para dejar intacto y remozado lo que aun vive y vivirá siempre: la *verdad* de sus inmortales concepciones.

Asimismo facilita V. la lectura é inteligencia de la extraordinaria especulación luliana, reduciéndola á otra forma expositiva más corriente, más ordenada y científica de la que practicó el Doctor Arcangélico, quien, pensador y artista á la vez, filósofo y apóstol á un tiempo, sabio de calles y plazas más que de gabinete ó de cátedra, quiso dar á la ciencia un carácter popular, democrático, universal, cual nunca pudieron darlo los bancos de la Sorbona, cual no es posible obtenerlo con el método férreo, magistral é inaccesible para el vulgo, de los Doctores de la Escolástica; y por eso, apartándose completamente de la exposición doctrinal practicada por éstos, sirvióse del símbolo y la alegoría, del verso y la prosa, del diálogo y la novela, de las parábolas y las plegarias, del tecnicismo de escuela y vocabulario común, del latín y el catalán, de toda esta mezcla confusa de arte y de ciencia, para la mayor divulgación de sus doctrinas, para conseguir que éstas penetraran hasta por los ojos y los oídos de las muchedumbres más indoctas. Fué este un sueño hermosísimo, mezcla de candor y sublimidad del contemplativo místico de Randa y predicador lego de Túnez y de Bujía; pero un sueño no más, una bella aspiración de utopista generoso y bueno, puesto que la ciencia será siempre patrimonio de los menos, jamás ha sido popular, nunca se ha visto bajar hasta el vulgo y confundirse con el pueblo, por cuya razón ha preferido siempre y ha hecho prevalecer hasta ahora la exposición doctrinal escolástica en *distinciones, cuestiones* y *artículos*, seguida y practicada por los primeros Maestros de la Edad Media, Alejandro de Hales, San Alberto Magno, Santo Tomás de Aquino, San Buenaventura y el Beato Escoto.

Así, pues, como la restauración que se pretende no es en manera alguna una restauración arqueológica y erudita, sería de todo punto impertinente presentar en nuestros días las doctrinas de Lulio en la forma fracasada con que él las presentó; no hay fuerza humana bastante para levantar del polvo del sepulcro lo que el tiempo ha enterrado en el panteón de la historia de un modo implacable; ni es posible colocar juntas la acción y la inercia, la esterilidad y la fecundidad, la vida y la muerte, sin que la frialdad del *muerto* y el pánico y repulsión que inspira hagan también despreciable y dejen solo y desatendido al *vivo;* y á tanto equivaldría de seguro reproducir íntegros los libros de Raimundo, ó bien empeñarse en una resurrección arcáica del Lulismo, que fracasaría al momento y haría fracasar asimismo la noble y fecunda tentativa de aprovechar todo lo vivo, permanente, imperecedero é inmortal que se esconde en los innumerables volúmenes lulianos. En otras esferas es un absurdo risible la *metempsícosis* ó *reincarnación* pitagórica de las almas; pero aquí se impone á la fuerza si queremos eficazmente que el espíritu doctrinal de Lulio realice entre nosotros su misión científica; para ello hay que despojarlo de su vieja y gastada envoltura y *reincarnarlo* en el cuerpo todavía joven, vigoroso, lleno de vida, á pesar de sus ochocientos años, de la pedagogía escolástica.

Cercenados esos inconvenientes, pasa V., como diestro abanderado del movimiento moderno en favor de Lulio, á señalar lo que debe añadirse á la obra *viva* del Beato, la cual, como toda obra humana, es naturalmente deficiente é incompleta. La ciencia es progresiva por su índole misma, y no hay siglo ni sabio siquiera digno de este nombre que no contribuya con mayor ó menor fortuna á aumentar sus tesoros. Ninguno expresó más gráficamente este hecho histórico del pensamiento que nuestro Séneca cuando decía: *Patet omnibus veritas, nondum est occupata. Multum ex illa etiam futuris relictum est.* Por eso el *jurare in verba magistri,* adherirse exclusivamente á un sistema, ser tradicionalistas intransigentes de una escuela, es signo de atavismo, de atraso, de desidia intelectual, que debe condenarse acerbamente. Y, por el contrario, servirse de un maestro como de antorcha principal, pero reservándose la necesaria libertad de acción para abrazar la verdad, venga de donde venga, y buscarla uno mismo por sus propios esfuerzos particulares, es adquirir esa fuerza elástica y expansiva, que es ley de progreso y fuente de vida.

Precisamente ese espíritu de libre indagación entra de lleno en el Sistema Científico luliano; puede afirmarse que es la nota que más lo caracteriza y lo realza, puesto que, levantando bandera de paz entre Platón y Aristóteles, *polos eternos del pensamiento,* como con harta propiedad los ha llamado la crítica filosófica moderna por boca de nuestro insigne Menéndez y Pelayo, caben dentro de sus anchurosos dominios todas las especulaciones del espíritu y todas las exploraciones de la materia. Así es que el Lulismo, á diferencia de tantos otros sistemas, ni es metafísico puro, ni empírico cerrado, sino ambas cosas á la vez, y eso mismo fué su Autor, un ontólogo portentoso y mágico que estiró más que nadie la virtud prolífica y plasmante de la idea, y un observador y experimentalista eminente y notabilísimo que, con Rogerio Bacón y Duns Escoto, abrió el camino á las ciencias naturales, físicas y químicas de nuestros tiempos. Pero no hay hombre, por dotes extraordinarias de entendimiento y de voluntad que haya recibido de su Creador, que no sea de su época, que pueda él solo regalar al mundo lo que es fruto común de muchos siglos y de muchas generaciones; y el Beato Raimundo no es una excepción para exigirle que nos diera hechas una metafísica, una psicología y una física tan desarrolladas y perfeccionadas como lo están en nuestros días, gracias al esfuerzo titánico y á la colaboración sucesiva de innumerables sabios. Por eso los restauradores del Lulismo no deben contentarse con reproducir, aunque sea en forma más brillante y amena, más corriente y aceptable, las enseñanzas exclusivas del Maestro, sino que á su atrasada física y á su psicología deficiente y á su metafísica incompleta conviene auxiliarlas y complementarlas con la metafísica, psicología y física de nuestros tiempos, aplicándose para ello con igual fervor así á las ciencias del dominio del *descenso,* cuales son las especulativas, como á las ciencias experimentales que pertenecen al dominio del *ascenso.*

Con cercenar, pues, del *Arte Magna* lo superfluo, atrasado y embarazoso, y añadirle lo bueno, verdadero y provechoso de la ciencia contemporánea, dicho está que lo que se pretende y conviene altamente es una *oportuna y moderada* restauración del Lulismo, de ningún modo *arcáica y medioeval*, ó en el sentido de sumisión servil y terca, que hace tiempo pasó de moda, á la autoridad de un hombre. ¿Qué mortal, por santo y sabio que sea, ha tenido el privilegio de nunca errar y de saberlo todo, ni más ni menos que si fuera el Verbo de Dios? Dentro de este criterio tan amplio y tan racional el Lulismo es lazo amorosísimo del pasado y del presente, del mañana y de todos tiempos, pues su virtud armónica y conciliadora es inagotable y abierta á todos los progresos y á todos los triunfos de la ciencia. El mismo simpático despertar de la escolástica, si ha de ser perdurable, fructífero y robusto, si se quiere que responda ajustadamente á las necesidades del presente, es de todo punto indispensable que al elemento aristotélico que predomina en su filosofía agregue el elemento platónico depurado, perfeccionado é integrado por Lulio, porque está evidentemente demostrado por la crítica filosófica de nuestros días, y es empeño vano y anticientífico sostener lo contrario, que el sistema ideológico y cosmológico de Aristóteles aislado del de su maestro, no es sino una parte, si bien muy poderosa y muy esencial, de la concepción sintética y comprensiva de todo el pensamiento humano. Esto deben tener muy en cuenta así los secuaces de Santo Tomás como los discípulos del Beato Escoto, así los filósofos tomistas del Instituto Superior de Filosofía de Lovaina y los teólogos de la misma escuela de la Universidad Gregoriana de Roma, como los filósofos y teólogos escotistas de los Colegios Romanos de San Antonio y San Buenaventura, y lo mismo todos los peripatéticos que se interesen por la marcha triunfal de la ciencia católica, todos los cuales, con el estudio y aceptación de la esencia del Lulismo, encontrarán satisfecha cumplidamente esa necesidad, vendrán de buen grado á reconocer á la postre que, sin el Descenso del entendimiento propugnado por el Doctor Arcangélico, el Ascenso aristotélico es insuficiente para afianzar, amplificar y coronar el resucitado Escolasticismo de la Edad Media. ¿Quién sabe si la *fórmula definitiva* con tanta ansiedad é insistencia buscada por todas las eminencias del saber, como orientación fija y lazo unitivo de todos los entendimientos, la poseeremos al fin dando vida y extendiendo su influencia á la grandiosa concepción luliana? Piensen esto los hombres de ciencia; medítelo con su clarísimo talento quien pasa hoy por el primer filósofo del Catolicismo, el Emmo. Cardenal Mercier, á quien, entre otras glorias envidiables, se debe la iniciativa de la *Asociación Científica Universal* que se está organizando, pero que no será tal de verdad si no se mueve y desarrolla bajo aquella fórmula.

Es, pues, muy cierto, Sr. Bové, que el conocimiento de las Doctrinas lulianas se impone á todo hombre científico, y que, por lo mismo, será de utilidad grandísima el facilitarlo publicando, expurgada convenientemente, la maravillosa Enciclopedia de Lulio. Usted lo ve así clarísimamente, y como sin duda pertenece á la raza de aquel filósofo griego que demostraba el movimiento *andando*, ha cargado sobre sus espaldas pacientísimas la ímproba labor de componer y dar á luz en breve un *obra de texto* para el estudio del Lulismo, es decir, veinte tratados científicos distribuídos en otros tantos volúmenes, donde el Sistema Científico luliano y la Filosofía y la Teología lulianas serán expuestos conforme á las exigencias y gustos de nuestros días. Parece sueño, amigo mío, lo que V. se propone; pero, aun quedando en sueño empresa tan generosa como erizada de dificultades, sólo como signo revelador de un espíritu estudiosísimo y de una voluntad enamorada de la cultura patria, nadie deberá escatimarle la alabanza ni disimular la simpatía y elogio á quien tan hermosamente sueña, exclamando como el poeta: «Yo amo á quien desea lo imposible.» ¡Quiera Dios concederle tiempo y salud para trocar en palpable realidad lo que de pronto parece utopia candorosa! Y cuando llegue ese caso podremos contestar satisfactoriamente al eminente crítico montañés Menéndez y Pelayo que, en un discurso suyo sobre el Beato Raimundo leído el día 1.º de Mayo de 1884 en el Instituto de las Baleares é insertado al principio de su obra *La Ciencia Española*, hace esta pregunta que desdice de su erudición portentosa acerca de la misma ciencia española á la que tan bellas y seductoras páginas consagra. «¿Quién será el gran filósofo de la raza que escribirá de nuevo el *ascenso y descenso del entendimiento*?» Esto pregunta tan extenso conocedor de la filosofía española después de afirmar lo siguiente: «Cuando, hace tiempo, intenté fijar las notas características de la filosofía española, advertí en ella dos corrientes casi en igual grado poderosas, pero que nunca han llegado á confundir sus aguas: el *espíritu crítico* y el *espíritu armónico*, el espíritu de Luis Vives y el espíritu de Raimundo Lulio, la tendencia psicológica y experimental y la tendencia ontológica y sintética. ¿En qué remanso llegarán á juntarse?» Y posteriormente á la pregunta de referencia hace esta otra: «¿Quién sabe si la fórmula *ontopsicológica*, la bandera de paz entre Platón y Aristóteles, levantada en el siglo XVI por León Hebreo y Fox Morcillo, será la fórmula definitiva bajo la cual se desarrolle la ciencia española?» Pues bien; sus veinte volúmenes en cartera, Sr. Bové, probarán sobradamente mañana, cuando salgan á luz, al ilustre Menéndez, que esta bandera de paz platónico-aristotélica fué izada radiante de luz por Ramón Lull en el siglo XIII; que el *Arte Magna* del Doctor Iluminado es el *remanso* ú océano sereno y anchuroso donde se juntaron y confundieron las aguas de aquellas dos corrientes poderosas que brotaron de dos fecundos genios de la Grecia; y, finalmente, que el *ascenso y descenso del entendimiento* están escritos y aprovechados sabiamente en la inmensa Enciclopedia luliana, y, por lo tanto, no hay que esperar á ningún filósofo español extraordinario para que los escriba de nuevo, sino sólo para que reproduzca fielmente y divulgue por todas partes el Sistema Científico luliano donde están contenidos como partes substanciales de todo el Sistema; y, en pos de ese restaurador y apóstol entusiasta, nos apresuremos todos los españoles, formando escuela común y netamente ibérica, á abrazar y apropiarnos el *ontopsicologismo* de Lulio como *fórmula definitiva* bajo la cual se desarrolle en adelante toda la ciencia española.

¿Será este, Sr. Bové, el resultado de sus esfuerzos de tantos años, de la constancia heroica que supone el empeño de consagrar toda su vida y sus ahorros todos á restaurar, ilustrar, ampliar y embellecer la soberbia y asombrosa concepción luliana? Sólo Dios, dueño soberano del porvenir, lo sabe. Pero al menos no creo que Mallorca, cuna de Lulio, donde hijos laboriosos y amantes de sus inmarchitas glorias están recogiendo hasta el último infolio de los dispersos escritos de su gran Doctor, se niegue á volver á levantar y dotar las cátedras de su antigua y gloriosa Universidad Luliana. Y de esperar es también que Cataluña, patria apasionada de Ramón Lull y por cuya boca habló, antes que en ninguna otra lengua vulgar, en catalán la filosofía, se apreste igualmente á admitir y explicar de nuevo en sus aulas las doctrinas de Lulio, á las que debe principalmente su antigua fama mundial la gloriosa ciencia catalana. Ante esas gallardías y arrestos de tiempos pasados y mejores con que vuelve á manifestarse hoy día el poderoso espíritu catalán, trabajando con ardimiento por rehacer lo que fué y pertenece al terruño, no es posible desconfiar en que buscará también con amor vehemente el resucitar una escuela que forma parte principalísima de su envidiable nacionalidad histórica. Y detrás ó á la par de Cataluña vendrá Valencia, esta Atenas del Mediterráneo, cuna del inmortal Vives y admiradora entusiasta de Lulio, á cuyas enseñanzas rindió, durante varios siglos, tributo fervoroso dándolas á conocer por la pluma de sus sabios y oralmente en varias cátedras de sus celebérrimos Colegios y Universidades. Que comiencen los que más obligados están á estudiarlo y darlo á conocer, y poco á poco el Lulismo irá ensanchándose, logrará dominar potente en España, llegará á saltar las alturas pirenáicas, y se hará universal.

Haciendo votos ferventísimos por este universal resurgimiento luliano y por el éxito más lisonjero de sus presentes y futuros trabajos sobre el Lulismo, doy, mi docto amigo, por terminada esta desaliñada epístola, cuyo mérito indudablemente es bien escaso, pero que puede considerarse como continuación (largo tiempo interrumpida) de las tradiciones científicas de esta mi Provincia Capuchina de Valencia, que ha dado al Beato Raimundo tantos ilustres admiradores y defensores de su doctrina. Aquí mismo donde escribo, ó sea en el Convento de Capuchinos de Masamagrell, llamado vulgarmente de Santa María Magdalena, escribieron también, á mediados del siglo XVIII, su *Apología por la persona y doctrina del V. Raimundo Lulio* los MM. RR. PP. Fr. Marcos de Tronchón y Fr. Rafael de Torreblanca, Provincial el primero de dicha Provincia y Guardián el segundo del referido Convento; y aquí y en el antiguo Convento provincial de la Preciosísima Sangre de Cristo (en Valencia), compuso el también Provincial de la misma Valentina Provincia, M. R. Padre Fr. Luis de Flandes, sus interesantes obras lulianas publicadas entre los años 1740 y 1742 con estos títulos: *El Antiguo Académico contra el Moderno Scéptico,—Tratado sobre el Sistema Teológico Luliano,—Tratado y resumen del Caos Luliano.*

De aquellas voces autorizadas sólo pretende ser eco fiel, aunque no menos entusiasta y convencida, la de este su afectísimo seguro servidor y amigo sincero,

Fr. Querubín de Carcagente,

Ministro Provincial de la Orden de Menores Capuchinos de la Provincia de Valencia.

Masamagrell (Valencia), 6 de Abril de 1908.

Parecer del Rdo. P. Fr. Francisco de Barbens (del Convento de Sarriá-Barcelona), lector que ha sido de Teología y Filosofía.

Sumario: Juicios opuestos acerca del Beato Raimundo Lulio. —Personalidad científica del Dr. Bové.—Labor sobremanera simpática para el Renacimiento luliano.—Resumen de la Obra.—Nuestro criterio independiente.—I. La obra *apologética*, de *preparación* y de *actuación* contempóranea.—El período apologético queda ya terminado.—Conviene depurar la doctrina del Beato y formar un cuerpo vivo de doctrina.—Así lo han practicado con Escoto. —Hay que hacerle vivir en las direcciones del pensamiento contempóraneo, como han hecho los tomistas y se disponen á verificarlo los de la Escuela Franciscana.—Para ello se requiere una vasta y sólida preparación científica.—II. El Beato empleó el *ascenso* de Aristóteles y el *descenso* de Platón.—Proceso psico-físico de la sensación.—Curso psico-fisiológico en la formación de la idea.—Actividad intelectual.—El Beato Lulio contra la inneidad.—III. Teoría de Aristóteles; sus deficiencias.—Constitución del orden científico por la combinación de lo ideal con lo real.—Fundamentos de ambos órdenes.—Conviene templar la teoría aristotélica con el ejemplarismo de Platón.—Mérito de la presente Obra del Dr. Bové.

Mucho y vario se ha escrito acerca de Raimundo Lulio; opuestos han sido los juicios que sobre su doctrina han recaído; grandes y poderosas inteligencias han chocado en la apreciación de su personalidad: no somos nosotros quienes hemos de decidir semejante contienda; no queremos sumar el nombre al número de los varios que le han juzgado sin la debida preparación. Lo confesamos ingénuamente, no conocemos al Beato sino por lo que de él han dicho amigos y enemigos: no le hemos estudiado en sus obras, porque no nos ha sido posible. Nos abstenemos, pues, de emitir todo juicio que pueda significar censura favorable ó adversa de su personalidad y doctrina.

No obstante, habiendo de oficiar de prologuistas sin mérito alguno de nuestra parte, hemos estudiado el presente volumen de Prolegómenos que el Dr. Bové ofrece al público, como principio de una serie de tomos que viene preparando, en los cuales tratará de sistematizar toda la doctrina luliana. No intentamos presentar al Dr. Bové, perfectamente conocido entre los hombres de cultura, porque, aparte que carecemos de toda nota que pueda acreditar personalidad científica y avalorar un juicio crítico, el mismo ha agrandado su representación filosófica á través de concienzudos estudios, de extraordinaria erudición, de vastísima cultura y sólida preparación científica que le permite abordar cuestiones de filosofía contemporánea contra las cuales se estrellan los que á ello se atreven sin la debida cerebración. Doce años ha que viene elaborando y madurando su grandiosa concepción filosófica y teológica, tal como la ha aprendido en las más autorizadas obras del Beato Raimundo. Mirado con toda despreocupación, un hombre de sano y maduro criterio, con semejante preparación, merece nuestro asentimiento en lo que afecta á la exposición de doctrina luliana. Tal como la presenta el Dr. Bové, libre de figuras, símbolos y expresiones que la desvirtuaban bastante cuando no llegaban á obscurecerla ó ridiculizarla; ofrece notas sobremanera simpáticas y de una profundidad tal, que fácilmente se alcanza la razón de su consistencia ante los numerosos y crudos embates que en el curso de los siglos ha resistido.

Como quiera que le asiste al Autor un razonable derecho de ser creído y aduce al propio tiempo el texto que confirma sus afirmaciones, el estudio del presente volumen nos ha sugerido algunas observaciones que concretamos en los puntos siguientes: 1.° Supuesto que la doctrina del Beato Lulio sea aprovechable, ¿qué conviene hacer con ella en el presente momento histórico? 2.° ¿Cuál es el proceso psico-fisiológico del conocimiento en el *ascenso* intelectual? 3.° ¿Cuál en el *descenso?* 4.° ¿Qué universalidad entrañan y alcanzan las ideas? 5.° ¿Qué hay sobre la Ciencia Universal? Estas son las cuestiones principales que se desenvuelven en los presentes Prolegómenos, cuya solución coincide no pocas veces con nuestro humilde parecer, según demostraríamos si la brevedad de un prólogo lo permitiera. Los tres últimos puntos los desenvuelve el Autor con bastante extensión en el curso de la Obra: nos fijaremos por el presente en los dos primeros que conceptuamos de indiscutible oportunidad; y nos permitiremos alguna otra observación acerca del carácter que debe acompañar la labor del porvenir. Con la sana libertad que permite el pensamiento cristiano, nos atrevemos á ensayar las siguientes observaciones.

I

La doctrina del Beato Raimundo Lulio la comprendería yo en tres períodos, el *apologético*, el de *preparación* y el de *actuación* contemporánea. En cuanto á la ortodoxia de su doctrina, después de la magistral defensa hecha en Roma por el Ilmo. César de Sanctis, con motivo de la causa incoada para la canonización del Beato, y de la decisión de la Sagrada Congregación, no puede caber género alguno de duda, y debe responderse con el desprecio á cuantas censuras de heterodoxia quieran dirigírsele. El segundo aspecto de apología versa acerca de la virtualidad de su doctrina. ¿Tiene realmente cuerpo organizado, vivo, que funcione á influjo de principios sólidos, ricos y fecundos; ó comprende simplemente un agregado juxta-puesto de afirmaciones y negaciones, de tesis ó de hipótesis más ó menos especiosas, pero sin correspondencia alguna en la realidad? Y aun dado caso que su doctrina pueda considerarse como un sistema perfecto á la manera de la de Santo Tomás y Escoto, ¿se basará en principios que respondan á la realidad de las cosas? ¿ofrecerá una exacta y fiel comprensión, en cuanto es dado á la humana debilidad, de Dios, del mundo y del hombre? Esta conceptuamos en el presente la parte más delicada del período apologético. Quien ha estudiado al Autor y Maestro, nos dice que ha visto en él todo un sistema que responde y soluciona satisfactoriamente cuantos problemas cósmicos, antropológicos y teológicos preocupan hoy día á las Escuelas; que puede figurar con honra al lado de los más autorizados y disputarse con ellos la solución de las más serias dificultades. Creemos que semejantes afirmaciones deben demostrarse de una manera cabal con la presentación de un cuerpo de obra, la cual sirva al propio tiempo de preparación para la labor del porvenir. Semejante trabajo, ímprobo y de una voluntad y constancia de bronce, sigue realizándolo tiempo ha el estudioso Dr. Bové, quien irá ofreciendo sucesivamente al público una serie de volúmenes manuales que amoldarán todo el pensamiento del Beato.

Una vez realizada esta labor sintética y presentado en su pureza é integridad sin formas nebulosas todo el Sistema luliano, fácil, sumamente fácil será darle entrada y hacerle vivir en las direcciones del pensamiento contemporáneo. Semejante actuación sería imposible, si no precediera una sólida y consciente preparación. El Beato Raimundo Lulio, en mayor escala que Escoto, presenta su doctrina de una manera tan difusa y nebulosa que, sin un trabajo de sistematización clara y correcta, se hace sumamente difícil estudiarla. Referente á Escoto, el Rdo. P. Jerónimo de Montefortino, haciéndose cargo de tamaña dificultad, en 1720 publicaba una SUMMA THEOLOGICA *ex universis operibus Ven. Joannis Duns Scoti concinnata, juxta ordinem et dispositionem Summæ Angelici Doctoris Sancti Thomæ Aquinatis*, de la cual salió nueva edición en 1900. Creemos y estimamos este trabajo de verdadera y oportuna preparación, para después hacerle vivir en las direcciones del pensamiento científico de la presente época. Idéntica oportunidad ofrecerá la serie de volúmenes que vendrá publicando el Dr. Bové, en los cuales depurará y facilitará en gran manera el estudio del Beato Lulio.

Para la obra de *actuación* repetiremos en estas páginas lo mismo que escribíamos en la REVISTA DE ESTUDIOS FRANCISCANOS, en el mes de Febrero del presente año 1908, aplicando á la Escuela Luliana lo que allí decíamos de la Escuela Franciscana.

«La escuela tomista, haciéndose cargo de la orientación que el positivismo iba marcando al error y pasando por encima de toda diferencia secundaria, determinó estudiar con interés el movimiento, adquirir abundante copia de datos y ponerse en comunicación con el progreso científico y el pensamiento contemporáneo; única solución para que las ideas tradicionales tuvieran vida y pudieran enlazar con el estado presente de las ciencias modernas. Los nombres de Tilman Pesch, Fajarnés, Coconier, Farges, Regnon, Mercier y Arnáiz entre otros, serán gloriosos en las páginas del neotomismo, y sus ideas vivirán en el curso de progresión ascendiente que va tomando cada día con mayores proporciones la observación experimental. El mismo Picavet, Profesor de la Escuela de Estudios Superiores de París, por tres veces escribió con despecho en la *Revue Philosophique:* «Los católicos, unidos por el tomismo, que tienden á completar con una amplia información científica, han llegado á hacerse dueños del pensamiento en Bélgica; se cuenta con ellos en América y Alemania; y su influencia se agranda cada vez más en Francia, Holanda y Suiza.» Esto escribía y lamentaba en 1896: hoy podría añadir con mejor documentación Italia, Austria-Hungría, Estados Unidos y España. Así ha comprendido esta escuela que, el reñir descomunales batallas en las aulas y en la prensa contra los que profesan los mismos dogmas y dejar que el enemigo entre y se apodere de la ciudad; el preocuparse por discusiones bizantinas cuando á nuestros oídos zumba el estruendo del naturalismo en teología y del materialismo, bajo sus más variadas formas, en filosofía, era muy poco honroso y meritorio para el pensamiento tradicional y escolástico.

Los que en la Escuela Franciscana (y digamos Luliana) dedican su atención al movimiento de las ideas, no dejarán de comprender que la batalla librada en el actual momento histórico es tan radical y enconada, como no la han conocido las páginas de la historia de la Filosofía; que sus ataques se dirigen contra todo el orden trascendental teológico, cosmológico, antropológico y social; y si conceden algún valor práctico al evidente influjo de las ideas en la sociedad, semejantes enseñanzas ponen en grave riesgo el fundamento de los principios que han formado y mantienen la civilización de Europa. No son las cuestiones secundarias de la *distinción formal*, el *acto entitativo de la materia prima* y otras de la misma laya, las que preocupan al mundo intelectual y culto lo mismo que á la Religión; son la causa contra el hecho, la substancia contra el fenómeno; la idea contra la sensación, la percepción contra la condición orgánica, la libertad contra el determinismo; en una palabra, afirmar los derechos científicos de la Religión contra el ateísmo, de la Metafísica contra la ilusión, de la Cosmología contra el atomismo mecánico, de la Ideología contra el sensualismo, y de la Antropología contra el materialismo. Este es el campo de acción de la filosofía moderna.

La Escuela Franciscana, abrigando una fe de bronce en la virtualidad del elemento escolástico que entraña su doctrina y desconfiando bastante en algunas cuestiones del carácter ó nota *sutil* que raya en cierto *alambicamiento*, el cual no pocas veces estorba las grandes concepciones y obras, lo mismo en las ciencias que en la literatura y artes, debe tener vistas á las direcciones de la ciencia contemporánea, mostrar su poder de adaptación y defender las ideas fundamentales del sistema, sin perjuicio y con la mira de armonizarlas con todo aquello que de legítimo encuentre en los descubrimientos y progresos de las ciencias positivas. «Debemos acoger, escribía León XIII, con placer y gratitud todo pensamiento sabio, todo descubrimiento útil, vengan de donde vinieren.» Será una labor más positiva y práctica, más meritoria y honrosa para el sabio Maestro, hacerle vivir en las direcciones del pensamiento moderno, aprovechando sus más valiosos argumentos y sólidas teorías para refutar la concepción monista del universo, las fases del materialismo contemporáneo, el positivismo jurídico y social y todas las teorías que, como antes insinuamos, ocupan la atención de los hombres pensadores; que contentarse en aducir y amontonar textos, sentencias y elogios que la posteridad ha dejado escritos en loor de Escoto. Nuestro Doctor y Maestro no necesita hoy este género de documentación para justificar su personalidad científica en las altas esferas de la cultura mundial: su doctrina entraña vitalidad más que suficiente y una potencia superior para colocarse en las capas más elevadas de la mentalidad humana; lo que necesita es ambiente y vida moderna, conciencia de su misión en el presente momento histórico, comprensión y criterio suficiente para abandonar lo inútil y pernicioso y acogerse á lo vital y sólido que lleva inviscerado. En el desenvolvimiento progresivo de las escuelas debe tenerse en cuenta, que aquella intransigencia absoluta de otros siglos ha pasado de moda, y hoy, á medida que la ciencia va demostrando con mayor copia de datos la interdependencia de los seres todos y, por consiguiente, su necesaria solidaridad, se ha acentuado en el orden político, social y científico una marcada tendencia á reunir fuerzas, aliar corporaciones y confederar organismos que encauzan y acrecen la corriente sana de espiritualismo religioso.

Tal conceptuamos debe ser la labor de la Escuela Franciscana, precediendo como es muy natural una vasta y sólida preparación fundamental en sus adeptos, que les haga aptos para abordar los problemas hoy planteados: sin este trabajo de preparación, sin la debida cultura, sin la cerebración necesaria para que la obra sea útil y fecunda, sin la sosegada y serena cristalización de las ideas en torno de una idea-núcleo, con la inconsciencia de la doctrina que debe defenderse, la obra resultaría un fracaso; los conocimientos científicos, una hipersaturación sobremanera inútil cuando no perjudicial, que incapacitarían para emprender y dar cima á una labor de tanta trascendencia; los datos aportados, un descrédito para el sistema; en fin, serían inútiles cuantos esfuerzos de rehabilitación se intentaran, por carecer de la base y fundamento necesarios á obra tan extraordinaria.»

Lo que escribíamos para la Escuela Franciscana, aplicamos hoy á la Escuela Luliana. Una vez cerrado el período apologético, conviene trabajar para el de preparación, ordenando y depurando el Sistema luliano; estudiando á la vez é imponiéndose en las corrientes de experimentación científica, para después robustecer el espiritualismo tradicional con los datos suministrados por el gabinete histológico y laboratorio químico. Los conocimientos filosóficos, en su evidente y notable progreso, nos dan á conocer que en el fondo del positivismo se encierran un número considerable de verdades que no es lícito despreciar sin previo estudio y atenta investigación. Lejos del neo-escolástico mostrar ignorancia ó mala fe respeto á la obra inconscientemente progresiva del moderno positivismo. Hay que hacer justicia en su aspecto favorable á la labor científica de la presente época, porque ha despertado energías latentes y ha ocasionado una reacción que el espiritualismo cristiano ha tomado por su cuenta y ha encauzado dentro un criterio sano, religioso y científico. El interés y empeño que los positivistas han mostrado en profundizar todo género de conocimientos naturales, con objeto de defender sus teorías, ha servido al espiritualismo para aportar abundante copia de datos á la filosofía cristiana.

Supuesto, pues, que la doctrina del Beato Raimundo Lulio sea aprovechable, como demostrará el Dr. Bové en el curso de su estudio, presentando un cuerpo organizado y vivo de doctrina, se ve muy clara la labor que se impone en la Escuela Luliana para el porvenir.

II

Nos dice el Dr. Bové que el Beato Lulio ha completado la teoría del conocimiento humano, uniendo y armonizando el *ascenso* intelectual de Aristóteles con el *descenso* de Platón. Tiempo ha que venimos afirmando nuestras modestas convicciones respecto de este punto. El problema del conocimiento intelectual creemos que no es fácil resolverlo de una manera completa, si se prescinde de cualquiera de los dos filósofos mencionados. El aristotelismo, aun el depurado y presentado por los escolásticos, da razón más ó menos satisfactoria del proceso que sigue el entendimiento hasta la formación de la idea ó de la locución mental; mas el curso de la idea general ó universal en su descenso para hallar la verdad de las cosas particulares, conviene estudiarlo en Platón, debidamente modificado. Envuelve un profundo sentido filosófico esta expresión de Alberto Magno: *Scias quod non perficitur homo in philosophia, nisi ex scientia duorum philosophorum Aristotelis et Platonis.* La misma afirmación sostiene después de concienzudos estudios el ilustre crítico Menéndez y Pelayo.

Dejando aparte todas las opiniones y teorías excogitadas para explicar la formación psicológica de las ideas, nosotros vamos á emitir nuestro humilde juicio y á consignar el proceso ó curso psico-fisiológico que nos parece más conforme en el *ascenso* intelectual, ó sea, en el origen y ulterior formación del pensamiento. Ignoramos los detalles y pormenores que en esta cuestión sustenta el Beato Lulio; mas nos consta que, así en el libro de *Anima Rationali*, como en otros varios, emplea el método aristotélico, del cual vamos á ocuparnos.

Es indudable que el origen de las sensaciones se encuentra ordinariamente ligado con ciertos procesos físicos, los cuales tienen su origen ya en el mundo externo, ya en el interno: lo que estimula la sensación desde el exterior, se llama *físico;* lo que desde el mismo organismo, *fisiológico;* este último es *periférico* en cuanto se verifica en los mismos órganos respectivos fuera del cerebro, y *central* cuando se desenvuelve en el mismo cerebro. Generalmente en toda sensación entra lo físico, lo periférico y central, si bien el primero no es de absoluta necesidad: podemos percibir un rayo luminoso á seguida de un golpe en el ojo. Puede darse también verdadera sensación con sólo la central.

Si nos fijamos en el proceso psico-físico de la sensación, el objeto de la sensibilidad cognoscitiva es siempre una realidad material ó accidente de la misma: impresiona el órgano respectivo, entra por cuenta del nervio correspondiente que lo trasmite al cerebro, el cual reacciona sobre el nervio impresionado, y en el alma sensitiva se verifica verdadera percepción. No es, pues, la sensación el mero funcionalismo físico ni fisiológico; se requiere algo más que la impresión objetiva y la reacción de los centros nerviosos; es necesario el elemento psicológico de la percepción. En horas de completa distracción y de ensimismamiento se dan estos fenómenos, sin que por eso se dé la sensación. Podríamos confirmar la precedente teoría con la concienzuda doctrina de Rabier en su excelente obra *Leçons de Philosophie* (I Psicologie, París, 1886); mas la brevedad y concisión que requiere un simple prólogo no permiten copias ni traslados.

Entre el objeto sensible y el sujeto que siente existe cierta identificación, la cual no puede ser material ó física, como quieren los panteístas: en tal unión tampoco hay desprendimiento de átomos, moléculas ó corpúsculos que lleven la representación del objeto. Nada de realidad trasladada, como tampoco de pura apariencia, que dirían los escépticos: no queda otra solución que una verdadera *representación* del objeto en el sujeto. Que el objeto sea susceptible en el orden sensible, como lo es en el intelectual, de representación, no cabe dudarlo, porque si el entendimiento, como facultad perceptiva, puede formar idea ó verbum que exprima una esencia, la sensibilidad *representativa* ó cognoscitiva puede formar también una imagen que amolde ó exprese la realidad sensible despojada de sus condiciones materiales. ¿Se quiere que semejante representación sea inmediata ó mediata ó con especies sensibles realmente distintas de su principio y término? Séase lo que quiera, no nos importa en el presente. Si en la presente cuestión se tratara de un sujeto inerte ó de un orden puramente vegetativo, la precedente solución no tendría lugar sin una evidente contradicción; mas en el conocimiento sensitivo funcionan órganos vivos con disposición determinada á ciertas operaciones; pueden ser modificados por la presencia de objetos externos; la atmósfera que nos rodea con sus vibraciones puede herir fácilmente la susceptibilidad del órgano respectivo ó del nervio sensitivo: en el órgano periférico y en el órgano central está presente el alma sensitiva para recibir cualquiera impresión orgánica; reacciona ésta instantáneamente, y de momento se produce el fenómeno sensitivo.

Dados como realmente ciertos estos principios, aparece muy racional la precedente teoría: está muy conforme en que un sujeto cognoscente posea la forma, semejanza ó representación, llámese como quiera, del objeto, la imagen fiel y exacta de su realidad física y singular.

«La vida de la inteligencia, dice el Angélico Doctor, consiste en abstraer la idea de la imagen y en leer aquélla en el hecho imaginado.» Esta doctrina resume cuanto pueda decirse acerca la formación de las ideas que proceden de objetos físicos. La sensación, tal como se halla en el cerebro, jamás llegará á confundirse con la idea, producto natural y específico del entendimiento. No obstante, lo que en el cerebro reviste condición puramente sensible ha de pasar al entendimiento con carácter espiritual. ¿Cómo se salva tamaña distancia? Los escolásticos han sostenido escrupulosamente que lo espiritual no puede estar de contacto inmediato con lo material ó sensible: de ahí la diligencia con que han buscado un agente intermediario que salvara tales distancias, un puente que uniera las dos riberas. «Las especies sensibles contenidas en la imaginación, escribe Balmes exponiendo la presente teoría (Fundam. tom. 3.°, pág. 31), y verdadero retrato del mundo externo, no eran inteligibles por sí mismas, á causa de andar envueltas, no con materia propiamente dicha, sino con formas materiales á las que no puede referirse directamente el acto intelectual. Si se pudiera encontrar una facultad que tuviese la incumbencia de hacer inteligible lo que no lo es, se habría resuelto satisfactoriamente el difícil problema, porque en tal caso, aplicando su actividad á las especies el misterioso transformador, podrían servir éstas al acto intelectual, elevándose de la categoría de especies imaginarias, *phantasmata*, á la de ideas puras ó especies inteligibles. Esta facultad es el entendimiento agente, verdadero mago que posee el verdadero secreto de despojar á las especies sensibles de sus condiciones materiales, de quitarles toda la parte tosca que las impedía ponerse en contacto con el entendimiento puro, transformando el grosero pábulo de las facultades sensitivas en purísima ambrosía que pudiera servirse en la mesa de los espíritus.» Hasta aquí el ilustre Balmes.

¿Qué hay de verdad en la precedente teoría? Toda ella estriba en la imposibilidad de obrar directa é inmediatamente el espíritu en la materia, y de ésta sobre el espíritu. De ahí surge la necesidad del entendimiento agente que, partiendo del alma espiritual, se dirige á los fantasmas de la imaginación, forma las especies inteligibles, las presenta al entendimiento posible, éste las recibe y pronuncia la palabra mental con la cual expresa la esencia ó naturaleza del objeto, y queda formada la *idea*. Semejante proceso tiene el gravísimo inconveniente de apoyarse en falso principio y de no explicar lo que pretende.

Al intentar los Escolásticos la explicación del comercio que realmente existe éntre el alma y el cuerpo, rechazan en absoluto la teoría del *influjo físico*, porque en semejante hipótesis el alma y el cuerpo obrarían mutuamente de una manera directa uno sobre el otro. A la luz de este principio han excogitado la teoría del entendimiento agente, que deja la cuestión sin solución alguna. Los escolásticos se muestran muy escrupulosos en admitir el tránsito directo, sin intermediario de ningún género, del objeto á la potencia, ó sea, de fuera á dentro, pero no tienen reparo alguno en admitir el mismo tránsito de dentro á fuera. El espíritu manda á los músculos, etcétera, de una manera directa, y éstos sin el *medium* que piden para lo otro, exteriorizan y sensibilizan el acto espiritual. Es verdad que el alma y el cuerpo no pueden estar de contacto inmediato, *contactu quantitatis*, toda vez que el espíritu carece de ella; mas es falso, absolutamente falso, que les repugne el inmediato *contactus virtutis*. En consecuencia, se da una acción directa é inmediata del espíritu sobre la materia. Siguiendo la direción de estos principios, nos atrevemos á formular la siguiente teoría, que estimamos muy conforme con los adelantos de la psicología experimental.

Una vez verificada la sensación y conservada la imagen sensible en el cerebro, el alma espiritual dirige una mirada por medio del entendimiento, *directa* é *inmediatamente*, á la referida imagen, y con el auxilio imprescindible de la luz intelectual, que son los primeros principios, *percibe* ó *ve* la esencia, propiedades ó relaciones, según de que se trate, y pronuncia el entendimiento la palabra mental ó el *verbum:* desde aquel instante se considera á la naturaleza ó esencia existente en el entendimiento: á este producto bio-intelectivo se le llama *idea*. Si á la representación ideal del objeto en el entendimiento se la quiere denominar especie inteligible, nada nos importa el vocablo mientras no se confunda la realidad. Nos es, asimismo, completamente igual que, al acto con que el entendimiento *ve* y obra sobre el objeto-imagen para expresar la esencia, se le quiera llamar entendimiento agente ó posible, mientras conste que ni el principio en que se funda, ni el motivo que lo induce, ni la naturaleza que lo constituye son los mismos.

La precedente teoría no tiene los inconvenientes de la otra, puesto que el consabido entendimiento agente, si es espiritual como se supone, incurre en los mismos imposibles que pretende salvar;

mientras que concediendo el contacto *virtual* inmediato desaparecen tamañas dificultades.

Si en la formación de la imagen somos meramente pasivos, en la formación de la idea, según nuestra teoría, se desenvuelve una gran dosis de actividad. La imagen es la fiel copia de la realidad exterior en la sensibilidad; la idea es la expresión exacta del significado objetivo de la imagen: el entendimiento la forma descubriendo la naturaleza que la constituye: si la imagen de un mapa me representa lo singular, externo, dimensiones y colores, la idea del mapa pasará por encima de lo sensible y llegará á la substancia, al noumeno ó realidad, á lo más íntimo y universal del mapa. Dos de los actos con que desplegamos la predicha actividad son la *atención* y la *abstracción*. Th. Ribot (Psicología de la aten., pág. 47) ha demostrado el género de dependencia que la atención guarda con los estados musculares y el foco de actividad que se desenvuelve en la aplicación del alma á los objetos. Excusamos añadir la virtualidad que representa y requiere en el alma el fenómeno de la abstracción mental, como demostraríamos si fuera lícito pasar los límites circunscritos al prologuista.

Si el presente estudio fuera un tratado de dinamilogía, desenvolveríamos con abundante copia de datos algunos puntos de no poca trascendencia en las direcciones de la psicología contemporánea. El alcance fisiológico del cerebro en los actos intelectuales; las localizaciones cerebrales; la mecánica del sistema nervioso, etc., etc., son cuestiones todas que han adquirido una importancia excepcional en estos tiempos, y que conviene sean estudiadas con criterio sano y á la luz de los datos más exactos que nos suministran ya la histología fisiológica, ya la anatomía clínica con la psiquiatría. Como esto hoy no es posible, baste consignar antès de terminar este párrafo, que el *ascenso* intelectual, tal como substancialmente y en sus líneas principales lo presentó Aristóteles, es hasta el presente el proceso ó curso más acabado para llegar á la formación completa de la idea. Dentro del criterio aristotélico y escolástico se darán una infinidad de opiniones particulares y apreciaciones personales, pero todas apoyan los fundamentos principales del sistema. Aun admitiendo el innatismo de las ideas metafísicas, cabe profesar el *Nihil est in intellectu quod prius non fuerit in sensu* en las verdades del orden físico; así como el *tamquam tabula rasa in qua*, etc.

El Dr. Bové prueba en el curso de su estudio cómo el Beato Raimundo no profesó el innatismo de las ideas, según falsamente se le ha atribuído, sino que asintió á toda la fuerza de la expresión aristotélica: *Nihil est in intellectu*, etc. Cuando salga á luz el tercer volumen de los anunciados, podrá estudiarse con abundante copia de argumentos un punto al que muchos repugnarán asentir. Desde luego lo menos que se puede exigir es que se suspenda todo juicio para cuya formación falten los elementos necesarios.

III

El entendimiento humano no refleja luz propia que antes no haya recibido la de Dios por medio de los primeros principios, verdaderamente congénitos á nuestra naturaleza. Con su auxilio asciende el entendimiento hasta á la formación de la idea, y con su luz descubre una serie de principios particulares y verdades concretas que en ellos iban invíscerados. Si á la teoría de Platón le quitamos la substancialidad y preexistencia de las ideas, dejándolas simplemente en la universalidad y virtualidad que entrañan, creo podremos concederle fácilmente un lugar muy importante, por no decir principal, en el descenso del conocimiento humano.

Aristóteles rechaza el ejemplarismo de Pitágoras y Platón y establece un sistema particular según el cual los tres únicos principios de las cosas son: materia, forma y Primer Motor físico. Para el Filósofo, Dios es un Acto puro, el cual, á manera de Primer Motor, produce todas las cosas pasándolas de la potencia al acto. Con este supremo y físico movimiento explica la generación de todas las cosas y la operación y movimiento local de todo el mundo. No alcanza á considerar á Dios como supremo Artífice que formó el mundo según el ejemplar de su idea, ni como á Rector que lo gobierna por una ley eterna. Dios no es Artífice, Arquitecto y Rector del mundo, sino tan sólo Primer Motor y Primera Causa que físicamente produce todos los movimientos. Si Aristóteles á la acción *física* de Dios le hubiera añadido una *Idea* y una *Ley* encauzada hacia su fin, acertaba además con el orden *intelectual* y *moral*.

El Seráfico Doctor San Buenaventura (in illum. Eccle. serm. 6.), haciéndose cargo de los principios aristotélicos, deduce y muestra con lógica consecuencia los varios errores en que incurrió el Filósofo por no haber admitido en su doctrina el ejemplarismo divino. No es difícil alcanzar que los primeros errores y deficiencias que lamentamos en la filosofía de Aristóteles, se habrían corregido si hubiese templado su sistema con muy buena dosis de ejemplarismo platónico. Aquél da una importancia excesiva al orden *real;* éste quiere que lo absorba todo el *ideal;* ambos elementos debidamente combinados constituyen el orden *científico*. No creemos sea difícil demostrarlo.

Para mejor inteligencia de la cuestión, téngase en cuenta esta filosófica sentencia de Escoto: «Principia proprie non sunt scita, sed intellecta: intellectus enim est principiorum, scientia conclusionis.» Afirma además en el *libro Post.* que: «La ciencia se funda en la inteligencia y ésta en la esencia de los términos, los cuales contienen la realidad esencial de los objetos.» No intentamos con esto negar el carácter científico del sistema aristotélico, como tampoco el del platónico, sino dar á conocer, á la vez que la unión íntima que se requiere entre el orden real é ideal para la constitución de la ciencia, la mayor amplitud y consistencia que tendría un sistema mixto debidamente constituído.

Ciencia es conocimiento cierto y evidente por sus causas: las causas que precisan conocerse son principalmente la material y formal que envuelven la ejemplar y constituyen el ser *ab intrinseco*. La ciencia es propiamente el orden real trasladado al orden ideal. Toda vez que los objetos no pueden entrar en el entendimiento en su forma de realidad física, se despojan de la misma por una abstracción y penetran en su ser ideal ó intencional con adecuación y expresión de toda la esencia. Sabido es que es imposible todo raciocinio sin el doble orden de verdades, ideal y real. La idea sola sin el hecho, como el hecho sin idea absoluta y necesaria, nada pueden concluir. El conocimiento científico, pues, se funda en la consistencia absoluta de las verdades reales é ideales.

Desde luego el orden ideal se funda en la verdad indestructible de las esencias, y su primer principio positivo podríamos formularlo de la siguiente manera: «Omne ens habet suam essentiam et proprietates;» ó más claro: todo ente es su propia naturaleza. Toda esencia por ser tal tiene su propia unidad que ni en el ser, ni en el obrar la deja confundir con las demás. La compasibilidad absoluta, necesaria y universal de elementos intrínsecos que constituyen las esencias, es el fundamento propio é inmediato del orden ideal. «El todo es mayor que la parte;» «lo creado es contingente.» Estas verdades ideales reconocen por fundamento, ante todo, la unidad indivisa de la esencia *todo*, que no deja confundirla con la esencia de *parte*. El concepto genuino de *creado* guarda relación con la *indiferencia* de acto; y no pueden ser *no todo*, ni *necesario* respectivamente. El elemento ideal que entra en el conocimiento científico recibe toda su fuerza de la esencia ó naturaleza íntima de los objetos y conceptos.

En el orden real un hecho ó realidad es algo que goza de existencia. Ese ser existente envuelve por precisión notas absolutamente necesarias que jamás se destruirán, y notas contingentes de las que se puede prescindir sin la menor alteración de los seres: hay el elemento específico que descansa en lo ideal, y la nota individual que se apoya en lo contingente de la existencia, la cual á su vez se funda en una esencia común, de la que participan todos los demás seres existentes del mismo orden. En la existencia, pues, hay la esencia necesaria fuera de sus causas; la causa próxima que produce una existencia, es siempre una esencia en acto, la cual obra é imprime su forma, á la que siguen por necesidad hipotética las notas individuantes. Más claro: así como el orden ideal se funda en lo absoluto y necesario con los caracteres intrínsecos de las esencias, en el orden real, concretadas estas esencias por una forma de existencia, tienen un ser hipotéticamente necesario, es decir, una vez contraída la esencia por la existencia á un objeto determinado, no puede menos que predicarse de aquella naturaleza singular lo que entonces envuelve.

Tal conceptúo el verdadero fundamento del doble orden de principios que esencialmente concurren para el conocimiento científico. Nada importa para la ciencia que los primeros principios no puedan demostrarse, cuando precisamente su indemostrabilidad es el apoyo más firme que tienen para formar ciencia, según demuestran con clarísimos argumentos, entre otros, Escoto (I Post.) y Balmes en su Filosofía Fundamental.

Mucho podríamos decir acerca de la combinación que se requiere de lo real é ideal para constituir el conocimiento científico, mas conocemos que el prólogo resulta demasiado largo; y así terminamos consignando que, si al *ascenso* de Aristóteles se le añadiera algo del *descenso* de Platón, tendríamos un sistema más completo para explicar el orden físico, intelectual y moral. En la teología cristiana, Dios es unidad, verdad, bondad, etc., y las criaturas no pueden tenerlo sin participarlo de El. Dios es el primer ejemplar de las criaturas en el ser y en el obrar: no hay verdad en el entendimiento, si éste no se conforma con la realidad, y ésta á su vez con la Idea divina. En el orden físico todo se reduce en último término al primer Motor; en el orden moral á la Ley eterna, y en el intelectual á la primera Idea.

Estimamos de mérito no escaso en la presente Obra el haber logrado fijar el estado de la cuestión en los puntos más controvertidos del Beato; y sin duda que los estudiosos é imparciales lectores quedarán agradablemente sorprendidos ante el oro finísimo de riquísima doctrina que se esconde en las obras del gran Polígrafo catalán.

Sabido es el género de censuras que sobre Raimundo Lulio han recaído á causa de su Ciencia Universal é innatismo de las ideas, entre otras. El Dr. Bové, con un estudio comparado, preciso y detallado, le defiende felizmente de los falsos conceptos y tergiversaciones que ha sufrido su doctrina y resuelve la verdadera acepción de las sentencias, frases y expresiones que podrían ofrecer alguna dificultad. Aun cuando no fuera más que por la profundidad de doctrina filosófica vertida en estos Prolegómenos, aparte de la grandiosa y simpática concepción que del Beato ofrece el Autor, conceptuaríamos esta Obra y la serie que seguirán de gran utilidad é indiscutible oportunidad.

P. Francisco de Barbens, *O. M. Cap.*

Sarriá (Barcelona), festividad del Patriarca San José.

Parecer del Dr. D. José Pou y Batlle, Pbro., Profesor de Filosofía en el Seminario Conciliar de Gerona

Hermoso despertar de Cataluña, iniciado con el restablecimiento de los *Jochs Florals*—restauración filosófica—los Ilmos. Torras y Maura—cómo ha de restaurarse el Lulismo—el nuevo libro del doctor Bové—somerísima indicación de su contenido—su importancia en el mundo filosófico y teológico—qué debe hacer Cataluña en pro del Lulismo—excitación á los *Estudis Universitaris Catalans.*

No había muerto, no, el alma nacional de Cataluña, como algunos propalaban con maquiavélica fruición, sino que estaba sólo anémica y aletargada—por causas que no es ahora ocasión de mencionar,—y por esto, en cuanto percibió los inspirados acentos que hace cincuenta años resonaron debajo el artesonado del histórico y venerable *Salón de Ciento*, de Barcelona, empezó á despertar, á volver en sí, á recobrar la conciencia de su personalidad étnica. Y no podía ser de otra manera: estando la idea ó el verbo mental, íntima, natural é indisolublemente relacionada con la palabra ó verbo oral, restaurar y rehabilitar la lengua catalana era restaurar y rehabilitar el pensamiento, la mentalidad, el carácter, el alma de Cataluña; y de aquí que, después de un renacimiento literario, «que no tiene semejante en ninguno de los pueblos modernos»—según frase del eximio Menéndez Pelayo,—ha surgido, con irresistible pujanza, el renacimiento histórico, jurídico, artístico, político y *filosófico*, que han determinado, en todas las esferas de la actividad catalana, el desarrollo de latentes energías y adormecidos entusiasmos los cuales, debidamente encauzados, serían para nuestra Patria, y aun para todo el Estado, la realización de la tan deseada y esperada regeneración social.

Que el Pueblo catalán tiene una mentalidad propia, característica, sustantiva, que no es variante, modalidad ó forma accidental de ninguna otra mentalidad, y cuáles sean los caracteres que la distinguen, lo ha evidenciado admirablemente el Ilmo. Torras y Bages en su notable obra *La Tradició Catalana*. Otro insigne Prelado, el Ilmo. Juan Maura, ha disipado victoriosamente las sombras que la ignorancia y la malicia han proyectado sobre la ortodoxia del Beato Ramón Llull, señalando además, con singular acierto, el modo de restaurar la Concepción filosófica de su egregio Conterráneo (1). De esta suerte, esos dos eximios Prelados, gloria altísima del Episcopado español, con sus enseñanzas y con sus ejemplos, muestran el vastísimo campo en que deben trabajar todos los que se interesan por la prosperidad de la Patria y desean que su hermoso despertar sea integral y duradero. Hay que reanudar nuestra interrumpida tradición científica, adaptándola, sí, á las circunstancias actuales, pero haciéndola derivar de sus legítimas fuentes: es preciso conocer á nuestros sabios directamente, no por referencias, y el riquísimo y variado patrimonio científico que nos legaron ha de ser examinado y estudiado en sus propias obras, no en exposiciones de críticos, por competentes y respetables que éstos sean.

Entre las obras de nuestros sabios (2) que hay que arrancar del polvo de los archivos y bibliotecas y ponerlas de nuevo en circulación, ocupan un lugar distinguidísimo las que produjo la pasmosa actividad del Beato Ramón Llull. Pensador original y profundísimo,

---

(1) Sería de desear que los numerosos escritos del docto Prelado Oriolano referentes al Lulismo, publicados en varias revistas y en especial en la *Revista Luliana*, de Barcelona, se coleccionaran y ordenaran, como se hizo con los que trataban del *Optimismo* publicados en forma de folleto en 1904.

(2) Considero *nuestro* al Beato Llull, porque la unidad de raza y de lengua hacen de Cataluña y de Mallorca, y también de Valencia y Rosellón una sola nacionalidad, hasta en el orden científico.

escritor clásico, poeta de gran vuelo, místico de primera fuerza, filósofo y apologista, matemático y jurisconsulto, naturalista y astrónomo, mé lico y apóstol, polígrafo en todo admirable, verdadero almogávar del pensamiento, jefe de numerosa y brillante escuela, en la Península y fuera de ella, su colosal figura merece algo más que un capítulo en la Historia general de la Filosofía. Sus grandes concepciones, sus admirables síntesis, las joyas preciosísimas, siempre nuevas y jamás envejecidas, profusamente esparcidas en sus numerosas obras, no han de relegarse al Museo de la Ciencia, sino incorporarse al organismo de la ciencia contemporánea, que la verdad nunca envejece, ni pasa de moda, ni pierde jamás su admirable virtualidad. No hemos de pretender—porque sería insigne tontería—la resurrección servil, arqueológica del Lulismo; pero sí una restauración prudente y moderada, la restauración de lo *vivo,* de lo *permanente,* de lo *imperecedero* que encierran y contienen las Doctrinas lulianas, que, precisamente porque no son conocidas, son por unos poco apreciadas y por otros injustamente calificadas de inútiles y nocivas. Aquellas combinaciones y fórmulas algebráicas, aquellos árboles y tablas, aquellas alegorías y figuras geométricas de todas clases, aquel mismo enrevesado tecnicismo, han pasado para no volver jamás, «no hay fuerza humana bastante para levantar tales cosas del polvo de su sepulcro;» pero en las obras del Filósofo palmesano, como en las de todos las grandes pensadores, debajo del elemento externo, que ha debido envejecer, hay otro elemento interno, inmortal, que es de hoy, de ayer, de mañana y de siempre, porque los cimientos del edificio de la ciencia permanecen inconmovibles, aunque alguien quiera minarlos ó se levanten sobre los mismos variados cuerpos de edificio en el transcurso de los siglos. Nosotros anhelamos la restauración de lo *vivo* del Lulismo, no una restauración material y arcáica, y por lo mismo entendemos que se impone introducir en las obras del Solitario de Randa un método nuevo, distribuyéndolas en Cuestiones, Capítulos, Artículos, Proposiciones, Escolios, Corolarios y sus correspondientes Dificultades solucionadas, como hizo Santo Tomás en su *Summa,* como hacen los modernos autores de Filosofía y Teología en sus obras respectivas. En una palabra, desearíamos que se hiciera con el Lulismo lo que el Emmo. Mercier ha hecho con el Tomismo: darlo á conocer *convenientemente* y aprovecharnos de él para las necesidades y exigencias de la ciencia contemporánea.

Desearíamos, hemos dicho, y advertimos que dijimos mal, pues no se desea lo que ya se posee, y esa restauración interna, espiritual del Lulismo, es ya por fortuna una realidad. Ahí está, para probarlo, la magnífica *Exposición y Crítica del Sistema Científico luliano* con que el eruditísimo é infatigable Dr. D. Salvador Bové acaba de enriquecer el tesoro, ya abundante, de nuestro renacimiento filosófico, aportando al mismo tiempo un elemento valiosísimo al estudio que de la época del gran Jaime I se está elaborando hoy en todos los que fueron un día dominios del gran Conquistador, para conmemorar dignamente el séptimo centenario de su glorioso natalicio. Esta obra que revela en su autor un conocimiento profundo de la Filosofía y Teología lulianas y un entusiasmo ardentísimo para la Ciencia cristiana es una *Ars Magna ascensum intellectus simul et descensum in Philosophia et Theologia complectens in usum scholarum accommodata*, esto es, una *Summa Lulliana* adaptada al siglo XX. En ella se evidencia que el *Sistema Científico luliano* consta de dos partes esenciales, á saber, el *Ascenso* y *Descenso* del entendimiento, procedimientos racionales igualmente legítimos y connaturales al hombre, que si observa, experimenta é induce, también deduce apoyándose en principios y leyes universales y trascendentales, ya que sólo ascendiendo de lo singular y particular á lo universal, y descendiendo de lo universal á lo particular y singular es posible completar el Palacio de la Ciencia, que el *Ascenso* inicia y continúa, pero que el *Descenso* termina, completa y consolida.

Los *Cánones lulianos* del Descenso del entendimiento son, pues, leyes del raciocinio, tan naturales, legítimas y fecundas para la ciencia, como las leyes del Ascenso que señaló hace XXIV siglos el genio de Aristóteles; *Cánones* que el Filósofo mallorquín formuló y consignó siguiendo el mismo procedimiento que siguiera el Estagirita, á saber, observando antes lo que todos los hombres practican, aunque inconscientemente, cuando discurren y raciocinan, y dándole después forma y trabazón científicos. Por esto, el *Descenso* del entendimiento, tal como lo entiende y expone el genial Autor del *Ars Magna*, es utilísimo, indispensable para la adquisición de la verdad, para el desarrollo y progreso científico, incompleto y deficiente con sólo el Ascenso aristotélico, y merece, por tanto, ser incorporado al riquísimo tesoro de la Ciencia cristiana.

Y nadie vaya á creer que el *Descenso* propugnado por el Filósofo mallorquín pugna con los principios tradicionales de toda filosofía sensata, pues el Beato tiene buen cuidado de consignar que la ciencia empieza por el *Ascenso* sin el cual es imposible el *Descenso* que es complemento y corroboración de aquél. Al conocimiento de los *Principios del Descenso* intelectual (Bondad, Grandeza, Poder, etc.) se llega por medio del *Ascenso* y originariamente por los sentidos corporales, pero de ningún modo por medio de *ideas innatas*, como soñaron Platón en la antigüedad y Descartes, Leibniz y Rosmini en los tiempos modernos.

En este intelectual *Descenso* luliano consiste precisamente la *Ciencia Universal ad mentem Lulli*, que no es una utopia como han creído algunos, desconocedores de la Concepción científica del Doctor Arcangélico, puesto que la extiende sólo á lo *universal y necesario* que tienen todas las ciencias, y no á lo particular y contingente que en ellas se encierra, resultando así perfectamente compatible con la existencia y sustantividad, é íbamos á decir con la autonomía, de las varias ciencias particulares.

¿La teoría luliana del *Descenso* intelectivo inhabilita á los discípulos del gran Polígrafo palmesano para dedicarse al estudio de las ciencias psicológicas y, en general, de las experimentales? De ninguna manera, pues el Doctor Iluminado no sólo admite el *Ascenso* del entendimiento, sino que tuvo siempre en grande estima al método inductivo y experimental, como lo evidencian muchas de sus obras. Sus discípulos, por tanto, pueden y deben completar la obra del Maestro, gran experimentalista en la Ciencia del alma y precursor insigne de las ciencias físico-químicas de nuestros días. Es más: si viviera hoy día el esclarecido Filósofo catalán, seguramente crearía un *Laboratorio de Psicología experimental;* ¿por qué, pues, no han de hacerlo sus discípulos y admiradores?

Así que, el grandioso *Sistema Científico luliano*, en cuanto y porque contiene el *Descenso* del entendimiento (complemento y perfección del Ascenso aristotélico), puede ser digno coronamiento del Neo-Tomismo del *Instituto Superior de Filosofía* de Lovaina; y en cuanto abraza y concede no menor importancia al *Ascenso*, entraña la fórmula *ontopsicológica*, la bandera de paz y de conciliación entre Platón y Aristóteles, tan gallardamente tremolada en el siglo XVI por León Hebreo y Fox Morcillo, y que ha sido siempre la aspiración de los más grandes filósofos, y es hoy día el bello ideal de los más notables pensadores de Francia y Alemania.

He aquí, someramente indicado, lo que sólida y cumplidamente desarrolla el Dr. Bové en la magistral obra que tenemos el inmerecido honor y vivísima satisfacción de presentar á todos los amantes de la Reina de las Ciencias, á todos los que se interesan por las cuestiones filosóficas, y no dudamos que todos ellos la harán objeto preferente de sus estudios y meditaciones. De un modo especial lo esperamos de los insignes teólogos de las Universidades Romanas y de los esclarecidos filósofos de Lovaina, á quienes no puede pasar desapercibida la importancia y trascendencia que para la Filosofía y la Sagrada Teología tiene el *Sistema Científico luliano.*

De nuestros compatricios esperamos algo, y aun mucho más. El Beato Ramón Llull es una gloria de la Ciencia, pero al mismo tiempo es una gloria, y de las más grandes, de nuestra amada Patria, y no gloria estéril, meramente decorativa, sino gloria fecunda, de excepcional virtualidad, porque es uno de los grandes maestros de la raza, uno de los grandes manantiales de la Ciencia indígena, que es el alimento de que se nutre el alma catalana, la savia que vivifica las ramas, las flores y los frutos del sagrado Arbol de la Patria. Los catalanes no hemos de contentarnos estudiando la admirable Concepción científica del gran Polígrafo del siglo XIII en los libros: el libro no tiene, no puede tener nunca, la vida, la eficacia, el encanto de la exposición oral hecha con amor, entusiasmo y competencia. *Fides ex auditu*, dijo el Apóstol, y no *ex lectione;* y lo propio puede decirse de la Ciencia, para cuya enseñanza, como para la propagación de la Fe, el impreso, la letra muerta, no pasa de ser un mero auxiliar.

No faltan en la actualidad Juanes Llobet, ni Pedros Daguí, ni nos falta tampoco una respetabilísima Entidad que no ha de resistirse á repetir en el siglo XX lo que por la Ciencia y por la Patria supo hacer en el siglo XV D.ª Beatriz de Pinós. No, no podemos persuadirnos que la benemérita Asociación barcelonesa que ostenta el hermosísimo y adecuado título de *Estudis Universitaris Catalans* quiera por más tiempo consentir que en esta época de general renacimiento y resurrección patriótica permanezca muda y sepultada en los ignorados infolios de las bibliotecas esa otra *muerta-viva* que se llama *Filosofía Luliana*. Diez ó doce son ya las cátedras que sobre diversas materias tiene abiertas y sigue sosteniendo, con singular generosidad y magníficos resultados, esta preclara Asociación, y es para ella un compromiso de honor, un sagrado deber, añadir una *Cátedra de Filosofía Catalana* en la que pueda cumplidamente explicarse el *Sistema Científico luliano*, mientras se acerca el día en que se levante de sus ruinas aquella antigua y celebrada Universidad Luliana que tantas jornadas de gloria proporcionó á la Ciencia, á la Religión y á la Patria.

José Pou y Batlle, Pbro.,
Catedrático de Filosofía.

OBRA DEFINITIVA PARA CONOCER

LAS DOCTRINAS LULIANAS

ARS MAGNA

ASCENSUM INTELLECTUS SIMUL ET DESCENSUM

IN PHILOSOPHIA AC THEOLOGIA

COMPLECTENS

EX OPERIBUS BEATI RAYMUNDI LULLI

DOCTORIS ARCHANGELICI

CHRISTIQUE INVICTISSIMI MARTYRIS

ACCURATE DEPROMPTA

ET IN USUM SCHOLARUM ACCOMMODATA

CURA ET STUDIO

SALVATORIS BOVÉ, PRESBYTERI

IN SACRA THEOLOGIA LICENTIATI

VOLUMEN PRIMUM

*** PROLEGOMENA ***

BARCELONA

TIPOGRAFÍA CATÓLICA, calle del Pino, núm. 5

1907

EMMO · CARDINALI · CASAÑAS · ET · PAGÉS

HUJUS · NOSTRAE · DIOECESEOS · PASTORI · AMANTISSIMO

IN · DISCIPLINIS · PHILOSOPHICIS · AC · THEOLOGICIS · VIRO

APPRIME · DOCTO

CAETERIS · HISPANIAE · PRAESULIBUS

GLORIAE · PHILOSOPHIAE · CHRISTIANAE · ENIXE · STUDENTIBUS

INGENIORUM · PATRIAE · CELEBERRIMORUM

VIVES · SUAREZ · BALMES

CULTORIBUS · MIRIFICIS

SACERDOTIBUS · UTRIUSQUE · CLERI · SAECULARIS · ET

REGULARIS

SCIENTIARUM · PIETATISQUE · SOSPITATORIBUS

PRAESTANTISSIMIS

HUMANAE · SOCIETATIS · FAUTORIBUS · PRAECLARIS

SEMINARIORUM · TOTIUS · REGNI · CHARISSIMIS · ALUMNIS

QUI · SUMMOS · PHILOSOPHIAE · SCHOLASTICAE · PATRONOS

THOMAM · AQUINATENSEM · BONAVENTURAM · RAYMUNDUM

LULLUM

PRO · VIRIBUS · COLUNT

ARTEM · MAGNAM · LULLIANAM

IN · USUM · SCHOLARUM · ACCOMMODATAM

DEO · FAVENTE · HUMILITER · INCEPTAM

OFFERT · DICAT · CONSECRAT

SALVATOR BOVÉ, PRESBYTER.

ALGO SOBRE EL ARTE MAGNA LULIANA

CARTA ABIERTA

M. Iltre. Sr. Dr. D. José Miralles y Sbert, canónigo de Palma de Mallorca.

I

Muy señor mío y distinguido amigo: Permita que mi voz turbe hoy por unos momentos las hermosas y santas ocupaciones de V., semejantes en todo á las de aquellos Prelados de quienes nos dice el Beato Raimundo Lulio, que tienen su lecho entre la piedad y la sabiduría. Pues trato de publicar una obra sobre el Arte Magna Luliana, ¿con quién mejor que con V. para platicar sobre ella?

De V. he recibido constantemente consejos, que en el alma agradezco, sobre la orientación que deben emprender los estudios filosóficos lulianos; es de todos sabido que V. ocupó la presidencia del *Certamen de Ciencias Eclesiásticas,* organizado por la *Revista Luliana,* uno de cuyos fines era promover y encauzar convenientemente el amor al Lulismo; tampoco son para olvidados los panegíricos del Beato Lulio por V. predicados en Mallorca; y no ignoramos en Cataluña que es V. uno de los miembros, todos distinguidísimos, de la Comisión editora que en Palma de Mallorca publica los textos originales catalanes del gran Polígrafo español. ¿Qué mucho, pues, que hoy me dirija á V., y públicamente, manifestándole la próxima publicación, con el favor divino, del *Ars Magna Lulliana in usum Scholarum accommodata,* por la que aspiro á que sean conocidas de un modo definitivo las Doctrinas lulianas, á fin de que no continúe desde hoy siendo una verdad, la afirmación harto antigua y ciertísima de que al Beato Raimundo Lulio le vemos siempre en la Historia conocido de pocos y perseguido de muchos? ¿Quién extrañará diga yo en público, que al componer dicha obra he procurado muy mucho tener en cuenta el parecer y los consejos de personas respetabilísimas, y entre ellas V., para que no se malogre el fin que todos apetecemos? Sí, mi distinguido amigo, he procurado hacer memoria de todo cuanto en el decurso de varios años V. me ha dicho para bien de la Ciencia cristiana y del mismo Lulismo; puede que aún me haya equivocado; tal vez no haya acertado en todo al traducir á la práctica las indicaciones prudentísimas y fecundas de V.: en este caso, puedo asegurar que mi voluntad fué siempre recta, y pido me sirvan de disculpa la torpeza de mi ingenio ó la poca docilidad de mi pluma.

El único objetivo de esa obra es el amor puro de la Religión, el incremento de la Ciencia cristiana y la mayor gloria del Beato Raimundo Lulio, de acuerdo absoluto con la finalidad de los *Estudios sobre la Filosofía Luliana,* del sapientísimo Obispo de Orihuela, Dr. D. Juan Maura y Gelabert.

Para favorecer al novísimo Renacimiento luliano, ¿no le parece á V., mi buen amigo, que necesitamos ante todo un buen *libro de texto?* Porque, á la verdad, no le poseemos. Las obras del Beato Lulio no son para leídas por todos. Después ya vendrá, cuando Dios sea servido, la aplicación de las Doctrinas lulianas á los problemas filosóficos del presente: hoy no es tiempo de eso, pues estamos á los comienzos del camino. Y he aquí por que pensamos componer el *Ars Magna Lulliana in usum Scholarum accommodata.*

Pero en ese libro no hemos de hablar nosotros, sino el propio Beato Lulio. O mucho nos equivocamos, ó ha de ser una exposición fidelísima, si bien integral, del *Ars Magna* ó Sistema Científico Luliano, debiendo contener, además, la aplicación ó práctica del Sistema en la Filosofía y Teología; y no hablamos de otras ciencias, á las que asimismo lo aplicó el Filósofo, porque en ellas somos enteramente legos. Y todo esto en forma clara, sencilla, amoldándose, en cuanto sea posible, á lo que piden los gustos modernos.

¡Cuánto importa que hable el mismo Autor del *Ars Magna!* Da pena leer lo que aún escriben hoy sus adversarios. ¡Y pensar que todo ello cae por su base con sólo poseer y leer las obras del Filósofo! Pero aquí tenemos la mayor dificultad. *Hìc opus, hìc labor.* Dificultad que es doble: por una parte es realmente dificultoso poseer y leer dichas obras, pues se necesita bastante dinero, mucho tiempo y una voluntad no muy común; y por otra parte ¿cómo persuadir y convencer á que se lean unos libros que todos los adversarios juzgan ya conocer suficientemente por los escritos del inquisidor Aymerich, del historiador Mariana, del P. Feyjóo, de Littré y de Fernando Weyler? No son muy acreditadas, que digamos, estas fuentes de crítica filosófica, mas fuerza es confesar que, tocante á eso, cuando del Beato se trata, los detractores del Lulismo son muy contentadizos.

Sí, hora es ya de que salga á luz un *libro de texto* para el estudio del Lulismo: hora es ya de que todos posean un *Ars Magna Lulliana in usum Scholarum accommodata.*

Ya es hora de que hable el mismo Beato Lulio.

Ya es hora de que los detractores del Lulismo cesen de repetir las acusaciones—cien veces victoriosamente contestadas—del inquisidor Fr. Nicolás Aymerich, del historiador P. Mariana y del omniscio P. Benito Feyjóo, «espíritu más brillante que profundo (1),» según la acertada crítica del señor Menéndez y Pelayo; y estudien por sí mismos, leyendo las obras del propio filósofo, las ignoradas doctrinas que combaten por boca de un tercero.

Esperamos que luego muy otra será su conducta.

Por esto ahora venimos á decirles: *Gustate et videte;* aquí tenéis las doctrinas del Filósofo incomparable, que hasta hoy no habéis leído en parte alguna: ¡combatidlas ahora, si os atrevéis, después de haberlas conocido!

Porque el *Ars Magna,* ó sea el Sistema Científico Luliano,—y lo mismo decimos de la Filosofía y Teología obtenidas mediante aquel Sistema—es hoy por hoy totalmente desconocida; y nadie debe extrañar el hecho, pues las obras del Beato, expositivas y prácticas de dicha *Ars Magna,* son rarísimas é innumerables: como son rarísimas, las pocas que el estudioso llega á proporcionarse ha de pagarlas á precio muy subido (y aún debe buscarlas en el extranjero): y como son innumerables, no basta poseer tres ó cuatro de ellas para hacerse cargo del Sistema Luliano, ni mucho menos de su práctica ó aplicación á la Filosofía y Teología. Resultado de todo eso, que las doctrinas del Doctor Arcangélico siempre quedan ignoradas.

Mas como no ha desaparecido la costumbre de hablar de todo, por desconocida que nos sea la materia; como siempre ha prevalecido la moda de aceptar los juicios formulados por otro, sobre todo si éste alcanzó algún renombre en otros conocimientos; el hecho es que en nuestros días, hasta personas de autoridad reconocidísima en otros ramos del saber humano, han hablado de las Doctrinas lulianas con un total desconocimiento de las mismas, repitiendo contra ellas los cargos que allá en el siglo XVI formulara un historiador de la General de España, el célebre P. Juan Mariana... A la verdad, no creemos sea ésta la mejor fuente de crítica filosófica luliana.

---

(1) De las vicisitudes de la Filosofía Platónica en España.

Aquí recordamos unas palabras del Sr. Menéndez y Pelayo: «El ingenio y la agudeza y el desembarazo sirven de mucho; pero en cuestiones de *hecho*, los *hechos deciden*... El talento más claro no libra á nadie de dar traspiés en lo que ignora (1).»

Se impone, de consiguiente, la necesidad de conocer las obras del Filósofo mallorquín.

II

La edición de los textos originales catalanes del Beato Lulio, que hacen actualmente los lulistas de Palma de Mallorca, no llena en manera alguna el vacío de que hablamos; aquel trabajo, notabilísimo por cierto, obedece á una razón puramente lingüística y literaria; allí publican únicamente los textos lulianos que han podido encontrar *mientras sean catalanes*, prescindiendo en absoluto de si se refieren ó no al *Ars Magna*, de si tratan de la Orden de Caballería ó bien de Filosofía y Teología. Es aquél, en verdad, un monumento erigido á la lengua y literatura catalanas; empero, una vez se hayan publicado los treinta volúmenes anunciados, el Sistema Científico Luliano no será todavía conocido, é igualmente no lo serán la Filosofía y Teología lulianas. Baste decir que de todas las obras en cartera ni una sola expone el *Ars Magna* ó Sistema Luliano, y pocas son las obras prácticas del Sistema en la Filosofía y Teología.

Nuestro objetivo es otro, pues nos proponemos dar á conocer la grandiosa concepción científica del Polígrafo catalán.

---

(1) *La Ciencia Española;* págs. 60 y 68, edic. 1880.

III

No creemos nosotros que para eso sea necesario publicar íntegramente las obras del Maestro: muy al contrario, pues somos de parecer que la *sola* publicación de todas las obras expositivas y prácticas del *Ars Magna*—cosa en sí misma muy digna de un elogio superlativo,—poco ó nada había de contribuir al Renacimiento luliano que se ha iniciado en nuestros días. La misma abundancia de libros que tendríamos entonces, así de exposición como de aplicación ó práctica; las mil figuras, métodos y formas algebraicas, con que el Santo expone y practica su Sistema; el tecnicismo nuevo y fecundísimo que en todas sus obras campea; la diferencia entre los gustos literarios y científicos modernos, y los de los siglos XIII y XIV, que son los de nuestro Autor; todo esto haría penosísima y enojosa la lectura y más aún estudio de aquellas obras, y, en consecuencia, engendraría en el novel filósofo un desaliento insuperable, continuando indefinidamente la ignorancia de las Doctrinas lulianas.

¿Qué debemos hacer, pues?

Primeramente expurgar los libros lulianos de todo cuanto hoy, después de siete siglos de haber sido escritos, resulta inútil ó menos conveniente; y en segundo lugar presentar y ofrecer el Sistema Científico Luliano y la Filosofía y Teología lulianas conforme á los gustos modernos.

Y eso es lo que, *salvo meliori,* nosotros hemos hecho.

Poseyendo casi todos los libros expositivos y prácticos del *Ars Magna,* que los catálogos más completos de las obras del Beato nos han dado á conocer; después de haber empleado más de doce años en la lectura y estudio de aquellos libros y de muchísimos comentaristas, así de España como del extranjero; sazonado ya y digerido el estudio de tales doctrinas; hemos visto surgir ante nosotros, levantarse y crecer hasta su total desarrollo, la grandiosa concepción científica del Doctor Arcangélico: hemos visto que el *Ars Magna,* ó Sistema Científico Luliano, consistía en el ascenso y descenso del entendimiento, en el procedimiento aristotélico y en el procedimiento platónico: que para el Beato Raimundo Lulio las leyes del entendimiento proclamadas por el Filósofo del Liceo son tan legítimas, naturales y verdaderas, como las dogmatizadas por el Filósofo de la Academia: que para construir el edificio de la ciencia se requieren á la vez el ascenso y el descenso: que la ciencia, en verdad, empieza por los sentidos, pero también es innegable que el hombre deduce verdades de principios ó ideas universalísimas, contraídas y especificadas á lo particular que se inquiere: que no debemos ser exclusivistas á favor de Aristóteles ni á favor de Platón: que ambos filósofos fueron intérpretes fieles y observadores asiduos del procedimiento por el que discurre nuestra razón: que las leyes del descenso son aplicables únicamente á la parte de universalidad y necesariedad que tienen todas las ciencias, constituyendo esta aplicación la llamada Ciencia Universal: que el ascenso es imperfecto sin el descenso, pero que el descenso es imposible sin el ascenso: que ambos procedimientos se completan y perfeccionan mutuamente y se juntan en admirable consorcio: en una palabra, el Beato Raimundo Lulio hizo tangibles y verdaderas las palabras de Alberto Magno, el maestro de Santo Tomás de Aquino: *Scias quòd non perficitur homo in philosophia, nisi ex scientia duorum philosophorum Aristotelis et Platonis.*

Por lo que nuestro primer paso ha sido, una vez expurgados los libros del Beato conforme hemos dicho, exponer el *Ars Magna* bajo este doble punto de vista, habiendo, en consecuencia, compuesto un volumen exponiendo el *ascenso,* y otro exponiendo el *descenso.*

Mas como de una y otra exposición total resultarían dos volúmenes muy abultados; y como por otra parte conviene que el joven lulista vea ya desde el primer momento en síntesis luminosa la trayectoria que debe recorrer; creemos utilísimo y aun indispensable componer un volumen de *Prolegómenos,* que preceda á las exposiciones dichas, donde dar cabida á los preliminares, así del ascenso del entendimiento como del descenso. Iniciado de esta suerte el novel lulista en las Doctrinas del Maestro, le será fácil recorrer hasta el fin el camino emprendido. Y este es el volumen que, Dios mediante, publicaremos en primer lugar, y cuyo *Indice de materias* ponemos á continuación, para que nuestros lectores vean ya desde luego el orden, la importancia y la trascendencia de las cuestiones comprendidas en el mismo.

IV

Puede que alguien diga, que admitiendo el *Ars Magna* así el ascenso aristotélico como el descenso de Platón, no contribuiría entonces la obra del Filósofo mallorquín á enriquecer el tesoro de la ciencia medioeval. ¡Cuán equivocado sería este juicio!

«Si alguna vez—*habla el doctísimo Sr. Maura*—toma el Beato Lulio por punto de partida de sus disquisiciones filosóficas las doctrinas de Platón, Aristóteles ó de algún otro ingenio, no es para poner el suyo al servicio de una escuela, ó seguir, más ó menos servilmente, las gloriosas huellas de algún maestro; sino para vaciar los conceptos ajenos en el originalísimo molde de su portentoso y fecundo talento, y, una vez fundidos y amoldados, hacerlos servir de base á una nueva é ingeniosa teoría, ó ajustarlos á las vastas proporciones de su grandioso sistema (1).»

El reverendísimo Abad del Cister, Antonio Raimundo Pasqual, «el más sabio y profundo de los últimos lulianos,» á juicio del Sr. Menéndez y Pelayo, se expresa en los siguientes términos:

«Aristóteles comprendió sólo el método del ascenso, y Platón el del descenso; pero el Beato Lulio los propuso con mayor magisterio y exactitud, pues ni uno ni otro puso con claridad la distribución de la escala natural, mientras que

(1) *Revista Luliana;* n.º 14: Estudios sobre la Filosofía del Beato Raimundo Lulio —Psicología, I.

nuestro Filósofo especificó la razón de la diferencia de sus gradas: explicó su concordancia, proporción y participación: distribuyó la ordenación natural con la que se avienen como principios, medios y fines: declaró su mayoridad, minoridad é igualdad proporcionada: y, finalmente, ninguno sondeó el fondo de la armonía que forman en el Universo, que es la proporcionada semejanza de Dios en que todos según su graduación le imitan, siendo, como es, todo ello necesario para que sean rectos los pasos del entendimiento, así en subir como en bajar (1).»

Hablando en especial del descenso luliano del entendimiento, dice así el mismo autor:

«Puedo asegurar con la candidez y veracidad á que me obliga mi profesión y estado, que, después de estar algo impuesto en el Método Luljano, he tenido el mayor gusto de verlo practicado en gran parte, así implícita como explícitamente, en los autores que he leído; siendo una admiración ver como centellean en sus escritos ya una, ya otra máxima, regla ó propiedad del Arte Luliano: cuyo gusto previno á sus discípulos el Beato Lulio con un capítulo de su *Introductoria del Arte Demonstrativo,* en que enseña, como los discursos formados, aun en los términos más remotos de los expresos de su Arte, se han de reducir á discursos expresos del mismo.

«Pues, ¿qué novedad, dirán, nos trae el Arte de Lulio? Respondo que este Arte no es más que un método de discurrir naturalísimo, que como tal está conocido, á lo menos cuanto á algunas de sus partes, por diferentes ingenios, según lo mucho ó poco, y la mayor ó menor extensión de la luz natural que Dios les ha comunicado. Pero lo singular del Beato Lulio es el haberlo reducido á Arte, sentando los fundamentos y prescribiendo los modos de su práctica. Otros lo han conocido en parte, éste en el todo de su con-

(1) *Examen de la Crisis del P. Feyjóo sobre el Arte Luliano;* tomo II, pág. 116.

textura; en aquéllos se observa más la práctica que la especulativa, y en éste se ve formada una exacta especulativa con su adecuada práctica; y, en fin, aquéllos sólo, digámoslo así, navegaron por la orilla, pero éste, como dueño de aquel mar inmenso, ha discurrido por todo el piélago.

«Así como las demás Artes, v. gr. la de hablar bien, corrían sólo á trozos y practicadas en parte por los hombres, hasta que de la observación de las rectas locuciones que naturalmente usaban se formó con preceptos el Arte de hablar; del mismo modo el sólido Arte de discurrir se ha practicado naturalmente, según varias de sus partes, por los hombres, hasta que formó el todo de él en un Arte el Beato Raimundo Lulio (1).»

Verdaderamente el incomparable Polígrafo español perfeccionó el ascenso aristotélico; y desarrolló, terminó y cristianizó el descenso de Platón, ya que éste sólo indicó su método ó procedimiento, y nada más; pudiendo, en consecuencia, afirmar el Beato Lulio—como lo dice en verdad—que allí donde termina la Filosofía de Platón, allí comienza la suya propia.

Y perfeccionó ambos procedimientos, porque á uno y á otro cimentó en la idea cristiana; en dos solas verdades, vulgarísimas, si queréis, pero tan firmes é inexpugnables, que en ellas solas fundó él todo su Sistema Científico, toda la Filosofía y Teología, é igualmente todas las demás ciencias conocidas: tan fecundas, que de ellas solas nacen, así la grandiosa concepción filosófico-luliana, como todas las innumerables doctrinas filosóficas, teológicas, jurídicas y científicas del gran Polígrafo mallorquín; dos verdades proclamadas ya de antiguo por la filosofía cristiana, pero de las cuales ningún filósofo había hecho el uso que nuestro Maestro, esto es, fundar en ellas las leyes del ser y las leyes del pensar.

¿Cuáles son estas dos verdades? Primera: Dios imprime *multipliciter et divisim* en todas sus criaturas, sean espi-

(1) Obra citada; pág. 106.

rituales, sean materiales, la semejanza de sus perfecciones, que son Bondad, Grandeza, Eternidad, Poder, Sabiduría, Voluntad, Virtud, Verdad, Gloria, etc. Segunda: toda esencia tiene en sí misma tres correlativos, primitivos, verdaderos, innatos, intrínsecos, necesarios y esenciales, que se llaman acción, pasión y acto connectivo. He aquí las dos primeras lecciones que da nuestro Maestro al discípulo que se sienta en su Escuela.

¿No veis, por ventura, que sean dos verdades tan fecundas? Pues escuchad lo que después é inmediatamente dice el Doctor: «Aquellas semejanzas impresas en la criatura, así espiritual como material, son las leyes del ser de esta criatura, y son además—¿qué diríais?—las leyes para conocer esta misma criatura.» Y añade: «Aquella acción, aquella pasión y aquel acto connectivo, todo igualmente intrínseco, necesario y esencial, nos explican la naturaleza y las manifestaciones de la materia elementada, de la potencia vegetativa, de la sensitiva, de la imaginativa, de la intelectiva... y de la misma Divinidad.»

Jamás la doctrina luliana se separa de estos puntos de vista; todo nace de ahí.

Lo que no es esto, no es doctrina luliana. Quien en las obras del Beato no ha sabido leer esto, no ha leído los libros del Arcangélico Doctor.

De consiguiente, conocidos el ascenso aristotélico y el descenso de Platón, tal como se hallan ambos procedimientos en las obras de los filósofos respectivos, son aún de grandísima utilidad y provecho las Doctrinas lulianas referentes á la misma materia.

V

No satisfecho el Beato Raimundo Lulio con exponer su grandiosa concepción científica ó *Ars Magna,* y por cierto con una riqueza de detalles incomparable,—cosa que por sí sola habría ya inmortalizado el nombre de su Autor,—hizo de ella aplicación y práctica en la Filosofía, Teología, De recho Natural, y, por lo tocante al descenso, en la parte de universalidad y necesariedad que, como todas las ciencias, tiene la Medicina.

No quiere esto decir que en una ciencia aplique el ascenso y en otra sólo el descenso, sino que indistintamente aduce argumentos, ora sacados mediante el primer procedimiento, ora sacados con el segundo, para solucionar una misma cuestión, cualquiera que sea la esfera á que pertenezca. Empero, allí donde no es posible aplicar el descenso, excusado es decir que no lo aplica; y así vemos, que en todo el riquísimo libro *De Anima rationali*, sólo se aplica el procedimiento aristotélico.

Es lógico, pues, y natural que dediquemos por lo menos un volumen á cada uno de los tratados que integran las ciencias dichas.

Pero nuestro Doctor y Maestro, no sólo es un autor muy original en Metodología, Filosofía, Teología, como en todos los demás ramos del saber humano—á pesar de no ser revolucionario, sino al revés, muy conservador en la ciencia,—sino que el *Ars Magna* tiene un tecnicismo peculiar y variadísimo, que no es el de la Escolástica; y quien desconoce dicho tecnicismo difícilmente llega á comprender las Doctrinas lulianas, si es que en algo las penetra y alcanza. Conviene, por lo mismo, poseer la clave del tecnicismo luliano. Y habiéndonos propuesto nosotros facilitar á toda costa el estudio del Lulismo, compondremos un volumen con este título: *Lexicon lullianum philosophico-theologicum in quo Artis Magnæ vocabula propriissima, distinctiones et effata præcipua clarè et dissertè explicantur*.

VI

El Beato Raimundo Lulio, tocante á la exposición, así del Sistema como de la doctrina adquirida mediante el Sistema, separóse completamente de lo practicado por los otros Doctores de la Escolástica. Estos, generalmente hablando, dividían siempre sus tratados en distinciones; las distinciones, á su vez, eran subdivididas en cuestiones; éstas en artículos con sus partes tradicionales y de todos conocidas; y así por este método, claro y sencillo, sino elegante, iban ofreciendo el caudal de su ciencia, siempre, empero, en forma soluta y corriente, si bien concisa y enérgica. El Polígrafo español se valió de todo menos de eso: el verso, el diálogo, el apólogo, la plegaria á Dios Nuestro Señor, las figuras circulares, triangulares, cuadrangulares, las tablas generales, cuadros sinópticos, árboles, las letras como signos algebraicos, los números, los colores, el Arte combinatoria, en fin, interminable y laberíntica, todo lo puso á contribución para exponer el *Ars Magna* y las Doctrinas obtenidas con el auxilio de ésta.

Si alguien nos preguntara el por qué de toda esa Metodología, responderíamos que el Filósofo *usó* de toda ella movido por razones muy poderosas y *abusó* de la misma sin motivo alguno, claro está, para ello.

Que el empleo de signos algebraicos y figuras geométricas y demás, por ejemplo, la figura del Arbol, sea á veces útil y conveniente para la exposición é inteligencia de lucubraciones filosóficas, es cosa de todo el mundo reconocida, y por muchos filósofos practicada. Y habiendo sido una de las preocupaciones máximas del Maestro la mayor divulgación posible de sus Doctrinas, no hay por qué extrañar que en sus obras empleara signos algebraicos y geométricas figuras. Empero hay que confesarlo: de esto al abuso que de lo mismo hizo, hay una distancia dificilísima de salvar.

Igualmente se explica, por natural y lógico, el uso del Arte combinatoria.

En las Doctrinas lulianas el Sistema para adquirir la verdad es conforme al Sistema natural y real del ser. ¿De qué manera, pues, exponer aquel Sistema para la adquisición de la verdad? Muy sencillo: conformándose á la manera que sigue el ser, así en los pliegues más recónditos de su íntima constitución, como en todas sus operaciones. Pero la manera por la que el ser está constituido y obra es el Arte combinatoria. De donde con mucha razón el Doctor Arcangélico expuso su *Ars Magna* ó Sistema Científico mediante dicho

Arte combinatoria. Hasta aquí el Filósofo obró perfectamente, pero como llegó á abusar del Arte combinatoria ¡ahí está su defecto ó error!

Si atentamente estudiamos la naturaleza, no nos será difícil observar la reducción de muchos principios á la unidad, y la difusión ó expandimiento de esta unidad en la innumerable multitud de las cosas. La teoría, hoy por todos aceptada, de la unidad de las ciencias físicas, es un ejemplo hermosísimo de la doctrina precedente. Y esto es el primer fundamento del Arte combinatoria.

Además, continuemos escudriñando la naturaleza, y veremos que, de un modo ú otro, las cosas más pequeñas están contenidas en las máximas, y las cosas medias están contenidas en las ínfimas y supremas, y las supremas están contenidas en las medias y en las ínfimas; en una palabra, todo está contenido á su manera en todo, y nada hay en la universalidad de las cosas que, bajo cierta proporción y analogía, no responda á todas y cada una de ellas. Quien estudie y conozca esa íntima y universal analogía, penetrará con más facilidad que otro en los arcanos de la ciencia. Y esto es el segundo y último de los fundamentos del Arte combinatoria. *Omnia in uno.*

Venid ahora, abrid el *Ars Magna* luliana en su parte del descenso del entendimiento ó Ciencia Universal, y ved como los peldaños por los que baja el hombre yendo tras la verdad son precisamente los indicados por manera sumaria en los modos del ser de las cosas (y de consiguiente en su obrar) que hemos dicho, en los dos que con razón hemos llamado fundamentos del Arte combinatoria.

Razonablemente, pues, el Beato Lulio expuso y practicó el *Ars Magna,* en su parte de Ciencia Universal ó descenso del entendimiento (que es en donde sólo la empleó) mediante el Arte combinatoria. A la verdad, el *Ars Magna* luliana, en su parte de Ciencia Universal, está ligada íntimamente con el Arte combinatoria; claro está que en absoluto, y es lo que ignoraba Gersón, aquélla puede exponerse y ser enseñada sin necesidad alguna de ésta, pero sí debemos afirmar, que el mejor método expositivo de dicha *Ars*

Magna, en su parte del descenso intelectual, es el Arte combinatoria *usada en sus justos límites:* el abuso de lo que en sí es bueno y conducente malea las cosas mejores.

Siendo esto así, clara cosa es que conviene tener algún conocimiento del Arte combinatoria, y ver asimismo como, mediante ella, exponía el Maestro y practicaba su Sistema.

Y no sólo eso, sino que importa también conocer á lo menos los principales métodos expositivos empleados por el Filósofo, ya que además del Arte combinatoria hizo uso de otros medios de exposición, como, primero, el de las figuras geométricas: circulares, triangulares, cuadrangulares, tablas y cuadros esquemáticos; segundo, el de las letras del alfabeto, números y colores; tercero, el de las Cien Formas; cuarto, el de la figura sensual del Arbol; quinto, el del ascenso y descenso del entendimiento (no sistema científico, sino método expositivo), pero en ambos utilizando sólo los sentidos y el entendimiento, nunca las ideas arquetipas universalísimas, para uso de los seglares que, deseando adquirir las ciencias, carecen de los vocablos propios de las mismas, por no haberlas comenzado á estudiar cuando jóvenes; sexto, la dicha Arte combinatoria empleada ahora, no en la exposición de la *Ciencia,* sino en la exposición de la *Amancia* ó amor, si aquélla fruto del entendimiento, ésta de la voluntad: por ejemplo, el libro *Ars amativa boni;* y otros bastantes aún, pero los hasta aquí indicados son los siete principales métodos de exposición usados por el Polígrafo en su numerosa Enciclopedia.

Parece ser, de consiguiente, útil y aún necesario, si aspiramos á dar en la obra que anunciamos una síntesis luminosa y completa de las Doctrinas lulianas, dedicar un volumen á la *Metodología Luliana,* ó sea, á dar algunas muestras de exposición del Sistema y Doctrina del Arcangélico por medio de aquellos siete principales métodos; y eso, tal como los emplea dichos métodos el Maestro, no separadamente, sino mezclados y entrelazados unos con otros. Si todos los volúmenes han de resultar interesantes, dada la importancia de la materia respectiva, éste tiene que resultar forzosamente interesante y ameno.

VII

Y así la enumeración, los títulos y la división de los tratados científicos que, en otros tantos volúmenes, vamos, con la ayuda de Dios, á publicar, son los siguientes:

ARS MAGNA

ASCENSUM INTELLECTUS SIMUL ET DESCENSUM IN PHILOSOPHIA AC THEOLOGIA COMPLECTENS

Volumen I.—*Prolegomena.*
Volumen II.—*Lexicon lullianum philosophico-theologicum in quo Artis Magnæ vocabula propriissima, distinctiones et effata præcipua clarè et dissertè explicantur.*
Volumen III.—*De ascensu intellectûs.*
Volumen IV.—*De descensu intellectûs.*
Volumen V.—*Methodologia Lulliana.*
Volumen VI.—*Logica.*
Volumen VII.—*Cosmologia.*
Volumen VIII.—*Ontologia.*
Volumen IX.—*Psicologia.*
Volumen X.—*Theologia Naturalis.*
Volumen XI.—*De Deo uno.*
Volumen XII.—*De Deo trino.*
Volumen XIII.—*De Deo incarnato.*
Volumen XIV.—*De Deo creante.*
Volumen XV.—*De Deo consummatore.*
Volumen XVI.—*De Gratiâ Christi.*
Volumen XVII.—*De Sacramentis.*
Volumen XVIII.—*De Moralibus.*
Volumen XIX.—*De Jure naturæ.*
Volumen XX.—*De Medicinâ.* (Se encarga de este volumen un distinguido médico de Barcelona).

VIII

No sólo á los filósofos y teólogos les conviene el conocimiento del *Ars Magna* ó Sistema Científico Luliano, sino también á los abogados ó jurisconsultos.

—¿Cómo? ¿por ventura el Doctor Arcangélico merece más títulos aún que los de grande filósofo é insigne teólogo? ¿acaso tenemos que circundar su frente con la sacra aureola del notabilísimo jurisconsulto?

—Sí, señores; y más todavía que esto, según veremos adelante.

El *Ars Magna* es un Sistema Científico Universal, esto es, para todas las ciencias; el *Ars Magna,* en su parte del descenso del entendimiento, es una Ciencia Universal y un Arte ó Sistema Universal para la adquisición de aquélla y de las demás ciencias que llamamos particulares, y en consecuencia para la adquisición de la *Ciencia jurídica.*

La Filosofía inquiere lo verdadero; el Derecho inquiere lo justo; la Filosofía investiga lo justo de la verdad; el Derecho investiga lo verdadero de la justicia. Y lo verdadero y lo justo, en su concepto primitivo, real, universal y necesario, se confunden, son una misma cosa, tienen los mismos principios, se regulan por unas mismas leyes.

Ahora bien, los principios primitivos, reales, universales y necesarios de lo verdadero y de lo justo, como asimismo del objeto de las otras ciencias particulares, el Beato Raimundo Lulio los señala con mano segura y certera en su *Ars Magna* ó Ciencia Universal; mejor diré, los principios del *Ars Magna* ó Ciencia Universal son los principios primitivos, reales, universales y necesarios de lo verdadero y de lo justo y de los objetos, cualesquiera que sean, de todas las ciencias que conocemos, y llamamos particulares; en una palabra, de todo lo inteligible. Y que así deba de ser lo clama á voz en grito toda razón despierta y no enfermiza: ó la Ciencia Universal es un imposible, ó ella forzosamente debe contener los principios primitivos, reales, universales y necesarios de cuanto en nuestro suelo lleva el sello de lo inteligible.

Sáquese de ahí, en legítima consecuencia, que todo derecho, civil, político, internacional, canónico, etc., puede y debe reducirse para ser justo, en su parte de necesariedad y universalidad, al Derecho Natural, y resolverse por éste; y esa reducción y esa resolución se obtienen con el estudio del *Ars Magna,* porque, á la verdad, el Sistema Luliano aplicado á la ciencia del Derecho consiste en explicar cómo se han de resolver los casos y cuestiones legales con razón natural por la aplicación de los principios y reglas del *Ars Magna* á la Jurisprudencia.

. Dios, creador de todas las cosas, es uno; ¿y no habrá impreso en la multiplicidad y diversidad de sus criaturas la imagen, el vestigio, la huella de su unidad? Que la Ciencia sea en Dios *una,* nadie lo niega, y en verdad que siendo cuerdo no puede negarse; que la Ciencia humana sea un reflejo de la Ciencia Divina, es un hecho también evidentísimo; ¿por qué, pues, no buscar, inquirir, investigar los rayos *unísonos* que bajando de la Inteligencia Divina son ellos el fundamento, la razón de ser, los principios primitivos, reales, universales y necesarios que alimentan y mantienen encendida la lumbre que brilla en la inteligencia del hombre? ¿por qué no buscar la *unidad* de las ciencias humanas, sabiendo y confesando todos que esa unidad existe en Dios? ¿existen, quizás, para la ciencia las columnas del *non plus ultra?* No, ciertamente; no existen esas columnas. El genio tiende á la unidad, como la piedra tiende al centro de la tierra, según lo afirma en sus páginas la Historia del mundo sabio; y eso no puede ser por otra razón, sino porque la unidad es la verdad, la realidad. Que Dios, si ha puesto en los repliegues más recónditos de nuestra alma inclinaciones espiritualísimas, altas y soberanas, es con el fin de que las demos con el tiempo y con el esfuerzo de nuestro brazo satisfacción cumplida, ya que, de lo contrario, semejante castigo de la razón sería propio de un dios pagano, no del Dios que adoramos en la Cruz.

Sí, existe la unidad de las ciencias especulativas, como

existe también la unidad en todos y cada uno de los órdenes del humano conocimiento. ¿No lo creéis? Mirad, allá en el siglo XIII, en medio del colosal esfuerzo especulativo de la Escolástica, álzase el Beato Raimundo Lulio, cual monarca aclamado por su pueblo, con la *unidad* de las ciencias especulativas; y hoy, en nuestros días, en el gigantesco estudio de la materia que hemos presenciado, álzase el jesuita Padre Secchi, y á su voz los sabios todos enmudecen, con la *unidad* de las fuerzas físicas. Tenemos ya dos *unidades*, dos genios, dos monarcas: ¡el Beato Raimundo Lulio y el Padre Secchi!

IX

Los libros que el Beato Raimundo compuso sobre la ciencia del Derecho, y en los cuales expone la teoría y práctica del *Ars Magna* aplicada á todas las cuestiones legales resolviéndolas por el Derecho Natural, son muchos, y entre ellos se cuentan los siguientes:

«Libro de los Principios del Derecho.»

«Arte del Derecho.»

«Arte breve de la invención de los medios del Derecho Civil.»

«Modo de aplicar la Lógica Nueva á las ciencias del Derecho y la Medicina.»

«Arte del Derecho Natural.»

«Arte Compendiosa del Derecho.»

«Aplicación del Arte general á varias Ciencias» (en la parte que trata de la Jurisprudencia).

«Arbol de la Ciencia» (en la parte que trata del Arbol Imperial).

Y en todos los que expone y practica el *Ars Magna,* que son innumerables, breve ó extensamente nunca deja de ocuparse de la Jurisprudencia.

Pues bien, todos esos libros deben ser conocidos, estudiados, comentados, perfeccionados, y después vulgarizados en toda la república de las letras, á fin de que sus doctrinas lleguen á integrar el cabal científico del Derecho moderno. Y clara cosa es que la realización de tamaña empresa á los abogados estudiosos y españoles toca.

Predecesores en ello tienen, notabilísimos é ilustres, como no pocos jurisconsultos del Reino de Mallorca, que sería largo enumerar, amén de otros muchísimos del resto de España, como Diego Cornejo, Catedrático de las Decretales y del Decreto de Graciano en la célebre Universidad Literaria de Alcalá de Henares, y D. Miguel Gómez de Luna y Arellano, quien, conforme al *Ars Magna,* arregló su libro *De Juris ratione et rationis imperio* á los principios y reglas del Sistema Luliano, declarando como todo derecho se funda en la razón natural.

Y aún más allá de las fronteras de la Patria, en el corazón mismo de la docta Alemania, la aplicación del *Ars Magna* á la ciencia del Derecho ha contado entusiastas seguidores, de los que no podemos dejar de mencionar al célebre Ibo Salzinger, doctor en Derecho civil y canónico, uno de los más beneméritos discípulos del Maestro Arcangélico.

X

Hemos dicho que el *Ars Magna* era aplicable á todas las ciencias; y como la Medicina sea real y verdaderamente una ciencia, claro está que á ella alcanzan los principios y leyes del Sistema Luliano.

Novedad causarán estas palabras á todos los no iniciados en los libros de aquel á quien nuestros antiguos Reyes llamaban *Maestro de todas las ciencias,* é igual efecto producirán en el ánimo de aquellos que sólo atienden á la parte experimental y casuística de la Medicina. Pero escuchen unos y otros las siguientes palabras del más notable de los comentadores del Maestro:

«Las máximas generales valen en la Medicina, como en todo lo científico, pero es preciso que estriben en fundamentos fijos y sólidos, esto es, en los verdaderos principios de Medicina. Porque no siendo otra cosa la variedad de los casos particulares, que una varia combinación de los principios generales, siendo bien reguladas sobre éstos las máximas, pueden valer muy bien para todos los diversos casos.

Por lo que no se ha de atender puramente á la observación de los casos particulares que han notado los médicos; porque siendo imposible que el mismo caso especial con sus determinadas circunstancias suceda en uno como en otro, por la precisa diferencia individual de los sujetos, no se puede dirigir bien aquella observación sin los principios y máximas generales para distinguir unos casos de otros, y entresacar de las observaciones determinadas lo que puede servir en otros semejantes.»

Y poco antes había dicho: «Es verdad que el Sistema Luliano sólo se propone lo general de la Medicina, que es el único método de tratarse las ciencias, pero nuestro Autor explica también en sus libros como de los mismos fundamentos universales se ha de discurrir y obrar en todos los casos particulares; y aunque la Medicina no cure la enfermedad ni el cuerpo en general, como no haya especial alguno que no descienda de lo universal, dándose modo y forma de conocer y curar la terciana, v. gr. en general, sabe el médico prudente y sabio cómo se ha de gobernar en la particular que se le ofrece, pues las circunstancias que la acompañan están prevenidas en los principios generales; ni hay enfermedad individua que no consista en el fondo en lo que toca á la naturaleza de su especie; y la variedad individual que puede tener, no depende sino de la varia combinación de los principios generales.

«En çuyo supuesto no tuvo razón el que dijo, que una de las partidas de un buen médico era no seguir sistema determinado, ni atender á máximas generales; porque es cierto que la naturaleza tiene realmente su sistema al que se arregla indefectiblemente. Y como los principios que causan la enfermedad, aunque vayan contra la naturaleza del mixto, observen su natural modo de acomodarse en aquella su contra-natural confusión, hay en la realidad pauta que observan las enfermedades en lo que obran contra la naturaleza, como también la hay en ésta en lo que resiste y ejecuta contra aquéllas.

«Por lo que será tanto más sabio el médico, cuanto mejor sepa y observe este real Sistema ó más se acerque, si del todo no lo penetra, á conocerlo; ni puede proceder prudente sin fijarse en alguno á que se arregle, pues ignorando los fundamentos en que establezca su procedimiento, dará á la fortuna y casualidad sus remedios. Pero cuando en sí ó en los otros reparare flaquear algún sistema, no saliendo los efectos conformes á lo que promete, tendrá obligación de buscar el más seguro.» *(El Rdmo. Abad Antonio Raimundo Pasqual en su obra citada, págs. 279 y 280).*

Síguese de ahí que la Medicina comprende dos partes: una de universalidad y necesariedad, y otra de particularidad ó experimentación y contingencia. Pues bien, á la primera puede y debe aplicarse el *Ars Magna;* á la segunda, no. Si bien es verdad que hasta respecto á esta última el Beato Raimundo Lulio prescribe en sus libros muchas reglas y datos que sirven no poco en la Medicina experimental, pues no debe olvidarse que él es uno de los más notables precursores de la Química moderna, muy dado al análisis y á la experimentación, no sólo en las disciplinas psicológicas, sino también, y muy particularmente, en las ciencias físicas y naturales y médicas.

XI

Los libros médicos de nuestro Doctor se intitulan:

«Libro de los Principios de la Medicina.»

«Arte compendiosa de Medicina.»

«Libro de las regiones de la sanidad y enfermedad.»

«Libro de la levedad y ponderosidad de los elementos.»

«Arte operativa médica.»

«Libro de quinta esencia.»

«Tratado de la potencia retentiva.»

Una de las partes principales de la Medicina es la ciencia de preparar los medicamentos, la que trata plenamente el Beato Raimundo en sus libros de Química, explicando cómo de los mixtos se ha de sacar la virtud, y cómo se han de purificar sus partes y exaltarse su actividad, como remedios específicos, con que se regula la Medicina específica.

La Medicina Luliana tiene larga historia y gloriosa. A principios del siglo XVI es enseñada en París, en pública cátedra, por Bernardo de Lavinheta, quien sobre la misma compone una obra voluminosa y la imprime en Lyon (Francia) el año de 1523.

En el siglo XVII la hace famosa en toda Francia Juan d'Aubry, médico ordinario del Rey Cristianísimo, como es de ver en la obra que publicó en París, titulada: *La Medecine Universelle et véritable pour toutes sortes de maladies.*

La Medicina Universal Luliana merece la aprobación á los 6 de Junio de 1660, de la Universidad y Escuela de Medicina de Aix, en la Provenza; habiendo sido igualmente aprobada el año anterior, y favorecida con especiales privilegios, por Su Majestad el Rey Luis XIII de Francia.

Y pasamos por alto, por no ser este su lugar propio, el hablar de otras muchísimas aprobaciones por parte de las más distinguidas Corporaciones científicas y Academias de Medicina de la nación francesa.

¿Qué más? La misma Santidad del Papa Alejandro VII, atraído por la grande fama de la Medicina Universal Luliana, y por la de las muchas curaciones, dificilísimas y desesperadas, llevadas á feliz éxito mediante aquélla por Juan d'Aubry, concede á éste, que era sacerdote, en Breve del 1.º de Julio de 1660, el permiso requerido por los sagrados Cánones para ejercer dicha Medicina Universal Luliana, y preparar según ella los remedios, sin incurrir por ello en pena alguna, irregularidad ni censura eclesiástica, no obstante lo dicho y establecido por la Sede Apostólica y por los Concilios Ecuménicos, Nacionales y Sinodales.

En el siglo XVIII los libros médicos de nuestro Sabio son también buscados con afán, impresos y estudiados en Alemania y en Mallorca; y en esta provincia española, comentados y vulgarizados por el doctor en medicina Andrés Oliver, y otros.

Ahora bien, ¿hemos de permitir que se interrumpa esa gloriosísima tradición médico-luliana? ¿Por qué no continuar la historia de la Medicina Universal del Beato Raimundo Lulio?

Esperamos confiadísimamente que no se harán sordos á las voces de nuestro llamamiento, desinteresadas é hijas tan sólo del amor al estudio, los médicos españoles que estimen, cual se merecen, los prestigios científicos de la clase; y que nos ayudarán muy mucho en la impresión, vulgarización y estudio de los célebres libros médicos lulianos.

Lejos de nosotros el insinuar siquiera que la ciencia médica se haya desviado en tiempo alguno por no haber seguido las huellas del *Ars Magna;* lejos de nosotros el insinuar siquiera que haya de promoverse una restauración médica basada en el *Ars Magna;* sólo afirmamos con nuestro Arcangélico Maestro y con la gloriosa tradición médico-luliana, que el *Trascendentalismo Luliano* ó *Ars Magna* es aplicable á *una* de las partes de que se compone la Medicina, á la parte que comprende los principios, no empíricos, sino racionales, universales y necesarios que, al igual de todas las ciencias, debe de tener y tiene realmente la Ciencia Médica.

Verdad es que el médico, en el ejercicio de su profesión, hace abstracción momentánea de los principios universales y necesarios, deja como supuesta la aplicación de aquel trascendentalismo, y se aplica á la parte circunstancial, contingente y variable, á la parte de observación y experimental de su ciencia; pero también no es menos verdad que al médico estudioso, al trazar el organismo científico de su ciencia, al querer entrar y profundizar en la Filosofía de la Medicina, le salen en seguida al encuentro unos principios racionales, universales y necesarios, á los cuales, según el Polígrafo español, puede y debe aplicarse el Trascendentalismo del *Ars Magna.* ¿Y qué pretendemos nosotros? No otra cosa, sino convidar á los médicos estudiosos á que hagan la aplicación de que nos habla el Maestro. Esto, y sólo esto.

XII

En los libros, así expositivos como prácticos, del *Ars Magna,* unas veces emplea el Doctor figuras geométricas y otras veces formas algebraicas; aquí usa del diálogo, allí usa de la oración ó plegaria á Dios Nuestro Señor (como en el *Libro de Contemplación,* que todo él está en forma de oraciones), cosa esta última que practicaron asimismo otros Doctores santos, por ejemplo, San Anselmo; y aún se vale de símbolos, alegorías, etc., etc. Ahora bien, ¿cómo extraeremos nosotros de los libros del Beato la doctrina conveniente, y qué pondremos en nuestros volúmenes? Expurgados dichos libros de todo lo que ahora, después de siete siglos de haber sido escritos, no resulta necesario ó es menos conveniente, expondremos la Doctrina luliana en forma de *Cuestiones* y *Artículos,* tal como está la muy conocida *Suma Teológica* de Santo Tomás de Aquino. Aquel método pedagógico, común entre la mayoría de los Doctores de la Escolástica, lo juzgamos y confesamos insuperable.

Cada volumen estará dividido en cuestiones; cada cuestión tendrá cinco, seis, siete ó más artículos; y cada artículo abarcará las partes tan conocidas:

1.ª Objeciones á la tesis, que luego se establecerá: *Videretur dicendum quod...*

2.ª Texto de una autoridad notable contra lo afirmado por el adversario: *Sed contra est quod habet...*

3.ª Formular la tesis y sintetizar las razones que en seguida se aducirán en defensa de la misma: *Conclusio...*

4.ª Argumentos en favor de la tesis establecida: *Respondeo dicendum quod...*

5.ª y última; refutación de las objeciones presentadas: *Ad primum ergo dicendum...*

Esta creemos que debe ser la primera fase evolutiva de las Doctrinas lulianas para que éstas sean asimilables en nuestros días: expurgarlas de todo cuanto no sea hoy por hoy útil ó conveniente, y presentarlas en la forma tradicional escolástica. La segunda evolución debe consistir en solucionar las cuestiones del tiempo presente mediante el sistema del *Ars Magna* en su doble procedimiento del ascenso y descenso. Pero no estamos ahora en esta segunda etapa, sino sólo en los comienzos de la primera.

Mas en manera alguna juzgamos conveniente para el Renacimiento filosófico-luliano la publicación íntegra de los libros del Beato, muy al contrario, la consideramos contraproducente, pues tales libros sólo pueden andar en manos de hombres que tengan una voluntad inquebrantable de estudiar y conocer á toda costa cuáles sean las verdaderas Doctrinas lulianas filosófico-teológicas, no en manos de los *dilettanti* de la Filosofía. Todo aquel que no posea esa voluntad inquebrantable, se cansa y se fatiga muy pronto ante aquellos libros, por lo que es de todo punto indispensable presentárselos en la forma pedagógica conveniente, si queremos que los lea y estudie sin caérsele de las manos.

Por otra parte, esta forma de exposición doctrinal en *Cuestiones* y *Artículos,* que podríamos llamar tomista, no puede decirse que haya envejecido, ya que todavía en nuestros Seminarios los profesores de Teología explican esta ciencia amoldándose á dicha forma; y aun los libros recién salidos de la Universidad Gregoriana de Roma, con ella se nos presentan revestidos, y bellamente por cierto, en los tratados incomparables del jesuita P. Billot.

XIII

Las Doctrinas lulianas, seguramente por estar esparcidas en volúmenes innumerables, son dificultosas de exponer y practicar en toda su integridad, y por ende en toda su verdad. Esto nos explica un singular fenómeno que observamos en los discípulos y comentaristas del Beato. En la *Teología Natural* ó *Libro de las Criaturas,* del filósofo barcelonés Ramón Sibiude, hay la práctica del Arte Magna luliana; Gassendi, en una de sus obras, expuso la que él llamó Arte Magna luliana; pero ¿quién dirá, después de haber leído estos autores, que ambos bebieron en las mismas fuentes? Nadie seguramente, pues al primero le vemos siempre practicar un método para la inquisición de la verdad, seguro, noble, levantado, *semper sibi constans*, cuyas partes se encadenan unas con otras, y vémosle asimismo enfocar á cada momento la luz de unos principios, de unas máximas generales, de unas reglas, en la cuestión particular que se inquiere, de una manera agradabilísima y que nos proporciona sumo placer encendiendo en nuestros corazones vivas ansias de conocer y practicar también en nuestros libros ese método soberano; mientras que el segundo, Gassendi, afirmando que hace una exposición de aquel mismo método científico, nos llena la cabeza de nombres, de divisiones y partes de la ciencia, y de mil intrincadas teorías, figuras y cuadros sinópticos, de tal manera, que llegamos al fin sin saber á qué conduce todo aquello, é ignorando en absoluto cómo mediante aquel método científico ó Lógica luliana, si hemos de dar fe á Gassendi, podamos nosotros probar, por ejemplo, la existencia de Dios.

¿A qué se debe esto? Muy sencillo: á que Gassendi, *careciendo de datos*, careciendo de los libros donde el Beato Lulio expone su método ó Sistema Científico del ascenso y descenso del entendimiento (del ascenso mediante los sentidos, así externos como internos, y después mediante el entendimiento, y del descenso mediante unos principios universalísimos, y unas máximas generales nacidas de los principios, y unas reglas deducidas de los principios y las máximas), tropezó con algún libro de los titulados: *Ars brevis, Ars generalis et ultima, Ars cabalistica*, etc., donde el Filósofo no hace otra cosa que ofrecernos *métodos de exposición* del *método científico*, de la Lógica luliana, del Sistema científico del ascenso y descenso referidos. Porque clara cosa es que hay que distinguir entre los métodos para *exponer* el Sistema y los métodos para *adquirir* la ciencia. El método luliano para adquirir la ciencia no es otro que el aristotélico y el platónico á la vez; y el método luliano para exponer este método científico, este Sistema ó *Ars Magna*, es el *Arte combinatoria*, que no es de Aristóteles ni de Platón. Y las obras *Ars brevis, Ars generalis et ultima, Ars cabalistica* y tantas otras, no contienen sino dicha Arte combinatoria.

Olvidad por un momento, haced desaparecer, si os place, todos los libros, que no son pocos, donde el Maestro expone y aplica el Arte combinatoria; y aún entonces el Beato Raimundo Lulio será un filósofo genial, el filósofo de la unidad, el filósofo de las grandes síntesis, el filósofo del armonismo, de la conciliación platónico-aristotélica, de un aristotelismo tan amplio y fecundo, que de él nace el descenso del entendimiento, esto es, la Ciencia Universal, un platonismo desarrollado, completo y cristianizado. ¿Y por qué? Pues sencillamente, porque no habrán desaparecido tantos otros libros del Filósofo donde expone y aplica el ascenso y el descenso mencionados; porque aún entonces quedarían en pie las obras intituladas: *Duodecim Principia Philosophiæ, Liber Chaos, Ars demonstrativa, Compendium Artis Demonstrativæ, Ars inventiva veritatis, Ars universalis, Quæstiones solubiles per Artem demonstrativam, Quæstiones super Magistrum Sententiarum, Liber de ascensu et descensu intellectus,* y otros innumerables, que la fecundidad del Beato nunca se agotó.

El Arte combinatoria, de la que, dicho sea en honor á la verdad, usó y *abusó muchísimas veces* nuestro Doctor y Maestro, ha hecho siempre un mal inmenso á la Causa luliana. Pero ¿acaso no es de desear también, que los hombres pensadores, antes de despreciar una cosa, atendiendo sólo á su corteza, miren atentamente si hay allí dentro algo digno, verdadero y merecedor de gloria inmortal? ¿qué filósofo no cae en descrédito, confundiendo la substancia con los accidentes?

Y lo que decimos de Sibiude y Gassendi, podemos afirmarlo asimismo del gran luliano Bernardo de Lavinheta y de Giordano Bruno, quien tampoco acertó á leer otras obras del Beato Lulio que las del Arte combinatoria. En tiempos más cercanos se nos presenta igual fenómeno leyendo los tratados incomparables de Ibo Salzinger y la pobre *Arte combinatoria,* del por otro lado excelso filósofo Leibniz, comentando la de nuestro Beato; repítese el hecho al aparecer el sapientísimo P. Pasqual y las obras del jesuita Kircher; recrudecido y elevado, por decirlo así, á la cuarta potencia, lo vemos en la polémica de los PP. Fornes, Tronchon y Torreblanca contra Benito Feyjóo, que en esta ocasión actuó de pobre diablo; y por último ¿no diremos lo mismo ante los *Estudios sobre la Filosofía del Beato Raimundo Lulio,* debidos á la pluma del Ilmo. Sr. Maura, y lo que escriben aún hoy día los actuales detractores del Lulismo?

Pues bien, nosotros hemos entrado en la dilatada y fecunda selva de los libros lulianos, y hemos visto claramente lo que es una cosa y lo que es otra bien distinta; lo que es el Arte Magna ó grandioso Sistema Científico Luliano, lo imperecedero, lo inmortal del Polígrafo español, y lo que son los varios métodos lulianos de exposición de dicho Sistema (siete llegamos á contar nosotros de más notables) de los cuales, si alguno era conveniente en el siglo XIII, usado en sus justos límites, cosa que es fuerza confesar no hizo siempre nuestro Filósofo, ninguno agradaría seguramente á los pensadores de nuestros tiempos.

XIV

Y nuestra obra, esto es, los volúmenes que anunciamos y, con el favor divino, vamos ya preparando, no es el resultado de *nuestra visión* del Lulismo, no, sino el eco fiel, pero integral del Sistema Luliano, completo en sus dos partes de ascenso y descenso del entendimiento, y de su aplicación ó práctica en la Filosofía y Teología; hasta el punto que la mayor parte de los títulos de los Artículos en que dividimos cada volumen, por no decir todos los títulos, es copia literal de las propias palabras del Maestro. Hemos procurado ante todo ser expositores fidelísimos de aquellas Doctrinas, pero, eso sí, en toda su integridad y en todo su alcance filosófico, cosa por cierto que hasta raras veces hallamos en la tierra clásica del Lulismo, la risueña isla de Mallorca. Y en esa labor, lo confesamos con franqueza, nuestro principal cuidado ha consistido más en *cercenar* que en *añadir*, aun prescindiendo del Arte combinatoria. Por lo que, habremos podido equivocarnos, claro está, pero nuestro error no constituirá una falsificación del pensamiento luliano, ó su tergiversación; sino que entonces el pecado será de omisión: la mente del Filósofo no aparecerá completa é íntegra en nuestros escritos por haber dejado de aprovecharnos de alguna doctrina conveniente ó del todo necesaria, temerosos de pecar por exceso, falta muy común en la Escuela y aun en su propio Maestro.

No aspiramos á que se nos crea por nuestra sola palabra, honrada eso sí y sincera; y por ello, en cuanto nos sea posible, las razones ó doctrina con que vamos á probar las tesis de Artículos innumerables, serán copiadas literalmente de los libros del Autor; aspiramos, sí, á que nuestra obra facilite sobremanera la lectura y estudio de la inmensa Enciclopedia luliana, á quien para ello se sienta con alientos soberanos, por cuyo motivo, después de enunciada la tesis del Artículo, ponemos en seguida las fuentes de la correspondiente Doctrina luliana; y eso por manera completa y acabada, pues cada Artículo lleva la nota de *todos* los lugares de *todas* las obras del Filósofo donde se trata de la materia del Artículo.

Si no lo hacemos mejor, es porque no sabemos.

XV

Nadie crea que *nuestra presentación* del Lulismo sea efecto de la educación que recibimos en el Seminario; nadie vaya á decir que ofrecer á los estudiosos del siglo XX una doctrina, por notable que sea, pero vestida á la manera del siglo XIII en que nació, es desconocer totalmente, ó no querer amoldarse á los gustos literarios del tiempo presente, cosa no muy á propósito para el éxito de aquella doctrina; nadie dé en afirmar que, si dividimos nuestros volúmenes en cuestiones, y éstas en artículos, y los artículos en sus partes tradicionales tan sabidas de los escolásticos, se debe esto á nuestro carácter sacerdotal, á las tradiciones de la escuela cristiana en que militamos, á un desamor, quizás demasiado general en el clero, por la estética y las bellas letras. Nada de esto. Ni por asomo fuímos poco hábiles en ello. Creemos y afirmamos rotundamente que, dada la manera peculiarísima como el Beato Lulio expuso y aplicó su Sistema, manera que hoy muchos calificarían de informe, es hoy por hoy necesario *ante todo* presentar la inmensa mole de las Doctrinas lulianas *de un modo claro y sencillo*. Ser elegante en esta ocasión, ó conformarse siquiera con los gustos reinantes, equivaldría á inutilizar el trabajo.

De mí sé decir que me caería al instante de las manos todo *quodlibeto* recién nacido; pero, señor, ¡que no hay modo de hacer leer las Doctrinas lulianas, sino en forma *quodlibetal!*... Tomad, os ruego, un libro expositivo del Sistema, no importa cual, el primero que os venga en talante, y al momento asentiréis á mis palabras. Hay que poseer y haber leído los propios libros del Beato para poder juzgar con acierto sobre la forma bajo que deben ser hoy presentadas las doctrinas en ellos contenidas.

Hemos de comenzar por donde tenía que haberlo hecho el propio Filósofo. Este, al rechazar los procedimientos pedagógicos de su época, al abandonar el método expositivo de la Escolástica, al despreciar la división por cuestiones y la de éstas por artículos; y al emplear en lugar de ello, llegando casi siempre al abuso, figuras circulares, triangulares, cuadrangulares, tablas generales, el Arte combinatoria con sus caminos numerosísimos é intrincadísimos, árboles, letras, números y colores, etc., etc.; cometió un error lamentabilísimo y digno de ser llorado con lágrimas de sangre. ¡Cuán cierto es que, al tener que aparecer una obra humana perfecta, Dios se opone á ello y sólo permite que salga á luz mezclada siempre con algo defectuoso!... La perfección es una propiedad divina. Bien que, en la Doctrina luliana, lo imperfecto es lo extrínseco, las teorías meramente expositivas allí contenidas y practicadas.

Si el Doctor Arcangélico hubiese propuesto y enseñado

sus ideas filosóficas en la forma empleada por San Buenaventura, Santo Tomás y el venerable Escoto, que no gusta hoy día y entonces, sí, gustaba, pero siempre clara y sencilla, ahora podríamos presentar el Lulismo de conformidad con las modernas exigencias; mas como no lo hizo, tampoco es posible dar gusto á los humanistas, so pena de sacrificar el propio Lulismo. Lo que ahora importa es *conocer la Doctrina luliana,* qué pensara, qué enseñó, qué dijo el Filósofo mallorquín; presentarla á la moderna, no es trabajo que incumba á la generación presente, es de otra época. Y aún, hecho esto, muchísimo quedará para hacer, como es la aplicación del espíritu y la doctrina del Filósofo á los problemas filosóficos del presente. ¿Pensáis que es limitado este horizonte?

Todo otro proceder que no fuese éste, resultaría en detrimento del *conocimiento exacto* del Lulismo, que nunca hemos alcanzado. Y lo primero es lo primero.

Ahora bien, para exponer una doctrina *con claridad,* si *a priori* razones poderosísimas nos obligan á prescindir de las demás cualidades literarias, ¿hay medio más conducente, que el de dividirla en cuestiones, y éstas en artículos, preguntando constantemente el significativo *utrum,* si la cosa es?

XVI

¿Qué nos mueve? ¿qué nos guía? El amor á la Ciencia cristiana.

Nuestros estudios y propaganda tienen un *Programa;* y éste es el que nos dió el sapientísimo señor Obispo de Orihuela, Dr. D. Juan Maura y Gelabert, y pusimos en seguida al frente de la *Revista Luliana,* al cual hemos siempre amoldado la conducta nuestra.

Habla el docto Prelado:

«El gran Filósofo mallorquín cuenta hoy con muchos y muy inteligentes y entusiastas admiradores en Mallorca y en Cataluña...

«A nuestro entender, el Renacimiento luliano, una vez bien sentada la ortodoxia del insigne Doctor, ha de limitarse á propagar el conocimiento de sus Doctrinas, y hacer resaltar el alcance y la originalidad de su vasta concepción filosófica, digna de figurar entre las más renombradas que en época alguna produjo el humano ingenio. Estos son, sin género de duda, los más gloriosos laureles con que podemos adornar la frente del inmortal Polígrafo, sus devotos admiradores.

«De las obras del Beato Lulio, estudiadas sin prejuicios de escuela y con imparcial criterio, puede sacarse un precioso caudal de doctrina con que enriquecer al Neo-Escolasticismo que, armonizando lo antiguo con lo moderno—*vetera novis augendo*—va abriéndose paso conquistando en el campo de la filosofía nuevas y excelentes posiciones, de las cuales no logran desalojarle sus más irreconciliables enemigos.

«A estas conquistas de la ciencia escolástica pueden cooperar los lulistas modernos, cultivando sin intransigencias ni exclusivismos, ni entusiasmos exagerados, el estudio de las Doctrinas del *Maestro* que, levantadas de la postración y el olvido en que yacían, van llamando ya la atención de los doctos, recobrando paulatinamente el respeto y consideración que poco há se les negaba, y de que son merecedoras, sin duda alguna» (1).

Si creyésemos nosotros que el *Ars Magna* no es asimilable; que el Lulismo no puede ser útil al renacimiento de la Filosofía Escolástica, promovido por la Santidad del Papa León XIII, cerraríamos nuestros libros y cesaríamos en nuestra propaganda. Mas personas respetabilísimas por su virtud y ciencia, y además nuestras propias convicciones, nos dicen todo lo contrario.

No somos, ni en manera alguna queremos ser, exclusivistas: todos los grandes doctores, San Agustín, Alberto

(1) *Revista Luliana;* n.° 33: Junio de 1904.

Magno, San Buenaventura, el venerable Escoto, Santo Tomás de Aquino, el Beato Raimundo Lulio, etc., etc., pueden guiarnos á la conquista de la verdad. El primero, el más eminente, el oficial dentro las Escuelas Católicas, el recomendado por la Santa Sede Apostólica, es el Doctor Angélico Santo Tomás de Aquino.

Nosotros no hacemos otra cosa sino dirigir un llamamiento á todos los hombres estudiosos á profundizar en las Doctrinas del Escolasticismo luliano, á fin de que sus enseñanzas lleguen á incorporarse en el tesoro científico del que podríamos llamar *Escolasticismo eterno,* porque no es de éste ni de aquel tiempo, de éste ni de aquel Doctor, sino de la única, de la verdadera, de la grandiosa y sublime Ciencia cristiana, reflejo fiel de la Ciencia del Cielo.

XVII

Que la obra que hoy emprendemos no tiene nada de fácil, y que en ella siempre hemos de ir peñas arriba, lo sabemos, lo vemos y lo tocamos. Con todo, el desfallecimiento no anida en nuestros corazones. Pues se trata de una obra buena y aun santa, y hemos puesto toda nuestra confianza en Dios Nuestro Señor y en el poderoso valimiento del Beato Raimundo Lulio, quien derramó por la fe cristiana hasta la última gota de su sangre.

Dios Nuestro Señor que en unos ha hecho nacer la admiración al Beato Lulio, en otros la devoción, y en otros el amor y estudio de las Doctrinas lulianas... Él mismo cuidará de completar y acabar la obra que ha comenzado. Por nuestra parte sólo debemos poner en ello un poco de buena voluntad.

Seamos providencialistas. Y pues al parecer la Providencia quiere glorificar en nuestros días el nombre del Mártir de Bugía y Apóstol del Africa, ya que el estado de la Causa incoada en Roma, á favor de la Inmemorialidad de su Culto sagrado y público, así nos lo permite augurar; y pues hoy ya casi nadie se atreve á llamarle hereje, como en otros tiempos, y son menos á cada momento los que afirman haber él sido autor de errores filosóficos y teológicos; y pues, finalmente, aumentan de día en día los que piden dónde se hallan las obras científicas del Maestro para estudiarlas y aprovecharse de ellas... creamos, de consiguiente, que la Divina Providencia quiere hoy la gloria del Mártir de Bugía, y que el tesoro de sus Doctrinas sea conocido y aprovechado.

Para acabar (y la siguiente pregunta, que la contesten quienes conozcan la vida del Apóstol del Africa): si ante una obra buena y santa sintiésemos desfallecer nuestro ánimo, ¿nos podríamos llamar lulianos de verdad?

XVIII

Si prescindiendo del Catolicismo examinamos ligeramente las corrientes filosóficas de hoy día, vemos el crudo positivismo en unas partes, un pueril agnosticismo en otras, un psicologismo experimental, frío y pobre, en las de más allá, y en todas el desprecio de la metafísica. Los sistemas idealistas han perdido todos los adeptos.

¿Pues son estas las orientaciones de los que se apartan de la Escolástica renaciente? Puede que no, en el fondo. Aquello es lo que manifiestan al exterior: lo que sienten es otra cosa.

Sienten la necesidad de una metafísica... y huyen de ella y de ella hacen burla, porque adivinan ó ven que la metafísica, apartándoles de la concepción monística, los conduciría al dualismo, después al espiritualismo, y por último á la ciencia cristiana. En una palabra, les falta la primera condición necesaria para encontrar la verdad, esto es, voluntad de abrazarla donde quiera que se halle.

Y sienten la necesidad de una metafísica, porque la metafísica es lo natural, lo positivo, la realidad. No es un juego de la imaginación, como dicen ellos; si fuese así, no sentirían aquel estímulo ó aguijón.

¿Diráse que no hay tal cosa? Abramos, pues, sus libros,

y no ha de costarnos mucho dar con el hecho psicológico de que hablamos.

Alfredo Fouillée, cansado de trabajar por suprimir lo trascendente y absoluto á favor del positivismo, afirma últimamente que *el hombre es un animal metafísico*, no pudiendo hacerse sordo por más tiempo á los vivos clamores del buen sentido y á las conclusiones de una ciencia sensata. Además de las cuestiones científicas que tienen por objeto el hecho fisiológico, el hecho físico y el hecho psicológico, hay otras—dice en su obra *L'Avenir de la Métaphisique fondée sur l'expérience*—que se imponen igualmente al espíritu humano, como, por ejemplo, «si la naturaleza visible se basta ó no á sí misma; si hay un principio último de donde todo deriva; si dado que este principio exista, ha de concebirse sobre el tipo de la materia ó sobre el de la conciencia, ó si es absolutamente indeterminable; si él ha tenido ó no un principio...; cuál es nuestra naturaleza, nuestro origen y nuestro destino...» (1).

Guillermo Wundt, después de haber pasado toda una vida en el laboratorio y en trabajos experimentales, entregado en cuerpo y alma al estudio de la psicología fisiológica, nos sale, por fin, como señalándonos la fuerza resultante de sus estudios y ciencia con ellos obtenida, con un sistema filosófico en el que «la Metafísica ocupa la parte central» (2).

Si leemos á Herbert Spencer, de tanto como vemos negar el conocimiento de lo absoluto, del principio metafísico, creeremos llegar lógicamente á la conclusión de que lo absoluto no existe, de que la metafísica es un mito; mas entonces el mismo filósofo nos sale al paso, y, obligado por las afecciones normales é indeclinables de su inteligencia, nos dice entre convencido y vergonzante: «No tenemos, en verdad, una conciencia *definida* de lo absoluto; empero,

---

(1) Apud Mercier: en *Los Orígenes de la Psicología contemporánea*, página 141.

(2) En la obra *System der Philosophie*. Apud Mercier.

aunque incompletos, no por eso son menos reales los conceptos que poseemos de él, en el sentido de que tales conceptos son unas modalidades, unas afecciones normales é indeclinables de la inteligencia» (1).

Stuart-Mill enseñó en sus postrimerías, que el modo positivo de pensar no implica la negación de lo absoluto ni de lo sobrenatural.

La Filosofía escocesa estableció asimismo por último, en nombre de las mismas limitaciones del conocimiento, la afirmación de lo necesario y de lo *incondicionado* (2).

Y Ravaisson, queriendo hermanar á los modernos positivistas con los metafísicos de antaño, hace surgir la Metafísica... ¿de dónde diríais? de la Psicología. Cosa, empero, no muy nueva, ya que un adepto del Lulismo, el filósofo barcelonés Ramón Sibiude, hacíalo en Tolosa de Francia, allá por los años de 1434 á 1436.

Mercier tiene razón: «Se ve, pues, que los maestros de la filosofía contemporánea, no obstante su adhesión y simpatía por el positivismo agnóstico, se ven forzados por la necesidad á *representarse de alguna manera* el dominio de la metafísica, que por otra parte declaran incognoscible; y en el mero hecho de discutir sus problemas, es evidente que los conciben, puesto que nadie puede discutir lo que de algún modo no se representa» (3).

No paró aquí la cosa. En vista de los fríos resultados, pobres é infecundos, de la ciencia exclusivamente positivista, los corifeos de ésta, primeramente como avergonzándose de ello, mas después de una manera clara y terminante, declararon que el ideal filosófico, el ideal verdaderamente científico, es el *armonismo;* y que el armonismo no será completo, real, verdadero y perfecto, hasta que demos con la llave de oro que nos abra los secretos que unen las dos

---

(1) En su obra los *Primeros Principios*. Apud Mercier.

(2) Apud Menéndez y Pelayo.

(3) *Los Orígenes de la Psicología contemporánea*, pág. 351.—Madrid, 1901.

tendencias, claras, firmes y explícitas, de la inteligencia humana: hasta que sepamos si la verdad hemos de buscarla en las cosas ó bien en las ideas: hasta que estén en paz Aristóteles y Platón. Este—añaden—es el primer paso que hemos de dar; por aquí hemos de comenzar y no por otra parte. Ya vendrá después el estudio de la voluntad, del sentido común, de toda el alma, el de la materia, el de todo... La ciencia de estas cosas, sin preceder aquélla, sería forzosamente incompleta y dudosa: no cierta y perfecta, como se requiere. El sistema lo es todo en las ciencias; un sistema conducente y verdadero en todo puede llevarnos, seguido con acierto, á la ciencia verdadera; un sistema, si no falso, deficiente al menos, no nos llevará sino á una ciencia deficiente. ¿Y quién va á querer, al edificar una casa, comenzar por el primer piso? De consiguiente, lo primero que importa es determinar con exactitud las leyes verdaderas, naturalísimas y eternas del humano pensamiento y establecer sus cánones y condiciones.

Y razonan muy bien, según nuestro humilde parecer.

Zeller, profesor de la Universidad de Berlín, emprende la conciliación de los dos filósofos de la Grecia. «Las ideas universales—escribe—buscadas con tanto afán por Platón, son asimismo el centro de los trabajos de Aristóteles: para éste, la *idea* ó la *forma* constituye por sí sola la esencia, la realidad y el alma de las cosas. La realidad absoluta, ¿qué es? es sólo la forma sin la materia, es el puro espíritu que se piensa á sí mismo y sólo él. Y aun para el hombre, sólo el pensamiento es la realidad superior y la felicidad suprema de la existencia. La única diferencia que existe entre Platón y Aristóteles consiste en que el primero separa la *idea* de las cosas y la da existencia en sí misma, mientras que el segundo afirma que la *idea* es inmanente en las cosas» (1).

El citado Fouillée trabajó en el mismo sentido en sus cuatro volúmenes de *La Philosophie de Platon*, donde, le-

(1) Resumen de una cita que trae Menéndez y Pelayo.

yendo el tercero, hallamos estas palabras: «Si profundizáis la noción de lo individual, encontraréis en el fondo de ella la noción de lo universal, y recíprocamente. Del mismo modo, si profundizáis la noción de la substancia inmanente al ser, vendréis á encontrar en ella la noción del ente trascendental. Basta llevar los contrarios hasta lo absoluto, para concebir su unidad... El entendimiento no la comprende, pero la razón concibe la necesidad de esta idea, inmanente y trascendental á la vez; interior á las cosas, y no obstante, separada de ellas.

Es lo que Platón enseñó el primero en el *Parménides,* y su discípulo acaba por volver á la misma concepción de un principio interno y externo á la vez, causa universal de las diversas individualidades, individual, por una parte, en sí mismo, síntesis de los opuestos, que es el uno y el otro sin ser ni el otro ni el uno (ἀμφότερα καὶ οὐδέτερα).

En esta cumbre del pensamiento, donde brilla la unidad fecunda del ser perfecto, toda contradicción desaparece, y la oposición entre Platón y Aristóteles no puede ya subsistir» (1).

Tiberghien tuvo razón en su *Introducción á la Filosofía y preparación á la Metafísica:* para completar el sistema de la ciencia, elaborado por la Grecia, conviene juntar á Platón con Aristóteles: este será el problema de mañana. Lo que está descuidado en uno, se halla continuado y acabado por el otro. Pero los principios superiores son comunes (2).

Y el gran crítico Lange ha escrito lo siguiente: «Aristóteles y Platón, siendo muy superiores, por su influencia y valer, á los filósofos griegos cuyas obras han llegado hasta nosotros, se comprende fácilmente que se haya querido oponerlos el uno al otro, como los representantes de las dos principales tendencias de la filosofía: la especulación *a priori* y el empirismo racional.

«A decir verdad, Aristóteles está bajo la estrecha depen-

(1) Citado por Menéndez y Pelayo.

(2) Página 246.—Edición de Madrid, 1875.

dencia de Platón. El sistema por él creado, sin hablar de sus contradicciones internas, une á la apariencia de un empirismo todos los defectos de la concepción del mundo socrático-platónica, defectos que alteran en su origen al procedimiento empírico» (1).

La unidad y estabilidad que Platón buscaba fuera de las cosas, Aristóteles nos las quiere hacer ver en la misma diversidad de las cosas existentes (2).

Y en el método de investigación que Aristóteles emplea comúnmente, aparece con claridad la influencia preponderante de las ideas de Platón (3).

Tal es el estado de la filosofía no cristiana, pero tampoco sectaria. Comenzando á desengañarse del crudo positivismo, siente la necesidad de alguna metafísica, y acude á la conciliación platónico-aristotélica y trabaja con generosidad para encontrar en esta armonía al verdadero, al natural, al eterno, pero escondidísimo, Sistema de la Filosofía; á fin de que, una vez hallado, y perfeccionándolo, pueda lanzarse en seguida, valiente y segura, á la conquista de la verdad, de la ciencia, donde quiera que se halle.

El estado de la filosofía cristiana lo conocemos ya, y en sus dos manifestaciones ó modalidades: el aristotelismo interpretado según el Angélico Santo Tomás de Aquino y el Tomismo adaptado á las corrientes y á las necesidades del presente.

Estando así las cosas, ¿qué camino tomar? ¿responde á las palpitaciones del presente una humilde y moderada restauración del Lulismo? ¿no va á caer en el ridículo quien eche á los cuatro vientos semejante afirmación? Creo que no; creo que podemos fiar tranquilos nuestra suerte al Sistema Científico Luliano; creo que es grande la oportunidad de una restauración luliana. ¿No nos han dicho desde Roma

---

(1) *Histoire du Matérialisme;* tomo I, pág. 73.—Edición francesa, de París, 1877.

(2) Obra citada, pág. 74.

(3) Obra citada, pág. 80.

que, para la mejor defensa de la Religión, en el campo filosófico, estudiemos el Escolasticismo, ó el Tomismo, como queráis? Pues las Doctrinas lulianas—en su parte del descenso del entendimiento—son el complemento de la Escolástica en cualquiera de sus escuelas, ya que todas éstas sólo comprenden el ascenso del entendimiento y el Beato Raimundo Lulio comprendió en su Sistema, por modo admirabilísimo, el ascenso y el descenso á la vez. ¿Por ventura el descenso del entendimiento que, tomándolo de Platón, cristianizara el gran Doctor San Agustín, está condenado por la Iglesia? Pues sepa todo el mundo—y los libros del Maestro fían de mi palabra—que el Beato Lulio, después de admitir, exponer, perfeccionar y aplicar el procedimiento aristotélico, ó sea, el ascenso del entendimiento, admite asimismo, expone, desarrolla, perfecciona y aplica el procedimiento de Platón, ó sea, el descenso del entendimiento, tomándolo en el punto en que lo dejó el Santo Obispo de Hipona, esto es, tomando un platonismo ya cristianizado. Nuestro Polígrafo se llama á sí propio el continuador de Platón, pero hubiese hablado con más propiedad diciendo ser el continuador de San Agustín, como quiera que éste antes que él cristianizó al Filósofo de la Academia. Lo que, sí, hizo el Autor del *Ars Magna*—y no San Agustín—es desarrollar y llevar á feliz término aquel descenso del entendimiento (cosa que tampoco hizo Platón); es deducir verdades científicas de las ideas arquétipas ó atributos de la Divinidad. Platón solamente indicó el procedimiento: sentó que en las ideas arquétipas, universales, necesarias y eternas, hallaríamos la verdad de las ciencias, pero ¿cómo alcanzar eso? No lo dijo. San Agustín cristianizó la doctrina anterior estableciendo que las dichas ideas arquétipas tienen que ser forzosamente las perfecciones ó atributos de la Divinidad, tesis á que no llegó en su paganismo el Fundador de la Academia. Mas ¿cómo deducir de las perfecciones divinas una verdad científica cualquiera, si el alma humana, por ejemplo, es inmortal? Tampoco lo dijo el Doctor de la Gracia. El Beato Raimundo Lulio, comenzando por aceptar todo lo dicho por San Agustín, sentó, expuso, desarrolló, terminó y aplicó el modo por el que en los atributos de la Divinidad podemos ver nosotros una verdad cualquiera de la ciencia A ó B (con tal que la verdad pertenezca á la parte de universalidad y necesariedad que tienen todas las ciencias): nos explicó detalladamente cómo mediante la contracción y especificación de las Definiciones de aquellos atributos divinos á lo particular que se inquiere, hállaremos la solución de un cuesito determinado. Si, pues, el Filósofo mallorquín continuó la obra del Doctor de la Gracia, no hay por qué rechazarlo.

Y como por otra parte el *Ars Magna* comprende también el ascenso del entendimiento, dogma capitalísimo de Aristóteles y Santo Tomás de Aquino, de ahí se sigue que las Doctrinas lulianas no están fuera de la legalidad filosófico-cristiana establecida por la Encíclica *Æterni Patris*. Con abrazar solamente el ascenso del entendimiento, el Lulismo entraría ya de lleno en la legalidad presente; y en nada obsta el descenso luliano del entendimiento, porque éste brota directa y naturalmente de las enseñanzas de San Agustín, doctor máximo de la Iglesia de Cristo.

¿Nos será permitido ahora transcribir unas palabras del Sr. Menéndez y Pelayo? «La verdad total, dice, está en la deseada armonía de Platón y Aristóteles, polos eternos del pensamiento humano... El aristotelismo, aunque sea el aristotelismo tomista, no nos da más que uno de los dos términos del problema. ¿Por qué hemos de pararnos en el Tomismo? Si Santo Tomás hubiera conocido á Platón y á Aristóteles en sus fuentes, como los conocieron los sabios del Renacimiento, ¿se hubiera detenido donde se detuvo?... ¿Por ventura se agotó en Santo Tomás el entendimiento humano?» (1).

Y ahora añadiremos que, si bien el Doctor Angélico Santo Tomás de Aquino no se declara partidario de Platón y San Agustín, no sigue el descenso del entendimiento, no busca en el concepto de las perfecciones divinas, especifica-

---

(1) *La Ciencia Española*, página 218.—Madrid, 1880.

do y contraído á lo especial que se busca, la verdad de las cuestiones propuestas; no obstante, en el artículo V, cuestión 84, *prima primæ,* admite la posibilidad de un descenso del entendimiento, mediante el cual, en las razones eternas, ó sea, en los atributos de la Divinidad, podamos ver lo que hay de necesario y universal en las ciencias, no lo que éstas tienen de contingente y particular, que es precisamente y en sumo compendio, lo *único* que dijeron y enseñaron San Agustín y el Beato Raimundo Lulio. Lo probaremos más adelante.

Sí, yo creo que podemos muy bien fiar nuestra suerte al Sistema Científico Luliano, porque allí se encuentra, no indicada solamente, como tantos pensadores han hecho, sino desarrollada del todo, y aún aplicada á todas las ciencias conocidas en el siglo XIII, la conciliación y armonía entre Platón y Aristóteles; ó, mejor dicho, entre las dos inclinaciones, tendencias ó leyes del pensamiento humano, las dos naturales, las dos legítimas, las dos igualmente fecundas para la causa de la verdad, de la filosofía, de la ciencia.

La primera empieza á conocer mediante los datos de los sentidos corporales; sube luego un peldaño más en la escala del conocimiento por medio de los sentidos internos; y llega por último al entendimiento—el más noble de los filósofos, según frase del Maestro—alcanzando allí la verdad total y superior de las cosas. Mas, al llegar á la cumbre de esta escala, aquel último filósofo—*quilibet particularium sensuum est philosophus; intellectus est major philosophus* —el más noble de los instrumentos del conocimiento humano, nos afirma que hay una Causa suprema de todo lo creado; que, en virtud de los datos adquiridos y en conclusión última, dicha Causa tiene que ser forzosamente una bondad suma, una grandeza, una duración, un poder, una sabiduría, una voluntad, una virtud, una verdad, una gloria, todo, todo en grado superlativo é infinito. Y que siendo la fuerza creadora de todo cuanto vemos, única y simplicísima, necesariamente ha de imprimir de alguna manera—*multipliciter et divisim*—el sello de lo que Ella es en todas y en cada una de las criaturas, de las obras salidas de sus manos.

¿Y qué? Pues que siendo aquella bondad, grandeza, eternidad, poder, sabiduría, voluntad y demás atributos de la Causa suprema, las leyes constitutivas, en el sentido más trascendental, de la criatura A ó B, ellas serán del mismo modo las leyes mediante las cuales obtendremos el conocimiento de estas mismas criaturas: porque, ¿habrá otro medio más seguro para conocer una cosa que utilizar las leyes por las que esa cosa se nos presenta constituida?

Y aquí empieza la segunda inclinación, tendencia ó ley superior del pensamiento humano; aquí empieza el descenso del entendimiento. En las mencionadas ideas ó conceptos trascendentalísimos; en las referidas bondad, grandeza, eternidad, sabiduría, voluntad, etc., hallaremos nosotros la verdad de las cosas; ó, por mejor decir, hallaremos esa verdad en la contracción y especificación de tales ideas universalísimas á lo individual ó particular que se inquiere.

No son innatas esas ideas, no; son obtenidas originariamente por los sentidos corporales. También es principio luliano, que nuestro entendimiento, al salir de las manos del Criador, es *sicut tabula rasa in quo nihil scriptum est;* y de consiguiente enseña el Maestro, que *nihil est in intellectu quod prius non fuerit in sensu.*

Pero así como, sin darnos cuenta de ello, formulamos afirmaciones, y son verdaderas, adquiridas por nosotros inconscientemente con el auxilio de los sentidos externos é internos; del mismo modo, sin darnos cuenta tampoco de ello, formulamos afirmaciones, que igualmente resultan verdaderas, deducidas, especificadas y contraídas, de aquellas ideas universalísimas, leyes del ser y á la vez del pensar. En las obras de la Escuela luliana hemos de hallar ejemplos innumerables é interminables de que todo el mundo, consciente ó inconscientemente, hace uso del descenso del entendimiento.

Aristóteles, después de haberlos observado atentamente y examinado con escrupulosidad, estableció los cánones del ascenso del entendimiento. El Beato Raimundo Lulio, hechos igualmente la observación y el estudio consabidos, estableció los cánones del descenso del entendimiento. Pero el Maestro, ¿rechazó los cánones que sentara el genio de Aristóteles? De ninguna manera: en el Sistema Luliano el primer peldaño, por donde ascendemos al conocimiento, es el sentido corporal.

Platón es el iniciador, el indicador tan sólo del descenso del entendimiento; el Beato Raimundo Lulio desarrolló y terminó, una vez cristianizada ya por San Agustín, la grande obra del Fundador de la Academia, mas proclamando bien altas y á voz en grito la necesidad y prioridad del ascenso intelectual ó procedimiento aristotélico.

XIX

¿Cuáles son los cánones del descenso luliano del entendimiento, y cómo por ellos deducimos una verdad científica de las ideas arquetipas universales? Son tres: las *Definiciones* de dichas ideas universales, las *Condiciones* y las *Reglas*.

Oigamos sobre el particular al gran discípulo del Doctor Arcangélico, Antonio Raimundo Pasqual, abad del Cister, quien, en su obra *Examen de la Crisis del P. Feyjóo sobre el Arte Luliana,* tomo II, págs. 11 y 12, dice así:

«30. Por lo que toca á definiciones, advierto, que no pide Lulio más para definir, que manifestar alguna propiedad de la cosa definida, tanto si es esencial, cuanto extraesencial, como ella sola por su naturaleza la convenga: según esto define el fuego por ser cálido, no siéndole esencial la calidez, sino propiedad natural. A este modo deben entenderse las definiciones, que propondré, y se evitarán los escrúpulos lógicos, que pueden ocurrir.

«31. Para entender la verdad y exactitud de estas definiciones, que intento manifestar, es preciso advertir, que se han de mirar y considerar únicamente en orden al principio que se define, según su pura y precisa naturaleza, ó según lo que le pertenece (como explica muy bien la Escuela) *ex natura rei,* sin considerarlo contrahido ó determinado á alguna razón especial, sino como contenido en el ser universal: por lo que, cuando se define la bondad *por ser aquella razón, por la que lo bueno obra lo bueno,* se explica, según su pura y precisa naturaleza, que tiene tal propiedad; y como la mutua habitud y correspondencia, que tienen entre sí esos principios, les sea connatural, siempre se definen unos en orden á otros; pues uno no puede ser sin el otro, y cada uno tiene exigencia de todos, porque todos igualmente pertenecen al ser universal.

«32. La piedra de toque, con que se manifiestan verdaderas y exactas estas definiciones, es el mismo Dios. Según el método del Arte por los principios universales se ha de manifestar lo que se inquiere de Dios; pero, porque aquí trato de dar á conocer los universales fundamentos de la Doctrina luliana, me sirvo de Dios mismo para manifestarlos, según que es conocido por los entendimientos, aun de ínfima comprehensión. Ninguno, por corta razón que tenga, deja de saber, que Dios es un Ser tan noble, bueno y cumplido, que no puede concebirse otro mejor y más noble, y por consecuencia que se le debe atribuir la mayor bondad, nobleza y perfección. Por medio de esta tan clara y sabida máxima intento manifestar los fundamentos del Arte luliana.

«33. El modo de practicarlo es reducir á Dios, ó considerar en El mismo, la definición, que se propondrá; y como á Dios se haya de atribuir lo más noble, bueno y perfecto, si lo que se dice en la definición de un principio es lo más noble y perfecto, conviene precisamente á aquel principio en cuanto es atributo de Dios. La perfección, que se halla en el Sumo Bien, se comunica proporcionadamente á la criatura, por ser ésta una participación é imitación de Dios; y así lo que conviene á un principio, ó atributo divino, conviene proporcionadamente á aquel principio de la criatura, que como semejanza le corresponde: por lo que, conviniendo aquella definición al principio increado y criado, con rectitud se asienta, que es definición universal, que naturalmente compete al principio definido.

«34. Con este método sólido, fácil é inteligible, manifestaré con la brevedad posible la solidez de los fundamentos lulianos, exponiendo también algo de otros métodos, que me parecieren más fáciles y oportunos al intento, según ocurran.

«35. La primera definición, que se nos ofrece, es la de la *Bondad*, que es *aquella razón, por la que lo bueno obra lo bueno*. Tal es la bondad de Dios; pues, á no ser razón de obrar lo bueno, estaría ociosa: y como el ocio sea defecto sumamente repugnante á Dios, es preciso sea razón de obrar lo bueno. También es cierto, que en el ente bueno es perfección obrar lo bueno, por ser tan amable el hacer bien: por lo que es necesario que la bondad divina, que es la mayor que puede considerarse, sea razón de obrar lo bueno. En el Evangelio (*Matth.* VII, 17) manifestó Cristo, que esta era la propia perfección de la bondad, cuando dijo, que el árbol bueno hace buen fruto, y el malo lo hace malo; y que no puede el bueno hacer mal fruto, como ni el malo hacerlo bueno; porque á no ser esta la propia naturaleza de la bondad, no valiera su razón; y si no fuera tal la bondad, no sería grande, pues le faltara su connatural operación; ni mirara al propio fin, que es obrar lo bueno; y como esto sea malo, no sería bondad, sino malicia.»

No podemos seguir al sabio lulista en sus brillantes disquisiciones; quien ame el estudio y guste de saber la verdad sobre el Lulismo vaya á aquella fuente, en la seguridad de que, si no sale de allí totalmente satisfecho, confesará á lo menos, que el descenso luliano del entendimiento es un medio apto y conducente para hallar las verdades científicas y para hacer progresar las ciencias. Y eso nos basta á nosotros.

Propondremos sólo tres *Definiciones* más, omitiendo las pruebas de su exactitud y verdad y lo demás que trae el sapientísimo P. Pasqual.

La *Grandeza* es *aquella razón por la que la bondad, duración y demás principios son grandes, de manera, que comprende la grandeza toda la extensión del ser.*

La *Duración* es *aquella razón por la que la bondad, grandeza y demás principios duran, ó permanecen en ser.*

El *Poder* es *aquella razón por la que la bondad, grandeza y demás principios pueden ser y obrar.*

Como no aspiramos á dar sino un *specimen,* y aun brevísimo, del descenso luliano del entendimiento, basta lo dicho; y adelante.

Entre las perfecciones de Dios unas pueden llamarse absolutas, como las ya dichas: Bondad, Grandeza, Eternidad, etcétera; y otras relativas, como la *Diferencia, Concordancia, Contrariedad, Principio, Medio, Fin, Mayoridad, Igualdad, Minoridad.*

«Estos términos (á excepción de la *contrariedad* y *minoridad)* también significan primariamente las perfecciones de Dios, y secundariamente las proporcionadas de la criatura. Por lo que tales términos, tomados en la universalidad y trascendentalidad en que los toma el Beato Lulio, expresan el ente ó ser universal y las perfecciones trascendentes del mismo; pues, aunque la contrariedad y minoridad no son en rigor trascendentes, por no convenir á Dios, ni ser esenciales al ente, tienen su proporcionada universalidad, y sirven para conocer á Dios, por la oposición que dice la contrariedad á la concordancia, y la minoridad á la mayoridad ó suma perfección.»

«Muy fácil es conocer, que dichos principios lulianos son universales, pues todos, excepto el de *contrariedad* y *minoridad,* se hallan en Dios, porque siendo un Ser tan bueno, perfecto y noble, que no puede concebirse otro mejor, es necesario que le convenga todo lo que es bueno y tiene perfección, la que dicen todos aquellos principios, como lo advertirá el que lo reflexione.

«Prevengo, que si alguno de ellos en algún significado, que corresponda en toda su latitud, no dice perfección, no conviene á Dios de este modo, sino sólo en cuanto se entiende sin algún defecto; v. gr., el *principio* como virtud que opera, el *fin* en cuanto es perfección final, la *mayoridad* tomada por la inmensidad ó suma grandeza, y así de los otros á proporción.

«De convenir estos principios á Dios necesariamente se sigue, que competen á todas las criaturas; porque siendo todas efectos de Dios, tiene cada una en sí, según su capacidad y orden natural, la semejanza de todas las divinas perfecciones» (1).

¿Cómo se definen esotras perfecciones de Dios, ó principios relativos del Arte Magna Luliana? De la manera que hemos dicho al tratar de las *Definiciones* de la Bondad, Grandeza, Eternidad ó Duración, etc., ó principios absolutos del Sistema luliano.

Véase ahora cómo lo hace el P. Pasqual:

«44. Por la *Diferencia la bondad, grandeza y demás principios son razones inconfusas y claras;* y esto tanto en Dios como en las criaturas, pues, aunque en la substancia divina sólo se distingan realmente las Personas, no obstante los atributos realmente indistintos son inconfusos y claros, porque tiene cada uno su razón y acto propio sin confusión alguna; pero en la criatura su claridad é inconfusión es con la real distinción de todos sus predicados.

«45. La *Concordancia* es *razón, por la que la bondad, grandeza y demás principios concuerdan, ó convienen en una ó muchas cosas:* todos concuerdan en un ser, que constituyen, y cada uno con otro por la mutua participación y habitud; y según los fines, ó apetitos de el sujeto, en que se hallan, concuerdan variamente entre sí. En Dios por su infinita concordancia convienen infinitamente sus perfecciones y á proporción concuerdan en la criatura sus predicados.

«46. La *Contrariedad* consiste *en la mutua resistencia con que diversas cosas se resisten por causa de los diversos fines á que miran;* pues, como cada una se inclina á su fin particular, repugna á la otra, que mira á su fin opuesto, ó lo embaraza para conseguir el suyo. Por ser opuestas la concordancia y contrariedad, al contrario de la concordancia de Dios, se ha de discurrir de la contrariedad en la criatura.

«47. El *Principio* es *lo que tiene alguna razón de prioridad á todo lo de que es principio.* La *prioridad* aquí no se

---

(1) Obra citada, tomo II, págs. 4 y 7.

toma en rigor, sino con latitud, conforme se entiende el principio, que es la razón primitiva ú origen, de que proviene algún ser ó línea de predicados: en cuyo sentido la bondad es principio, porque es la primitiva esencia de toda la línea de bueno, de que proviene todo bien, bonificar, bonificativo, etc.; y en Dios cada atributo es principio, porque es la razón esencial de todo lo que hay de su línea en la divina substancia; á cuya proporción son principios las correspondientes perfecciones criadas» (1).

No continuamos. Pero sí diremos, que el *Medio* es *el sujeto por donde el fin influye al principio, y el principio refluye al fin, de modo que sabe á la naturaleza de entrambos;*

El *Fin* es *lo en que el principio se aquieta;*

La *Mayoridad* es *aquella perfección que es la imagen ó proporcionada semejanza de la inmensidad de la bondad, grandeza y demás atributos divinos.* Basta.

Es necesario, al llegar á este punto, declarar y tener muy en cuenta, que todas las palabras, términos, conceptos ó ideas que el hombre emplea en su discurso ó razonamiento, todos, absolutamente todos, se hallan incluidos, explícita ó implícitamente, en las referidas perfecciones de la Divinidad, en la Bondad, Grandeza, Eternidad ó Duración, etc., y en la Diferencia, Concordancia, Principio, Medio, Fin, Mayoridad é Igualdad; y también en la Contrariedad y Minoridad, aunque éstas no sean perfecciones de Dios.

Cada término de éstos tiene sinónimos y repugnantes; y unos y otros se reducen de alguna manera al término correspondiente. En esta forma:

---

(1) Obra citada, tomo II, págs. 15 y 16.

BONDAD

SINÓNIMOS	REPUGNANTES
Ser	No ser
Esencia	Soledad
Acción	Destrucción
Construcción	Ruina
Nobleza	Vileza

El término repugnante á Bondad, es Malicia.

GRANDEZA

Extensión	Cortedad
Sublimidad	Poquedad
Unidad	Pobreza
Liberalidad	Miseria

El término repugnante á la Grandeza, es Pequeñez.

ETERNIDAD Ó DURACIÓN

Inmortalidad	Privación
Antigüedad	Novedad
Firmeza	Inestabilidad
Vida	Muerte
Tiempo	Pasado

El término repugnante á la Eternidad, es Corrupción.

PODER

Posibilidad	Imposibilidad
Obrar	Ocio
Producir	Resistencia
Dominar	Pasión de la potencia pasiva
Conservar	Coacción
Facultad	Impotencia

SABIDURÍA

Profecía	Error
Prenoción	Olvido
Instinto	Incredulidad
Providencia	Negligencia
Industria	Suerte

VOLUNTAD Ó APETITO

Amor	Odio
Libertad	Temor
Libre albedrío	Ira
Esperanza	Desesperación
Deseo	Flojedad

VIRTUD

Dignidad	Vicio
Hermosura	Fealdad
Alabanza	Indignidad
Honra	Tortuosidad
Gracia	Despectivo
Mérito	Fábula
Don	Irreverencia

VERDAD

Precepto	Engaño
Justicia	Falsedad
Corrección	Confusión
Ley	Hipocresía
Idea	Duda
Imagen	Variación

GLORIA

Gozo	Pena
Victoria	Pérdida
Deleite	Desgracia
Premio	Tristeza
Fama	Luto
Riqueza	Vituperio

DIFERENCIA

Distinción	Continuación
Distribución	Remoción
División	Obscuridad
Claridad	Desorden
Pluralidad	Singularidad

CONCORDANCIA

Proximidad	Discordia
Semejanza	Desemejanza
Identidad	Distracción
Colección	Riña
Composición	Injuria
Amistad	Derogación

CONTRARIEDAD

Contrario	Disquiparancia
Contradicción	Proporción
Repugnancia	Paridad
Resistencia	Parentesco
Extraño	Propio

PRINCIPIO

Causa
Origen
Impulso
Influjo
Exito
Absoluto

Miedo
Descrédito
Posterior
Respectualidad
Progreso
Consecuencia

MEDIO

Instrumento
Centro
Comitante
Mitad
Camino

Vácuo
Inmediato
De medio
Impedimento
Exceso

FIN

Sosiego
Perfección
Terminación
Efecto
Uso
Obra

Inquietud
Infinito
Primero
Defecto
Antecedente
Ingratitud

MAYORIDAD

Magnificencia
Trascendencia
Reino
Más perfecto
Más pleno
Más suficiente
Dificultad

Nada
Nulidad
Insuficiente
Infimidad
Esclavitud
Facilidad
Inferioridad

IGUALDAD

Imitación	Distancia
Equidad	Superfluidad
Convertibilidad	Inconvertibilidad
Conmensuración	Inconmensuración
Conformidad	Disconformidad
Satisfacción	Deuda
Condignidad	Congruidad

MINORIDAD

Menos	Arrogancia
Quebrantamiento	Virilidad
Inopia	Terribilidad
Enfermedad	Salud
Obediencia	Soberbia
Suavidad	Asperidad

Y otros innumerables, pertenecientes á cada uno de estos dieciocho Principios Lulianos.

¿No adivináis de qué manera podremos leer verdades científicas en tales Principios Lulianos, ó, por mejor decir, en sus *Definiciones*?

Atended.

Siendo el mundo intelectual humano una imagen de lo que pasa en el entendimiento divino, fuente de toda verdad;

Siendo verdaderas las *Definiciones* que hemos dado, porque se verifican realmente en Dios;

Pudiéndose reducir, de un modo ú otro, á alguno de dichos Principios los términos todos de que usa el hombre en sus discursos;

Resulta que, si queremos que tres ó más términos ó palabras enuncien una verdad, hemos de procurar que esa enunciación no contradiga en manera alguna las *Definiciones* de los Principios Lulianos á los que puedan reducirse los términos ó palabras empleados en aquella enunciación. Si no las contradice, aquella enunciación será la formulación de una verdad; si, por el contrario, las contradice, será la formulación de un error.

Hemos de procurar que las palabras empleadas en nuestra enunciación guarden en ésta el mismo orden y la misma disposición que los Principios (á que dichas palabras deben reducirse) guardan en sus *Definiciones* respectivas. Si aquellas palabras guardan este orden y disposición, enunciarán ó formularán una verdad; si no lo guardan, enunciarán ó formularán un error.

Las *Definiciones* son como un molde donde hemos de procurar que encajen, y perfectamente, los términos ó palabras que integren la cuestión cuya verdadera solución se desea. Si llegamos á vaciar ó meter bien en el molde los dichos términos ó palabras, éstos formularán una solución exacta y verdadera; de lo contrario, no.

Recuérdese que hemos dicho, que el mundo intelectual humano es una imagen de lo que pasa en el entendimiento divino; y que, las *Definiciones* son verdaderas, porque realmente se verifican en Dios. De donde se sigue, que, para saber si tres ó más conceptos, ideas, términos ó palabras enuncian una verdad ó bien un error, hemos de examinar si el orden y disposición que guardan en la oración gramatical (que pretendemos formule una verdad) son los mismos que guardan en sus *Definiciones* respectivas los Principios Lulianos á que deben reducirse las palabras de dicha oración gramatical; ó sea, hemos de examinar si el orden y disposición, que las palabras tienen en la oración gramatical referida, están conformes ó no con el orden y disposición que tienen en el entendimiento divino los atributos de la Divinidad correspondientes á las palabras de la oración gramatical propuesta. Si están conformes, la oración gramatical formulará una verdad; si no están conformes, formulará un error.

En Dios tenemos los moldes; nosotros no hemos de hacer otra cosa sino modelar, según aquellas *Definiciones,* la materia de que nos servimos en cada cuestión determinada.

Porque clara cosa es, que los términos ó palabras correspondientes á una cuestión son diferentes de los que pertenecen á otra cuestión; por ejemplo, unas son las palabras que entran en la cuestión: *si el alma humana es inmortal ó no;* y otras, las que entran en la siguiente: *porque el Verbo divino no encarnó en muchos hombres.*

Tómense las palabras de cualquiera de estas dos cuestiones; redúzcanse á sus Principios respectivos; contráiganse luego las *Definiciones* correspondientes, y especifíquense, á lo particular que se inquiere, y hallaremos la solución deseada.

¿No queda satisfecho el lector? Es muy natural. Aquí sentamos sólo proposiciones, y cada una de ellas necesita algunas páginas de exposición. No es dable, empero, hacer otra cosa, dado el carácter y el fin de estos apuntes.

Una advertencia, que vale por muchas, y la tomamos del P. Pasqual, obra y tomo citados, página 33:

«98. Es constante máxima Luliana, que para que se averigüe la verdad de alguna cosa particular, es necesario saberse *quid dicitur per nomen,* esto es, en qué consiste, conociendo el entendimiento antes de la investigación alguna propiedad de ella; porque como los universales fundamentos no sirven para descubrir la verdad, sino mediante la contracción y especificación, es preciso el conocimiento de la propiedad especial, para que se contraigan y especifiquen los universales según la conveniencia y proporción que dicen con aquella propiedad...

«101. El modo más claro de hacerse esta aplicación, y que declara ser matemático el método de discurrir Luliano, es el que explicó el Beato Lulio en su *Arte Inventiva* (dist. 3, regla 4 de *Contracción)* por el cual el género se contrae ó determina á la especie, y, mediante ésta, al individuo; v. gr., la definición de la *bondad* contraída á Dios es esta: *La bondad divina es la razón por la que lo bueno divino obra lo bueno divino;* y especificada en la criatura, dice: *La bondad criada es la razón por la que lo bueno criado obra lo bueno criado;* y de un modo semejante puede contraerse á las tres especies de criatura, que señala el Beato Lulio.

Pasando á más inferior contracción, diremos: *La bondad criada substancial es la razón por la que lo bueno criado substancial obra lo bueno criado substancial;* y bajando otro grado: *La bondad criada substancial corpórea es la razón por la que lo bueno substancial corpóreo obra lo bueno substancial corpóreo,* y de un modo semejante se puede bajar de grado en grado por toda la categoría substancial hasta los individuos. A proporción de el modo de contraer esta definición es el de las otras, y según el mismo se regula la contracción de las Condiciones universales.

«102. Superfluos parecerán á los inteligentes todos estos ejemplos; pero, porque no todos son de igual comprehensión, he querido exponerlos para hacer más demostrable el método Luliano; el que, por difuso, no practica con esta extensión el Beato Lulio en sus Libros, sino que inmediatamente pasa al término, en que se ha de rematar la contracción, v. gr., tratándose del hombre, se contrae á él inmediatamente la definición de la bondad, diciendo: *La bondad humana es la razón por la que lo bueno humano obra lo bueno humano.* Este método usaré en los ejemplos de aplicación, que quiero proponer.

«103. Cada uno de los fundamentos universales es por sí capaz de descubrir y manifestar cualquiera verdad determinada; pero como esto, á lo menos al principio, es dificultoso de practicarse, lo más oportuno es tomar aquella definición, condición, etc., cuyos principios más se traslucen en la cuestión propuesta: para lo que no se necesita más que compararles la cuestión, observando á qué términos generales se reducen sus especiales, reflexionando la concordancia, ó contrariedad, ú otros respectos que dicen con ellos; y practicado esto, se tomará por fundamento de decidirla aquella definición, condición, etc., que más parezca convenir con ella.

«104. Para la más fácil práctica de contraer las definiciones y condiciones, advierte el Beato Lulio, que se pueden componer y convertir entre sí: la composición se hace uniendo dos, tres ó más términos al principal de quien es la definición, ó condición, v. gr., la definición de la *bondad* se compone con la *grandeza* y *poder*, diciendo: *la bondad grande y poderosa es la razón por la que lo bueno, grande y poderoso obra lo bueno, grande y poderoso;* y esta condición suya: *la bondad sin poder no es virtuosa*, se compone con la *grandeza y duración*, diciendo: *la bondad sin gran poder no es durablemente virtuosa.* A semejanza de estos ejemplos se pueden componer todas las demás. La conversión consiste en atribuir á un principio el mismo carácter de definición, ó condición, que tiene el otro, v. gr., convierto la definición de la *bondad* en la de la *grandeza*, diciendo *la grandeza es la razón por la que lo grande obra lo grande;* y convertiré esta condición de la bondad: *sin bonificar no es principio perfecto la bondad*, en condición de la grandeza, diciendo: *sin magnificar no es la grandeza principio perfecto.*»

Para terminar el estudio de este primer canon de los tres que constituyen el descenso luliano del entendimiento, propondremos dos ejemplos: *si existen ángeles, y si Dios pudo crear al mundo eterno.*

Cedamos la palabra al mismo P. Pasqual, en su obra citada, tomo II, pág. 38:

«110. Inquiere *si se dan ángeles* en la *Breve práctica de la Tabla general* (dist. 6, part. 1, núm. 4, tom. 5); y resolviendo que sí, y suponiendo que por *ángel* se entiende una substancia espiritual cumplida en el orden natural, por cuya razón no es unida ni unible con algún cuerpo para hacer con él algún compuesto natural, lo prueba con la *diferencia*, por la que es preciso que haya cabal distinción entre sensual y sensual, sensual é intelectual, intelectual é intelectual, lo que no fuera si se negaran ángeles; porque faltara en lo intelectual la diversidad de substancias que hay en lo sensual, pues en esta clase además de las substancias que componen á otras, hay muchas cumplidas en el orden natural, que no se ordenan á composición alguna; pero en la clase intelectual sólo hubiera almas racionales ordenadas á componer, y faltarían substancias cumplidas que repugnan á la composición; luego no habría perfecta diferencia en la clase intelectual, y se seguiría, que más perfecta y grande sería la diferencia en la sensual que en la intelectual; y como lo intelectual sea mayor que la sensual, mayor fuera la diferencia en la minoridad que en la mayoridad, lo que repugna.

«III. En el libro de *Cuestiones sobre el Arte Demonstrativa* (q. 30, tom. 4), inquiere *si Dios pudo criar al mundo eterno;* y manifiesta, núm. 1, la resolución negativa con la *diferencia,* que compuesta con la *igualdad,* hace distinguir igualmente las cosas iguales; y como todos los divinos atributos sean totalmente iguales, debe la duración divina igualmente distinguirse de la duración criada, que la bondad divina de la criada, etc.; y por consecuencia, así como la bondad divina se distingue de tal manera de la criada, que no la puede hacer infinita, la duración divina se distingue tanto de la criada que no la puede hacer infinita, esto es, que sea eternidad, pues esta no es más que una duración infinita; y así no pudo ser eterno el mundo.»

Continúa hablando el P. Pasqual: «Confieso que á primera vista parece muy dificultoso, y aun imposible, que unos mismos tan simples y universales principios sean suficientes para descubrir tanta variedad de materias» como hay en todas las ciencias; por lo que, después de las *Definiciones* y su aplicación, estudíanse en el Sistema del Arte Magna las *Condiciones* lulianas.

«El resolver las cuestiones por la práctica de las *Definiciones,* cuanto más particulares son las cosas, es más dificultoso de comprender, por cuyo motivo creo que usa más el Beato Lulio de la aplicación de las *Condiciones,* la que más fácilmente se entiende, que de las *Definiciones.*»

XX

¿Qué son las *Condiciones?* Son las proposiciones formadas de la combinación de dos ó más Principios (y sus Definiciones). ¿Cómo se demuestra la verdad de tales proposiciones? Por las *Definiciones* de los Principios que entren en las proposiciones. «No obstante—escribe el mismo Pasqual—para manifestarlas más sólida y claramente las reduciré á Dios, del mismo modo que las Definiciones. Pues así como por hallarse estos Principios en Dios, que es el sumo Ser, deben convenir proporcionadamente á cualquier otro ser, porque éste ha de imitar al Sumo; por la misma razón, la *Condición* ó combinación de Principios que evidenciare verificarse de Dios, debe proporcionadamente verificarse de cualquier otro ser. El modo de manifestarse que alguna *Condición* se halla en Dios, es por la regla señalada de convenirle necesariamente todo lo que dice perfección, y por consecuencia, siempre que denoten perfección las *Condiciones* deben verificarse de Dios.

De varios modos se pueden formar las *Condiciones,* según que sean diversas las habitudes ó respectos que tienen entre sí los Principios en el Ser universal, en que dicen mutua y necesaria conexión.

Quien desee más datos (necesarios, eso sí, para formarse una idea cabal de ese descenso del entendimiento) lea la Disertación I, *in integrum,* del tomo II, de la citada obra del P. Pasqual, de donde sacamos las citas anteriores.

Algunos ejemplos de *Condiciones* lulianas:

1.—La concordancia es mayor en la mayor diferencia, y menor en la menor diferencia.

2.—La mayor obra de largueza conviene con la mayoridad, y la menor con la minoridad.

3.—La obra del amor puede ser mayor en aquel sujeto en quien la perfección está más distante de la imperfección.

4.—Aquella bondad es grande, que en la grandeza principia algún ente bueno.

5.—El medio, que se forma del menor principio y fin, conviene con la minoridad.

6.—Imposible es que se sepa, que la bondad en la eternidad sea causa de la malicia.

7.—Malo es no querer el acto de la bondad y poder.

8.—Imposible es hallarse la virtud ociosa en la voluntad grande.

9.—En la diferencia más puede concordar la grandeza, que contrariar la pequeñez.

10.—La verdad es amable en la sabiduría.

11.—Cuanto mayor es la verdad, tanto mayor poder de alcanzarla tiene la sabiduría.

12.—No es gloria, sino pena, que falte á la virtud toda la grandeza del poder.

13.—No fuera la bondad principio perfecto si dejara de principiar en la mayor diferencia.

Son innumerables las que pueden formularse; y muchísimas hay en los libros del Maestro.

La manera por la que de estas *Condiciones* lulianas se deducen verdades científicas, es:

1.° Reduciendo la oración gramatical, en que se contiene la afirmación ó negación de la cuestión propuesta, á su *Condición* correspondiente; y

2.° Contrayendo y especificando esta *Condición* á la materia particular que se inquiere.

Lo mismo que hemos dicho al tratar de la aplicación de las *Definiciones*.

Ahí van algunos ejemplos.

De la aplicación de las Condiciones

«114. En la *Tabla general* (dist. 5, part. 8, in quaest. resol. per def. pág. 62, número 22) inquiere el Beato Lulio *si el hombre por su naturaleza, y prescindiendo de los defectos adventicios, tiene mayor poder para obrar bien que para obrar mal;* y resolviendo la afirmativa, se funda en esta condición: *el poder es más grande en la concordancia que en contrariedad;* y como todas las perfecciones, ó principios naturales de el hombre, naturalmente concuerdan con el poder y bondad, y por consecuencia repugnan por sí á la malicia, el poder de el hombre naturalmente debe ser mayor para el bien que para el mal.

«115. Inquiere (ibid. quaest. resol. per reg. pág. 64, núm. 2) *si un muchacho, cuando entra en el uso de la razón, empieza á entender negando primero, que afirmando;* y funda la resolución afirmativa en esta condición especial: *la negación está más cercana á la confusión que la afirma-*

ción; y como el muchacho, cuando empieza á entender, tenga en su entendimiento una confusión de especies, que percibe y ha percibido, antes que la claridad y distinción de ellas, el primer paso que da, saliendo de esta obscuridad, es á la negación, como más cercana; pues niega que una cosa sea la otra, v. gr., que el hombre sea bestia, antes que afirme lo que le conviene, v. gr., que sea racional.

«116. La condición especial, de que se deduce la resolución, se funda en otra universal: *El medio está más cercano al principio que el fin;* porque el fin, á que mira el entendimiento, queriendo salir de la confusión de especies, es conocer clara y determinadamente los objetos; y como en el fin esté la mayor perfección y complemento, el modo más claro y perfecto de conocer es el fin de el entendimiento: este modo se halla en la afirmación, pues por ella se conoce determinadamente lo que es una cosa, ó se percibe su ser, á diferencia de la negación, por la que sólo se conoce el no ser: luego la afirmación es el fin de aquella confusión de especies, y por consecuencia el medio es la negación, pues por ella el entendimiento se avecina á la afirmación; y como el medio esté más cerca de el principio que el fin, la negación está más cercana á la confusión de especies que la afirmación.

«117. En el Libro de *Cuestiones sobre el Arte Demonstrativa é Inventiva* (q. 37) inquiere *si en el Paraiso tienen igual gloria las potencias de el alma;* y núm. 2, funda la afirmativa en esta condición: *La concordancia es mayor en la igualdad que en la desigualdad,* de la que se sigue que la concordancia de el alma con Dios en la Patria es mayor en la igualdad de gloria de sus tres potencias que en la desigualdad: luego tienen igual gloria; pues no siendo de esta suerte, faltara la mayor concordancia entre el alma y Dios y entre las mismas potencias, y obraría Dios en ella lo menos, dejando de obrar lo más; lo que repugna al supremo bien de el alma, y á la mayor comunicación con que Dios se le comunica.

«118. Inquiere (ibid. q. 65) *si las almas racionales son iguales entre sí,* y prueba, núm. 4, la negativa con esta condición: *Donde hay mayor distinción en concordancia, hay mayor orden;* y como, siendo las almas desiguales según su naturaleza, haya en ellas mayor distinción en su concordancia, por estar diversificadas en la graduación de mayoridad y minoridad, es preciso que sean desiguales para tener el mayor orden que conviene con el mayor ser y perfección.

«119. Finalmente (ibid. q. 103) inquiere *si la virtud sensitiva de el hombre es engendrada,* y funda, núm. 2, la afirmativa en esta condición: *Entre el principio, medio y fin debe existir la mayor proporción, disposición y participación;* porque, siendo engendrada la sensitiva de el hombre, el Padre y Madre, que son el principio que mira al fin de engendrar el hijo, tienen su operación natural mayor y más noble, y con mayor razón son Padre y Madre, y el hijo es hijo; pues no sólo le comunican, y éste participa de ellos, la substancia corpórea, sino también la sensitiva; y como el hijo participe de ellos más substancia, que es la sensitiva además de la corpórea, tiene con ellos mayor parentesco, el que no consiste sino en la participación y comunicación de substancia: luego, como en esto consista la mayor proporción, disposición y participación que debe existir entre el principio y el fin de la generación humana, es preciso que sea engendrada la sensitiva de el hombre.

«120. Dirán algunos que esta razón Luliana prueba también que es engendrada el alma racional, pues parece serla adaptable todo lo dicho de la sensitiva. De ningún modo; porque, suponiendo que el hombre además de el cuerpo debe incluir otra parte espiritual que no tenga origen ni dependencia de la naturaleza, sino otro superior principio, es evidente, según aquella condición aplicada al hombre, que la proporción, disposición y participación entre el principio y fin de la generación humana, que es una operación natural, debe únicamente fundarse en aquel principio substancial que depende y se origina de la naturaleza, y está del todo sujeto á su operación, determinación é influjo; y como esto solamente deje de verificarse en el principio intelectual de el hombre, que es el alma racional, la que debe tener superior origen, y ser libre, y exenta de la basta impresión de la naturaleza, no debe ser engendrada; antes bien, si lo fuera, dejara de ser la más noble la generación humana, pues el hombre no sería tan perfecto» (1).

XXI

El tercer canon ó fundamento del descenso luliano del entendimiento lo constituyen las *Reglas*.

Las *Condiciones* nacen de las *Definiciones*, y la verdad de aquéllas se prueba por la verdad de éstas. Pues bien, las *Reglas* nacen de las *Condiciones*, y la verdad de las *Reglas* se prueba por la verdad de las *Condiciones*.

Si aplicamos las *Reglas* á Dios, veremos en seguida si son verdaderas ó falsas: es el procedimiento seguido con las *Definiciones* y *Condiciones*.

Habla el Discípulo más aprovechado del Maestro, obra citada, tomo II, pág. 28 y siguientes:

«85. De los varios modos ó reglas del *Arte compendiosa de hallar la verdad*, el primero es *de la primera y segunda intención*, y prescribe que *de cualquiera cuestión se ha de resolver aquella parte que conserva y mantiene el orden y diferencia de primera y segunda intención*. También manda, que *cuando de las dos partes opuestas de la cuestión, una concuerda con la primera intención y la otra con la segunda, se debe concluir aquélla que conviene con la primera intención, despreciando su opuesta*. Para mayor extensión de esta regla se declara, que siendo la primera intención más noble y mejor que la segunda, lo más noble y más perfecto conviene con la primera, y lo menos noble y perfecto con la segunda; y por consecuencia más se debe adherir el entendimiento á lo más noble y perfecto, que es lo que concuerda con las dignidades ó atributos divinos, con lo substancial, con lo intelectual y con la causa final, que á lo que es menos noble y perfecto, que es lo que conviene con los

(1) Obra y tomo citados del P. Pasqual, pág. 40 y siguientes.

principios criados, con lo accidental, con lo sensual y con cualquiera de las otras causas.

«86. Esta regla aplicada á Dios es evidente; porque Dios es la primera y suprema intención, pura substancia sin accidente, intelectual sin sensualidad alguna, causa final de todo, y lo más noble y perfecto que se puede concebir, y por consecuencia le conviene precisamente todo lo que importa las expresadas perfecciones; y como á su imitación se ha de discurrir de la criatura, la conviene todo lo que dice mayor proporción á ellas. Lo mismo se declara con la concordancia y contrariedad; porque la primera intención conviene con la perfección, grandeza, etc., y por consecuencia con el ser; pero la segunda, en respecto de la primera, concuerda con la pequeñez y defecto, y por consiguiente con el no ser; y como lo substancial, intelectual, etc., convengan con la primera intención, y sus opuestos con la segunda, se ha de resolver en cualquiera cuestión aquel extremo que dice todas ó alguna de las expresadas partidas.

«87. En el libro citado la nona regla ó modo es *de la mayoridad y minoridad*, y consiste en que *de los dos extremos opuestos de la cuestión se ha de concluir el que concuerda con la mayoridad, y dejar el que conviene con la minoridad*. También consiste en que *cuando se supone ó se sabe que existe alguna cosa que conviene con la minoridad, se ha de inferir, que con mayor razón existe la otra que concuerda con la mayoridad*. Las dos partes de esta regla son evidentes en Dios; porque siendo la suma mayoridad sin minoridad alguna, hace ser preferible la mayoridad á su opuesta minoridad, y por consiguiente más influye al ser de la mayoridad que al de la minoridad; y concordando la mayoridad con la perfección y el ser, y la minoridad con el defecto y no ser, si existe lo que dice minoridad, con mayor motivo debe existir lo que importa mayoridad.

«88. En el *Comentario del Arte Demonstrativa*, dist. 2, parte 2, pone el Beato Lulio varias reglas, y en el núm. 2 hay esta: *De Dios siempre se ha de concluir aquello que manifieste ser sumo en todo y sumas sus dignidades en la mayor excelencia de ser y obrar;* porque Dios es tan noble y perfecto, que no puede concebirse cosa más noble ni perfecta, y por consecuencia en todo se ha de manifestar sumo, y sumas sus dignidades, pues más las conviene la mayor excelencia en ser y obrar que la menor.

«89. Otra regla hay en el núm. 7, y es *que de Dios y su efecto se ha de concluir aquello por lo que se manifiesta que su efecto le es más semejante, de suerte, que las semejanzas de sus atributos se manifiesten en el efecto mayores ó más nobles y perfectas*. Fúndase esta regla en que los divinos atributos, por ser infinitos y sumos, más convienen con la perfección criada mayor y más noble, que con la menor y menos noble; y exigiendo la inmensa dignidad que Dios se manifieste más liberal y comunicativo á su efecto, pide que sean mayores las semejanzas que le imprime.

«90. De estos términos ó principios: ser, privación, perfección y defecto, que Salzinger en la *Revelación de los secretos del Arte* nombra *Cuadrángulo Lógico,* se forma una regla utilísima para demostrar, que puede servir de base á las demás, y coincide con el medio de concordancia y contrariedad, que tomé por fundamento para demostrar las condiciones y reglas del Arte. La regla consiste en que, como en las cuestiones se inquiere el ser ó no ser de las cosas, *se ha de concluir que aquello es que conviene con la* perfección, y *que no es lo que concuerda con el* defecto.

«91. La razón en que se funda esta regla es porque la *perfección* concuerda con el *ser* y el *defecto,* ó *imperfección,* con el *no ser* ó *privación,* y por esta connatural coexigencia y concordancia precisamente la perfección ha de estar en ser, y el defecto ó imperfección, en el no ser ó privación; como se demuestra en Dios, en quien la suma perfección y sumo ser necesaria é infinitamente concuerdan y se coexigen, en cuya consecuencia la perfección por su propia razón y naturaleza concuerda con el ser y lo pide; y al contrario el defecto ó imperfección conviene y pide el no ser ó privación.

«92. Esta regla tiene grandísima extensión, porque de todos los términos opuestos, generales ó especiales, sobre los que puede proceder nuestro discurso, uno necesariamente conviene con la perfección, y el otro con el defecto; y comparando las partes contrarias de la cuestión con algunos de estos términos que les corresponden, precisamente la una concuerda con alguno, y la otra con el opuesto; y porque el uno conviene con la perfección, y ésta con el ser, y el otro con el defecto, y éste con el no ser, se debe concluir aquella parte que conviene con el término ó términos que dicen perfección, y dejar la opuesta; en cuya consecuencia la cuestión se puede resolver de dos modos, á saber: ó comparando expresamente sus partes á la perfección y defecto, ó con algunos términos opuestos, que respectivamente concuerdan con ellos.

«93. Para practicarse fácilmente la expresada comparación no hay sino atender á los términos de las figuras Lulianas, y á las Cien formas que pone el Beato Lulio en varios libros; pero quien no las tuviere presentes, puede considerar cualesquiera términos opuestos, generales ó especiales, que precisamente se reducen á los expresos en las figuras, y convienen con la perfección, ó defecto; y practicado esto, debe resolver aquella parte que concuerda con alguno ó algunos de estos términos que dicen perfección. Para ejemplo pongo algunos de estos términos: *Plenitud, hermosura, difusión, actualidad, proprio, natural, intrínseco, necesario, orden, proporción*, etc., convienen con la perfección, pero sus opuestos: *Vacuidad, fealdad, comprensión, potencialidad, accidental, artificial, extrínseco, contingente, desorden, improporción*, etc., concuerdan con el defecto.

«94. Confieso que algunas veces parece, que una y otra parte de la cuestión ventilada dice bondad, grandeza, y toda ó casi toda la combinación de los principios y términos que convienen con la perfección; y como esto no puede ser, para abreviar la inquisición y resolver con facilidad, obsérvese por regla, que *se ha de concluir aquella parte que importa mayor perfección, ó mayoridad de bondad, grandeza*, y *demás términos que convienen con la perfección;* y esto es porque la mayoridad de su naturaleza conviene con la perfección y el ser, y la minoridad con el defecto y no ser, como se ve en Dios, cuya inmensidad, ó summa mayoridad, conviene infinitamente con la summa perfección y ser supremo.

«95. Empero porque puede suceder, por la flaqueza de nuestra comprehensión, que no conozcamos con claridad, qué parte, en respecto de su opuesta, conviene con la mayoridad, el Beato Lulio *(Introd. Ar. Dem. cap. 30, tom. 3)* propone tres reglas muy importantes, las que reduciré á una, y es, que *se ha de resolver aquella parte de la cuestión en que las perfecciones divinas y sus semejanzas, que son las perfecciones criadas, se manifiestan mayores;* porque Dios y sus atributos, por su infinita perfección, se han de manifestar en todo con la mayor excelencia y grandeza.»

Conocidas las *Reglas* lulianas, y su verdad y exactitud, apliquemos esas *Reglas* á la inquisición de las verdades científicas. Aún habla el P. Pasqual, obra y lugar citados:

«*De la aplicación de las Reglas.*

«121. Para abreviar sólo propondré algunos ejemplos de las Reglas que trae el Beato Lulio en el *Comentario del Arte Demonstrativa,* dist. 2, part. 2, en cuyo núm. 2, establece por regla *que de Dios siempre se ha de concluir aquello por lo que se manifieste ser sumo, y más nobles sus perfecciones en el ser y obrar,* por la que se manifiesta la resolución afirmativa de la cuestión 11, del libro de *Cuestiones sobre el Arte Demonstrativa,* en que inquiere *si los actos de los atributos divinos son del todo iguales aun en orden á la criatura;* porque teniendo los actos iguales, se manifiestan todos con la suma grandeza y mayor excelencia; y si no estuvieran con una perfecta igualdad, el que tendría su acto menor, sería menos noble y perfecto en obrar; lo que es contra la regla.

«122. Inquiere (ibid. q. 28) *por qué Dios no encarnó en muchos hombres, ó no tomó muchas humanidades;* cuyas razones se deducen á la Regla del núm. 3, del Comentario citado, en que pone, *que de Dios no se ha de determinar lo que parece convenir con una sola perfección considerada ab-*

solutamente, sino lo que todas combinadas piden, ó con que concuerdan más; v. gr.: el poder considerado solo parece que puede cuanto podemos excogitar, pero reflexionado como una misma perfección con la bondad, grandeza, etc., ya no se considera poder algo contra la bondad, grandeza, etcétera, ó que no concuerde con ellas; en cuya consecuencia el poder divino que es una misma perfección con la unidad y distinción divinas, sólo obró en la Encarnación lo que más concuerda y se proporciona á la unidad de esencia y distinción de personas divinas para expresar su mayor semejanza en esta obra, que es la mayor *ad extra;* y tomando el Verbo una sola humanidad, existe en la Encarnación la mayor semejanza, concordancia y proporción expresadas, pues hay un solo ser ó compuesto admirable que dice muchas naturalezas, así como hay un solo Dios que dice muchas personas.

«123. También inquiere (ibid. q. 63) *si el alma racional es inmortal,* y las varias razones de su resolución afirmativa se fundan en la Regla del núm. 7 del Comentario citado, donde se prescribe *que del efecto de Dios se ha de concluir lo que lo manifiesta más noble, perfecto y semejante á Dios, por ser mayores sus perfecciones ó semejanzas que participa;* porque si el alma racional no es inmortal por faltarle la duración perpetua, no tiene la mayor semejanza con Dios, que conviene á su perfección y nobleza según el fin á que es criada, pues no pudiera entender y amar á Dios perpetuamente; y como deban ser perpetuos estos actos para que sea mayor la operación de los divinos atributos en orden á la criatura, es preciso que el alma sea inmortal.

«124. No me dilato más en esta aplicación, por no juzgarla necesaria y por remitir de nuevo á los curiosos al Beato Lulio, y con particularidad al tom. 5, en el *Arte Inventiva,* dist. 4, cuyas nueve cuestiones se resuelven respectiva y singularmente todas por los tres modos dichos de definiciones, condiciones y reglas.

«125. Lo poco que he expuesto de lo mucho que contiene el Arte Luliana, es suficiente recomendación para que logre las aceptaciones de sistema útil y conducente; pues tiene principios, combinación de ellos y reglas, que es todo lo que se pide para ser cumplido un sistema científico.»

«96. Lo más útil y dificultoso del descenso luliano del entendimiento es la aplicación de sus universales fundamentos á las materias particulares: es lo más útil, porque con esto tiene el entendimiento la ciencia que desea; y es lo más dificultoso, porque, siendo tanta la variedad de los especiales, es preciso entre tanta diferencia estar siempre firmes en la uniformidad de los universales, la que parece diformarse cada vez que se aplica. Por eso dijo el Beato Lulio que la aplicación es el todo de su descenso del entendimiento.

«97. Esta aplicación en los Libros Lulianos está explicada con la mayor claridad, pues todos son un continuo uso y práctica de su Descenso intelectual, en los que mejor se puede conocer por el ejemplo, que por toda la habilidad del hombre más científico.»

XXII

Entre los Sistemas de que nos habla la Historia de la Filosofía, dos son los que, más comprensivos, más universales, por versar sobre las leyes ó formas del pensamiento humano, á las que nadie puede sustraerse, se disputan la soberanía de los hombres pensadores: los Sistemas de Platón y Aristóteles. Ellos son y serán siempre *los polos del pensamiento humano,* como elegantemente ha escrito el Sr. Menéndez y Pelayo.

El Filósofo de la Academia pretende que el hombre adquiere la ciencia *descendiendo* del conocimiento de las *Ideas* hasta llegar á lo sensible y material; de lo universal baja á lo particular; de lo necesario baja á lo contingente; de lo espiritual baja á lo material; de lo inteligible baja á lo sensible; de lo uno baja á lo múltiple; en una palabra, del Cielo baja á la tierra.

En las *Ideas* que, según él, son la esencia de cuanto existe, ideal y real, pretende hallar las cosas; en lo universal pretende hallar lo particular; en lo necesario pretende hallar lo contingente; en lo espiritual pretende hallar lo material; en lo inteligible pretende hallar lo sensible; en lo uno pretende hallar lo múltiple; en el Cielo pretende hallar la tierra.

El Filósofo del Liceo, su discípulo, enseña que el palacio de la ciencia debe construirse *subiendo* desde el conocimiento de lo sensible á lo supra-sensible é inmaterial; de lo particular sube á lo universal; de lo contingente sube á lo necesario; de lo material sube á lo espiritual; de lo sensible sube á lo inteligible; de lo múltiple sube á lo uno; de la tierra sube al Cielo.

Para Platón el punto inicial de la ciencia es la *Idea;* para Aristóteles el punto inicial de la ciencia es el sentido.

Ambos dicen que la ciencia debe comenzar *por lo más conocido;* pero el primero afirma, que *lo más conocido* para el hombre es la *Idea,* pues se la imprime naturalmente el Creador; y el segundo sostiene, que el hombre al nacer nada tiene absolutamente escrito en su entendimiento, y en consecuencia debe comenzar por recibirlo todo mediante los sentidos.

¿Bajo cuáles banderas militó el Beato Raimundo Lulio?

—Nuestro Doctor y Maestro fué de parecer, que tan legítima es la *subida* del entendimiento como la *bajada* del mismo; y ocupóse en libros innumerables en practicar ambos Sistemas hasta el fin de su vida; habiéndole valido las doctrinas que adquirió, así en la aplicación del uno como en la del otro, un lugar al lado de los hombres que llamamos San Agustín, Santo Tomás de Aquino, Leibniz, Hegel.

El Beato Raimundo Lulio no era exclusivista.

Realmente en la concepción filosófica del gran Polígrafo están comprendidos los dos Sistemas de Platón y Aristóteles; mejor diré: aquella concepción filosófica es la concordia y armonía de los Sistemas de los dos Filósofos que, como dije, han sido llamados los dos polos del pensamiento humano.

Nuestro Arcangélico Doctor no se contentó, como San Agustín, cristianizando á Platón, ni, como Santo Tomás de Aquino, cristianizando á Aristóteles; sino que, fijando su mirada de águila en aquellas palabras de Alberto Magno: sepas que no serás perfecto filósofo sino abrazando la ciencia de Aristóteles y Platón: *Scias quòd non perficitur homo in philosophia, nisi ex scientia duorum philosophorum Aristotelis et Platonis:* vió con toda claridad que esos dos Sistemas no eran antitéticos, sino que al revés se completaban uno á otro perfectamente; vió que cada uno de por sí era el hermoso coronamiento del otro; vió que, aceptando á entrambos, obteníamos completo y perfecto el estudio de la realidad, del orden universal; y así por tan bella manera ordenó su grandioso Sistema Científico, concordia, armonía y síntesis del idealismo platónico y del realismo aristotélico, y en donde *ostenditur admiranda et hactenus incognita Methodus Analytica et Synthetica universalissima, tam in demonstrando quàm in operando infallibilis et certissima, regulatur et adaptatur potentia ad objectum et subjectum, et ministrantur instrumenta quibus potentia agit in utrumque,* según dice el doctísimo sacerdote alemán Ibo Salzinger.

Al lado mismo de las cosas sensibles existen las intelectuales; al examinar las cosas humanas observamos la presencia de las divinas; tocamos las realidades, y concebimos las ideas de las mismas; existe lo particular y existe lo universal; las cosas y sus principios; el bien particular y el bien universal; las copias ó imágenes y sus ejemplares; lo modelado y el modelo; la criatura y el Creador... en vista de todo esto, de este dualismo constante y universal, ¿qué camino seguir para encontrar la verdad?

El Doctor Arcangélico, haciéndose cargo perfectamente de toda la universalidad de los seres, á ninguno excluyó, ni á los primeros, ni á los segundos, del artificio de su Sistema Científico ó Arte Magna para descubrir la verdad. Enseñó que de lo sensual hemos de ascender á lo intelectual; que de las cosas humanas hemos de elevarnos á las divinas; que el estudio de la realidad ha de decirnos y manifestarnos la idea que presidió su creación; que lo particular es camino recto y seguro para llegar á lo universal; que el examen de las cosas nos dará el conocimiento de los principios de las mismas; que del bien particular llegaremos al bien universal; que en la copia estudiaremos al ejemplar, en lo modelado al modelo, en la criatura al Creador...; pero añadió que, después de haber hecho esto, el hombre no puede estar aún satisfecho de su ciencia; que ésta no sería completa; que le faltaría su ratificación; ¿y cómo hallar esa satisfacción, ese complemento, esa corroboración científica?—Pues mediante la bajada del entendimiento, ya que lo hecho anteriormente era la subida; explicando las cosas sensuales por medio de las intelectuales, las humanas por las divinas, las existencias reales por las ideas de las mismas, lo particular por lo universal, los seres por los principios de ellos, el bien particular por el bien universal (según expresión de Sócrates, el maestro de Platón), las copias ó imágenes por los ejemplares de ellas, lo modelado por el modelo, la criatura por el Creador.

Los partidarios de Aristóteles y los secuaces de Platón disputaban acaloradamente... ¿de qué parte estaba la razón? Ambos partidos acertaban... pero ambos asimismo caían en error. ¿En qué consistía éste? En el exclusivismo; en que cada partido decía á su adversario: tú te equivocas. Este es el único error, así de los aristotélicos como de los platónicos.

Los filósofos reñían... la Filosofía lloraba...

El Beato Raimundo Lulio preguntó á la Filosofía por qué lloraba, y ella respondió:

«Heu mihi! nunquid vos alia mea Principia scitis, quod ego talis sum?...

«Ego autem dupliciter sum Philosophia, videlicet, *primò* cum sensu et imaginatione meus intellectus causat scientiam; *post* autem cum duodecim imperatricibus, quae sunt hae: divina Bonitas, Magnitudo, Æternitas, Potestas, Sapientia, Voluntas, Virtus, Veritas, Gloria, Perfectio, Justitia et Misericordia. Cum istis autem sum superius et habeo coronam auream; et cum sensu et imaginatione, inferius, habens coronam argenteam.» ¡Ay, triste de mí! vosotros que reñís, ¿sabéis por ventura otros principios filosóficos que los míos? Pues yo soy Filosofía por dos maneras, ó sea, mi entendimiento engendra la ciencia *primeramente* con los sentidos corporales, y la imaginación, *y después* mediante los atributos ó perfecciones de Dios, que son la Bondad divina, su Grandeza, Eternidad, Poder, Sabiduría, Voluntad, Virtud, Verdad, Gloria, Perfección, Justicia, Misericordia, etc. A la luz de estas ideas ó principios universalísimos obtengo una ciencia nobilísima y circunda mis sienes corona de oro; y con los sentidos externos y la imaginación adquiero una ciencia inferior, coronándome entonces con diadema de plata (1).

No es esta una afirmación aislada en las obras del Beato, sino la consignación del principio capitalísimo de todo el Sistema ó *Ars Magna*. Vuelve á decir el entendimiento: yo entiendo y levanto el edificio de la ciencia de *dos* maneras: *en primer lugar* mediante el sentido externo y la imaginación, con el fin de obtener la verdad de las cosas inferiores, por ejemplo, en las artes liberales y en las mecánicas; *después* mediante principios que son muy superiores, ó sea, mediante el concepto de Dios y el de sus perfecciones ó dignidades, que son Bondad, Grandeza, Eternidad, Poder, Sabiduría, Voluntad, Virtud, Verdad, Gloria, etc.

Y así como por el primer modo engendro ciencia inferior, arguyendo por lo posible y lo imposible, por el segundo modo engendro ciencia superior, arguyendo también por lo posible y lo imposible. Y la ciencia adquirida mediante las ideas ó conceptos de las divinas perfecciones (una vez, claro está, ya se ha obtenido la ciencia por medio del sentido externo y la imaginación) es más alta y cierta que la obtenida primeramente (2).

---

(1) *Duodecim Principia Philosophiae;* in prologo.

(2) Rursus ait intellectus: duobus modis intelligo et facio scientiam, primo per sensum et imaginationem de rebus inferioribus, tanquam in artibus liberalibus et moechanicis et de moralibus; alium modum habeo per ea quae sunt superiora, ut puta per Deum, et per suas Dignitates et per substantias separatas. Et sicut facio scientias inferiores per possibile et impossibile, sic facio scientias superiores per possibile et impossibile. Et magis sum altus et assertivus per possibilitatem et impossibilitatem ad superiora, quam ad inferiora; cum Deus sit superius agens cum sua Bonitate, Magnitudine, Æternitate, etc., bene, magne, aeterne, etc., ea quae sunt

Siempre consecuente nuestro Filósofo, como ha dicho que el entendimiento adquiere la ciencia por dos medios, afirma asimismo que la voluntad *facit amationem duobus modis,* y que la memoria tiene igualmente dos modos de obrar, pues concibe primitivamente por el sentido externo y la imaginación, y asciende después, elévase sobre dichos sentido é imaginación, cuando objeta á Dios y á sus razones eternas y operaciones (1).

---

apud Eum possibilia, et evitet impossibilia cum non posset malè agere, parve agere, non aeterne agere, etc.

Confiteor quod Deus est altius subjectum, quam ego possum intelligere; et magis est per se intelligibilis sua Bonitas, Magnitudo, Æternitas, etc., et etiam suum agere intrinsecum et extrinsecum quam ego possum intelligere, cum sim potentia inferior, et Ipse objectum superius.

De istis autem aliis scientiis, quae sunt inferiores, non est sic, quae fiunt per sensum et per imaginationem; quoniam ego sum magis dispositus et promptus ad intelligendum superiora, cum sim spiritus, quam sensus et imaginatio sint mihi sufficientes, quia sunt de genere corporeitatis. (Ibidem, capite X).

(1) Dixit Voluntas: ego facio amationem duobus modis, sicut dictum est de intellectu, qui facit scientiam duobus modis. Facio ei amationem per sensum et imaginationem, ut satisfaciam corpori, cum quo sum conjuncta, de eo quod ipsi necessarium est, in volendò ea quae sunt ipsi utilia, et in nolendo ea quae ipsi sunt inutilia.

Et hoc maxime facio propter me, cum sim forma ejus, et cum per ipsum sim disposita ad faciendum amationem de supremo Objecto quod est meus finis et finis corporis. Amatio autem, quam facio ad superius, est spiritualis, cum vero sim spiritus transcendens cum mea bonitate bonitatem corporis, cum mea magnitudine magnitudinem corporis. Ad quae sequitur quod meum possibile quod habeo ad superius, est altius quam possibile quod habeo ad inferius, in faciendo amationem; et sic de impossibili, hoc est, quod objecta quae sunt inferiora sunt tantum amabilia naturaliter, quantum objecta quae sunt superiora, ut puta Deus et suae rationes, sua intrinseca operatio et extrinseca, et sic de angelis, de alia vita et hujusmodi. (Ibidem, capite XI).

Ait Memoria: sicut intellectus, qui est meum antecedens per intelligere et ego consequens per recolere ejus, habet duos modos faciendi scientiam, ut dictum est in capite suo, sic ego habeo duos modos in agendo; quoniam sensum et imaginationem concipio primitive, et super sensum et imaginationem ascendo quando objecto Deum et suas rationes et suas operationes. Per superius sum levis, delectabilis, sana, recta et solicita; sed per inferius sum pigra, lenta, rudis, etc. Hoc autem non est per meam naturam, sed quia objecta sunt inferiora et de genere finis corporis, quae objecta impediunt me ad objectandum objecta superiora quae sunt de fine animae. (Ibidem, capite XII).

La distinción entre la ciencia adquirida por medio de los sentidos, ó sea, en el ascenso del entendimiento, y la que obtenemos mediante las Razones Eternas, ó sea, en el descenso del entendimiento, se nos presenta constantemente de un modo harto claro y explícito en todas y en cada una de las obras del gran Filósofo, evidenciándonos con ello que ambos procedimientos teníalos por igualmente legítimos, y que sobre ambos descansa la concepción filosófica del Polígrafo español.

. Pregunta en la obra intitulada *Quaestiones supra librum Facilis Scientiae,* si el humano entendimiento adquiere ciencia más alta y verdadera con el auxilio de los sentidos particulares, que mediante las Razones Eternas, y responde negativamente.

«Utrum humanus intellectus possit facere veriores et altiores scientias cum particularibus sensibus, quàm cum Divinis Rationibus? Solutio: Respondendum est quòd non; ratio hujus est, quia esset magnum malum et falsum: et vade ad *Librum Facilis Scientiae*» (1).

Verdad es que nuestro Doctor hace bajar ó descender la ciencia humana desde el Ser realísimo; y, tomándonos de la mano, nos dice bajemos gradualmente desde las nociones ideales al conocimiento de lo más inferior; pero esto es después de habernos dicho, con gran anterioridad y terminantemente, que el conocimiento intelectual reconoce su origen en los sentidos corporales, pues de lo contrario la ciencia sería manca; que la bajada del entendimiento, con ser un procedimiento legítimo, no es bastante á edificar con solidez; que debemos ascender con Aristóteles desde el conoci-

---

(1) Suppono quod sit bonum, magnum et verum quod humanus intellectus intelligat magis bene, magne et vere objectando Deum et suas Rationes, quam objectando sensibilia et imaginabilia. Et si contraria suppositio sit bona magna et vera, necessario sequitur quod magis intelligat per causas inferiores, quam per superiores; quod est falsum et impossibile. Ergo ostenditur quod Scientia facta per superiores causas sit una scientia per se separata a scientia quae est facta per inferiores causas. *(Liber Facilis Scientiae;* capite De Intellectu).

miento de lo más imperfecto al de lo más perfecto hasta llegar á la Causa primera, perfección suma, y razón y origen de todo lo criado. El Beato Raimundo Lulio desciende de la idea al sentido, pero antes asciende desde el sentido á la idea.

Sus palabras son terminantes: los que empiezan por las cosas generales (sin haber realizado en primer lugar el ascenso del entendimiento), y descienden al conocimiento de las cosas especiales sensuales, no pueden tener tanta sutileza, como la tienen los que empiezan por las cosas sensuales y suben al conocimiento de las generales; y eso proviene de que el entendimiento de los que empiezan por lo universal baja á las cosas sensuales, y el entendimiento de los que comienzan por lo sensual sube á las cosas intelectuales (1).

Como complemento de las anteriores palabras, véase lo que dice en la distinción segunda del *Compendium seu Commentum Artis Demonstrativae*. Manifiesta allí, que el *Arte Magna* requiere discurrir de tal manera, que, *comenzando* por los seres más inferiores, subamos de peldaño en peldaño hasta llegar á la Causa primera; entonces hemos de contemplar esta Causa primera en las perfecciones que ella tiene *simpliciter* en sí misma; y luego debemos verificar el descenso de nuestro entendimiento, hasta encontrar á los seres más inferiores, de conformidad con las impresiones recibidas en la consideración de la Causa primera. Y, en razón de estas impresiones, nuestro entendimiento se adherirá más fuertemente al juicio que él mismo forme de dichos seres inferiores en el descenso desde la causa al efecto, que al que formare de los mismos en el ascenso desde el efecto á la causa.

---

(1) Illi qui incipiunt a rebus generalibus et descendunt ad se subtiliandum in rebus specialibus sensualibus, non possunt habere tantam subtilitatem, quantam qui incipiunt a rebus sensualibus et ascendunt ad se subtiliandum in rebus generalibus; et hoc provenit ex hoc quod intellectus illorum qui incipiunt in generalibus, descendat ad res sensuales, et intellectus illorum qui incipiunt in sensualitatibus, ascendat ad res intellectuales. (*Liber Magnus contemplationis in Deum*, vol. II, lib. III, dist. 31, cap. 215.—En el tomo VII, página 109, edición de Palma de Mallorca, año 1747).

La razón de esto es, porque la virtud que en la subida tiene el entendimiento, la tiene igualmente toda en la bajada; mas no al revés, puesto que en la bajada tenemos la lumbre y la virtud de la Causa primera, las cuales nos iluminan al formular el juicio de las cosas inferiores. Y, como temiendo no se dé la importancia debida á la doctrina que acaba de exponer, dice y concluye: *Esta regla es universalísima en el Arte Magna* (1).

---

(1) En efecto, la distinción II de la obra *Compendium seu Commentum Artis Demonstrativae* contiene el tratado de las *Reglas* del Sistema Científico Luliano. Divídese dicho tratado en dos partes; y en la primera de ellas enseña el Doctor cómo hayan de emplearse las reglas para investigar por manera compendiosa todo el orden de la naturaleza, declarando el camino y el modo con los cuales la mente del hombre debe ascender del efecto á la Causa suprema y á la contemplación de ésta, y luego descender de Ella hasta el efecto, y formulando juicio del efecto según fuese lo adquirido en la consideración de la Causa suprema.

He aquí ahora el texto luliano:

«Istae autem quadraginta (Regulae) in duas Partes divisae sunt: in Prima, continetur traditio Regularum per T ad speculandum sub compendio, videlicet in summa, quidquid ordinatum est, dando viam et modum quo debeat Artista ascendere de effectu ad summam Causam et eam contemplari; et postmodum de ipsa Causa descendere ad effectum, et ipsum effectum secundum suam Causam primariam judicare...

De modo tractandi Regulas per T (seu per principia relativa Artis Magnae) in ascensu et descensu intellectus.

Regulae igitur primae partis per T tractantur isto modo.

Ars requirit F. G. (seu intellectum) discurrere ratione principii, medii et finis, ita quod ab inferioribus incipiant ascendentia de gradu in gradum usque ad primam Causam; et tunc, ipsis F. G. conversis in E., actu contempletur ipsum E. ipsam Causam primam in perfectionibus quas ipsa habet simpliciter in se; postmodum, ipso E. sic contemplante converso in habitum, descendant F. G. ad inferiora secundum illas impressiones quas recipit E. contemplative; quibus descendentibus, tunc ratione illarum impressionum magis adhaereant E. I. in judicio de inferioribus in descensu de causa ad effectum, quam in ascensu de effectu ad causam.

Ratio autem, quare hoc ita est, stat in hoc, quia quidquid virtutis habent F. G. ascendendo, habent similiter descendendo, sed non e converso, quia descendentia imprimunt in se ab E. contemplativo primae Causae lumen et virtutem, de quibus in descensu illuminantur E. I. de inferioribus judicantia.

La Escuela Luliana, en la sucesión de los tiempos, ha reconocido siempre y ha practicado ese doble procedimiento, analítico y sintético, en la adquisición de toda verdad científica; confesando á la vez que en ello era discípula fiel y agradecida del sabio Autor del *Ars Magna*.

Los métodos de los dos mayores filósofos, Platón y Aristóteles, se ven comprehendidos en el Artificio Luliano, dice el P. Pasqual, en el siglo XVIII; y el mismo aprovechado discípulo de nuestro Doctor, después de exponer brevemente el procedimiento aristotélico, continúa: «Y éste es el ascenso que en su método enseña el Beato Lulio, por el que sube el entendimiento de lo sensual á lo intelectual, de lo menor á lo mayor, del accidente á la substancia, de lo extrínseco á lo intrínseco, etc.

«No basta para método exacto de adquirir las Ciencias el ascenso expresado: también es menester el descenso, con que el entendimiento baje de las mayores y superiores verdades á las menores é inferiores, para que, ó con mayor firmeza se manifiesten las halladas en el ascenso; ó se descubran otras que, al primer examen de las potencias inferiores, no fueron advertidas; ó se declaren aquellas que, por escondidas, no pueden penetrarlas las potencias sensitivas» (1).

Por lo demás, hoy día, así los filósofos cristianos como las escuelas heterodoxas, establecen y enseñan constantemente que existe en la ciencia aquel doble procedimiento.

Haec autem Regula est valde generalis in hac Arte, et declaratur isto modo...

(Edición moguntina, tomo III, página 74).

No será ocioso advertir que la letra T significa los Principios relativos del *Arte Magna*, que son la Diferencia, Concordancia, Contrariedad, el Principio, Medio, Fin y la Mayoridad, Igualdad, Minoridad. Las demás letras mayúsculas significan los distintos actos de las potencias del alma.

(1) *Examen de la Crisis del P. Feyjóo sobre el Arte Luliana:* tomo II, páginas 115 y 131.—Madrid, 1750.

XXIII

La teoría luliana del ascenso del entendimiento para llegar á la adquisición de una verdad científica, comprende el estudio de las siguientes escalas:

a) Término, proposición, argumento;

b) Las cuestiones: Si la cosa es; qué es; de qué es; por qué es; cuánta es; cuál es; cuándo es; en dónde es; de qué modo es ó con qué es;

c) Ente, substancia, cuerpo, animal, hombre;

d) Los cinco predicables: Género, especie, diferencia, propio, accidente;

e) Los diez predicamentos: Substancia, cantidad, calidad, relación, acción, pasión, hábito, situación, tiempo, lugar;

f) Sentidos externos, sentidos internos, entendimiento;

g) Potencia elementativa, potencia sensitiva, potencia vegetativa, potencia imaginativa, hombre, cielo, ángel, Dios.

Al llegar al último peldaño de la postrera escala, *Dios*, el Beato Raimundo Lulio emprende el estudio del Ente Supremo, en cuanto puede ser conocido por las solas fuerzas de la razón humana; en primer lugar nos demuestra la existencia de la Divinidad, y en segundo lugar la de sus atributos, que son innumerables: *Bondad, Grandeza, Eternidad, Poder, Sabiduría, Voluntad, Virtud, Verdad, Gloria, Perfección, Justicia, Liberalidad, Misericordia, Humildad, Dominio, Paciencia,* etc.

¿Qué hace luego?

Toma los atributos de la Divinidad como los Principios del descenso del entendimiento humano, y procede en seguida á exponer la teoría de este descenso.

Aquellos Atributos resultan los principios del ser y del conocer; los principios de toda existencia y de toda ciencia; aquel descenso constituirá una ciencia, no la del hombre ó Filosofía, no la de Dios ó Teología, sino la Ciencia Universal, aplicable á todos los órdenes de conocimientos que llamamos ciencias particulares: á la Teología, Filosofía, Derecho, Medicina, Música, en una palabra, á toda ciencia especulativa ó racional.

Con *solo* el ascenso del entendimiento podemos obtener una verdad científica; con *solo* el descenso no podemos obtener nada: mejor dicho, prescindiendo en absoluto del ascenso, es imposible practicar el descenso intelectual. Pues los Principios de éste, que son bondad, grandeza, eternidad, poder, sabiduría, etc., ó sea, las Dignidades de Dios, no pueden ser de nosotros conocidos sino mediante el ascenso referido; en esta forma: no pudiendo dudar del criterio de los sentidos externos, afirmamos la existencia del mundo corpóreo; de éste, que es criatura, nos elevamos al conocimiento del Criador, quien debe ser forzosamente una infinita *bondad, grandeza, eternidad, sabiduría, voluntad,* etc.

Así, pues, los Principios del descenso luliano de nuestro entendimiento los alcanzamos por medio de los sentidos externos. *No son en manera alguna ideas innatas.*

Los oficios principales del descenso del entendimiento son dos:

a) Corroborar la verdad de las soluciones obtenidas en el ascenso;

b) Desplegar ante nuestros ojos la íntima y maravillosa armonía, que es el alma del Universo entero; nos hace descubrir el lazo existente entre las diversas ciencias particulares, el nexo escondidísimo entre la forma y la idea, entre el mundo del ser y el del conocer, entre la criatura y el Criador.

El humano entendimiento no queda satisfecho en su afán insaciable de saber sino después de haber empleado los dos procedimientos.

El Ascenso y el Descenso del entendimiento, así practicados, reciben el nombre de *Ars Magna Lulliana.*

Y tal es, *integramente,* el Sistema Científico del Beato Raimundo Lulio, Doctor Arcangélico y glorioso Mártir de Cristo.

XXIV

De conformidad con las precedentes afirmaciones, que no dejan lugar á duda sobre la *mens* auténtica del Autor, éste llena sus libros de cuestiones solucionadas por medio del *Arte Magna,* ora buscando la solución con el procedimiento aristotélico de subir de lo material á lo inmaterial, ora buscándola con el procedimiento de Platón, consistente en bajar desde unas ideas universales y necesarias hasta encontrar las cosas particulares y contingentes. ¿Deseáis libros del Arcangélico donde no se cerque la solución de las cuestiones por medio del descenso de Platón, sino por el ascenso aristotélico? Abrid los que llevan por título: *Liber de Anima rationali, Quaestiones per Artem demonstrativam seu inventivam solubiles, Disputatio super Magistrum Sententiarum, Liber de ascensu et descensu intellectus, Duodecim Principia Philosophiae, Logica Nova, Liber de Chaos, Liber de Homine,* y otros que sería prolijo enumerar. Después vienen los libros donde se aplica el descenso del entendimiento, que también son numerosos, y no citamos por ser sus nombres algo más conocidos que los anteriores.

Este método, que es tan aristotélico como platónico; este procedimiento científico, siempre nuevo y siempre antiguo: siempre nuevo porque la verdad nunca envejece; y siempre antiguo porque, rechazado el exclusivismo, es el único que integra y completa las leyes eternas del pensamiento humano, es el que proponemos humildemente á la consideración y estudio de los hombres pensadores como la orientación filosófica de los tiempos que alcanzamos.

Hallado el método verdadero y natural de un ramo cualquiera de conocimientos, éstos progresan á pasos agigantados; mientras que un método deficiente, aún estando al servicio de un talento superior, detiene vuestros pasos, si es que á veces no os obliga hasta á dar algunos traspiés. Método y talento, ¡he ahí lo que necesitamos! el talento Dios lo da; el método verdadero debe surgir del esfuerzo de nuestros estudios. Recordemos siempre, los que al estudio de la filosofía nos dedicamos, que si las ciencias puramente de observación han dado pasos de gigante en la edad moderna, es debido á que los sabios acertaron en señalar y seguir el método verdadero, lógico y natural de cada una de ellas; á eso fueron debidos los progresos de la Química inorgánica en manos de Lavoisier, los de la orgánica en el laboratorio de Pasteur, los de la Fisiología en el de Bernad, y los de la Física en el gabinete de Hirn. Nosotros creemos que una nueva era comenzaría, de gloria y esplendor, para las ciencias filosóficas, si fiásemos nuestra suerte á los dos procedimientos de la razón, el aristotélico y el platónico, bien unidos y harmonizados; si abrazásemos con sinceridad el Sistema Científico Luliano y mirásemos de desarrollarlo y aplicarlo, teniendo en cuenta los particulares caminos por donde gusta marchar la tendencia filosófica de hoy día.

Aquella *Ars Magna* que Luis Vives buscaba; aquella *Ars absoluta,* completa, aun no hallada—*nulla ars simul et inventa est, et absoluta*—y en busca de la cual trabajara tanto él—*si quis haec mea et expolire dignabitur rudia, et explere defecta, fortasse efficietur id quod cum fructu aliquo juvet cognosci;* aquella verdad *nondum occupata* (de la que Vives nos habla también); es el *Ars Magna* ó Sistema Científico del Arcangélico Doctor. Sin que esto quiera decir, que ya nada nos toca á nosotros que hacer respecto á las ciencias filosóficas, pues un *Ars,* un método, no es la Filosofía: *multum ex illa etiam futuris relictum est* (1).

El Polígrafo de Valencia compuso el *Ars Magna* del ascenso del entendimiento en sus libros: *De tradendis disciplinis* y *De prima philosophia;* el Polígrafo de Mallorca compuso el *Ars Magna* del ascenso y á la vez del descenso en los libros que integran el gran *opus lullianum.* Uno y otro se propusieron escudriñar todos los órdenes del conocimiento, armonizarlos, unirlos entre sí, y sujetar á un *Ars,* á un método, *universam hanc naturam,* toda la univer-

(1) *De Causis corruptarum artium;* in praefatione.

salidad de las cosas; ó mejor dicho, descubrir el *Ars* ó método á que están sujetas todas las cosas, así en su ser como en su conocimiento. Los dos dijeron las palabras con que da principio la obra *De tradendis disciplinis:*

«Quum ingenti Dei munere mentem et vim inquirendi homo esset nactus, qua vi non solum quae adessent, aspiceret, sed oculos in futura et praeterita mitteret, proprium tanti instrumenti opus esse duxit intueri omnia, colligere, componere inter se, et universam hanc naturam quasi possessionem suam peragrare, tametsi evagatus est magis extra viam, quam in via progressus.»

Verdad es que Luis Vives no ensayó el descenso del entendimiento, y ni siquiera intentó *expressis verbis* la conciliación platónico-aristotélica; el Beato Raimundo Lulio, sí: con una visión más completa é íntima de la realidad, amoldóse enteramente á ella y compuso el *Ars Magna* del ascenso y descenso del entendimiento.

Mas como, según dice hermosamente el Sr. Menéndez y Pelayo, *respondiendo la concepción platónica á uno de los impulsos primordiales del espíritu humano, á uno de los grandes modos posibles de explicación del mundo, nunca ha dejado de vivir como ideal, aunque á veces parezca extinguirse como doctrina;* como *la tendencia sintética y armónica es inseparable del pensar de la raza española;* Luis Vives no podía dejar de ser ecléctico y armónico: es discípulo fiel de Aristóteles, pero se inclina también al platonismo mitigado; y tanto es así, tanta levadura armonista se esconde en los libros *De primâ philosophiâ,* que, según todos reconocen, la conciliación platónico-aristotélica del filósofo sevillano Fox Morcillo no es más que un desarrollo admirable de la Metafísica de Vives.

No se objete, por lo tanto, que el Beato Raimundo Lulio, al declararse armonista, al manifestarse aristotélico y platónico á la vez, se aleja de la senda que siguieron los pensadores de España; no, en España siempre ha sido vivo é intenso el deseo de conciliar y maridar la Academia con el Liceo; y ya no hablamos ahora de los pueblos de la Confederación Catalano-Aragonesa, pues en éstos claro está que existía la tendencia conciliadora, ya que en ellos, más que en otras partes, el Lulismo era casi el sistema y la doctrina dominante.

Fernando de Córdoba, el jesuita Benito Pereiro, Francisco Vallés, León Hebreo, Miguel Servet y el cardenal García de Loaysa, pensadores notabilísimos en la Historia de la Filosofía en España, todos trabajaron con ese intento y ensayaron la conciliación platónico-aristotélica.

El ideal de la filosofía es el armonismo; y el ideal del armonismo es la conciliación de Platón con Aristóteles.

La metafísica es lo real, lo natural, lo positivo; la metafísica contiene los principios que necesitan para obrar las facultades superiores del hombre; sin tales principios es imposible la ciencia, ó no tiene ésta, á lo más, sino un conjunto de datos pobres y estériles; negada la metafísica, negamos la mitad del hombre y por cierto la más noble; ahora bien, el problema capital de la metafísica es maridar la cosa con la idea, es la conciliación platónico-aristotélica. ¿Fué ó no práctico nuestro Doctor y Maestro? ¿es una excepción ó sigue, por el contrario, la regla general del pensamiento de nuestra tierra, al fundar su *Arte Magna* en la conciliación, hermandad y maridaje de las dos únicas tendencias del espíritu humano, tan antiguas como el mundo y tan íntimas como la conciencia de nuestro propio existir? (1).

Las doctrinas platónicas sobre el descenso del entendimiento han gozado siempre entre los Padres, Doctores y escritores de la Iglesia, de un prestigio muy notable. Recordemos á San Agustín para el cual, según dice Melchor Cano, *Plato summus est;* y la autoridad del Obispo de Hipona es de las grandes, si las hay, en la Iglesia de Cristo: *Cui cave quemquam anteponas, nec enim doctior vir fuit Augustino quisquam, nec clarior.* Una de las razones del platonismo del Santo era porque las doctrinas platónicas casaban más que las otras con los dogmas de la Fe cristiana. En efecto,

---

(1) Aquí combatimos una afirmación del Ilmo. Torras y Bages, en su *Tradició Catalana*.

en las cuestiones de la inmortalidad del alma, de la providencia de Dios, de la creación de las cosas, del fin de los buenos y los malos, de los premios ó castigos en la otra vida, Platón era más cristiano que su discípulo Aristóteles. «Quorum judicium, in eo quod de animi immortalitate, de Dei providentiâ, de rerum creatione, de finibus bonorum et malorum, deque alterius vitae vel proemio vel poenis, Platonem apertius constantiusque locutum asserant, difficile factu est non probare.»

¿Qué tiene, pues, de extraño el platonismo del Beato Raimundo Lulio, si, hasta en nombre de los intereses de la ciencia cristiana, el grande San Agustín levantara aquella bandera? «Et exoritur Augustini ratio ex alterâ parte, nullos esse omnium christianae magis doctrinae concordes, quàm Platonicos» (1).

El descenso platónico del entendimiento tiene muy hondas raíces en el espíritu humano; por lo que no es de extrañar que á largos trechos, y aun después de parecer que sucumbía á los ataques del cartesianismo y del sensualismo, vuelva á retoñar con sin igual hermosura. ¿No le habéis visto en todas las filosofías trascendentales del siglo décimonono, en Hegel, en Schelling, en Fichte, en Krause? Hasta Schopenhauer llega á admitir las *ideas* platónicas como la primera objetivación de la *voluntad* racional y esencial.

Sí, las leyes del descenso del entendimiento son leyes naturalísimas, y lo que es natural ha de ser forzosamente verdadero; todos usamos de ellas, todos á ellas nos sujetamos, consciente ó inconscientemente; y si la autoridad de un hombre sabio es muy atendible y respetable, ¿qué vamos á decir de la autoridad (si no manifestada en la teoría, declarada en la práctica) de todos los hombres á la vez, sabios é ignorantes? Lea V. al P. Pasqual, y allí verá lo que le digo; allí verá que dichas leyes son del dominio público; allí encontrará una *Disertación*, escrita con maduro entendimien-

(1) *De Locis Theologicis;* libro X, capite V.—Coloniae Agrippinae. Anno 1605.

to y saturada de análisis finísimo, *Sobre la práctica y uso del método luliano* (en su parte del descenso intelectual) *que han observado muchos clásicos autores, y singularmente el Rdmo. P. M. Feyjóo y otros que desprecian el Arte Luliana* (por enseñar ese descenso del entendimiento).

No es censurable tampoco por esta parte la doctrina del Beato Lulio sobre el procedimiento de la razón que indicara y propugnara el fundador de la Academia. Si es un procedimiento natural; si ese procedimiento es un espejo de la realidad, ¿por qué rehusarlo? ¿Por ventura alguien ha podido negar razonablemente la sentencia del gran Leibniz: *Los principios universales entran en todos nuestros pensamientos, aunque á veces no nos demos cuenta de ello?* Tales *principios universales* forman las leyes del descenso del entendimiento; tales *principios universales* son los conceptos de *bondad, grandeza, duración, poder, sabiduría, voluntad, virtud, verdad, gloria,* etc., etc., tomados en su sentido trascendental. Todos al pensar, al razonar, usamos de tales principios consciente ó inconscientemente; y lo evidencia por modo admirable aquel sapientísimo Abad del Císter, en la Disertación referida, con trozos escogidos de San Agustín, San Anselmo, Santo Tomás de Aquino, el venerable Escoto, Bacón de Verulamio, Eusebio Amort, Muratori, Diego de Saavedra, el P. Benito Feyjóo y otros.

El Lulismo puede enorgullecerse de un hecho harto significativo: el gran Leibniz compuso una obra entera comentando el Arte Combinatoria de las Doctrinas lulianas.

XXV

He aquí los principios del ser de las cosas materiales: *Essentia substantiae elementatae est forma et materia; essentia formae et materiae sunt quatuor elementa; essentia quatuor elementorum est Prima Forma et Prima Materia; essentia Primae Formae et Primae Materiae sunt igneïtas, aëreïtas, aquareïtas et terrareïtas; essentia verò igneïtatis, aëreïtatis, aquareïtatis et terrareïtatis sunt Bonitas,*

Magnitudo, Duratio, Potestas, Sapientia, Voluntas, Virtus, Veritas, Gloria, caeteraeque divinae dignitates, quae sunt similitudines Dei et Superiora Substantialia Principia (1).

Los principios del ser de las cosas espirituales, como el alma racional, son igualmente la *Bondad, Grandeza, Duración, Poder, Sabiduría, Voluntad,* etc.

Si preguntamos ahora por qué los principios superiores substanciales de todas las cosas creadas son las perfecciones ó atributos de la Divinidad, nos responderá el Maestro, que Dios, al sacar de la nada á una criatura, imprime en la misma indudablemente, aunque de un modo más ó menos perfecto, las semejanzas de sus atributos.

Y los principios mediante los cuales conoceremos á esas criaturas, ¿cuáles son? La misma *Bondad, Grandeza, Duración, Poder, Sabiduría, Voluntad,* etc.

¿Por qué razón esa comunidad de principios del ser y del conocer? Porque el mejor medio para conocer una cosa es precisamente la ley constitutiva del ser de la cosa; pues las leyes del conocer son las leyes del ser; pues si *operari sequitur esse,* es también verdadera la afirmación: *cognoscere sequitur esse.* Pues, como Dios conoce todas las cosas mediante su Esencia divina—y esta es, por lo que nosotros alcanzamos, una suma Bondad, Grandeza, Eternidad, Poder, etc.,—y el humano entendimiento es la imagen, si bien débil y lejana, del Entendimiento divino; nosotros conoceremos también las cosas por medio de aquella Bondad creada, Grandeza, Duración, Poder, etc., que constituyen los principios superiores substanciales, así de nuestro entendimiento, como de las cosas que pretendemos conocer, siendo vestigios, semejanzas ó bien imágenes de la Bondad increada, Grandeza, Eternidad, Poder, que habemos dicho tiene Dios.

—¡Pero eso no es más que una pura congruencia!... alguien quizás replicará. Eso son idealismos hijos de una inte-

(1) *Quaestiones per Artem Demonstrativam solubiles;* quaest. 162.

ligencia platoniana, que desdicen del carácter español, enemigo de nebulosidades y muy aficionado á la observación...

—Es que aún no hemos concluido, podríamos responder á nuestra vez. La precedente afirmación, esa que una intuición sublime dictara al Beato Lulio, él resistíase muy mucho á creerla por lo mismo que no es una excepción del carácter de nuestra raza, sino que en todo sigue la regla general; resistíase muy mucho á tenerla por verdadera, por lo mismo que siempre fué enemigo de nebulosidades y muy aficionado á la observación.

Pero después hizo un detenido análisis de nuestras ideas, de todos los conceptos ó términos que integran el razonamiento humano, de las leyes del pensamiento, practicadas, *vividas*, no *a priori;* escudriñó uno y otro día la manera cómo pensamos; comparó las ideas del discurso, las combinó, investigó su naturaleza y sus necesarias relaciones; y de todo esto sacó en consecuencia—hija por lo tanto, no del apriorismo ó idealismo, sino de la más honda observación —que todas las ideas ó conceptos por los que pensamos ó razonamos, se hallan incluidos de un modo explícito ó implícito en la dicha Bondad, Grandeza, Duración, etc., tomadas estas palabras en sentido trascendentalísimo, y se pueden reducir á ellas; sacó en consecuencia que, dando amplitud y universalidad á los términos, ideas ó conceptos que entran en el discurso ó razonamiento del hombre, todas nuestras ideas pueden reducirse á formas sencillas y fecundas, fácilmente aplicables á todos los conocimientos humanos. Escuchad al sapientísimo señor Obispo de Orihuela, Dr. D. Juan Maura y Gelabert: «Ni por asomo es el Beato Lulio panteista. No va á buscar la unidad de la ciencia en la soñada y monstruosa *identidad universal,* que fantasean los filósofos alemanes; sino en el estudio analítico de nuestras ideas, comparándolas, combinándolas, inquiriendo su naturaleza y relaciones necesarias, dándoles la mayor amplitud y universalidad posibles, á fin de reducirlas á formas sencillas y fecundas, fácilmente aplicables á todos los conocimientos humanos. ¡Pensamiento sublime, repito, que por sí solo nos da la medida del profundo ingenio de su Autor!» (1).

Alguien ha dicho (2) que el Beato Raimundo Lulio, al aspirar á una ciencia universal ó unidad de la ciencia, es una *excepción* en el pensamiento de nuestro pueblo, refractario á los idealismos de la pura imaginación, y amigo de la observación y el análisis. Lo cual sería verdad si el Maestro hubiese buscado la unidad de la ciencia por medio de nebulosidades y fantásticos idealismos; mas como la buscó por medio de la observación y el análisis, según lo reconoce el sapientísimo doctor Maura, la referida afirmación cae por su base.

Lo más metafísico de las Doctrinas lulianas, que es lo relativo á la Ciencia Universal ó descenso del entendimiento, tiene su base en la psicología. Y los discípulos del Arcangélico han continuado y desarrollado la obra de su estimado Maestro, hasta tal punto, que en Raimundo Sibiude, no sólo la Metafísica, sino la misma Teología, tiene su base y fundamento en el conocimiento psicológico. Con lo que se demuestra que el Lulismo es muy práctico y muy español.

Y aún añadimos que, con esas sus doctrinas, adelantóse el Filósofo no pocos siglos á las tendencias y conclusiones de la filosofía moderna, pues en la actualidad, no ya la filosofía cristiana, sino hasta la filosofía heterodoxa, cansada del empirismo y del criticismo, «intenta llegar á la noción de lo absoluto, no por una síntesis dialéctica *(como lo hicieron los filósofos alemanes)*, sino por una síntesis psicológica *(que es lo hecho por el Beato Lulio)*, por una conciencia inmediata de nuestra naturaleza íntima, de nuestra personalidad imperfecta y relativa, que reclama por su misma imperfección lo absoluto de la perfecta personalidad, que es la sabiduría y amor infinitos. De este modo la Metafísica brota

(1) *Revista Luliana;* número 2; Noviembre 1901.
(2) El Ilmo. Torras y Bages, en su *Tradició Catalana.*

de las entrañas de la Psicología, y al mismo tiempo la explica y le da su razón última por analogía trascendental. Dios sirve para entender el alma, y el alma para entender la naturaleza» (1).

Esta nueva Metafísica luliana, basada en la Psicología; estos Principios universalísimos del descenso del entendimiento, constituirán una nueva ciencia: la Ciencia Universal.

—Pues ya no serán necesarias las otras ciencias, alguien replicará. Sabida la Ciencia Universal, sabremos todas las ciencias particulares, ó á lo menos las conocidas hoy día. Siendo esto así, no solamente habrá unidad de ciencia, sino que la Ciencia será *indivisible* y *única*.

—No; no es esta la síntesis ideológica del Beato Raimundo Lulio; nunca ha enseñado éste que la Ciencia sea *única;* que *no más* haya *una* ciencia. La *unidad* no es la *unicidad*. El Doctor Arcangélico establece la *unidad* de la ciencia, jamás la *unicidad*, ó sea, que la Ciencia Universal ahogue y mate las ciencias particulares; que la Ciencia sea *única*.

El Sr. Menéndez y Pelayo, al hablar de la afirmación luliana, de que las leyes del ser son las leyes del conocer, dice bien gráficamente para salvar de la nota panteista al Sistema luliano, que, examinada con detención la cosa, vemos claro ser ésta y no otra la fórmula luliana: *todo es uno y diferente*. Pues bien, examinando detenidamente los libros del Maestro, los que levantan á nuestro Santo el falso testimonio de que afirmaba que la Ciencia es *única*, que sabida la Universal se saben todas las particulares, habrían visto que, tocante á la materia en que nos ocupamos, la Doctrina luliana puede formularse así: *todas las ciencias descienden de una sola, pero descienden diferentes; todas las ciencias convergen á una sola, pero convergen diferentes*.

---

(1) Menéndez y Pelayo: *De las vicisitudes de la Filosofía platónica en España*, prope finem.

XXVI

Dice el Sr. Menéndez y Pelayo, hablando de los escritos del cisterciense Pasqual, que «su hábil y profunda restauración (luliana) llegó antes de tiempo: hecha un siglo después, hubiera dado á la obra luliana lugar eminente entre las más fecundas direcciones del renovado escolasticismo.» ¿A qué fué debido el mal éxito? Lo indica el mismo señor, pues, á la verdad, «en el siglo XVIII las corrientes iban muy por otro camino;» nadie logró «contener la desbordada avenida del sensualismo lockiano y condillaquista;» y así la filosofía quedó reducida á un empirismo ideológico (1). Por eso, pues, ahora intentamos nosotros una restauración luliana, porque las corrientes actuales no son las del siglo XVIII; porque en nuestros días, desacreditado el sensualismo, comienzan los espíritus imparciales y serenos á sentir y confesar la necesidad de una metafísica; porque el renovado escolasticismo se levanta floreciente en Roma, en Lovaina y en otras partes; porque, en fin, juzgamos trabajar en favor de la Ciencia cristiana pidiendo para el Lulismo un lugar eminente entre las más fecundas direcciones que nacieron después de la encíclica *Æterni Patris*.

El escolasticismo amplio que ahora impera; la tendencia á escudriñar y estudiar cuanto hay de aprovechable en todos los Doctores de la Escolástica; ese amor generoso y noble de la más pura Ciencia cristiana, de nuestros días, en contraposición al espíritu estrecho y parcial de escuela, de otros tiempos; nos dicen que ha llegado la hora propicia de promover una restauración luliana, y nos hacen augurar un resultado más lisonjero que el obtenido por el sabio autor de las *Vindiciae Lullianae*. Eso por lo que toca á los pensadores católicos.

---

(1) De las vicisitudes de la Filosofía platónica en España.—Ensayos de crítica filosófica, pág. 176.—Madrid, 1892.

Por otra parte, en el campo de la filosofía no cristiana, dibújanse todos los días deseos más fervorosos de una conciliación platónico-aristotélica, que no en vano trabajaron para ello Zeller y Fouillée, pudiéndose quizás afirmar que dicha conciliación constituirá el principio nuevo para la filosofía de lo porvenir: principio que según Trendelenburg ya poseemos, y no reside sino «en la concepción orgánica de todas las cosas, que tiene su origen en Platón y Aristóteles, cuyos principios y partes orgánicos debieran profundizarse más y más por la meditación» (1). Pues bien, ¿nos será lícito afirmar humildemente, que el Arte Magna ó Sistema Científico Luliano no es otra cosa que la referida conciliación? Para el Beato Lulio los principios del ser son los principios del conocer; la ciencia comienza por los sentidos corporales, pero concluye y alcanza su deseada perfección descendiendo de unas ideas universalísimas (adquiridas originariamente también por los sentidos) hasta lo particular que se inquiere. Y ese descenso no está yuxtapuesto al ascenso, sino que nace de él, como el hijo nace del padre.

Puede que nos equivoquemos, pero las circunstancias todas parecen algo favorables al Renacimiento luliano.

Sería notoria injusticia acusarnos también de que pretendemos resucitar lo que ya murió. No, la Escuela luliana no ha muerto; la Escuela luliana contiene en su seno gérmenes de luz, de vida, de fecundidad intelectual que no han sido incorporados aún en el caudal de la Ciencia cristiana, donde van á enriquecerse los verdaderos pensadores. Cuando esto se haya efectuado, enhorabuena no hablemos ya más de Escuela luliana; porque ese es el fin natural y lógico de todos los grandes filósofos, de todas las verdaderas escuelas: enriquecer con sus geniales, pero siempre particulares, puntos de vista á la Ciencia cristiana, que no pertenece exclusivamente á esa ó á aquella Escuela, por renom-

(1) Citado por Mercier en los *Orígenes de la Psicología contemporánea*, pág. 369.—Madrid, 1901.

brada que sea, sino que viene formándose por lo que hay de asimilable, duradero y aun diré eterno, si se me permite la palabra, en las lucubraciones de todos los hijos de Dios. Toda verdad viene de Dios, y el conjunto de las verdades adquiridas es lo que llamamos Ciencia cristiana. En algún tiempo la ciencia ó filosofía cristiana era la contenida en los libros de los Padres Apostólicos; más tarde, sin dejar de ser la misma, la llamamos Filosofía patrística y son otros los autores que estudiamos; después la decimos Filosofía escolástica, y Alberto Magno y Tomás de Aquino y Buenaventura y Escoto suceden á aquellos Santos Padres; hoy estudiamos el neo-escolasticismo ó el neo-tomismo (que el nombre no hace la cosa), para mañana bautizar esa misma Ciencia cristiana, siempre antigua y siempre nueva, con el nombre de... ¿pero quién lo sabe? sólo Dios. Cual río caudaloso, la Ciencia cristiana, en el decurso de los siglos, viene alimentándose de todas las verdades de todas las escuelas; y parece cambiar de nombre según sea el del genio filosófico que á su debido tiempo la Providencia nos envía para abrir una nueva y gloriosa etapa en los anales del saber.

Todos los filósofos y todas las escuelas han de entregar sus riquezas á esa madre común que llamamos Ciencia cristiana; y, una vez hecho esto, el nombre de aquellos filósofos y aquellas escuelas, por glorioso que haya sido, tiene que palidecer para dar paso á los nuevos genios que dan forma á lo nuevo sin divorciarlo de lo antiguo. Hoy el neo-escolasticismo ó el neo-tomismo, como queráis, es la encarnación de la Ciencia cristiana; ¿con qué nombre la designaremos mañana á esa Ciencia cristiana? Mañana, es indudable, olvidaremos el nombre de Santo Tomás de Aquino, sin dejar por eso de aprovecharnos siempre de lo que haya de inmortal en sus obras.

Pero, ¿nos hemos aprovechado ya de lo que hay de imperecedero é inmortal en las obras del Beato Raimundo Lulio? ¿lo hemos incorporado en la Ciencia cristiana? No. Pues esa es la razón y el fundamento de la restauración luliana que predicamos. Nadie dirá que no sea humilde ni poco fundada.

XXVII

Es un hecho innegable que la ciencia heterodoxa, en sus combates contra la Revelación, se ha encerrado hoy día en sólo tres campos de batalla: la historia, la exégesis y la materia.

El estudio predominante de la materia ha llevado á dicha ciencia, á pesar de sus tendencias al espiritualismo, á la metafísica y á la conciliación platónico-aristotélica, de un modo más ó menos vergonzante, al empirismo y al psicologismo.

Dentro la Filosofía cristiana los métodos de observación y experimentación ganan adeptos todos los días.

En tales circunstancias ¿será un error, ó al menos una ánomalía, hablar de restauración luliana? Pensamos que no. Pues en el *Ars Magna* ó Sistema Científico Luliano tenemos como en Aristóteles el ascenso del entendimiento, ¿qué inconveniente hay en completar y perfeccionar este ascenso con los estudios contemporáneos de fisiología y de psicofísica? Muy al contrario, pues sabemos que el Doctor Arcangélico fué un gran naturalista, amador y estudioso de la materia, observador y experimentalista en tanto grado como era posible en aquellos sus tiempos; y en sus libros *De Homine* y *De Animâ rationali*, y en general siempre que trata de materias relacionadas poco ó mucho con la Psicología, jamás emplea el descenso del entendimiento, sino siempre el ascenso, lo mismo que Aristóteles y Santo Tomás de Aquino. ¡Ah, nosotros estamos persuadidísimos de que, si viviera en estos tiempos nuestro Doctor y Maestro, él sería el primero de los filósofos que se entregaría en cuerpo y alma al estudio fisiológico del sistema nervioso, de las localizaciones de los sentidos y de mil otras cuestiones estudiadas en el laboratorio de Wundt, y no tendría para ello necesidad alguna de abandonar ningún principio filosófico de los contenidos en su *Ars Magna!* ¿No vemos la delicada observación y el análisis hermosísimo con que estudia y establece en conclusión la existencia de un sexto sentido corporal? Y ha sido el ilustrísimo doctor Maura, tan consumado en la ciencia y filosofía contemporáneas, quien ha escrito un largo estudio poniendo de manifiesto la feliz coincidencia— y por lo tanto el mucho experimentalismo que hay en la Filosofía luliana—entre las Doctrinas del Beato Raimundo sobre el sexto sentido del *afato* y las teorías de la Fisiología moderna sobre el *sentido muscular*.

Lo que ya hizo, pues, en su época nuestro Maestro y Doctor; lo que, si viviese, haría hoy indudablemente, ¿por qué no hacerlo nosotros sus discípulos? Sí, la restauración luliana cabe muy bien dentro el empirismo y el psicologismo y los estudios fisiológicos y psico-físicos de los tiempos presentes. Afirmar lo contrario, es no haber leído las obras lulianas.

El Beato Raimundo Lulio, como hijo de la Edad Media que es, claro está que se ocupó más en las ideas generales que en el análisis y observación psicológicos; empero fuerza es reconocer que, de los Doctores de la Escolástica, él fué de los que más se ocuparon en tales cuestiones y de los que más datos aportaron á la ciencia de la materia, como es sabido y reconocido por todos. Toda época tiene sus problemas á deliberar y resolver; y esta sencilla observación, que no tiene vuelta de hoja, nos explica suficientemente el por qué de los vacíos ó lagunas que un espíritu, poco considerado, de nuestros días puede hallar en la Filosofía luliana. Pero un *vacío* ó laguna no es una *oposición*.

Habría oposición entre el Sistema luliano y las corrientes filosóficas modernas que, con un sentido intenso y profundo de la realidad, se dirigen hacia los métodos experimentales, hacia los estudios fisiológicos y psico-físicos, si el Beato Lulio rechazase como una cosa anti-científica y antinatural el proceder de la razón enseñado por Aristóteles; si, encastillado sobre la falsa base del innatismo de las ideas, admitiese solamente el descenso platoniano. Pero no es así, sino que admite por igual y practica á la vez el ascenso de Aristóteles y el descenso de Platón.

Y si la filosofía heterodoxa no puede menospreciar al Sistema luliano con el pretexto de que es contrario á las tendencias de la época presente, tampoco lo pueden rechazar con el mismo pretexto los adeptos del neo-tomismo, pues todos los argumentos que pudiesen aducir podrían volverse del mismo modo contra la adaptación del tomismo á las necesidades de la filosofía moderna, cuya adaptación es la razón de ser del Instituto Superior de Filosofía en la Universidad de Lovaina con Mercier á su cabeza. Porque ante todo la verdad: si el ascenso del entendimiento, enseñado por Aristóteles y Santo Tomás de Aquino, no se opone al estado y á las orientaciones de la filosofía moderna, ¿por qué se opondría el ascenso del entendimiento que se encuentra en los libros lulianos, siendo así que en substancia es el mismo que expusiera Aristóteles el primero y siglos más tarde Santo Tomás de Aquino?

Nuestro Maestro tenía un espíritu amplio, conciliador, asimilativo; pues nosotros queremos, no sólo una restauración luliana, sino también la convivencia del espíritu del Maestro con la verdadera ciencia de nuestros días; aspiramos á casar ó maridar al Lulismo con las corrientes filosóficas del siglo XX, puesto que, según nuestro humilde parecer, no obsta impedimento alguno.

El Doctor Arcangélico enseña que toda ciencia viene originariamente de los sentidos corporales; el Beato Lulio confiesa que *el que siente* no es el alma ni el cuerpo separadamente, sino el hombre, el compuesto, el todo; dice de la misma manera, que toda operación del alma se realiza forzosamente con el auxilio del organismo corporal; en una palabra, es Doctrina luliana que en el hombre el alma y el cuerpo no viven separados, divorciados, sino muy bien casados, formando un todo, un solo ser substancial del cual el alma es la forma y el cuerpo es la materia: que el alma tiene su correlativo necesario en el cuerpo, y el cuerpo tiene su correlativo necesario en el alma. De consiguiente, la psicología luliana es una psicología biológica. Y de la biología á la fisiología no más hay un paso. Este paso no lo dió el Beato Lulio, porque nadie lo daba en su tiempo, y ni siquiera era posible darlo, por el estado atrasadísimo en que se hallaban ciertas ciencias auxiliares, ya que los progresos científicos no nacen por generación espontánea, sino que requieren un determinado adelanto en las ciencias más cercanas. El paso de la psicología biológica á la psicología fisiológica hemos de darlo nosotros los discípulos del gran Maestro.

Si alguien objeta que el Polígrafo español no conoció el método experimental, responderemos, y con toda verdad, que el Beato Lulio *practicó la experimentación,* si bien desconocíala como á método.

Del mismo modo que el Maestro, ante la lucha ensordecedora y algo bizantina entre aristotélicos y platónicos, hemos visto que no rehusó ningún elemento ni tendencia del pensamiento, sino que amorosamente unió un procedimiento con el otro, reconociendo la beligerancia de ambos, el de Aristóteles y el de Platón; así nosotros, mantenedores del grande espíritu luliano, no debemos rechazar elemento alguno ni tendencia de la filosofía y ciencia modernas: nosotros comenzamos por afirmar, como es natural, que renunciaremos gustosísimos á todas las ideas y Doctrinas lulianas que el método experimental nos demuestre que son falsas: nosotros comenzamos por afirmar, que el Beato Raimundo Lulio no es irreformable.

¿Llegaremos á alcanzar la meta á qué aspiramos? Difícil cosa es profetizarlo. Lo que sí diremos, es que nos sobran alientos y voluntad para ello, á Dios gracias. Mas si no llegamos á alcanzarla, quien juzgue en los tiempos venideros la obra á qué venimos consagrando nuestra vida entera, no olvide estas palabras: *in magnis voluisse sat est.*

XXVIII

Verdad es que el neo-tomismo, fiel á su tradición exclusivamente aristotélica, no ha ensayado nunca, que sepamos, el descenso del entendimiento á la manera de San Agustín y el Doctor Arcangélico; no ha siquiera intentado la conciliación platónico-aristotélica, en la que notables pensadores aciertan á ver la verdad total: ni el tomismo de la Universidad Gregoriana de Roma, ni el tomismo del Instituto Superior de Filosofía de Lovaina (algún tanto diferente el uno del otro, pues mientras el de Lovaina, adaptándose á las corrientes modernas, da las clases de Psicología dentro un Laboratorio químico y psico-fisiológico, el de Roma no se ha levantado mucho sobre el nivel de la Psicología racional del siglo XIII). Mas puede que haya alguna esperanza de que, en tiempo más ó menos lejano, emprenda la referida orientación.

Nos inducen á creerlo así las palabras del sabio tomista Ernesto Dubois, autor muy encomiado por la Santidad de León XIII. En su obra monumental *De Exemplarismo Divino,* habló aquel tomista de la «concordia existente entre los sistemas de Platón y Aristóteles,» y lo hizo en los términos siguientes: «Estos Sistemas, si los examinamos separadamente, se oponen del todo uno á otro, pero se concilian armónicamente en la unidad de la sabiduría, ó sea, de la ciencia del orden del universo. Pues en el ser distinguimos generalísimamente dos órdenes, el orden *real* y el orden *ideal,* distinción fundada en la universal distinción del *ente,* en ente *real* y ente *de razón.*

Verdad es que el ente *real,* el orden real y la ciencia de entrambos, considerada particularmente, se oponen al ente de *razón,* al orden ideal y á la ciencia de estos dos considerada asimismo particularmente; empero ambas ciencias, aunque se opongan entre sí singularmente, están contenidas en la ciencia universal de todo ente y de todo orden, que no es completa sino con las dos, y á las dos concilia en su unidad.

La ciencia ó doctrina de Aristóteles tiene por objetos principales *los seres reales* y su orden, que explica mediante tres principios, á saber: por la materia y por la forma, residentes en las cosas, y por el Motor supremo de la materia y la forma, que reside fuera de las cosas. La doctrina de Platón tiene por objetos principales *las ideas eternas,* que el Hacedor del mundo ve fuera de las cosas, bien sea en su Entendimiento, bien sea en otras partes, como quieren otros; y según las cuales Dios creó todos los seres á fin de imprimir en ellos el vestigio ó imagen de su divina Bondad.

Por tanto, los sistemas de Platón y Aristóteles, aunque

opuestos entre sí como el ente *real* y el ente *ideal*, concurren armónicamente á proporcionarnos la ciencia universal del ente. Ya que Platón, ó mejor, el verdadero ejemplarismo, nos enseña las razones eternas ejemplares y la suprema y externa Causa eficiente y formal de los seres, que Aristóteles estudia en su realidad intrínseca, mas sin buscar sublimemente en Dios los eternos ejemplares de los mismos» (1).

Estas palabras son un eco fiel de las ya citadas de Alberto Magno, en las que nos dice el Maestro de Santo Tomás, que la verdad total está en Platón y en Aristóteles á la vez.

Escuchemos á otro autor: luego sabremos cuál. «Tiempo es ya de renunciar á este prejuicio tan común entre nosotros, según el cual aun no se ha encontrado un principio nuevo para la filosofía de lo porvenir. Este principio lo poseemos; y reside en la *concepción orgánica de las cosas, que tiene su origen en Platón y en Aristóteles, cuyos principios y partes orgánicos debieran profundizarse más y más por la meditación*, mientras que de otra parte el comercio permanente con las ciencias de observación debiera contribuir á desenvolverla y perfeccionarla.» Ahora bien, hablando de estas palabras (donde tan claro se manifiesta el deseo de una alta conciliación platónico-aristotélica adaptada á las corrientes modernas, á lo que muchos dicen filosofía científica), ¿sabéis lo que dijo Mercier, el apóstol del neo-tomismo? Lo que sigue: «*En esta concepción aristotélica es donde principalmente se inspira el neo-tomismo*» (2). Y el texto copiado antes es de Trendelenburg, no sospechoso por cierto á nuestros aristotélicos.

Parece ser, de consiguiente, que el aristotelismo de Mercier no es exclusivista, intransigente, *enragé*, sino que en principio admite también las doctrinas de Platón; parece ser que no desagradaría un ensayo al menos de conciliación platónico-aristotélica al sabio Director del Instituto de Lovaina, quien, por sus grandes méritos y trabajos en favor del

---

(1) *De Exemplarismo Divino;* vol. I, pág. 419.—Romae, 1899.

(2) *Los Orígenes de la Psicología contemporánea*, pág. 370.

tomismo, de un salto ha subido, desde simple sacerdote, al Arzobispado, Cardenalato y Primado de Bélgica.

En otra parte de la obra *Los Orígenes de la Psicología contemporánea,* escribe: «El neo-tomismo no busca vivir en el aislamiento respecto de las otras teorías filosóficas, sino que trata de relacionarse con el pensamiento de Platón» y otros filósofos. «Si nosotros diferimos de estos filósofos, no es porque fallemos sobre ningún genio sin tener en cuenta más que su época; nuestro criterio es muy distinto, y estimamos que una doctrina cualquiera, así sea de la Edad Media ó la obra de un Santo, nunca tendrá para ser apreciada más que una norma, y esta es su valor. ¿Acaso no nos advierte el Jefe del Catolicismo en su Encíclica *Æterni Patris,* que es preciso acoger con agrado y reconocimiento todo pensamiento sabio, cualquiera que sea el punto de donde viniere?» (1).

Poco después continúa el mismo Mercier, el grande intérprete del pensamiento filosófico de León XIII: «Cuando se acepta... el Sistema de Santo Tomás,... no quiere esto decir que se considere tal... filosofía, tomada en su conjunto, como la expresión más completa del saber verdadero; no significa que se la tenga por un monumento acabado, ante el cual no le queda al espíritu más que hacer, sino permanecer extasiado en una contemplación estéril; esto no quiere decir tampoco que se la juzgue irreformable» (2).

Sea el que fuere el alcance de tales manifestaciones, es evidente que Mercier es un espíritu amplio, conciliador y abierto á *todo el pasado* de la Historia de la Filosofía y á *todo el porvenir* de la misma: disposiciones que son, sin duda alguna, la mejor *propedéutica* para ensayar la conciliación y armonía entre la Academia y el Liceo.

¡Ah! cuando yo leo detenidamente la *Suma Teológica* de Santo Tomás de Aquino, verdad es que nunca hallo la más pequeña aplicación del descenso del entendimiento, que in-

---

(1) Página 386.
(2) Página 390.

dicara Platón y desarrollara y practicara (al mismo tiempo que el ascenso) nuestro Beato Raimundo Lulio; verdad es que el Angel de las Escuelas nunca desciende de ideas universalísimas (especificadas y contraídas á lo individual y particular) para encontrar las verdades relativas á los diversos cuerpos en que se divide la ciencia... Pero ¿es que niega la legitimidad del descenso del entendimiento aquel Sol de la inteligencia? ¿dice ser imposible, explicado cristianamente, es á saber, rechazado el innatismo de las ideas? Tampoco.

Venid, leed conmigo la cuestión 84, *prima primae,* de aquel monumento *aere perennius* conocido vulgarmente con el nombre de *Suma Teológica,* y en su artículo V veréis que pregunta: *Utrum anima intellectiva cognoscat res immateriales in rationibus aeternis:* si el alma racional puede conocer las cosas inmateriales en las razones eternas.

Las *razones eternas,* en lenguaje escolástico y cristiano, son las ideas de las cosas según las cuales Dios sacó al mundo de la nada. Y pregunta el santo Doctor, si en dichas razones ó ideas eternas podemos ver nosotros la verdad relativa, no á las cosas materiales, sino solamente á las cosas inmateriales; pues el descenso del entendimiento, cristianizado (si bien no practicado) por San Agustín y llevado á un feliz coronamiento en todas sus partes por el Beato Raimundo Lulio, aspira sólo á conocer lo *necesario,* lo *universal* y lo *inmaterial* del objeto de la ciencia, y no en manera alguna lo que es material, contingente y particular.

De consiguiente Santo Tomás de Aquino entra de lleno en la cuestión; pregunta si debemos negar ó bien admitir la legitimidad del descenso del entendimiento tal como lo enseñaron San Agustín y el Beato Lulio. ¿Qué responde? Lo siguiente: *En las razones eternas no vemos la ciencia de las cosas contingentes y materiales.* Pero esto es el descenso del entendimiento que enseñara Platón, no el que defendieron San Agustín y el Beato Lulio—objetarán nuestros lectores, y con muchísima verdad. ¿Qué dice el Angélico del otro descenso intelectual? En el *cuerpo* del artículo nada más que lo dicho; empero en las dificultades ú objeciones que á sí mismo se presenta y en el *sed contra* afirma la legitimidad del descenso del entendimiento que enseñaron San Agustín y el Beato Lulio; ya que las objeciones se dirigen todas contra la tesis agustino-luliana (y sabido es que el Autor defiende siempre lo contrario de la objeción *arguendi gratia* presentada), y en el *sed contra* (que es en donde se aduce siempre una autoridad de peso en corroboración de la tesis que luego se propugna) nos ofrece Santo Tomás un texto de San Agustín en el que se admite la legitimidad del descenso del entendimiento, entendido á la manera luliana. Pues entonces—continuarán diciendo nuestros lectores—no hay mucha correspondencia entre la pregunta ó *utrum* del artículo y el *cuerpo* de éste; ni entre las objeciones y el *cuerpo* dicho; ni entre éste y el *sed contra*. Así es en verdad.

No obstante, de todo esto se deducen tres afirmaciones clara y lógicamente:

1.ª Santo Tomás de Aquino niega la legitimidad del descenso del entendimiento, entendido á la manera de Platón;

2.ª Santo Tomás de Aquino no niega la legitimidad del descenso del entendimiento, entendido á la manera como lo enseñaron San Agustín y el Beato Raimundo Lulio;

3.ª Santo Tomás de Aquino admite de un modo implícito las doctrinas de San Agustín y el Beato Lulio tocantes al descenso del entendimiento.

Vamos á probar la verdad de todas nuestras palabras.

Antes de sentar y defender su doctrina propia, se presenta á sí mismo el Doctor Angélico dificultades ú objeciones. La primera objeción del artículo V referido dice así:

«El alma intelectiva no conoce las cosas inmateriales en las razones eternas. Pues aquello en lo que son conocidas las cosas debe ser lo más conocido y con más anterioridad.

«Mas, en el estado de la vida presente, el alma intelectiva del hombre no conoce las razones eternas, pues no conoce á Dios en quien existen las razones eternas, sino que por el contrario el hombre se une con Dios como con lo desconocido, según dice San Dionisio.

«Luego el alma no conoce á todas las cosas en las razones eternas.»

Consecuencia que, en atención á que la *mayor* del argumento solamente habla de las *cosas inmateriales,* debiera redactarse así: *«luego el alma no conoce las cosas inmateriales en las razones eternas.»*

Pero aceptemos la redacción del Santo, ya que en uno y otro caso la verdad de nuestras palabras siempre queda confirmada: *luego el alma no conoce todas las cosas en las razones eternas.*

¿Habré de advertir ahora que la norma seguida invariablemente por Santo Tomás, en los artículos innumerables que llenan sus obras, es siempre la de establecer y probar la proposición, ó contraria ó contradictoria de la sentada por el adversario en las objeciones que pone al frente de cada artículo? Y eso es precisamente la razón de encabezar todos los artículos con dificultades ú objeciones.

De consiguiente, siendo la proposición del adversario: *el alma no conoce todas las cosas en las razones eternas,* el Doctor Angélico tendrá que propugnar en el *sed contra* y en el *cuerpo* del artículo, ó bien,

1.° que el alma conoce todas las cosas en las razones eternas, ó bien,

2.° que el alma sólo conoce algunas cosas en las razones eternas.

No lo primero, porque la filosofía cristiana no puede admitir las doctrinas platónicas, según las cuales todo podemos verlo en las ideas ó arquetipos eternos, lo contingente y lo necesario, lo particular y lo universal, lo material y lo inmaterial; por lo que es evidente que el Santo defenderá que *el alma sólo conoce algunas cosas en las razones eternas.*

¿Cuáles serán estas cosas que podremos conocer en las razones eternas? Las materiales no, pues entonces la tesis tomista se confundiría con la de Platón; serán las inmateriales, y eso de conformidad con la pregunta del artículo: *Utrum anima intellectiva cognoscat res immateriales in rationibus aeternis.* Que es sencillamente la doctrina establecida por San Agustín y el Beato Raimundo Lulio.

Luego lo menos que podemos decir es que Santo Tomás de Aquino *admite implícitamente* el descenso del entendimiento tal como lo enseñaron el Doctor de la Gracia y el Polígrafo español.

La misma consecuencia podemos sacar del estudio ó consideración de la objeción segunda.

«Además, el Apóstol dice que las cosas invisibles de Dios nos son conocidas mediante las visibles. Mas entre las cosas invisibles de Dios se cuentan las razones eternas. Por tanto las razones eternas son conocidas mediante las criaturas materiales, y no al revés.»

Aquí el contradictor imaginario del Santo establece que las razones eternas no dan el conocimiento de las cosas corporales; y el Doctor Angélico debe responderle que, si bien es cierto que las razones eternas no dan el conocimiento de las cosas corporales,—doctrina enseñada igualmente por San Agustín y el Beato Lulio,—empero algunas, á lo menos, de las cosas inmateriales, podemos verlas realmente en dichas razones ó ideas eternas: siempre de conformidad con la pregunta del artículo: *Utrum anima intellectiva cognoscat res immateriales in rationibus aeternis*. Porque, si no le responde eso, ¿á qué viene, así la pregunta del artículo, como la objeción?

Repitámoslo: parece ser que el Doctor Angélico no niega la legitimidad de las doctrinas agustinianas y lulianas relativas á eso.

Objeción tercera y última. «Además, las razones eternas no son otra cosa que ideas. Pues dice San Agustín, que las ideas son las razones permanentes de las cosas, razones que existen en la Mente divina. Si, en consecuencia, establecemos que el alma intelectiva conoce todas las cosas en las razones eternas, volvemos á la doctrina de Platón, el cual enseñó que *toda ciencia* deriva de las ideas.»

Ahora sí que el adversario se presenta sin ninguna clase de ambigüedad, y plantea la cuestión en sus términos claros y decisivos. Yo—dice á Santo Tomás—combato totalmente y en absoluto el descenso del entendimiento que enseñara Platón, ¿lo admites tú, ó lo combates igualmente conmigo?

Y aquí vemos en toda su desnudez la mente del contradictor imaginario del Autor de la *Suma,* si acaso no la hemos visto bastantemente en las objeciones anteriores, pues niega la legitimidad de las doctrinas platónicas, y tiene miedo de caer en las enseñanzas de la Academia, si concede que en las ideas eternas podamos ver *algunas verdades*. No concede ese adversario ficticio, que podamos ver en las razones eternas algunas de las cosas de la ciencia, sino que afirma terminantemente, que *nada* se puede ver en ellas, ni lo material ni lo inmaterial, ni lo contingente ni lo necesario, ni lo particular ni lo universal.

¿Qué contesta el Maestro de las Escuelas al *ultimatum* de su contrincante? ¿se adhiere á su adversario, condenando *a radice* todo descenso del entendimiento, sea el absoluto de Platón, sea el parcial de San Agustín y el Beato Lulio? No puede ser, pues entonces ¿á qué presentarse á sí mismo aquella dificultad? ¿Responde, quizás, que él se pone abiertamente en favor de las doctrinas de Platón, sin modificarlas ni cristianizarlas? Tampoco puede ser, pues en manera alguna es admisible que toda la ciencia (la de lo contingente y lo necesario, la de lo particular y lo universal, la de lo material y lo inmaterial) nos sea derivada de las ideas innatas.

De consiguiente no queda otro medio que el de legitimar en alguna forma el descenso del entendimiento, ó sea, en el sentido en que lo legitimaron el santo Obispo de Hipona y el Beato Raimundo Lulio.

Que es lo que hizo Santo Tomás de Aquino.

Pruebas.

«*Sed contra,*» dice el Angélico. Y los conocedores del método pedagógico que el Santo emplea en la *Suma* y en otras de sus obras, saben muy bien que en los «*sed contra*» hay siempre una autoridad de gran relieve, ora de las Sagradas Escrituras, ora de algún Santo Padre ó Doctor de la Iglesia, ora de algún gran filósofo, Aristóteles comunmente: autoridad que siempre es contraria á las conclusiones del contradictor imaginario, y que, al mismo tiempo, es el fundamento y prueba inexpugnable de lo que después, en el cuerpo del artículo, propugnará el Santo Doctor.

Pues bien, en el *«sed contra»* del artículo que analizamos, pone el Santo una autoridad, no sólo favorable á la admisión de un descenso del entendimiento, sino que es uno de los argumentos con que el gran platónico San Agustín afirma, declara y aprueba la legitimidad del procedimiento intelectual que su talento preconizaba.

Traducimos de Santo Tomás: «*Sed contra,* pero contra lo afirmado por el adversario, dice San Agustín: «Si ambos «vemos que es verdad lo que tú dices, y ambos vemos que «es verdad lo que digo yo, ¿en dónde vemos eso? Ni yo lo «veo en ti, ni tú en mí, sino ambos en la verdad inconmu-«table que está sobre el humano entendimiento.» Mas la verdad inconmutable está contenida en las razones eternas.

«Luego el alma intelectiva conoce todo lo verdadero en las razones eternas.»

Siendo esta la autoridad del «*sed contra,*» y como el «*sed contra*» es la base y una de las pruebas, si no la potísima, de lo que se enseña en el cuerpo del artículo, es evidente que el Doctor Angélico se inclina aquí á favor de algún descenso del entendimiento; es evidente que luego en el cuerpo del artículo va el Santo á probarnos la legitimidad del descenso agustiniano, que es el mismo del Beato Lulio.

Cuerpo del artículo: «Respondo diciendo que, como dice San Agustín, si los llamados filósofos dijeron por ventura algunas cosas verdaderas y conformes á nuestra fe, nosotros hemos de tomárselas como si ellos fuesen posesores injustos, y tenemos que vindicarlas para el caudal y uso de nuestras doctrinas. Pues la filosofía de los gentiles tiene ciertas cosas supersticiosas y al parecer verdaderas, que cada uno de nosotros, salido de la sociedad de ellos, debe evitar con mucho cuidado, etc. Y por eso Agustín, que conocía muy bien las doctrinas de los platónicos, si algo encontró en los libros de éstos conforme á la fe cristiana, lo tomó; y lo que halló contrario á nuestra fe, lo modificó y mejoró.

Había dicho Platón, que las formas de las cosas subsistían por sí mismas separadas de la materia, formas que llamaba *ideas,* por la participación de las cuales—decía—nuestro entendimiento conoce todas las cosas; pues, á la manera que la materia corporal es piedra por la participación de la idea de piedra, así nuestro entendimiento conoce la piedra por la participación de la misma idea de piedra. Mas como parece contrario á la fe, que las formas de las cosas subsistan por sí fuera de las cosas sin materia, según los platónicos enseñaron, diciendo que la *vida por sí* y la *sabiduría por sí* eran ciertas sustancias creatrices, al decir de San Dionisio; por eso Agustín puso en lugar de estas ideas, que enseñara Platón, las razones de todas las criaturas, existentes en la Mente divina, razones según las cuales son hechas todas las cosas, y según las que también el alma humana conoce todas las cosas.

De consiguiente, cuando se pregunta, si el alma humana conoce todas las cosas en las razones eternas, se ha de decir, que algo se dice conocido en otra cosa de dos maneras. La primera, cuando la cosa es conocida en otra y ésta es un objeto conocido; por ejemplo, cuando alguien ve en un espejo aquello cuya imagen resulta en el espejo; y, de esta manera, el alma durante la vida presente no puede ver todas las cosas en las razones eternas, pero sí, de esta manera, ven todas las cosas en las razones eternas los bienaventurados, los cuales ven á Dios y en El á todas las cosas. La segunda manera, cuando la cosa es conocida en otra como en el principio del conocimiento, v. gr., al decir que en el sol vemos todas las cosas que son vistas mediante el sol; y así necesario es que digamos, que el alma humana conoce todas las cosas en las razones eternas, ya que por la participación de estas razones lo conocemos todo.

Pues la lumbre intelectual, que hay en nosotros, no es otra cosa que una cierta semejanza participada de la lumbre increada, en la cual están contenidas las razones eternas. Por lo que dice el Salmista: Muchos preguntan: ¿quién nos manifestará las cosas buenas? A lo que responde él mismo diciendo: ¡Oh, Señor! la lumbre de tu cara ha puesto su sello en nosotros; como si dijera: Todas las cosas se nos manifiestan por ese sello de la lumbre divina que hay en nosotros.

No obstante, como, además de la lumbre intelectual, necesitamos especies inteligibles recibidas de las cosas para obtener la ciencia de las cosas materiales; en consecuencia afirmamos, que no adquirimos la noticia de las cosas materiales por la sola participación de las razones eternas, como enseñaban los platónicos diciendo que la sola participación de las ideas bastaba para la dicha ciencia.

De conformidad con esto escribe San Agustín: «Acaso, habiéndonos probado los filósofos, con argumentos muy verdaderos, que todo lo temporal sucede en virtud de las razones eternas, pudieron en consecuencia leer en dichas razones eternas, ó deducir de ellas, ¿cuántos son los géneros de los animales, cuántas son las semillas de las cosas? ¿Por ventura ellos mismos no buscaron estas cosas con la historia de los pueblos y los tiempos?»

Que San Agustín no entendió, que todas las cosas son conocidas en las razones eternas, ó en la verdad inconmutable, como si viésemos las mismas razones eternas, se ve claro por lo que él mismo dice en otro lugar, es á saber, que no todas las almas, sino sólo las que fueren puras y santas, son á propósito para la visión de las razones eternas, por ejemplo, las almas de los buenos ó de los bienaventurados.»

Hasta aquí son palabras de Santo Tomás, en el cuerpo del artículo.

Y no nos ofrece más luz ni nuevos datos, pues á continuación del cuerpo del artículo añade, que lo dicho anteriormente basta ya para solucionar las dificultades presentadas.

Las consecuencias lógicas é inmediatas de las afirmaciones contenidas en el pasaje transcrito, son las que siguen:

I.—Santo Tomás combate solamente á Platón, y por el único hecho de afirmar éste, que en los eternos arquetipos podemos ver la ciencia de las cosas materiales.

II.—No trata de si en las ideas eternas podemos ver la ciencia de las cosas inmateriales, ó, mejor dicho, usando el lenguaje de San Agustín y el Beato Lulio, de las cosas universales y necesarias. ¿Sería por tener como probable esa opinión agustino-luliana?

III.—Combate á Platón hasta con citas de San Agustín,

como la que hay en el *sed contra,* donde se declara que podemos leer verdades en las ideas eternas ó arquetipos; pero verdades del orden universal y necesario, como manifiesta San Agustín en otros lugares de sus obras.

IV.—Santo Tomás no reprueba en San Agustín el haber modificado el sistema platónico en el sentido de que las ideas ó arquetipos de Platón han de ser en la filosofía cristiana las razones eternas, que existen en el Entendimiento divino, según las cuales son hechas todas las cosas y según las que igualmente conoce nuestra alma.

Y como el Angélico sabía muy bien, que de esa modificación cristiana de las doctrinas de Platón, argüía San Agustín, que era legítimo el descenso del entendimiento desde aquellas razones eternas, existentes en la Mente divina, hasta lo individual que se inquiere; esto es, que en dichas razones eternas vemos nosotros la ciencia de las cosas universales y necesarias (no de las particulares y contingentes) mediante la deducción, la especificación y la contracción; tenemos que, al no reprobar las modificaciones hechas por San Agustín, tampoco reprueba las consecuencias que éste sacaba de tales modificaciones.

Mas el objeto y finalidad de todo el artículo en cuestión es precisamente aprobar ó desaprobar el descenso del entendimiento: *Utrum anima intellectiva cognoscat res immateriales in rationibus aeternis;* y como por otra parte el contradictor que á sí propio se da el Santo preséntale á éste, en sus términos claros y decisivos, el punto capital de la cuestión, conforme habemos dicho: *Yo combato totalmente y en absoluto el descenso del entendimiento que enseñara Platón, ¿lo admites tú, ó lo combates igualmente conmigo?;* y además, como en todo el cuerpo del artículo Santo Tomás no hace otra cosa que combatir solamente á Platón, y valiéndose para ello de las citas de San Agustín donde este santo Doctor enseña, establece y aprueba un descenso cristiano del entendimiento, modificación radical del que enseñara la Academia; tenemos que, el no reprobar aquí la doctrina agustiniana, antes al contrario utilizarla contra Platón, es *aprobarla implícitamente.* Y no tememos excedernos al formular tal conclusión.

V.—Afirma Santo Tomás, que el humano conocimiento se realiza ó verifica mediante la participación de las razones eternas. Lo cual es también doctrina agustiniana y luliana.

VI.—Establece resueltamente el Angélico la necesidad de las especies inteligibles, recibidas de la misma cosa, para obtener la ciencia de las cosas materiales. Tesis que igualmente siempre enseñaron San Agustín y el Beato Lulio.

VII.—Santo Tomás se hace suyas unas palabras de San Agustín, donde éste echa en cara de los platónicos, que las cosas numerables (particulares y contingentes) no caen dentro la esfera de las razones eternas, ó sea, del descenso del entendimiento. Lo mismo enseñó el Beato Lulio, como luego veremos.

No se deduce inmediatamente otra cosa del Artículo de Santo Tomás.

ERGO—volvemos á decir—*Santo Tomás de Aquino aprueba implícitamente el descenso intelectual enseñado por San Agustín, que es el mismo del Beato Raimundo Lulio.*

San Agustín y el Beato Raimundo Lulio establecieron que el descenso del entendimiento servía sólo para la ciencia de lo inmaterial, ó sea, de lo que es universal y necesario; que para la ciencia de lo material, á saber, de lo numerable, particular y contingente, no tenemos más que un camino, y es el llamado ascenso del entendimiento (sentidos externos é internos, especies inteligibles, entendimiento agente y entendimiento posible); y en tercer lugar, que las razones eternas ó ideas universalísimas no son innatas, no, sino que llegamos á alcanzarlas después de haber hecho todo el ascenso intelectual, al llegar á la cumbre de éste, pues sólo entonces sabemos que existe un Criador de todas las cosas, y que tal Criador tiene por atributos esencialísimos la *Bondad, Grandeza, Eternidad, Poder, Sabiduría* y demás perfecciones divinas, que son las razones eternas ó ideas universalísimas, en donde vemos, deducida, especificada y contraída, la ciencia de lo universal y necesario.

Pues bien, si el Doctor Angélico hubiese querido combatir en el artículo analizado, no solamente las doctrinas de Platón, sino además las de San Agustín y el Beato Lulio, después de haber negado con la autoridad del santo Obispo de Hipona las enseñanzas platónicas de que en las *ideas* ó arquetipos eternos vemos nosotros la ciencia de las cosas numerables, particulares y contingentes, había de buscar otra autoridad, otra cita autorizada, para negar las enseñanzas de San Agustín, de que en las referidas *ideas* ó arquetipos eternos vemos, sí, la ciencia de lo universal y necesario. ¿Lo hizo? De ninguna manera.

Pero atacar, como lo hace Santo Tomás, el error de Platón de que el hombre puede ver en las *ideas* eternas la ciencia de las cosas numerables, particulares y contingentes, con una autoridad ó cita de San Agustín (que es la del *sed contra)* donde éste explica que, realmente, nosotros podemos leer algunas verdades en las ideas eternas, mas que tales verdades son siempre de un orden necesario y universal, según lo afirma en otros lugares de sus obras, á esto llaman la lógica y el buen sentido *aprobar implícitamente las doctrinas de San Agustín.*

Otra observación aún. El título del artículo analizado: *Utrum anima intellectiva cognoscat res immateriales in rationibus aeternis,* no sólo va dirigido contra Platón, sino más aún contra San Agustín, dado caso que le hayamos de dar una respuesta negativa; pues, sea el que se quiera el significado estrictísimo de las palabras *res immateriales,* parece ser que, yendo sólo contra Platón, el título que la lógica pedía era este: *Utrum anima intellectiva cognoscat res omnes in rationibus aeternis.* Empero, así en las objeciones como en el cuerpo del artículo, siempre se dirige exclusivamente contra el Filósofo de la Academia; todos sus tiros van contra las ideas *rigurosamente* platónicas; allí no se habla de otra cosa, sino de negar que en los arquetipos eternos leamos nosotros la ciencia *de las cosas materiales,* como lo observa el tomista Sylvio—*totâ hac quaestione Beatus Thomas solùm disserat de cognitione rerum materialium;*—no trata el Angélico *expressis verbis* de si en dichos arquetipos leamos nosotros la ciencia de las cosas inmateriales, ó, por mejor decir, de las cosas universales y necesarias, sino que sólo combate la doctrina *rigurosamen-*

te platónica con textos de San Agustín donde éste declara, sienta y establece que, si bien no leemos en las ideas eternas la ciencia de lo material, podemos no obstante leer muy bien en ellas las verdades científicas pertenecientes al orden universal y necesario que tienen todas las disciplinas del entendimiento. ¿Qué nos prueba esto? Primero: que el título genuino del artículo tomista es este: *Utrum anima intellectiva cognoscat res materiales in rationibus aeternis;* segundo: que allí no se pone nunca en litigio la doctrina agustiniana, como tenida al menos por probable; tercero: que en el hecho de ser alegada esta doctrina de San Agustín contra una parte de las enseñanzas de Platón, se la *aprueba implícitamente* (1).

Mírese como se quiera este artículo notabilísimo, siempre resulta lo mismo: que en él *aprueba implícitamente* el Maestro de las Escuelas el descenso intelectual enseñado por San Agustín, y enseñado y practicado por el Beato Raimundo Lulio.

De lo expuesto hasta aquí se infiere que las doctrinas del Angélico Santo Tomás no están reñidas con las de San Agustín y las del Beato Lulio; que la tan cacareada oposición entre el Tomismo y el Lulismo no existe para los que estudian de verdad al Autor de la *Summa* y al Autor del *Ars Magna;* que hasta dentro el Tomismo, tan recomendado por la Santidad de León XIII, puede iniciarse una corriente de conciliación entre la Academia y el Liceo; que, encontrándose esa conciliación en las obras del Doctor Arcangélico, el Lulismo entra de lleno en la legalidad filosófica que establece la encíclica *Æterni Patris,* pues, de una

---

(1) No todos los códices titulan de la misma manera este artículo V de la cuestión 84, *primâ primae.* Con todo, leído el cuerpo del artículo, no hay duda que su título genuino es el que nosotros hemos dicho.

En el análisis detallado que hemos hecho del artículo, no hicimos mención alguna de la *Conclusio,* porque es cosa de todos sabida, que las *Conclusiones* de los artículos no son de Santo Tomás, sino que fueron redactadas por el teólogo de Lovaina Agustín Hunnaeus.

parte, por lo que toca al ascenso del entendimiento, el Beato Lulio es tan aristotélico como el mismo Santo Tomás, y, por la otra parte, en el descenso del entendimiento, no es por cierto más platónico el Filósofo catalán que el propio San Agustín.

El día en que los neo-tomistas—siguiendo las altas indicaciones del Artículo V explicado, y de acuerdo igualmente con el parecer respetabilísimo de Dubois, de Mercier y de Trendelenburg—comiencen á ensayar la conciliación de los dos grandes Filósofos de la Grecia, realizarán una obra de paz y hermandad dentro el campo de la filosofía cristiana, una obra verdadera de progreso para el porvenir de la ciencia; y, más aún, realizarán una obra de conquista filosófica, y al mismo tiempo religiosa, en medio de los que, desengañados del frío positivismo, sienten hambre y sed de metafísica, y han ido á cobijarse, como Zeller, Fouillée, Tiberghien y Lange, bajo los pliegues de la bandera de aquella conciliación. ¿Temen, acaso, que no lo vería con gusto el Angélico Santo Tomás? Pues yo creo lo contrario.

Nosotros, aconsejados por el grande aristotélico Trendelenburg, queremos renunciar al prejuicio, demasiado común entre la gente pensadora, de que aún no se ha encontrado un principio nuevo para la filosofía del porvenir. Creemos, y puede que con el mismo Trendelenburg, que tal principio nuevo es la conciliación de Platón con Aristóteles. Y como esta conciliación en parte alguna la hallamos tan explicada, desarrollada y practicada ó aplicada á la inquisición de la verdad, como en las obras del Doctor Arcangélico, por esto señalamos humildemente al Lulismo como la orientación filosófica de los tiempos modernos. ¿Rechazamos al Tomismo? Nunca, jamás. Aspiramos á completarlo con el descenso del entendimiento, con San Agustín, con el Beato Raimundo Lulio. Siendo el *Arte Magna Luliana* un Sistema Científico que comprende á la vez el ascenso del entendimiento y el descenso del mismo, esto es, así el procedimiento de la razón que enseñara Aristóteles, como el que enseñaran Platón y San Agustín, ¿puede un luliano dejar de ser tomista? Claro que no. Nuestra obra no es negativa, sino positiva y perfectiva de verdad. Ni más ni menos que la del Beato Raimundo Lulio.

Este es nuestro Tomismo; este es nuestro Lulismo.

XXIX

Alguien, quizás, objetará ahora, por haberlo leído en la *Tradició Catalana* del ilustrísimo obispo de Vich, Dr. Torras y Bages, que nuestro Beato Raimundo Lulio no es partidario del procedimiento de la razón enseñado por Aristóteles y Santo Tomás de Aquino, es á saber, de que la ciencia comienza por los sentidos corporales y luego asciende, pasando por los sentidos internos, hasta llegar al entendimiento posible (pág. 310, ed. primera); y además, que el mismo Beato pretende leer en las ideas ó conceptos universalísimos por los que se verifica el descenso del entendimiento, no solamente la ciencia de lo necesario, sino también la de lo contingente, no sólo lo espiritual, sino también lo material (pág. 315). Mas nosotros, *pace tanti viri*, hemos leído todo lo contrario en las obras del Maestro.

Es notable la equivocación que sufrió Su Ilustrísima; con todo, á decir verdad, es algún tanto dispensable, pues ya advierte el Dr. Torras y Bages, que las lecturas, hechas por él, de las obras del Beato, son *ciertamente insuficientes atendida la grandeza del hombre* (pág. 298).

En primer lugar hemos de decir que el Maestro compuso una obra donde no hace otra cosa, desde la primera página hasta la última, que exponer y practicar *exclusivamente* el procedimiento de la razón enseñado por Aristóteles y después por Santo Tomás de Aquino. Su título es harto significativo: *De Ascensu et Descensu intellectus:* Del ascenso y descenso del entendimiento.

El descenso de que habla en este libro, no creáis que sea el descenso platónico, no; es también aristotélico; pues sabida cosa es que el Fundador del Liceo, una vez realizado el ascenso del entendimiento—mediante los sentidos externos, los internos y el propio entendimiento en sus dos manifestaciones de entendimiento agente y entendimiento posible,—desciende luego en el estudio del objeto considerado, mas no por las gradas de las ideas platónicas ó universalísimas, sino por las mismas escalas que hemos dicho de los sentidos externos, internos, entendimiento agente y entendimiento posible. Y es lo único que hace el Maestro en este su libro. Todo en él es aristotélico: todo en él es tomista.

Prescíndese del todo allí del descenso platónico, ó de San Agustín, para ocuparse su Autor *única* y *exclusivamente* en el procedimiento de la razón aristotélico y tomista, y hasta en sus dos caras de ascenso y descenso también, pero siempre sólo mediante los sentidos. Y es cosa muy lógica y natural, ya que en el *Ars Magna,* ó Sistema Científico Luliano, el ascenso aristotélico es tan importante y necesario como el descenso de Platón, ó mejor dicho, de San Agustín.

En segundo lugar, y último, diremos que, en las restantes obras del Maestro, siempre hallamos la misma concepción de la ciencia, es á saber: jamás levantaremos el palacio de la ciencia, acabado y perfecto, sino *ascendiendo* y *descendiendo* en nuestras operaciones intelectuales; el ascenso aristotélico y tomista es tan lógico, natural y necesario como el descenso platónico y agustiniano. Pero la ciencia empieza por los sentidos; y mediante éstos, y después de efectuadas las operaciones que siguen al ejercicio de éstos, llegamos á conocer las ideas universalísimas ó atributos de la Divinidad—Bondad, Grandeza, Eternidad, Poder, Sabiduría, etcétera;—y ahora, tomando por punto de partida estas ideas universalísimas, comenzamos á *descender* por las escalas platónicas, ó de San Agustín. Nada de innatismo de las ideas; no hay ninguna idea innata: ni una solamente.

El descenso del entendimiento sin el ascenso es *imposible;* el ascenso sin el descenso es *incompleto*. Pero, hermanadas ambas tendencias, se completan y se perfeccionan mutuamente, y producen ópimos frutos de ciencia y de progreso.

«En la vida presente la ciencia empieza de esta manera, dice nuestro Beato: la potencia sensitiva alcanza el objeto sensible; hecho esto, la potencia imaginativa vuelve imaginable á la semejanza del objeto; y por último, la potencia intelectiva convierte la semejanza imaginada en semejanza inteligible. Tal es el modo como se obtiene la ciencia de las cosas sensibles.» Scientia in hac vita sic incipit, scilicet, sensitivum attingit sensibile; et imaginativum, in suo proprio imaginabili, deducit et imprimit similitudinem illius attinctionis, et in ipso facit ipsam imaginabilem; et intellectivum facit illam similitudinem, in suo proprio imaginabili imaginatam, intelligibilem. Et sic est facta scientia de sensibilibus rebus (1).

El texto es claro y terminante.

Nam primo convenit quòd apprehendat per sensum, dice en otra de sus obras hablando de la manera como el alma racional obtiene la ciencia (2).

En sus *Comentarios al Maestro de las Sentencias* vuelve á sentar la misma doctrina, capitalísima del Sistema: «el entendimiento del hombre naturalmente comienza á entender por medio de las potencias sensitiva é imaginativa, sin las cuales no puede adquirir las especies» inteligibles, necesarias para todo acto intelectual. Intellectus hominis naturaliter incipit intelligere per sensitivum et imaginativum, sine quibus non potest multiplicare species (3).

El proceso psicológico de la intelección es el mismo en Aristóteles y Santo Tomás que en el Beato Raimundo Lulio. Véase sino. «Los instrumentos del entendimiento humano son los cinco sentidos corporales, que son movidos por aquél á fin de percibir los objetos sensibles; y éstos son inteligibles precisamente cuando son sentidos ó percibidos.

Hay, además, un segundo instrumento, que es la imaginación. La mueve asimismo el entendimiento, á fin de imaginar, con el auxilio de la misma, todas las cosas imaginables, las cuales resultan inteligibles precisamente cuando son imaginadas.

---

(1) Disputatio Eremitae et Raymundi super Magistro Sententiarum; libro III, quaest. 117.

(2) Liber de Animâ rationali; parte VII, specie secundâ.

(3) Disputatio Eremitae et Raymundi..., lib. II, quaest. 72.

Y mediante la imaginación la potencia intelectiva obtiene las especies de las cosas sensibles, especies que el entendimiento entrega á la memoria—que es el instrumento conservativo de lo recordado,—la cual, á su vez, las devuelve al entendimiento.

Estas especies, obtenidas en la imaginación—y conservadas en la memoria y devueltas objetivamente al mismo entendimiento,—son los instrumentos con los cuales el entendimiento agente elabora otras especies más nobles, ó sea, las especies inteligibles que dicho entendimiento agente pone fuera de la imaginación. Con el auxilio de estas especies inteligibles el entendimiento agente contempla las cosas en el entendimiento posible; y es el entendimiento agente quien pone en actividad al entendimiento posible.

De aquí resulta el acto de entender, acto que vive en fuerza de las especies que vienen de fuera; y esta intelección es el sujeto del hábito científico» (1).

¿Qué hay en el procedimiento de la razón enseñado por Aristóteles, que no se halle, en compendio, en estas palabras del Maestro?

Ahora, quien desee completar el estudio de esas Doctrinas lulianas, puede leer la obra intitulada: *Quaestiones per*

---

(1) Instrumenta intellectûs humani sunt quinque sensus corporales, quos movet ad sentiendum sensibilitates, quae sunt intelligibiles tunc cum sentiuntur.

Et est unum aliud instrumentum, quod est imaginatio, quam intellectus movet ad imaginandum, ut cum illâ imaginetur res imaginabiles, quae sunt intelligibiles tunc quando imaginantur. Et in hoc instrumento intellectus species rerum sensibilium multiplicat; et eas tradit memoriae, quae est instrumentum conservativum recolendi, quae quidem memoria species sibi traditas reddit intellectui. Et ipsae species multiplicatae in imaginatione, ac conservatae in memoriâ, et reversae objectivè ipsi intellectui, instrumenta sunt ex quibus trahit species alias magis supra et ponit ipsas extra imaginationem; et cum ipsis contemplatur res spirituales *in suo proprio intelligibili* quod movet ad intelligendum.

Et illud intelligere tale vivit ex ipsis speciebus quae veniunt ab extra; et id intelligere est subjectum habitui scientiae. (*Tabula Generalis:* distinc. V, parte 8).

Artem demonstrativam seu inventivam solubiles, donde el Beato explica largamente:

1.° de qué manera la potencia intelectual percibe los objetos mediante la imaginación: *Quomodo intellectiva per imaginationem sumat objecta* (cuestión 95);

2.° si todo lo que entiende el entendimiento agente, lo entiende en el entendimiento posible: *Utrum intellectivum in suo proprio intelligibili intelligat quidquid intelligit* (cuestión 67);

3.° de qué manera el entendimiento se desnuda de la imaginación para el acto de entender: *Quomodo intellectus denudet suum intelligere ab imaginari* (cuestión 97);

4.° si para el acto de la intelección se requiere la existencia de un entendimiento agente natural diferente del entendimiento posible: *Utrum ad actum intelligendi sit necessarium ponere intellectum agentem naturalem differentem a possibili* (Disputatio super Magistro Sententiarum, lib. II, quaest. 82);

5.° de qué manera el alma engendra al verbo: *Quomodo anima generet verbum* (Quaestiones per Artem Demonstrativam solubiles, quaest. 54);

6.° de qué manera el alma obra dentro y fuera de sí: *Quomodo anima agat in se et extra se* (ibidem, quaest. 59);

7.° de qué manera el entendimiento, siendo universal, pueda entender las cosas particulares: *Quomodo intellectus, cùm sit universalis, possit intelligere particularia* (ibidem, q. 77);

8.° si el alma puede entender sin fantasmas: *Utrum anima possit intelligere sine phantasmate* (ibidem, q. 78);

9.° si el entendimiento puede entender la inmensidad de Dios y sus operaciones sin el concurso de la imaginación: *Utrum intellectus sine imaginatione possit intelligere immensitatem Dei et operationes ejus* (ibidem, q. 98);

10.° si el entendimiento entiende con más verdad los objetos inteligibles sin el concurso de la imaginación, que los objetos sensibles con la imaginación: *Utrum intellectus veriùs intelligat intelligibilia objecta sine imaginatione quàm sensibilia cùm imaginatione* (ibidem, q. 99);

11.° de qué manera la imaginación estorba al entendimiento: *Quomodo imaginatio impediat intellectum* (ibidem, quaest. 100);

12.° si el entendimiento puede entender al Evo sin el concurso de la imaginación: *Utrum intellectus possit intelligere Ævum sine imaginatione* (ibidem, q. 101);

13.° si en el acto de entender son necesarias las especies á causa de la potencialidad del entendimiento, ó bien por la ausencia del objeto: *Utrum in actu intelligendi hominis requiratur species propter potentialitatem intellectûs, vel propter absentiam objecti* (Disputatio super Magistro Sententiarum, lib. II, quaest. 47);

14.° y por último, puede leerse con fruto la cuestión 140 (libro IV) de los dichos *Comentarios al Maestro de las Sentencias,* donde pregunta, si el alma, una vez separada del cuerpo, conoce ó entiende mediante especies que recibe de Dios, ó por especies recibidas durante su unión con el cuerpo, ó bien por especies recibidas separada ya del cuerpo: *Utrum anima separata cognoscat vel intelligat per species influxas a Deo, vel per species receptas in corpore, vel per species quas existens separata recipit.*

Todas estas cuestiones hállanse resueltas en sentido aristotélico y tomista en las obras del Beato Lulio. Y no aducimos más citas, que bien podríamos hacerlo, ya que la verdad de nuestro aserto no depende del mayor ó menor número de argumentos presentados.

¿Serános lícito ahora ofrecer respetuosamente cuanto acabamos de decir al Ilmo. Sr. Torras y Bages, por si gusta estudiarlo, y, de conformidad con las propias palabras del Beato Raimundo, enmendar este punto de su *Tradició Catalana* para cuando prepare nueva edición?

Tampoco es verdad que el Maestro quiera deducir ó especificar y contraer de las ideas universalísimas las verdades relativas al orden material y contingente. El mismo Beato lo dice terminantemente: «Capítulo XXXVIII. *Cuáles sean las cuestiones que pueden investigarse por medio de la Ciencia Universal.* Hay cuestiones á que no alcanza nuestra investigación, como son las que versan sobre cosas individuales y numerables; así por ejemplo, cuántos granos de arena hay en la orilla del mar, cuántas especies de cosas hay en el mundo, y otras semejantes; porque, en las cuestiones de cosas individuales y numerables, ni el aumento ni la disminución repugnan á la naturaleza del ente ó de lo verdadero, ni traen inconveniencia alguna ó conveniencia. Sino que, mediante la Ciencia Universal ó descenso del entendimiento, la razón humana sólo investiga las cuestiones que conducen á lo conveniente ó á lo inconveniente, las que repugnan á la naturaleza del ente ó de lo verdadero, ó bien con él concuerdan por necesidad. Estas son las cuestiones en que el predicado contradice á la naturaleza del sujeto, ó bien concuerda con ella, ya por necesidad, ya por alguna conveniencia» (1).

El descenso luliano del entendimiento sirve sólo para las cosas inmateriales, universales y necesarias, no sirve *para todo*, como equivocadamente se ha dicho ser doctrina de nuestro Maestro; no sirve para las cosas materiales, individuales, numerables y contingentes. Para esto hay los sentidos y la experiencia.

Ni los discípulos del Beato Lulio jamás han dicho lo contrario; y de ello podrá convencerse el estudioso lector con la obra del P. Pasqual, ya citada: *Examen de la Crisis del P. Feyjóo sobre el Arte Luliana*, en el tomo II, disertaciones III y XI.

El Sistema Científico Luliano comprende el ascenso del entendimiento, desde lo sensible á lo intelectual, enseñado

---

(1) Caput XXXVIII.—*De quibus Quaestionibus debeat fieri investigatio in hac Arte.*—Sunt quaestiones quae non pertinent ad nostram investigationem, sicut quae sunt circa individua et numerabilia, ut quot sunt lapides circa littus maris? quot sunt species rerum in universo? et similia; quorum additio vel diminutio non repugnat naturae entis aut veri, nec dicit conveniens aut inconveniens Sed de iis tantum est [humana investigatio, quae adducunt ad conveniens vel inconveniens, vel repugnant naturae entis aut veri, vel necessario concordant. Haec autem sunt, in quibus praedicatum contradicit naturae subjecti, aut necessario aut convenienter concordat. *(Introductoria Artis Demonstrativae;* volúm III de la edició moguntina).

por Aristóteles y Santo Tomás de Aquino, y, además, el descenso platónico, cristianizado por San Agustín, desde lo intelectual á lo sensible; para nuestro Doctor y Maestro, tan bueno y conducente, tan natural, legítimo y necesario es el procedimiento de la razón defendido por los unos, como el que propugnaban los otros.

Él, alejado de las disputas y pasiones que fomentan todas las Escuelas (pues se puso á estudiar llegada ya la madurez del entendimiento, y no estudiaba precisamente por el amor á la ciencia, sino por el amor á Cristo y á la salvación de las almas), pudo ver con toda claridad el problema debatido; ningún obstáculo, ni el más pequeño, impedía el paso majestuoso de su potente entendimiento. Por lo que, después de una atentísima observación—que es la nota característica de todos sus libros—vió claramente que ambos partidos tenían la razón de su parte; que los dos defendían una grandísima verdad; que son naturalísimas las leyes del pensamiento señaladas por Aristóteles, mas que también es naturalísimo el procedimiento de la razón enseñado por Platón y San Agustín; que todos, en sus doctrinas, se acomodaron á la naturaleza; que todos habían llegado á la formulación de sus respectivas doctrinas por el único camino que en este punto debe seguirse, es á saber, la observación; que, en realidad de verdad, el hombre piensa y entiende *ascendiendo* y *descendiendo;* que Aristóteles no inventaba las leyes del pensamiento, sino que solamente las *redactaba,* una vez observada la manera como piensa el hombre; empero, que tampoco Platón veía fantasmagorías cuando formulaba las leyes de su procedimiento intelectual, sino que, observada igualmente, veía la realidad y traducíala en el *papirus.*

XXX

Es innegable que, de todas las Doctrinas lulianas, la relativa al descenso del entendimiento ó Ciencia Universal ha sido siempre la más combatida. Para unos, la Ciencia Universal ni es conveniente, ni posible; para otros, si existiera, sería la negación y la muerte de las ciencias particulares, esto es, de la Teología, Filosofía, Derecho, Medicina, etc., lo cual es un absurdo. Hablemos un poco de ello, que el asunto lo merece.

En primer lugar, afirmamos ser un hecho la aspiración de la Humanidad á una Ciencia Universal. Es un hecho innegable, para quienes han saludado la historia del pensamiento humano, que todos los grandes sabios han buscado la unidad de las ciencias, la llamada Ciencia Universal, si bien pocos han pretendido haberla encontrado; y los pueblos—guiados por el mismo instinto de los filósofos—en tanto han considerado ser éstos más sabios, cuanto más trabajaron buscando dicha Ciencia; y los sabios, en tanto creían serlo más, cuanto más se acercaban á ella ó juzgaban haberla hallado realmente. Todo lo cual está muy conforme con la naturaleza de nuestra facultad intelectiva, ya que en el fondo de ésta hay una fuerza instintiva que tiende siempre á generalizar; y, movidos por ella, los genios de la filosofía han puesto todas sus complacencias en buscar la unidad de las ciencias, la ciencia trascendental y universal que las comprenda, una y armonice á todas.

Tout tend à l'unité: ma raison, la nature entière, la société, l'amour et l'amitié: todo tiende á la unidad—dice el Padre Gratry—la razón, la naturaleza entera, la sociedad, el amor y la amistad. *(De la Connaissance de Dieu,* chapitre IV).

La tendencia á la unidad—afirma también el Padre Lacordaire—ha sido la aspiración suprema y constante de las almas; y así las variadas ciencias de esta vida deben recibir este carácter que las unifique y ordene en forma de ciencia universal y comprensiva. *(Panegírico de Santo Tomás de Aquino).*

Son dignas de particular atención las palabras de Balmes: «El espíritu humano busca con el discurso lo mismo á que le impele un instinto intelectual: el modo de reducir la pluralidad á la unidad; de recoger, por decirlo así, la variedad infinita de las existencias en un punto del cual todas dimanen y en que se confundan. El entendimiento conoce que lo condicional ha de refundirse en lo incondicional, lo relativo en lo absoluto, lo finito en lo infinito, lo múltiplo en lo uno. En esto convienen todas las religiones, todas las escuelas filosóficas.» (*Filosofía Fundamental,* tomo I, cap. IX, número 100).

«En cuanto podemos conjeturar por analogías tenemos pruebas de que existe en efecto esa ciencia trascendental que las encierra todas, y que á su vez se refunde en un solo principio, ó mejor, en una sola idea, en una sola intuición. Observando la escala de los seres, los grados en que están distribuidas las inteligencias individuales, y el sucesivo progreso de las ciencias, se nos presenta la imagen de esta verdad de una manera muy notable.» (Obra y lugar citados, cap. IV, núm. 44).

Demos ahora un paso más, y fuerza nos será confesar que la Ciencia Universal existe en Dios.

Si existe un Ser que sea la causa y razón de todos los demás seres; si existe una Verdad que sea la fuente de todas las demás verdades; claro está que existe una Ciencia Universal. Y, en efecto, aquel Ser es Dios, aquella Verdad es asimismo Dios.

La Ciencia Universal, ó trascendental, se encuentra en Dios. He aquí algunas pruebas.

a) La Ciencia Universal, ó trascendental, es el conocimiento de todas las cosas—cualquiera que sea el orden á que pertenezcan—por medio de unos mismos principios. Y como la Esencia divina es la suprema causa eficiente, final, ejemplar y fundamental de todas las cosas; Dios, al conocerse á Sí mismo, al conocer á su Esencia divina, ve y conoce en Esta á todas las cosas. *Deus enim per unum, quod est sua Essentia, cognoscit omnia,* dice el Angélico Santo Tomás: Dios, mediante un solo principio, que es su Esencia, conoce á todas las cosas. (*Contra Gentiles;* lib. II, capítulo 98). Por lo que la Ciencia de Dios, no sólo puede llamarse universal, sino universalísima, según lo dice el mismo Doctor en sus *Comentarios al Maestro de las Sentencias: Scientia Dei est universalissima, quia una similitudine, quae est sua Essentia, omnia cognoscit:* la Ciencia de Dios es universalísima, porque con una sola semejanza, que es su divina Esencia, lo conoce todo. (Lib. II, dist. III, art. 2).

b) La Ciencia es el conocimiento de las cosas en sus causas, así que, al conocimiento de una causa más universal, correspóndele también una ciencia más universal. De donde el conocimiento de la causa universalísima constituirá la llamada Ciencia Universal. Mas Dios es la causa universalísima; y como Dios se conoce á Sí mismo; luego en Dios hay la Ciencia Universal ó trascendental.

c) La ciencia en Dios no es *varia,* sino *una.*

La ciencia divina no es otra cosa que la Esencia de Dios, y siendo esta Esencia *una* en grado máximo, aquella ciencia debe ser igualmente *una.* Y si es *una,* luego es Universal.

Además, la razón de ser la Esencia de Dios la causa universal de todas las cosas, es el ser por excelencia *una;* de consiguiente, esta misma razón hace que la ciencia de Dios sea una Ciencia Universal. *Sua est ipse sapientia*—dice San Agustín en la obra *De Trinitate,* lib. XVI, cap. 9—*quia non est aliud sapientia ejus et aliud essentia, cui hoc est esse quod sapientem esse.*

La pluralidad de cosas que Dios conoce no obsta para que la ciencia divina sea *una,* ya que las muchas cosas las conoce por la razón propia de ellas, por su semejanza, es á saber, por la divina Esencia que no puede ser más *una* de lo que es; y siendo esta Esencia la razón propia de todas las cosas, tiene Dios de cada una de ellas el conocimiento correspondiente. Mas, ¿de qué manera, lo que es soberanamente *uno,* puede ser la razón propia y común de muchas cosas? Eso lo explica con gran profundidad de conceptos el Angélico Santo Tomás.

En toda intelección debe haber como elementos indispensables la potencia intelectiva, lo inteligible, el acto de entender y la especie inteligible; y en Dios todo esto es una sola y misma cosa, dice la *Suma Teológica* (I p. q. 14, artículo 4): *In Deo intellectus intelligens, et id quod intelligitur, et species intelligibilis, et ipsum intelligere, sunt omnino unum et idem.* Además, es un axioma teológico que en Dios todo es uno mientras no haya oposición de relación: *In Deo omnia unum sunt ubi non obviat relationis oppositio.*

d) Dios al conocer á su divina Esencia la conoce de un modo infinito, porque la Idea que hay en Dios es en realidad su misma Esencia divina, si bien no considerada en cuanto es esencia, sino en cuanto es entendida: *Idea in Deo existens est realiter ipsa divina Essentia, non quidem considerata ut est essentia, sed ut est intellecta* (Divus Thomas; q. III, *De ideis,* art. 2). Conociéndola, pues, infinitamente, la conoce como á causa de cuanto existe ó puede existir; la conoce como á causa de las esencias todas, de todas las perfecciones de las cosas, de la verdad de todas ellas; en una palabra, Dios conoce en su Esencia la unidad y la multiplicidad, la verdad y el ser de todas las cosas: en Dios hay la Ciencia Universal.

De otro hecho debemos hacer mención, y es que en nuestros días las ciencias van hacia la unidad. Este hecho podémoslo observar, ora en las ciencias del orden objetivo, ó sea del orden de la existencia, ora en las ciencias del orden sujetivo ó del conocimiento.

Reducir todas las fuerzas de la naturaleza á un principio único, he aquí—dice el P. Secchi—la tendencia científica de la época. Para la física moderna—añade—las fuerzas son *modos del movimiento.* Según las nuevas teorías, una substancia imponderable, impalpable, incoercible, extendida por todas partes, llamada éter, llena el universo y determina todos los fenómenos de que hemos hablado, obrando de una manera puramente mecánica. «Reduire toutes les forces de la nature à un principe unique, voilà l'expression de la tendance scientifique de l'époque. Pour la physique moderne les forces sont des *modes de mouvement.* D'aprés les nouvelles théories, une substance imponderable, impalpable, incoercible, répandue partout, nommée ether, occupe l'univers et détermine tous les phénomènes dont nous avons parlé, en agissant d'une façon purement mécanique.» *(L'Unité des forces physiques).*

El *Diccionario de Fisiología* de Mr. Boyer dice al mismo

propósito: A medida que las ciencias progresan se multiplican; hoy vemos que una sola idea es el germen de toda una branca del Arbol de la ciencia; más tarde observamos que dos ó tres brancas se concentran en una sola idea. Así es que la electricidad, la luz, el calórico, el magnetismo, se aproximan entre sí y se unen en la idea y las leyes de las vibraciones de un flúido. «A mesure que les sciencies marchent elles se simplifient: une idée en contient toute une branche; plus tard deux ou trois branches se concentrent en une seule idée. C'est ainsi que l'électricité, la lumière, le calorique, le magnetisme se rapprochent et se lient dans l'idée et les lois des vibrations d'un fluide.»

El filósofo catalán, Joaquín Roca y Cornet, en su *Ensayo crítico sobre las lecturas de la época,* menciona este mismo hecho, diciendo: «Según, pues, esta ley, á la cual nos vemos sometidos, observamos, desde luego, de una manera abstracta, que en toda aplicación científica se procura referir una cosa particular, transitoria y múltiple, á otra que tenga, á lo menos relativamente, un carácter de unidad, de permanencia, de generalidad; y esto es igualmente cierto tanto en las ciencias de razón como en las ciencias de hechos. Explícanse, por ejemplo, los movimientos de los cuerpos celestes por la ley de atracción y de proyección combinadas: esta ley es un hecho general relativamente al movimiento particular de cada globo. La vegetación propia de cada primavera es un hecho transitorio, cuyo principio se afana la ciencia en indagar; y en uno y otro ejemplo se busca la referencia de los fenómenos múltiples á un hecho que, comparado con ellos, presente una cierta unidad.

En las ciencias de raciocinio verifícase la misma operación fundamental: todo principio es uno con respecto á las diversas consecuencias que de él emanan, y es asimismo general con respecto á cada una de ellas, pues las contiene todas. Concíbese, por fin, como precediéndolas por una prioridad de razón y como dotado, en este sentido, de una permanencia superior.» (Tomo I, pág. 120).

No tienen desperdicio las palabras del sabio canónigo D. Antonio Villas y Torner, en su obra *La Divina Síntе-*

sis, tan poco conocida como digna de serlo: «A medida que el conocimiento es más perfecto, más científico podemos decir, va aproximándose á la unidad. En efecto, es un dato de la observación íntima, que, á medida que vamos progresando en los conocimientos científicos, á medida que de los fenómenos vamos pasando á sus leyes, de las operaciones á las substancias, de los efectos á sus causas, vemos que las distancias se acortan, que las relaciones se estrechan, que las leyes se simplifican, hasta que al fin nos encontramos con la unidad suprema, causa única de las causas, ley de todas las leyes, principio de todos los principios, razón última y primera de todas las cosas, manantial de toda verdad, prototipo de toda belleza y norma de toda bondad.

«En todas las especulaciones científicas descúbrese la tendencia marcada, y jamás desmentida, hacia la unidad: las relaciones entre los diversos ramos del saber humano estréchanse en razón directa del progreso que en los mismos se realiza. Resultado de esta aproximación mutua debería ser que el día en que todas las ciencias particulares dijesen su última palabra, esta palabra sería idéntica en boca de todas las ciencias, porque todas las voces hubiéranse confundido en una sola voz.» (Pág. 34).

¿Y sería muy conveniente una Ciencia Universal? Oigamos al Beato Raimundo Lulio. En vista de las diferentes ciencias particulares que conocemos, con sus principios cada una, mas sin decir relación algunos de los principios de la ciencia A con algunos otros de ciencia B; considerando, además, que no tenemos certeza de la verdad de *todos* los principios científicos, ni sabemos siquiera el número exacto de principios que cada ciencia debe poseer; el entendimiento humano busca una Ciencia Universal que comprenda y armonice á todas las ciencias particulares con principios evidentes y universales, la cual nos manifieste el número y la verdad ó certeza de los principios correspondientes á cada ciencia particular. «Quoniam intellectus humanus est longe magis in opinione quàm in scientia constitutus, quia quaelibet scientia habet sua principia propria et diversa a principiis aliarum scientiarum; idcirco requirit et appetit intellectus quòd sit una Scientia Generalis ad omnes scientias; et hoc cum suis principiis generalibus, in quibus principia aliarum scientiarum particularium sint implicita et contenta, sicut particulare in universali.

«Et ratio hujus est, ut, cum ipsis principiis, alia principia subalternata sint, et ordinata, et etiam regulata; ut intellectus in ipsis scientiis quiescat per verum intelligere, et ab opinionibus erroneis sit remotus ac prolongatus.

«Per hanc quidem scientiam possunt aliae scientiae perfacilè acquiri. Principia enim particularia in generalibus hujus Artis relucent et apparent, dum tamen principia particularia applicentur principiis hujus Artis, sicut pars applicatur suo toti.» *(Ars Magna et Ultima;* in prooemio).

Es de parecer el Beato Lulio que, como en el conjunto de los conocimientos humanos abundan más las opiniones que lo ya probado científicamente—porque cada ciencia tiene sus propios principios, y diversos de los de las otras ciencias—apetecemos todos una Ciencia Universal para todas las ciencias. Esta Ciencia Universal debe tener principios asimismo universales en los cuales se hallen contenidos los principios de las ciencias particulares, como lo particular está contenido en lo universal. La razón de esto es porque los principios de las ciencias particulares estén subalternados, ordenados y regulados por los principios de la Ciencia Universal; y, además, á fin de que nuestro entendimiento pueda descansar en las mismas ciencias por la adquisición de la verdad y esté á mil leguas de toda opinión errónea ó menos verdadera.

Mediante la Ciencia Universal pueden adquirirse más fácilmente las ciencias particulares, pues los principios particulares de éstas brillan y se manifiestan en los principios universales de aquélla, con tal que los particulares se apliquen á los universales, como la parte se aplica al todo.

Balmes corrobora esta doctrina luliana sobre la conveniencia de una Ciencia Universal. Escuchémosle: «Esta unidad de idea—dice—es el objeto de la ambición de la humana inteligencia, y una vez encontrada es el manantial de los mayores adelantos. La gloria de los genios más grandes se ha cifrado en descubrirla; el progreso de las ciencias ha consistido en aprovecharla. Vieta expone y aplica el principio de la expresión general de las cantidades aritméticas; Descartes hace lo mismo con respecto á las geométricas; Newton asienta el principio de la gravitación universal; él propio, al mismo tiempo que Leibniz, inventa el cálculo infinitesimal; y las ciencias naturales y exactas, alumbradas por una grande antorcha, marchan á pasos agigantados por caminos antes desconocidos. ¿Y por qué? porque la inteligencia se ha aproximado á la unidad, ha entrado en posesión de una idea matriz en que se encierran otras infinitas.» (Obra citada, tomo I, cap. 4, núm. 49).

La notabilísima revista *La Ciudad de Dios,* por boca de su director Fr. Conrado Muiños, declárase también partidaria de la conveniencia de una Ciencia Universal. «El progreso de las ciencias naturales—*escribe el sabio agustino*—está en vías de conquistar, gracias al impulso del P. Secchi, al luminoso principio de la unidad de las fuerzas físicas; y de idéntica manera en las ciencias todas el verdadero progreso ha de proceder por grandes síntesis, reduciendo las verdades parciales á principios fecundos, y las ciencias á una sola, caminando, en fin, siempre hacia la unidad, que es el ideal del saber. La verdad *verdadera* es tal cual Dios la concibe, y en Dios todas las verdades se reducen á una sola infinita verdad, que es su misma Esencia. Según esto, la diversidad de ciencias procede, más que de la naturaleza de las cosas, de nuestra miopía intelectual, y, en realidad de verdad, no puede decirse que ninguna ciencia ni arte sea absolutamente ajena de las demás.» (Año 1891, pág. 425).

XXXI

Hemos visto, primero, que la Humanidad aspira á una Ciencia Universal; segundo, que la Ciencia Universal existe en Dios; tercero, que las ciencias caminan hoy día hacia la unidad; y por último, que sería muy conveniente para el progreso de todas las ciencias el hallar una Ciencia Universal. Ahora se impone la siguiente pregunta: ¿es posible la Ciencia Universal?

El Beato Raimundo Lulio responde afirmativamente; y añade que esa Ciencia Universal está contenida en el descenso del entendimiento por él enseñado y practicado.

Pero entendámonos respecto al alcance ó extensión de la palabra *universal*. No afirma el Beato Lulio haber encontrado los principios universalísimos que enlazan á las ciencias matemáticas con las naturales; tampoco dice haber hallado los principios universalísimos que unen á estos dos grupos de ciencias con los que forman las ontológicas, psicológicas, teológicas y morales; ni siquiera enseña haber manifestado los principios universalísimos que rigen *á todas las cuestiones* pertenecientes á la Ontología, Psicología, Teología y Moral; sino que establece solamente haber dado con unos principios universalísimos que sirven para declarar *lo que haya de universal y necesario en las ciencias especulativas ó racionales*. Para lo que tienen, así estas ciencias como todas las demás, perteneciente al orden de lo particular y contingente, no sirve la Ciencia Universal luliana ó descenso del entendimiento, sino sólo el llamado ascenso intelectual, que asimismo integra el Arte Magna del Beato. En este sentido admite el Maestro la posibilidad de una Ciencia Universal.

Pues entonces—alguien quizás replicará—la Ciencia Universal luliana puede aún llamarse *particular*, por ser acaso posible una ciencia que comprenda á las ciencias de hecho y á las ciencias de razón, ó, á lo menos, una que abarque en absoluto *todo lo perteneciente* á las ciencias de razón. ¿Serán posibles estas dos ciencias? Examinadas atentamente las obras de nuestro Doctor, en ninguna parte vemos que se ocupe de ello.

El texto luliano que trata *de quibus quaestionibus debeat fieri investigatio in hac Arte*, lo hemos copiado más adelante.

Téngase esto muy bien entendido, y no se eche nunca en olvido, pues de esta manera se evitarán muchas objeciones y reparos de los adversarios del Lulismo, que no tienen más razón de ser que el prestar poquísima ó ninguna atención á las palabras del Maestro.

Concedamos la palabra al mismo Beato.

«Hasta ahora las ciencias más universales que conocíamos eran la Metafísica y la Lógica. La primera se ocupa de todas las cosas en cuanto convienen bajo la razón de *ente,* pero del ente *real,* existente en la realidad de las cosas, ó sea, fuera del entendimiento; la segunda se ocupa también del *ente,* pero del ente *intencional,* á saber, en cuanto existe sólo en nuestro entendimiento. Ahora bien, ¿puede haber un estudio de toda esa universalidad de cosas en cuanto convienen bajo la razón de *ente,* pero del ente en su mayor generalidad, esto es, prescindiendo de si es ente real ó simplemente de razón? En caso afirmativo este ente trascendentalísimo sería el objeto de la Ciencia Universal. Y pudiendo tener el objeto, es de consiguiente posible la Ciencia Universal. Pero entonces esta sería más universal ó general que la Metafísica y que la Lógica, puesto que abrazaría á las dos.

«Digo más aún—añade el Doctor—conviene que sea así, tal como afirmo, porque el ente de razón y el ente real constituyen cierta pluralidad, y toda pluralidad debe reducirse á la unidad. Por tanto, reduciendo á la unidad los diferentes estudios del ente, alguna ciencia debe de haber que se encargue de ese estudio general ó universal, pues las ciencias se dividen (se diversifican y especifican) según las cosas ú objetos.» (Nota A).

Además, toda ciencia tiene sus propios principios; si encontrásemos, pues, unos principios donde estuviesen contenidos, explícita ó implícitamente, los principios de todas las ciencias, claro está que á la ciencia deducida de tales principios universalísimos podríamos llamarla con razón Ciencia Universal, ya que abarcando una ciencia lo que abarcan sus principios, los principios universales deberían contener la Ciencia Universal.

Tales principios ¿se dan realmente?—Sí. Todos los principios de todas las ciencias se hallan explícitos ó implícitos en los principios del ser en general: *bondad, grandeza, duración, poder, sabiduría, voluntad, virtud, verdad, gloria,* etcétera, ó sea, en los atributos ó dignidades de Dios, como quiera que el supremo Hacedor imprima sus propias dignidades, *multipliciter et divisim*, en las criaturas salidas de su omnipotencia. Luego la Ciencia Universal es posible.

«Haec scientia est generalis ad omnes scientias, quia est de generalibus principiis. Quia caeterae scientiae principia habent specialia, sicut Theologia quae specialia habet principia, scilicet, fidem, spem et charitatem; et Philosophia, formam et materiam et privationem; et Jus, judicem et justitiam; et Medicina, medicum et sanitatem; et sicut justitia, prudentia, fortitudo et temperantia, quae principia sunt Moralitatis; et congruitas et rectitudo loquendi, quae sunt principia Grammaticae; et veritas et falsitas, Logicae; et ordo et pulchritudo verborum, quae sunt principia Rhetoricae; et musicus et vox, Musicae; et arismeticus et numerus, Arismeticae; et geometricus et mensura, Geometriae; et astrologus, signa et planetae, Astrologiae; et mechanicus, instrumenta et figurae, quae sunt principia Mechanicae; omnia haec implicantur in principiis hujus Artis, quoniam omnia sunt *bona, magna*, etc. Idcirco Ars ista Generalis est ad ipsa praedicta principia cum suis principiis, quae inclinant se ad alias scientias, secundùm quòd eorum principia stant in suis principiis implicita; et stat supra ipsis, sicut genus quod stat supra species; et utitur principiis ipsarum, secundùm ordinem et usum quem habet ex suis propriis principiis, cujus usus practicam dedimus in hac Arte.» (*Tabula Generalis;* dist. V, part. 8, pág. 67.—Vol. V, edic. moguntina).

Al leer este pasaje del Beato no podemos menos que recordar unas palabras de Balmes. «Es digno de notarse—*dice*—que á medida que se va adelantando en las ciencias se encuentran en ellas numerosos puntos de contacto, estrechas relaciones que á primera vista nadie hubiera podido sospechar. Cuando los matemáticos antiguos se ocupaban de las secciones cónicas, estaban muy lejos de creer que la idea de la elipse hubiese de servir de base á un sistema astronómico; los focos eran simples puntos, la curva una línea y nada más; las relaciones de aquéllos con ésta eran objeto de combinaciones estériles sin aplicación. Siglos después esos focos son el sol, y la curva las órbitas de los planetas. ¡Las líneas de la mesa del geómetra representaban un mundo!...

El íntimo enlace de las ciencias matemáticas con las naturales es un hecho fuera de duda; ¿y quién sabe hasta qué punto se enlazan unas y otras con las ontológicas, psicológicas, teológicas y morales? La dilatada escala en que están distribuidos los seres, y que á primera vista pudiera parecer un conjunto de objetos inconexos, va manifestándose á los ojos de la ciencia como una cadena delicadamente trabajada cuyos eslabones presentan sucesivamente mayor belleza y perfección. Los diferentes reinos de la naturaleza se muestran enlazados con íntimas relaciones; así las ciencias que los tienen por objeto se prestan recíprocamente sus luces y entran alternativamente la una en el terreno de la otra. La complicación de los objetos entre sí trae consigo esa complicación de conocimientos, y la unidad de las leyes que rigen diferentes órdenes de seres aproximan todas las ciencias y las encaminan á formar una sola.» (*Filos. Fund.;* tomo I, lib. I, cap. 4).

Dice hermosamente Santo Tomás en la *Summa contra Gentiles,* que Dios conoce todas las cosas por medio de la divina Esencia, que es sumamente una; y que el hombre tiene necesidad de semejanzas diversas para conocer cosas diversas. Este, no obstante, con menos semejanzas conocerá más cosas según fuere mayor la potencia de su entender. Razón por la que á los hombres de escaso entendimiento debemos proponerles muchos ejemplos hasta que lleguen á la comprensión de una cosa. «Exempla igitur hujus, ut dictum est, in duobus extremis accipere possumus, scilicet, in intellectu divino et humano. Deus enim per unum, quod est sua Essentia, cognoscit omnia; homo autem ad diversa cognoscenda diversas similitudines requirit, quin etiam quanto altioris fuerit intellectus, tanto ex paucioribus plura cognoscere potest. Unde his qui sunt tardi intellectus oportet exempla particularia aducere ad cognitionem de rebus sumendam.» (Lib. II, cap. 98).

Pues bien, para el conocimiento del mayor número de cosas con el menor número posible de semejanzas, no sólo ayuda la agudeza, potencia ó alteza de las facultades cognoscitivas, sino también la universalidad de las semejanzas de que nos valemos para conocer. Lo que nos indica el mismo Angélico al escribir que las substancias intelectuales, separadas de la materia, cuanto son más perfectas y superiores, tanto más universales son las semejanzas de que usan y más pocas. Deduciendo de esto el Areopagita, que los ángeles superiores tienen una ciencia más universal. «Quanto autem aliqua substantia separata est superior, tanto ejus natura est divinae naturae similior; et ideo est minus contracta, utpote propinquius accedens ad ens universale, perfectum et bonum, et propter hoc universaliorem boni et entis participationem habens. Et ideo similitudines intelligibiles in substantia superiori existentes sunt minus multiplicatae et magis universales. Et hoc est quod Dionysius (*Coel. Hier.* c. 12) dicit, quod angeli superiores habent scientiam magis universalem; et in libro *De Causis* (lect. 10) dicitur quod intelligentiae superiores habent formas magis universales.» (Ibidem).

Así que, el Beato Raimundo Lulio, al establecer los cánones de la Ciencia Universal, buscó las semejanzas más universales que pudo, y creyó hallarlas en los atributos ó dignidades de Dios, *bondad, grandeza, eternidad ó duración, poder, sabiduría,* etc., que son igualmente los atributos de toda criatura, por lo mismo que, de una manera ú otra, todas participan de ellos. Pensando que, si había de construir el edificio de una Ciencia Universal, ésta no podía tener otra base sino aquello en que convenían ó tenían de común todas las cosas cognoscibles, objeto de la ciencia, lo infinito y lo finito, lo real y lo ideal; y que, según fuese el carácter y naturaleza de esa comunidad ó conveniencia, sería uno ú otro el conocimiento adquirido mediante dichas semejanzas.

Los atributos de la Divinidad se definen; de dos ó más definiciones formamos unas proposiciones que llamamos condiciones; y de éstas nacen unas reglas. Pues bien, las Definiciones, las Condiciones y las Reglas son las semejanzas intelectivas de que nos valemos para conocer en el descenso luliano del entendimiento ó Ciencia Universal. Semejanzas universalísimas, como que ellas abrazan todo lo cognoscible.

¿Son muchas? Claro está que son muchas; mejor diré, innumerables. ¿Cómo no, si se originan de los atributos de Dios, que nadie puede contar?

No tuvo, pues, razón quien (1) hizo al Beato Lulio el gravísimo cargo de que pretendía conocer todas las cosas *con pocos y breves conceptos*. Ni vale aducir el texto luliano que dice: *ita haec* (scientia) *quodammodo est repraesentativa omnium quae possunt cadere sub investigationem humanam brevibus et paucis;* porque, realmente, las semejanzas intelectivas del descenso de nuestro Doctor, á pesar de que son innumerables, empero, como nacen de los atributos de Dios, los cuales siendo innumerables son en Dios una sola y misma cosa, pueden en cierta manera reducirse á pocos y breves conceptos; y más diremos: á un solo y brevísimo concepto, es á saber, el expresado por la divina Esencia.

Mas, ¿síguese de ahí que á nosotros para entender nos baste un solo concepto, ó bien pocos y breves? En manera alguna. Nosotros necesitamos de muchísimos conceptos para entender, de innumerables semejanzas intelectivas; y esta es la razón porque el Maestro añadió á las Definiciones las Condiciones y las Reglas.

Toma el Beato dieciséis atributos divinos y los define; ¿ha contado el ilustrísimo Prelado de Vich las *Condiciones* que pueden nacer uniendo el primer atributo con los quince restantes, luego el segundo, después el tercero, y así sucesivamente, y haciendo por fin con ellos todas las combinaciones posibles? Si no andamos equivocados, tres solos atributos se prestan á seis combinaciones; cuatro se prestan á veinticuatro combinaciones; y dieciséis á la exorbitante suma de

20,922,789,888,000.

Las Condiciones no son tan fecundas de Reglas como de aquéllas lo son las Definiciones, según es de ver en las obras

(1) El Ilmo. Torras y Bages, en su *Tradició Catalana*.

lulianas, pues el modo de formarse las Reglas es diverso del modo de formarse las Condiciones. Con todo, las Reglas son muchísimas.

El modo más fácil de hallar una verdad en el descenso luliano del entendimiento es mediante las Condiciones y las Reglas. Las Definiciones sirven también, pero con grandísimas dificultades á veces; y confiésanlo tanto el Beato Raimundo como no pocos de sus discípulos. De donde, cuanto más nos acercamos á la unidad, tanto más difícil cosa es hallar las soluciones deseadas en el uso de este descenso. Ya lo hemos dicho, y no holgará el repetirlo: nosotros necesitamos (para discurrir mediante la Ciencia Universal) muchísimos conceptos, muchísimas semejanzas intelectuales. Y es el Beato quien lo afirma, y quien, al mismo tiempo, nos proporciona todas las semejanzas intelectuales que necesitamos.

Dios es el único que entiende con pocos y breves conceptos; mejor diré: Dios entiende con un solo y brevísimo concepto.

Omnia in uno: he aquí la leyenda del escudo nobilísimo de la Ciencia Universal luliana.

Continuemos razonando.

La ciencia humana es la sistematización del humano conocimiento; y como hallamos en la parte corporal de la naturaleza humana, palpable y evidente, no un mecanismo, sino un organismo perfectísimo, ¿deberemos afirmar que la otra parte de nuestra naturaleza, la parte intelectual, carece de un organismo semejante? De ninguna manera.

Nuestro conocimiento es, por lo tanto, un todo orgánico; y la ciencia, manifestación y sistematización de tal conocimiento, debe ser también orgánica.

La unidad, la variedad y la armonía son, pues, las partes esenciales de la ciencia, ya que forzosamente todo organismo consta de ellas. Unidad genérica é irreductible de principios constituyendo la Ciencia Universal; variedad específica de principios particulares, reducibles á los principios universales de la Ciencia Universal, constituyendo las ciencias particulares; y por último, la armonía, la relación, la habitud de las partes, dando lugar al conjunto, ni más ni menos de lo que pasa en la persona humana.

Este es el concepto que el Beato formara de la ciencia: la concibe *una, varia* y *armónica*. Verdad es que en la Ciencia Universal une á todas las demás ciencias entre sí, pero sin confundirlas; verdad es que al estudiar las ciencias particulares las distingue con cuidado unas de otras, pero jamás las separa en absoluto.

No se nos objete que el ser creado y el ser increado no pueden constituir el objeto de una sola ciencia, habiéndonos enseñado Aristóteles que una ciencia *est quae est unius generis subjecti* (Poster. lib. I, texto 43), siendo así que el Criador y la criatura no caben dentro un mismo género. Responderíamos con el autor de las notas á *Summa Theologica*, que estudiábamos en el Seminario, que eso es una gran verdad tratándose del género unívoco, empero, como la criatura y el Criador convienen bajo una razón analógica, dicha objeción no impide una cierta unidad de ciencia. Un objeto oonstituirá ciencia aparte mientras tenga la adecuación conveniente, mientras sea uno, ora lo sea con unidad unívoca, ora lo sea con unidad analógica.

Calcando nuestras ideas sobre la argumentación de Santo Tomás de Aquino, cuando en la primera parte de la *Summa Theologica* (q. 1, art. 3) prueba que la doctrina sagrada es una ciencia, podemos decir: la doctrina universal es una ciencia, pues la unidad de potencia y hábito se ha de considerar según el objeto, no materialmente, sino según la razón formal de dicho objeto; por ejemplo, el hombre, el bruto y la piedra convienen bajo la razón formal de cosa colorada, que es el objeto de la vista. Y como la doctrina, ó Ciencia Universal, considera todas las cosas según lo que tienen de común todas ellas, según la noción de ser en su concepto más trascendental, todas las cosas que en alguna manera existen comunican en la razón formal del objeto de esta ciencia; y por lo tanto están comprendidas bajo la doctrina universal como bajo de una ciencia: la Ciencia Universal.

Enseña el propio Doctor que la ciencia abraza objetos

múltiples mientras éstos tengan un lazo que, bajo un punto de vista ú otro, los pueda reducir á la unidad. La ciencia no puede vivir sin unidad. Pero ¿es verdad que allá, en los pliegues más recónditos de la diversidad de las ciencias, no descubrimos un lazo escondidísimo, un *quid* inicial y fecundo que tienen todas las ciencias de común, que nos permita afirmar la existencia de una Ciencia Universal, reguladora y generadora de las ciencias particulares?

No tratamos de negar la diversidad del elemento material de la ciencia: es innegable; lo que nos parece ver es cierta unidad entre los pliegues de aquella diversidad, y eso nos da motivo suficiente para sentar que aquí habrá por lo mismo otra ciencia: la Ciencia Universal.

Donde haya diversidad, unidad y armonía, allí hay una ciencia.

NOTA A. (pág. 137)

Largo es el pasaje que vamos á transcribir, mas creemos que lo leerán con gusto los amantes de la doctrina luliana y cuantos se interesen por alcanzar la verdad en estas materias.

«Sciendum est igitur, quod haec Ars et Logica et Metaphysica quodammodo circa idem versantur, quia circa omnia est earum intentio; veruntamen *in duobus differt ab aliis duabus, videlicet, in modo considerandi suum subjectum, et in modo Principiorum.*

«Metaphysica enim considerat res quae sunt extra animam, prout conveniunt in ratione entis; Logica autem considerat res secundum esse quod habent in anima, quia tractat de quibusdam intentionibus quae consequuntur esse rerum intelligibilium, scilicet, de genere, specie et talibus, et de iis quae consistunt in actu rationis, scilicet, de syllogismo, consequentia et talibus; sed haec Ars, tanquam suprema omnium humanarum scientiarum, indifferenter respicit ens secundum istum modum et secundum illum. Et sic patet quod in modo considerandi ex parte subjecti differant.

«Differt etiam ex parte Principiorum, quia Metaphysica

ponit, format et invenit principia, ut statim actualiter ea applicet ad probandas passiones aut proprietates subjecti; Logica vero ponit communes regulas et considerationes ex quibus possit syllogizari; haec Scientia autem nulla principia actualiter exprimit per se loquendo ex quibus arguatur, sed solum docet viam inveniendi communia et propria principia in quacunque scientia, cognitis terminis illius scientiae, cujus principia quis vult invenire; et, habita aliquali notitia illius scientiae, solùm ponit aliquos terminos principiorum, quibus mediantibus possunt formari infinitae propositiones, sicut infinita verba formantur ex paucissimis litteris, videlicet, ex litteris alphabeti. Veruntamen, sicut quando artifex conjungit ligna in constructione domus, si utatur lignis praeparatis ab alio ejusdem artis perito, per accidens est, quia non solum de sua arte habet conjungere ligna, sed etiam praeparare illa; ita, si demonstrans per hanc Artem utatur propositionibus formatis ab alio, per accidens est, quia non solum demonstrans per hanc Artem habet uti principiis, sed etiam formare et invenire principia: et non solum communia principia, sed etiam propria. Sic igitur patet *Necessitas* hujus Artis ex parte materiae: nunc restat videre *Possibilitatem* illius, ut postea melius videamus ejus *Utilitatem* ex parte finis.

«*Possibilitas* hujus Artis apparet tam ex ratione subjecti, quàm ex parte principiorum. Ex ratione subjecti, quia, qua ratione de accidenti et substantia in quantum conveniunt in ratione entis, licet analogice, potest esse una scientia, ut Metaphysica, et secundum esse quod habent in anima, alia scientia, ut Logica; eadem ratione potest esse una scientia de iis quae sunt in anima et de iis quae sunt extra animam, in quantum communicant in ratione entis. Imo convenit quod ita sit, quia, cum ens in anima et ens extra animam constituant quandam pluralitatem, et omnis pluralitas reducatur ad unitatem, haec pluralitas reducitur ad unitatem de qua aliqua alia Scientia debet esse, scientiae enim dividuntur ut res.

«Etiam ex parte principiorum hoc patet; ad cujus evidentiam notandum est, quod sit differentia inter scientiam et artem proprie loquendo, licet a quodam usu loquendi omnis ars nominetur scientia extenso nomine; ars enim proprie est recta mensura operandi, et circa operationes et operabilia in quantum circa illa versatur, ut ea regulet et eis praefigat modum aut determinet; scientia vero, in quantum scientia, versatur circa speculabilia qua talia. Nam, licet operationes et operabilia considerentur per scientiam (ut per scientiam de anima habemus considerare operationes animae), hoc tamen non fit propter hoc ut eas regulemus et eis demus modum, sed ut inquiramus veritatem earum. Unde, licet aliquando scientia et ars in uno et eodem conjungantur, ut in Logica (Logica enim dicitur scientia et dicitur ars), hoc tamen est per accidens; non enim scientia, ut scientia, est ars—sic enim omnis scientia diceretur ars, quod est falsum, ut patet de Metaphysica—nec omnis ars, ut ars, est scientia, cum sit aliqua ars, quae proprie non dicitur scientia: unde si de aliquo uno dicantur, hoc est propter aliam et aliam rationem et per accidens; quae autem per accidens conjunguntur, uno non dependente ab alio, separata reputantur, licet per accidens conjungantur.

«Veruntamen ordo reperitur inter scientiam et artem, quia aliqua ars semper praesupponitur ante omnem scientiam. Cujus probatio est, quia naturaliter non pervenimus ad scientiam nisi per discursum; ad rectum autem discursum rationis, qui consistit in operatione animae, requiritur modus; unde, quia ad artem pertinet determinare modum operandi, ideo modus discurrendi debet determinari ab aliqua Arte quae quodammodo praesupponitur in omni scientia, et haec est Logica quae docet modum syllogizandi in omni scientia et judicat de modo quo syllogizatur.

«Unde Logica ordine doctrinae et addiscendi debet praecedere Metaphysicam et omnem aliam scientiam. Sed, quia Logica non solum est ars, sed etiam scientia, ideo etiam Logicam et omnes alias scientias praecedit aliqua Ars, quod sic patet: Quoniam ad quemcunque discursum, ex quo causatur scientia, exigitur repraesentatio eorum quae in discursu requiruntur, et conversio mentis ad ea utpote ad principia, et ad ordinem conclusionis ad principia: quae repraesentatio quibusdam valde difficulter accidit, quibusdam vero satis faciliter accidit circa repraesentabilia ponere suam considerationem et ea sub debito ordine videre et invenire. Igitur alium modum habet haec operatio, quae est inventio aut consideratio principiorum et ordinis eorum ad conclusiones in quibusdam, et alium in aliis, qui modus ut omnibus sit facilis necesse est determinare aliquam Artem: hoc enim commune est arti et scientiae, quod facilitent potentiam in sua operatione.

«Et licet haec Ars quibusdam naturaliter sit insita, velut hominibus habentibus magnam industriam naturalem, tamen a non habentibus eam potest haberi per habitum acquisitum: sicut enim aliqui per habitum acquisitum habent scientiam arguendi, alii habent quod naturaliter arguant (nam et rustici quandoque subtiliter arguunt), ita non est inconveniens, quod illud quod quibusdam naturaliter inest, aliis insit per acquisitionem.

«Jam enim inest aliquibus per acquisitionem prompte invenire principia circa aliquam materiam determinatam tantùm, ut circa materiam naturalem; aliis vero circa aliam materiam determinatam tantùm, ut circa Metaphysicam. Licet ergo quibusdam naturaliter insit in aliqua materia invenire principia, tamen et hoc per aliquam Artem potest haberi: quod enim naturaliter inest, aut consequitur totam speciem (ut intelligere totam speciem hominis consequitur), aut non consequitur totam speciem, sed naturam suppositi (ut bene intelligere).

«Dato ergo quòd ea quae naturaliter insunt primo modo non possint acquiri, tamen ea quae naturaliter insunt secundo modo bene possunt acquiri.

«Sic ergo patet, tam ratione subjecti, quam ratione principiorum, quod praedicta Ars sit possibilis.» (*Introductoria Artis demonstrativae*, cap. I).

XXXII

Sobre la utilidad de la Ciencia Universal, necesidad grande que de ella sentimos, y condiciones primeras y esenciales que la misma debería tener, puede leerse con provecho lo que dijo Bacón de Verulamio en varias partes de su obra *De dignitate et augmento scientiarum,* libro donde refundió y compendió el que antes había escrito en inglés bajo el título de *Proficience and Advencement of Learning divine and humain:* Utilidad y progreso del saber divino y humano.

El P. Pasqual recogió los juicios de aquel pensador sobre esta materia, en su brillantísimo *Examen de la Crítica del P. Feyjóo sobre el Arte Luliana;* y, mejor que él, no hablaríamos por cierto nosotros: concedámosle, pues, la palabra. Bacón de Verulamio «reconoce que debe haber una Ciencia Universal, á la que da el nombre de *Filosofía primera,* y la considera tan necesaria que, el haberla abandonado los hombres, ha sido el mayor embarazo al adelantamiento de las ciencias, pues conduce tanto para descubrirlas con claridad en toda su extensión como una torre muy alta para reconocer la latitud de los campos; de modo que sin ella es imposible penetrar lo profundo de las ciencias: *et impossibile est ut quis exploret remotiores et intimiores Scientiae partes, si stet super plano ejusdem Scientiae, neque altioris Scientiae veluti speculam conscendat.* (Lib. de Augm. Scient.; lib. I, col. 21, § *Alius error succedens).*

Como ha de ser esta Ciencia, que pone en el número de las deseadas ó que no están aún descubiertas, lo explica (ibidem, lib. III, cap. 1) diciendo, que ha de contener aquellos axiomas que no son propios de ninguna ciencia, sino comunes: *ut designetur aliqua Scientia quae sit receptaculum axiomatum quae particularium scientiarum non sint propria, sed pluribus earum in commune competant.* Y que sean posibles en una Ciencia Universal tales máximas ó axiomas, lo manifiesta por observarse que en algunas ciencias especiales hay axiomas que se reputan propios, los que bien reflexionados se pueden adaptar á otras y valer en ellas para descubrir sus correspondientes verdades, como lo ejemplifica en este principio matemático: *si aequalibus aequalia addas, omnia erunt aequalia.* Y finalmente advierte que los axiomas de la expresada ciencia han de contener la primitiva y sumaria virtud en que se funden las demás, *quae vim habeant quamdam primitivam et summariam ad scientias;* cuyo conjunto, añade, ninguno ha sacado á luz.

También es necesario que contenga la debida investigación de la naturaleza y propiedad de los trascendentes, como de lo *mucho, poco; semejante, diverso;* etc.; pues estas especies bien entendidas conducen muchísimo á la invención de la verdad en las ciencias. Y porque la división de ellas que propone es como la repartición de un Arbol, de cuyo tronco nacen varias ramas, concluye que ha de haber esta Ciencia Universal que sea madre de las demás, *quae sit mater reliquarum,* y tenga el carácter de Sabiduría: en cuya conformidad dice (libro VI, cap. 2) que el modo de enseñar las ciencias ha de ser de raíz, empezando en los primitivos principios, como se practica en el método de tratarse las Matemáticas.»

Pues bien, todo esto que pide el célebre Canciller lo tenemos en el descenso luliano del entendimiento ó Ciencia Universal que forma parte del *Arte Magna* de nuestro Maestro y Doctor. A continuación añade el mismo P. Pasqual:

«Estos caracteres son tan propios del Arte y Ciencia Universal luliana, que parecen ser los originales ó á lo menos las copias del más perito lulista. Cierto es que la ciencia primitiva y universal que abrace los comunes axiomas, como quiere Bacón, debe fundarse en unos principios ó términos universales y comunes á Dios y á la criatura en lo que se comprende todo lo cognoscible por las ciencias; pues, á no formarse de tales términos los axiomas, no pueden tener la universalidad ni primitividad que pretende; pero ¿quién dejará de conocer, aunque lo mire ligeramente, que los principios ó términos del Arte Luliana tienen estas calidades, como también los axiomas y proposiciones formadas de ellos? ¿Quién no verá también que se consideran en este

Arte los trascendentes, tanto absolutos como relativos, tanto explícitos en las Figuras como implícitos, pero expresados en las Cien Formas que para mayor declaración trata el Beato Lulio en su Arte?

Por ser los principios lulianos tan universales y primitivos como las máximas formadas de ellos, se manifiestan ser los primitivos fundamentos y raíces de las ciencias, y que el Arte y Ciencia general luliana es el tronco científico de que, como ramas, proceden las especiales ciencias, naciendo de ella como de su madre que las engendró y sustenta; por cuyo motivo el entendimiento que la posee, desde su torre tan alta descubre lo dilatado de ellas y penetra lo más profundo de sus partes: y cuando las enseña observa su método, que es el mejor, como se practica en las Matemáticas.» (Tomo II, disert. 2, pág. 73 y siguient.).

No se necesita tener mucha erudición filosófica para saber que todos los grandes ingenios han buscado y delineado esa Ciencia Universal; fácil cosa sería, pues, llenar páginas y más páginas dando senda noticia de ellos y declarando al mismo tiempo como las creaciones más geniales y más bien fundadas, relativas á dicha Ciencia, son hermanas gemelas del Descenso luliano del entendimiento ó Ciencia Universal luliana. Con todo no queremos pasar por alto al célebre crítico Muratori, por ser uno de los que más profundizaron en la naturaleza de la Ciencia Universal. Aun habla nuestro sabio Abad del Císter.

«Hablando de la Filosofía Universal, dice Muratori en sus *Reflexiones sobre el buen gusto en las Ciencias y Artes* (tomo I, cap. 6, y tomo II, cap. 6), que en nuestro entendimiento hay unas ideas ó máximas generales que son los primeros principios para conocer todas las cosas; y lo confirma en el libro *de ingeniorum moderatione in Religionis negotio* (libro I, cap. 6) por estas palabras: *Sunt quaedam rerum ideae, quaedam rationis principia, quaedam primae veritates, vel a natura, vel a divinis humanisve legibus, vel a mutuo hominum consensu, tanta vi constitutae,* etc.

«El modo de conocer la verdad, enseña Muratori en los lugares citados, consiste en confrontar ó comparar las cosas de que se trata con las expresadas ideas ó máximas generales; porque siendo ellas una cierta regla y medida de lo verdadero en tanto tiene verdad lo que se investiga, en cuanto está conforme ó connexo á ellas. De suerte que, siendo el entendimiento como una balanza, el hallar los objetos conformes á aquellas ideas es el peso ó la razón que le determina á pronunciar verdadera ó falsa la proposición de que se dificulta.

La Filosofía Universal, dice en el cap. 6 del tomo II, explica y declara las ideas, primeros principios y universales máximas; las razones, ocasiones, relaciones y calidades inmateriales de todas las cosas; pero su mayor nervio é importante oficio es, según ocurre la ocasión, enseñar á contraer y adaptar las expresadas ideas, primeros principios y máximas generales, notorias al entendimiento, á los objetos que se tratan, pues esta aplicación hace que descubramos la verdad y falsedad. El método y orden de establecerla (tomo I, cap. 7) ha de ser de modo que el entendimiento y memoria fácilmente puedan pasar de una cosa á otra, ó descendiendo de las universales á las particulares, ó subiendo de éstas, como por gradas, á aquéllas.

Pero si ocurre, advierte en el libro *de ingeniorum moderatione in Religionis negotio,* lib. I, cap. 6, que se dude de la verdad ó rectitud de alguno de los principios ó ideas, se ha de explorar con otros más ciertos y generales, pues con ellos seguramente se descubrirá su rectitud y verdad. Concebida y sentada así la Filosofía Universal, dice en el tomo II, cap. 15, que deben los literatos aplicarse á su estudio para tratar fundamentalmente las Facultades, pues sin ella jamás se razonará bien en ninguna ciencia; concluyendo: *sicchè appare quanto sia necessario il ben' applicarsi allo studio di questa universale Philosophia.*

No se puede dar retrato más vivo del Arte y Ciencia general del Beato Lulio: en todas sus partes conviene con la descripción de la Filosofía Universal de Muratori, de modo que parecen las mismas... porque sólo de los más universales sujetos y predicados, que son los términos del Arte Luliana, se pueden formar las máximas generales y coordenarse todo lo que para su Filosofía Universal pide Muratóri; lo que, siglos hace, dejó establecido en su Arte el Beato Raimundo Lulio.»

Hasta aquí son palabras del P. Raimundo Pasqual, en su obra citada, tomo II, disert. 2, págs. 85 y 86.

Nada de esto falta en el descenso luliano del entendimiento: los principios de la Ciencia Universal del Beato son los atributos de la Divinidad con sus definiciones; las máximas generales son las proposiciones que resultan de la combinación de dos ó más Definiciones de principios; á lo que añade el Maestro unas Reglas igualmente generales, nacidas de los principios y máximas. Mas, como lo general, escribe el Beato Raimundo, nada dice de lo particular, para saber la verdad de lo que se nos pregunta, hemos de contraer y especificar aquellas definiciones y máximas universalísimas á lo particular que se inquiere; y todo lo verdadero—enséñalo asimismo el Beato—debe guardar conformidad y conexión con aquellas definiciones y *condiciones* (que este nombre tienen en el Sistema luliano las proposiciones generales nacidas de las definiciones); y falso es aquello que dice contrariedad con las mismas. Esta Ciencia Universal une, casa y armoniza á todas las particulares; y bien es verdad que éstas pueden estudiarse y ser conocidas sin aquélla, pero no sin mayores dificultades é inexactitudes.

Tenemos, pues, que el entendimiento humano busca una Ciencia Universal; que los sabios más notables han empleado mucho tiempo en buscarla; y que ninguno, exceptuando al Beato Lulio, ha dado cima á su cometido, contentándose solamente con el esbozo de la obra.

La Ciencia Universal, completa, rica y perfecta que conocemos, es la contenida en la segunda parte del Arte Magna Luliana.

XXXIII

Es un hecho evidentísimo que, en la esfera del conocimiento, á cada paso encontramos lo condicional y lo incondicional; lo relativo y lo absoluto; lo particular y lo universal; lo contingente y lo necesario; lo variable y lo invariable; y otros semejantes. Preguntamos, pues: ¿la Ciencia Universal luliana abraza lo condicional y lo incondicional, lo relativo y lo absoluto, lo particular y lo universal, lo contingente y lo necesario, lo variable y lo invariable? Hemos de responder á estas preguntas en sentido negativo.

Semejante unidad de ciencias es imposible, ó sea, la unidad de las ciencias que tratan de lo necesario y de lo contingente; la de las que se ocupan en lo universal y en lo particular (numerable é individual); la de las que versan sobre lo invariable y sobre lo variable, etc., etc.

La unidad de las ciencias en tal sentido, es á saber, la ciencia universalísima que tal unidad supondría, esa sí que es imposible en esta vida, por más que una fuerza instintiva mueva al hombre siempre á buscarla: únicamente se halla en Dios, quien la contempla en su Esencia, causa ejemplar, eficiente y final de todas las cosas. Nosotros no la alcanzaremos hasta que, en la visión beatífica, contemplemos á Dios cara á cara.

La semejanza intelectiva que nos proporcionase el conocimiento de lo condicional y lo incondicional, de lo singular y lo universal, de lo contingente y lo necesario, de lo relativo y lo absoluto, de lo variable y lo invariable; sería la semejanza *total del ente y sus diferencias,* y tal semejanza no puede ser sino la naturaleza infinita, que es el principio universal y la virtud activa de *todo el ente.*

Nada importa que nuestra potencia intelectual *quâ talis* pueda conocer todas las cosas—*intellectus natus est fieri omnia*—esto es, sea comprensiva de todo el ente; empero, como lo singular, lo contingente y lo variable son conocidos solamente por la experiencia, y siendo por otra parte el objeto propio y adecuado de la ciencia lo que es universal y necesario é invariable, no pueden en manera alguna ser reducidas á la unidad esas dos especies de conocimiento. Por más que nos afanemos en buscar esa unidad, en el Cielo solamente hemos de encontrarla. Y esta doctrina que leemos en Santo Tomás de Aquino, profésala asimismo con amor la antigua escuela luliana.

Dice el Angélico: «Hoc autem sic manifestum esse potest. Est enim proprium objectum intellectûs, ens intelligibile, quod quidem comprehendit omnes differentias et species entis possibiles: quidquid enim esse potest intelligi potest. Quum autem omnis cognitio fiat per modum similitudinis, non potest totaliter suum objectum intellectus cognoscere, nisi habeat in se similitudinem totius entis et omnium differentiarum ejus; talis autem similitudo totius entis esse non potest nisi natura infinita, quae non determinatur ad aliquam speciem vel genus entis, sed est universale principium et virtus activa totius entis, qualis est sola natura divina, ut ostensum est. Omnis autem alia natura, quum sit terminata ad aliquod genus et speciem entis, non potest esse universalis similitudo totius entis.

«Relinquitur igitur quòd solus Deus per suam essentiam omnia cognoscat.» (*Summa contra Gentiles;* lib. II, cap. 98).

¿Qué abraza, pues, y qué no abraza la Ciencia Universal del Beato Raimundo Lulio? Lo dijimos más arriba, y no hay necesidad de copiar por segunda vez el texto luliano. Mas sí que será conveniente repetir, á fin de que los adversarios del Lulismo no pequen por ignorancia como hasta el presente, que nuestro Doctor y Maestro, después de habernos explicado en el capítulo XXXV de su obra *Introductoria Artis Demonstrativae,* que el descenso del entendimiento ó Ciencia Universal por efecto de su gran latitud puede descubrir la verdad *en cualquiera cuestión;* ocúpase, en el capítulo XXXVIII, en manifestar *qué cuestiones pueden investigarse por medio de dicha Ciencia Universal,* para que los lectores no se llamasen á engaño pensando que la latitud de aquella Ciencia rebasaba los límites de lo universal, lo necesario y lo invariable y extendía su jurisdicción hasta en los dominios de lo particular, lo contingente y lo variable. Nada de esto. Allí sienta una doctrina que no contradice las relativas de Santo Tomás tocantes á la materia. Allí establece terminantemente, que lo numerable, lo individual, lo variable y lo contingente no pueden ser conocidos mediante la Ciencia Universal. Para ello sólo sirve la experiencia. El descenso luliano del entendimiento tiene sólo por objeto lo que dice conveniencia ó inconveniencia y lo que repugna á la naturaleza del ente ó concuerda con la misma por necesidad, es á saber, las cuestiones en que el predicado contradice á la naturaleza del sujeto ó bien concuerda con ella, ora por necesidad, ora por conveniencia. Y esto, así en la Teología como en el Derecho, tanto en la Filosofía como en la Medicina, ó sea, en todas las ciencias particulares.

La Ciencia Universal luliana tiene por base y principio la razón comuna del ente, y aspira á conocer con ella lo que no sea contingente, singular y variable de las cosas cognoscibles; y esta Ciencia sí que es posible; y esta es la Ciencia que, á más de la universalísima en Dios, columbró quizás como posible al hombre, aún en la vida presente, el genio de Santo Tomás de Aquino cuando escribía estas palabras: La ciencia de Dios es universalísima, porque con una sola semejanza, que es su divina Esencia, conoce todas las cosas, *como si alguien por la razón comuna del ente pudiese conocer todas las cosas:* Scientia Dei est universalissima, quia una similitudine, quae est sua essentia, omnia cognoscit, *ac si aliquis per rationem communem entis omnia cognoscere possit. (In libros quatuor Sententiarum;* lib. II, dist. 3, artículo 2).

Dice el Maestro, que su descenso del entendimiento es un Arte y Ciencia Universal: es un Arte universal, porque nos enseña el modo de hallar la Ciencia Universal y todas las particulares; es una Ciencia, porque reúne los elementos esenciales que para ello se requieren: sujeto, principios, condiciones (ó sea, las proposiciones formadas de la combinación de los principios) y además reglas; y es, por último, una Ciencia *universal,* porque todo lo que tratan las ciencias particulares, trátanlo por medio de él, ó por medio de sus principios, ó á éstos se puede reducir, ó por ellos puede resolverse: a) «haec Ars ad omnia se extendit, ita quòd quaelibet ratio facta in quacunque scientia secundùm quoscunque terminos ad hanc Artem potest reduci;»

b) «sicut praedicta ratio reducitur ad nostram Artem, ita etiam omnis ratio quae fit aut potest fieri, imò omne quod fit aut potest fieri, quod est aut potest esse, in hac Arte relucet tanquam in speculo, in quo omnes scientiae apparent et etiam species divinae Scientiae;»

c) «nulla enim scientia tractat aliquid nisi per hanc Artem, aut per terminos hujus Artis, aut reducibiles ad eos, aut resolubiles per eos.» *(Introductoria Artis Demonstrativae;* cap. 36, 34 y 33).

Llámanla también Ciencia Universal los comentaristas del Beato, porque ella tiene cuestiones universales aplicables á todas las cuestiones que presentarse puedan, pues, si bien lo observamos, todas pueden reducirse á estas diez que expone y desenvuelve el Arte Magna: si la cosa es, qué es, de qué es, por qué es, cuánta es, cuál es, cuándo es, dónde es, cómo es y con qué es.

Es digno de leerse lo que sobre el particular escribe el canónigo y deán de la santa Iglesia Catedral de Tarazona D. Pedro Jerónimo Sánchez de Lizarazo, en su meritísima obra *Generalis et admirabilis Methodus ad omnes scientias faciliùs et scitiùs addiscendas,* de la que tomó bastante el jesuita Kircher para la suya intitulada: *Ars Magna sciendi.* (NOTA B).

Las verdades que se obtienen dentro la esfera de una ciencia cualquiera son aquellas á que alcanzan los principios de la misma; siendo, pues, los principios de la Ciencia Universal luliana unos principios tan universalísimos, que abarcan y comprenden los principios de todas las demás ciencias, clara cosa es que el círculo de las verdades del descenso luliano del entendimiento se extenderá á todas las verdades de las ciencias particulares, á todo lo que sea objeto del humano entendimiento.

Sin embargo, lo singular, lo variable y lo contingente están fuera de su dominio: el discurso ó descenso luliano jamás nos dirá, por ejemplo, cuántos granos de arena hay en la orilla del mar; cuántas son las especies de cosas del Universo; ni responderá por cierto á otras preguntas semejantes. La ciencia lo es tan sólo de lo universal, de lo invariable, de lo necesario: para lo individual, lo variable y lo contingente tenemos ya la experiencia.

Para el conocimiento de las cosas individuales, variables

y contingentes, danos el Beato reglas segurísimas con objeto de saber qué potencias hemos de aplicar á eso ó á aquello y sobre la manera de aplicarlas; una vez obtenido ese conocimiento experimental, observa lo que ya tenemos dicho, esto es, procura saber qué es lo que repugna ó lo que concuerda con la cosa singular, variable y contingente propuesta, cuáles predicados la convienen ó la repugnan. Y entonces, finalmente, es cuando entra en funciones el discurso del descenso luliano.

Siendo esto así, ¿quién no lamentará que el sabio Prelado de Vich, antes citado, haya escrito las siguientes palabras: «así lo contingente como lo necesario, lo mismo el orden espiritual que el material, de que tratan la Teología, la Filosofía, el Derecho y la Medicina, todo quiere resolverlo con sus combinaciones algebraicas?»

Añade el mismo autor, que nuestro Filósofo «quiere con sus conceptos *(que son los principios lulianos)* expresados con forma algebraica, definir y resolver las cuestiones del derecho positivo, ciencia contingente y variable según las circunstancias.»

Mas nosotros leemos todo lo contrario en la obra del Maestro intitulada *Brevis Practica Tabulae Generalis*, página 34, número 4, que se halla en el volumen V de la edición moguntina de las obras del Beato: allí se enseña clara y terminantemente, que la Ciencia Universal ó descenso luliano del entendimiento no es aplicable al Derecho positivo, sino tan sólo al Derecho natural. Copiemos sus mismas palabras: «Pregúntase, ¿por qué razón esta Ciencia Universal es aplicable al Derecho natural y no al Derecho positivo? Y debe responderse, que el Jurista que considera el Derecho positivo no lo considera naturalmente según la naturaleza de los Principios y Reglas de este Arte, sino según las opiniones *(de los jurisconsultos)* y ocasiones *(de lugar y tiempo)*; por ejemplo, el Decretalista no considera naturalmente por qué la bondad es razón á lo bueno para que produzca lo bueno, esto es, un bien grande en razón de la grandeza, sino que lo considera voluntariamente. Mas el que sigue el Derecho natural considera por qué la bondad es razón á lo bueno para que produzca lo bueno, atendiendo á la naturaleza de la bondad; y considera asimismo por qué la grandeza es razón á lo bueno grande para que produzca un bien grande, atendiendo á la naturaleza de la grandeza; y así de los demás Principios y de las Reglas. El Derecho positivo no considera la distinción entre la cualidad propia y la apropiada; empero el Derecho natural considera aquella distinción; y así lo prescribe la regla señalada con la letra B en nuestro Sistema, y la definición del principio Verdad.

Hasta aquí hemos hablado de la aplicación de este Arte á la ciencia del Derecho natural.» Texto latino: «*Quaeritur, quare ista Scientia est applicabilis ad Jus naturale et non ad Jus positivum.* Et respondendum est, quòd Jurista, qui considerat Jus positivum, non considerat naturaliter ipsum secundùm naturam Principiorum et Regularum hujus Artis, sed secundùm opiniones et occasiones; sicut Decretalista, qui non considerat naturaliter, quare bonitas est ratio bono ut producat bonum, videlicet, magnum bonum ratione magnitudinis, sed voluntariè. Ille verò qui sequitur Jus naturale considerat quia bonitas est ratio bono ut producat bonum per naturam bonitatis, et magnum bonum per naturam magnitudinis; et sic de aliis Principiis et de Regulis. Jus autem positivum non considerat distinctionem qualitatis propriae et appropriatae, sed Jus naturale considerat illam distinctionem; et hoc vult regula B et definitio Veritatis. Dictum est de applicatione hujus Artis ad scientiam naturalis Juris.»

Todas estas son palabras del Arcangélico Doctor. No define, en consecuencia, ni resuelve las cuestiones del Derecho positivo por medio de la Ciencia Universal, sino solamente las cuestiones del Derecho natural. Mas como toda clase de Derecho, para ser bueno ó verdadero, debe fundarse en el Derecho natural, por medio de la Ciencia Universal define y resuelve todos los casos y cuestiones legales *con razón natural:* no pretende él, al formular una cuestión, solucionarla de conformidad con el Derecho positivo de tal ó cual nación, de éste ó de aquél siglo, sino tan sólo de conformidad con el Derecho natural.

La Ciencia del Derecho tiene su parte de universalidad y de invariabilidad y de necesariedad, como también tiene su parte de particularidad, de variabilidad y de contingencia; y lo primero es lo único que entra en los dominios del descenso luliano del entendimiento ó Ciencia Universal, pero de ninguna manera lo segundo.

Esta doctrina la han enseñado constantemente todos los comentadores y expositores del Maestro; y sirva de ejemplo el Rmo. P. Pasqual en su obra *Examen de la Crisis del P. Feyjóo sobre el Arte Luliana,* tomo II, disertación X: «Comparación del Método luliano en la Jurisprudencia con el de la común Escuela» (página 301 y siguientes).

Llevado del mismo error, de que el Beato «quiere definir y resolver con sus principios universales lo contingente y lo necesario de que tratan todas las ciencias, la Teología, la Filosofía, el Derecho y la Medicina;» el Ilmo. Sr. Torras y Bages combate nuevamente la Ciencia Universal luliana porque ésta «quiere dar conocimiento hasta de la Medicina.»

Nosotros respondemos que el estudio de la Medicina debe abarcar dos partes, una general y otra particular. La primera deben integrarla las leyes generales que regulan la salud y la enfermedad en los cuerpos humanos, prescindiendo del individuo A ó B, puesto en estas ó en otras circunstancias; por ejemplo, en el Sistema de Hipócrates y Galeno la explicación de las leyes que observan los cuatro humores y cualidades, así en la recta habitud de los cuerpos como en el desorden y enfermedad. La segunda debe ser puramente de observación y experimental, ya que tanto la salud como la enfermedad se nos presentan de muy diversa manera según la edad, sexo, condición y mil otras circunstancias diversísimas que acompañan al individuo. Este segundo estudio sin el primero carecería de base y fundamento sólido; y el primero sería insuficiente sin el concurso del segundo: juntos ambos se completan mutuamente y se perfeccionan con singular hermosura.

¿Serános lícito repetir ahora lo que sentado dejamos más arriba, esto es, que la Ciencia Universal, ó descenso luliano del entendimiento, aspira á dar en verdad conocimiento de la Medicina, pero solamente en la parte de generalidad ó necesariedad que la ciencia médica abraza, no en la parte de observación y experimental ó de contingencia que ella tiene también? Con oportunas citas del P. Pasqual probamos ya que, mediante los principios universales lulianos, podemos obtener, aunque humilde, algún conocimiento de la Medicina.

Además, hemos de añadir que nuestro Doctor y Maestro en todos sus libros médicos jamás prescinde de la parte de observación y experimental que tiene la Medicina. Sería un error harto lamentable creer que sólo trata de la parte de universalidad y necesariedad.

El descenso luliano del entendimiento es cierto que sirve solamente para esta parte de universalidad y necesariedad que tiene la Medicina; no obstante, enseña el Beato que el médico nunca debe apartarse en la práctica de la observación y experiencia, sino que debe atender siempre á las mil circunstancias, variadas y diversísimas, que presentan los enfermos. *Cuando se trata de curar,* sin rechazar por eso los principios universales, atiende á lo particular y casuístico de la ciencia médica. Y quien afirme lo contrario da claras muestras de no haber abierto siquiera ningún libro de medicina luliana. Porque se ha llegado á decir que nuestro Beato pretendía curar sin visitar ni examinar á los enfermos, sino tan sólo prescribiendo los remedios que las combinaciones cabalísticas (?) de sus principios y figuras le daban á entender. ¡Cuánta ignorancia de las obras lulianas! ¡Parece mentira que haya la frescura de escribir acusaciones semejantes sin tomarse la molestia de abrir los libros del autor acusado! Porque en cualquiera de los libros médicos del Beato Lulio hubiesen hallado en seguida el desengaño de tamaños desatinos.

Repitámoslo una vez más: *cuando se trata de curar,* sin rechazar por eso los principios universales (antes bien procurando, en cuanto sea posible, que lo universal nos preste alguna luz para conocer más fácilmente el caso particular que se nos ofrece), atiende siempre á lo particular y casuístico de la ciencia médica. Habla el Doctor:

«Item debet Medicus applicare Principia et Regulas hujus Artis ad Medicinam per diaetam et exercitium, per vomitum et clysterium, per phlebotomiam et balneum, per aetatem et sanas et temperatas comestiones, quales conveniunt infirmo, et per decoctionem et electuarium, per emplastrum et unctionem.

«Item debet Medicus per Regulas Artis investigare per pulsum, per urinam, per colorem faciei, per linguam, per appetitum infirmi, per dormitionem, per dolorem, et sic de aliis; et ista investigatio debet fieri per utrum, per quid, per de quo, per quare, per quantum, per quale, per quando, per ubi, per quomodo et per cum quo.

«Haec doctrina est multum generalis, sed Medicus potest eam specificare discurrendo per singula Principia, et per omnes Regulas hujus Artis, et per suprapositum Caput de Natura.» (*Brevis Practica Tabulae Generalis;* parte III, De applicatione, cap. 5).

La utopia enorme que alguien ha querido ver en el Sistema Científico luliano, nosotros, *á vista de los propios libros del Filósofo,* no acertamos á encontrarla en parte alguna de la inmensa enciclopedia luliana. ¿Será porque algunos, poco escrupulosos, se han atrevido á hacer la crítica del Lulismo teniendo sólo lecturas ciertamente insuficientes de las obras del Beato, atendida la grandeza del Filósofo? ¿ó quizás se atreven otros, sin haber saludado siquiera el gran *opus lullianum,* y hablando sólo por referencias? A veces ¡es cosa tan fácil responder á las objeciones de nuestros adversarios! Con una sencilla distinción se echa por el suelo todo el castillo de naipes de censuras aparatosas. Y esto nos prueba que á muchos contradictores les falta una lectura suficiente de los libros lulianos.

Puede afirmarse, con la Historia del Lulismo en la mano, que los eternos contradictores del Beato Raimundo Lulio descienden todos por línea directa, *ó bien de la malicia eymericiana* (pues consta por decreto pontificio que el inquisidor y dominico Fr. Nicolás Eymerich obtuvo de Roma obrepticia y subrepticiamente una bula condenatoria de las obras lulianas), *ó bien de la ligereza del P. Feyjóo* (de quien se ha dicho que debía erigirse un monumento á su memoria, pero que al pie del mismo debían ser quemadas todas sus obras).

Hémonos detenido un poquito en esta materia porque la juzgamos capitalísima, porque importa muy mucho que todo el mundo sepa cuál es la verdadera extensión de la Ciencia Universal ó descenso luliano del entendimiento: que todos sepan á dónde llegan y á dónde no llegan los principios universales lulianos. En todas las ciencias tiene jurisdicción el descenso luliano del entendimiento, en la Teología, Filosofía, Derecho, Medicina, etc., etc.; en todas partes busca la verdad, y cuenta para ello con medios suficientes; pero no de un modo absoluto, esto es, en lo contingente y en lo necesario, en lo particular y en lo universal, en lo variable y en lo invariable, en lo relativo y en lo absoluto, en lo condicional y en lo incondicional, en lo material y en lo espiritual de que tratan todas las ciencias, sino solamente en lo segundo y no en lo primero.

Ne quid nimis. ¡Sobriedad eterna!

A más de lo dicho, para comprender el carácter de universalidad que tiene el descenso luliano del entendimiento, debemos fijarnos en las relaciones de éste con la Lógica y la Metafísica.

La Lógica, una vez explicada la manera de definir, de dividir, etc., enseña á discurrir en todas las materias, nos hace dar un paseo por todas las ciencias; pero jamás nos dice donde hayamos de encontrar las verdades constitutivas de estas ciencias: es un Arte que da al artista reglas para trabajar, pero no la materia con que trabaje. El Sistema Científico luliano, en su parte del ascenso del entendimiento, nos da lo mismo que la Lógica tradicional, y aun nos lo da más perfeccionado, como de ello podrá convencerse quien lea las obras del Maestro; mas en su parte del descenso del entendimiento nos da los fundamentos universales, sólidos y ciertos, de todas las verdades de una ciencia cualquiera. Y con tales fundamentos universales, sólidos y ciertos, mediante la composición, la contracción y la especificación de los mismos, llegamos al conocimiento de la verdad en todo lo cognoscible; ellos son el molde donde han de vaciarse y encajar perfectamente las verdades para ser rigurosamente tales; lo que no se conforma con ellos es falso: lo que se conforma con ellos es verdadero; ellos constituyen la materia con que ha de trabajar el artista. Otrosí, como el descenso del entendimiento es un Arte universal, ó sea, tiene por objeto conocer todas las cosas, es universal la materia que propone dicho descenso: el carácter principalísimo, y aun diremos eminente, de aquellos fundamentos es el ser universales.

Con el solo conocimiento de todos los modos del silogismo nunca obtendríamos por eso la verdad A ó B de tal ó cual ciencia; con el solo conocimiento de los fundamentos, ó principios lulianos (y con su composición, contracción y especificación), alcanzaremos cualquiera verdad en todas las ciencias.

La Lógica trata del ente intencional, ó de la razón; la Metafísica trata del ente real; la Ciencia Universal, ó descenso luliano del entendimiento, abraza el estudio de ambos entes, pues tiene principios universales y comprensivos de los dos.

«Todo lo cognoscible está comprendido entre Dios y la criatura: pues los principios lulianos son generales á Dios y á la criatura; todo lo que es cognoscible en Dios y en la criatura lo es, ó en cuanto al ser, ó en cuanto á la operación de los mismos: pues en los principios lulianos se funda, y de ellos se deduce, lo que pertenece al ser y á la operación de Dios y de la criatura; los principios del ser son los principios del conocer, porque toda cosa se conoce por las mismas razones por las que tiene ser y obrar: pues los principios lulianos son las razones generales del ser y del obrar, así en Dios como en la criatura, es á saber, las razones generales por las que Dios y la criatura tienen ser y obrar.» Estas son palabras del Rdmo. P. Pasqual.

«Haec Methodus, Ars, vel scientia generalis debet exponere principia, fundamenta et axiomata generalia, ut ad omnia intelligibilia cognoscenda se possit intellectus per ipsa convertere; unde, cum omne intelligibile reducatur ad Deum et creaturam, principia quin dicta methodo statuuntur ad Deum et creaturam generalia esse debent. Et cum omne intelligibile in utrisque sit, vel quoad esse, vel quoad operationem ipsorum, ideo talia debent esse principia quod in ipsis fundetur et ex ipsis deducatur quidquid pertinet ad esse et ad operationem Dei et creaturae. Cum enim principia essendi sint principia cognoscendi, quia res quaecunque cognoscitur per easdem rationes per quas habet suum esse et operari, ideo haec generalia principia debent esse generales rationes essendi et operandi, tam in Deo quàm in creatura, id est, generales rationes propter quas Deus et creatura habent suum esse et operari.» (*Vindiciae Lullianae,* tom. I, dissert. 1, § 1).

NOTA B. (pág. 156)

El prólogo de esta obra del docto canónigo de Tarazona es notabilísimo; y trátanse en él las siguientes importantes materias:

1) *An sit et reperiatur Ars Naturalis;*
2) *Quid sit Ars Naturalis;*
3) *De quibus agit Ars Naturalis;*
4) *De fine Artis Naturalis;*
5) *De partibus Artis Naturalis;*
6) *De conditionibus Artis Naturalis;*
7) *Ubi collocanda sit Ars Naturalis;*
8) *De modo procedendi Artis;*
9) *De instrumentis Artis Naturalis;*
10) *Quando incoepit Ars Naturalis.*

Como se ve, empieza nuestro lulista por practicar en las primeras páginas de su libro (que es un comentario del *Ars Brevis)* el Sistema Científico Luliano en la parte relativa á aquellas diez cuestiones ó preguntas que invariablemente deben investigarse de todos los objetos ó seres reales: *utrum sit, quid sit, de quo sit, quare sit, quantum sit, quale sit, quando sit, ubi sit, quomodo sit et cum quo sit.*

No hay por qué despreciar estos cuesitos lulianos; empléalos también Herbert de Cherbury, el precursor de la Filosofía del sentido común, para buscar la definición de la *verdad*, uno de sus más constantes anhelos.

He aquí una bella página, la 205, de su obra *De Veritate*. La copiamos traducida del latín:

CUESTIONES	DEFINICIÓN DE LA VERDAD	PRUEBAS
An – existencia.	La verdad es.	Prueba: es una noción común.
Quid – esencia.	Una conformidad condicional.	Noción común y discursiva.
Quale– cualidad.	Llenando condiciones que, siempre y necesariamente exigidas, no son empero siempre y necesariamente ofrecidas.	Noción común y discursiva.
Quantum – cantidad.	Pudiendo extenderse á toda la medida de las cosas, si han sido llenadas las condiciones.	Noción común y discursiva.
Ad quid – relación.	Entre un objeto cualquiera, la apariencia, el concepto, el entendimiento.	Noción común y sentido externo ó interno.
Quomodo-medio.	Mediante las condiciones exigidas por la verdad del objeto, cualquiera que él sea, de la apariencia, del concepto y del entendimiento.	Noción común y discursiva.
Quando–tiempo.	Cuando, por estas condiciones, los objetos están conformes con las facultades homogéneas.	Sentido externo ó interno.
Ubi – lugar.	(Conformidad) situada en el punto justo de la conformación.	Noción común y sentido externo ó interno.

CUESTIONES	DEFINICIÓN DE LA VERDAD	PRUEBAS
Unde – origen, causa.	Proviniendo de una causa primera que ha dispuesto la analogía de las cosas, etc., etc.	Noción común y discursiva.
Cujus gratia-fin.	Tendiendo eficazmente á la perfección del hombre como su causa final.—Ella tiene, por opuesto privativo, la ignorancia; y por opuesto positivo, el error.	Noción común y discursiva.

Veamos ahora qué dice el Dr. Lizarazo respecto á las materias de que tratamos en la página 156.

«*Quid sit Ars Naturalis*.—Ars dicitur ab arctando, quia unaquaeque arctat et comprehendit multa praecepta et certas regulas et observationes per quae artis finis comparatur; sic Grammatica habet sua praecepta per quae disponit et praecipit ea quae sunt agenda ad loquendum congruè. Habet etiam observationes et regulas per quas dirigitur intellectus in locutionibus.

Haec omnia habet etiam Rethorica et Logica, unaquaeque in genere suo.

Unde sic Ars Generalis dicitur instrumentum quoddam generale quod arctat et comprehendit generalia praecepta, observationes et regulas generales ad discurrendum et ratiocinandum de qualibet re et in quocumque proposito, juxta inclinationem naturalem intellectus, ad intelligendum ens naturale physicum et sensibile; habet praecepta particularia, regulas quoque et observationes particulares quae dirigunt intellectum ad cognoscendum materialia.

Nostra Ars, generalibus suis documentis et praeceptis, intendit generaliter scire et intelligere omne scibile, non solum universaliter, sed singulariter, ascendendo de particularibus rebus ad generalia principia et causas rerum, et ab his descendendo ad particulares res et conditiones proprietatesve earum, ita ut sola ista Ars intendat et conetur assequi cognitionem totius entis per cujus principia et attributa transcendentia procedit discurrendo.

De quibus agit Ars Naturalis.—Ars Naturalis, quia generalis est et ad omnia scibilia se extendit, agit primo de generalibus principiis rerum, de intermediis et specialibus, et de individualibus quae reperiuntur in omnibus rebus creatis.

Agit etiam de rebus increatis, prout per ipsa generalia principia cognosci possunt.

Unde apparet quod naturalia et supernaturalia mediante Fide quaerit. Et ideo generalia constituit principia, quaestiones et modos quaerendi generales considerat, subjecta quoque generalia (ut infra videbitur) scrutatur; et quasi generalem quamdam notitiam omnium rerum intellectui humano tribuit, ut possit de qualibet re recte et commode disserere ex natura rei et non per notiones et nomina sicut Logica et Rethorica faciunt.

Nec se astringit in cognitione rerum naturalium ad dicta et opiniones hominum, sicut communiter contingit in speculatione et tractatione philosophorum, solum enim veritatem Fidei et ea quae Ipsam respiciunt colit et principia omnia et notitiam generalem illi subjicit; authores vero quoscumque secundum pondus rationum quas afferunt aestimat; ac de eorum veritate et doctrina per principia Artis judicat, quae (ut infra videbitur) ab attributis Dei emanant: ut quia Deus bonus est, bonitatem in rebus causat: quia magnus, magnitudinem: quia durans, durationem: quia potens, potentiam: quia sapiens, sapientiam: quia volens, voluntatem: quia virtuosus, virtutem: quia verus, veritatem: quia gloriosus, gloriam. Quae praedicta principia sunt absoluta et generalia ad philosophandum in quolibet proposito; quod enim dicendum erit de principiis relativis quae infra considerabimus.» (Turiasonae, anno 1619).

XXXIV

La Ciencia Universal, ó descenso luliano del entendimiento, no es la negación de las ciencias particulares. Téngase eso bien entendido.

Vamos á probarlo.

La Ciencia Universal tiene sus principios asimismo universales: Bondad, Grandeza, Eternidad, Poder, etc. Las ciencias particulares—Teología, Filosofía, Derecho, Medicina—tienen, cada una de por sí, sus respectivos principios particulares, como extensamente los expone el Maestro en el primer volumen de la edición moguntina de sus obras.

Pregúntase ahora: en el Arte Magna, ó Sistema Científico luliano, ¿de cuántas maneras puede hallarse la solución de un cuesito determinado, perteneciente á la Filosofía, por ejemplo? Respondemos: en el Arte Magna, ó Sistema Científico luliano (que comprende el ascenso y el descenso del entendimiento), las verdades científicas pueden buscarse *por tres caminos:*

1.° Por el ascenso del entendimiento, prescindiendo en absoluto del descenso, esto es, por las solas ciencias particulares;

2.° por el solo descenso del entendimiento, ó Ciencia Universal luliana, contrayendo y especificando sus principios universalísimos á lo particular que se inquiere, según dimos en páginas anteriores bastantes ejemplos de ello;

3.° por los principios particulares de las ciencias llamadas particulares, combinándolos empero con los principios universalísimos del descenso del entendimiento, ó sea por las ciencias particulares auxiliadas por la Ciencia Universal; método que practica el Beato Lulio en sus obras *Liber Principiorum Theologiae, Liber Principiorum Philosophiae, Liber Principiorum Juris, Liber Principiorum Medicinae.*

Volvemos á preguntar: los *solos* principios de la Ciencia Universal ¿son suficientes para obtener las soluciones deseadas, ó sea, bastan ellos sin conocimiento alguno de las ciencias particulares? Hemos de responder negativamente. Ya que

a) lo universal, en cuanto universal, nada dice de lo particular;

b) para obtener una verdad científica por el segundo camino que hemos dicho, es á saber, por el solo descenso del entendimiento, ó Ciencia Universal luliana, requiérese ante todo conocer alguna propiedad de la cosa que es objeto de la cuestión debatida *(quid dicitur per nomen)*, y este conocimiento nos lo han de proporcionar las ciencias particulares;

c) en segundo lugar se requiere la contracción y especificación de los principios universales á lo particular que se inquiere; y esta contracción y especificación no son los principios universales, antes bien pertenecen ellas á las ciencias particulares;

d) no podemos conocer los principios universales—Bondad, Grandeza, Eternidad, etc.—sin haber realizado anteriormente el ascenso del entendimiento, ascenso que constituye las llamadas ciencias particulares.

Por tanto, la Ciencia Universal no puede separarse *absolutamente* de las ciencias particulares. De consiguiente, esta Ciencia Universal, ó descenso luliano del entendimiento, no es la negación ó la muerte de las ciencias particulares.

Enseña también el Beato Lulio, que en el uso y práctica del solo ascenso del entendimiento—cuando se prescinde en absoluto del descenso é inquiérese la verdad deseada por las solas ciencias particulares—una misma cuestión puede ser á veces solucionada por más de una ciencia particular. Lo que el Angélico confirma por estas palabras de la *Suma Teológica:* «Diversa ratio cognoscibilis diversitatem scientiarum inducit. Eamdem enim conclusionem demonstrat astrologus et naturalis, puta quod terra est rotunda; sed astrologus per medium mathematicum, id est, a materia abstractum; naturalis autem per medium circa materiam consideratum.» (I, q. 1, art. 1). Lo mismo dice en otros lugares de la *Suma*.

La Ciencia Universal luliana no ahoga ni da muerte á las ciencias particulares, sino que por el contrario nos hace ver el íntimo organismo que éstas tienen; nos demuestra que hay entre ellas verdaderas y muy estrechas relaciones; nos enseña que todas descienden de ella, de la Universal, de un conocimiento universal y trascendente; las embellece, puesto que pone orden entre ellas, y el orden es belleza; nos facilita el estudio de las mismas; y éstas, cuando alguien duda de las conclusiones que ofrecen, encuentran en aquélla la última y potísima razón.

La manera de razonar, propia del descenso luliano del entendimiento, es una manera naturalísima de pensar ó razonar que tiene la inteligencia humana: todos usamos de ella constantemente, y pruébalo con sobrados argumentos el Padre Pasqual, como ya advertimos, evidenciando que los más grandes filósofos, y hasta los mismos impugnadores del Arte Magna, aplican á granel las leyes de la Ciencia Universal del Beato. Con la única diferencia, que todos éstos lo hacen inconscientemente, mientras que el Beato Raimundo lo hace muy conscientemente, ó sea siguiendo con exactitud las reglas ó leyes de este descenso intelectual, que él mismo redactara, después de haber observado que las seguimos siempre por modo naturalísimo en nuestras operaciones intelectivas. De donde se sigue la gran ventaja que tienen sobre los demás los conocedores de la Ciencia Universal luliana, pues éstos con más dificultad se equivocan, por cuanto se dirigen por reglas y leyes, mientras que á los primeros guíales sólo la pura tendencia natural; y ¿habremos de advertir que, cuando el arte imita á la naturaleza, vamos mejor acompañados con aquél que con ésta solamente?

Ahora bien, si son leyes legítimas y naturalísimas las de este descenso intelectual, si lo son igualmente las que regulan á las ciencias particulares, ¿podrán aquéllas ser la muerte ó negación de éstas? ¿acaso lo natural se opone á lo natural?

La Ciencia Universal luliana consta de principios universalísimos; y de máximas ó proposiciones, también universalísimas, como nacidas de dichos principios, máximas que llamamos *condiciones;* y por último, de reglas que tienen el mismo carácter de universales; y como por mucho que combinemos principios, condiciones y reglas universales, jamás obtendremos el conocimiento de las cosas particulares, por la sencillísima razón de que nadie da lo que no tiene, síguese de ahí que la Ciencia Universal no da el conocimiento del objeto de las ciencias particulares, no proporciona conocimiento alguno sobre el contenido de estas ciencias.

No confundimos á las ciencias particulares con la Universal, no las aniquilamos en el seno de ésta, sino que, muy al revés, las dejamos el campo muy libre en la esfera de su jurisdicción respectiva; en una palabra, hacemos una consagración solemnísima de su existencia ó razón de ser.

La Universal, por sí sola, no tiene otro oficio sino dirigir las ciencias particulares, pues no debemos olvidar que, en el Sistema Científico luliano, el artificio y organización de las ciencias particulares son semejantes al artificio y organización de la Ciencia Universal, y las leyes del proceder ó razonar de aquéllas son semejantes en todo á las leyes de ésta. La Universal perfecciona á las particulares; y facilita muchísimo el estudio de las mismas; y, además, en ella tienen su última, definitiva y total confirmación las conclusiones de las ciencias particulares. Pero, adviértase bien, *por sí sola,* no hace en realidad otra cosa.

Por lo tanto, afirmamos sin ambajes que la Ciencia Universal luliana tiene un carácter subsidiario, esto es, de complemento, de corroboración y de perfección. Y lo que tiene un carácter subsidiario respecto á otra cosa, ¿puede decirse, en verdad, que la sea la negación ó la muerte de ésta?

Empero, si de los variadísimos objetos de una ciencia particular cualquiera queremos saber eso ó aquello, A ó B, y aspiramos á conocerlo mediante la Ciencia Universal, no tenemos bastante con la Universal, sino que necesitamos dos cosas más: primera, conocer alguna propiedad del objeto en cuestión *(posito quod sciatur quid dicitur per nomen)*; segunda, aplicar, contraer y especificar los principios de la Ciencia Universal, según la conveniencia y proporción que guardaren con la propiedad referida. Y ambas cosas son de la incumbencia de las ciencias particulares.

Dejemos hablar al Maestro: «Et in isto passu apparet per quem modum intellectus habet generale subjectum, scilicet, tabulam hujus Artis, ad inveniendum media de quacumque materia sint, *posito quod sciatur quid dicitur per nomen,* de quibus et cum quibus, scilicet, mediis, sit conclusio, quae quidem media sunt subjectum hujus Artis.» Así dice al terminar la quinta parte de su *Ars Magna et ultima*, capítulo XXIII. Y los capítulos *de applicatione, contractione et specificatione principiorum Artis* llenan, por decirlo así, páginas innumerables de la enciclopedia luliana.

Preguntemos una vez más, ¿es esto negar las ciencias particulares?

En toda voluminosa enciclopedia luliana no se halla un solo texto en que diga su Autor no ser necesarias las ciencias particulares una vez conocida la Ciencia Universal. Siempre es la misma su doctrina: la Ciencia Universal *por sí sola* no puede resolver ninguna cuestión; si queremos servirnos de ella para encontrar la solución A ó B, tenemos dos caminos: ó aplicar sus principios universales á lo especial ó particular que se propone, conociendo de antemano alguna cualidad del objeto cuestionado; ó hacer aplicación de dicha Ciencia Universal á la ciencia particular correspondiente.

De conformidad con esto, no se contentó el Beato con trazar y dibujar en todos sus detalles el cuadro inmenso de la Ciencia Universal, sino que en todas sus obras nos ofrece ejemplos innumerabilísimos de aquella especificación y contracción; y nos dibuja además, é igualmente en todos sus detalles, los cuadros de las ciencias particulares, Teología, Filosofía, Derecho, Medicina, Lógica, etc., trazando el plan de éstas en completa correspondencia con el plan de la Universal; y hace, por último, mil aplicaciones de ésta á cada una de aquéllas. *Liber Principiorum Theologiae, Liber Principiorum Philosophiae, Liber Principiorum Juris, Liber Principiorum Medicinae,* son los títulos, harto significativos, de cuatro obras que se hallan en el volumen primero de la edición moguntina. Quien tales libros escribe, ¿puede enseñar que, conocida la Ciencia Universal, no es ya necesario el conocimiento de las ciencias particulares?

No obstante ser esto una grande verdad y muy visible, como realmente lo es, empéñase de nuevo el ilustrísimo Prelado de Vich en combatir la Ciencia Universal luliana con este argumento: «Las leyes de la fuerza son las mismas en todos los seres corporales, y, no obstante, las ciencias que tratan de ellas son innumerables; así también, en el orden racional y filosófico, la ley orgánica de la ciencia es la misma, mas las ciencias son y serán perpetuamente distintas, y el que sepamos una no hará que sepamos la otra.» (Obra citada, pág. 314).

Aquí se afirma que la Ciencia Universal luliana no es posible:

1.° Porque niega la distinción entre las ciencias particulares;

2.° porque supone que, conociendo una ciencia, conoceremos otra, ó sea que, conociendo la Ciencia Universal, conoceremos, *ipso facto,* todas las ciencias particulares.

Esta objeción no es nueva: bastará decir que se la propone á sí propio el mismo Beato Lulio (y á continuación la contesta negando el supuesto, y explicando el por qué de dicha negación) en el *Compendium seu Commentum Artis Demonstrativae, dist. III, De quaestionibus primae figurae demonstrativae,* página 146, vol. III, edición moguntina. Ni tampoco es original del Ilmo. Torras y Bages, pues la encontramos, redactada casi en los mismos términos, en los escritos del P. Feyjóo, de quien la copiara con seguridad el sabio Prelado.

Pero, al decir de los Comentaristas del Beato, hablando del particular que nos ocupa, nunca faltan sujetos que combaten ciertas cosas, y se creen autorizados para juzgarlas, sin tomarse la molestia de estudiarlas, ó, si á esto llegan, sin haberlas bien entendido. Así era el P. Feyjóo, si hemos de dar crédito á las razones que para probarlo aduce el luliano Pasqual.

«No es sólo el Padre Maestro Feyjóo—dice el *Examen de la Crisis del P. Feyjóo sobre el Arte Luliana*—que ha formado este concepto errado del Arte Luliana, pues sé que sujetos de barba cana, y que tienen obligación de saber prescindir, arguyen con seriedad, que si era general el Arte de Lulio, quien lo sabe, lo sabría todo, y así sería médico, jurista, arquitecto, y aun zapatero, etc.; pero en estos discursos no dan á entender otra cosa, sino que hablan de lo que enteramente ignoran.

«Por lo mismo que es Arte y Ciencia general la de Lulio, quien la sabe (hablo en su generalidad), no es docto en todas las ciencias y artes, y así no ha de ser médico, jurista, arquitecto, zapatero, etc.; pues lo general, en cuanto general, nada dice de lo especial, y así en la generalidad no se da noticia particular. Esta Arte y Ciencia sólo contiene unos principios generales á todas las cosas, y juntamente unas reglas para descubrir la verdad de todas ellas; y como este descubrimiento se ejecute por la aplicación y contracción de lo general á lo especial, en lo que se experimenta la mayor dificultad y trabajo, por eso el que sabe el Arte Luliana en su generalidad no por eso ha de saber y entender todas las ciencias especiales, porque aquellos principios y fundamentos generales no son sino como semillas de que por la aplicación y contracción se ha de sacar la noticia especial de las cosas.

«Bien es verdad que, si el Arte se sabe con toda extensión en cuanto á las reglas de aplicación y contracción, quien sabe el Arte sabe todo aquello á que tiene hecha la aplicación y contracción, y según fuere ésta será su saber; pero como para hacer esta aplicación y contracción se requiera el saber primero alguna propiedad del sujeto de la cuestión á que se aplican y contraen los principios generales del Arte, por eso el Arte sola, y de por sí, y prescindiendo de esta aplicación á los particulares y la precognición de alguna propiedad de ellos, no da noticia particular de alguna ciencia.» (Tomo I, pág. 17).

A D. Francisco de P. Canalejas sucedióle que, antes de leer las obras del Beato Lulio y las de sus comentaristas, viniéronle á las manos los escritos del P. Feyjóo; y, naturalmente, extrañó sobremanera que la Ciencia Universal luliana pretendiese negar la distinción entre las ciencias particulares, y aspirase á constituir una sola y única ciencia, con cuyo conocimiento ya sabríamos también todo lo que ahora adquirimos en el estudio de las varias ciencias que conocemos, pues así lo afirmaba el célebre benedictino. Mas hojeando las obras del Doctor Arcangélico, muy pronto se convenció de que el autor del *Teatro Crítico* no era buen crítico, y de que el autor de las *Cartas eruditas* no era muy erudito, que digamos, en las Doctrinas lulianas.

He aquí la relación del engaño y del desengaño del señor Canalejas; y en ella aprendan los adversarios del Lulismo á no combatir lo que ignoran ó no han estudiado y entendido suficientemente. Así comienza el opúsculo *Las Doctrinas del Doctor Iluminado Raimundo Lulio:* «Leyendo al Padre Maestro Feyjóo, contradictor infatigable é incorregible de los lulianos, excitó mi curiosidad el cargo, muchas veces repetido por el virulento Benedictino, de que los discípulos de Lulio entendían era el estudio del Arte del Doctor Iluminado muy bastante para alcanzar el conocimiento de todas las ciencias; y no hay para qué decir cuánto regocija al P. Maestro tal pretensión, y cómo se burla del Arte y chancea á costa de los crédulos lulianos.

«La presunción denunciada por Feyjóo era peregrina, no ya en el siglo XIII, sino en el XVIII; y tuve desde luego empeño y vivísimo deseo de conocer esa fórmula suprema del saber, que, por altísima manera sin duda, declaraba todo lo inteligible. Pero á los primeros pasos conocí era equivocado el juicio de Feyjóo; y Salzinger y Pasqual me advirtieron que el Arte Luliana no da el conocimiento especial y propio de las ciencias particulares, sino que es tejido de razones y predicados generales. Y el mismo Lulio declara que lo general, en cuanto general, nada dice de lo especial; de donde vine á inducir, y me confirmé después por el examen de Salzinger, que este Arte Luliana sólo contiene principios generales á todas las cosas y leyes para descubrir la verdad, lo que se alcanza por la aplicación y contracción de lo general á lo especial.

«Animado por este primer desengaño, continué el examen, parando mi atención...» (Madrid, 1870).

Decíamos que el Beato Lulio presentóse á sí mismo la objeción formulada por el sabio Prelado de Vich, quien la copió de Benito Feyjóo, sin enterarse de la solución dada á la misma por nuestro Filósofo, ni de la réplica al Benedictino del sapientísimo P. Pasqual. Realmente, en la obra *Compendium seu Commentum Artis Demonstrativae*, distinción III, soluciona el Beato Lulio las siguientes cuestiones:

a) Si esta Ciencia es general á las demás ciencias: *Utrum haec Scientia sit caeteris scientiis generalis;*

b) de qué modo esta Ciencia se diferencia de las otras ciencias: *Quomodo haec Scientia differt ab aliis scientiis.*

En donde, después de probar largamente las tesis que allí establece, va presentándose á sí mismo objeciones ó dificultades *more scholastico,* solucionándolas cada una de por sí; siendo redactada en estos términos la primera de dichas objeciones: «En contra digo: si esta Ciencia es general á las demás ciencias, en consecuencia quien la sabe sabrá todas aquellas á las cuales es general.» «Contrà: si haec Scientia est caeteris scientiis generalis, ergo qui scit eam, scit omnes quibus ipsa est generalis.»

Segunda objeción: «Además, como la Figura T (ó sea la de los principios relativos del *Ars Magna:* Concordancia, Diferencia, Contrariedad, Principio, Medio, Fin, Mayoridad, Igualdad, Minoridad), por razón de combinarse sus principios unos con otros, es un medio universal para conocer todas las cosas que pueden saberse; quien sepa mezclar ó combinar los principios de la Figura T sabrá todas las cosas que pueden saberse; lo que es falso; por tanto parece que esta ciencia no es general á todas las demás.» «Praeterea, quia TT ratione suae mixtionis est universale ad omnia scienda, quae possunt sciri, quicumque scit ipsum T miscere scit omnia quae possunt scire; quod falsum est; quare videtur, quòd haec Scientia non sit caeteris generalis.»

¿Y qué responde el Beato Raimundo Lulio? ¿responde acaso, que quien sabe la Ciencia Universal tiene ya *ipso facto* el conocimiento de las demás ciencias? ¿que, de consiguiente, éstas ya no son necesarias ante aquélla? ¿que, si poseemos una, las poseemos todas? ¿que no existe distinción alguna entre las ciencias particulares? ¿que todas forman una sola y única ciencia? ¿que, finalmente, la Ciencia Universal es la negación y la muerte de las ciencias particulares?

Nada de esto, sino muy al revés.

Dice: «Más son las cosas conocibles en potencia, que las conocibles en acto; y de ello tenemos un ejemplo en la naturaleza, pues la generación potencial es mayor que la generación actual. Y por eso se desata la primera de las objeciones dichas, porque la ciencia está en nuestro entendimiento de dos maneras: en acto y en potencia. Si consideramos el primer modo, diremos ser imposible que el entendimiento sepa todas las cosas en acto. Atendiendo al conocimiento potencial, diremos que *nuestra Ciencia Universal es un cierto hábito universal aplicable á las demás ciencias,* en razón del cual todo lo inteligible de las demás ciencias es conocido *en potencia* por el entendimiento, de quien es el predicho hábito universal.

Con todo, á pesar de que por razón de aquel hábito universal, nosotros conocemos *en potencia* lo inteligible de todas las ciencias, es imposible, por parte del mismo entendimiento, que todo lo que sabe en potencia lo sepa después *en acto,* ya juntamente, ya por modo sucesivo.

Diremos, en consecuencia, atendiendo otra vez al conocimiento potencial, que nuestra Ciencia no será general á todas las demás, habida consideración á la pequeñez y defectos del mismo entendimiento, pero será realmente una Ciencia Universal en cuanto ella es un hábito universal con aptitud de ser aplicado á todas las demás ciencias.» «Plus est scibile habitu ratione potentiae in qua est, quàm scitum actu; sicut patet in natura, nam plus est generabile habitu naturae ratione potentiae in qua est ipsum generabile, quàm generatum actu. Et ideo solvitur objectio, quia scientia est in intellectu duobus modis: scilicet, actu, et isto modo impossibile est quòd intellectus sciat omnia; et potentiâ, et isto modo haec Scientia est quidam universalis habitus applicabilis caeteris scientiis, ratione cujus omnia scibilia caeterarum scientiarum sunt ad sciendum in potentiâ ipsius intellectûs, cujus praedictus universalis habitus est.

«Et hoc ratione illius habitûs; licet impossibile sit, ex parte ipsius intellectûs, omnia simul vel omnia successivè reduci ad actum.

«Et idcirco distinguitur ratione potentiae, quòd, quantum ad defectum et parvitatem ipsius intellectûs, haec Ars non est omnibus generalis; sed quantum ad aptitudinem universalis habitûs hujus Scientiae omnibus scientiis applicabilis, est ipsa Scientia caeteris scientiis generalis.»

La segunda objeción resuélvese con estas mismas razones. «Et eodem modo solvitur ad aliud, cùm dicebatur: *praeterea, quia TT.* etc.»

De manera que la Ciencia Universal luliana es inseparable de la aplicación á las ciencias particulares, y sùpone, por tanto, el reconocimiento de la legal existencia de éstas.

Ella es sólo un hábito científico; es un conocimiento potencial, imperfecto, no acabado: jamás ha dicho Lulio, que fuese un conocimiento actual, perfecto y acabado. ¿Qué necesita para pasar de la potencia al acto? La aplicación á las ciencias particulares; y, de consiguiente, necesita primero, que existan las ciencias particulares.

Y la decimos *universal,* porque es un hábito científico *aplicable á todas las ciencias.*

Cuando sentamos, sin nombrar las ciencias particulares, que podemos obtener una verdad científica cualquiera mediante la contracción y especificación de los principios de la Ciencia Universal á lo particular que se inquiere, adviértase que, en este método, la Ciencia Universal lùliana es también inseparable de las ciencias particulares, pues redúcese dicho procedimiento, en último resultado, al que arriba dijimos y asignamos en el número tercero, consistente en mezclar y combinar los principios de la Universal con los principios de las particulares.

No podemos pasar por alto la objeción cuarta, pues, al contestarla, formula nuestro Doctor la siguiente importantísima declaración: *Porque así seguiríase que todas las ciencias constituirían una sola ciencia,* lo *que es falso:* «Quia sic sequeretur, quòd omnes scientiae essent una scientia, quod falsum est.»

He aquí la objeción: todas las ciencias tienen Principio, Medio y Fin perfectos; y como á lo perfecto nada se le puede añadir; en consecuencia, el Principio, Medio y Fin de la Ciencia Universal nada añadirán al Principio, Medio y Fin de cada ciencia particular. De donde inferimos, que la Ciencia luliana no será general á todas las demás. «Contrà: Ei quod habet perfectum principium et perfectum medium ad perfectum finem non potest addi aliud Principium, Medium et Finis; sed ita est, quòd subjectum Theologiae est Deus, et Metaphysicae ens, et Logicae syllogismus, ita quòd haec subjecta non possunt esse altiora ratione finis, nec per consequens ratione principii et medii ad illum finem. Ergo nullum aliud Principium, Medium et Finis his potest addi.

«Et si non potest eis addi, non est generalior illis; quare manifestè videtur, hanc Scientiam, ratione sui Principii, Medii et Finis, non esse caeteris scientiis generalem.»

Responde nuestro Doctor y Maestro: «Cada ciencia tiene Principio, Medio y Fin perfectos *inmediata y especialmente, lo concedo;* cada ciencia tiene Principio, Medio y Fin perfectos *mediata y comunmente, lo niego.*»

La objeción tendría fuerza y valor en el solo primer caso de la distinción, como quiera que, realmente, toda ciencia tiene sus especiales principios y medios propios para su fin especial; mas no la tiene en el segundo, pues, como cada ciencia particular tiene su Principio, Medio y Fin especiales y propios, confirmados ó corroborados por otros principios superiores (es á saber, por los principios de la Ciencia Universal), los cuales no caen bajo la consideración ó estudio de aquella ciencia particular, de ahí se sigue no ser cierto que cada ciencia particular tenga un Principio, Medio y Fin *absolutamente perfectos,* porque entonces *todas las ciencias constituirían una sola ciencia, lo que es falso.*

Por tanto, al Principio, Medio y Fin, perfecto inmediata y especialmente, de las ciencias particulares, podemos añadir otro Principio, Medio y Fin mediato y común, ó sea, el Principio, Medio y Fin de la Ciencia Universal, de tal manera universalizado, que la especial conclusión habida inmediatamente por los principios especiales de aquella ciencia pueda ser probada también, confirmada y corroborada por los principios comunes á todas las ciencias, esto es, por los principios de la Ciencia Universal; de lo contrario sería imposible el descenso desde un universal á su particular correspondiente, lo que es falso, según dejamos ya declarado en el texto del presente volumen.

«Dicendum est mediate et immediate, specialiter et communiter per differentiam perfectionis ipsius Principii, Medii et Finis, quod objectio specialiter et immediate continet veritatem, cum quaelibet scientia habeat specialia principia et media sibi propria ad suum specialem finem. Sed in hoc quod quaelibet scientia particularis habet suum Principium, Medium et Finem specialem et proprium per alia superiora principia confirmatum, quae in considerationem illius scientiae non cadunt, non habet itaque perfectum Principium, Medium et Finem, *quia sic sequeretur quod omnes scientiae essent una scientia, quod falsum est.*

Et sic illi Principio, Medio et Fini immediate et specialiter perfecto potest addi aliud Principium, Medium et Finis mediatum et commune, ita universatum quod ille specialis finis, videlicet, illa specialis conclusio quae immediate habetur per specialia principia illius scientiae, potest adduci ad principia mediata et communia Scientiae Universalis; quod si non, impossibile esset ab universali fieri descensum ad particulare illius universalis, quod falsum est, prout in textu hujus voluminis manifeste patet.» (Páginas 145 y siguientes).

Tan lejos, pues, estaba el Beato Lulio de pretender con su Ciencia Universal dar muerte á las ciencias particulares; tan lejos estaba él de buscar una ciencia *única,* como sientan sus adversarios, que afirma en términos claros y decisivos no ser posible que exista una sola ciencia, sino que son necesarias del todo las ciencias particulares, teniendo siempre aquélla en sus relaciones con éstas un carácter meramente subsidiario. ¡Ah! ¡cuántas páginas tendrían que borrar de sus obras los contradictores del Lulismo si, al hacer una segunda edición, quisieran antes leer por sí mismos los libros del Filósofo á quien combaten! La doctrina luliana no puede ser más terminante ni más contraria á las suposiciones gratuitísimas de sus adversarios antiguos y modernos.

Puede asimismo leerse con provecho la cuestión: *Utrum haec Scientia addat aliquid super alias scientias:* Si la Ciencia Universal añade algo á las ciencias particulares; para conocer la doctrina luliana sobre la conveniencia de una Ciencia Universal, la distinción real entre ésta y las particulares, lo que la Universal añade á las otras, y la consiguiente necesidad de las llamadas particulares, con otras muchas cosas de grandísimo interés y valor. Hay seis objeciones que no tienen desperdicio. (Obra y lugar citados; págs. 154 á 158).

A continuación vuelve á probar la misma tesis, á saber, que la Ciencia Universal añade no pocas cosas á las ciencias particulares, si bien ahora por un modo distinto del empleado anteriormente; y allí encontramos segunda vez la corroboración de nuestros asertos.

¿Qué es la Ciencia Universal? Es la ciencia común que resulta de la mutua habitud que tienen entre sí las ciencias particulares, ó sea, los principios de una ciencia particular con los principios de todas las demás. Y dicho está que tal ciencia importa sólo un conocimiento potencial, no actual. Dales con todo la Universal á las particulares, lo que á éstas les viene de parte de fuera, de las cosas extrínsecas.

De consiguiente, como la habitud de los principios de la ciencia A con los principios de la ciencia B jamás dirá nada de lo perteneciente á dichas ciencias, la ciencia constituida por aquellas habitudes no podrá sustituir á ninguna de las particulares, sino que sólo será común ó general á todas las ciencias cuyas habitudes entre sí lleguen á integrarla; no podrá contener ni abrazar lo particular y especial de las otras ciencias; no podrá confundirse con éstas; una será la Universal y otras muy distintas las particulares; quien sabrá la una no sabrá las otras; todas se distinguirán entre sí, una particular de otra particular, y la Universal de todas las demás, porque la habitud de una con otra no es la identificación de ambas, y la suma de las habitudes de las ciencias no puede ser igual á ninguna ciencia, ni siquiera á las ciencias en sí.

La concepción de tal Ciencia Universal, puesto que se basa sobre las ciencias particulares, supone siempre la existencia de éstas y jamás su negación.

Un todo—dícenos el Beato—es distinto de sus partes, porque las partes unidas entre sí constituyen una cosa distinta de ellas, aunque materialmente el todo y las partes se conviertan ó sean una misma cosa. Y el todo de que hablamos son los principios universalísimos de la Ciencia llamada Universal, considerados en su máxima generalidad, ó lo que es lo mismo, no contraídos á ninguna materia especial, como la Bondad, Grandeza, Eternidad, Sabiduría, etc., no determinadas á nada especialmente; y las partes son las habitudes de las ciencias entre sí.

Esta Ciencia, la Universal—continúa diciendo el mismo Doctor,—añade según sus principios á todas las otras ciencias aquello por lo que el todo *scientiale* es distinto de las partes.

Diremos, pues, que el todo está constituido por las habitudes de una parte con otra, ya que por estas habitudes el todo resulta distinto de sus partes.

Inferimos también que, siendo imposible á una ciencia particular traspasar los límites de su propia esfera, esto es, salirse fuera de sí, ninguna ciencia particular considera, cuanto es de sí, aquello que de fuera le viene, ni las habitudes que tiene con las otras cuanto es de parte del fin; por cuyo motivo conviene necesariamente que haya una ciencia universal, resultado de estas habitudes, que proporcione á cada ciencia particular aquello que á ésta viene de parte de fuera ó de cosas extrínsecas.

¿Cuál será esa Ciencia Universal? La que nosotros proponemos, pues abraza todo lo conocible por nuestro entendimiento, según es de ver en sus principios.

De lo dicho despréndense dos cosas claramente, á saber, qué es la Ciencia Universal luliana, y qué añade á las ciencias particulares.

Sigue luego una objeción que ayuda á declarar la quiddidad ó sujeto de la Ciencia Universal, viendo de nuevo lo que ella añade á las otras ciencias.

«... inveniunt totum esse aliud a suis partibus, quia partes unitae ad invicem redundant in aliud a se ipsis, materialiter autem totum et partes convertuntur. Hoc autem totum de quo loquimur attingit intellectus esse Bonitatem, Magnitudinem, Æternitatem, Sapientiam, aliaque principia universaliter sumpta seu non contracta ad aliquam materiam specialem, id est, non determinata ad aliquid specialiter...

Quare ex eis manifestum est quòd haec Scientia secundum sua principia addit super caeteras scientias id per quod totum scientiale est aliud seu alterum a suis partibus. Ac etiam omne totum consistit per habitudines cujuslibet partis ad quamlibet partem, per ipsas enim habitudines resultat ipsum totum aliud a suis partibus; hujusmodi autem habitudines, de quibus intendimus, sunt Bonitas, Magnitudo, Æternitas aliaque principia universaliter sumpta secundum generalitatem in specialibus scientiis.

Et idcirco, quia est impossibile unamquamque scientiam specialem transire extra se ipsam, non considerat aliqua scientia specialis, quantum est de se, id quod advenit eidem ab extrinseco, nec habitudines quas habet cum aliis et è converso ad invicem, quantum est ex parte finis. Quare oportet necessario esse aliquam communem scientiam resultantem ex his habitudinibus ministrantem unicuique scientiae speciali id quod advenit illi ab extrinseco: hanc autem scientiam oportet necessario esse istam, ambit enim omne ens apprehensibile per intellectum, quod satis patet in suis principiis. Unde per praedicta satis manifestè patent *duo*, videlicet, *et quid est haec Scientia, et quid super alias scientias addit.*» (Obra y lugar citados, pág. 158 y sig.).

En cierta ocasión preguntóme un amigo á quien leía yo estos textos lulianos, y se los comentaba para probarle que el Beato Lulio jamás negó la distinción de las ciencias, ni afirmó que sabida la Universal ya fuesen conocidas *ipso facto* las particulares, sino que muy al contrario sienta y establece constantemente que la Ciencia Universal nos da sólo un conocimiento potencial aplicable, eso sí, á todas las demás ciencias: dígame V., ¿qué añade la Ciencia Universal á la Teología, por ejemplo? Yo no veo que la ciencia teológica declare las verdades de su jurisdicción, sino por autoridad, por la razón y por congruencias: ¿puede integrarla un cuarto elemento declaratorio?

—Claro que sí, respondíle yo; y se lo voy á manifestar en poquísimas palabras. Ha dicho V. muy bien que la Teología se vale de congruencias para declarar no pocas verdades de su contenido; pues bien, sepa V. que las llamadas congruencias en la Escuela común son leyes invariables y ciertísimas en nuestra Escuela luliana.

Pongo por caso: la Escuela común pregunta: ¿existen ángeles? Y responde afirmativamente en virtud de la siguiente congruencia: vemos que existen seres totalmente materiales, como la piedra; vemos que existen otros seres compuestos de materia y espíritu, como el hombre; luego parece ser *(es congruente)* que existen unos seres totalmente espirituales, llamados ángeles.

Advierta V. ahora, amigo mío, que este raciocinio *congruente* constituye la Regla luliana *de Mayoridad y Minoridad,* «per quam—*son palabras del P. Pasqual*—illa concluditur pars quaestionis, quae concordat cum majoritate, et illa dimittitur quae concordat cum minoritate; v. gr. si in quaestione proposita, importat majorem bonitatem, nobilitatem et perfectionem correspondentem subjecto quaestionis pars affirmativa, quam negativa ei opposita, resolvenda est quaestio affirmative. Etiam stat haec Regula in hoc quòd, ex quo sit id quod est minus, concludatur esse potius id quod est majus. *(Vindiciae Lullianae,* tom. I, dissert. I, § II, pág. 14).

Y dicha *Regla* fúndase, según el *Arte Magna,* en una *Condición;* y esta Condición en la *Definición* de un principio, Bondad, Grandeza, Eternidad, etc. ¿Quiere V. un procedimiento más seguro y matemático? ¡Con cuánta razón el sabio Cisterciense sentó y probó aquellas palabras que tan admirados dejan á los que sólo conocen de oídas al Sistema Luliano! *Methodus Lulliana, utpote geometrica et ex universalibus ad particularia procedens, est valdè clara et minimè obscura.*

XXXV

El Ilmo. Sr. Torras y Bages en su afán, que lamentamos sobremanera, de combatir al Lulismo, aduce un texto del Angélico Doctor, sacado de la *Summa contra Gentiles,* libro II, cap. 98, que, según el Prelado de Vich, echa por el suelo la concepción luliana de una Ciencia Universal. Dice allí el Santo que, si conocemos una cosa según género solamente, nuestro conocimiento será imperfecto y casi potencial; conocer, empero, en especie es conocer con perfección y actualmente; de donde concluye el señor Obispo, que la reducción luliana de todas las ciencias á la unidad es una ilusión que desvanece Santo Tomás, ya que—añade él—la generalización científica es un conocimiento potencial, no una realidad de conocimiento actual.

«Cognoscere enim aliquid secundum genus tantum est cognoscere imperfectè et quasi in potentia, cognoscere autem in specie est cognoscere perfectè et in actu. Intellectus autem noster, quia infimum gradum tenet in substantiis intellectualibus, a Deo particulatas similitudines requirit, quòd unicuique cognoscibili proprio oportet respondere propriam similitudinem in ipso.»

Mas resulta que nosotros, leyendo las obras del Doctor Arcangélico, hemos encontrado en ellas esta misma doctrina tomista que se pretende oponer á la Ciencia Universal luliana, y, por lo tanto, la objeción cae por su base, pues supone lo que no existe.

O mucho nos equivocamos, ó al docto Prelado vicense le faltaron no pocos datos al escribir su crítica del Lulismo en el libro *La Tradició Catalana;* de haber leído suficientemente las obras del Beato (que el Prelado, en un acto de sinceridad que le honra, reconoce no haber hecho), sus juicios sobre las doctrinas lulianas hubieran coincidido con los emitidos sobre las mismas por el sabio Prelado de Orihuela, Ilmo. Sr. Maura y Gelabert, contribuyendo así no poco á fomentar el novísimo renacimiento luliano que se ha iniciado en nuestros días.

Poco nos ha de costar el probar lo que decimos. Más arriba ofrecimos un texto luliano donde se dice que *la Ciencia Universal, ó generalización científica, es imposible actualmente, y sólo es posible potencialmente,* es á saber, la Ciencia Universal luliana es posible por cuanto *ella no es sino un cierto hábito universal aplicable á las demás ciencias, en razón del cual nuestro entendimiento está en potencia para conocer todos los objetos de las demás ciencias.* De consiguiente, afirma también el Beato Raimundo Lulio—de conformidad con Santo Tomás de Aquino—que la Ciencia Universal, ó generalización científica, es un conocimiento potencial, no una realidad de conocimiento actual.

Volvamos á copiar las palabras del Filósofo mallorquín en gracia á la notabilísima autoridad de nuestro ilustre contradictor. «La ciencia puede estar de dos maneras en nuestro entendimiento: en acto y en potencia. Considerando el primer modo, diremos ser imposible que el entendimiento sepa todas las cosas en acto (no puede ser pues la Ciencia Universal una realidad de conocimiento actual). Atendiendo al conocimiento potencial, diremos que *nuestra Ciencia Universal es un cierto hábito universal aplicable á las demás ciencias,* en razón del cual nuestro entendimiento, de quien es el predicho hábito universal, conoce *en potencia* lo inteligible de todas las ciencias.

Con todo, á pesar de que en razón de aquel hábito universal, nosotros conocemos *en potencia* lo inteligible de todas las ciencias; es imposible, por parte del mismo entendimiento, que todo lo que sabe en potencia lo sepa después *en acto,* ya juntamente, ya por modo sucesivo.

Diremos, por último, atendiendo segunda vez al conocimiento potencial, que nuestra Ciencia no será general á todas las demás, habida consideración á la pequeñez y defectos del mismo entendimiento, pero será realmente una Ciencia Universal, en cuanto ella es un hábito universal que es apto para ser aplicado á todas las demás ciencias.»

«Scientia est in intellectu duobus modis: scilicet, actu, et isto modo impossibile est quòd intellectus sciat omnia; et potentia, et isto modo haec Scientia est quidam universalis habitus applicabilis caeteris scientiis, ratione cujus omnia scibilia caeterarum scientiarum sunt ad sciendum in potentia ipsius intellectus, cujus praedictus universalis habitus est.

Et hoc ratione illius habitus; licet impossibile sit, ex parte ipsius intellectus, omnia simul vel omnia successive reduci ad actum.

Et idcirco distinguitur ratione potentiae, quòd, quantum ad defectum et parvitatem ipsius intellectus, haec Ars non est omnibus generalis; sed quantum ad aptitudinem universalis habitus hujus Scientiae omnibus scientiis applicabilis, est ipsa Scientia caeteris scientiis generalis.»

En innumerables pasajes de sus libros enseña el Maestro, que, por sí sola, su Ciencia Universal no nos da el conocimiento del objeto de las ciencias particulares; que ella no aspira á ser otra cosa sino un conocimiento genérico, no específico; que lo genérico por sí solo nada dice de lo específico; que lo genérico es lo imperfecto, y lo específico es lo perfecto; que con la sola Ciencia Universal no alcanzaríamos verdad alguna de las ciencias particulares; que la Ciencia Universal es un conocimiento potencial, no actual; de manera que añade: si al solucionar la cuestión A ó B queremos prescindir de la ciencia particular á que pertenezca, y sólo pretendemos servirnos de la Ciencia Universal, inútilmente trabajaremos para ello con esta sola, si no empleamos la contracción y especificación de lo universal á lo particular, operaciones que escapan al dominio de la Universal, y pertenecen más bien á las particulares.

Así que, no siendo más la Ciencia Universal luliana que un conocimiento genérico, jamás obtendremos con ella ningún conocimiento específico, á no ser mediante la contracción y especificación referidas: por éstas, el conocimiento potencial—lo único que nos proporciona aquella Ciencia—pasa á la categoría de conocimiento actual; por éstas, el conocimiento imperfecto que recibimos de la Universal, conviértese en conocimiento perfecto; por éstas, la generalización científica de los Principios Lulianos llega á ser, en último resultado, una realidad de conocimiento actual.

¡Si precisamente ese trabajo de contracción y especificación es el que llena los gruesos volúmenes de la edición moguntina (la más completa) de las obras del Arcangélico Doctor!...

En el capítulo 42 de la *Introductoria Artis Demonstrativae*, dícenos bien claramente que, á pesar de ser imperfecto nuestro conocimiento por comenzar en lo universal, por no ser determinativo de tal ó cual cosa (1), conviene, no obstante, que formemos ó deduzcamos alguna regla universal de cuanto vemos y sepamos, y que todo lo reduzcamos á alguna cosa universal, á fin de que, de la universalidad por parte de la cosa conocida—que es un conocimiento imperfecto—lleguemos á otra universalidad (que será un conocimiento perfecto), esto es, á la universal perfección de la virtud cognoscitiva; por ejemplo—añade el Beato—dicen los teólogos, que los Angeles superiores tienen un conocimiento más universal que los inferiores.

Y como ha dicho que el conocimiento universal es un conocimiento imperfecto, entonces él mismo preséntase esta objeción: «Tendremos por tanto que el conocimiento de los Angeles superiores será más imperfecto que el de los Angeles inferiores...» Respondiendo á continuación: la universalidad del conocimiento puede considerarse de dos maneras: a) ó por parte de la cosa conocida, en cuanto se conoce la naturaleza general de una cosa y no su naturaleza especial (y entonces sí que la universalidad del conocimiento dice imperfección); b) ó por parte del mismo que conoce, en cuanto es más universal, más poderosa, más perfecta, su potencia ó virtud cognoscitiva (en cuyo caso la universalidad del conocimiento importa perfección). Quien se halle en este segundo caso—continúa diciendo el Beato Lulio—con pocos principios alcanzará á ver lo que otro, de una potencia intelectual menor, no obtendrá sino mediante muchos principios; por ejemplo, el maestro ve en un solo principio muchas conclusiones, las cuales no puede ver el discípulo, á no ser que las deduzca una por una mediante principios especiales.

«Inter caetera quae addiscentem citiùs possunt promovere, hoc maximè valet, quòd ex omni documento nitatur pervenire ad aliquod generale. Nam licet nostra cognitio incipiat in universali, et sit imperfecta, tamen ex omni scrip-

(1) Y así observamos que los pequeñuelos á todas las mujeres llaman *su madre.*

turâ et ex omni ratione, quam vides, coneris colligere aliquam universalem regulam et illud quod vides reducere ad aliquod universale, ut sic ex universalitate ex parte rei cognitae devenias ad universalem perfectionem virtutis cognoscitivae; verbi gratiâ, reperitur in scriptis, quòd Angeli superiores habeant cognitionem magis universalem, quàm inferiores. Et arguitur sic contra hoc, quia tunc cognitio superiorum esset magis imperfecta, quàm inferiorum. Et respondetur, quòd universalitas cognitionis possit dupliciter considerari, vel ex parte rei cognitae, in quantum cognoscitur natura rei generalis, et non specialis, et sic universalitas cognitionis dicit imperfectionem: alio modo consideratur universalitas cognitionis ex parte cognoscentis, quia videlicet ejus virtus cognoscitiva est fortior et perfectior, propter quod ex paucis potest tot videre, quot alius minùs perfectae virtutis ex multis; sicut magister in uno principio videt multas conclusiones, quas non videt discipulus, nisi deducatur ad singulas per specialia principia...

Ecce possui exemplum quomodo ex cognitione in speciali deveniatur ad cognitionem generalem: similiter ex omnibus coneris colligere aliquid generale, quam generalitatem firmiter retineas, aut reponas in aliquo memoriali...

Conandum est igitur ex quocunque viso vel audito venire ad generalem cognitionem, ut sic in nobis quodammodo incipiat oriri illa cognitio Beatorum, in quâ unicè cuncta patebunt.» (Vol. III ed. mogunt., pág. 36).

En todo este capítulo, intitulado por su Autor: *quòd omni studenti conandum sit venire ad universalem cognitionem,* sienta el Maestro:

1) que todo cuanto veamos y entendamos lo hemos de generalizar ó universalizar;

2) *este conocimiento universal de la cosa, y no especial, es imperfecto;*

3) de este conocimiento imperfecto hemos de pasar al conocimiento perfecto, esto es, á una perfección superior y universal de la potencia intelectiva;

4) la perfección superior y universal de la potencia intelectiva consiste en ver muchas cosas mediante pocos principios;

5) así, en cierto modo, alcanzaremos algo del conocimiento ó visión de los Bienaventurados, en el cual se ven todas las cosas á la vez.

¿Habrá necesidad de repetir ahora por centésima vez, que *este conocimiento universal de la cosa, y no especial,* calificado de *imperfecto* por nuestro Doctor, es el sólo que nos proporcionan los principios *universales* de la llamada Ciencia *Universal*?

El Arcangélico pone solamente la perfección del conocimiento:

a) en la contracción y especificación de los principios universales á lo particular que se inquiere;

b) y en la virtud superior y universal de la potencia intelectiva, por la que con pocos principios vemos muchas cosas.

Jamás en el conocimiento peculiar y propio que obtenemos mediante la Ciencia Universal.

Parécenos no ser necesario aducir más textos lulianos en confirmación de nuestra tesis, lo que por cierto nos sería harto fácil.

No vemos, en consecuencia, que sean vulnerables por ese lado las Doctrinas lulianas, á pesar de lo objetado por el autor de la *Tradició Catalana.*

Para terminar: nunca olvidemos lo afirmado anteriormente; más son las cosas *scibilia habitu ratione potentiae,* que las *scita actu:* es mayor el número de verdades comprendidas en el conocimiento potencial, que el de las contenidas en el conocimiento actual; y como quiera que la Ciencia Universal debe abarcar en cierta manera á todas las ciencias particulares, ella constituirá la esfera del conocimiento potencial y nada más, por cuya razón se la llama á renglón seguido «hábito universal aplicable á las demás ciencias, por el que el dichoso que lo posee conoce en potencia las verdades de todas las ciencias.»

¿Por qué la decimos Ciencia *Universal*?—Porque es un hábito universal aplicable á todas las demás ciencias. Y un hábito potencial universal *(habitu ratione potentiae),* aplicable á las otras ciencias, será siempre una generalización científica, jamás una realidad de conocimiento actual.

La Ciencia Universal—son palabras del mismo Arcangélico Doctor—puede estar en el entendimiento de dos maneras: en acto y en potencia; en acto, y de este modo es imposible que nuestro entendimiento lo sepa todo; en potencia, y de esotro modo la Ciencia Universal no es sino un cierto hábito universal aplicable á las demás ciencias por el que, quien lo posee, *lo sabe todo en potencia,* si bien no es posible, por parte del entendimiento, que todo lo que sabe en potencia lo sepa después en acto ni á la vez ni sucesivamente.

De donde inferimos que esta Ciencia no es Universal, atendida la limitación del humano entendimiento; *pero realmente es Universal, en cuanto es un hábito universal aplicable á todas las ciencias, y sólo por eso.*

Basta. *Quis habeat aures audiendi, audiat.*

Y cesen ya nuestros adversarios de seguir, en lo tocante á las Doctrinas lulianas, aquello de *omne ignotum pro absurdo est,* parodiando infelizmente la frase de Tácito.

XXXVI

Vamos ahora á hablar de los insignes filósofos catalanes Jaime Balmes y Antonio Comellas Cluet, no sea que algún erudito lector presente como contrarias á la Ciencia Universal luliana las doctrinas contenidas en la *Filosofía Fundamental* y en la *Introducción á la Filosofía,* obras maestras de aquellos notabilísimos talentos.

Ello nos servirá además para derramar torrentes de luz (si es que aún no lo hemos hecho bastante) sobre la naturaleza del Descenso luliano del entendimiento, tan combatido como poco estudiado. Nosotros confiamos muy mucho que cuanto más lo discutamos y más reflexionemos sobre él, más luminoso se nos ha de aparecer. ¿No tratamos de él con pleno conocimiento de causa, modestia aparte? Pues adelante: quien tal hace, nada debe temer.

Sí, efectivamente, en los capítulos V, VI, y XIV, del libro primero, dícenos el Filósofo de Vich, que, en el orden intelectual humano, ni los sentidos, ni las verdades reales, ni las verdades ideales, pueden proporcionarnos una verdad que sea el origen de todas las demás; y en el capítulo XXIV de su obra, manifiesta el Filósofo de Berga, que el amor á la verdad le obliga á confesar que el hombre, con solas sus fuerzas naturales, no alcanza ni puede alcanzar el conocimiento de una verdad de la cual derive ó nazca toda su ciencia. (Libro tercero).

¿Es esto contrario á las pretensiones de los principios lulianos, *Bondad, Grandeza, Poder, Sabiduría,* etc.? Examinémoslo detenidamente y veremos que no. Ambos pensadores combatieron la existencia de una ciencia trascendental ó universal, pero lo que ellos atacaron es una cosa muy distinta, y aun diversa, de las afirmaciones lulianas.

La impresión que recibimos al leer las obras de Balmes y de Comellas, es que nuestros pensadores no habían saludado siquiera la concepción filosófica ni tampoco los escritos del Beato Raimundo Lulio. Comellas y Cluet jamás lo cita, ni en la *Introducción á la Filosofía,* ni en la *Demostración de la armonía entre la Religión católica y la Ciencia.* Toda su erudición, abundante, escogida y de primera mano, es de la filosofía moderna, francesa, alemana é inglesa. Y ni al negar la existencia de una ciencia trascendental, se rozan sus doctrinas, poco ni mucho, con las de la Ciencia Universal del Arcangélico Doctor.

Balmes, sí, lo cita alguna que otra vez, pero del modo como algunos acostumbran á citar autores de los cuales sólo el nombre conocen de oídas. En la primera de las *Cartas á un escéptico en materia de Religión,* nos declara que se apoderó de él la idea de saber el arte de aprender. «No se afanaron tanto los antiguos químicos en pos de la piedra filosofal, ni los modernos publicistas en busca del equilibrio de los poderes, como yo andando en zaga del arte maravilloso: y Aristóteles, con sus infinitos sectarios, y *Raimundo Lulio,* y Descartes, y Malebranche, y Locke, y Condillac, y no sé cuántos menos notables, cuyos nombres no recuerdo, no bastaban á satisfacer mi ardor.» De todos estos pensadores afirma «que á quien en seguirlos se empeñase le habían de volver la cabeza.» «Estos señores directores del entendimiento humano, dije para mí, no se entienden entre sí: esto es la torre de Babel, en que cada cual habla su lengua.»

En la *Historia de la Filosofía* dice *sólo* de nuestro Polígrafo, que es «célebre por su *Ars Magna,*» y que «también se dedicó á las ciencias naturales.» (XL). Verdad es que esta es una obra elemental, pero allí donde se dedican capítulos enteros á Cicerón, á Abelardo, á Roger Bacón, á Bacón de Verulam, á Gasendo, á Hobbes, á Berkelay, á Hume, á Condillac, á Jacobi y á Cousin, bien pudiera dedicarse otro al Filósofo que fundó la Escuela más original, y que ha brillado por largos siglos en Cataluña, Castilla, Francia y Alemania. ¿De cuál de los autores citados podemos decir otro tanto?

Tampoco nos dice que Balmes conociese algo de las Doctrinas lulianas, el libro primero de la *Filosofía Fundamental,* casi todo dedicado á probar que no existe la ciencia trascendental en el orden intelectual humano; y por cierto que la ocasión era propicia, pues la mitad del grande *opus lullianum* no trata sino de la exposición de aquella ciencia trascendental y de su aplicación á las ciencias particulares.

El Filósofo de Vich combate brioso á los que hacen dimanar de los sentidos la llamada ciencia trascendental; á los que dicen ser suficientes para ello las verdades reales; á los que creen hallar el primer principio en el orden ideal; sienta la esterilidad de la filosofía del *yo* para producir la ciencia trascendental; reduce á polvo las sofismas de los que para dar unidad á la ciencia apelan á la identidad universal. Una vez hecho esto, dice que «queda demostrado que la ciencia trascendental propiamente dicha, es para nosotros una quimera.» (Cap. XV).

Mas como «el primer principio de los conocimientos—*son también palabras suyas*—puede entenderse de dos maneras: ó en cuanto significa una verdad única de la cual nazcan todas las demás, ó *en cuanto expresa una verdad cuya suposición sea necesaria, si no se quiere que desaparez-*

can todas las otras;» después de habernos probado que no existe aquella verdad única de la cual nazcan todas las demás, ó sea, que no es posible la Ciencia Universal, pasa á inquirir si existe un punto de apoyo para la ciencia y para todo conocimiento, sea ó no científico, ó sea, busca la verdad cuya suposición es necesaria, si no se quiere que desaparezcan todas las otras, cuestión esa que, como se ve, guarda relaciones íntimas y necesarias con la precedente, si ya no es ella misma examinada bajo un segundo punto de vista.

Pero el menos observador no dejará de ver, leyendo todo eso de Balmes, que este filósofo, así en la primera cuestión (la ciencia trascendental), como en la segunda (el criterio de verdad), se refiere únicamente á la filosofía moderna; si niega que exista la ciencia trascendental en el orden intelectual humano, es porque á su razón le repugna la doctrina de Condillac, según la que dimana de una sensación todo el caudal de los conocimientos humanos; si califica de quimera á la Ciencia Universal, mientras nos hallemos en esta vida, es por ser impotente para producirla el principio de Descartes: *yo pienso, luego soy;* por no ser posible fundar la ciencia sobre el simple yo subjectivo, según Fichte lo pretendía; por ser un absurdo la identidad universal que Schelling excogitara; porque tampoco el sistema de las *Mónadas* de Leibniz se basta á fundar la ciencia trascendental...

En lo tocante al criterio de verdad, vuelve á examinar el principio de Descartes; analiza y despliega á nuestros ojos las magnificencias del principio de contradicción, sin olvidarse de señalar los puntos flacos del filósofo de Koenigsberg; rechaza las fórmulas del principio de la evidencia, de los cartesianos y kantianos; ocúpase del criterio de Vico, del criterio del sentido común de los escoceses, y finalmente del error de La-Mennais sobre el consentimiento universal.

¿Qué es todo esto sino dilucidar la cuestión tomando por punto de partida *únicamente* las lucubraciones de la moderna filosofía? Y ni en el desarrollo, amplio, eso sí, que á la cuestión le da el filósofo ausetano, no vemos en parte alguna nada de lo que dijo sobre ello la ciencia luliana, ni allá en la Edad media, ni en los siglos posteriores por boca de españoles, franceses y alemanes. ¡Cuántos torrentes de luz hubiera derramado sobre la Ciencia Universal el talento clarísimo de Balmes, si hubiera leído las obras de esos autores, y en especial las del Maestro de todos, el Beato Raimundo Lulio! Porque es de creer que no las leyó, pues no es de suponer que, de haberla conocido, no dijese una palabra de la grandiosa concepción de la Ciencia Universal luliana; de aquel «pensamiento grandioso, digno de ocupar un puesto preeminente en la Historia de la Filosofía,» según expresión del Balmes de los tiempos actuales, el Ilmo. Sr. Maura. «¡Pensamiento sublime, repito—añade el Prelado de Orihuela—que por sí solo nos da la medida del profundo ingenio de su Autor!» *(Revista Luliana,* n.º 2.—Noviembre de 1901). Si Balmes hubiese conocido las obras de los catalanes Jaime Janer, Pedro Deguí y Antonio Raimundo Pascual; las de los castellanos Pedro de Guevara, Jerónimo Sánchez de Lizarazo y Sebastián Izquierdo; las de los franceses Bernardo de Lavinheta, Ibo de París, capuchino, y Pedro Bodovino, señor de Montarsis; las de los alemanes Atanasio Kircher, Ibo Salzinger y Sebastián Krenzer; todos discípulos del Doctor Arcangélico, todos expositores y comentadores de la Ciencia Universal luliana; si Balmes hubiese conocido la Escuela luliana, como conocía las doctrinas de Fichte, Schelling y Hegel, habría, sí, rechazado, como lo hizo, la ciencia trascendental de la filosofía heterodoxa, puesto que en uno ú otro sentido se basa al fin en la absurda y monstruosa identidad de todos los seres, pero habría abrazado seguramente con amor y entusiasmo la Ciencia Universal del Beato Raimundo Lulio, basada, no en la identidad universal, sino «en el estudio analítico de nuestras ideas, comparándolas, combinándolas, inquiriendo su naturaleza y relaciones necesarias, dándoles la mayor amplitud y universalidad posibles, á fin de reducirlas á formas sencillas y fecundas, fácilmente aplicables á todos los conocimientos humanos;» que este es el pensamiento con sobrada razón calificado de grandioso y sublime por el Sr. Maura, «digno de ocupar un puesto preeminente en la Historia de la Filosofía» y «que por sí solo nos da la medida del profundo ingenio de su Autor!» (Nota A).

Pero basta, y entremos en seguida á probar como las censuras de Balmes contra la existencia de una ciencia trascendental en el orden intelectual humano, nada tienen que ver con la Ciencia Universal preconizada por el Genio de Cataluña.

a) ¿Qué entiende Balmes por «ciencia trascendental?» *La identidad científica, universal, ciencia única, la idea única, que las encierra, ahoga y mata á todas; en que todo se ve sin necesidad de combinar, sin esfuerzo de ninguna clase.* Léanse sino sus palabras: «¡Quién nos diera ver la identidad de origen, la unidad del fin, la sencillez de los caminos! Entonces poseeríamos la verdadera ciencia trascendental, la ciencia única que las encierra todas; ó mejor diremos, la idea única en que todo se pinta tal como es, en que todo se ve sin necesidad de combinar, sin esfuerzo de ninguna clase, como en un clarísimo espejo se retrata un magnífico paisaje, con su tamaño, figura y colores.» (Lib. I, cap. IV).

Nada más lejos de esto que el Descenso luliano del entendimiento, ó Ciencia Universal.

En primer lugar nuestro Maestro no proclama la *identidad científica universal,* que la ciencia sea única, sino todo lo contrario, como se ha visto en el texto ya citado... *quia sic sequeretur quòd omnes scientiae essent una scientia, quod falsum est:* porque entonces seguiríase que todas las ciencias formarían una sola y única ciencia, lo que es falso.

Además, la Ciencia Universal luliana no *encierra* á todas las demás ciencias, sino que solamente es *aplicable* á todas las ciencias particulares. Lo primero (el *encerrar)* supone la muerte de las ciencias particulares; lo segundo (el *ser aplicable)* supone, por el contrario, y consagra de un modo solemne, la existencia de dichas ciencias. Que nuestra Ciencia Universal no ahogue ó mate las ciencias particulares, lo hemos declarado ya y probado suficientemente en páginas anteriores, por lo que huelga todo género de repetición.

Tampoco enseña el Beato que veamos los conocimientos

científicos en su Ciencia Universal *sin necesidad de combinar, sin esfuerzo de ninguna clase,* antes muy al revés dice y repite hasta la saciedad que, dada la pequeñez y defectos de nuestro entendimiento, no es posible en esta vida ver toda la ciencia en un solo principio, por ejemplo, en el principio *Bondad;* no, mientras nos hallemos en la presente vida, inútilmente pretenderemos leer todos los conocimientos en esta verdad inconcusa, infalible y eterna: *Bondad es aquella razón por la que lo bueno obra lo bueno.* En el Cielo sí que lo veremos; ahora no. Ahora tenemos *absoluta necesidad* de Principios, Condiciones y Reglas; y de muchos principios, muchas condiciones, muchas reglas. Y urge después combinar principios con principios, condiciones con condiciones, reglas con reglas; y como las condiciones nacen de los principios, y las reglas nacen de las condiciones, es necesario por último combinar principios con condiciones, condiciones con reglas, y aun reglas con principios. ¿Quién dirá que para ello no se requiera un esfuerzo intenso é incesante?

Tan lejos está el Beato Lulio de buscar la identidad científica universal, de pretender que la ciencia sea única, de querer encerrar todas las ciencias particulares en la suya, llamada Universal, que le vemos afirmar con palabras terminantes y definitivas, que los principios de la Ciencia Universal—*Bondad, Grandeza, Poder, Eternidad,* etc.—no son ideas innatas, sino que reconocen su origen en los sentidos corporales; que el Descenso del entendimiento, ó Ciencia Universal, no es posible en manera alguna sin antes practicar el Ascenso; que el Ascenso del entendimiento engendra verdadera ciencia sin el Descenso, pero que el Descenso es inútil para la ciencia sin el Ascenso; que el Descenso tiene sólo un carácter subsidiario respecto al Ascenso; que la Ciencia Universal confirma sólo y corrobora las deducciones de las ciencias particulares, y las embellece y perfecciona, si se quiere, pero nada más; que la Universal no es que encierre, ahogue ó mate á las particulares, sino que solamente es aplicable á ellas, y por tanto éstas deben existir por necesidad; que la Ciencia Universal es necesaria, eso sí, mas sólo para confirmar y perfeccionar las ciencias particulares, no para sustituirlas; en una palabra, que el ideal de la Filosofía es ascender y descender en la escala del conocimiento, ya que tan legítimas, naturales y necesarias son las leyes del Ascenso del entendimiento como las del Descenso del mismo.

b) Con muy buen acuerdo, el Filósofo de Vich, al dilucidar la cuestión de la ciencia trascendental, al inquirir si existe un primer principio de los conocimientos humanos, señala las dos acepciones en que puede tomarse «el primer principio.» Dice: «el primer principio de los conocimientos puede entenderse de dos maneras: ó en cuanto significa una verdad única de la cual nazcan todas las demás; ó en cuanto expresa una verdad cuya suposición sea necesaria, si no se quiere que desaparezcan todas las otras. En el primer sentido se busca un manantial del cual nazcan todas las aguas que riegan una campiña; en el segundo, se pide un punto de apoyo para afianzar sobre él un gran peso.» (Cap. IV).

Tratemos separadamente de las dos acepciones.

Pregunta Balmes: «¿Existe una verdad de la cual dimanen todas las otras?» Responde: «En el orden intelectual humano, no.»

Lo mismo enseña el Beato Raimundo Lulio, ya que los principios *Bondad, Grandeza, Eternidad, Poder, Sabiduría*, etc., las *Condiciones* nacidas de estos principios, y las *Reglas* nacidas de las condiciones, no son el origen de las ideas ó conocimientos humanos; no son la verdad (ni siquiera las verdades) de la cual dimanen todas las otras; no son el manantial del cual nazcan todas las aguas que riegan la campiña de la ciencia; sino que dichos Principios, Condiciones y Reglas son el *modelo* de todas las otras ideas, el *molde* de los conocimientos humanos, el *punto de apoyo* de toda la ciencia del hombre: una idea cualquiera, en tanto será verdadera, en cuanto sea retrato fiel de algún principio, condición ó regla; un conocimiento humano, en tanto podremos abrazarlo sin temor de errar, en cuanto las proposiciones que lo integren se amolden perfectamente al sujeto, cópula, predicado y demás circunstancias de alguna regla, condición ó definición de algún principio; toda la ciencia, en fin, del hombre merecerá el asenso de una razón despierta y sana, si tiene su fundamento en aquellos principios, condiciones y reglas, si en ellas descansa y se cimienta.

De consiguiente, la Ciencia Universal luliana hay que defenderla ó combatirla en la segunda acepción en que puede tomarse el «primer principio,» ó lo que es lo mismo, en la Escuela luliana tómanse los Principios, las Condiciones y las Reglas en cuanto expresan unas verdades «cuya suposición es necesaria, si no se quiere que desaparezcan todas las otras.»

Hecha la distinción de las dos maneras con que puede considerarse el primer principio, y limitándose al estudio de la primera manera, procede Balmes á declarar y probar hasta la evidencia, 1.° que la ciencia trascendental no puede dimanar de los sentidos; 2.° que tampoco puede dimanar de las verdades reales; 3.° ni de las verdades ideales; 4.° ni de la filosofía del *yo;* 5.° ni de la identidad universal; 6.° ni de las mónadas de Leibniz.

Nosotros podríamos abstenernos de examinar la doctrina balmesiana relativa á estos seis puntos para ver si en ellos combate el Filósofo de Vich la Ciencia Universal del Doctor Arcangélico, pues decimos que los Principios lulianos no son el origen de las ideas ó conocimientos humanos, sino el modelo, el molde, el punto de apoyo de los mismos; esto es, el Beato Lulio admite sólo la Ciencia Universal en el segundo sentido en que puede entenderse el primer principio, mientras que Balmes combate aquí la posibilidad de la Ciencia Universal únicamente bajo el primero de aquellos dos sentidos. Empero, á mayor abundamiento, y para demostrar que no nos duelen prendas, que no rehuimos el examen íntimo y profundo de las doctrinas que profesamos; y además porque ello ha de ayudarnos á poner de manifiesto, no ya los caracteres y naturaleza, sino hasta los pliegues más recónditos, las entrañas más íntimas y delicadas de la concepción luliana, algo diremos de las materias examinadas por el talento de Balmes.

c) En el capítulo quinto mencionado, enseña Balmes

«que no se encuentra una sensación origen de la certeza de las otras; que aun cuando existiese esta sensación, no bastaría á fundar nada en el orden intelectual, pues con las solas sensaciones no es posible ni aun pensar; que las sensaciones lejos de poder ser la base de la ciencia trascendental, no sirven por sí solas para establecer ninguna ciencia; pues de ellas, por ser hechas contingentes, no pueden dimanar las verdades necesarias.» (Núm. 63).

En todo este capítulo falta un poco de claridad, por no haber bien explícita en él la distinción fundamental entre las verdades contingentes y las necesarias. El Filósofo debíase preguntar: ¿pueden dimanar de las sensaciones las verdades contingentes y particulares? Y probar en seguida que no. Acto seguido: ¿dimanarán acaso las verdades necesarias y universales? Y probar asimismo que no. No lo hace, sino que lo razona todo *per modum unius*. Empero su mente es clara: no existe sensación alguna de la que nazcan, ni las verdades contingentes, ni las verdades necesarias. El Beato Lulio pone bien patente aquella distinción en el capítulo 38, ya citado, de la *Introductoria Artis Demonstrativae,* y en otros cien lugares; y, conforme á ella, va preguntando y solucionando la cuestión.

Vengamos ahora al caso: ¿busca el Beato Lulio en las sensaciones la ciencia trascendental ó universal? Prescindiendo, como ya dijimos, de que nuestro Maestro no busca en parte alguna el *origen* de la Ciencia Universal, sino exclusivamente su *punto de apoyo,* y de que en esas páginas de la *Filosofía Fundamental* Balmes inquiere, por el contrario, si existe una sensación primitiva que sea la *fuente ú origen* de los conocimientos humanos; debemos responder que nada más lejos del *Arte Magna,* que buscar en las sensaciones la ciencia trascendental ó universal. En efecto, los principios de la Ciencia Universal luliana—Bondad, Grandeza, Poder, Eternidad, etc.—son ideas, no sensaciones. Lo mismo hay que decir de las Condiciones y Reglas, pues las Condiciones nacen de los Principios, y las Reglas nacen de las Condiciones, como es sabido. Y no tiene más ramas que las tres mencionadas el árbol del Descenso luliano del entendimiento ó Ciencia Universal.

Otra pregunta. Como Balmes investiga si es posible que una sensación primitiva sea la fuente de las verdades contingentes, defendiendo la negativa, procede interrogar: ¿busca el Doctor Arcangélico en los Principios de su Ciencia Universal el conocimiento de las verdades contingentes y particulares? Respondemos negativamente. «En orden á los contingentes y singulares—escribe el reverendísimo Abad del Císter—no puede haber ciencia especulativa de su existencia, y así no vale para ellos el discurso formado de los Principios universales del Arte, sino sólo la experiencia; para cuya exactitud previene el Arte el método de ejecutarse, prescribiendo qué potencias y cómo se han de aplicar al experimento, según apunté en la disertación tercera de este Tomo.» (*Examen de la Crisis*... tomo II, pág. 317).

Las otras dos afirmaciones del Filósofo de Vich, que ni la sensación primitiva, si existiese, fundaría nada en el orden intelectual, y que las sensaciones no pueden ser la base de ciencia alguna, ni particular, ni universal, concuerdan admirablemente con la doctrina luliana, pues en ningún Sistema, como en el del *Arte Magna*, vése tan clara, y aun de relieve, la divisoria que separa el campo de las verdades necesarias y universales del de las contingentes y particulares; jamás en parte alguna vióse más explícita la división entre el orden intelectual y el empírico ó sensacional. Las sensaciones no pueden en manera alguna transformarse en ideas; la operación intelectual es toda espiritual, toda anímica; el ascenso del entendimiento no es el descenso; el descenso no cabe jamás confundirlo con el ascenso; el ascenso es independiente del descenso; éste, verdad es que depende de aquél, pero nada nos dice de lo material, transitorio, particular y contingente que con él obtenemos: la esfera del descenso luliano del entendimiento se limita á lo inmaterial, á lo eterno, á lo universal, á lo necesario. Aquí, las palabras de Menéndez y Pelayo: en el Sistema Científico luliano *todo es uno y diferente*. Los textos que pudiéramos aducir los hallamos á cada paso en las obras del Maestro y Doctor.

Por tanto, el filósofo Jaime Balmes, al demostrar que la

ciencia trascendental ó universal no puede dimanar de los sentidos, que no existe una sensación origen de la certeza de las demás,—cuestión dilucidada en el capítulo V, libro 1.° de la *Filosofía Fundamental*—no combate poco ni mucho la concepción de la Ciencia Universal luliana, sino que al revés enseña lo mismo que el Arcangélico Doctor.

d) Abramos el capítulo VI. Tesis balmesiana: «Vamos ahora á probar que en el orden intelectual humano, tal como es en esta vida, no existe ningún principio que sea fuente de todas las verdades; porque no hay ninguna verdad que las encierre todas.»

Preliminares: «Las verdades son de dos clases: reales ó ideales. Llamo verdades reales á los hechos ó lo que existe; llamo ideales al enlace necesario de las ideas.»

Ejemplos: «*Yo soy,* esto es, *yo existo,* expresa una verdad real, un hecho. *Lo que piensa existe;* expresa una verdad ideal, pues no se afirma que haya quien piense ni quien exista, sino que si hay quien piensa, existe.»

En el desarrollo de la tesis evidencía (en este capítulo VI) que no hay ninguna verdad real finita, ó sea, ningún hecho finito, de la que nazcan *todos* los conocimientos humanos, las verdades así *contingentes* como necesarias. (Guardando para el capítulo XIV el probar que tampoco pueden originarse todas las verdades, del orden ideal).

Y bien, ¿es contrario esto á las enseñanzas lulianas? Veámoslo.

¿Acaso dice Lulio, que sus Principios sean la fuente ú origen de donde nazcan los humanos conocimientos? No; son el *punto de apoyo* de la ciencia del hombre, y sólo esto.

¿Pretende el *Ars Magna,* que en los Principios universales hallemos el punto de apoyo de las verdades *contingentes?* Tampoco: dicho queda y no hay porque repetirlo.

Por fin, los Principios lulianos, ¿son verdades reales finitas? ¿son hechos finitos? Son verdades reales infinitas, ó, si se quiere, son una verdad real infinita.

—Pues entonces en ese capítulo VI tampoco combate Balmes la concepción luliana de una Ciencia Universal.

—Conformes.

La última negativa requiere alguna explicación.

Sí, en efecto, los Principios lulianos son verdades reales infinitas. Cuando yo digo, por ejemplo, *la bondad es aquella razón por la que lo bueno obra lo bueno,* afirmo dos cosas: no solamente la relación, necesaria en absoluto, entre el sujeto y el predicado, sino también afirmo la existencia de un hecho: afirmo que existe la *Bondad,* afirmo que existe *aquella razón por la que lo bueno obra lo bueno.* Por tanto, los Principios lulianos son verdades reales.

Pero añado que dichos Principios son la expresión de verdades reales *infinitas,* porque señalan un hecho infinito; pues aquella *Bondad* es Dios mismo, *aquella razón por la que lo bueno obra lo bueno* es igualmente el Creador de todas las cosas. Luego los Principios de la Ciencia Universal luliana son verdades reales infinitas, ó, si se quiere, una verdad real infinita.

Lo propio decimos de la definición de Grandeza: *la grandeza es aquella razón por la que la bondad, eternidad y demás principios son grandes.* Aquí también expresamos dos cosas: una relación absolutamente necesaria entre la idea de *grandeza* y la idea de *razón que hace grandes todas las cosas;* y en segundo lugar, el hecho de existir aquella *Grandeza.* Mas ¿puede dejar de ser Dios la razón que hace grandes todas las cosas? De consiguiente expresa un hecho infinito, es una verdad real infinita.

Examínense los demás principios, y el menos observador no dejará de ver que nuestras afirmaciones son verdaderas y exactísimas. *La Eternidad es aquella razón por la que la bondad, grandeza y demás principios duran ó permanecen en ser.—El Poder es aquella razón por la que la bondad, grandeza y demás principios pueden ser y obrar.* Y así de los demás.

Lo que afirmamos de los Principios debe igualmente afirmarse de las Condiciones y de las Reglas, pues unas y otras no son sino el desarrollo legítimo y natural de los Principios.

De consiguiente los Principios lulianos son verdades reales infinitas.

Muy otra cosa serían, si sus Definiciones expresaran la existencia de un hecho finito; entonces, sí, serían verdades reales finitas. Mas todo hecho finito es particular y contingente; de donde seguiríase que las Definiciones de los Principios lulianos serían particulares y contingentes, y no universales y necesarias, como lo son en realidad y necesariamente, según arriba dejamos probado.

Prosigamos.

Los Principios lulianos no se toman por verdades finitas, sino por verdades infinitas. Las definiciones de tales principios constan de sujeto, cópula y predicado; la cópula es el verbo *ser:* este *ser* ¿expresa un ente finito ó se refiere al Ser infinito? Se refiere á Dios, Ser infinito por esencia. Lo propio decimos del sujeto y del predicado: la *Bondad, Grandeza, Eternidad, Poder, Sabiduría,* etc., son Dios mismo; aquella *razón que hace buenas, grandes, durables, poderosas, sabias á todas las cosas,* es también el Ser increado, Dios.

Los principios Bondad, Grandeza, Eternidad, Poder, Sabiduría, Gloria, etc., se toman por los atributos de la Divinidad, y en Dios el atributo se identifica con la esencia. Dice el Rmo. P. Pasqual: «Los Principios lulianos *primariamente* significan y se toman por las perfecciones ó atributos de Dios, y secundariamente por las proporcionadas perfecciones que, como manifestaré, se hallan en cualquier criatura.» Los Principios lulianos se hallan en Dios, «porque siendo un Ser tan bueno, perfecto y noble—prosigue el mismo Autor—que no puede concebirse otro mejor, es necesario que le convenga todo lo que es bueno y tiene perfección, la que dicen todos aquellos Principios, como lo advertirá el que lo reflexione.»

La definición de un Principio luliano no es puramente la expresión de un hecho particular, contingente, sino la de un hecho universal y necesario. La definición de *Bondad,* por ejemplo: *bondad es la razón por la que lo bueno obra lo bueno,* aunque de alguna manera tenga lugar en la criatura, en un hecho particular y contingente, no se toma primariamente como á principio de la Ciencia Universal por esta razón, sino que se toma primariamente porque así pasa en Dios, en donde pasa de una manera necesaria, en consecuencia, y también universal, tanto por verificarse en los demás atributos de la Divinidad, que son innumerables é infinitos, como por verificarse también, aunque proporcionadamente, en todas las criaturas. Y porque pasa proporcionadamente en todas las criaturas, tomámoslo asimismo como principio del Arte, si bien *en segundo lugar,* según de lo dicho se desprende. Tal es la doctrina del Beato Raimundo y la de todos sus discípulos. En defensa de la cual podemos decir con Santo Tomás de Aquino: *Bonitatem autem creaturae non assequuntur sicut in Deo est, licet divinam bonitatem unaquaeque res imitetur secundùm suum motum.* (Contra Gentes; libro III, cap. XX).

En ninguna parte hemos visto tan hermosamente explicada, como en Santo Tomás, la diferencia que hay entre la *bondad* en Dios y la *bondad* en la criatura.

«*Quomodo res divinam bonitatem imitentur.*—Assimilari ad Deum est ultimus omnium finis. Id autem quod proprie habet rationem finis est bonum. Tendunt igitur res in hoc quod assimilentur Deo proprie in quantum est bonus...

Divina bonitas simplex est, quasi tota in uno consistens: ipsum enim divinum esse omnem plenitudinem perfectionis obtinet. Unde, quum unumquodque in tantum sit bonum in quantum est perfectum, ipsum divinum esse est ejus perfecta bonitas; idem enim est Deo esse, vivere, sapientem esse, beatum esse, et quidquid aliud ad perfectionem et bonitatem videtur pertinere, quasi tota divina bonitas sit ipsum divinum esse.

Rursum, quia ipsum divinum esse est ipsius Dei existentis substantia. In aliis autem rebus hoc accidere non potest: ostensum es enim quod nulla substantia creata est ipsum suum esse; unde, si secundum quod res quaelibet bona est, non est earum aliqua suum esse, nulla earum est sua bonitas; sed earum qualibet bonitatis participatione bona est, sicut et ipsius participatione est ens.

Rursus, non omnes creaturae in uno gradu bonitatis constituuntur. Nam quarumdam substantia forma et actus est, scilicet cui secundum id quod est, competit esse actu et bonum esse. Quarumdam vero substantia ex materia et forma composita est, cui competit actu esse et bonum esse, sed secundum aliquid sui, scilicet secundum formam. Divina igitur substantia sua bonitas est; substantia vero simplex bonitatem participat secundum id quod est; substantia autem composita, secundum aliquid sui... Est autem et alio modo creaturae bonitas a bonitate divina deficiens. Nam, sicut dictum est, Deus in ipso suo esse summam perfectionem obtinet bonitatis; res autem creata suam perfectionem non possidet in uno, sed in multis. Quod enim est in supremo unitum, multiplex in infimis invenitur; unde Deus secundum idem dicitur esse virtuosus, sapiens et operans; creaturae vero, secundum diversa; tantoque perfecta bonitas alicujus creaturae majorem multiplicitatem requirit quanto magis a prima bonitate distans invenitur; si vero perfectam bonitatem non possit attingere, imperfectam retinebit in paucis. (*Contra Gentes;* lugar citado). Léase todo el capítulo.

Las definiciones de los Principios lulianos no son la expresión de ideas particulares y contingentes, sino de ideas universales y necesarias; no son la expresión del concepto que nos formamos de un ser finito, sino la expresión del concepto que nos formamos del Ser infinito: de donde, en cierto modo, las podemos llamar ideas infinitas.

Cuando una proposición expresa un hecho particular y contingente, decimos que dicha proposición es una verdad real finita; por ejemplo, al decir *yo soy*. Lo cual pertenece al orden de las existencias finitas.

Cuando una proposición no expresa un hecho particular y contingente, sino la relación necesaria entre dos cosas particulares y contingentes, prescindiendo si éstas existen ó no, decimos que dicha proposición es una verdad ideal finita; por ejemplo, al decir *el ser pensante es un ser existente* (lo que piensa existe). Y esto pertenece al mundo de la posibilidad, y de consiguiente al orden finito, porque todo ser posible es por esencia finito. Hasta aquí es doctrina de Balmes, algún tanto completada para mayor claridad.

Pero Balmes olvidóse de señalar una tercera clase de proposiciones, las que podríamos llamar *verdades reales in-*

finitas, ya que sólo clasifica las verdades reales finitas. Véase, sino, en el capítulo de referencia, lo que él entiende por verdad real. «Llamo verdades reales—dice—á los hechos, ó lo que existe... Una verdad real puede expresarse por el verbo *ser* tomado substantivamente, ó al menos supone una proposición en que el verbo se haya tomado en este sentido... *Yo soy,* esto es, *yo existo,* expresa una verdad real, un hecho... A las verdades reales corresponde el mundo real, el mundo de las existencias... El verbo *ser* se toma á veces copulativamente, sin que la relación que por él se expresa sea necesaria; así sucede en todas las proposiciones contingentes, ó cuando el predicado no pertenece á la esencia del sujeto. A veces la necesidad es condicional, es decir, que supone un hecho; y en tal caso tampoco hay necesidad absoluta, pues el hecho supuesto es siempre contingente... Comprendo entre las (verdades) reales á todas las que suponen una proposición en que se haya establecido un hecho. A esta clase pertenecen las de las ciencias naturales, por suponer todas algún hecho objeto de observación.» Nada más escribe sobre las verdades reales.

Ahora bien, el menos avisado no dejará de ver que ahí explica sólo Balmes y clasifica las verdades reales finitas. Y de conformidad con ello prosigue inmediatamente después de las palabras citadas por nosotros: «Ninguna verdad real finita puede ser origen de todas las demás. La verdad de esta clase es la expresión de un hecho particular contingente; y por lo mismo no puede encerrar en sí ni las demás verdades reales, ó sea el mundo de las existencias, ni tampoco las verdades ideales que sólo se refieren á las relaciones necesarias en el mundo de la posibilidad.» Pero ¿examina Balmes quizás el problema de la Ciencia Universal, atendiendo á las verdades reales infinitas? No; esto no lo hace.

De consiguiente es verdad lo que decimos: el Filósofo de Vich dejó de clasificar y explicar las verdades reales infinitas al dilucidar la cuestión de la ciencia trascendental; y como los Principios lulianos *(bondad es aquella razón por la que lo bueno obra lo bueno,* y así de la definición de los demás principios) pertenecen á las verdades que á Balmes se le olvidaron, resulta que los ataques de la *Filosofía Fundamental* á la posibilidad de una ciencia trascendental (si bien justísimos atendido lo que Balmes entendía por ciencia trascendental, y desde el punto de vista en que el Filósofo se colocaba) no se dirigen poco ni mucho contra la Ciencia Universal del Beato Raimundo Lulio.

NOTA A. (Pág. 195)

No será ocioso dar aquí algunas noticias de los autores citados y de sus obras, pues no tenemos una Historia del Lulismo, buena ni mala. Quiera Dios asistirnos con su gracia y beneficios temporales, y no tardaremos mucho sin que demos comienzo á una obra tan necesaria.

P. Jaime Janer, monje del Císter.

«No le toca el menor lugar entre los célebres lulistas al P. M. D. Jaime Janer, monje de mi Sagrada Religión Cisterciense, en el Monasterio de *Santes Creus* de Cataluña, como lo declara su *Arte Metafisical,* que estampó en Valencia, año de 1506, cuya impresión, para mayor lustre del autor, padeció alguna adversidad, oponiéndose algunos á su edición. Pero logró una célebre Aprobación, que le vindicó de toda calumnia, dada por dos insignes personages, Vicarios Generales del señor Arzobispo de Valencia, ambos catedráticos en aquella Universidad, y uno de ellos Rector de la misma, juntamente con otros dos doctores catedráticos.

En este libro casi perpetuamente usa el P. M. Janer de la práctica del Arte de Lulio; y es muy de sentir falten, ó no se tenga noticia de otros dos libros suyos que cita, y á los que siempre se refiere como Tratados en que más extensamente explicó muchas utilísimas materias que en este Libro toca de paso, y son un *Comentario sobre el Arte de Lulio* y una *Metafísica Mayor*.

A más del citado Libro he visto otro titulado *Ordo su-*

perioris et inferioris, en que explica la ordenación natural desde el ente hasta los individuos, en cuya declaración se detuvieron todos los lulistas, para manifestar como el entendimiento en el Arte de Lulio ha de bajar, por medio de la contracción, desde los Universales Principios hasta los individuos, así como lo practica la naturaleza.» *(Pasqual:* Examen de la Crisis... tomo I, pág. 129).

Da larga noticia del contenido filosófico de la obra *Ars Metaphysicalis* el docto Salzinger en el primer volúmen de la Edición Moguntina; y nosotros hemos leído esta obra, tan notable y preciosa, en la Biblioteca Provincial de Barcelona.

El Rdo. Pedro Deguí.

«Uno de los célebres lulistas fué el Dr. Pedro Deguí, catalán, de la villa de Montblanch, quien por su gran sabiduría fué llamado á Mallorca por la noble Sra. D.ª Inés Quint, para leer la Cátedra Luliana que fundó año 1481...

Al paso que fué tan favorecido de los lulistas y aficionados al Beato Raimundo, fué muy perseguido de sus contrarios, quienes le suponían defensor de doctrinas erróneas; y sabiendo Deguí que su principal antagonista, no pudiendo lograr su depravado fin en España, había partido á Roma para acusarle, la natural obligación de defenderse de esta calumnia le precisó pasar á aquella Corte, en donde logró Aprobación muy honrosa de un Libro suyo, dada por los Censores destinados por el Sumo Pontífice Sixto IV, los cuales fueron Antonio, obispo fanense (Fanensis); Noyano, obispo xephalense (Xephalensis); Fernando de Córdoba, subdiácono de Su Santidad; Juan, abad de San Bernardo, de Valencia; Jaime Conill y Guillermo Bodonit.

Don Antonio Nicolás, en su *Biblioteca,* hablando de Pedro Deguí como de autor español, y de esta célebre Aprobación de su Libro, advierte que Fernando de Córdoba, que la firma, es aquel singular ingenio español de este nombre y apellido, de quien hace honorífica mención en sus Bibliotecas antigua y nueva, y es el mismo cuyo portentoso ingenio celebra el Rdmo. Feyjóo.

Después de la muerte de Sixto IV, pensando el adversario del Dr. Deguí lograr en Roma mayor fortuna, volvió á aquella Corte, y obligó esta novedad á que repitiese el mismo viaje el expresado Deguí; y alcanzando confirmación de la Aprobación referida, estampó su libro *Janua Artis Magistri Raymundi Lulli* con élla en Roma año 1485...

Pasó después el Dr. Deguí á Sevilla, donde residían los Católicos Reyes D. Fernando y D.ª Isabel, quienes le honraron haciéndole su Capellán; y su adversario, que era cierto Religioso Inquisidor de Mallorca, fué depuesto de su empleo con Breve del Papa del año 1486, ejecutado por el Inquisidor General D. Fr. Tomás de Torquemada.» (Obra y lugar citados).

La obra *Janua Artis...* compúsola en Barcelona el año de 1473, y aquí mismo la estampó en 1482; tenemos después de la misma la edición referida de Roma, año 1485, con la Aprobación de los Diputados por Su Santidad, y una tercera edición, hecha ahora en Sevilla el año 1500.

Escribió además el tratado *De Differentia*, estando en Jaén el año 1500; y antes había escrito ya estando en Mallorca, en el Monte Randa, el año 1485, su libro *De Metaphysica*, ó de las Formalidades, impresos los dos juntamente en Sevilla el año 1500.

El estudioso lector hallará noticias sobre los escritos de Deguí leyendo á Salzinger en el tomo I de la referida Edición Moguntina.

Nuestro biografiado fué además Inquisidor General de la herética pravidad en todas las naciones de España.

Antonio Raimundo Pasqual, abad del Císter.

Después de lo mucho que transcribimos en estas páginas, de las obras del P. Pasqual, parece excusado decir una palabra más sobre la importancia de este discípulo de nuestro Beato, el más notable y el más profundo de la Escuela. Representa él en las Doctrinas lulianas lo que el cardenal Cayetano, Juan de Santo Tomás y el moderno Mercier representan en las aulas del Angélico Doctor. En el estudio de sus obras todos se ven obligados á decir (hasta los más adversarios del Lulismo) lo que dijo el P. Feyjóo á la simple lectura de las mismas: *Si esto es el Lulismo, yo soy lulista.* A lo que respondió nuestro Sabio, glosando las palabras de Bossuet en su polémica con los protestantes: *Lo menos que se puede conceder á un Profesor Lulista, es saber en qué consiste la Doctrina que profesa.*

Sus libros pueden decirse innumerables, pudiéndose afirmar que la fecundidad de este ingenio es sólo comparable á la de su Maestro. Nosotros vamos á fijarnos solamente en los que son comentario ó crítica del Sistema Científico Luliano.

I.—*Examen de la Crisis de el... P. Feyjóo sobre el Arte Luliana, en que se manifiesta... la utilidad de su Arte y Ciencia General.* Dos tomos, impresos en Madrid, los años de 1749 y 1750 respectivamente.

II.—*Vindiciae Lullianae;* en latín, cuatro tomos en fóleo, salidos de Aviñón (Francia), en 1778.

III.—Los siguientes tratados teológicos *ad mentem Beati Raymundi Lulli, Doctoris Archangelici et Martyris:*

a) *De Sacrosancto Eucharistiae Sacramento;* un tomo en cuarto, de 426 páginas, manuscrito, original en poder del Sr. Capdebou. Lleva el año en que lo concluyó que es el de 1785. (Bover: Biblioteca de Escritores baleares).

b) *De Sacramentis;* un tomo en cuarto, manuscrito.

c) *De Principiis et Naturâ Theologiae;* un tomo en cuarto, manuscrito.

d) *De Essentia et Dignitatibus Dei;* un tomo en cuarto, manuscrito.

e) *De Trinitate;* un tomo en cuarto, manuscrito.

f) *De Scientiâ Dei;* un tomo en cuarto, manuscrito.

g) *De voluntate Dei;* un tomo en cuarto, manuscrito.

h) *De divina Providentiâ;* un tomo en cuarto, manuscrito.

i) *De Praedestinatione et Reprobatione;* un tomo en cuarto, manuscrito.

Los siete últimos tratados los tiene en su poder el muy ilustre Sr. Dr. D. José Miralles y Sbert, canónigo de Palma de Mallorca, quien, con una amabilidad que le honra, los puso en nuestras manos para su estudio.

Es de presumir que Pasqual compondría, siempre *ad mentem Lulli*, todos los tratados que integran así la Filosofía como la Teología, pues ocupó las cátedras de una y otra Facultad, en la Real y Pontificia Universidad literaria de Palma de Mallorca, por el largo espacio de 54 años. En todo, hasta en la longevidad, parecióse nuestro Abad al Beato Raimundo Lulio, naciendo aquél en Andraitx, á los 2 de Septiembre de 1708, y falleciendo en la misma isla de Mallorca, á los 22 de Febrero de 1791. ¿Cuándo aparecerá un Carnegie mallorquín que busque con diligencia y amor un tan grande tesoro científico, como el que encierran los manuscritos inéditos del sapientísimo Pasqual, y los mande á las prensas para gloria de la Patria y bien de la Ciencia Cristiana?

No podemos dejar de mencionar dos obras más de este Sabio, las cuales, si bien no se refieren al Arte Magna Luliana, son empero una manifestación contundentísima de lo mucho que profundizó el Beato Lulio en el estudio de la naturaleza física. La primera vió la luz en Madrid, el año de 1789, con el título siguiente: *Descubrimiento de la Aguja náutica, de la situación de la América, del arte de navegar y de un nuevo método para el adelantamiento en las artes y ciencias: Disertación en que se manifiesta que el primer autor de todo lo expuesto es el Beato Raimundo Lulio, Mártir y Doctor Iluminado*. Un tomo en cuarto, de 320 páginas, sin contar los preliminares, que son abundantísimos.

La segunda es inédita aún y se intitula: *Demostración del origen del Sistema copernicano, sacada de las obras del Beato Raimundo Lulio*. Es un tomo en fóleo que existía, según Bover, en el archivo del monasterio de Bernardos.

Además, dice la *Biblioteca de Escritores Baleares:* «En una de ellas (de las obras del P. Pasqual), con raciocinios exactos y haciéndose cargo de la disposición de la ciencia luliana, manifestó (nuestro Sabio), como así lo había aprendido en la escuela de Salzinger, que el Beato Lulio fué autor del sistema que resucitó Newton.» Sabida cosa es que

Pasqual, con otros ilustres lulianos de Mallorca, estuvo en Moguncia por algún tiempo, para asistir á la Cátedra pública de Lulismo, que allí había abierto el alemán Salzinger. *Haec satis.*

El presbítero D. Pedro de Guevara.

Sabemos que era licenciado en Teología, capellán de contaduría mayor de su Magestad, y natural de la villa de Belhorado.

Compuso dos obras lulianas, entre otras varias: el *Arte General y breve, en dos instrumentos, para todas las ciencias*, impreso en Madrid el año 1584; y la *Breve y sumaria Declaración del Arte General,* impresa también en Madrid dos años más tarde, ó sea, en 1586.

Creemos del caso transcribir aquí algo de lo que en la primera de estas obras dice: «A la S. C. R. M. del Rey don Felipe, nuestro señor,» á quien va dirigido el libro. «En los instrumentos que á V. M. los días pasados dediqué y ofrecí, declaré lo mejor que pude todo lo necesario á los preceptos de la Gramática y Retórica; en lo cual los pasados pusieron gran cuidado y diligencia, amontonando gran número de reglas y preceptos con menos fruto de lo que convenía.

Pues siguiendo yo aquella forma que en los instrumentos pasados tuve, recogí de tan grandes prados y florestas, como aquel gran Doctor Raimundo en todas sus obras tuvo, lo que más convenía para la declaración de estos dos instrumentos, tomando lo más necesario del Arte Grande y Arbol de la sabiduría. Para que los aficionados á esta ciencia de Raimundo hallen por este camino alguna facilidad para entender aquella profundidad que en todas sus obras lleva...

Mayormente habiendo V. M. en sus felicísimos días hecho una merced tan señalada en establecer en esta su Corte una Academia donde se lean todas las Matemáticas y Filosofía, poniendo para ello maestros tan eminentes y de tanta erudición y experiencia. Púselo en nuestra lengua Castellana por ser la voluntad de V. M., que en Vuestra Aca-

demia se lean todas las ciencias en esta lengua, para que tanto bien sea á todos más fácilmente aprehendido y comunicado; y con el favor de Dios y de V. M. saldrá luego el de Latín, con otras cosas muy escogidas y de mucha erudición y doctrina.

Pues el que apartado de toda envidia y murmuración quisiere acomodar su entendimiento á estos dos instrumentos, hallará en ellos tan grandísima generalidad, que bien aprehendidos le darán camino y medios para responder á cualquier cuestión que en todas las ciencias se propusiere.»

La obra latina que en este pasaje se anuncia, nosotros no la hemos podido ver.

En el siglo siguiente, Alonso de Zepeda divulgó también el Lulismo en lengua castellana.

En la censura y aprobación, dada por Fr. Bartolomé de Hinojosa, dícese que aquella obra es «un libro muy curioso y provechoso, y que trata de cosas muy dignas de ser sabidas, y por nuevo estilo.»

El canónigo Pedro Jerónimo Sánchez de Lizarazo.

Lo era del Capítulo Catedral de Tarazona y Deán del mismo por añadidura.

En 1619 publicó en aquella ciudad un comentario del *Ars Brevis* del Beato Lulio, bajo el título de *Generalis et admirabilis Methodus ad omnes scientias faciliùs et scitiùs addiscendas, in qua Eximii et piisimi Doctoris Raimundi Lulli Ars Brevis explicatur, et multis exemplis variisque quaestionibus circa Facultates quae in scholis docentur ad praxim (quod nunquam factum legitur) apertissimè reducitur.*

Como exposición de la mencionada obra de Lulio, vale muchísimo el trabajo del docto Canónigo, y de él se aprovechó no poco el jesuita Kircher para su monumental *Ars Magna sciendi;* empero es de advertir, que en él no se propuso su Autor comentar el Sistema Científico Luliano totalmente, por lo que no es de extrañar que, bajo este punto de vista, sea incompleta aquella obra.

No hemos encontrado en parte alguna la segunda edición de este *Método Universal,* ni tampoco otras dos obras del mismo Sánchez de Lizarazo (un comentario del *Ars Magna* y una explicación del *Arbor Scientiae),* como se prometen en la advertencia preliminar que acompaña al Libro. Prosigan mis lectores. «Decem in isto Libro traduntur diversae methodi cuilibet scientiae et proposito applicabiles; et unaquaeque earum, praeterquam ad contemplandum et concionandum, maximè juvat quamcunque aliam, necnon a Philosophis ad sciendum hactenus inventam absque dubio excedit, quod ita sicut animadverto demonstraturus unicuique polliceor.

Praemonitos tamen cunctos esse volo, me in eodem opere summa tantum capita attigisse, ut faciliùs artificium Artis brevioribus considerationibus perciperetur: multa (Deo favente) in alia editione digna scitu, tam ad praxim quàm speculationem conducentia, praeter ea quae in explicatione Artis Magnae jam ad excudendum paratae, et in mirabili Arbore Scientiarum, advertuntur, additurus; si haec eo quo traduntur animo suscipiantur, quod Deus faciat, et in ejus gloriam et honorem cedat.»

Es un buen libro para conocer el Arte Combinatoria luliana, método excelente para la adquisición de la verdad, siempre que se emplee dentro de sus justos límites, y uno de los más característicos y originales de los muchos que integran el Sistema Científico Luliano, si bien dista mucho de ser el esencial, ni siquiera el capitalísimo, de la grandiosa concepción del *Arte Magna.*

El jesuita Sebastián Izquierdo de Alcaraz.

Profesor de Teología en la Universidad de Alcalá de Henares y Censor de la Inquisición, escribió una obra con este título:

Pharus Scientiarum, ubi quidquid ad cognitionem humanam humanitùs acquisibilem pertinet, ubertim juxta atque succinctè pertractatur; Scientia de Scientia ob summam universalitatem utilissima, scientificisque jucundissi-

ma, scientificâ Methodo exhibetur; Aristotelis Organum, jam penè labens, restituitur, illustratur, augetur atque a defectibus absolvitur; Ars demum legitima ac prorsus mirabilis sciendi, omnesque scientias in infinitum propagandi et methodicè digerendi, a nonnullis antiquioribus religiosè celata, a multis studiosè quaesita, a paucis inventa, a nemine ex propriis principiis hactenus demonstrata (sino por el Beato Lulio, y perdone el sabio Jesuita), *demonstratur, apertè et absque involucris mysteriorum in lucem proditur: quo verae Encyclopediae orbis, facilè a cunctis circumvolvendus, eximio scientiarum omnium emolumento, manet expositus.*

Se imprimió en Lyon de Francia, el año de 1659.

Por tres razones hemos copiado todo el título de la obra, largo en demasía; primero, porque se vea que, no sólo el Autor del *Ars Magna* y sus discípulos defienden la posibilidad de un Arte Universal de demostrar, sino también otros ingenios de superior cultura y penetración agudísima; segundo, para que todos crean, si aún no lo entienden, que existe en realidad un Arte y Ciencia Universal al que propiamente conviene el nombre de Ciencia; y tercero, por tratarse de un miembro de la Compañía de Jesús, madre fecundísima en todos tiempos y lugares, de talentos superiores y aún de primer orden. Una cosa parecida escribía ya Salzinger.

Porque es de saber que el P. Izquierdo combate en su obra al Beato Raimundo Lulio. Luego no será discípulo suyo, dirán mis lectores. Niego la consecuencia, responderé yo á mi vez: halla en verdad algunos defectos en la Ciencia Universal luliana, como asimismo creyeron hallarlos los jesuitas Kircher y Knittel, empero, lo propio que éstos, acepta, comenta, desarrolla y defiende lo substancial del Lulismo (ó, si se quiere, lo más característico y original), cual es la posibilidad y existencia de una Ciencia Universal aplicable á todas las ciencias particulares. Óigase sobre este particular al Rdmo. P. Pasqual:

«Los autores que pensaron había en el Arte Luliana algunos defectos, todos suponen su utilidad y le salvan la substancia, pero como no se les acomodó á su genio ó pasión toda su arquitectura, unos quisieron enmendarla, y otros, tomando los mismos materiales, la dispusieron en otra forma. Los principales entre éstos fueron los PP. Kircher é Izquierdo, de la Compañía de Jesús; y como mi instituto no sea responder á todos, sólo satisfaré á los defectos que le opone el citado Izquierdo, pues á ellos pueden reducirse los demás.

«Advierto primero, que son disculpables en algo estos ingeniosísimos autores, porque sólo se detuvieron en el *Arte Magna y breve,* habiéndoles faltado los otros Libros ó la aplicación á ellos; y según advierte el doctísimo Salzinger, aunque el *Ars Brevis* y el *Ars Magna* contengan todo lo necesario de un Arte General, es muy dificultoso con ellas solas penetrarlo exactamente, pues se necesita, para la cabal inteligencia, el leer y mirar otras Artes. Esto lo ejemplifica en sí mismo, pues habiendo, al principio de su estudio luliano, sólo encontrado con estas Artes, todo le parecía defectuoso, y quería alterar y mudar á su fantasía su contextura, hasta que, reflexionando sus vanas ideas y humillando su altanería con la lectura de otros Libros, conoció su engaño.

«Advierto también, que el haber notado el P. Izquierdo algunos defectos en el Arte Luliana, no contradice al haberlo puesto Salzinger entre los lulistas de primera clase; pues le da Salzinger esta honra, porque en su *Faro* redujo y practicó el método de discurrir á un exacto método matemático, que es el propio luliano, sirviéndose de los mismos principios y fundamentos de Lulio; y al mismo tiempo los defectos que atribuye á la Arte dejan salva la substancia y utilidad de ella, y sólo tocan algunos accidentes.» *(Examen de la Crisis...* tomo I, pág. 72).

Salzinger y Pasqual hablan largo y tendido de la obra de este sabio Jesuita.

El reverendo Maestro Bernardo de Lavinheta.

Era francés de nación, doctor en Artes y en Sagrada Teología; y no sé ahora dónde he leído que era Religioso profeso de la Orden de San Francisco.

Por los años de 1515 enseñaba en París, en pública Cátedra, el Sistema Científico Luliano.

En 1523 estampó en Lyon de Francia la obra *Practica compendiosa Artis Raymundi Lulli* sive Explanatio compendiosaque Applicatio Artis Illuminati Doctoris Magistri Raymundi Lulli ad omnes facultates. Es un libro voluminoso y digno de todo encomio; de él nos aprovecharemos muchísimo en la obra latina que preparamos y anunciamos en los presentes Estudios Críticos.

Escribió también el tratado *De Incarnatione Verbi* para sus discípulos que tenía en Salamanca; y otro *De Conceptione Beatae Virginis Mariae,* defendiendo, claro está, á fuer de buen lulista, la Pureza inmaculada de la Madre de Dios, así en su concepción pasiva como en la activa.

El hereje Alstedio hizo una segunda edición de la *Practica compendiosa Artis Raymundi Lulli,* en Colonia, el año de 1612, omitiendo empero lo que era contrario á sus errores protestantes.

Pedro Bodovin.

Era un noble francés, señor de Montarsis.

En 1651 estampó en París su magna obra *Le Traité des Fondements de la Science Générale et Universelle.* «Enseña el modo de hallar máximas inmediatas y mediatas, y el método de sacar de ahí teoremas, inducciones y consecuencias, mediante lo cual poder investigar las verdades más altas y las más útiles. Divídese el libro en cuatro partes: en la primera hay las condiciones y reglas necesarias para disponer al novel lulista á la provechosa inquisición de la verdad; en la segunda hay los Principios universalísimos del Arte General, que son, para Bodovin, dos solamente los positivos, es á saber, el *ente* y la *unidad,* y dos asimismo los privativos, esto es, la *nada* y el *cero,* en cuya prueba y exposición extiéndese largamente nuestro Autor; en la tercera dedúcense de los dichos principios las Máximas ó Condiciones; y en la cuarta pónense las Proposiciones, los Teoremas y las Demostraciones.

Ese Método es muy laudable porque es el matemático, procediendo por principios universales y conocidos por sí mismos para hallar y demostrar los principios subalternos, y luego, mediante éstos, llegar á lo individual y particular de las llamadas ciencias particulares; y al revés, considerado un objeto particular cualquiera, retroceder desde el individuo á la especie, y de la especie al género: según lo dice el mismo Autor, parte 1.ª, fóleo 15, con estas palabras: «Faciam etiam videre modum inveniendi primas máximas Artium et Scientiarum per quem ordinem possunt stabiliri illarum prima fundamenta, et quomodo conveniat descendere de generali vel universali et transire per speciem ad faciendam applicationem ipsi individuo: iterumque ascendere de individuo, transire per speciem usque ad genus vel universale: et per quam viam possint extrahi ab uno solo et unico principio omnes Artes et Scientiae ac referre seu reducere totum ad dictum principium sequendo ordinem rerum realium.»

Después, en 1668, publicó en París mismo un *Traité de la Raison,* «donde explica el origen de ésta y lo que ella es en Dios, en el Arte y en la Naturaleza; y como por medio de la misma puede hallarse la verdad, hacerse la aplicación del Descenso del entendimiento, y por último, la vuelta á los principios del conocimiento, insiguiendo el orden de la naturaleza y el método de la Ciencia Universal.»

Quien deseare más datos sobre Bodovin puede consultar á Salzinger en sus riquísimas memorias históricas del Lulismo, que llenan numerosas y sendas páginas del volumen I de la Edición Moguntina. De allí hemos sacado lo que ahora hemos dicho nosotros.

El P. Ibo, de París, capuchino.

En Lyon de Francia, el año de 1672, imprimió la voluminosa obra *Digestum Sapientiae, in quo habetur Scientiarum omnium rerum divinarum atque humanarum nexus et ad prima Principia reductio.* Comprende cuatro tomos.

Es una obra de mucha erudición, sin dejar empero de contener la exposición del Descenso luliano del entendimiento, y con ella la doctrina necesaria para ver la posibilidad y utilidad de la Ciencia Universal del Beato Raimundo Lulio.

El jesuita Atanasio Kircher.

Celebérrimo por su múltiple erudición y su pericia en muchas lenguas, le llama su compatriota Salzinger.

Tenemos en nuestra Biblioteca su obra de dos tomos en fóleo: *Ars Magna sciendi in duodecim libros digesta, qua nova et universali Methodo per artificiosum Combinationum contextum de omni re proposita plurimis et propè infinitis rationibus disputari, omniumque summaria quaedam cognitio comparari potest.* Impresa en Amsterdam el año 1669.

Discípulo del Arcangélico á la manera del P. Izquierdo, dice que «bajo la fea (á su parecer) figura del Arte Luliana latían grandes tesoros de Ciencias, con cuyo descubrimiento podía admirablemente enriquecerse la República.» «Altius tandem mihi lumen affulsit, advertique sub Principiis Lullianis, veluti sub rudi quodam sileno, ingentia scientiarum cimelia latere, quorum expensione Respublica mirè locupletari potest.»

«Tuvieron mucha razón en decir los Apologistas (los Padres Tronchón y Torreblanca, en su polémica contra Feyjóo) —prosigue el Abad Pasqual—que no vió el P. Kircher el *Arte Inventiva;* y yo añado que menos leyó otros Libros que le hubieran dado mayor luz.» (Obra y tomo citados).

Lo que dijimos del jesuita Izquierdo entiéndase asimismo del P. Kircher; de quien habla también largamente Ibo Salzinger en el referido tomo I de la Edición Moguntina.

Hay un compendio de la voluminosa obra de Kircher, compuesto por el jesuita Gaspar Knittel, é impreso en Praga el año 1691, intitulado así: *Via Regia ad omnes Scientias et Artes, hoc est, Ars Universalis scientiarum omnium artiumque arcana faciliùs penetrandi.*

El presbítero Ibo Salzinger.

«Entre los demás lulistas que voy á referir tiene el primer lugar el docto Ibo Salzinger, mi Maestro, alemán de nación, del Ducado de Suevia, varón en realidad prodigioso, pues no hay ciencia en que no fuese consumadísimo; y á más de saber casi todas las lenguas vivas de Europa, era muy instruido en la Griega y Hebrea, y una medianía de la Arábiga.

Cuan sabio fuese en todas las Facultades, manifiestan los propios Tratados que antepuso á las Obras del Beato Lulio, cuya impresión comenzó en Moguncia año 1721, en los tomos primero, segundo y tercero, después de cuya impresión murió; y cuanto las hubiera ennoblecido y adelantado, según sus observaciones y meditaciones, se colige bien de aquellos sus Tratados; y le oí decir tenía ánimo de explicarlas y declararlas según el Método Luliano.» (Obra y tomo citados).

Los principales tratados de Salzinger son:

a) *Perspicilia Lulliana Philosophica,* composita duobus vitris tersissimè politis et materià optimè depuratà, nec convexa, nec concava, sed planissima, ut objectum non augeant nec minuant, sed in suo statu naturali repraesentent; quibus examinatur et demonstratur Perfectio Philosophiae Illuminati Doctoris, stabilitur fundamentum Artis et Scientiae Universalis solvunturque opposita argumenta adversariorum.

b) *Revelatio secretorum Artis,* in qua exhibetur integrum ejus Systema, ostenditur admiranda et hactenus incognita Methodus Analytica et Synthetica universalissima, tam in demonstrando quàm in operando infallibilis et certissima, regulatur et adaptatur potentia ad objectum et subjectum, et ministrantur instrumenta quibus potentia agit in utrumque.

c) *Praecursor Introductoriae in Algebram speciosam universalem* vel Artem Magnam Universalem sciendi et demonstrandi Beati Raymundi Lulli Doctoris Illuminati et Martyris.

El presbítero Sebastián Krenzer.

Este sacerdote alemán, licenciado en Sagrada Teología y en Derecho Canónico, ocupa el segundo lugar entre los numerosos discípulos del Arcangélico en Alemania, en el siglo XVIII: el primero pertenece bajo todos conceptos á Ibo Salzinger. Con un talento nacido para teólogo, y repleto de erudición patrística y teológica de primer orden, ó primera mano, es una de las estrellas de primera magnitud en el cielo de la Doctrina luliana; mas, desgraciadamente, su luz esplendorosa no hizo siempre todo el bien que pudo á la Ciencia Cristiana, como la de tantos otros compatricios suyos que pecaron en lo mismo que él. No le faltaron empero ni talento ni buenas intenciones.

Lo dijo el cardenal Belarmino: la Doctrina luliana es peligrosa. Sí, es peligrosa, pero no en sí misma, sino por ofrecerse en las obras del Beato con método nuevo y con un tecnicismo totalmente desconocido y que dista *toto coelo* del usado por lo regular en las Escuelas. Lo que debe hacerse con la nueva Lógica luliana es manifestar y probar con razones adecuadas, con innumerables ejemplos, á la manera del P. Pasqual, que los Principios lulianos son los principios naturalísimos del discurso ó razonamiento humano, de modo que todos usamos de ellos y los practicamos, hasta sin conocerlos, y no excluyendo á los mismos que se empeñan, quieras que no, en hacernos creer que es vana é inútil el Arte Magna luliana; lo que debe hacerse con el nuevo método teológico del Arcangélico Doctor es manifestar y probar con razones adecuadas y con innumerables ejemplos, que tiene su base, segura y firme, en las Sagradas Escrituras y en otros fundamentos teológicos, y que lo hallamos usado por algunos Santos Padres y por los Doctores de la Escolástica más famosos; lo que debe hacerse con los términos nuevos que se emplean en el Sistema Científico Luliano es manifestar y probar con razones pertinentes, y siempre además con ejemplos innumerables, que son propios y aptos para explicar con claridad su significado, no siendo por tanto impropia la Doctrina luliana, y que no están ellos muy lejos que digamos—según quieren suponer los adversarios—de los términos (y su significado) que observamos en las demás escuelas católicas, tomista, escotista y suarista.

¿Lo hizo siempre así Sebastián Krenzer? Triste cosa es tener que confesar que no, empero hay que decir la verdad por amargo que sea el trago.

Es necesario, es de absoluta necesidad, para que los doctos se aficionen á las enseñanzas lulianas, declarar en primer lugar la conformidad que guardan con las doctrinas de los Doctores más seguidos en la Iglesia, es á saber, hacerlas antes simpáticas las lucubraciones del Beato Raimundo Lulio; y lo cierto es que el docto sacerdote alemán casi decirse puede que hizo todo lo contrario, á más de intercalar en sus escritos algunas doctrinas que son notables errores teológicos é imputarlas con la mejor buena fe del mundo á nuestro Doctor y Maestro, quien precisamente había dicho todo lo contrario.

De lo mismo se queja—y hablando también de Sebastián Krenzer—el amigo Hartmann en carta que nos dirigió á los 29 de Mayo de 1904. Es este señor otro discípulo del Beato Raimundo Lulio, como igualmente los hay muchos en la actualidad en la docta Alemania, párroco de Pfahldorf (Kipfenberg-Eichstätt), en el reino de Baviera; quien ha pasado más de diez años estudiando la Doctrina luliana, habiendo sobre ella compuesto varios trabajos, uno de los cuales lo constituye el artículo correspondiente al Beato Raimundo Lulio, de un gran Diccionario Eclesiástico, publicado en Alemania, en 13 volúmenes (Wetser und Welte 's Kirchenlexicon II Edit.—in libello 103, sub littera *R*—Raymundus Lullus—der Selige, anno 1895).

Dice así:

«Ceterum tamquam Lulista vobiscum censeo, doctrinas doctoris Angelici complendas esse doctrinis mysticis doctoris Archangelici, quemadmodum ratiocinatio Stagyritica, ut ad totam vivamque veritatem conduceret, complementum suum necessarium postulabat in Platonica intuitione: id quod in allegata mea dissertiuncula Dictionarii germanici (Wetser und Welte 's Kirchenlexicon, sub littera *R*, pág. 749 «Raymundus Lullus» anno 1896) Principiorum Artis Lullianae sensum magis profundum tangendo, jam dixi nuncque iterum dico et semper cum Lulistis discretè intelligentibus dicam.

Sed altera quoque ex parte tamquam assecla sancti Thomae, tristi experientia plus decem annorum edoctus, hoc quidem vobis condiscipulis Beati Raymundi inculco, nullo modo posse sperari fore, ut doctrinae Lulianae tales quales in textibus jacent, saltem quoad philosophicam terminologiam (ut ita dicam), peregrinam ab exteris theologis catholicis, nimirum Thomistis, Suaresianis Bonaventuristis, etc., tamquam *regulares* et sanae recipiantur; nisi prius dilucidè ostendatur, in iis simpliciter supponi per omnia sensus quosdam mysticos, in ceteris quoque philosophis christianis, praesertim in sanctis Augustino et Anselmo necnon in ipso sancto Thoma reperibiles; ad quorum intellectionem vix perveniatur nisi quasi continuò ante oculos versentur Rationes illae Æternae rationesque itidem sapientiae creatae, quas sanctus Dionysius Areopagita semper in ore habet, quaeque ab eo vocantur *praedeterminationes distinctivae et effectivae rerum,* quae in Beato Lullo praecisè in terminis ante oculos nostros intellectuales prostant: id quod equidem, ante plus decem annis, primo intuitu circulorum, etc. Systematis Artis mysticae generalis statim et indubitanter, magno cum jubilo animae meae peccatricis semperque absque Deo auxiliante necessario decursu in nihilum cadentis, cognovi. Deo gratias, quod nunc multae animae christianae (ut sperare mihi licet per resurrectionem scholae Lulisticae) idipsum ad salutem suam aeternam cognoscent!

Oportet ergo, ut Ars veraciter Magna a quamplurimis hominibus intelligentibus magis magisque, primùm in christianitatis gremio, deindeque in toto mundo qui «in maligno positus est,» imò «ab omni creatura» (rationali scilicet), cognoscatur, Artesque omnes practicae ferventis Apostoli Christi Beati Raymundi ab omnibus addiscantur riteque, id est, solummodò ad Gloriam Dei et animarum salutem, semper practicentur, si ita dicere mihi licet, quod det Deus O. M.! (Conferatur *Liber Contemplationis in Deum,* edit. Palmae Majoric. 1749, tom. XV, vol. III, lib. V, dist. 40, cap. 346).

Ulterius vero ex altera parte haud minus necessarium videtur monitum hoc, ut principia suprema Artis, unà cum necessariis deductionibus, in nova editione Librorum Beati Magistri currente, eo fere modo quo tam laudabiliter Reverendissimus Episcopus de Orihuela, Doctor Joannes Maura, in *Revista* vestra jam fecit, quamplurimis notis textus solidè, id est, secundum sensum *communem* catholicumque (in hoc sensu) interpretantibus adornentur; et his quidem, inquantum possibile est, cum citationibus quamplurium doctorum scholasticorum conjunctis, ita ut nemo lector amplius dubitare possit de plena concordantia Doctrinarum Beati Raymundi cum iisdem respectivis ceterorum doctorum scholasticorum; atque ita, si liceat dicere, sensus Magistri, primo intuitu tamquam peregrini apparentes, mox quasi in plena luce objectivitatis, id est, palpabiles, omnibusque theologis et philosophis legentibus, intelligiles appareant.

Utinam in editionibus latinis priorum saeculorum dicta necessitas absoluta non fuisset ignorata! Sed Lulistae, exempli gratia, saeculi XVIII, alias docti et bonae intentionis, uti Ivo Salzinger, Sebastianus Krenzerus aliique—pro dolor!—necessitatem et indigentiam dictam non videntur cognovisse; ideoque (quod notum erit vobis) contra monita eximiorum theologorum Societatis Jesu instantiamque imprimis Bollandistae Patris Sollerii necnon Patris Custurerii vestri benè fundatam, voluerunt Doctorem nostrum absque respectu ad caeteros theologos scholasticos, ex conceptionibus propriis et omnino subjectivis, imò cum erroribus Kabbálah et alchymisticae pseudo—scientiae permixtis, interpretari; consequenterque—quod non mirandum—operam paucissimis utilem ac laborem propemodum inanem, in editione tam magnifica Moguntina librorum nonnullorum Beati Aucthoris, impenderunt. Nam contra atque oportebat et improvide editores illi, simul cum ferventi quidem sed minus in philosophicis et theologicis exculto Principe Serenissimo Palatino Joh. Guillelmo (cujus litteras authographas ad Patres Custurer et Soller, Societatis Jesu, de alchymisticis tractatibus—ut putabat—a Beato compositis, contra impugnationem Jesuitarum scribentes, istorumque epistolas itidem autographas responsorias jam ante decennium legi), imprimis in interpretando Beato Aucthore insanias Alchymistarum, quibus Beatum adnumerabant, pertinaciter coluerunt; necnon per tabulas suas figmentico Kabbálah Rabi Julii de Tárrega dessumptas et omnino catholicis theologis inintelligibiles scandalizaverunt omnes (ut ex censuris acerrimis illius temporis a me lectis apparet), totumque mundum theologicum imò et philosophicum Septentrionalis Europae ad omnimodam despectionem et reprobationem totius Systematis Doctoris nostri sollicitarunt; neque ex altera parte ullo modo id curarunt quod respectu plurimorum textuum librorum saltem philosophicorum, secundum meam persuasionem certe fundatam, omnino erat (estque etiam hodie) indispensabile, ut, scilicet, interpretationes Terminorum et Definitionum, etc., *juxta textum* adderentur solidae et omnibus aprobatae, utque theologicis quoque passibus plurimis adjicerentur notationes fere continuae, eo modo quo tales in *Revista Luliana* Reverendissimus Episcopus de Orihuela dissertiunculis suis optimè addidit.»

Esta carta que publicamos íntegra en la *Revista Luliana* (cuaderno correspondiente á los meses de Octubre y Noviembre de 1904, números 37 y 38), respira toda ella un conocimiento nada vulgar de las Doctrinas lulianas, pues con tanto acierto señala los peligros que en tiempos pasados éstas corrieron y los que aun corren todavía, y manifiesta además convicción y sinceridad en el amor de las mismas.

Ahora bien, nuestros lectores podrán apreciar la exactitud de los juicios del sacerdote católico Hartmann y la de los nuestros, al saber que la obra de Krenzer, *Cursus Theologiae Scholasticae per Principia Lulliana*—la única que sabemos escribiera—fué prohibida por Decreto de Roma á los 3 de Diciembre de 1754. (*Index Librorum prohibitorum* Ssmi. D. N. Leonis XIII jussu et auctoritate recognitus et editus.—Romae, Typis Vaticanis, 1900).

Consta de tres gruesos volúmenes, y se imprimió en Moguncia el año de 1751.

Si bien prohibida, es empero bastante para darnos á conocer el Sistema Científico Luliano en toda su grandiosidad, y sobre todo en cuanto es aplicable á la Sagrada Teología: que las censuras dichas en nada obstan á esto. *Amicus Plato, sed magis amica veritas.*

XXXVII

Comencemos capítulo aparte, pues harto largo es ya el precedente; pero prosigamos la misma materia, abundante de sí y fecundísima: *Balmes y la Ciencia Universal luliana.*

Tócanos ver al presente, y entramos en el examen del capítulo XIV de la obra balmesiana, que en el orden intelectual humano no hay ninguna verdad ideal que encierre *toda* la ciencia del hombre; no hay ninguna verdad ideal de la cual dimanen ó nazcan todas las demás verdades, *contingentes* y necesarias; no hay ninguna verdad ideal fuente ú origen de *todos* los conocimientos humanos.

Lo que prueba nuestro Filósofo de la manera siguiente: «La verdad ideal es aquello que sólo expresa relación necesaria de ideas, prescindiendo de la existencia de los objetos á que se refieren; luego resulta en primer lugar, que las verdades ideales son absolutamente incapaces de producir *el conocimiento de la realidad.* Para conducir á algún resultado en el orden de las existencias, toda verdad ideal necesita un hecho al cual se pueda aplicar...

Hagamos aplicación de esta doctrina á los principios ideales más ciertos, más evidentes, y que por contenerse en las ideas que expresan lo más general del ser, deben de poseer la fecundidad que estamos buscando, si es que sea dable encontrarla.

Es imposible que una cosa sea y no sea á un mismo tiempo. Este es el famoso principio de contradicción, que sin duda puede pretender á ser considerado como una de las fuentes de verdad para el entendimiento humano... Pero ¿qué se adelanta con este principio solo? Presentadle al entendimiento más penetrante ó al genio más poderoso, dejadle solo con él, y no resultará más que una intuición pura, clarísima, sí, pero estéril...

«Para pasar del mundo lógico al mundo de la realidad bastará un hecho que sirva como de puente; si le ofrecemos al entendimiento, las dos riberas se aproximan, y la ciencia nace.»

¡Qué orden, cuánta claridad! ¡Cuánta fuerza de argumentación y solidez de raciocinios para combatir la ciencia trascendental de la moderna filosofía heterodoxa!

Pero también ¡cuán distintos son los caminos que le vemos seguir á Balmes tras el error trascendental, de los que siguió el Beato Raimundo Lulio al establecer y explicar su Descenso del entendimiento ó Ciencia Universal! ¡Lástima grande que el Filósofo de Vich no conociera la concepción científica luliana! ¡Con cuánta luz la hubiese profundizado su talento portentoso! ¡Con cuánta claridad y maestría la hubiera explicado á las modernas generaciones! ¡Con cuánto entusiasmo de su corazón, ardiente y fervoroso por el ideal de la ciencia, la hubiera abrazado seguramente! Designios inescrutables de la Providencia divina. Sí, el Lulismo no más quiere ser conocido de verdad para ser amado y profesado.

Entremos en materia y simplifiquemos los términos: Balmes niega en este capítulo que haya una *verdad ideal origen y fuente de toda la ciencia del hombre,* ó sea, *de las verdades así contingentes como necesarias.*

¿Qué respondemos á ello? Lo que ya hemos dicho y conviene no olvidar:

1.° los Principios lulianos no son verdades ideales, sino verdades reales infinitas;

2.° no pretende el Arte Magna que sus Principios sean *origen y fuente* de los conocimientos humanos, sino únicamente el *punto de apoyo* de los mismos;

3.° con todo, los Principios lulianos no aspiran á ser el punto de apoyo de las verdades *contingentes:* no más lo son de las verdades necesarias.

En consecuencia, una cosa es la ciencia trascendental que aquí rechaza Balmes, y otra muy distinta y aún diversa la Ciencia Universal del Arcangélico Doctor.

Pero no pasemos adelante dejando al Filósofo de Vich—como muy bien podríamos hacerlo, pues las censuras de Balmes no alcanzan al Beato Lulio—sino por el contrario comentemos esa página de la *Filosofía Fundamental,* y en los comentarios veremos un triunfo de nuestro Doctor y Maestro en el terreno de la ciencia trascendental.

Quéjase Balmes, y con razón, de que «para conducir á algún resultado en el orden de las existencias, toda verdad ideal necesita un hecho al cual se pueda aplicar. Sin esta condición, por más fecunda que fuese en el orden de las ideas, sería absolutamente estéril en el de los hechos. Sin la verdad ideal, el hecho queda en su individualidad aislada, incapaz de producir otra cosa que el conocimiento de sí mismo; pero en cambio, la verdad ideal separada del hecho permanece en el mundo lógico, de pura objetividad, sin medio para descender al terreno de las existencias.» ¿Qué prueba eso? Pues muy sencillo: que el primer principio de los conocimientos humanos debe reunir *necesariamente* dos condiciones:

1.ª establecer una relación *absolutamente necesaria* entre el sujeto y el predicado que lo integren:

2.ª expresar á la vez un *hecho.*

Siendo esto así, ¿qué proposición podrá envanecerse de ser el primer principio de la ciencia del hombre? No una proposición real finita, porque, si bien expresa un hecho, por ejemplo, *yo soy,* fáltale empero la primera condición, esto es, establecer una relación *absolutamente necesaria* entre el *yo* y la *existencia (yo soy* equivale á *yo soy existente);* ya que, como el *yo* es un ser *contingente,* no puede haber una relación *absolutamente necesaria* con la *existencia.* Las proposiciones reales finitas en manera alguna pueden expresar esas relaciones *absolutamente necesarias,* pues, como dice muy bien Balmes, «la verdad de esta clase es la expresión de un hecho particular, contingente.» (Cap. VI).

Tampoco podrá serlo una verdad ideal, por ejemplo: *es imposible que una cosa sea y no sea á un mismo tiempo;* pues aunque realmente esta proposición exprese una relación absolutamente necesaria (porque es absolutamente necesario que si una cosa existe, digamos que existe; y es también absolutamente necesario que si una cosa no existe, digamos que no existe), fáltale á su vez la segunda condición, pues el principio de contradicción no expresa *hecho alguno.*

¿A qué género de proposiciones acudir, pues, en busca del primer principio? A las proposiciones ó verdades reales infinitas. Como *reales* serán forzosamente la expresión de un hecho; como infinitas, ó relativas al Ser necesario, siempre expresarán una relación absolutamente necesaria entre Dios y lo que de El prediquemos sin salirnos de lo perteneciente á su esencia ó infinidad. De esta clase son las definiciones de los Principios lulianos: *bondad es aquella razón por la que lo bueno obra lo bueno;* etc., etc.

Relación absolutamente necesaria: Si Dios es bondad (y eso nadie lo niega), ¿podrá dejar de ser esa bondad la razón que hace buenas todas las cosas?

Hecho: la existencia de esa Bondad, la existencia de Dios.

Si Balmes hubiese acudido aquí, en vez de atender solamente á la verdad *yo soy* y al principio de contradicción; si Balmes hubiese analizado las definiciones de los Principios lulianos y las hubiese aplicado al problema de la ciencia trascendental; otras enseñanzas nos legara en su *Filosofía Fundamental* sobre el primer principio de los humanos conocimientos. Y por cierto que no era necesario adivinar tales principios, ni siquiera deducirlos por raciocinio, pues andaban por el mundo en libros innumerables, y no hay Historia de la Filosofía, por algo completa que se precie de ser, que no hable poco ó mucho de ellos. Nosotros mismos, después de sesenta años de la muerte del Filósofo de Vich, no tenemos edición más completa de las obras del Beato, que una bastante anterior á Balmes: la Edición de Maguncia de á mediados del siglo XVIII.

Y después de haber dado con los Principios lulianos, tenía que considerarlos, no como verdades de las cuales *nacieran* las demás, sino como verdades cuya suposición es necesaria, si no se quiere que desaparezca la ciencia del hombre (no en su totalidad, sino en su parte de verdades necesarias solamente).

No ignoraban los lulistas anteriores á nuestro Balmes la fecundidad en el orden científico del principio de contradicción, y su papel importantísimo en el estudio del primer principio de los conocimientos humanos; y en tanto podemos hacer esta afirmación, en cuanto vemos que en sus escritos se ocuparon en ello largamente; pero advirtieron que su fecundidad era muy limitada en comparación con la que ofrecían las verdades contenidas en las definiciones de los Principios lulianos, y, que por lo mismo, la importancia de su papel en ese orden de estudios decaía, si se le ponía en parangón con la potente virtualidad de la expresión de las relaciones absolutamente necesarias entre los atributos de la Divinidad y la consiguiente expresión de un hecho necesario, Dios.

El Arte de pensar, como todo arte, supone dos cosas:

a) primero, la materia en que ha de obrar el artífice;

b) segundo, las reglas para que de ella fabrique aquél su artefacto.

La Lógica aristotélica (la única que, según venimos notando, conocía Balmes), ¿qué reglas nos da para no errar en el discurso ó razonamiento humano? Varias, siendo quizás la más importante el principio de contradicción: *es imposible que una cosa sea y no sea á un mismo tiempo.*

¿Nos ofrece también la materia en que hemos de pensar ó razonar, no la inmediata, sino la que podríamos llamar *materia prima* del pensamiento humano? De ninguna manera. Esto estaba reservado á la Lógica luliana.

Observó el Arcangélico «en el estudio analítico de nuestras ideas, comparándolas, combinándolas, inquiriendo su naturaleza y relaciones necesarias, dándoles la mayor amplitud y universalidad posibles,» como escribe el sapientísimo Maura, que todos los conceptos que integran el discurso ó razonamiento humano se hallan, implícitos ó explícitos, en los atributos de la Divinidad; que todas nuestras ideas, las más complejas, se reducen á fórmulas sencillas; que estas fórmulas se hallan á su vez, implícitas ó explícitas, en las proposiciones que podemos formar de la unión de dos ó más atributos de la Divinidad (*la grandeza es buena; la verdad es grande en el verdadero poder; no fuera la bondad principio perfecto, si dejara de principiar en la mayor diferencia,* etc.); observó, en fin, que tales proposiciones son el punto de apoyo, no el origen ó fuente, de todos nuestros razonamientos, si queremos que éstos sean verdaderos, y, en consecuencia, que dichas proposiciones son aplicables á todos los conocimientos humanos, viniendo ellas á constituir, por tanto, la llamada ciencia trascendental.

De ahí se sigue que las proposiciones: la grandeza es buena; la bondad es grande en el verdadero poder; no fuera la bondad principio perfecto si dejara de principiar en la mayor diferencia, y otras innumerables son «verdades cuya suposición es necesaria si no se quiere que desaparezcan todas las otras;» son la materia que Dios da al entendimiento, de la que se ha de servir en su discurso; son la principal materia de que se sirve el entendimiento para el discurso; son los fundamentos ó principios sólidos de que infiere las conclusiones; y esta materia es universal, esto es, puede aplicarse á todas las ciencias. Esta es la Lógica luliana.

¿Y de dónde sacó todo eso el Beato Raimundo Lulio? De la observación; del estudio analítico de nuestras ideas, comparándolas, combinándolas, etc., etc. Se ve claramente que nuestro Doctor y Maestro, al trazar las líneas de su grandiosa concepción del Descenso del entendimiento, ó Ciencia Universal, sabía ya aquello que siglos más tarde escribiera Jaime Balmes: «El verdadero filósofo debe examinar, no lo que en su concepto pudiera haber, sino lo que hay.» (Capítulo V). Que es lo que dejaron de hacer los creadores de la moderna ciencia trascendental.

Afirmamos en último resultado que la Lógica luliana nos proporciona, á más de las reglas para no errar en el humano razonamiento, la materia de que el entendimiento se ha de servir en su discurso; la Lógica luliana excede, pues, en valor á la Lógica aristotélica.

Y esta doctrina no la hemos adquirido, no, con nuestro propio estudio; no ha nacido, no, de la lectura de las obras de Balmes, unida á nuestro entusiasmo por las glorias del Beato Lulio: esta doctrina la hemos aprendido donde también podía haberla ido á buscar el Filósofo de Vich: esta doctrina la leemos en las obras harto desconocidas, así en tiempo de Balmes como al presente, del reverendísimo Abad del Císter, Antonio Raimundo Pasqual. Que hable el Discípulo del Beato: «Supone todo Arte—dice—la materia en que ha de obrar el artífice, y sólo da reglas á éste para que de ella fabrique su artefacto; pero tan singular es el Luliano, que da al entendimiento la materia de que se ha de servir en su discurso, y como es Arte General para conocer todas las cosas, es universal la materia que propone.

La principal materia de que se sirve el entendimiento para el discurso, son los fundamentos ó principios sólidos de que infiere las conclusiones; y como esos discursos pertenezcan á las ciencias que trata, debe tener cada ciencia para ser perfecta propios principios de su esfera en que se funden las verdades que descubre.

El Arte y Ciencia de Lulio es universal; y así la materia, cuyo uso prescribe como Arte, son los fundamentos ó principios universales que como ciencia le pertenecen. Estos son en dos maneras: absolutos y relativos.» (*Examen de la Crisis*... tomo II, pág. 2).

En otra parte de la misma obra, hablando de la superioridad de la Lógica de Lulio sobre la de Aristóteles, dice que el Estagirita, con su principio de contradicción y otros semejantes, nos dió el *modo* de discurrir; pero el Doctor Arcangélico, con sus Principios universales, nos proporcionó la *substancia;* aquél sólo prescribió el modo de construir la fábrica, éste planteó el fundamento sólido. «Excedió á Aristóteles el Beato Lulio en lo más principal—dice—que se requiere para descubrir la verdad por medio del silogismo, pues estableció (*vide Disert. I, per totam*) sus Principios primitivos, verdaderos, necesarios y universales, con sus competentes máximas y fundamentos infalibles, que son necesarios para un discurso sólido. De suerte que Aristóteles sólo dió la forma ó modo de discurrir, y el Beato Lulio la substancia; éste planteó el fundamento sólido, cuando aquél sólo prescribió el modo de construir la fábrica; tiene éste unas inagotables minas de tesoros, y aquél únicamente enseña el método de labrarlos; finalmente la Lógica aristotélica, como las demás Artes, sólo dirige la forma y figura de los artificios, pero la luliana, como más fecunda, costea juntamente la materia.

Verdad es que, para manifestar la rectitud de los discursos y la bondad de las consecuencias, dió Aristóteles algunas reglas fijas, que no son más que unas consideraciones reflejas que recaen sobre el discurso ya formado; y como no den fundamento determinado para su formación, fué provincia reservada á nuestro Lulio; porque, aunque propuso aquél algunos pocos principios universales, v. gr., *imposible es que una misma cosa sea y no sea,* son tan infecundos, que ni practicó resolver por ellos las cuestiones propuestas, ni enseñó el modo de ejecutarlo, como de los suyos lo explicó el Beato Lulio.» (Lugar citado, pág. 123).

En suma, declara el P. Pasqual, y para mayor claridad lo diremos en el lenguaje moderno, que aquí se trata del problema de la certeza; que el Filósofo de Estagira creyó resolver ese problema con el famoso principio de contradicción y otros similares, pero que en ello se equivocó grandemente, pues los principios universales aristotélicos sólo nos ofrecen el modo de discurrir, y no el fundamento sólido del humano razonamiento, siendo ambas cosas por igual necesarias si aspiramos á pensar bien; y por último, que el Beato Lulio es quien ha dado una solución satisfactoria al problema de la certeza, y lo ha hecho con los Principios universales, bondad, grandeza, eternidad, poder, etc., en el concepto de que no son esos principios origen ó fuente de toda la humana ciencia, sino que son, en frase balmesiana, verdades cuya suposición es necesaria si no se quiere que desaparezcan todas las otras; son un punto de apoyo para afianzar sobre él un gran peso; son el fundamento sólido del humano razonamiento; son la imagen, el molde de nuestros discursos.

De donde, aceptando Lulio, como lo acepta, el puro aristotelismo, no el degenerado; perfeccionando el ascenso del entendimiento con el descenso del mismo; completando los infecundos principios universales aristotélicos con sus principios fecundísimos del Arte Magna; tenemos, no sólo el modo de discurrir, sino además el fundamento sólido del humano razonamiento, ya que ambas cosas son por igual necesarias, como dijimos, si aspiramos á pensar bien.

Un paso más: representando los Principios universales lulianos un papel tan importante como el de ser la solución del problema de la certeza, ¿no es verdad que conviene fijarnos muy mucho en la verdad, exactitud é infalibilidad de sus Definiciones? Claro que sí; mas ya hemos dicho lo bastante sobre ello, y no hay porque ahora repetir lo dicho aquí mismo. «Pero para que, en suma, comprendas el fondo del Arte Luliana y puedas conceptuar con alguna propiedad su idea, debes advertir, lector, que el primitivo fundamento de su método de discurrir es el mismo Dios, Verdad suprema, por cuya sola imitación puede haber verdad alguna en todo lo criado, como sólo por su participación puede darse algo bueno. Pues así como Dios por sí mismo, esto es, por razón de sus infinitas perfecciones, es lo que es, y le conviene todo lo que le compete; y por la misma razón es fuente, origen y causa de todo lo demás, lo que en tanto es y puede ser en cuanto imita y participa el Ser Supremo; de un modo semejante el Arte Luliana conoce á Dios por lo que es, esto es, por sus infinitas perfecciones, y declara los puntos que sobre él mismo se pueden cuestionar por la conexión con las mismas y por deber estar proporcionada con ella toda verdad creada, que sólo es una estampa de la increada. Por esta conformidad, semejanza ó concordancia con los Divinos Atributos, deduce el Arte Luliana sus discursos en lo criado. Bien que, para descubrir más inmediatamente la verdad creada, forma de los inferiores principios sus máximas proporcionadas; pero de modo que éstas, y todas las universales del Arte, las funda en las supremas, y por ellas las manifiesta.»

«La principal advertencia para comprender los Principios lulianos, es considerarlos en su generalidad y atender como se manifiesta su verdad trascendente en sí y según su universalidad. Pues sin esto no se pueden entender bien, ni por consiguiente hacer fuerza el discurso que sobre ellos se establece. Con esta inteligencia se penetrarán las generales locuciones, y, reflexionando su uso, verá el entendimiento como despuntan estos principios en el raciocinio, y son fundamento sólido de la verdad que se infiere: y con dicha prevención entenderá más fácilmente los libros del Beato Lulio, en que los advertirá cabalmente practicados. (*Discurso Apologético* que precede al tomo II de la *Crisis*... números 9 y 5).

XXXVIII

Balmes rechaza con nobleza y tesón la ciencia trascendental que Fichte concibiera; ocurre, pues, preguntar: ¿hay envuelta en sus anatemas la Ciencia Universal luliana? No.

Busca el filósofo alemán

a) «en el solo *yo* el origen único y universal de los conocimientos humanos;»

b) «se propone buscar el principio más absoluto, el principio absolutamente incondicional de todo conocimiento humano.»

Aspiraciones insensatas que el Autor de la *Filosofía Fundamental* obliga á enmudecer con las siguientes invictísimas consideraciones; responde á la primera: «el testimonio de la conciencia es seguro, irresistible, pero nada tiene que ver con el de la evidencia. Aquél tiene por objeto un hecho particular y contingente, éste una verdad necesaria. Que yo pienso ahora es absolutamente cierto para mí; pero este pensar mío no es una verdad necesaria, sino muy contingente, ya que podía muy bien suceder que jamás hubiese pensado ni existido; es un hecho puramente individual, pues no sale de mí, y su existencia y no existencia en nada afecta las verdades universales.

La conciencia es un áncora, no un faro: basta para evitar el naufragio de la inteligencia, no para indicarle el derrotero. En los asaltos de la duda universal, ahí está la conciencia que no deja perecer; pero si le pedís que os dirija, os presenta hechos particulares, nada más.»

A la segunda aspiración, á la que se propone buscar el principio más absoluto, el principio absolutamente incondicional de todo conocimiento humano, le ataja los pasos diciendo: «He aquí un método erróneo: se comienza por suponer lo que se ignora, la unidad del principio, y ni aun se sospecha que en la base del conocimiento humano puede haber una verdadera multiplicidad. Yo creo que la puede haber, y la hay en efecto, que las fuentes de nuestro conocimiento son varias, de órdenes diversos, y que no es posible llegar á la unidad sino saliéndose del hombre y remontándose á Dios. Lo repito, hay aquí una equivocación en que se ha incurrido con demasiada generalidad, resultando de ella el fatigar inútilmente los espíritus investigadores, y arrojarlos á sistemas extravagantes.» (Cap. VII).

Ahora bien; cuán lejos estaba nuestro Doctor y Maestro de buscar en la filosofía del *yo* la Ciencia Universal, decláranlo á maravilla unas palabras ya citadas del Ilmo. Sr. Maura; palabras que convendría tuviesen bien grabadas en su memoria cuantos se ocupan en el Sistema Luliano, sean amigos ó adversarios, y que debiéramos escribir en bronce y oro á la puerta misma de la futura Universidad Literaria Luliana (que algún día pedirán á voz en grito—no lo dudamos—los talentos más superiores de Cataluña, Mallorca y Valencia), cual otro capítulo primero del Evangelio de San Juan en las puertas del Templo del Saber. No buscó el Beato Lulio la unidad de la ciencia en la filosofía del *yo, sino en el estudio analítico de nuestras ideas, comparándolas, combinándolas, inquiriendo su naturaleza y relaciones necesarias, dándoles la mayor amplitud y universalidad posibles, á fin de reducirlas á formas sencillas y fecundas, fácilmente aplicables á todos los conocimientos humanos. ¡Pensamiento sublime, repito, que por sí solo nos da la medida del profundo ingenio de su autor!*

Los conceptos á que se reducen, bien analizadas, todas nuestras ideas, son los atributos de Dios, *bondad, grandeza, eternidad, poder,* etc.; las formas sencillas y fecundas á que se reducen, si bien lo examinamos, todas nuestras ideas, son las llamadas *condiciones* lulianas, es á saber, *la virtud no puede ser medio para el fin malo; repugna que la virtud convenga con la maldad; la mayor pequeñez de la bondad es la pequeñez de poder para obrar bien;* y otras innumerables; y todos los conocimientos humanos tienen su punto de apoyo en estas formas ó *condiciones,* por lo que éstas son aplicables á todas las ciencias particulares, viniendo ellas á constituir la Ciencia Universal.

Los dos filósofos Fichte y Lulio parten de una misma tesis, indudable, evidente: existe una verdad origen de toda otra verdad. Fichte, no reconociendo un Dios personal, busca aquella verdad origen de las demás en lo que ve más noble en la universalidad de los seres, una vez eliminado un Criador: en el testimonio de la conciencia, en el *yo.* Y edifica sobre la arena movediza, porque ese *yo* es particular y contingente; y un árbol particular y contingente no puede dar de sí un fruto universal y necesario, cual debe ser el fruto del árbol del saber. El Beato Lulio se humilla ante Dios y le confiesa origen y fuente de toda ciencia. Pero en este mundo—añade—nosotros no vemos cara á cara á Dios; y por lo mismo nos es velado entre sombras y celajes el origen de toda verdad, no podemos ir á beber á la misma fuente de toda ciencia. ¿Qué hacer, pues? ¿qué medio nos habrá deparado la bondad infinita de Dios para solucionar el problema de la certeza? ¿á dónde acudiremos? ¿cuál será el origen y fuente de los humanos conocimientos?

Si no es posible—dice Lulio—acudir al origen, á Dios, vayamos á la imagen de Dios, que será en alguna manera imagen también de aquel origen. Acude al alma, que es imagen de Dios; acude al pensamiento humano, que será en alguna manera imagen también, ó vestigio, si queréis, del pensamiento de Dios, origen y fuente de toda verdad. Y se dice á sí mismo el Sabio: si Dios lo ve todo en una sola idea que es su divina Esencia, ¿habrá dejado de imprimir alguna especie de unidad en el pensamiento del hombre? ¿dejará de ser posible alguna especie de Ciencia Universal? Porque la verdad es que en el fondo de nuestra alma sentimos todos esa aspiración á la unidad científica... aspiración que, por ser de todo tiempo y lugar, humana, es Dios quien la ha puesto en los pliegues más recónditos de nuestro ser. ¡Quién sabe! Examinémoslo con cariño y atención.

Y entra en el estudio analítico de nuestras ideas, las compara, las combina, inquiere su naturaleza y relaciones necesarias, les da la mayor amplitud y universalidad posibles; y ¡oh intuición divina de la mente humana! observa que los conceptos de nuestro discurso se reducen á pocas ideas, á los atributos del Ser más grande, más perfecto, más bueno que pueda concebirse, á los atributos de Dios, del Ser cuya existencia podemos conocer por la sola lumbre de la razón natural, como nos ha dicho el Concilio Vaticano; observa que los conceptos del razonamiento humano se hallan todos, implícitos ó explícitos, en la *bondad, grandeza, eternidad, poder, sabiduría,* etc. Ahondando en el mismo estudio analítico de nuestras ideas, observa luego, que las formas de que usamos constantemente en el discurso humano, las proposiciones que empleamos en el razonamiento científico (sea de filosofía, teología, derecho, etc.), todas se reducen á formas sencillas, á proposiciones fecundas—como *la bondad sin poder no es virtuosa; la bondad sin gran poder no es durablemente virtuosa; sin magnificar no es la grandeza principio perfecto;* etc. Y exclama entonces: si las proposiciones que empleamos en nuestros discursos, sean de la clase que fueren, filosóficos, teológicos, jurídicos, etc., todas se hallan, implícitas ó explícitas, en las dichas formas ó proposiciones sencillas y fecundas, clara cosa es que estas formas ó proposiciones son aplicables á todos los humanos conocimientos, á todas las ciencias llamadas particulares. ¿De ahí, qué? Muy sencillo: aquellas ideas matrices, *bondad, grandeza,* etc., y estas formas ó proposiciones, matrices también, con lo que de unas y otras se deduzca lógicamente, constituirían un conocimiento aparte, una Ciencia aparte, á la cual podremos llamar, por su grandísima fecundidad, por su aplicabilidad á todo orden de conocimientos, Ciencia Universal.

Así es como en el fondo de nuestra alma hallamos un vestigio ó una imagen de la Unidad soberana de Dios.

Hablando sin salirnos de la Filosofía, ó, si se quiere, de la Teología Natural: Dios, ¿qué es? Es una suma bondad, una grandeza, una eternidad, una sabiduría, etc., igualmente sumas. ¿Y por qué leyes se regirá el pensamiento de Dios? Por las que vengan reguladas la bondad, grandeza, eternidad, sabiduría, etc.; pues si la sola lumbre de la razón natural nos afirma la existencia de Dios, dícenos también, y con la misma fuerza, que Dios es simplicísimo, y, por lo mismo, que, en Dios, las leyes del entender son las mismas que las del ser.

Prosigamos. ¿Será una herejía natural afirmar que la criatura—así en su ser como en su entender—es un vestigio ó imagen del Criador? No, por cierto. Pues ya tenemos poder afirmar, después de haber hecho aquel estudio analítico de nuestras ideas, ó sea, *a posteriori*, que Dios estampó en algún modo el vestigio (ó, si alguien quiere, la imagen) de su divino Entendimiento en el entendimiento del hombre; y, en consecuencia, éste razona, discurre, piensa, primitivamente, universalmente y necesariamente, por los conceptos de bondad, grandeza, duración, sabiduría, etc., conceptos que son participaciones creadas de los atributos de la Divinidad. El hombre piensa á compás de Dios.

Mas así como Fichte señala al *yo*, y dice ser éste el origen de donde dimanan todas las verdades humanas, sean universales, sean contingentes, ¿hace otro tanto el Autor del *Ars Magna*, con sus principios y con sus formas sencillas y fecundas? Repetidamente hemos dicho que no, preguntando lo mismo bajo otra forma. Para nuestro Maestro, las formas sencillas y fecundas á que se reducen todas las proposiciones que entran en el razonamiento del hombre, y que, de consiguiente, pueden aplicarse á toda clase de conocimientos, á todas las ciencias particulares, deben ser, por esta misma razón, *universales;* y ¿acaso lo universal dícenos algo de lo particular? Luego las formas sencillas y fecundas de Lulio (conocidas vulgarmente con el nombre de *condiciones* lulianas) no nos ofrecen el conocimiento de las verdades particulares.

Es así que lo universal ha de ser forzosamente *necesario;* y la oposición entre lo universal y lo particular es la misma entre lo necesario y lo *contingente;* síguese, pues, en buena lógica, que las formas ó *condiciones* lulianas solamente nos brindarán con el conocimiento de las verdades necesarias, jamás con el de las contingentes.

¿De dónde toman su fuerza los principios lulianos y las formas ó *condiciones* nacidas de ellos, es decir, de dónde toman su universalidad y necesariedad? De allí de donde proceden, esto es, de los atributos de Dios: ¿no hemos convenido, dentro de la misma Filosofía, en que Dios, al crear, imprime en la criatura, de una ú otra manera, *multipliciter et divisim,* el vestigio unas veces, la imagen otras, de su bondad, grandeza, eternidad, sabiduría, etc.? Y este hecho es universal: se verifica en cada criatura; y además necesario, pues la razón me dice que todo efecto ha de ser por fuerza semejante á la causa, sea en un grado ú otro, siquiera esa semejanza la tomemos en el sentido más latísimo.

En toda ciencia hay dos clases de verdades que requieren medios diversos para su conocimiento; en toda ciencia hallamos verdades particulares y contingentes, y verdades universales y necesarias: para las primeras tenemos, en la Escuela luliana, la sola experiencia; para las segundas podemos utilizar los Principios y Condiciones del descenso luliano del entendimiento. El Beato Lulio, en su talento de claridad meridional, estaba libre de las nebulosidades germánicas de Fichte: sabía distinguir.

Otra diferencia capitalísima entre uno y otro filósofo: Fichte dice ser el *yo* fuente y origen de la ciencia; el Beato dice ser única la fuente y origen de la ciencia, Dios; y como en la vida presente no alcanzamos á Dios tal cual es, hemos de renunciar á tener la fuente ú origen de la ciencia, debiéndonos contentar con un *supuesto necesario* de la verdad y ciencia. ¿Cuál es este supuesto necesario de la verdad y ciencia humanas? Aquellos Principios lulianos y las formas sencillas y fecundas nacidas de los mismos. Sí, las definiciones de los Principios y las *Condiciones* nacidas de los principios son el supuesto necesario de la verdad y ciencia humanas. Estas en tanto serán realmente tales, esto es, verdad y ciencia, en cuanto no contradigan á las Definiciones y Condiciones. La verdad y ciencia no nacen, ni en manera alguna se originan, de las Definiciones y Condiciones, pero sí, encuentran en éstas su garantía, su punto de apoyo, su razón de ser verdad y ciencia, su fuerza corroborante. ¿Es esto claro? Creo que sí.

Para terminar estas breves consideraciones sobre las relaciones (en extremo nulas), entre la ciencia trascendental de Fichte y el descenso luliano del entendimiento ó Ciencia Universal del Arcangélico Doctor, tócanos ver si, á semejanza del filósofo alemán, busca también nuestro Maestro el principio más absoluto, el principio absolutamente incondicional del conocimiento humano, ó sea, si busca la *unidad de principio*.

El lector menos atento podría responder á esta pregunta, ya que repetidas veces ha leído, que el supuesto necesario de la humana ciencia no es *un solo* principio, sino que lo constituyen multitud de principios. La sola definición del principio *bondad,* por ejemplo, ¿basta para que nos vanagloriemos de poseer el supuesto necesario de los humanos conocimientos? De ninguna manera. Y lo mismo decimos de los demás Principios considerados aisladamente.

¿Bastarán acaso todos los Principios á la vez? Tampoco.

La sola *condición* siguiente: *la bondad grande no es virtuosa sin el poder duradero,* tampoco es suficiente para tener resuelto el problema de la certeza; y dígase otro tanto de las innumerables condiciones posibles, consideradas también aisladamente. Pero, ¿serían suficientes todas ellas juntas? Puede que no.

Y valga eso mismo para dicho de las Reglas lulianas.

¿Cuál será, pues, el punto de apoyo, la fuerza corroborante de la ciencia humana? Todo se necesita para ello: Principios, Condiciones y Reglas. El Beato enseña que en la base del conocimiento humano hay verdadera multiplicidad de principios, no unidad.

A veces, para una cuestión determinada, nos bastará la definición de un Principio; otras veces habremos de requerir la de otro.

Mañana, para solucionar la cuestión A, no llegaremos á alcanzarlo sino mediante la condición B; y pasado mañana, para la cuestión C, no veremos clara la solución si no es valiéndonos (no de la referida condición B) sino de la condición M.

Lo propio pasa en el uso de las Reglas lulianas.

Lo que sí observamos es, que á medida que de los Principios pasamos á las Condiciones y de éstas á las Reglas, se ensancha el supuesto necesario de nuestra ciencia, pues más soluciones hallamos mediante las Condiciones, que mediante los Principios; y más soluciones hallamos aún en el uso de las Reglas, que en el de las Condiciones.

¿De dónde proviene que no baste un solo Principio, ó una sola Condición, ó una sola Regla? De dos hechos igualmente incontestables: 1.º de que no tenemos (por las razones dichas) en la vida presente el *origen ó fuente* de los conocimientos humanos, debiéndonos contentar á lo sumo con un *supuesto necesario* de nuestra ciencia; y el origen, sí, requiere unidad de principio; pero un supuesto necesario puede pasarse muy bien sin aquella unidad, bastándole la multiplicidad; 2.º de la pequeñez y defectos del humano entendimiento: dada la limitación de nuestro entender y la multiplicidad, diversidad y grandiosidad del objeto de la ciencia humana, no le es posible al hombre en esta vida ver todos los conocimientos (aun del orden necesario y universal) en un solo Principio, ó en una sola Condición, ó en una sola Regla. Gozaremos, sí, de la unidad de principio allá en el Cielo.

Resultados son:

a) el Beato Lulio no cae en el error, que Balmes observa en Fichte, de suponer lo que se ignora, la unidad de principio;

b) de conformidad con el Filósofo de Vich, enseña nuestro Doctor y Maestro, que, en la base del humano conocimiento, hay verdadera multiplicidad de principios;

c) de conformidad asimismo con Balmes, el Doctor Arcangélico no cree posible llegar á la unidad, sino saliéndose del hombre y remontándose á Dios: en el Cielo tendremos la unidad total y absoluta del conocimiento; en esta vida sólo alcanzamos una unidad parcial y relativa;

d) en consecuencia, el vigoroso ataque de Balmes contra Fichte, poniendo de manifiesto la esterilidad de la filosofía del *yo* para producir la ciencia trascendental, nada objeta á la fecundidad (por nosotros confesada y declarada) de los Principios lulianos para producir la Ciencia Universal. En cuanto dice, dice verdad; en lo que no dice, por no haber conocido al Lulismo, es en lo que consiste la doctrina del Beato sobre la Ciencia Universal. Además, las enseñanzas de Balmes son la confirmación indirecta de las Doctrinas lulianas. Dice el Beato Raimundo: la ciencia trascendental sólo puede consistir en eso, en A; viene Balmes y dice: la ciencia trascendental no puede consistir en B. ¡Ah, si Balmes hubiese conocido á Lulio!

XXXIX

Pocas palabras diremos sobre la identidad universal, pues hasta los ciegos pueden ver que el panteismo huye del Sistema luliano como el diablo de la cruz.

Dos capítulos dedica Balmes, el octavo y el noveno, probando con luz meridiana, que quienes apelan á la identidad universal para dar unidad á la ciencia, no hacen otra cosa que refugiarse en el caos. Cuán lejos estaba de semejantes delirios el talento genial de nuestro Doctor y Maestro, decláranlo á maravilla las siguientes palabras del ilustrísimo Maura: «Yo no sé si antes de nuestro Lulio había concebido nadie la idea de una ciencia universal; lo que parece cierto es que nadie la expresó, ni la insinuó siquiera. Posteriormente, la Filosofía alemana, que, á pesar de sus grandes desvaríos, cuenta con talentos de primer orden, y hasta con verdaderos genios, imaginó la apellidada *ciencia trascendental,* que obedece á un pensamiento análogo al del

Filósofo mallorquín. Pero ¡cuánto dista el uno del otro! La Filosofía trascendental va á buscar la unidad de la ciencia en la *unidad del Ser,* en el desarrollo mecánico é inconsciente de lo *Absoluto (real* ó *ideal,* según la escuela), de quien dimanan y en quien se identifican todos los seres.

Ni por asomo es el Beato Lulio panteista. No va á buscar la unidad de la ciencia en la soñada y monstruosa *identidad universal* que fantasean los filósofos alemanes; sino en el estudio analítico de nuestras ideas, comparándolas, combinándolas, inquiriendo su naturaleza y relaciones necesarias, dándoles la mayor amplitud y universalidad posibles, á fin de reducirlas á formas sencillas y fecundas, fácilmente aplicables á todos los conocimientos humanos. ¡Pensamiento sublime, repito, que por sí solo nos da la medida del profundo ingenio de su autor!» *(Revista Luliana,* número 2; Noviembre de 1901).

Pero el Arcangélico repite á cada paso que las leyes del ser son las leyes del pensar, con lo cual se declara bien á las claras partidario ó precursor de la doctrina hegeliana, según la que las cosas existen *porque las conocemos;* ¿y qué es esto sino un crudo panteismo? Tenía, pues, razón sobrada Canalejas, quien así lo afirma, comentando al P. Pasqual, en su folleto *Las doctrinas del Doctor Iluminado Raimundo Lulio.*

Poco á poco. Verdad es que la cúspide de la Filosofía luliana es la unidad en el orden del ser y del conocer; verdad es que, según el Maestro, la Lógica viene á confundirse con la Metafísica; verdad es que el P. Zeferino González expresóse esta vez con exactitud, al decir que Raimundo Lulio «esfuérzase á realizar en la ciencia la aspiración unitaria, y, preludiando en cierto modo á Hegel, quiere que el proceso ontológico de la realidad objetiva responda al proceso lógico de los conceptos;» pero tales afirmaciones pueden ser una verdad ó un error, según la explicación que las demos. ¿No leemos también constantemente en la filosofía tomista el siguiente efato: *eadem sunt principia essendi et cognoscendi?* ¿y quién por ello tildará de panteista al luminoso sistema del Angélico?

El Beato Lulio, Santo Tomás y Hegel sientan la misma afirmación, pero los dos primeros no dan de bruces, ni mucho menos, como el tercero, en las monstruosas doctrinas panteistas; y, además, distínguese notablemente el Beato Raimundo de Santo Tomás de Aquino en esta importantísima materia.

«Lo que existe, existe porque se conoce, y sólo existe en cuanto se conoce:» he aquí en resumen la doctrina de Schelling y Hegel. Nada más lejos de la mente y de los escritos de nuestro Beato, quien puso el nombre de Dios en cada página de sus obras innumerables; el nombre de un Dios creador de todas las cosas, libre, omnipotente y distinto por esencia de las criaturas salidas de sus manos.

Las leyes del ser son las leyes del conocer, dice Hegel, porque todo es uno y lo mismo; no hay diferencia esencial de seres; no hay diferencia entre lo finito y lo infinito; el ser es lo mismo que el conocer; cuando conocemos, creamos; cuando decimos *somos*, es que nos conocemos; ¿cómo no ser todo uno y lo mismo, si el Dios de los cristianos no existe? Y discurría lógicamente, aceptada la falsedad del principio.

No así Lulio. Las leyes del ser son las leyes del conocer, decía también á su vez, porque Dios al crear estampó en la criatura la huella de su Ser y de su Entender, que en El son una misma cosa; y como Dios conoce con los principios de su divina Esencia, y existe por los principios de su Entender, puede también decirse *en alguna manera*, que las leyes del ser son las leyes del conocer. Los principios del ser son las divinas semejanzas, bondad, grandeza, poder, sabiduría, etc. (porque la Bondad de Dios hace buenas á las cosas, su Grandeza las hace grandes, su Poder, poderosas, su Sabiduría, sabias, etc.); y los principios del conocer serán asimismo aquellas semejanzas divinas, porque toda verdad en tanto será verdad en cuanto se conforme con lo que ellas importan, y una proposición cualquiera en tanto enunciará un error en cuanto no se conforme con lo que ellas importan, es decir, en cuanto contradiga las definiciones de dicha bondad, grandeza, poder, sabiduría, etc., y lo que de estas definiciones lógicamente se deduzca, ó sea, las Condiciones y las Reglas.

En el sistema hegeliano, ¿por qué existen las cosas? Porque nosotros las pensamos. En el sistema luliano, ¿por qué existen los seres? Porque un Dios omnipotente y libre los ha sacado de la nada.

En el sistema hegeliano, ¿quién es el autor de las leyes del ser? El entendimiento del hombre. ¿Y el de las leyes del conocer? el mismo entendimiento humano. Ahora excusado es decir que, en el sistema del Beato, un Dios omnipotente, libre y distinto esencialmente de las criaturas, es el único autor de los principios del ser y de los principios del conocer.

En el sistema hegeliano, ¿qué relación hay entre el humano entendimiento y el ser de las cosas? La de una dependencia absoluta por parte de éstas; la relación que existe entre una causa y su efecto: el entendimiento es la causa, el ser de las cosas su efecto. Y ¿en el sistema luliano? En el sistema luliano los principios ó leyes del ser existen independientemente de nuestro entendimiento, el cual, al conocer, pensar ó entender, puede hacerlo—y puede dejar de hacerlo—de conformidad con aquellos principios ó leyes del ser, pues las leyes del ser son las mismas leyes del conocer: si obra de conformidad con aquellos principios ó leyes del ser, el entendimiento alcanza entonces la verdad ó lo verdadero; si se separa de ellos, no hace otra cosa sino ir tras el error.

Los principios del ser son los principios del conocer, dicen á la vez el Beato y Hegel, pero éste lo dice porque, según él, Dios es el hombre y el hombre es Dios; mas Lulio lo dice porque Dios estampó la huella ó el vestigio de su unidad, así en el ser como en el entender de sus criaturas.

Dice Hegel: todo es uno y lo mismo. Dice el Beato Lulio: todo es uno y diferente.

Dijimos antes que el Beato Raimundo Lulio se distinguía notablemente de Santo Tomás de Aquino en esta importantísima cuestión, á pesar de enseñar ambos que son unos mismos los principios del ser y los del conocer: *eadem sunt principia essendi et cognoscendi*.

En efecto, ¿cuáles son los principios del ser de las cosas materiales, según el Angélico? La forma, la materia. ¿Cuáles son los principios del conocer, según el mismo Doctor? Varios: la forma dicha, la semejanza de la cosa ó de sus principios, las formas del entendimiento especulativo, la abstracción, los efectos (pues de éstos nos elevamos al conocimiento de las causas), etc., etc.

Dada la naturaleza, así de los principios del ser como de los principios del conocer, señalados por la Escuela tomista, ésta se ve obligada á hacer algunas observaciones para declarar el verdadero sentido del efato escolástico: *eadem sunt principia essendi et cognoscendi:*

1.ª á la manera que el principio del ser de las cosas es su forma, así también todo conocimiento se realiza mediante alguna forma, la cual sirve, para el sujeto que conoce, de principio del conocimiento;

2.ª mas la forma es principio del ser, en cuanto es un *ser* real y particular; y es principio del conocer, en cuanto es un *ser* abstracto y universal;

3.ª lo que es principio del ser es también principio del conocer por parte de la cosa conocida, porque las cosas nos son asequibles mediante sus principios; pero aquello con lo que el sujeto conoce, es la semejanza de la cosa ó de sus principios, semejanza que no es el principio del ser, excepto quizás en el conocimiento práctico;

4.ª al decir que los principios del ser son los mismos del conocer, hase de advertir que los primeros producen el ser por sí mismos, pero el conocimiento lo producen, no por sí mismos, sino mediante sus semejanzas;

5.ª aunque todos los principios del ser sean principios del conocer, no obstante no todos los principios del conocer son principios del ser; por ejemplo, las formas del entendimiento especulativo solamente son principios del conocer; y los efectos son no pocas veces el principio de conocer sus respectivas causas, sin que podamos decir que el efecto es el principio de la causa; del mismo modo á veces por los accidentes conocemos la substancia, sin que jamás el accidente pueda ser el principio de la substancia;

6.ª no es necesario que las cosas sean conocidas de nosotros según el mismo orden por el que son producidas.

Estas seis observaciones las trae el canónigo Signoriello, copiadas literalmente de Santo Tomás y San Buenaventura, en su *Lexicon Peripateticum*, pág. 113, edición de Nápoles, 1881.

¿Cuál es la doctrina luliana paralela á ésta? La doctrina luliana paralela á ésta de Santo Tomás de Aquino, ó sea, la que identifica los principios del ser y los del conocer, es doble: la primera es relativa al ascenso del entendimiento; la otra es relativa al descenso del mismo entendimiento.

Tocante al ascenso del entendimiento, como el Beato Lulio lo admite en su integridad, y en nada difiere substancialmente de Aristóteles; como nuestro Doctor y Maestro, en el ascenso del entendimiento, conoce también, lo mismo que todos los Peripatéticos, por medio de las formas de las cosas; por abstracciones y universalidades, por las semejanzas de las cosas, por los efectos se eleva á las causas, por los accidentes se eleva á las substancias, por los sentidos externos se eleva á los internos, desde éstos sube al entendimiento agente y después al entendimiento posible; clara cosa es que admite el Arcangélico las seis afirmaciones ú observaciones traducidas de Santo Tomás y San Buenaventura; es evidente que hasta aquí dicen lo mismo el Autor de la *Summa* y el Autor del *Ars Magna*.

Pero como el tomismo es sólo el ascenso, calla en seguida el Angélico, y no nos dice ya una palabra más acerca el consabido efato escolástico; no así el Beato Lulio, quien, habiendo corregido, perfeccionado y completado el descenso platónico-agustiniano del entendimiento, debe ahora decirnos si también, en ese descenso del entendimiento, los principios del ser se identifican con los principios del conocer, y, en caso afirmativo, qué alcance debemos dar á esa identificación.

Y respondiendo afirmativamente, y señalando en el descenso del entendimiento, así por los principios del ser como por los del conocer, las perfecciones ó atributos de la Divinidad, bondad, grandeza, eternidad, poder, sabiduría, etc.;

y, además, siendo muy distintas las relaciones que median entre estas perfecciones ó atributos de la Divinidad, en cuanto son principios del ser y principios del conocer, de las que existen entre la forma—ser real y particular y la forma—ser abstracto y universal, en cuanto son respectivamente el principio del ser y el principio del conocer en el ascenso del entendimiento; tenemos que el Beato Raimundo Lulio, por la grandiosidad de su Sistema científico, distínguese notablemente de Santo Tomás de Aquino en esta importantísima cuestión, una de las más capitales de la Filosofía, pues que versa sobre las relaciones de la Lógica con la Metafísica.

XL

Estamos de lleno en el descenso luliano del entendimiento. ¿Cuáles son los principios superiores substanciales del ser material, según el Beato Lulio?

Santo Tomás de Aquino, al responder á una pregunta semejante, inquiere, examina, analiza, encuentra la materia y la forma, y se detiene ahí. *Forma dat esse rei.—Forma et materia sunt sibi invicem causa.*

El Beato Raimundo inquiere también, examina, analiza, encuentra asimismo la materia y la forma, pero se remonta aún y llega por fin á la *bondad, grandeza, duración, poder,* etcétera, semejanzas de los divinos Atributos impresas en la criatura. Oídle. «Essentia substantiae est forma et materia; essentia formae et materiae sunt quatuor elementa; essentia quatuor elementorum est Prima Forma et Prima Materia; essentia Primae Formae et Primae Materiae sunt igneitas, aereitas, terreitas et aqueitas; essentia vero igneitatis, aereitatis, terreitatis et aqueitatis sunt Bonitas, Magnitudo, Duratio, Potestas, etc., quae sunt similitudines Dei et Superiora Substantialia Principia.» *(Quaestiones per Artem Demonst. solubiles;* cuestión 162).

De una manera semejante establece también y señala dicha Bondad, Grandeza, Duración, etc., por los superiores principios substanciales del ser inmaterial, y aun del alma intelectiva y hasta del Angel.

Y estos principios superiores substanciales de toda criatura, ¿son asimismo los principios del conocer en el descenso luliano del entendimiento?—Sin duda alguna. Nuestro Doctor y Maestro ha escrito estas palabras: «Est autem modus essendi rei per sua propria principia, et in suis necessariis principiis substantialibus et accidentalibus, sine quibus ipsa res esse non potest, seu per quae et de quibus ipsa res ad perfectum esse deducta est. Haec autem principia et substantialiter et accidentaliter sunt ipsa Principia hujus Artis, scilicet, Bonitas, Magnitudo, Duratio, Potestas, etc.» Los principios del ser de las cosas son la Bondad, Grandeza, Duración, Poder, etc.; y de estos mismos Principios sírvese el Arte Luliana, en el descenso del entendimiento, para hallar la verdad de las cosas.

Tenemos, pues, que los principios del ser de las cosas, búscalos el Beato Raimundo, y los halla en verdad, en más alta esfera que el Angélico Santo Tomás; y, hecho esto, identifica los principios del ser con los del conocer, repitiendo á cada paso el Maestro y su Escuela: *Modus intelligendi sequitur modum essendi: Qualis modus essendi, talis modus intelligendi.*

Tócanos ahora ver las relaciones que median entre los principios del ser y los principios del conocer en este descenso del entendimiento.

¿Cuáles son los principios del ser de las cosas? ¿cuáles son las leyes que regulan el ser de todas las criaturas? ¿por qué leyes, intrínsecas y supremas, se rigen los mundos?—Por las leyes que nos declaran las definiciones de los principios *bondad, grandeza, duración, poder,* etc.; por las que nos manifiestan las *Condiciones* nacidas de tales principios; y últimamente por las *Reglas,* hijas de las Condiciones que explicamos más arriba. De manera que son leyes reguladoras del ser de las cosas, son leyes intrínsecas y supremas que rigen los mundos, son verdaderamente *modus essendi,* las siguientes Condiciones lulianas:

1.—Nulla bonitas potest esse magna sine fine.

2.—Est inconveniens quòd aeternum sit sine bonitate et gloria.

3.—Nulla esset alteratio de bono in malum, si bonitas et potestas possent habere aequalitatem in accidentibus.

4.—Si malum esset, quòd intelligere consistat in Medio Principii et Finis, esset bonum quòd Ignorantia sit in Fine.

5.—Quia voluntas habet concordativam virtutem, est ipsa voluntas bona in bonitate, et in virtute, et in concordantia.

6.—Sicut bonitas et virtus magnitudinis imprimunt suas similitudines in imaginem majoritatis, sic imprimunt suas dissimilitudines in imaginem minoritatis.

7.—Quia bonus ratione bonitatis est bonificans, et verus ratione veritatis verificans, est concordantia inter bonitatem et veritatem.

8.—Magnitudo et veritas se convertunt in esse potestatis.

9.—Magna virtus est distinguere et concordare.

10.—Nulla veritas est magna in qua est contrarietas.

11.—Differentia ratione magnitudinis major est in concordantia, quàm in contrarietate.

12.—Impossibile est principium et finem sine magnitudine concordare.

13.—Inconveniens est medium contradicere magnitudini principii et finis.

14.—Nullum principium coaequare potest magnitudinem substantiae et magnitudinem accidentis.

15.—Necessarium est esse aequalitatem in magnitudine finis.

Y otras innumerables que, lo mismo que éstas, hallará el curioso lector en el *Ars inventiva veritatis,* dist. II; á cuya obra pertenece asimismo, dist. III, pág. 38, el último texto citado del Beato.

Estas son las leyes que rigen el ser de las cosas; y bueno será advertir aquí que muchas de estas Condiciones, á los principiantes en el estudio del Lulismo, más bien les parecen leyes del conocer que leyes del ser, por entrar en ellas los principios *sabiduría, voluntad, virtud, verdad* y otros similares; pareciéndoles que sólo constituyen las leyes del ser las Condiciones formadas de los principios *bondad, grandeza, diferencia, contrariedad, principio, medio* y sus semejantes; empero es ésta una dificultad que bien pronto se desvanece, una vez traspasados los umbrales de la Escuela: la misma razón hay para lo uno que para lo otro; la misma razón hay para que todas las Condiciones sean principios del conocer, como para que sean principios del ser.

Y, en realidad de verdad, estas que hemos dicho ser las leyes que rigen los mundos, son á la vez, según las Doctrinas lulianas, las leyes mediante las cuales hallamos las verdades científicas. Dice el Maestro, obra citada, dist. III: «Quocirca ipse modus essendi est id quod resultat ex existentia Conditionum Principiorum hujus Artis in secunda distinctione, retinens tantum necessariae et convenientis entitatis, quanta est existentia ipsarum Conditionum.

Modus verò intelligendi sunt ipsae similitudines modi essendi per sensum et imaginationem, aut quandoque sine sensu et imaginatione ab intellectu abstractae.»

Esto sentado, como haya diferencia entre el ser y el entender—y de consiguiente entre el modo de ser y el modo de entender—pregunta el Beato, si nuestras conclusiones científicas hemos de deducirlas de la concordancia entre el modo de ser y el modo de entender, ó de su contrariedad. «Cùm sit differentia inter modum essendi rei et modum eam intelligendi, considerandum est, qua ratione procedit medium conclusionis, an per concordantiam utriusque modi, an per contrarietatem conservando Principium et Medium et Finem et caetera hujus Artis Principia et eorum Conditiones et Regulas.»

Declárase resueltamente á favor de la concordancia y proporción entre ambos modos; de entre los cuales—añade—debe quitarse toda contrariedad, en cuanto sea posible. Mas si alguna vez, continúa, es inevitable la contrariedad (como por ejemplo en los puntos trascendentes), aun entonces *concludendum est necessario per modum essendi,* á fin de no negar la verdad de las Condiciones referidas, pues esto es imposible.

Y ¿qué es el *punto trascendente?* Es el exceso que una potencia humana tiene sobre la otra, por el que juzga mejor de un objeto que otra que no puede penetrarlo por ser inferior. También consiste esta trascendencia en que la realidad de un objeto, como no puede ser comprendida del entendimiento, le precisa á que juzgue de aquel objeto sobre todas las demás potencias, y aún sobre sí mismo. Estas son definiciones del mismo Beato.

Y añade el P. Pasqual: «Enseña el Beato Lulio el modo de usar y conocer estos puntos trascendentes en varias partes, pero particularmente en el *Ars inventiva veritatis*, dist. III, regla 8, donde demuestra y ejemplifica que caben en todo cuanto puede conocer el entendimiento.» (*Examen de la Crisis*... tomo II, pág. 119).

«Unde cùm modus intelligendi ad modum essendi rei dirigatur, quantum potest, tanquam ad terminum ad quem, ut ipse modus essendi per modum intelligendi attingatur, formanda est major proportio et concordantia inter utrumque modum, et contrarietas inter eos (ut meliùs poterit) evitanda. Si autem accidat inevitabilis contrarietas inter illos (quae patet in punctis trascendentibus), concludendum est necessario per modum essendi, ne Conditiones (quae habentur in II Distinctione) pereant, quod est impossibile. Et per ipsas Conditiones inquirendum est in quo deviat proportionaliter modus intelligendi a modo essendi.» (Obra citada, dist. III).

Pongamos algunos ejemplos para terminar.

¿Qué principios señala al *ser* el descenso luliano del entendimiento? Los tres siguientes, por ejemplo:

a) el poder es más grande en la concordancia que en la contrariedad;

b) la concordancia es mayor en la igualdad que en la desigualdad;

c) donde hay mayor distinción en concordancia hay mayor orden.

¿Y qué principios señala al *conocer* este mismo descenso del entendimiento? Los tres referidos.

¿Cómo obtendremos las verdades científicas? Por aquellas tres Condiciones.

En esta forma.

Pregunto yo, por ejemplo, *si el hombre por su natura-*

leza, y prescindiendo de los defectos adventicios, tiene mayor poder para obrar bien que para obrar mal; y respondo afirmativamente, fundándome en la primera Condición: *el poder es más grande en la concordancia que en la contrariedad.* Porque, como todas las perfecciones ó principios naturales del hombre, naturalmente concuerdan con el poder y bondad, y por consecuencia repugnan por sí á la malicia; síguese de ahí que, el poder del hombre naturalmente debe ser mayor para el bien que para el mal. (P. Pasqual).

Pregunto luego, *si en el Paraíso tienen igual gloria las potencias del alma;* y respondo sin vacilar que sí, apoyado en la segunda Condición: *la concordancia es mayor en la igualdad que en la desigualdad.* Porque de esta Condición se sigue que, la concordancia del alma con Dios en la Patria, es mayor en la igualdad de gloria de sus tres potencias que en la desigualdad. Luego tienen igual gloria; pues, no siendo de esta suerte, faltara la mayor concordancia entre el alma y Dios y entre las mismas potencias, y obraría Dios en ella lo menos dejando de obrar lo más; lo que repugna al supremo bien del alma y á la mayor comunicación con que Dios se le comunica (P. Pasqual).

Por último, deseo saber *si las almas racionales son iguales entre sí;* y parece ser que la respuesta debe ser negativa, pues así se deduce de la tercera Condición: *donde hay mayor distinción en concordancia hay mayor orden.* Porque, como siendo las almas desiguales según su naturaleza, haya en ellas mayor distinción en su concordancia, por estar diversificadas en la graduación de mayoridad y minoridad, es preciso que sean desiguales para tener el mayor orden que conviene con el mayor ser y perfección. (P. Pasqual).

En vista de esto, podemos afirmar lo siguiente:

1) las *Condiciones* lulianas (y lo mismo decimos de las *Definiciones* de los Principios y de las *Reglas)* son siempre y en todos los casos verdaderas;

2) ellas abrazan, no sólo el orden del *ser,* sino también el orden del *conocer;*

3) si en la inquisición de la verdad el pensamiento humano se separa de ellas, cae en error;

4) el entendimiento humano debe tomarlas como moldes de lo verdadero ó como una medida de las verdades científicas;

5) las leyes que ellas definen rigen la materia y el espíritu, así en el ser como en el obrar de ambos;

6) ellas engendran la criatura, y son además verdades cuya suposición es de todo punto necesaria, si no queremos que naufraguen las demás.

En una palabra, la ley constitutiva del ser es, además, el criterio de verdad.

En el sistema hegeliano la materia se identifica con el espíritu; las cosas existen porque las pensamos: en el sistema luliano la materia defiere substancialmente del espíritu, y sólo se identifican las leyes que regulan á ambos, así en su ser como en su obrar; por lo que las cosas existen independientemente de nuestro pensamiento, pero, eso sí, si queremos pensar bien, hemos de servirnos de las leyes que regulan el ser de las cosas.

Estas seis observaciones ó resumen que acabamos de hacer, puestas frente á frente de las seis que arriba copiamos del canónigo Signoriello, confirman lo que nosotros sentamos al principio, ó sea, que, al decir así el Angélico Doctor como el Beato Raimundo Lulio *modus intelligendi sequitur modum essendi*, nuestro Doctor y Maestro distínguese notablemente del Angel de las Escuelas.

Estas palabras *eadem sunt principia essendi et cognoscendi*, tocante al ascenso del entendimiento, lo mismo significan en boca de Santo Tomás que en los labios del Beato Raimundo; pero éste repítelas también en el descenso del entendimiento, que el Doctor Angélico no practicó, y en ese descenso aquel efato escolástico resulta *más* verdadero: en él las leyes del ser se identifican *más* con las del conocer, que en el ascenso. (NOTA A).

Dice á este propósito D. Francisco de Paula Canalejas, en su folleto *Las doctrinas del Doctor Iluminado Raimundo Lulio*, pág. 14 y sigs.:

«¿Pero estos atributos ó perfecciones de Dios que son los principios del ser, son los del conocer? Contestada negativa ó afirmativamente esta pregunta, nos encontramos ó en la Lógica divorciada de la Metafísica y puramente formal de los siglos medios, ó en la Lógica real objetiva de las modernas escuelas. ¿Entrevió el solitario del monte Randa esta gran conquista de la ciencia? No sólo Lulio, sino todos sus discípulos los más fieles y ortodoxos, como Sibiude, Salzinger y Pasqual, declaran que los principios que pertenecen al ser son los de conocer el ser, porque perteneciendo realmente á Dios, en tanto puede haber en él algún predicado, en cuanto conviene con sus atributos ó perfecciones; y de la misma manera en la criatura, porque como ésta no tiene ser sino en cuanto participa é imita las divinas perfecciones, no le puede convenir ningún predicado, sino en cuanto convenga con la bondad, grandeza y demás perfecciones divinas de que participa.

Y siendo estos atributos en los que más inmediatamente participa el ser de Dios, la razón primera y el fundamento de todo predicado, pues todo el ser y la vida de la naturaleza no puede ser otra cosa que una participación del ser y operación ó vida divina; como todas las criaturas participan del ser de Dios, síguese que sus perfecciones criadas son el medio fundamental de conocer lo que compete á cada una.

Sea cualquiera el juicio que se forme de esta serie de afirmaciones lulianas, no es posible desconocer su originalidad en el siglo XIII, así como el profundo presentimiento de la realidad y verdad de la ciencia fundada en Dios. La doctrina platónica de las ideas pudo dar á Lulio luz para su Arte, pero la teoría surge pura y viva del fondo del cristianismo popular español, verdadera inspiración y escuela del Doctor Iluminado y mártir...

Pero no se limita en su Arte Raimundo Lulio á señalar las perfecciones ó principios del ser como principios del conocer, ni se detiene aun después de exponer que esas mismas perfecciones son el *criterio que da toda certeza;* sino que pasa á demostrar cómo esos simples y universales principios son eficacísimos para descubrir y conocer la verdad. Se alcanza este efecto por medio de las Definiciones, las Condiciones ó axiomas y por las Reglas, que son, como los Principios, universales, reales y primitivas.»

Tiene razón Canalejas: la Escuela luliana, y á su frente Sibiude, Salzinger y Pasqual, identifica siempre los principios del ser con los del conocer.

El autor de la *Teología Natural,* en el capítulo XI, enseña que los principios del ser son los del conocer, al sentar resueltamente que el ser es el fundamento radical y la regla para probar y conocer todas las demás cosas de Dios; y que cual es su ser, tales son las demás cosas; y que todo le conviene á El por su ser.

«Quòd esse est radicale fundamentum et regula ad probandum et cognoscendum omnia alia de Deo; et quòd quale est suum esse, talia sunt omnia; et quòd omnia conveniunt Ei per esse.

«Et quia esse est primum, et in Deo omnia alia sunt idem quod esse, ergo sequitur, quòd quidquid dicitur de esse Dei, dicitur de omnibus aliis; et quidquid attribuitur ipsi esse, attribuitur omnibus aliis; et eo modo quo esse se habet in Deo, eodem modo se habent vivere, sentire, intelligere, velle et nolle. Et quia esse est primum, omnia conveniunt ei per suum esse.

«Ideo si volumus cognoscere quale est suum vivere, suum sentire, suum intelligere, suum velle et alia, non oportet nisi videre quale est suum esse. Ergo totum fundamentum est in esse; et tales conditiones quales habet suum esse, tales habent omnia alia; et per ipsum esse, tanquam per medium, probantur omnia alia.

«Ecce habemus unum fundamentum radicale ad sciendum et ad cognoscendum omnia de Deo nostro. Cognito ergo ipso esse, omnia manifesta videbuntur nobis. Ecce ergo brevissimam doctrinam: cognoscamus igitur ipsum esse, si volumus alia cognoscere, et videamus proprietates ipsius esse.» (Venetiis-apud Franciscum Ziletum, 1581).

Adviértase que la obra de Sibiude se intitula, y es en verdad, una *Teología Natural:* no niega la revelación; sólo se propuso estudiar á Dios naturalmente, sólo se propuso escribir una *Teología Natural.* Lo que ha dicho de las leyes para conocer á Dios—que ha identificado con las leyes del Ser divino—afírmalo asimismo de las leyes para conocer al hombre, las cuales, dice, son de igual modo las leyes del ser ó naturaleza del hombre.

El hombre— escribe Sibiude— naturalmente busca la certeza; pero ésta tiene varios grados.

La causa de toda certeza nace de la virtud y eficacia de los testigos; de donde, si los testigos son tan ciertos, manifiestos, indubitables y verdaderos, que de ningún modo podamos dudar de sus deposiciones, entonces lo que ellos nos digan será ciertísimo y evidente.

Pero ¿quiénes son los testigos que engendran una certeza mayor? Los más cercanos é íntimos de las cosas de que se duda.

Pero lo más cercano é íntimo de un ser es el mismo ser, son las leyes que regulan el ser: como lo más cercano é íntimo del hombre es el mismo hombre, su ser, su naturaleza, las leyes que rigen su propio ser.

De donde se sigue, que lo que probemos ó conozcamos de una cosa por la misma cosa, por las leyes del ser de la cosa, aquello será lo más cierto; lo que probemos ó conozcamos del hombre por el mismo hombre, por su naturaleza, por las leyes de su ser, aquello será lo más cierto y verdadero que del hombre alcancemos. Las leyes del ser son las del conocer. Las leyes del ser son el criterio de verdad.

Las leyes de la naturaleza del hombre son el medio para saber cuanto al hombre pertenece. Importa, de consiguiente, muchísimo, que el hombre se conozca á sí mismo, que conozca á su naturaleza, á las leyes de su ser.

¿Cuándo es que Sibiude profiere tales enseñanzas? En el primer capítulo de su obra, y en las primeras líneas de este capítulo, donde inquiere el origen ó fuente de cuanto luego va á sentar, deducir y demostrar. Por donde se ve que la preciosa *Teología Natural* del filósofo barcelonés se funda en la identificación de los principios del ser con los del conocer.

«De origine hujus scientiae.

«Quia homo naturaliter semper quaerit certitudinem et evidentiam claram, nec aliter quiescit nec quiescere potest, donec venerit ad ultimum gradum suae certitudinis; verùm quia certitudo et probatio suos habet gradus, et est major et minor certitudo, major et minor probatio; virtus autem probationis et causa totius certitudinis oritur ex certitudine et virtute testimoniorum et testium ex quibus dependet et causatur tota certitudo; unde quantò magis testes sunt certi, manifesti et indubitati et veri, tantò magis est certum illud quod ex eis probatur.

«Et si testes sunt ita certi et manifesti, et testimonia eorum ita manifesta, ut nullo modo possit dubitari, nec nobis possint esse magis manifesta et certiora, tunc illud quod ex eis probabitur sine dubio erit nobis certissimum, manifestissimum et evidentissimum.

«Et quia quanto sunt testes magis extranei, distantes, elongati a re de qua dubitatur, tanto minorem fidem et certitudinem generant; quanto autem testes sunt magis vicini, propinqui et intranei et indubitati, tantò majorem fidem faciunt et credulitatem. Et quia nulla res magis vicina, magis propinqua et magis intranea vel intrinseca et propria alteri, est quàm ipsamet sibi.

«Et ideo quidquid probatur de aliqua re per ipsammet rem, et per naturam propriam, maximè certum est.

«Et cùm nulla res creata sit propinquior homini, quàm ipsemet homo sibi, ideò quidquid probatur de homine per ipsummet hominem, et per suam propriam naturam, et per illa quae sunt sibi certa, de illo maximè certum, manifestum et evidentissimum est ipsi homini. Et ista est utilitas, certitudo et maxima credulitas, quae possit causari vel creari per probationem.

«Et ideo ipsemet homo ex sua propria naturâ debet esse medium argumentum et testimonium ad probandum omnia de homine... *(En el orden natural, se entiende)*.

«Necesse est ergo, quòd homo cognoscat seipsum et suam naturam, si aliquid velit certissimè probare de seipso.»

No hemos de extrañar que Sibiude identifique los principios del ser con los del conocer, pues vemos que la concepción filosófica de nuestro autor es soberanamente unitaria. El prueba la existencia de *un solo Dios,* porque los tres grados de la naturaleza inferiores al hombre—ser, vivir, sentir—abrazando los tres como abrazan muchas especies y naturalezas, tienden y se ordenan al hombre (que constituye el cuarto grado), como al ser más digno y noble y como á la razón por la que existen ellos, el cual tiene una sola naturaleza y forma una sola especie. Por donde—continúa—si las cosas inferiores al hombre, conteniendo ellas diversidad de naturalezas, tienden no obstante á la unidad, buscan en la unidad un ser superior á ellas, pues se ordenan al hombre y sólo en éste reconocen su superior, el cual tiene una sola naturaleza y forma una sola especie; es lógico que el hombre tienda asimismo á la unidad y no reconozca por ser superior, sino al que lleve entre los pliegues más recónditos de su existencia el sello de la unidad. Si el hombre tiene superior, si Dios existe, este superior debe ser *uno*, este Dios debe ser *uno*. Si lo inferior tiende á lo más noble, que es la unidad; ¿dejará de aspirar á ello lo superior, el hombre? No lo permite eso la naturaleza; no lo permite el orden de las cosas. Y al concluir así el Filósofo de Barcelona, proponía y aplicaba la *Regla* luliana de *Mayoridad* y *Minoridad*.

Escuchadle, por fin, como termina: «Porque es una cosa mejor, más fuerte y más digna, tender á la unidad, que á la diversidad; á lo uno, que á lo mucho.

«Tender á la unidad y á lo uno, es ir y tender al ser, á lo bueno, á la fortaleza y á la conservación; pero ir y tender á la diversidad y á la pluralidad, es ir al no-ser, á lo malo, á la división, á la debilidad y á la destrucción.» «Hoc non patitur natura nec ordo rerum, quòd inferiora et minus digna tendant et ordinentur ad melius, fortius et ad nobilius; superiora autem et magis digna tendant ad pejus et debilius. Sed melius et fortius et dignius est tendere ad unitatem, quàm ad diversitatem; et ad unum, quàm ad plura. Quia tendere ad unitatem et ad unum, est tendere ad esse, ad bonum, ad fortitudinem, et ad conservationem. Sed ire et tendere ad diversitatem et pluralitatem, est ire ad non-esse, ad malum, et ad divisionem, ad debilitatem, et ad destructionem.» (Cap. IV).

¿Quieres ahora, estudioso lector, leer algún texto de Salzinger sobre la identificación de los principios del ser con los del conocer? He aquí uno sacado de su obra *Revelatio secretorum Artis*, cap. III; es así:

«Cùm igitur totus modus essendi rerum sensualium profluxerit a ternario principiorum *(la potencia activa, la pasiva y la acción ó acto conectivo)*, et modus intelligendi debeat comformari et proportionari, quantum est possibile, ipsi modo essendi, ut habet Regula secunda *Artis Inventivae;* ideo totus modus intelligendi debet necessariò sumere exordium a ternario principiorum. Et sicut principia essendi sunt ipsa principia intelligendi, ut dicto loco invenies, sic ipsa tria principia realia ipsius modi essendi rerum sensualium sunt eadem tria principia intentionalia ipsius modi intelligendi dictarum rerum...

«Ostensum et demonstratum est igitur, quomodo *Esse, Necessitas et Privatio* in Deo sint tria suprema, realia, primitiva, vera et necessaria Principia essendi et demonstrandi, a quibus omnia principia inferiora, realia, primitiva, vera et necessaria sumunt suum modum essendi, operandi, intelligendi et demonstrandi.»

El reverendísimo Pasqual sigue la tradición luliana al escribir en la disertación I de las *Vindiciae Lullianae,* tomo I, amén de otros mil lugares: «principia essendi sunt principia cognoscendi, quia res quaecunque cognoscitur per easdem rationes per quas habet suum esse et operari.»

Esa disertación I se intitula: *De Arte Generali Beati Raymundi Lulli ejusque conducentiâ ad Scientias acquirendas.*

NOTA A. (Pág. 256)

El Sistema Científico luliano, ó Arte Magna, abraza, entre otras materias, según dijimos, todos los tratados que comprendemos bajo la denominación de Lógica aristotélica; y de ellos se sirve, así en el ascenso como en el descenso del entendimiento. Pero, además, el descenso del entendimiento, ó Ciencia Universal, constituye por sí solo otra Lógica: Aristóteles sirvióse de aquélla para el ascenso del entendimiento; el Beato se sirve de ésta para el descenso.

Para el ascenso, la Lógica peculiar es la aristotélica; para el descenso, la Lógica peculiar es la luliana. En el ascenso podemos prescindir en absoluto de la Lógica del descenso; empero, en el descenso, no podemos prescindir en absoluto de la Lógica del ascenso; pues nadie puede prescindir, sea cual fuere el sistema filosófico que abrace, de las leyes del silogismo, por ejemplo, redactadas la primera vez por Aristóteles.

Con todo, tan naturales y congénitas son al espíritu humano las leyes de la Lógica del ascenso como las leyes de la Lógica del descenso; y así, no es difícil observar que *todos* usamos indistintamente de las unas y de las otras: usamos de la Lógica luliana sin conocer siquiera á Lulio. Aun los adversarios del Lulismo se sirven á cada paso de la Lógica del descenso. ¿Quién puede desnudarse de la naturaleza?

Otra observación. La Lógica de Aristóteles es un arte para hallar la verdad: *ars inveniendi veritatem;* y lo es asimismo la Lógica de nuestro Doctor: el uno busca y halla la verdad *ascendiendo,* el otro busca y halla la verdad *descendiendo.*

¿No hay más diferencias? Sí. La Lógica aristotélica es un arte que *sólo* da reglas para hallar la verdad, sin proporcionar la materia donde hallar la verdad; la Lógica luliana del descenso, no solamente nos da reglas para hallar la verdad, sino también nos proporciona la materia donde hallar la verdad: esta materia son los principios Bondad, Grandeza, Duración, Poder, Sabiduría, etc.

En la Lógica aristotélica del ascenso, los principios del ser no son los principios del conocer. Las proposiciones, por ejemplo, *el todo es mayor que una de sus partes, dos cosas iguales á una tercera son iguales entre sí, una cosa no puede ser y dejar de ser á un mismo tiempo y bajo el mismo respecto,* son, en la Lógica aristotélica del ascenso, principios del conocer; empero en manera alguna puede de ellos afirmarse que constituyan las leyes ó principios del ser. En la Lógica luliana del descenso los principios del ser son los principios del conocer. Las proposiciones, por ejemplo, *la grandeza es amable en el poder, el poder no es amable sin la virtud, la concordancia es mayor en la mayor diferencia y menor en la menor diferencia,* son á la vez los principios ó leyes del ser y los principios ó leyes de conocer este ser.

De donde se sigue, que la Lógica aristotélica del ascenso es solamente *intencional,* se ocupa sólo en el ente de razón, abraza únicamente los principios ó leyes del conocer, es una Lógica puramente artificial, y por ende particular; y síguese, además, que la Lógica luliana del descenso es á la vez *intencional* y *real,* comprende é identifica los principios del ser y los principios del conocer, es una Lógica artificial y natural juntamente, y por tanto es verdaderamente universal.

Salzinger, cuyas obras debieran poseer y estudiar todos cuantos de lulistas se precien, dice lo siguiente: «Cùm Logica ordinaria non tribuat materiam demonstrandi, nec forma demonstrandi illius sit realis et naturalis, sed tantùm intentionalis et artificialis, nec ipsa Logica sit universalis, sed tantùm particularis, ut patet ex hic et alibi dictis, universale verò sit priùs particulari, et sit principium Artis et Scientiae, et sit regula dirigendi particularia; ideo Logica lulliana requirit primò subministrare materiam universalem demonstrandi, non tantùm intentionalem et artificialem, sed etiam realem et naturalem, ex qua per Artem et Naturam possint elici materiae particulares et ad illam applicari ut regulentur per eam: haec autem materia sunt ipsa Principia Artis Universalis lullianae (Bonitas, nempè, Magnitudo, Æternitas seu Duratio, Potestas, Sapientia, etc.).

Posita igitur materia necesse est ponere formam universalem, realem, naturalem, intentionalem et artificialem demonstrandi, ostendendo quomodo per operationem unum Principium se habeat ad alterum ad producendum universale opus Artis et Scientiae.»

«Quanta sit differentia inter lullianam et vulgarem Logicam partim patet ex dictis, partim patebit ex dicendis. Nam Logica ordinaria non agit nisi de secundis intentionibus, lulliana verò de primis et secundis; illa non procedit nisi artificialiter, lulliana naturaliter et artificialiter simul; illa non est nisi particularis, lulliana universalis et particularis; illa non subministrat nisi formam et modum artificialem argumentandi, lulliana et materiam tam universalem quàm particularem et formam similiter tam naturalem quàm artificialem argumentandi tribuit; illa non est per totum demonstrativa, lulliana verò in omnibus suis partibus non patitur nisi demonstrationes; illa non tendit ad opus practicum physicum, lulliana verò sic.

Praeterea adhuc alias et nobiliores proprietates habet Logica lulliana, nam in quantum est naturalis seu physica, licet sit universalis, eò quòd ambit totam naturam creatam, est tamen sic accepta particularis respectu illius quae comprehendit utramque naturam creatam et increatam, quae ultima et hanc et omnes alias decem principiis significatas involvit. Et haec est propriè pars lullianae Artis Universalis, quia ejus principia sunt principia Artis Universalis, et propositiones hujus conditiones illius, et demonstrationes hujus demonstrationes illius; nec una differt ab altera, si accipiatur in concreto, quia sic includit omnes reliquas partes, scilicet, Artem significandi, inveniendi, intelligendi, memorandi, amandi, persuadendi, numerandi, mensurandi, concordandi, etc., sed benè, si accipiatur in abstracto sub forma demonstrandi, tunc enim consideratur ut pars Artis.» (*Revelatio Secretorum Artis;* cap. III de Logica).

XLI

Continuemos siguiendo á Balmes en sus ataques contra la ciencia trascendental ó universal que excogitaron los filósofos modernos; y seguiremos viendo, como hasta ahora, que sus censuras á la concepción unitaria de la ciencia nada tienen que ver con la Ciencia Universal que nos legara el Beato Raimundo Lulio.

Ahora sale en escena la *Monadología* de Leibniz. Tampoco funda la ciencia trascendental, dice Balmes; porque «la hipótesis de Leibniz explica el origen de las ideas, mas no su enlace. Hace del alma un espejo en que por efecto de la voluntad creatriz se representa todo; pero no explica el orden de estas representaciones, no da razón de cómo unas nacen de otras, ni les señala otro vínculo que la unidad de la conciencia. Este sistema, pues, se halla fuera de la cuestión; no disputamos sobre el modo con que las representaciones existen en el alma, ni sobre la procedencia de ellas, sino que examinamos la opinión que pretende fundar toda la ciencia en un solo hecho, desenvolviendo todas las ideas como simples modificaciones del mismo. Esto jamás lo ha dicho Leibniz.» *(Fil. Fundam.* cap. X, tom. I).

¿Qué relaciones hay entre la *Monadología* de Leibniz y el descenso luliano del entendimiento?

Para el Filósofo alemán «el mundo entero está formado de seres indivisibles, *todos representativos del mismo universo* del cual forman parte, pero con representación adecuada á su categoría respectiva y con arreglo al punto de vista que les corresponde según el lugar que ocupan.» Para el Filósofo mallorquín el mundo está formado de los seres salidos de las manos de Dios; seres todos, así materiales como espirituales, que están regidos por *unas leyes,* tanto en su ser como en su obrar, *que representan de verdad al mismo universo,* pero con representación mayor ó menor de conformidad con la flaqueza y limitación del humano entendimiento y aún con los diversos grados de potencia intelectual que distinguen á unos individuos de los otros. Estas leyes son las *Definiciones* de los principios, las *Condiciones* y las *Reglas,* de cuyo origen y verdad no tenemos que añadir una palabra á lo explicado más arriba.

Empero aquellos seres indivisibles, ó *mónadas* de Leibniz, no pueden ser representativos del universo. «Siendo la representación de las mónadas—objeta Balmes—una mera hipótesis, no sirve para explicar nada, á no ser que la filosofía se convierta en un juego de combinaciones ingeniosas. El *yo* es una mónada, esto es, una unidad indivisible: en esto no cabe duda; el *yo* es una mónada representativa del universo: ésta es una afirmación absolutamente gratuita.

Hasta que se la pruebe de un modo ú otro, tenemos derecho á no querer ocuparnos de ella.» *(Ibidem).*

Mas la objeción de Balmes no hace mella en las Definiciones, Condiciones y Reglas del Arte Magna, las cuales son verdaderamente representaciones del mundo de las existencias, así materiales como inmateriales y espirituales.

No son seres indivisibles, como en el sistema leibniziano; sino que son las leyes por las que se rigen todos los seres.

Un ser creado, como lo es la mónada de Leibniz, es un hecho infecundo; de él no pueden desenvolverse las ideas como simples modificaciones del mismo. Una ley, expresión de un hecho infinito, de Dios... esa sí, es fecundísima: de ella pueden desenvolverse las ideas como simples modificaciones de la misma, pues aquella ley, expresión de un hecho infinito, de Dios, se cumple proporcionadamente y *multipliciter et divisim* en todas las criaturas, y no sólo en el ser de ellas, sino también en su obrar. Y como las Definiciones de los principios lulianos, las Condiciones y las Reglas son, según queda sentado, leyes que expresan un hecho infinito, Dios, y leyes que se cumplen asimismo proporcionadamente y *multipliciter et divisim* en el ser y en el obrar de todas las criaturas, de ahí se sigue en buena lógica, que de ellas podemos desenvolver las ideas como simples modificaciones de dichas leyes, y, por tanto, que son representaciones del universo.

Segundo argumento.

¿Cómo no ser representaciones del universo las Definiciones, Condiciones y Reglas, si los principios *Bondad, Grandeza, Poder, Sabiduría,* etc. (cuyas son aquellas Definiciones, naciendo después de ahí las Condiciones y luego las Reglas) se hallan todos en Dios, porque todos dicen perfección *simpliciter simplex;* y de convenir estos principios á Dios, necesariamente se sigue que competen á todas las criaturas, ya que, siendo todas efectos de Dios, tiene cada una en sí, según su capacidad y orden natural, la semejanza de todas las divinas perfecciones? Recuerde el lector atento, que esto último lo tenemos dicho ya muy arriba, transcribiendo unos pasajes del reverendísimo Pasqual.

Decíamos también allí por boca del mismo lulista: «Mas como ninguno de sano juicio dirá, que las cosas que Dios produce no son buenas, se infiere, que la bondad divina imprime en todas las criaturas su semejanza, la que consiste en una bondad criada, por la que cada una en el grado de ser que le compete es buena. Y como la grandeza, duración, poder, sabiduría y demás perfecciones divinas sean del todo iguales á la bondad, y por consecuencia tan activas y poderosas para asemejarse á sí las criaturas, como ella, por ser igualmente infinitas, omnipotentes, inmensas, etc.; por esto todas, como la bondad, han producido en todas las criaturas su proporcionada semejanza.» *(Examen de la Crisis...* tomo II, pág. 8). Confirmábamos después esta doctrina por el inconveniente que se seguiría de no producir Dios en las criaturas estas semejanzas.

«Síguese de todo esto—continuábamos diciendo—que, así como la semejanza que la divina bondad estampa en las criaturas es una bondad criada, por la qúe ellas son buenas, del mismo modo la impresa semejanza de la divina grandeza, eternidad ó duración, poder, sabiduría, etc., es una criada grandeza, duración, poder, sabiduría, etc.»

Luego los principios *Bondad, Grandeza, Poder, Sabiduría,* etc., son *universales,* «pues convienen á todo lo que tiene ser, que es Dios y la criatura; son también principios *reales,* porque realmente son atributos de dichos extremos; son *primitivos,* porque son la raíz de todo el ser y no se derivan de otros; y finalmente son *necesarios,* porque sin ellos no pudiera ser Dios, ni menos la criatura, pues ésta en tanto puede ser en cuanto es una imitación ó semejanza de Dios.» *(Ibidem).*

Ahora bien, aquello que tiene por carácter esencial, distintivo y propio, el ser *universal, real, primitivo* y *necesario,* en el sentido explicado, ¿puede negarse que sea una representación del universo? Responda el más exigente.

La representación de que hablamos nadie puede envanecerse de poseerla, si no es el *substratum* del ser y del obrar de todas las criaturas; y lo que es universal, real, primitivo y necesario, no hay duda, es el *substratum* requerido.

Glosando el conocido efato escolástico: *Dans formam dat omnia consequentia formam* (en cuales cosas consiguientes á la forma contamos, como es sabido, lo que se requiere para la perfección esencial de la forma y también lo relativo á su perfección accidental, no ya siempre formalmente, sino además virtualmente), podemos muy bien decir: la Bondad, Grandeza, Eternidad ó Duración, Poder, Sabiduría, etc., como principios universales, reales, primitivos y necesarios que son del universo, dan á éste su forma, son ellos la verdadera y más alta forma del universo; y de consiguiente deben dar asimismo al universo lo que sigue necesariamente á la forma, y pueden darle también lo que toca á su perfección accidental, ya formalmente, ya virtualmente. Y como el tener cualquier ser una representación adecuada y exacta en otra cosa (por ejemplo, en una ley ó en un hecho, como en el caso presente), entra de lleno en lo relativo á la perfección accidental de aquel ser, tenemos que no podemos negar á los principios Bondad, Grandeza, Eternidad ó Duración, Poder, Sabiduría, etc., el ser la representación del universo. Con esto dicho queda, que poseen asimismo esta representación las Definiciones de los principios, las Condiciones y las Reglas.

Sobre la verdad y exactitud de las Definiciones, Condiciones y Reglas, no hay por que decir nada, después de lo dicho anteriormente sobre ello.

Tercer argumento.

Parece ser (y muchos lo exigen forzosamente) que lo que aspire á representar al universo debe ser á la vez principio del ser y principio del conocer. Condición que reúnen á maravilla los términos *Bondad, Grandeza, Eternidad ó Duración, Poder, Sabiduría,* etc.

No será ocioso repetir aquí, pues se trata de un punto capitalísimo y harto desconocido, lo que ya copiamos del P. Pasqual en las primeras páginas de este libro. «Por la misma razón estos atributos son los principios de conocer todas las cosas, pues, según el axioma filosófico, los principios que pertenecen al ser son los de conocer el ser de las mismas cosas. Y con gran fundamento se asevera esto de los principios lulianos, porque, perteneciendo realmente á Dios, en tanto puede haber en El algún predicado, así según su esencia como operación, en cuanto es bueno, grande, etc.; pues sólo puede convenirle por ser tan noble y perfecto, que no se puede concebir otro mejor, lo que no puede ser sino por razón de la bondad, grandeza, etc., de Dios. Por esto el medio de conocer si algún predicado compete ó no á Dios, es ver como conviene con la bondad, grandeza, etc., que son los colores y la luz para descubrir lo que se busca en el Supremo Bien.

«A este modo se ha de discurrir proporcionadamente de la criatura. Porque como ésta en tanto tiene ser en cuanto participa é imita las divinas perfecciones ó contiene las semejanzas ó vestigios de ellas, en tanto naturalmente le puede competer algún predicado, así según su ser como según su operación, en cuanto conviene con la bondad, grandeza, etc., que contiene como semejanzas de las divinas perfecciones. Porque siendo estos sus atributos en los que más inmediatamente participa el Ser de Dios y más propiamente le imita, deben ser la razón primitiva y fundamento principal de lograr cualquier predicado, pues todo su ser y operación natural no puede ser otra cosa que una participación é imitación del ser y operación divina. Y como todas las criaturas participen é imiten el Ser de Dios, sus perfecciones criadas—que son las semejanzas de las divinas—son el medio fundamental de conocer lo que compete á cada una.» (*Examen de la Crisis*... tomo II, pág. 10).

Hemos visto, pues, que los seres indivisibles ó *mónadas* de Leibniz no son principios representativos de la ciencia; lo son, sí, los términos Bondad, Grandeza, Eternidad ó Duración, Poder, Sabiduría, etc. (con sus Definiciones, Condiciones y Reglas): los únicos que pueden en verdad gloriarse de ser un hecho representativo de todo lo que el entendimiento humano puede conocer, de ser un espejo en que reflejan el mundo interno y el externo.

Balmes exige luego, que la verdad real ó el hecho que pretenda ser base de toda ciencia, sea percibido inmediatamente. «Sin esta inmediación le faltaría el carácter de origen y cimiento de las demás verdades; pues que el medio con que le percibiríamos tendría más derecho que él al título de verdad primera. Si este hecho mediador fuese causa del otro, es evidente que este último no sería el primero; y si la anterioridad no se refiriese al orden de ser sino de conocer, entonces resultarían las mismas dificultades que tenemos ahora para explicar la transición del sujeto al objeto, ó sea, la legitimidad del medio que nos haría percibir el hecho primitivo.» (Lugar citado).

Urge por tanto interrogar: los Principios del descenso luliano del entendimiento ó Ciencia Universal, ¿son percibidos inmediatamente? ¿son principios *per se nota,* como decimos en las aulas? Salzinger responde afirmativamente diciendo: «Sunt *per se nota,* non tantùm quoad se, sed etiam quoad intellectum creatum, cui plùs se revelant quàm quaelibet principia creaturarum intellectualia vel sensualia; sunt enim non solùm magis intelligibilia quàm haec, sed etiam habent majorem potestatem et influentiam, quibus se faciant intelligibilia, quàm haec.» Este es uno de los más principales fundamentos en que se apoya todo el edificio de la Ciencia Universal luliana, por lo que—añade el sacerdote alemán—fuerza es declarar esta materia. Y en seguida empieza á explicar cómo la Escuela luliana propone al humano entendimiento los principios Bondad, Grandeza, Eternidad ó Duración, Poder, Sabiduría, etc., en virtud de lo cual llámalos con razón dicha Escuela principios conocidos por sí mismos ó conocidos por la lumbre de la razón natural; porque—dice—aunque los Principios lulianos no sean conocidos en sí inmediata y primitivamente, son conocidos no obstante mediatamente y en sus primitivas semejanzas, las cuales semejanzas primitivas significan con más necesidad á aquellos primeros principios, que las semejanzas de la luz y los colores, producidas en el aire, á la luz y los colores del objeto; de lo contrario, Dios hubiera puesto mayor orden entre la vista corporal y su objeto, que entre la vista intelectual y el suyo, que es el mismo Dios; y esto es imposible.

Al fin del capítulo hallarán los estudiosos en la Nota A la hermosa disquisición de Salzinger.

Digamos dos palabras sobre el problema de la representación en sus relaciones con la ciencia trascendental ó universal, cuyo examen ocupa en la obra de Balmes los capítulos XI, XII y XIII.

Al tratar de la ciencia trascendental el Filósofo de Vich y el Beato Raimundo Lulio se colocan en puntos muy diversos, y de ahí la diversidad de conclusiones: para el primero la Ciencia Universal es imposible; para el segundo, no sólo es posible, sino que además él cree haber hallado sus cánones y el modo con que, mediante éstos, solucionar las cuestiones propuestas. Como sólo combatió á los sistemas modernos, al igual que éstos, Balmes tomó por punto de partida un hecho finito, el *yo;* nuestro Doctor y Maestro tomó por punto de partida un hecho infinito. Dios. Examinando la naturaleza y virtualidad del hecho finito, del *yo,* concluye Balmes, que la filosofía no puede comenzar por el *yo.* Examinado el Ser Supremo á la sola lumbre de la razón natural, observó el Beato Lulio, que todo lo vemos en Dios, no inmediatamente y á la manera de los ontologistas (como más adelante probaremos), sino por medio de las Definiciones de los atributos divinos, de las Condiciones y de las Reglas. Partiendo siempre del *yo* y habiendo examinado el problema de la representación en sus relaciones con la Ciencia Universal, dice Balmes otra vez, que el examen de aquel problema proporciona nuevas razones para negar la posibilidad de la ciencia trascendental que buscamos. El Beato Lulio, partiendo de la idea de Dios que alcanzamos por la sola lumbre natural, es á saber, mediante los atributos de la Divinidad; desleída esta idea en los mil conceptos y sus derivados innumerables que nos ofrecen los divinos atributos (Definiciones, Condiciones y Reglas), nada encuentra en el estudio del problema de la representación, que se oponga á la Ciencia Universal, antes al contrario, halla en él la confirmación plenísima de su verdadera y realísima existencia. Pues en la Escuela luliana, los atributos de la Divinidad, aquellas Razones Eternas y al mismo tiempo razones de la sabiduría creada, de que tanto nos habla el Areopagita y á las cuales llamaba él *predeterminaciones distintivas y efectivas de to-*

das las cosas del universo (como Hartmann nos escribió); son la representación de todo cuanto el hombre entiende y puede entender, son la representación del universo entero; y esta representación es representación de causalidad. ¿Por ventura negaremos á Dios el ser la representación del universo? ¿ó podremos negar que esta representación lo sea de causalidad? Y lo que afirmamos de los atributos divinos, forzosamente debe afirmarse también de las Condiciones y Reglas, pues todas nacen de aquéllos natural y legítimamente.

Escribe Balmes muy bien, que «la fuerza representativa puede dimanar de tres fuentes: identidad, causalidad, idealidad.» «Una cosa puede representarse á sí misma: esta representación es la que llamo de identidad. Una causa puede representar á sus efectos; esto entiendo por representación de causalidad. Un ser, substancia ó accidente, puede ser representativo de otro, distinto de él y que no es su efecto; á éste llamo representación de idealidad.» (Cap. XI).

Ejemplo de una representación de identidad: en el Cielo Dios se representa, ó más bien se presenta á sí propio á los bienaventurados, quienes contemplan al Ser Supremo sin mediación de idea alguna. Ejemplo de una representación de causalidad: Dios, representándose ó más bien presentándose á sí propio, ve en su poder—que se identifica con la ciencia divina—los efectos de su poder, ó sea, las criaturas. Ejemplo de una representación de idealidad: el conocimiento humano, que se verifica mediante ideas representativas de las cosas.

¿No decimos que las Definiciones de los divinos atributos, las Condiciones y las Reglas, son representaciones del universo, de todo lo que el hombre conoce y puede conocer? Sí.

¿A qué clase de representación pertenecen las Definiciones, Condiciones y Reglas? Las Definiciones, Condiciones y Reglas representan porque causan; ellas son las leyes por las que se rigen ambos mundos, el externo y el interno; son la voluntad de Dios, llegada por vía natural al conocimiento del hombre; ellas dan el ser á las criaturas y les dan también el conocimiento de este ser.

Pero, como dice agudamente Balmes, la causalidad puede ser principio de representación, pero no es razón suficiente de ella, ya que—continúa—una causa no será representativa de sus efectos si ella en sí misma no es inteligible. ¿Y son inmediatamente inteligibles las Definiciones, Condiciones y Reglas? No; recuérdese que Salzinger dice que ni aun los principios lulianos, Bondad, Grandeza, Eternidad ó Duración, Poder, Sabiduría, etc., son conocidos en sí inmediata y primitivamente, si bien pueden llamarse *per se nota vel lumine naturali cognita* en un sentido restringido, no en un sentido absoluto. Por tanto, mucho menos las Definiciones, Condiciones y Reglas.

Mas, en cuanto la Bondad, Grandeza, Eternidad, Poder, Sabiduría, etc., se hallan en Dios; en cuanto las Definiciones, Condiciones y Reglas se verifican en Dios, como dejamos probado al declarar la verdad y exactitud de las mismas; así la Bondad, Grandeza, etc., como sus Definiciones, Condiciones y Reglas, son inmediatamente inteligibles para Dios, porque Dios, como dice Balmes, «es infinitamente inteligible para sí mismo;» y aun son inmediatamente inteligibles para el hombre, siempre que Dios quiera presentarse inmediatamente al hombre, fortaleciéndole y elevándole de la manera conveniente, ya que, según el sentir de Balmes, «Dios es inteligible inmediatamente para todos los entendimientos creados, siempre que El quiera presentarse inmediatamente á ellos, fortaleciéndolos y elevándolos de la manera conveniente.» (Cap. XII, núm. 125).

De donde, en rigor, las Definiciones, Condiciones y Reglas no representan por causalidad. ¿Cómo, pues, representarán? Por idealidad.

En rigor hemos de decir que representan por idealidad, porque, *hic et nunc,* ó en la vía ordinaria de las cosas, las Definiciones, Condiciones y Reglas son imágenes de la verdad que buscamos, son moldes para hallar las soluciones apetecidas, son la medida de lo verdadero, son supuestos necesarios de toda verdad, son un criterio de verdad, y sólo esto; no el origen ó fuente de la ciencia. En una palabra, son ideas mediante las cuales levantamos el edificio de la ciencia; de consiguiente *en rigor* representan por idealidad.

Pero, «si bien se observa—escribe Balmes—la representación ideal va á refundirse en la causal; porque no pudiendo un espíritu tener idea de un objeto que no ha producido, sino en cuanto se la comunica otro espíritu, causa de la cosa representada, se infiere que todas las representaciones puramente ideales proceden directa ó indirectamente, inmediata ó mediatamente, de la causa de los objetos conocidos. Y como por otro lado el primer Ser no conoce las cosas distintas de sí mismo, sino en cuanto es causa de ellas, tenemos que la representación de la idealidad viene á refundirse en la de causalidad, verificándose en parte el principio de un profundo pensador napolitano, Vico, *la inteligencia sólo conoce lo que ella hace.* (Cap. XIII).

Pues bien, si esto puede decirse de las representaciones ideales de que se trata en la Escuela aristotélica; si la representación por idealidad que tiene lugar en el ascenso del entendimiento viene á refundirse en la representación por causalidad; nadie con mejor derecho que la Escuela luliana para decir, que los cánones de su descenso del entendimiento representan por causalidad, pues estos cánones, estas Definiciones, Condiciones y Reglas, son verdades y leyes que se verifican en Dios y en la criatura, son las leyes que rigen al universo, por ellas se mide el ser y el entender de las criaturas, tienen en cierto sentido verdadera causalidad, son las Razones Eternas de que nos habla Dionisio el Areopagita, son por lo mismo las razones también de toda sabiduría creada, son las *praedeterminationes distinctivae et effectivae omnium rerum.*

En sentido lato las Definiciones, Condiciones y Reglas representan por causalidad; causan en nosotros la ciencia á la manera como la causan las sensaciones. Un instinto natural nos mueve á objetivar las sensaciones que son fenómenos á todas luces inmanentes; un instinto natural nos mueve á pasar de lo interno á lo externo; un instinto natural nos obliga á creer que existe en el exterior lo que nosotros sentimos allá en nuestro interior. ¿Qué razones ó argumentos tenemos para dar este paso? Ninguna. A no ser que llamemos razón potísima y argumento indestructible, si bien desconocido ó indescifrable, á lo que es natural. Lo mismo sucede con las Definiciones, Condiciones y Reglas; éstas son leyes naturalísimas del humano pensamiento; en nuestros raciocinios nos guiamos por ellas sin conocerlas, instintivamente; hasta los adversarios de las mismas las emplean sin quererlo; una fuerza irresistible nos dice que es verdadero lo que á ellas se amolda; un instinto natural nos afirma que existe en el mundo externo lo que ellas dicen á nuestra mente. ¿Qué razón para todo esto nos ofrece el raciocinio? Ninguna. Aquí hay sólo el instinto natural.

Sí, nosotros objetivamos las Definiciones, Condiciones y Reglas—que son para nosotros puras ideas,—de la misma manera que objetivamos las sensaciones—que son actos inmanentes: en virtud de una fuerza irresistible y natural.

De consiguiente, nosotros podemos decir de la causalidad de las Definiciones, Condiciones y Reglas en el orden científico, lo que de la causalidad de las sensaciones en el mismo orden escribió el Filósofo de Vich: «Luego hay un instinto que por sí solo nos asegura de la verdad de una proposición, á cuya demostración llega difícilmente la filosofía más recóndita.» (Cap. XV). Y no hay por que despreciar, ó tener por antifilosófico, á ese instinto natural que nos fuerza á objetivar las Definiciones, Condiciones y Reglas, pues, según expresa el mismo Filósofo, «es una preocupación, un error de fatales consecuencias, el creer que podemos probarlo todo con el uso de la razón.» (Cap. XVII).

Pero es de advertir ahora que, si bien *todos* usamos del descenso luliano del entendimiento *por instinto natural,* no obstante el que estudia y conoce el sistema del Arte Magna usa de aquél, es á saber, objetiva las Definiciones, Condiciones y Reglas *por riguroso raciocinio.* El Arte Magna es una imitación *científica* de la naturaleza. ¿Y á qué debe aspirar, en último resultado, toda filosofía sensata, sino á sorprender á la naturaleza?

Las Definiciones, Condiciones y Reglas, representativas de todos los seres del universo, están íntimamente relacionadas con la cosa representada; más diré: contienen en cierto modo la cosa representada, puesto que son las leyes por las que se gobierna el ser y el obrar de todas las criaturas; puesto que, en cuanto se verifican en Dios, son las causas eficientes del ser y la operación de todo lo criado, y no causas libres, sino causas necesarias, puesto que son el punto á donde convergen los seres todos de la creación: todo se hace á su imagen y semejanza. «Omnis ratio quae fit aut fieri potest, imò omne quod fit aut fieri potest, quod est aut esse potest, in ista Arte tamquam in speculo relucet, in quo omnes Scientiae apparent.» Nuestro Doctor y Maestro en la *Introductoria Artis demonstrativae,* cap. 34.

Recapitulemos brevísimamente. Todo el libro primero de la *Filosofía Fundamental* lo dedica Balmes al estudio del problema de la certeza; comprende 34 capítulos. El estudio del problema de la certeza es el estudio del primer principio de los conocimientos humanos; pero este primer principio tiene dos acepciones: significa á veces la verdad única de la cual nazcan todas las demás, y también significa el supuesto necesario de toda verdad ó el criterio de la misma.

Los catorce primeros capítulos empléalos el Filósofo ausetano para estudiar aquel primer principio en la primera de sus dos acepciones; y versan los restantes sobre la condición indispensable de todo conocimiento, sobre el criterio de verdad, ó sea, se ocupan en la segunda acepción en que puede tomarse el primer principio de los conocimientos humanos.

¿Qué hace Balmes en los catorce capítulos primeros de su libro? Combate la posibilidad de una Ciencia Universal, reduciendo á menudo polvo los argumentos que adujeron á favor de esta posibilidad las modernas filosofías trascendentales de Alemania. Nosotros ¿qué hemos hecho? Hemos declarado y probado hasta la evidencia, nos parece, que las censuras de Balmes á la ciencia trascendental heterodoxa, justísimas y solidísimas como todo lo de su preclaro ingenio, con todo nada tienen que ver con el descenso luliano del entendimiento ó Ciencia Universal del Polígrafo catalán, pues la filosofía trascendental de Fichte, Schelling, Hegel y la filosofía trascendental del bienaventurado Lulio *opponuntur per diametrum.* Lo que hemos hecho creyendo prestar un buen servicio á la causa del Lulismo: no fuese nadie á decir, que, pues el talento de Balmes negaba la posibilidad de una Ciencia Universal *(sin fijarse en qué términos y en qué suposiciones)*, no había por que hacer caso del novísimo renacimiento luliano, siendo una de las partes integrantes del sistema del Arte Magna el descenso del entendimiento ó Ciencia Universal.

NOTA A (pág. 271)

En primer lugar Salzinger inquiere si es conveniente que la Ciencia Universal tenga principios *per se nota* que no requieran ser probados; donde explica qué se entiende en la Escuela luliana por principio *per se notum*. Oigámosle: «Omnibus Artibus et Scientiis particularibus hoc est commune, quòd habeant et habere debeant principia per se nota quae non indigeant probari (ub ab omnibus tanquam certum supponitur). Si enim ipsa principia essent probanda, hoc fieri deberet per alia principia; et sic continuò donec, aut admitteretur processus in infinitum, et sic nunquam haberetur scientia, aut perveniretur ad aliqua principia quae per se omnibus sanum intellectum (vel sensum, si principia sunt sensibilia) possidentibus essent nota.

Dicitur autem in nostra Scholâ Lullianâ *per se notum*, quod suo experimento sive sensuali sive intellectuali adeò clarè et infallibiliter certificat potentiam, ut omnem ambiguitatem ab illâ auferat. Unde si hoc quod diximus reperitur in omni Arte et Scientiâ particulari, maximè convenit reperiri in Arte et Scientiâ Universali vel potiùs universalissimâ. Quod sic patet, quia, cùm omnis pluralitas quae caret identitate, conveniat cum defectu; et omnis unitas, quae continet omnem perfectionem et excludit omnem defectum hujus pluralitatis, conveniat cum perfectione; ideò necesse est quòd etiam hanc perfectionem habeat in suis principiis, scilicet, quòd sint experimento intellectuali summè nota, ad hoc ut, quando in scientiis particularibus circa illorum principia oritur dubium, possit resolvi per Principia

Scientiae et Artis universalis omnibus aliis scientiis et artibus communia et summè nota.»

En segundo lugar pregunta el docto alemán, si los Principios del descenso luliano del entendimiento ó Ciencia Universal del Beato pueden ser llamados en alguna manera principios *per se nota* ó conocidos por la sola lumbre natural, y en qué sentido. Prueba la afirmativa de este modo: «Sensualiter experimur, quòd per se notum et evidens est oculis sanis quid sit *luciditas, diaphanitas, albedo et nigrido;* et adeò notum ac evidens, quòd si a rustico vidente quaeras quid sit album vel nigrum, statim digito ostendat unum et alterum: quod vel summus philosophus coecus nunquam tam clarè suà definitione notum redderet sibi ipsi vel rustico videnti, si centies repeteret, quòd color albus sit ille qui disgregat visum, et color niger qui congregat.

Hoc ipsum nec Cartesius suis atomis globulosis, striatis, uncinatis vel hamatis efficeret.

Multoties miratus sum, unde proveniret, quòd impossibilia et inutilia quaereremus, et possibilia maximè utilia negligeremus. Hoc certe non aliunde contingere arbitror, nisi quia ea quae sunt omnibus etiam rusticis nota, nobis altùm sapientibus videntur nimis vilia, abjecta et trivialia. Qualia sunt hi quatuor nominati colores simplices, qui sunt primitiva, vera, necessaria, naturalia et universalia principia sensualia (hoc est, sensu percibilia) totius physicae, id est, naturae creatae corporeae. Et non tantum principia naturae, sed totius operis naturae, tam naturalis tantùm quàm naturalis et artificialis simul; quibus tanta et tam proficua toti generi humano obvenire possunt, tam in demostrando scientificè causas et effectus omnium rerum naturalium, quàm in operando, hoc est, per experimentum sensuale analyticà naturali resolvendo entia naturalia sensualia in sua principia naturalia sensualia, et e converso per synthesin naturalem ex principiis naturalibus sensualibus res naturales sensuales iterum componendo ac in meliorem et majorem gradum perfectionis elevando.»

«Cùm igitur principia sensualia naturalia rerum sensualium naturalium a Deo nobis tantà claritate et evidentià sint exposita, et per illa sine fallaciâ possimus pervenire in notitiam omnium rerum sensualium naturalium ab ipsis principiatarum; et omnia haec non sint nisi significationes principiorum et rerum intellectualium naturalium et supernaturalium, ad quae tanquam suum finem a Deo sunt ordinata, ut per haec ad illa et per illa ad ipsum Deum, qui est supremus et ultimus noster finis, sine fallaciâ possimus pervenire; ¿quis audeat dicere majorem evidentiam, claritatem et certitudinem a Deo fuisse concessam principiis sensualibus, quàm principiis intellectualibus, nisi dicat summam perfectionem magis convenire cum minori perfectione et majori defectu, quàm cum majori perfectione et minori defectu?

«Hae autem proprietates conveniunt tantùm Dignitatibus vel attributis Dei, quibus Ars nostra utitur tanquam Principiis omnia principia creata trascendentibus; cum quibus omnia tam in Deo quàm in creaturâ investigamus, invenimus et demonstramus, et sine quorum auxilio esset impossibile ullam perfectam demonstrationem de quacumque veritate efformare, quae omne dubium tolleret et omnes falsitates detegeret ac destrueret.»

«Si forsan objicies, ¿quomodo haec principia omnem intellectum creatum, praesertim viatoris, trascendentia possunt esse lumine naturae vel per se nota? Respondeo per sequentes metaphoras exponendo hunc modum.

Tu scis, quòd omnia quae in hoc mundo videntur, videntur per colores; et omnes differentiae visibiles rerum videntur per differentias visibiles colorum. Sed tota haec differentia colorum esset invisibilis sine concordantiâ luminis universalis, quod se habituat de omnibus his specificis coloribus.

Ulteriùs, tu scis, si naturalia non ignoras, quòd color et lumen, quae sunt propria objecto, non relinquant suum subjectum ut per aërem ad tuos oculos veniant; sed objectum, cum suo intrinseco colore, producit ad extra colorem in aëre, et, cum suo intrinseco lumine, producit ad extra lumen in aëre, quae ambo per medium sic propagantur et generantur usque ad tuos oculos in quibus celebratur visio. Et hoc potes cognoscere ex eo, quia color et lumen in suo subjecto non habent gradus augmenti et decrementi (permanente subjecto), sicut habent extra illud; quò magis enim distant ab objecto et accedunt ad potentiam, eò magis decrescunt, ut ad sensum patet. Haec est metaphora naturalis tantùm; jam dabo aliam naturalem et artificialem simul.

Tu vides tuam faciem in speculo, et sine speculo non potes illam videre; et ideo speculum est medium per quod tibi revelatur figura tuae faciei. Et illa figura, quae est in speculo, non est eadem numero figura quae est in tuâ facie; nam haec faciem tuam non relinquit, sed producit sibi similem et minus perfectam in speculo, in quâ et per quam vides tuam in facie. Et omnis differentia habitûs, sitûs, dispositionis et ordinis, quae est in figurâ tuae faciei, tibi demonstratur clarè et evidenter per figuram similem quae est in speculo. Sed si posses videre eam ipsam quae est in tuâ facie, videres adhuc magis clarè et magis evidenter; quod probare potes per alia objecta speculo opposita et a te distincta, comparando visionem quae est sine medio ad visionem quae est cum medio.

Jam effer mentem tuam a visu minùs nobili ad visum magis nobilem, scilicet, a visu sensuali ad visum intellectualem; et considera sequens argumentum a proportione visùs sensualis ad intellectualem desumptum, quòd, sicut Deus ordinavit ut omnia quae in hoc mundo videntur per visum sensualem, videantur per colores, et omnes differentiae visibiles rerum videantur per differentias visibiles colorum, sic ordinavit ut omnia quae in hoc mundo videntur per visum intellectualem videantur per bonitatem, magnitudinem, durationem, potestatem, sapientiam, amorem, et caeteras dignitates Dei: et omnes differentiae intelligibiles rerum videantur per differentias intelligibiles harum Dignitatum. Et sicut tota haec differentia colorum esset invisibilis sine concordantiâ luminis universalis, sic tota haec differentia Dignitatum esset inintelligibilis sine concordantiâ alicujus luminis universalis intellectualis, quod illuminat omnem hominem venientem in hunc mundum. Hoc verò lumen universale habituat et specificat se (metaphoricè loquendo) coloribus omnium aliarum dignitatum Dei.

Et quamvis dictum lumen universale transcendat omnem intellectum creatum, sicut et caeterae dignitates Dei, cùm sit ipse divinus intellectus sive sapientia Dei, vocatur tamen naturale, eò quòd praestat communem et generalem influxum in omnem intellectum humanum et in omnem operationem ejus, sine quo influxu intellectus non potest naturaliter operari, sive habeat habitum fidei naturalem tantùm, sive habeat illum junctum simul cum habitu fidei supernaturalis; cujus utriusque habitùs dispositione ad actum hujus luminis magis vel minus recipiendum etiam sunt majores vel minores gradus influentiae illius in praefatum humanum intellectum, sic tamen quòd gradus existentes sub habitu fidei naturalis tantùm se habeant ad gradus existentes sub habitu fidei naturalis et supernaturalis simul, sicut gradus actuum accidentis ad gradus actuum substantiae.

Unde patet quòd, sicut in operatione naturae gradus primarum qualitatum et alterationes earum sunt dispositio ad generationem substantiae; sic in operatione intellectùs Gentilium et aliorum existentium extra veram fidem et utentium ratione naturali sub habitu fidei naturalis tantùm, gradus actuum profluentium a naturali habitu potentiae, objecto et influxu dicti luminis supernaturalis, sint dispositio ad productionem habitùs fidei supernaturalis.

Ulteriùs, quemadmodum in secundâ parte primae metaphorae exposuimus, quomodo color et lumen objecti se habeant ad potentiam visùs, et quomodo per medium aëris ad extra producant suas similitudines usque ad oculos; sic dicimus quòd dignitates et lumen intellectùs et sapientiae Dei suas similitudines producant ad extra in suis creaturis, per quas, veluti per medium aëris, ad intellectum derivatas magis vel minus clarè et evidenter cognoscit intellectus suum supremum objectum, prout dictae creaturae et similitudines dignitatum Dei, quas referunt, minus vel magis distant in nobilitate a supremo objecto, et prout idem intellectus est magis vel minus dispositus ad illas recipiendas.

Haec igitur Principia hoc modo proposita humano intellectui in Scholâ Lullianâ vocantur *Principia per se nota vel lumine naturae cognita.* Quia, licet non cognoscantur in se immediatè et primitivè, cognoscuntur tamen mediatè et in suis primitivis similitudinibus; quae magis necessariò significant ipsa prima Principia, quàm similitudines luminis et colorum in aëre productae ipsum lumen et colores objecti. Quia si non, Deus fecisset meliorem ordinationem inter visum et objectum sensualia, quàm inter visum intellectualem et suum objectum, quod est ipse Deus: et hoc est impossibile.

Transeamus ad secundam metaphoram naturalem et artificialem simul; et, sicut in illâ deduximus visum, speculum et faciem hominis, sic secundùm eandem proportionem compara inter se intellectum humanum, dignitates creaturarum quae sunt similitudines dignitatum Dei, et ipsas dignitates Dei, et cognosces modum, quantum in hac vitâ est cognoscibilis, quo suprema Principia possint esse per se nota, et quo non.

Nam sicut visus, speculum et facies hominis sufficiunt ad componendam tantam virtutem quâ clarè et evidenter potest cognosci dicta facies; *sic intellectus et imaginatio cum Objecto aeterno, infinito in bonitate, magnitudine, etc., quod intellectus capit, sufficiunt ad componendam magis nobilem virtutem quàm sit illa quam intellectus habet per se et imaginativa illi affert. Et illa magis nobilis virtus est speculum in quo supremum Bonum est demonstrabile. Et illud speculum est de tribus rebus, quae sunt virtus Objecti aeterni, infiniti, etc., et virtus intellectùs et aliarum potentiarum cum illis participantium, et imaginativae cum virtute aliarum rerum sensualium quae pertinent ad suam participationem.*—Beatus Lullus, in Libro Mirandarum Demonstrationum, libro II, cap. 27, § 3.»—(Praecursor Introductoriae in Algebram Speciosam Universalem; distinct. I, cap. 2).

XLII

El filósofo Comellas y Cluet tampoco es partidario de la ciencia universal; la rechaza en el capítulo XXIV de su hermosa obra *Introducción á la Filosofía, ó sea, Doctrina so-*

bre la dirección al ideal de la Ciencia. Mas, como la doctrina de Balmes, las negativas del Filósofo de Berga tampoco se rozan mucho ni poco con las enseñanzas lulianas sobre el particular. La ciencia universal que rechaza Comellas dista infinito de ser la Ciencia Universal del Beato Raimundo Lulio.

Comellas y Cluet, á pesar de la originalidad de que nos ofrece gallarda muestra en todos sus escritos, nada añadió, tocante á la cuestión presente, á lo dicho ya por Balmes; sus conclusiones son las mismas de éste, y aun estudió la cuestión bajo el mismo punto de vista y partiendo del mismo supuesto, que el Filósofo de Vich. Desconocía también, como éste, el descenso luliano del entendimiento; y ni aun el nombre de Lulio aparece una vez siquiera en sus obras. ¡Qué lástima! *Sic fata voluerunt*...

El hombre aspira al ideal de la ciencia, y «siendo el ideal la más alta perfección que un ser puede alcanzar—dice Comellas y Cluet,—el de la ciencia respecto del hombre será la ciencia más perfecta de que el hombre sea capaz. Y como la ciencia es cosa subjetiva que termina en un objeto, su más alta perfección ha de comprender la más alta perfección bajo los dos aspectos subjetivo y objetivo. Así, pues, el ideal de la ciencia comprende, por parte del objeto, la mayor extensión posible; y por parte del sujeto, la mayor reducción á la unidad.» A este ideal de la ciencia se le llama en otros términos *ciencia universal*.

¿Es posible este ideal de la ciencia ó ciencia universal, mientras nos hallamos en la vida presente? Nuestro Filósofo responde que no: «Bien quisiéramos poder consignar el hecho opuesto, y atribuir al hombre la gloria de haber alcanzado plenamente el ideal de la ciencia, pero nos alejaríamos de la verdad, si profesáramos tal doctrina, y la verdad es lo que siempre hemos de buscar. Este amor á la verdad nos obliga también á confesar que el hombre con sus fuerzas naturales no alcanza ni puede alcanzar el conocimiento de una verdad de la cual deduzca toda su ciencia.»

Pero entendámonos: el ideal de la ciencia ó ciencia universal, cuya posibilidad niega Comellas y Cluet, ¿es en verdad la ciencia universal que reconoce á su autor en el Beato Raimundo Lulio? bajo los dos términos de *ciencia universal* ¿entienden lo mismo Comellas y Cluet y el Doctor Arcangélico? Es evidente que no, leyendo los dos textos del Filósofo de Berga, que ahora hemos transcrito, y recordando lo dicho y repetido ya sobre las limitaciones de la Ciencia Universal luliana y la multiplicidad de principios que ella tiene, no unidad.

En efecto, la ciencia universal que con sobrada razón combate Comellas y Cluet, es la que «comprende, por parte del objeto, la mayor extensión posible,» ó sea, la que pretende dar el conocimiento de *toda* verdad, así sea del orden necesario como del orden *contingente*. Lo que nos viene confirmado más abajo al decir: «este amor á la verdad nos obliga también á confesar que el hombre con sus fuerzas naturales no alcanza ni puede alcanzar el conocimiento de una verdad de la cual deduzca *toda su ciencia,*» y por tanto la racional y *la empírica*. Es así que los Principios del descenso luliano del entendimiento ó Ciencia Universal de nuestro Doctor y Maestro, nos brindan sólo con el conocimiento de las verdades necesarias ó racionales, no con el de las contingentes ó empíricas, según es de ver en páginas anteriores; luego los dardos mortíferos que asesta Comellas contra la orgullosa ciencia universal que él mismo se finge, cruzan el espacio muy lejos del ambiente donde vive y fructifica la humilde Ciencia Universal del Mártir de Bugía.

Otrosí; la ciencia universal que, con sobrada razón, rechaza Comellas y Cluet, es la que comprende «por parte del sujeto la mayor reducción á la unidad,» y, de consiguiente, la que cree poseer la *unidad de principio*. Lo corrobora el Filósofo al escribir, que «el hombre con sus fuerzas naturales no alcanza ni puede alcanzar *una* verdad de la cual deduzca toda su ciencia.» Sí *una* verdad, luego *unidad de principio* en el orden del conocimiento. Digamos, pues: es así que la Ciencia Universal luliana jamás ha sido tan pretenciosa, que haya dicho poseer el secreto de la unidad de principio; antes bien, confiesa á cada paso que, mientras vivamos en este mundo, dada la pequeñez y defectos del humano entendimiento, en ninguna manera nos es posible ver en un solo principio—por ejemplo, en el de *Bondad*—la ciencia de lo inmaterial, universal y necesario, sino que son absolutamente necesarios para ello muchos Principios y muchas Condiciones y muchas Reglas: en una palabra, desecha la unidad de principio, y asienta que se requiere en absoluto la *multiplicidad de principios*. Luego el filósofo Comellas y Cluet deja intacta la posibilidad y legitimidad de la Ciencia Universal luliana.

Que no asimos por los cabellos el texto de Comellas, pruébanlo hasta la evidencia las palabras subsiguientes del filósofo: partiendo siempre del mismo supuesto, rechaza con solidez y energía el ideal de la ciencia, ó la ciencia universal, que pretenda poseer estos dos secretos: a) dar el conocimiento de las cosas individuales, particulares y contingentes; y b) reducir toda la ciencia á la unidad de principio, á una sola idea, á una sola verdad, á un solo conocimiento: cuando ambas tesis ya fueron rechazadas siglos ha con solidez también y energía por el santo Autor del *Ars Magna*.

Escribe: «Se hará manifiesta esta doctrina atendiendo que los conocimientos que el hombre puede adquirir con sus fuerzas naturales están comprendidos en los tres momentos, empírico, abstractivo y deductivo; y que en ninguno de éstos se halla *una verdad* de la que el hombre pueda deducir *todas las demás*.» ¿Se ve claro? Niega el filósofo la unidad de principio científico; niega que de esta supuesta unidad pueda nacer el conocimiento de las verdades particulares y contingentes: *en ninguno de éstos* (momentos) *se halla una verdad de la que el hombre pueda deducir todas las demás*. (Sobre la palabra *deducir*, que emplea Comellas, hablaremos más adelante).

Continúa: «Empecemos por el examen de las verdades del momento empírico. Cada una de estas verdades es un hecho que ha sido objeto de observación. Y tales hechos son cosas individuales, y en ninguna de ellas *ve el hombre la individualidad de las demás*. Observamos objetos corporales, propiedades y relaciones de los mismos, el Yo, actos de percepción, de sensación, de pensamiento y de voluntad.

Cada uno de estos objetos tiene su determinación propia, que le distingue de los demás, y que en vano trataremos de ver en otro semejante. Si con un acto de visión corporal vemos únicamente el árbol A, no lograremos *ver en él,* por más que lo pretendamos, *la individualidad de otro árbol* de la misma clase, mas para ello necesitaremos de un nuevo acto de percepción. Lo mismo sucede en todos los demás casos de observación: para el *conocimiento de* nuevos *individuos* son necesarios nuevos actos perceptivos, los cuales no son una deducción de actos perceptivos anteriores, y por lo tanto no consienten la *reducción de la ciencia á un solo conocimiento.»* Luz del mediodía derraman las palabras de Comellas: no es posible la ciencia universal si aspira á la reducción de la ciencia á un solo conocimiento; no es posible la ciencia universal si pretende abrazar el conocimiento de las cosas individuales, que son verdades particulares y contingentes. Lo mismo decía Lulio.

Del estudio de las verdades del momento empírico pasemos con el filósofo al estudio de las verdades del momento abstractivo; y, también ahora, *semper sibi constans,* fórmase Comellas de la ciencia universal el mismo concepto que en el estudio anterior: de los nuevos textos del pensador de Berga tendremos que afirmar lo mismo que de los ya copiados, es á saber, que no se enderezan al descenso luliano del entendimiento.

«Conforme queda probado en las consideraciones precedentes, no puede el hombre deducir *todos sus conocimientos de uno solo* perteneciente al momento empírico. Otras probarán que tampoco puede deducirlos *de uno solo* perteneciente al momento abstractivo. Este momento es derivado, en cuanto supone algún conocimiento empírico que sirva de base á la abstracción... Por consiguiente, un conocimiento abstractivo no puede ocupar el *lugar primero* y ser *la fuente* de donde se *deriven todos los demás conocimientos.*— Tampoco puede serlo á causa de su generalidad, por cuya razón no hace ver *las individualidades* del primer momento. La contemplación del ser, de la causa, del espacio, etc., no nos lleva al conocimiento de los *seres, causas* y *espacios particulares* que podemos *percibir mediante los sentidos.*» Hasta los ciegos pueden verlo: una filosofía sensata no admite que un solo conocimiento sea empírico, sea abstractivo, contenga virtualmente todas las demás verdades; una filosofía sensata no admite que, aun dejando de ser exigentes en afirmar un conocimiento de tal género, podamos ver en él todos los conocimientos humanos, las cosas individuales, los seres, causas y espacios particulares que percibimos mediante los sentidos corporales. ¿Cuándo se ha dicho lo contrario en la Escuela luliana? (Muy pronto nos ocuparemos de las palabras *lugar primero, fuente* y *derivar*—de que usa aquí el filósofo—aplicadas á la naturaleza de los principios de la Ciencia Universal de nuestro Doctor).

En las verdades del momento deductivo tampoco halla el Filósofo de Berga la ciencia universal á que aspira y tiende el hombre. Siempre proclama que «es necesaria la multiplicidad de conocimientos en la ciencia del hombre.»

Y concluye: «esta misma necesidad de conocimientos múltiples *(ó multiplicidad de principios del conocimiento)* se encuentra también en el momento deductivo. Las verdades de este momento son derivadas y suponen otras de los dos momentos anteriores. Por tanto, mal podrían ellas ser el *origen* de los demás conocimientos.—Si las verdades del momento deductivo son hechos *particulares,* no nos bastan para ver los demás *hechos de la misma naturaleza;* si son principios generales, no nos bastan para *ver individualidad alguna.* De lo cual resulta que el momento deductivo no puede suministrar *una verdad* que para nosotros sea *origen* de *todas* las demás.» (Cap. XXIV). Sí, tiene razón Comellas y Cluet: tampoco hallamos en el momento deductivo la unidad de principio que nos regale el conocimiento de los hechos particulares individuales. Pero esto no ha sido jamás la Ciencia Universal luliana. Lo hemos probado ya.

Acabamos de subrayar en el párrafo transcrito la palabra *origen,* por la misma razón que antes hemos subrayado las palabras *deducir, lugar primero, fuente* y *derivar,* empleadas también por el Filósofo.

¿Qué razón es esa? Muy sencilla; Comellas y Cluet busca siempre una verdad ó un principio del conocimiento:

a) que sea el *origen* de la ciencia;

b) que ocupe el *lugar primero* en el orden cronológico de los conocimientos humanos;

c) que sea la *fuente* de donde nazcan los conocimientos científicos;

d) una verdad de la cual podamos *deducir* nuestra ciencia;

e) una verdad de donde se *deriven* todas las demás verdades. Y dice no haber podido dar con una verdad ó principio del conocimiento que tales condiciones reuniese.

¿Es esto antiluliano? De ninguna manera. Los Principios del descenso luliano del entendimiento ó Ciencia Universal del Beato Lulio no son el origen de la ciencia, como ya tenemos dicho, sino una *verdad cuya suposición es necesaria si no se quiere que desaparezcan las demás,* lo cual es muy distinto y aun diverso; no ocupan el lugar primero en el orden cronológico de los conocimientos humanos, sino, muy al revés, no llegamos á conocer los principios Bondad, Grandeza, Poder, Duración, etc., *hasta que hemos realizado todo el ascenso del entendimiento:* y dicho queda asimismo; no son la fuente de los conocimientos científicos, sino *la condición indispensable* de todo conocimiento, según arriba consta; no deducimos de ellos nuestra ciencia, sino que ellos son el *molde* y el *ejemplar* de toda verdad: y lo hemos repetido varias veces; por último, no son ellos unas verdades de donde se deriven las demás, sino que son únicamente *imágenes* de todas las demás verdades: y esto lo sabes también, lector querido. *Ergo,* tampoco por ese lado contradice Comellas las Doctrinas lulianas.

Por último, el filósofo Comellas, al buscar la verdad de la cual se derive ó nazca toda la ciencia, ora la busque en el momento empírico, ora la busque en los momentos abstractivo y deductivo, observamos que la busca siempre, ni más ni menos que Balmes, ó entre las verdades reales finitas ó entre las verdades ideales. Empero el Doctor Arcangélico, al buscar la verdad cuya suposición es necesaria si no se quiere que desaparezcan todas las demás, la busca—como se ha dicho y probado,—no en las verdades reales finitas ni en las verdades ideales, sino en la verdad real infinita, en la existencia de Dios, en la siguiente afirmación: Dios es bondad, grandeza, eternidad, poder, sabiduría, virtud, gloria, etcétera, infinitas. Los caminos que siguen los dos filósofos son muy distintos.

¿Cómo esta afirmación: Dios es bondad, grandeza, eternidad, poder, sabiduría, virtud, gloria, etc., infinitas, puede llegar á ser la condición indispensable ó el supuesto necesario de todo conocimiento humano? Primero: mediante las Definiciones de aquellos atributos divinos, las Condiciones nacidas de las definiciones y las Reglas nacidas de las condiciones; y segundo, mediante la contracción, especificación y aplicación de las Definiciones, Condiciones y Reglas, trascendentales y universalísimas por su naturaleza, á lo particular y especial que se inquiere.

En efecto, ¿qué son las verdades del momento empírico? Son hechos particulares; son cosas individuales; son, en lenguaje de Balmes, verdades reales finitas.

¿Qué son las verdades del momento abstractivo? Son verdades ideales. Por ejemplo, la idea de causa.

¿Qué son las verdades del momento deductivo? Son, ó bien hechos particulares, ó bien principios generales; es á saber: ó bien verdades reales finitas, ó bien verdades ideales.

Última consecuencia: nadie puede escudarse con el nombre del insigne Comellas y Cluet para rechazar el descenso luliano del entendimiento ó Ciencia Universal del Beato Raimundo Lulio.

XLIII

Puede que ahora vayamos á tratar la materia más importante del Lulismo, atendidas las preferencias y orientaciones de la filosofía en los tiempos actuales: la que versa sobre el supremo criterio de la verdad y principio de la certeza.

Las opiniones de los filósofos sobre el supremo criterio

de la verdad son muchas y diversas; nosotros consignaremos algunas.

1) Aristóteles, según los escolásticos, pone en la evidencia objetiva el supremo criterio de la verdad; empero, según la Escuela escocesa, lo pone en la fe ó instinto natural.

2) San Agustín parece ser que admite dos criterios de la verdad: la visión objetiva y la fe ó instinto de la naturaleza. Léase lo siguiente: «Non autem immerito scire nos dicimus non solum ea quae *vidimus* aut *videmus*, verum et illa quae idoneis ad quamque rem commoti testimoniis vel testibus *credimus*.» (De videndo Deo, cap. III).

3) Santo Tomás de Aquino, ó mucho nos equivocamos, ó sigue en esto las pisadas de San Agustín. Evidencia objetiva: «Certitudo quae est in scientia et intellectu est ex ipsa evidentia eorum quae certa esse dicuntur.» (In III Sent., dist. 23, q. I, art. 2, ad 3). Fe ó instinto natural. «Inest enim unicuique homini quoddam principium scientiae, scilicet, lumen intellectus agentis, per quod cognoscuntur statim a principio naturaliter quaedam universalia principia omnium scientiarum.» (*Sum. Theol.*, I P. q. 117, art. 1). Transcritas estas mismas palabras, añade el Cardenal Zigliara: «De consiguiente, en este sentido, admitimos el instinto en nosotros como principio radical y subjetivo de la certeza: y lo mismo decimos de la fe.» (*Sum. Philos.*, Crítica, lib. III, capítulo I, art. 2).

4) Duns Escoto puede que admitiera la evidencia objetiva y además el testimonio de la conciencia. Lo primero: «¿Quomodo habetur certitudo eorum quae subsunt actibus sensus? puta quod aliquod extra est album vel calidum quale apparet.» Lo segundo: «De actibus nostris, dico quòd est certitudo de multis eorum, sicut de principiis per se notis... Sicut est certitudo de vigilare, sicut de per se noto, ita etiam de multis aliis actibus qui sunt in potestate nostra, ut de me intelligere, de me sentire, et sic de aliis qui sunt actus perfecti.» (In I Sent., dist. III, q. 4).

5) Descartes rechaza la evidencia objetiva y abraza un criterio subjetivo: la concepción clara y distinta de las co-

sas. «Je jugeai que je pouvais prendre pour règle générale que les choses que nous concevons fort clairement et fort distinctement sont toutes vraies.» *(Discours de la Méthode)*.

6) Para el filósofo valenciano Luis Vives, el primer punto de apoyo de la humana ciencia es sin duda el instinto natural. En el libro *De instrumento probabilitatis* escribe: «Mens humana quae est facultas veri cognoscendi, naturalem quamdam habet cognationem atque amicitiam cum veris illis primis et tamquam seminibus unde reliqua vera nascuntur.» (Tom. III, edic. valenciana).

7) El obispo Daniel Huet dice, que el supremo criterio de nuestra ciencia radica en la divina Revelación. *(De imbecillitate rationis humanae)*.

8) Escribe el napolitano Juan Vico: «El criterio de lo verdadero y la regla para reconocerlo, es el *haberlo hecho;* por consiguiente, la idea clara y distinta que tenemos de nuestro espíritu, no es un criterio de lo verdadero, y no es ni aun un criterio de nuestro espíritu; porque el alma, conociéndose, no se hace á sí misma; y pues que no se hace, no sabe la manera con qué se conoce... Así que, el criterio de verdad para Dios es el comunicar la bondad á los objetos de su pensamiento (vidit Deus quòd essent bona); para los hombres el haber *hecho lo verdadero que conocen.*» *(Della antica sapienza d' Italia;* lib. I, cap. 1).

9) Tomás Reid, jefe de la Escuela escocesa, insistiendo en los vestigios del valenciano Luis Vives, dice ser el sentido común ó una inclinación irresistible universal, el criterio supremo de los humanos conocimientos. En la obra *Recherches sur l'entendement humain, d'après les principes du sens commun,* chap. II, sect. 6, lo dice sin dejar lugar á duda. «Si, comme je le pense, il existe certains principes que la constitution de notre nature nous force d'admettre, et que nous soyons dans la nécessité de prendre pour accordés et de regarder comme vrais dans les affaires de la vie commune, sans que nous puissions en démonstrer la vérité, ces principes doivent ètre ce que nous appelons les *règles* ou les *maximes du sens commun;* tout ce qui leur

est manifestement contraire est précisément ce que nous appelons *l'absurde.*» (Tome II, ed. francesa.—París, 1828, publicada por Jouffroy).

10) Establece Kant, que un ciego instinto natural oblíganos á tener como ciertísimos los principios universales é inmediatos de todas las ciencias; y además, que, para las verdades deducidas de esos principios universales é inmediatos, debe guiarnos como criterio el principio de contradicción que él formula de la siguiente manera: «Un predicado que repugna á una cosa, no le conviene.»

11) Para Galluppi, en su *Ensayo sobre la crítica del conocimiento,* el criterio de las verdades necesarias consiste en el principio de contradicción, que formula como los antiguos escolásticos: «Si per criterium veritatis intelligitur expressio generalis evidentiae immediatae et evidentiae mediatae, hoc in casu criterium veritatum necessariarum consistit in principio contradictionis.» (Lib. I, cap. 5).

12) Jacobi buscó el criterio de la verdad, no en el conocimiento, como tantos otros filósofos, sino en la facultad apetitiva de nuestra alma, sentando que el punto de apoyo de la ciencia es el *sentimiento.*

13) Felicidad de Lamennais afirma resueltamente, que el consentimiento común, *sensus communis,* es para nosotros el sello de la verdad; no hay otro. «Le consentiment commun, *sensus communis,* est pour nous le sceau de la vérité; il n'y en a point d'autre.» *(Ensayo sobre la indiferencia en materias de Religión,* tomo II, cap. 13).

14) El piadosísimo sacerdote y egregio filósofo Antonio Rosmini es de parecer, que, debiendo ser el criterio de la ciencia un principio evidente que ofrezca la verdad á los conocimientos que de él provienen, *el ente naturalmente intuido* (esto es, la idea natural de ente) *es el supremo criterio* de la verdad. «Ens naturaliter intuitum est supremum criterium veritatis.» *(Logica;* lib. III, sec. I, cap. 2).

15) El P. Ventura de Ráulica, en el *Cours de Philosophie chrétienne,* defiende tres criterios de verdad y principios de evidencia: la *intuición* para las verdades inteligibles, la *percepción* ó visión *sensible* para las verdades sensibles y

la *fe* en la autoridad competente y legítima para las verdades históricas y las superiores á nuestra razón. (Part. II, cap. 1).

16) El profundo é independiente Jaime Balmes admite tres criterios: la conciencia, la evidencia y el sentido común. Oíd: «Los medios con que percibimos la verdad son de varios órdenes; lo que hace que las verdades mismas percibidas correspondan también á órdenes diferentes, paralelos, por decirlo así, con los respectivos medios de percepción.

Conciencia, evidencia, instinto intelectual ó sentido común, he aquí los tres medios; verdades de sentido íntimo, verdades necesarias, verdades de sentido común, he aquí lo correspondiente á dichos medios.» (*Fil. Fundam.;* tom. I, lib. I, cap. 15).

17) Javier Llorens y Barba, el importador de la filosofía escocesa en Cataluña, acepta además del sentido común el criterio de la conciencia. «Es evidente que nuestros conocimientos no son todos de segunda mano... Si la prueba es posible, menester es que toda demostración se base por último en proposiciones que, por la evidencia que lleven en sí mismas, obliguen á todos á admitirlas; proposiciones que, siendo primarias, son inexplicables, y siendo inexplicables, son incomprensibles; y que, por tanto, han de manifestarse más con el carácter de hechos que nos ofrece la conciencia, bajo la forma sencilla de creencias, que con el carácter de conocimientos propiamente dichos. Dejando ahora aparte la tarea de analizar y clasificar los elementos primarios del humano conocimiento, bástanos que se admita la existencia de tales elementos para que, con esta concesión, podamos hacer algunas observaciones sobre la autoridad que tienen como á criterios de la verdad. ¿De qué manera—se nos dirá—estas proposiciones primarias, estos conocimientos de primera mano, estos hechos, estas creencias fundamentales, nos demuestran su veracidad? A eso no podemos responder sino diciendo que, como son elementos de nuestra constitución mental y condiciones esenciales de nuestro conocimiento, no podemos dejar de tenerlas como á verdaderas.» Hasta aquí el sentido común.

Para las verdades de sentido íntimo hay el criterio de la conciencia. «Bajo el primer aspecto los datos de la conciencia están fuera del alcance de los tiros del escepticismo. En efecto, como la duda es una manifestación de la conciencia, es imposible dudar de todas las manifestaciones de ésta sin que dudemos de nuestra propia duda, es decir, sin que la duda se contradiga y se destruya á sí misma... Con razón decimos, pues, las palabras de San Agustín: Nihil intelligenti tam notum esse quàm se sentire, se cogitare, se velle, se videre.» *(De la Filosofía del sentido común por Guillermo Hamilton,* I.—Apuntes inéditos).

18) El notabilísimo filósofo catalán Ramón Martí de Eixalá, escribe: «No es posible expresar de un modo general qué circunstancias sean indispensables para que un juicio se tenga por verdadero... En este punto, pues, se hace también indispensable considerar con separación las diferentes especies de juicios...

«El medio de conocer si los juicios son ó no verdaderos, se llama *criterio de la verdad.* En los de causa y efecto queda reducido, según lo dicho, á la repetición de observaciones similares, á los experimentos, y á las hipótesis, cotejadas sus consecuencias con los hechos... El criterio de la verdad por lo que mira á las relaciones de identidad, consiste en juicios de causa y efecto, ó lo que es igual, son relaciones de esta clase las que nos dan la certeza en ellos... Si se trata de ideas consideradas sin el carácter objetivo, el criterio de la verdad consistirá en la repetición del juicio, acompañada del análisis; y si se consideran con dicho carácter, estará en la misma repetición, en la de las observaciones, en el análisis, en los experimentos siempre que puedan tener lugar, y en las hipótesis cotejando las consecuencias con los hechos... La certeza que podemos conseguir en los juicios de coexistencia, es de la misma naturaleza que la de las relaciones de causa y efecto, é igual el criterio de la verdad... No es por el axioma que se conoce la verdad de la proposición particular, sino que de las particulares deriva la de aquél.» *(Lógica,* cap. II.—Barcelona, 1841).

19) Comellas y Cluet, soldado de la Escolástica muy

disciplinado, es de sentir, en la citada *Introducción á la Filosofía,* lib. III, cap. 3, que «el criterio de la verdad consiste en la evidencia objetiva, es decir, unas veces en el objeto en cuanto es percibido ó visto, y otras en la verdad del objeto en cuanto ha sido vista.» Y en nada más que en esto.

20) Son del malogrado filósofo Pedro Garriga y Marill las palabras siguientes: «Para conocer la verdad tenemos una norma que se llama criterio, y para nosotros lo son: el sentido, la razón, la divina Revelación, la autoridad humana y el lenguaje corriente... 5.° *el lenguaje corriente.* Con muchísima razón se ha ponderado la influencia del lenguaje en la ciencia, llegándose á decir, con exageración, que las ciencias no deben ser más que lenguajes bien formados. Para nosotros las lenguas corrientes son un archivo precioso, donde se guarda el consentimiento universal de todas las gentes, cuantos pensamientos han venido consagrando los pueblos más ó menos civilizados. Verdad que todavía les falta representar el futuro desarrollo del pensamiento humano, pero de todos modos bueno es que nos aprovechemos de tan caudaloso como autorizado testimonio, cuyo valor quedará muy de relieve mediante las obligadas series de sinónimos y algunos rasgos etimológicos que de cada vocablo veremos de trazar.» *(La Sabiduría y su lenguaje;* págs. 14 y 15.—Barcelona, 1884).

21) Joaquin Roca y Cornet, espíritu hermano gemelo de Balmes, dice que el *supremo* criterio de la verdad consiste en un movimiento de la naturaleza moralmente irresistible por el que estamos ciertos de la veracidad de nuestras facultades cognoscitivas: sin la certeza de esta veracidad no es posible la certeza de ningún conocimiento. «La certitud de nuestras facultades naturales, y por consiguiente la de los conocimientos que por ellas adquirimos, descansa sobre una misma base, esto es, un movimiento de la naturaleza moralmente irresistible; y de esta observación emana una consecuencia de la más alta importancia, á saber, que siendo el mismo el fundamento de la certitud de todos nuestros conocimientos, es igual su certitud... La Filosofía, así como el común de los hombres, ha de creer en todas sus facultades,

tanto en lo que le transmitan los sentidos como en su entendimiento, tanto en el testimonio de los hombres como en el sentido íntimo; y del mismo modo ha de admitir los conocimientos externos que le vienen por la vía de los sentidos y por el testimonio de los hombres, como las verdades internas que adquiere por el sentido íntimo; las verdades contingentes que percibe por sus sentidos, como los principios necesarios cuya intuición posee.» (*Ensayo crítico sobre las lecturas de la época;* tomo I, cap. 15.—Barcelona, 1847).

22) Para Juan Pérez, el criterio de lo real ó de lo verdadero es la emoción estética. Dejémosle hablar en su obra *L'Art et le Réel: Essai de métaphysique fondée sur l'esthétique:* «Dans l'art, peut-on dire, s'offre à nous le réel dans son unité, représenté comme en une seconde nature où l'homme et le monde objectif se pénètrent intimement. Dans l'art, en effet, se produit l'unification de l'ètre avec la conscience, de l'action avec la contemplation, de ces trois termes en résumé: vivre, voir, se voir; il est la nature vue par l'homme en même temps qu'il reproduit dans sa constitution double la double nature de l'homme (âme et corps), avec ces deux traits essentiels qui en sont la conséquence: conscience et don de l'expression. Il est plus que la nature vue par l'homme; il est le réel pensé par lui, atteint dans un sentiment ou une intuition, pensé dans son unité au-dessus de cette dualité, reconnue provisoire et fictive, du percevant et du perçu.» (Pág. 67.—París, 1898).

Ahora bien; ¿qué enseña el Beato Raimundo Lulio sobre esa importantísima materia?

Nuestra tesis es la siguiente: El Sistema Científico luliano, ó *Ars Magna,* comprende el ascenso y el descenso del entendimiento; pues bien, el Doctor Arcangélico enseña: a) que la evidencia objetiva y el instinto intelectual son criterios de verdad en el ascenso del entendimiento; b) que solamente el instinto intelectual es el criterio de verdad ó principio de la certeza en el descenso del entendimiento. (Los textos lulianos á favor del criterio de la conciencia en el ascenso referido son pocos y dudosos; no así empero los de muchos discípulos del Beato, que los tienen numerosos, explícitos y definitivos).

Así que, en la Escuela luliana, ¿cómo se obtiene la certeza de las cosas sensuales? Por la visión, ó sea, por los sentidos corporales. El hombre—escribe el Maestro—percibe cosas sensuales y cosas intelectuales; mas, así las unas como las otras, son para él, unas veces ocasión de duda, y otras veces ocasión ó principio de *certeza*. «Quia mens hominis incedit per res sensuales et per res intellectuales, propterea evenit quòd res sensuales et res intellectuales sint homini occasio ut sit in dubitatione vel *in certificatione* sensuali vel intellectuali.»

¿Cuándo las cosas sensuales son para el hombre ocasión de duda? Cuando no son sujeto perfecto, esto es, cuando, al ser examinadas por el sentido corporal, no reúnen las condiciones que la fisiología exige para ello. «Illae res quae non sunt subjectum perfectum, ut homo per eas possit percipere veritatem rei quam inquirit, sunt homini occasio dubitationis.»

¿Cuándo, por el contrario, son para el hombre ocasión ó principio de *certeza* las cosas sensuales que percibimos mediante el sentido? Cuando son un sujeto perfecto, es á saber, si tienen las condiciones requeridas por la fisiología. «Et illae res sensuales quae sunt perfectum subjectum, ut homo per eas possit percipere veritatem rei quam inquirit, sunt ei occasio *certificationis* ratione perfectionis quam habent in se ipsis. (*Liber Contemplationis;* vol. II, lib. III, dist. 29, cap. 173).

Y lo mismo dice luego de la duda y de la certeza que al hombre ofrecen las cosas intelectuales.

Pero esta certeza de que las cosas sensuales son ocasión, esta certeza que el objeto inquirido ofrece al hombre inquiridor, ¿recíbela éste mediante la visión ó los sentidos corporales? Sí, señor. Es por medio de los cinco sentidos que hay en el cuerpo humano, que el hombre alcanza la *certeza* de las cosas que le son necesarias para vivir. «Per istas quinque sensualitates quae sunt ordinatae in corpore humano, est homo... et per ipsas *certificantur* homines de rebus, quaenam sint convenientes corpori humano, ut ex eis capiant vitam.» Luego nosotros estamos *ciertos* de las cosas, porque las *vemos;* luego la evidencia objetiva es, para Lulio, criterio de verdad y principio de certeza. (Obra cit.; vol. I, lib. II, dist. 11, cap. 41).

Prescindiendo de la evidencia objetiva, ya inmediata, ya mediata, el hombre está asimismo infaliblemente cierto de muchísimas verdades por un instinto intelectual, por el sentido común. Dícelo también el Beato con claridad y sin ambajes.

El instinto es la ciencia de toda potencia natural, escribe: «Instinctus est scientia naturalis potentiae.» El instinto natural es la declaración de una operación natural: «Naturalis instinctus est declaratio naturalis operationis.» El orden de la naturaleza es un instinto natural: «Ordo naturae est naturalis instinctus.» Todos los instrumentos naturales siguen al instinto de la naturaleza: «Omnia naturalia instrumenta sequuntur instinctum naturae.» Pero, cosa rara, gozando de instinto natural, más ó menos noble y elevado, todos los seres de la creación, el hombre, que lo posee en el más alto grado, es el más contrario al instinto natural: «Nullus est tam contrarius naturali instinctui, sicut homo.»

¿Es verdad que también el hombre tiene instinto? Compréndese que lo tengan los brutos como complemento y perfección de la industria que poseen, empero el hombre que ya goza de discreción ó razón, ¿tendrá también instinto? Responde el Maestro: En los brutos animales vemos asociados el instinto y la industria; y en el animal racional, vemos asociados el instinto y la discreción: «In brutis animalibus associantur naturalis instinctus et industria, et in animali rationali instinctus et discretio.» (*Liber Proverbiorum;* parte II, cap. 52).

Este instinto natural sirve para conocer, para estar infaliblemente cierto de muchísimas verdades.

Escribe Balmes: «Si los primeros principios intelectuales son necesarios para conocer, no lo son menos los morales para querer y obrar; lo que son para el entendimiento la verdad y el error, son para la voluntad el bien y el mal. A más de la vida del entendimiento, hay la vida de la voluntad: aquél se anonada si carece de principios en que pueda estribar; ésta perece también como ser moral, ó es una monstruosidad inconcebible, si no tiene ninguna regla cuya observancia ó quebrantamiento constituya su perfección ó imperfección. He aquí otra necesidad del asenso á ciertas verdades morales, y he aquí por qué encontramos también esa irresistible y universal inclinación al asenso.

Y es de notar, que como en el orden moral no basta conocer, sino que es necesario obrar, y uno de los principios de acción es el sentimiento, las verdades morales no sólo son conocidas, sino también sentidas: cuando se ofrecen al espíritu, el entendimiento asiente á ellas como á inconcusas, y el corazón las abraza con entusiasmo y con amor.» (*Filos. Fundam.;* tomo I, lib. I, cap. 32). De ahí se sigue que existen dos instintos: uno para conocer los primeros principios intelectuales, y otro para conocer los primeros principios morales; uno para la verdad y el error, otro para el bien y el mal. Si ya no es un mismo instinto bajo dos aspectos. Y, en efecto, así se le considera generalmente, denominándosele sentido común, y también instinto intelectual, pues tanto el orden del conocimiento como el orden de la moralidad, importan necesariamente una operación intelectual.

Ahora bien, este sentido común ó instinto intelectual, en su aspecto de moralidad, reconócelo evidentemente el Arcangélico Doctor al afirmar que

a) el instinto moral es un instrumento sutil de la intelección ó acto de entender: «Moralis instinctus est subtile instrumentum ipsius intelligere;»

b) los hombres perciben la verdad por medio del instinto moral, sin trabajo alguno para adquirirla: «Homines per moralem instinctum percipiunt veritatem sine acquisitione;»

c) el entendimiento, que conoce la verdad por medio del instinto moral, mueve á la voluntad á amar lo que él entiende: «Intellectus, qui intelligit veritatem per moralem instinctum, excitat voluntatem ad amandum hoc quod intelligit;»

d) cuando el entendimiento no entiende alguna cosa

(con evidencia objetiva, por ejemplo) tiene un instinto moral con el que llega á entender verdaderamente: «Quando intellectus non intelligit, habet moralem instinctum ad movendum memoriam, quòd illi reddat aliquem speciem per quam intelligat;»

e) la perseverancia en el entender ordenadamente es la causa del instinto moral: «Perseverantia ordinati intelligere est causa moralis instinctùs;»

f) así como la voluntad mediante el apetito moral mueve al entendimiento á entender; del mismo modo, el entendimiento mueve la voluntad á amar ó á odiar, por medio del instinto moral: «Sicut voluntas per moralem appetitum movet intellectum ad intelligendum, ita intellectus movet voluntatem ad amandum vel ad odiendum per moralem instinctum.» No es de extrañar que en las Doctrinas lulianas, el instinto moral represente un papel tan importante en el orden del conocimiento, cuando, para el Beato Raimundo, la Filosofía no es al fin y al cabo sino la verdad moral del entendimiento: «Philosophia est moralis veritas intellectùs.» (Obra cit. parte III, cap. 55 y 77).

Tenemos, pues, que el instinto intelectual ó sentido común es un medio para alcanzar la verdad, es un punto de apoyo de los humanos conocimientos, es un criterio de verdad.

No se diga que este medio, este punto de apoyo, este criterio llamado instinto intelectual, sea el mismo que hemos denominado evidencia objetiva: son realmente distintos. Oigase á Balmes: «He llamado instinto intelectual á ese impulso que nos lleva á la certeza en muchos casos, sin que medien ni el testimonio de la conciencia, ni el de la evidencia. Si se indica á un hombre un blanco de una línea de diámetro, y luego se le vendan los ojos, y después de haberle hecho dar muchas vueltas á la ventura, se le pone un arco en la mano para que dispare y se asegura que la flecha irá á clavarse precisamente en el pequeñísimo blanco, dirá que esto es imposible y nadie será capaz de persuadirle tamaño dislate. ¿Y por qué? ¿se apoya en el testimonio de la conciencia? no, porque se trata de objetos externos. ¿Se funda en la evidencia? tampoco, porque ésta tiene por objeto las cosas necesarias, y no hay ninguna imposibilidad intrínseca en que la flecha vaya á dar en el punto señalado. ¿En qué estriba, pues, la profunda convicción de la negativa?... Es claro que no naciendo ni de la conciencia, ni de la evidencia inmediata ni mediata, no puede tener otro origen que esa fuerza interior que llamo instinto intelectual, y que dejaré llamar sentido común ó lo que se quiera, con tal que se reconozca la existencia del hecho.» (Obra cit.; tom. I, lib. I, cap. 15).

Del mismo parecer es el Beato Raimundo. «Si un hombre—dice—ve venir sobre su cabeza una espada, levanta en seguida el brazo y defiéndese con él; *mas esto lo hace sin deliberación alguna, lo hace por instinto natural.*» Está infaliblemente cierto de que la espada le ha de dañar; pero ¿quién le ha dado esa certeza? El testimonio de la conciencia no—podemos decir con Balmes,—porque se trata de objetos externos. La evidencia tampoco, porque no hay ninguna imposibilidad intrínseca en que la espada dejase de herir. ¿En qué se funda, pues, una certeza semejante? En una fuerza interior irresistible que llamamos instinto intelectual ó sentido común; se funda en el instinto natural, según expresión del Beato. «Homo qui videt venire ensem supra suum caput, *non habet deliberationem ponendi suum brachium* ante suam faciem, quia *jam est facta deliberatio per naturalem instinctum. (Liber proverb.;* parte II, cap. 68).

Las palabras que hemos subrayado: *el hombre se defiende sin deliberación alguna; el hombre se defiende por mero instinto natural; el instinto natural ocupa el lugar de la deliberación,* indican bien á las claras que ahí se trata de un *nuevo* medio de adquirir la certeza, de un *nuevo* punto de apoyo, de un *nuevo* criterio de verdad; el Maestro reconoce un criterio de verdad que requiere deliberación, y otro que no requiere deliberación alguna, y á este segundo criterio le llama instinto natural. Ahora bien, no hay duda, que así el testimonio de la conciencia, como el de la evidencia objetiva, sea mediata, sea inmediata, exigen una deliberación. De consiguiente (y habida consideración á los textos ya copiados, consignatorios de la evidencia objetiva) podemos afirmar, que el gran Polígrafo español admite cuando menos dos criterios de verdad: la evidencia y el instinto intelectual.

Balmes llama al instinto natural «don precioso que nos ha otorgado el Criador para hacernos razonables aun antes de raciocinar; y á fin de que dirijamos nuestra conducta de una manera prudente, cuando no tenemos tiempo para examinar las razones de prudencia.» (Lugar citado). Lo mismo viene á decir el Beato Lulio cuando escribe: «Prudentia, quae est in primo motu, est per moralem instinctum:» la prudencia, cuando proviene del primer movimiento, es el instinto natural. Llamando primer movimiento al acto de una potencia que comienza sin deliberación alguna: «Primus motus est actus potentiae, qui incipit sine deliberatione.» Es á saber—dice el Doctor,—el instinto natural es una prudencia que no delibera; por el instinto natural conocemos intelectualmente sin ver: somos razonables sin raciocinar: somos prudentes sin tener tiempo para examinar las razones de prudencia.

El criterio del instinto intelectual radica siempre en el primer movimiento; es un acto sin deliberación. Los demás criterios, el de la conciencia y el de la evidencia, radican en un movimiento segundo: para ellos se requieren la deliberación y el consentimiento: «Secundus motus est actus potentiae, in quo fit deliberatio et consensus.»

Mas parece ser que en este primer movimiento, en este acto sin deliberación, no haya de haber conocimiento intelectivo verdadero, y sí sólo en el movimiento segundo. No, responde el Maestro; el entendimiento entiende en el primero y en el segundo movimiento, si bien es de notar que en este segundo movimiento aumenta su entender. «Intellectus in primo motu intelligit, et in secundo motu multiplicat suum intelligere.» Precisamente, en el primer movimiento, el entendimiento entiende siempre; no sucediendo lo mismo en el movimiento segundo, ya que á veces en éste el entendimiento no entiende. De manera que la ignorancia comienza siempre en el segundo movimiento, jamás en el primero.

«Omnis ignorantia incipit in secundo motu.—Si ignorare inciperet in primo motu, ignorare et intelligere inciperent in uno et eodem tempore.»

Repetidamente afirma lo mismo, ó sea, que en el primer movimiento hay verdadera intelección; como cuando dice: el acto del instinto moral comienza en el primer movimiento: «Actus moralis instinctus incipit in primo motu.» Sabida cosa es que todo acto moral importa conocimiento intelectivo. (Obra cit., parte III, cap. 54 y 55).

Estos dos criterios de verdad, la evidencia objetiva y el instinto intelectual, que vemos admite Lulio, lo son únicamente en el ascenso del entendimiento, pues, como ha visto el lector, en ninguno de los textos lulianos copiados aparecen para nada las Definiciones, Condiciones y Reglas de la Ciencia Universal ó descenso del entendimiento. Que el Maestro acepte la evidencia objetiva como un punto de apoyo de la ciencia humana, lo extrañarán seguramente cuantos han dicho y repetido que el *Ars Magna* es *sólo* el desarrollo de la doctrina platónica sobre las ideas arquetipas; que el Beato comienza el edificio de la ciencia por la idea del Ser realísimo, Dios; que no asciende de lo sensual á lo intelectual, sino que *sólo* desciende de lo universal á lo particular. Empero la cosa no tiene remedio: ¿qué culpa tenemos nosotros de que los autores aludidos no hayan leído suficientemente, según la propia expresión de algunos, las obras del Mártir de Bugía para formar un concepto exacto y completo del alcance y amplitud de sus doctrinas? Nuestro Doctor acepta el descenso del entendimiento, igualmente que el ascenso del mismo, reconociendo además la prioridad de éste sobre aquél. Lo hemos probado ya con textos en la mano abundantísimos. ¿Qué más se desea?

Cúmplenos ahora examinar qué criterios de verdad reconoce Lulio para la adquisición de la ciencia en el descenso del entendimiento; y en primer lugar si reconoce un solo criterio ó más.

Admite un solo criterio: el del instinto natural ó sentido común. Ensayemos á probarlo.

En la Ciencia Universal ó descenso luliano del entendimiento, ¿cómo adquirimos los humanos conocimientos? Sirviéndonos de punto de apoyo, ó criterio infalible de verdad, las Definiciones de los atributos divinos, las Condiciones y las Reglas. ¿Cómo asentimos á la verdad de las Definiciones, de las Condiciones y de las Reglas? ¿por evidencia objetiva? No. ¿Por el testimonio de la conciencia? Tampoco. ¿Por un instinto de la naturaleza? Sí, en efecto.

Las Definiciones, Condiciones y Reglas no son creídas y seguidas porque sean evidentes. Si alguien me dice que el hombre que piensa existe, lo creo porque *lo veo;* si alguien me dice que el todo es mayor que una de sus partes, lo creo igualmente porque *lo veo.* Si alguien me dice: *en la diferencia más puede concordar la grandeza que contrariar la pequeñez,* lo creo, uso en mis raciocinios—aun sin conocerla—de esta Condición luliana (según luego probaremos), pero no creo ni sigo esta proposición porque sea evidente, porque *la vea,* pues en realidad no es evidente, no la veo; entre dicha proposición ó condición luliana y la que dice: el todo es mayor que una de sus partes, hay un abismo infranqueable bajo el punto de vista de la evidencia objetiva. Una fuerza irresistible me obliga á dar fe á ambas proposiciones; mas la que me impele á creer que el todo es mayor que una de sus partes, proviene de la evidencia, y la que me impele á asentir á la Condición luliana no proviene de la evidencia.

Las Definiciones, Condiciones y Reglas no nos vienen atestiguadas por la conciencia. Si me pregunto, ¿pienso yo? una voz interior me dice en seguida: sí. ¿Por qué creo en la existencia de mi pensamiento? ¿por qué lo veá? No; sino porque *lo siento.* No es la evidencia quien me afirma la existencia de mi pensamiento, sino el *sentido íntimo,* ó sea, la conciencia. Si me pregunto, *¿la verdad es amable en la sabiduría?* una fuerza irresistible me hace responder afirmativamente, y á emplear en mis discursos esta Condición luliana aun no teniendo conocimiento de ella (como pronto hemos de ver), pero la fuerza irresistible no se funda en la evidencia objetiva, porque dicho queda no ser evidentes las Definiciones, Condiciones y Reglas; ¿se fundará en el sentido íntimo, ó sea, en la conciencia? tampoco, porque aquella voz interior que antes me ha certificado la existencia de mi pensamiento, nada me dice ahora, ni de la verdad, ni de la amabilidad, ni de la sabiduría.

El testimonio de la conciencia certifica solamente hechos individuales y contingentes; cuando precisamente lo característico, lo esencial de las Definiciones, Condiciones y Reglas consiste en ser la expresión de verdades universales y necesarias. El testimonio de la conciencia nos dice sólo lo que nosotros experimentamos, no lo que existe fuera de nosotros; mientras que las Definiciones, Condiciones y Reglas jamás las siente el alma en su estudio introspectivo, sino que son verdades que existen prescindiendo de nuestra existencia. El testimonio de la conciencia sólo certifica los *fenómenos* anímicos propios; las Definiciones, Condiciones y Reglas no son fenómenos anímicos ni de otra clase, sino *realidades*, y realidades que existen en nosotros y fuera de nosotros.

A vista de las precedentes consideraciones, y observando prácticamente que una fuerza irresistible nos obliga á dar fe á las Definiciones, Condiciones y Reglas, pues las empleamos ó usamos de ellas en todos nuestros razonamientos, así seamos lulistas como adversarios del Lulismo, establecemos que es un instinto natural ó sentido común quien nos hace tomar por criterio de verdad ó punto de apoyo de los humanos conocimientos á las Definiciones, Condiciones y Reglas lulianas.

¿Lo dice el Beato, *expressis verbis,* que, en la Ciencia Universal ó descenso del entendimiento, el sentido común sea para el hombre el punto de apoyo de la ciencia humana? No; tocante al caso presente no hemos acertado á ver que emplease ni las palabras *instinto natural,* ni las palabras *sentido común.* Hay, empero, en páginas innumerables de nuestro Autor y Maestro (y lo mismo afirmamos de sus discípulos) las dos proposiciones siguientes:

1.ª todas las palabras que integran el discurso humano se hallan implícitas ó explícitas en alguno de los atributos de la Divinidad, ó sea, en alguno de los Principios de la Ciencia Universal ó descenso luliano del entendimiento; todas las proposiciones de que usa el hombre en sus razonamientos pueden reducirse á alguna de las innumerables Condiciones lulianas; todas las razones, y aun todas las congruencias, por las que afirmamos ó negamos alguna cosa, están contenidas virtual ó actualmente en las innumerables Reglas lulianas;

2.ª todos los hombres, aun los más rudos (y si son instruidos y entendidos, sea cualquiera la escuela filosófica á que pertenezcan), al pensar ó razonar usan siempre, consciente ó inconscientemente, de las Definiciones, Condiciones y Reglas del descenso del entendimiento.

¿Qué nos dicen estas dos proposiciones? Muy sencillo, nos dicen:

a) que el descenso luliano del entendimiento es una cosa natural, mejor diré, naturalísima;

b) que asentimos á la verdad de los cánones de este descenso (á las Definiciones, Condiciones y Reglas) movidos por un instinto irresistible de la naturaleza;

c) que las leyes intrínsecas de nuestro pensar guardan suma analogía con las Definiciones, Condiciones y Reglas;

d) que la Ciencia Universal ó descenso luliano del entendimiento es una interpretación fidelísima de la naturaleza intelectual.

Estas cuatro afirmaciones se reducen á la siguiente: una inclinación natural de nuestro espíritu fuérzanos á creer las Definiciones, Condiciones y Reglas, las cuales, según hemos visto, no son demostradas por la razón (aunque, sí, pueden demostrarse) ni atestiguadas por la conciencia; y las creemos, no porque las veamos, sino porque las sentimos. Y esto, en la filosofía corriente, se llama instinto natural ó sentido común. Luego es verdad lo que antes formulamos, es á saber, que, en la Ciencia Universal ó descenso del entendimiento, el Beato Raimundo Lulio admite por criterio de verdad el llamado sentido común ó instinto de la naturaleza.

Júzguese ahora de la importancia de esta voz de la naturaleza que, como punto de apoyo de los humanos conocimientos, acepta el Beato Lulio, por estas palabras que dejó escritas Balmes y á las cuales asienten unánimes todos los filósofos sensatos: «El hombre no puede despojarse de su naturaleza; cuando ésta habla, la razón dice que no se la puede despreciar. Una inclinación natural es á los ojos de la filosofía una cosa muy respetable, por sólo ser natural; á la razón y al libre albedrío corresponde el no dejarlas extraviar.» (*Fil. Fundam.*; tomo I, lib. I, cap. 32).

Tócanos al presente demostrar las dos proposiciones que hemos sentado anteriormente: 1.ª las palabras que integran el discurso humano están contenidas en los Principios lulianos; las proposiciones que empleamos al razonar están contenidas en las Condiciones; las razones y congruencias con que probamos las verdades están contenidas en las Reglas lulianas; 2.ª todos los hombres usan al pensar del descenso luliano del entendimiento. Mas, como ello requiere un poco de extensión, y á fin de no interrumpir la ilación de nuestros discursos, no las demostraremos aquí, sino en la Nota A puesta al final de este capítulo XLIII. Lean y vuelvan á leer los estudiosos lo que dice allí el Rmo. Pasqual, que es materia tan desconocida como importante: la ignorancia es el enemigo que causa más daños al Lulismo.

Hemos aducido muy pocos argumentos para probar las dos primeras partes de nuestra tesis, ó sea, que, en el ascenso del entendimiento, admite el Maestro dos criterios de verdad: la evidencia objetiva y el instinto natural. Y lo hemos hecho adrede, pues, de esta manera, no hacinando argumentos sobre argumentos, la tesis y su demostración aparecen más contorneadas y diáfanas. Con todo, quien desee más argumentos, aquí los hallará, siendo como son innumerables los que se encuentran en los libros del Arcangélico, de los cuales plácenos copiar algunos en las páginas presentes.

Criterio de la evidencia objetiva.—a) En el *Libro de la Contemplación,* cap. 193, pregunta é inquiere Lulio de qué manera el hombre perciba y conozca cuáles sean las cosas verdaderas y cuáles sean las falsas: «Quomodo homo percipiat et cognoscat quaenam res sint verae et quaenam falsae.» Como se ve, entra decidido nuestro Doctor en el terreno de la doctrina sobre el criterio de verdad, pues al medio *(quomodo)* con que distinguimos lo verdadero de lo falso *(homo percipiat et cognoscat quaenam res sint verae et quaenam falsae)* le llamamos en filosofía criterio de verdad ó punto de apoyo de los humanos conocimientos.

¿Qué medios de percepción de la verdad nos señala el Beato? Afirma en primer lugar la existencia del medio de percibir la verdad: «Tu—dice al Criador—dedisti homini modum et industriam ut sciat invenire veritatem.»

Hay dos clases de verdad: verdad sènsual y verdad intelectual; y, como estas verdades son diversas, tendrá que haber dos modos diversos de hallarlas: las primeras las hallaremos con los cinco sentidos corporales, las segundas con los cinco sentidos intelectuales. Pero unas y otras las percibiremos mediante la simple visión: lo que verán los cinco sentidos corporales será la verdad; lo que verán los cinco sentidos intelectuales será la verdad. Aquí tendrá lugar una simple operación subjetivo-objetiva.

La verdad sensual, ¿cómo la percibiremos? ¿mediante el sentimiento, como escribió Jacobi? ¿mediante el consentimiento universal, como decía Lamennais? ¿por medio de una inclinación irresistible, como sentaron Reid y Hamilton y sigue creyendo la escuela escocesa? No, sino mediante los cinco sentidos corporales, ya que toda verdad sensual puede encontrarse ó viendo ú oyendo, ú oliendo, ó gustando, ó tocando, pues ninguna verdad sensual puede percibir el hombre, á no ser por estos cinco sentidos corporales: «et quia veritatem posuisti in duabus viis, quarum una est sensualis et alia intellectualis, oportet eam inquiri in his duabus viis; et sicut ipsa incedit per has duas vias, ita oportet quòd inquiratur duobus modis diversis.

Qui vult inquirere veritatem sensualem oportet quòd eam inquirat quinque sensibus sensualibus; quia omnis veritas sensualis potest inveniri vel videndo vel audiendo vel odorando vel gustando vel palpando, cùm nullam veritatem sensualem possit homo percipere nisi per hos quinque sensus corporales.»

Tenemos, pues, según el Beato Raimundo, que solamente

con los cinco sentidos corporales percibimos la verdad sensual; tenemos, pues, que, en las cosas sensuales, solamente con el testimonio de los sentidos distinguimos lo verdadero de lo falso. Y ¿qué es, en último resultado, el testimonio de los sentidos, sino un testimonio subjetivo-objetivo? y ¿qué es, en último resultado, el testimonio de un sentido, sea el que se quiera, sino una simple visión? Admitir el criterio de los sentidos es admitir el criterio de la evidencia objetiva. Dice el cardenal Zigliara: «Si enim rationem quaeramus cur firmiter retinemus exīstentiam alicujus objecti sensibilis, indigitamus objectum ipsum quod praesentiâ suâ sensus percellit nostros.» (*Summa Philosophica;* Critica, lib. III, cap. 1, artículo 4).

«El criterio de la verdad—escribe Comellas y Cluet—consiste en la evidencia objetiva, es decir, unas veces en el objeto en cuanto es percibido ó visto, y otras en la verdad del objeto en cuanto ha sido vista. Cuando hacemos una investigación por nosotros mismos sin valernos del testimonio de otro, el objeto puede presentarse á nuestra percepción ó visión, y de este modo hacernos conocer la verdad y determinar en nosotros un asenso firme.» Aquí «hay evidencia objetiva, porque hay evidencia de objeto.» «Al percibir con el sentido de la vista un objeto exterior, una mesa por ejemplo, con esta visión de la mesa sabemos que semejante objeto existe, y asentimos firmemente á esta verdad.» (Obra cit.; lib. III, cap. 3).

Con los sentidos corporales el hombre ve (en sentido lato) y percibe la verdad, ha dicho Lulio aquí; con los sentidos corporales el hombre está cierto de la existencia de los objetos que percibe, ha dicho Lulio en un texto anteriormente citado y dirá en otros que luego vendrán. Es así que donde hay verdad y certeza (no puede faltar ninguna) hay un criterio de la verdad; luego, según el Beato, los sentidos corporales (dentro su esfera propia) nos proporcionan un criterio de la verdad. ¿Y qué resulta de la acción de estos sentidos? Resulta una percepción objetiva ó evidencia objetiva. De consiguiente la evidencia objetiva es para Lulio criterio de la verdad en el conocimiento de las cosas sensuales.

Las cosas sensuales son diversas: por eso hay diversidad de sentidos corporales. Cada verdad sensual tiene un sentido propio con que ser percibida y así poder ingresar en el tesoro de la ciencia humana. «Sicut quinque sensus corporales diversificantur ab invicem, ita veritas diversificatur in eis; quia unam veritatem percipit homo per visum, aliam per auditum, aliam per odoratum, aliam per gustum et aliam per tactum; cùm visus tractet de colore et forma, et auditus de voce et verbo, et odoratus de odore, et gustus de sapore, et tactus de calore et frigore. Igitur quaecumque sit veritas sensualis, quam homo vult inquirere et scire, in suo proprio sensu debet eam inquirere, si velit eam invenire.»

El papel que, en el conocimiento de las verdades sensuales, representan los cinco sentidos corporales, represéntanlo á su vez, en el conocimiento de las verdades intelectuales, los cinco sentidos intelectuales, á saber, *cogitatio, perceptio, conscientia, subtilitas, animositas*. Lo que hemos dicho de aquéllos debe ahora repetirse de éstos. Las verdades intelectuales también son diversas, respondiendo cada una de sus clases á los cinco sentidos intelectuales de que Dios nos ha dotado para su adquisición. «Qui vult inquirere et invenire veritatem intellectualem, in quinque sensibus intellectualibus debet eam inquirere; quia sicut quinque sensus sensuales sunt loca in quibus invenitur veritas sensualis, ita quinque sensus intellectuales sunt loca in quibus invenitur veritas intellectualis.» «Sicut est diversitas inter unum sensum intellectualem et alium, ita sunt in eis diversae veritates; quoniam quilibet sensus habet proprietatem et modum per quem homo potest percipere et invenire veritatem quae est secundùm naturam et proprietatem ipsius sensus. Et propterea unam veritatem potest homo percipere per cogitationem, aliam per perceptionem, aliam per conscientiam, aliam per subtilitatem et aliam per animositatem; et hoc est quia quilibet istorum sensuum habet suas proprias significationes.»

Dice el Polígrafo: De entre las verdades intelectuales, unas son aprehendidas únicamente con el pensamiento ó abstracción; otras, con la sola percepción ó visión; otras, sólo con la conciencia ó sentido moral; otras, únicamente con la sutileza ó inducción; y, otras, tan sólo con la animosidad ó sentimiento. ¿Hay aquí cinco criterios de verdad? No. Verdad es que en la abstracción y en la inducción distinguimos con certeza lo falso de lo verdadero, con todo una y otra tienen su origen en la percepción ó visión, y por tanto no pueden aspirar al título glorioso de supremo criterio de la verdad.

Por el contexto se ve claramente, que la palabra *conciencia* no tiene ahí un sentido psicológico, sino un sentido moral; por donde dicha palabra equivale á instinto moral, que es un aspecto del instinto de la naturaleza al cual reconoce Lulio, como hemos visto ya, por uno de los dos supremos criterios de la verdad en el ascenso del entendimiento. La animosidad *(amor, odium, fervor)* ó sentimiento viene á reducirse—en las obras del Beato—al instinto de la naturaleza ó inclinación irresistible; pues, aparte de que muchos filósofos consideran, que el sentimiento se funda en la inclinación irresistible, ó es sólo un aspecto suyo: aparte de que otros dicen, que el sentimiento es al instinto natural lo que los momentos abstractivo é inductivo son al momento empírico; lo cierto es, que en las obras del Beato no hallamos textos ó razones suficientes para afirmar que el Maestro tuviese como á igualmente *supremos* los testimonios del instinto natural y del sentimiento. No hay consignados en el texto luliano cinco criterios de verdad, sino dos solamente.

Al sentar el Filósofo que el hombre obtiene ciertas verdades intelectuales *per perceptionem,* es lo mismo que si dijera por visión ó evidencia, pues ahí el Beato, ó quizás su traductor, no habla con mucho rigor filosófico, puesto caso que la simple aprehensión de una verdad intelectual es llamada, rigurosamente hablando, visión, y la simple aprehensión de una verdad sensual es llamada, hablando también en rigor, percepción. Decimos que quizás sea el traductor el que no hable con mucho rigor filosófico, ya que el Maestro compuso su *Libro de la Contemplación,* primeramente en lengua arábiga y después en catalán; sirviéndonos nosotros de la traducción latina, única publicada, hecha por Ibo

Salzinger. Ni el texto árabe ni el texto catalán han sido hasta el presente publicados.

Continúa: «Sicut duo testimonia recipiuntur ad probandum veritatem sensualem, ita tria testimonia recipiuntur ad probandum veritatem intellectualem, scilicet, testimonium quinque sensuum intellectualium, et testimonium trium virtutum animae, et testimonium potentiarum ipsius; quia unam significationem dant sensus intellectuales, aliam tres virtutes animae, et aliam potentiae ipsius. Et haec diversitas significationum fit per hoc quod quaelibet praedictarum rerum det significationem de illa cui est subjecta.» Al decir que, para probar ciertas verdades intelectuales, tenemos el testimonio de las tres virtudes del alma y el testimonio de las potencias del alma (prescindiendo del testimonio arriba dicho de los cinco sentidos intelectuales), ¿quiérese significar que el testimonio de la propia alma—el testimonio de la conciencia—es asimismo uno de los supremos criterios de la verdad? Es dudoso. A lo menos si no se nos habla más claro en otros lugares.

b) Abramos el capítulo 241 del mismo *Libro de la Contemplación:* de qué manera el hombre llega á saber si su razón está en lo verdadero ó en lo falso: «Quomodo homo habeat cognitionem de ratione vera et de falsa.»

Lo primero que necesitamos para estar en lo verdadero —si se trata de conocer las cosas sensuales—es la buena disposición de los cinco sentidos exteriores. Estos cinco sentidos demuestran *la verdad,* no la apariencia, de los objetos sensibles; ellos dan al hombre luz y *certeza,* con lo que afirma que está en lo verdadero; mediante ellos alcanza el conocimiento de las cosas sensuales; los sentidos corporales, por último, ofrecen al hombre la *verdad* que hay en los objetos sensibles. De donde, cuanto mejor dispuestos estén los sentidos, en más alto grado *demuestran la verdad.* Resumiendo: al contemplar, por ejemplo, con la vista, el libro en que estudio, se verifican simultáneamente dos realidades: percibo la *verdad*—no la apariencia—que hay en el libro, y prodúcese en mí la *certeza* de aquella verdad. ¿Por qué se ha verificado esto? Por la simple visión ó evidencia del objeto, hallándose bien dispuesto el sentido. ¿Qué más exigen los defensores, no lulistas, del criterio de la evidencia objetiva?

«Prima res per quam homo habet cognitionem de vera ratione, est ordinatio sensualitatum; sicut homo qui per visum sensualem cognoscit figuras sensuales, et audiendo verba cognoscit res praeteritas, praesentes et futuras, et odorando cognoscit bonos et malos odores, et gustando cognoscit victualia dulcia et amara, et tangendo cognoscit ignem esse calidum et nivem frigidam.

Unde, quando omnes istae quinque sensualitates ordinatè *demonstrant veritatem* rerum sensualium, tunc est homo *illuminatus* et *certificatus* de vera rationalitate per quam habet cognitionem de rebus sensualibus, per veras significationes quas sensualitates ei dant de *veritate quae est in rebus* sensualibus.» «Et quo melius sensualitates sunt in se ordinatae, eo melius demonstrant veritatem; et quo meliùs eam demonstrant, eo meliùs ratio recipit veram formam in rebus quae verè ei significantur et demonstrantur.»

Para percibir la *verdad* y producirse en nosotros la *certeza* de la misma—tratamos del conocimiento de los objetos sensibles,—no solamente es necesaria la buena disposición de los sentidos corporales, conforme se ha dicho, sino también la buena disposición del objeto sensible; de lo contrario, en lugar de certeza, engéndrase en nosotros la duda. Lo propio sucede en el estudio de los objetos ó verdades intelectuales: éstas, si han de ofrecernos su verdad, si han de producir en nosotros la *certeza,* requieren una disposición adecuada, requieren ser presentadas á nuestro espíritu de una manera conveniente; de lo contrario, en lugar de certeza, engendran asimismo la duda. ¿Y cómo aprehender las verdades intelectuales? Ya se ha visto: ó por la percepción ó *visión,* ó por un instinto natural. *Visión, verdad, certeza:* he aquí los tres elementos esenciales que constituyen el criterio de la evidencia objetiva. «Sicut quaedam sensualitates ratione defectus, qui est in eis, causant in homine dubitationes; ita quaedam intellectualitates ratione defectus, qui est in eis, causant in ipso dubitationes; et hoc idem evenit de *certificatione.* Quia, sicut quaedam sensualitates ratione perfectionis, quae est in eis, *certificant* hominem, ita quaedam intellectualitates habent tantam perfectionem in se ipsis, quòd dent homini demonstrationem et directionem, ut per eas *certificetur.*» (Obra cit., cap. 173).

c) En la distinción III, parte 2.ª, de la obra *Lectura Artis inventivae et Tabulae Generalis,* enseña el Maestro que el sentido de la vista es el *testimonio* de las cosas visibles cuando están presentes: «visus est *testimonium* praesentium visibilitatum.»

Y en la distinción V, parte 8.ª, de la obra *Tabula Generalis,* enseña que los sentidos corporales son los instrumentos con que el hombre percibe la *verdad*—no la apariencia —de los entes sensibles: «quae sunt instrumenta intellectus humani cum quibus attingit entium *veritatem.*»

De manera que la *vista es el testimonio de lo verdadero;* sabemos que las cosas son verdaderas, porque las vemos; la visión nos proporciona la verdad del objeto, y, á más de proporcionárnosla, engendra en nosotros la certeza de esta verdad, porque testimonio equivale á certeza. Volvemos á tener visión, verdad y certeza; volvemos á tener el criterio de la evidencia objetiva.

La vista es el testimonio de lo verdadero en los objetos sensibles, afirma el Doctor; y, como la primera verdad de un objeto cualquiera es su existencia, tenemos que, en la Escuela luliana, la vista es el testimonio de la existencia de los objetos sensibles. No pensaba así Lamennais, quien, en vez de poner, como Lulio, el criterio de la verdad en la evidencia objetiva, afirmaba que nosotros no estamos ciertos de la existencia de los objetos sensibles, sino por el consentimiento universal, poniendo de esta manera el testimonio de la existencia de los objetos sensibles en el consentimiento universal. Por admitir el testimonio del consentimiento universal ó común, dice la Historia de la Filosofía, que Lamennais aceptaba el criterio del consentimiento común; por admitir el testimonio de la visión, la Historia de la Filosofía debe afirmar, que el Beato Raimundo Lulio acepta el criterio de la evidencia objetiva.

d) Los que en manera alguna admiten el criterio de la

evidencia ó visión objetiva, establecen que el sentido de la vista nos proporiona sólo y á lo más alguna creduli dad acerca la existencia de los objetos sensibles contemplados. No así Lulio; para él percibe la vista en la piedra color y figura, y el hombre aprehende el color y la figura de la misma piedra *sin duda ni credulidad,* esto es, con certeza. Y ¿podríamos percibir el color y la figura de una piedra sin duda ni credulidad, si estuviésemos inciertos de la existencia de la piedra? Luego, por la sola visión ya estamos ciertos de la existencia de los objetos sensibles. Habla el Doctor en el *Libro del ascenso y descenso del entendimiento:* «Percibe la vista en la piedra, color y figura; y por medio de la misma potencia visiva comprehende el entendimiento el color y la figura de la misma piedra *sin duda ni credulidad,* y sin que la imaginación tenga acción, porque la presencia de la piedra y el acto actual de la potencia visiva no lo permiten; como también, porque la imaginación no puede tener acto sin especie. En lo que se manifiesta, que el entendimiento con sólo el acto de la vista y sin concurrencia de la imaginación, puede entender, como cualquiera puede experimentar en sí mismo.» (Distinción II.—Edición castellana, Mallorca, 1753).

Basta de textos sobre la evidencia objetiva. Y por no alargar demasiado el presente capítulo, tampoco añadiremos más textos á los ya copiados sobre el instinto natural como punto de apoyo de los humanos conocimientos. Son muchos los que pueden entresacarse de los escritos del Maestro; pues no es raro ver en su inmensa enciclopedia, que le basta á veces el instinto natural para discernir lo verdadero de lo falso: le basta á veces el instinto natural para descansar en la certeza, en el conocimiento verdadero de la cosa, en la *afirmación,* como dice él. El instinto natural primeramente afirma que niega—quoniam secundùm instinctum naturalem priùs est affirmatio quàm negatio;—y en la afirmación hay conocimiento verdadero del objeto y además certeza de este conocimiento. Es frase usual de Lulio, que nuestro entendimiento *quiescit per affirmationem;* y asimismo enseña repetidamente, que en la afirmación percibimos las cosas con claridad, y que en la misma hallamos el conocimiento verdadero de la cosa.

De los textos lulianos que podrían interpretarse en sentido favorable á la admisión del testimonio de la conciencia, no hay por qué hablar, pues, según arriba declaramos, son, para nosotros, muy dudosos, aunque en ellos se ve claramente que el Doctor conocía muy bien el estudio introspectivo del alma.

Tocante á los discípulos del Beato, debe confesarse que todos, sin excepción, admiten los criterios que su Maestro: el de la evidencia objetiva y el del instinto natural para el ascenso del entendimiento, y sólo el del instinto natural para el descenso. Si bien es de notar que el barcelonés Ramón Sibiude, el discípulo más independiente de la Escuela, el que menos se sujetó á los moldes del Arte Magna, parece admitir el criterio de la conciencia. Ocupado—dice—nuestro ánimo en la inquisición de la verdad, jamás descansa hasta encontrar el último grado de la certeza. Mas la certeza tiene su origen en la fuerza de los testimonios; de donde, cuanto los testimonios sean más manifiestos, claros y cercanos, en tanto producirán un asentimiento más cierto. Ahora bien, ninguna cosa es más conocida, cercana é intrínseca á otra, que ella á sí misma; y por eso, lo que manifestemos de un objeto por la naturaleza propia del mismo, será lo más sólido y lo más verdadero. Y por tanto, todo lo que *demostremos del hombre mediante la naturaleza del mismo hombre, engendrará en nosotros el máximum de la certeza.* «Animus humanus circa inquisitionem veritatis occupatus nunquam quiescit donec ad ultimum venerit certitudinis gradum. Virtus autem certitudinis ex firmitate testimoniorum seu testium generatur; et quantò fuerint magis manifesti, lucidi, propinqui, tanto certiorem fidem credulitatemque constituunt. Verum quia nulla res est magis nota, propinqua, intrinseca alteri quàm ipsa sibi, ideo quidquid per propriam ipsius rei naturam ostendimus, id solidissimum, id verissimum est. Et idcirco omne quod *de homine monstraturi nunc sumus per ipsius hominis naturam, maximam dictis nostris fidem facient.*» (*Viola animae;* introductorio.—Mediolani,

1517.—Es un compendio de la *Teología Natural* de Sibiude, redactado en un latín elegantísimo por Pedro Dorlando).

Aquí se enseñan dos cosas: 1.ª que la verdad y la certeza de los objetos exteriores hay que buscarlas en estos mismos; y por tanto, que para las verdades sensuales la evidencia objetiva es el conducente criterio de la verdad: quia nulla res est magis nota, propinqua, intrinseca alteri quàm ipsa sibi, ideo quidquid per propriam ipsius rei naturam ostendimus, id solidissimum, id verissimum est; 2.ª que, en el estudio del hombre, la verdad y la certeza hay que buscarlas en lo más conocido, interior y claro para el hombre. Y ¿qué hay más conocido, interior y claro para el hombre, que su propia conciencia, esto es, su existencia, sus ideas, sus actos de voluntad, sus sensaciones, todo aquello, en fin, de que el alma es á la vez sujeto y objeto? Luego, según Sibiude, el testimonio de la conciencia es criterio de la verdad para la adquisición de ciertas verdades, á saber, para las que sólo afecten al *yo*.

Además, enséñase ahí, como todos pueden ver fijándose bien en el pasaje transcrito por nosotros, que el criterio de la conciencia es el más cierto de todos los criterios, doctrina que, profesada ya por algunos Doctores de la Edad Media, alguien ha querido presentar en nuestros días como nueva y adquirida por los modernos.

Los mismos criterios, el de la evidencia y el de la conciencia, nos vienen declarados en el prólogo de la *Teología Natural,* y sobre todo el de la conciencia. «Haec scientia—escribe el propio Sibiude—arguit per argumenta infallibilia, quibus nullus potest contradicere. Quoniam arguit per illa quae sunt certissima cuilibet homini per experientiam, scilicet, per omnes creaturas, et per naturam ipsius hominis, et per ipsum hominem, omnia probat, et per illa quae homo certissimè cognoscit de seipso per experientiam et maximè per experientiam cujuslibet intrà seipsum. Et ideo ista scientia non quaerit alios testes quàm ipsummet hominem.» De manera que, en el conocimiento experimental de las criaturas—como si dijera, mediante la visión y los demás sentidos corporales,—tenemos un punto de apoyo de la ciencia humana: lo que resume Dorlando en la *Violeta del alma* con estas palabras: Nam principia hujus Artis res sunt quae et palpari et cerni possunt. He aquí, pues, la evidencia objetiva. Pero éste no es el único criterio: tenemos además el de la experiencia interna del alma, el testimonio de la conciencia. He aquí otro punto de apoyo de los humanos conocimientos.

Una pregunta: A vista del ascenso luliano del entendimiento; á vista del estudio del alma, que hace Lulio, y de los procedimientos que emplea para ello, ¿puede admitirse en la Escuela luliana el criterio de la conciencia como punto de apoyo de la ciencia psicológica? Creemos sinceramente que sí, y podríamos alegar fundadas razones. Aunque los textos del Beato son dudosos, creemos que él lo admitía en sus adentros, que no todo se escribe, con haber escrito mucho el Maestro. Mas diremos: si no temiésemos que alguien nos dijera, que aducíamos argumentos tirados por los cabellos—pues el lulismo es de difícil importación por la grande ignorancia que hay de él y por las muchas prevenciones en contra—nosotros hubiéramos ensayado á probar, que el autor del *Ars Magna* conocía, admitía y empleaba alguna que otra vez el criterio ó testimonio de la conciencia. Sea lo que fuere, es indudable que la admisión de este criterio en nada se opone á la psicología luliana, antes muy al contrario casa admirablemente con ella, por ser bastante experimental. Y si alguien rehusara aún nuestro parecer, no podrá menos de convencerse ante el ejemplo de un tan afamado lulista como el filósofo barcelonés Ramón Sibiude.

La Escuela luliana admite, pues, en el ascenso del entendimiento, los tres criterios de evidencia, de instinto natural y de conciencia. Ni más ni menos que Jaime Balmes. En el descenso del entendimiento—que el Filósofo de Vich desconocía totalmente—sólo admite el instinto natural.

NOTA A (Pág. 308)

§ 1.—*Las palabras, proposiciones, congruencias y razones que empleamos en nuestros discursos están contenidas, explícitas ó implícitas, en los Principios, Condiciones y Reglas del descenso luliano del entendimiento.*

«Dijo, y bien, el Beato Lulio *(Introd. Ar. Dem. cap. 33, núm. 4, fol. 29)*, que, siendo tan universales y trascendentes los principios de su Arte, todo lo que se puede discurrir se discurre por los términos expresos de ella, ó por otros que son reducibles á ellos, ó tales que se pueden y deben resolver en los mismos. La razón es bien clara, porque los términos que sirven en el discurso, ó son universales ó particulares: si universales, ó son expresos en el Arte, ó son implícitos y reducibles á los explícitos, por la conveniencia y afinidad que dicen unos con otros, según la regla que el mismo Lulio prescribe. Si son particulares, están comprendidos en los universales y pueden resolverse por ellos, pues lo particular se resuelve en su universal.

«Este ejemplo será demostración de lo dicho. Los términos: *nobleza, utilidad, dignidad, fecundidad,* etc., no están expresos en el Arte, pero porque convienen y son afines á la bondad, se reducen á su término que está expreso; y también al de *grandeza,* los de *riqueza, suficiencia, copiosidad,* etc.; y porque cada uno de los términos expresos tiene su opuesto privativo, como la *bondad* á la *malicia,* la *grandeza* á la *pequeñez,* etc., por razón de la contrariedad, en cada uno de los positivos se entienden respectivamente sus privativos, y á éstos se reducen también los términos opuestos á los que se reducen á los positivos expresos, como á la *malicia* se reducen la *vileza, inutilidad* ó *daño, indignidad, esterilidad,* etc.; y á la *pequeñez,* la *pobreza, insuficiencia, penuria,* etc. Esto supuesto, se ha de notar que, aunque el discurso expresamente no se explique por los términos de *bondad, malicia, grandeza, pequeñez,* etc., sino por los que se reducen á ellos, viene á ser lo mismo que si se explicara por los términos expresos, v. gr. si se dice: *No es nobleza digna de aprecio la que, rendida al ocio, no se emplea en favorecer; porque abatida á la vileza de una esterilidad, hace inútil su abundancia, siendo su mayor pobreza no bastarle el valor para hacer un beneficio.* A más de los términos inclusos en esta oración, que expliqué á cuáles términos expresos del Arte se reducen, hay éstos: *aprecio*, que se reduce á la *voluntad; rendida*, á la *impotencia* ó *falta de poder*, opuesta al *poder; ocio*, por contrariedad á la *operación*, que es término expreso; *emplea*, á la *operación* ó al *principio; favorecer*, acto que se reduce á la *bondad*, pues á ella pertenece el *favor; abatida*, á la *impotencia* ó *pequeñez; valor*, se reduce al *poder;* y *hacer un beneficio*, á la *bondad*, por ser su acto.

«¿Quién no ve que aquella primera proposición: *No es nobleza digna de aprecio la que, rendida al ocio, no se emplea en favorecer*, se reduce ó es lo mismo que ésta: *No es amable la bondad que, falta de poder por el ocio, no hace algún bien, ó no principia algún bien, ó* (en frase luliana) *no bonifica?* La otra: *porque abatida á la vileza de una esterilidad, hace inútil su abundancia*, es lo mismo que ésta: *Porque si la bondad no obra bien ó está ociosa, es mala su grandeza.* La última: *siendo su mayor pobreza no bastarle el valor para hacer un beneficio*, suena lo mismo que ésta: *La mayor pequeñez de la bondad es la pequeñez de poder para obrar bien.* Estas proposiciones á las que he reducido las de aquel período, son sin duda máximas, combinaciones, ó (en frase luliana) Condiciones del Arte de Lulio; y, así como están reducidas aquéllas, pudieran todas las demás semejantes reducirse: por lo que queda verificada la parte de la aserción disyunctiva, de hacerse todos los discursos, sino por términos expresos, por reducibles á ellos.

«La misma parte de la aserción disyunctiva se verifica de otro modo, respecto de que, todo lo que dice el Beato Lulio literalmente en su Arte sobre sus términos expresos se entiende en orden á los implícitos y reducticios, mudándose unos en otros, v. gr. cuando se dice en el Arte estas máximas: 1. *La bondad es grande en el poder;* 2. *La bondad que no es poderosa no es durable*, por la dicha regla, en la primera se entienden éstas: *la nobleza es grande en el poder*, ó *la nobleza es abundante en el poder*, ó *la nobleza es abundante en el valor;* y en la segunda, éstas: *la nobleza que no es poderosa no es durable*, ó *la nobleza que no es fuerte no es constante*, etc.; y lo que se entiende de los reducticios, tiene la misma verdad, universalidad, etc., que lo de los términos expresos.

«La otra parte de la expresada disyunctiva, sobre que se hayan de formar todos los discursos por términos que se puedan y deban resolver en los del Arte luliana, es también manifiesta; porque cuanto hay está contenido en *Dios, criatura y operación;* ó en *sensual, intelectual y animal;* ó en *substancia y accidente;* ó en *ente y no ente*, que son términos explícitos en la figura T. del Arte, y así todo se puede resolver en estos términos; pero porque aun los expresados son especiales, y por consecuencia se pueden resolver en sus universales, para explicar la última resolución hasta los primitivos universales, se ha de suponer por fundamento universal de todo, el *ser y no ser*, ó *ente y no ente;* y esto de manera, que cada una de las figuras, v. gr. la figura A, supone por el *ser*, y sus términos son las perfecciones ó cualidades del *ser*, y los términos opuestos pertenecen al *no ser:* en esta suposición, el discurso explicado en términos especiales se ha de resolver en los universales que los contienen, ya sean explícitos, ya implícitos en el Arte.

«Por ejemplo: La razón con que Santo Tomás *(part. 1, q. 1, art. 1)* prueba, que, además de las doctrinas filosóficas, es necesaria la Teología ó Doctrina Sagrada, es ésta: el hombre está ordenado á Dios como á su último fin: luego ha de dirigir sus intenciones y acciones á este fin; y como siendo agente racional para dirigirle sus intenciones y acciones sea preciso conocerlo, y por otra parte Dios, como tal fin, exceda la comprehensión humana, es necesaria una doctrina superior y sagrada que le dé conocimiento de Dios, la cual es la Sagrada Teología. En este discurso el término *hombre* se incluye en el *principio; Dios*, en el *fin; dirigir y ordenar*, en el *principio; intención*, en la *voluntad; agente*, en el *principio; racional*, en la *sabiduría; ser preciso ó nece-*

sidad, en la *justicia; conocer,* en la *sabiduría; exceso,* en la *mayoridad; comprehensión y doctrina,* en la *sabiduría; superior y sagrada,* en la *mayoridad.*

«Esto supuesto, la primera proposición: *El hombre está ordenado á Dios como á su último fin,* se resuelve en ésta: *El principio está ordenado á su fin último;* y como (así se declara aquella proposición que allí no se manifiesta) el hombre en orden á Dios sea principio y Dios sea su último fin, porque el último fin tiene la mayor perfección que sólo conviene á Dios, por eso el hombre está ordenado á Dios como á su último fin. El consiguiente: *luego ha de dirigir,* etc., se resuelve en éste: *luego su operación y apetito ha de ser en orden al último fin.* La subsunta: *y como siendo agente,* etc., se resuelve en ésta: *y como el principio sabio* (esta palabra se toma en una total universalidad de sabiduría, conocimiento ó instinto) *no apetezca, ni principie en orden al fin sin saberlo ó sin tener instinto de él:* de ésta se deduce, que, como el principio y fin se hayan de proporcionar según fueren, así ha de ser el conocimiento; y como el hombre sea un agente ó principio racional é intelectivo, y Dios un fin inteligible, el hombre, por ser racional, para dirigir á Dios su intención y operación, le ha de conocer. La otra subsunta: *y por otra parte Dios,* etc., se resuelve en ésta: *el fin cuanto es mayor, tanto más excede al principio que es menor;* y como Dios sea fin sobrenatural y mayor, excede al conocimiento del hombre que es natural. El último consiguiente: *por eso es necesaria,* etc., se resuelve en éste: *por eso es necesaria una sabiduría mayor con la que el principio sepa su último fin;* y como esta mayor sabiduría ha de ser proporcionada á este fin, el cual es sobrenatural y sagrado, por eso aquella sabiduría ha de ser sobrenatural y sagrada, que es la Sagrada Teología.

«De lo dicho se infiere, que, como todos los discursos que se hacen se han de explicar con los términos expresos, ó que se incluyen en los del Arte por reducción ó por resolución, todos se fundan en el Arte y todos siguen su uso y práctica; porque de cualquier manera que se combinen los términos, ó universales con universales, ó universales con especiales, ó especiales con especiales, siempre se practica el método prescrito en el Arte de combinar los términos para ser recto el discurso, pues cualquier método de discurrir que se practique, ó por reducción, ó por resolución, se contiene en los varios métodos del Arte, como lo pudiera hacer constar á el modo que expliqué lo de los términos.

«Lo dicho basta para conocerse que todos los autores han practicado el Método luliano; pero para evidenciarlo quiero poner á los ojos algunos ejemplos, no de aquellos que puramente constan de términos particulares que deben resolverse en los universales, porque fuera fastidiosa su difusa resolución y parecería violencia el quererlos incluir en el Método luliano, sino de los que por la mayor parte están en términos universales, ó explícitos, ó implícitos del Arte, en los que manifestaré practicado su método.

«Para entender esto mejor, advierto, que el Método propio luliano es manifestar las cosas generales y universales por las definiciones y combinaciones de los términos generales y universales, y las reglas proporcionadas; y el modo de manifestar las cosas particulares es por las mismas definiciones, combinaciones y reglas generales contraídas y determinadas á las mismas cosas. Este método de discurrir según sus términos universales, es distinto del que propone para discurrir con los términos especiales de las ciencias. Singularmente notaré estar este método practicado en las máximas ó combinaciones de los términos universales.»

§ 2.—*Todos, al razonar, usamos, consciente ó inconscientemente, del descenso luliano del entendimiento.*

«El eximio Dr. Suárez practicó muchas máximas lulianas, particularmente en la Metafísica; y de lo que dice (disp. 35, sect. 1) se deduce muy fácilmente ser verdadera y sólida la existencia y modo de proceder del Arte luliana. Supone que, siendo Dios causa del Universo, había de producirlo á su semejanza, porque es propio de la causa eficiente asemejarse su efecto: por lo que le comunicó su bondad y perfección. De esto prueba (núm. 3) que más posibles son los Angeles, y más conforme á la divina virtud el producirlos, que las substancias materiales, por ser aquéllos más semejantes á Dios, y éstas menos; y (núm. 5) por razón de esta semejanza y haber Dios de poner en el Universo todos los grados de perfección, perteneciendo al supremo de ella la substancia angélica, deduce su posibilidad; porque, si así no fuera, faltara al mundo la mayor semejanza con Dios y mayor comunicación de su bondad y perfección: discurso que lo califica de eficacísimo.

«La razón de Suárez, que lleva en varias partes el Beato Lulio, es una prueba eficacísima de que todas las perfecciones divinas están comunicadas á la criatura por causa de la semejanza que pide la producción, siendo la razón misma para una que para todas: de lo que se sigue la realidad de los principios del Arte, que son las perfecciones divinas con sus semejanzas en la criatura, su universalidad, primitividad y demás circunstancias que (Disert. 1) tengo ponderadas.

«Síguese también por la misma semejanza, que todas las habitudes ó combinaciones que tienen ellas mismas en Dios, proporcionalmente están comunicadas á la criatura; que son universales, reales y deben verificarse en todas las cosas; y como en ellas consisten las condiciones ó máximas del Arte luliana, se demuestra todo lo que de sus combinaciones he dicho. Síguese, en fin, ser verdaderas é infalibles las Reglas lulianas, que están fundadas en las expresadas combinaciones.

«Reflexionando la citada sec. 1 de Suárez, se verán practicadas muchísimas de las Reglas lulianas, v. gr. la de *mayoridad* y *minoridad,* á la que se reducen todas en algún modo, pues sirve para demostrarlas con todo lo perteneciente al Arte, está practicada exactamente por Suárez (núm. 3 citado), cuando por ser más semejante á Dios la criatura inmaterial que la material, demuestra ser más posible y más consentáneo á Dios el producirla; pero con mayor claridad la practica (ibid. núm. 4) donde prueba la posibilidad y existencia de los Angeles, porque es posible y existe el alma racional, que es substancia espiritual incompleta y menos perfecta que el Angel, substancia en sí completa, quien, por consecuencia, con mayor razón debe existir.

«Las principales sentencias de la Doctrina luliana también se ven sentadas en los discursos de Suárez, v. gr. *Dios obra lo mejor, más noble y más perfecto, pues hace lo que le es más semejante: Lo en que se expresan las divinas perfecciones, es posible; y cuanto ellas se demuestran mayores, es más posible,* pues el Angel es más posible porque es más semejante á Dios: *En el Universo ha de haber la mayor diferencia, que consiste en la distinción de grados en la criatura, desde la ínfima hasta la más perfecta: La grandeza y perfección de la obra de Dios pide que no le falte algún grado proporcionado de perfección,* porque de otra suerte sería imperfecta.

«Mucho más declara este sólido Ingenio la penetración de las máximas lulianas, su infalibilidad y útil práctica en la solución de las objeciones. Se objeta que si era preciso haber Angeles en el Universo por ser lo más perfecto y semejante á Dios en el orden de las criaturas, se seguiría que sólo debería haber en él criaturas inmateriales, pues entonces sería más semejante al Ser infinitamente inmaterial; pero responde que en este caso no constaría el Universo de variedad de criaturas, la que es precisa para su perfección; que es propiamente decir en lenguaje luliano: *La perfección y complemento de la obra divina no es grande sino en la diferencia; y es mayor en la mayor diferencia de criaturas y en el mayor orden desde la mínima hasta la máxima.*

«Se objeta después que se sigue de su misma razón la existencia del orden de gracia y gloria, y aún de la Unión hipostática, porque una y otra es perfección del Universo y dice mayor semejanza á Dios y expresión de sus perfecciones; pero á esto opone (núms. 10 y 11) la diferencia que hay; porque el Angel está comprendido en el Universo y ellas no; aquél está en el orden natural y éstas en el sobrenatural. No obstante, suponiendo que la gracia y gloria y la Encarnación son la consumada perfección del Universo, lo más consentáneo al fin de las obras de Dios y lo que más llena la imagen y semejanza divina en el hombre, confiesa que, atendiendo á la consumada y absoluta perfección del Universo, es eficaz su discurso para inferir el orden de gracia y gloria y la Encarnación, supuesta su posibilidad. ¿No son éstas las mismas máximas y razones con que trata el Beato Lulio estos misterios?

«Si hubiese reflexionado más este profundísimo ingenio sobre las constantes máximas en que se funda y el método de aplicarlas, hubiera conocido indefectiblemente que la misma razón eficazmente demuestra ser absolutamente posibles estos misterios, y así no era necesario el aditamento *supuesta su posibilidad*. En algún modo se hizo cargo de ello cuando pone la diferencia entre discurrir naturalmente del Angel sobre aquellas máximas y de los expresados misterios; porque no negando la rectitud del discurso, sólo pone la diferencia en que esto es más dificultoso y no cae bajo la natural acción, por ser sobrenatural.

«Supongo (tocando sólo de paso este asunto) la mayor dificultad en conocer estas materias que, en frase del Beato Lulio, es como el mayor trabajo de subir á un alto monte, que á un collado, ó que andar por el llano; y que para penetrarlas es preciso la previa noticia que da la Fe; pero hago reflexión que, supuesta ella, bien puede el entendimiento naturalmente discurrir sobre las mismas, aunque sobrenaturales, como lo hacen continuamente los teólogos: por lo que, así como es posible el Angel por ser más semejante á Dios, mayor perfección del Universo y comunicársele más la bondad y perfección divinas que á las otras criaturas, son posibles la gracia, gloria y Unión hipostática, por verificarse en ellas estos motivos: lo que (supuesta la Fe) conoce naturalmente, aunque con dificultad, el entendimiento, porque naturalmente se evidencia que Dios, en la operación exterior, obra lo más semejante á sí, pone la mayor comunicación de su bondad y grandeza y ejecuta el mayor complemento de la obra tan perfecta de su mano.

«Esto basta para convencer que el eximio Suárez conoció y practicó el fondo del Arte luliana, cuyas máximas se observan dispersas en su Metafísica, de las que apuntaré algunas. Aprueba (disp. 1, sect. 6, núm. 8) la razón con que Santo Tomás manifiesta que el hombre naturalmente apetece la Ciencia, á saber: *toda cosa naturalmente apetece su perfección, operación y felicidad*, que es decir: *la perfección, ope-*

ración y felicidad ó gloria son por sí apetecibles, que en términos es una máxima luliana, la que es seminario de muchísimas verdades que se deducen fácilmente de ella. Admite (ibid. núm. 10) este discurso de Aristóteles: *más amamos la vista que los otros sentidos, porque conduce más á adquirir la Ciencia; luego el amor de la Ciencia nos es más natural que el de la vista y de los otros sentidos;* cuyas proposiciones se reducen á estas máximas: *el mayor medio ó que más conduce* (la vista) *al mayor fin* (la Ciencia) *es más amable: El fin es más amable que los medios: Más propio y connatural es el amor del fin que el de los medios.* También como la vista sea por *segunda intención* y la Ciencia por *primera,* infiriendo del mayor amor de la vista el mayor amor de la Ciencia, usa de la *Regla de primera y segunda intención,* compuesta con la *de mayoridad y minoridad.*

«Probando (disp. 15, sect. 1) la existencia de la forma substancial de haberla en el hombre, arguye (núm. 6) ser precisa en todos los compuestos, *porque todos en eso son de un mismo orden,* que es decir: *porque todos concuerdan en el orden natural; y donde hay concordancia de fines* (los compuestos) *hay concordancia de principios.* De que en el hombre la variedad de accidentes dependa de la forma substancial, deduce (núm. 7) lo mismo en los otros mixtos, por haber en todos el mismo movimiento y orden, lo que se reduce á esto: *la conveniencia de orden y movimiento pide concordancia de principios;* ó, *así como el mayor principio substancial se proporciona á la mayor substancia* (el hombre), *se proporciona á la menor substancia* (los otros cuerpos) *el menor principio substancial.*

«De que en el orden superior no repugne acto substancial subsistente, como el Angel, ni acto substancial informante, como el alma racional, arguye (núm. 16) no repugnar en el orden inferior de los cuerpos acto substancial subsistente, como lo son los individuos, ni acto substancial informante, como es la forma substancial; de que no repugne acto accidental, infiere repugnar menos el substancial; y porque la razón de *substancial* dice perfección, de que exista la potencia substancial deduce no repugnar acto substancial: en cuyos discursos, omitiendo otras reflexiones, usa patentemente de la *Regla de mayoridad y minoridad.*

«De la diferencia substancial de las especies infiere (número 17) la diversidad de formas substanciales, porque si no fueran distintas por diversas formas substanciales, toda su variedad sería accidental y no substancial, en cuya consecuencia faltaría al Universo su más admirable disposición y hermosura, la que consiste en la mayor diferencia, que no sería la mayor si no proviniese de la forma substancial, pues no basta á esto la materia, por ser una misma en todos; y en este caso habría en todos una misma esencia. Todo este discurso, que latamente se puede ver en el Autor, está formado de máximas lulianas, v. gr. *el vario orden de las cosas pide diferencia de principios: La mayor hermosura, perfección y complemento del Universo, está en la mayor diferencia de sus principios* (las formas): *La mayor diferencia de los fines* (que es la distinción esencial de las especies) *pide mayor diferencia de principios.* A estas y otras máximas se reduce el discurso de Suárez, de las que fácilmente se puede deducir la diferencia de principios ó formas vitales en un mismo viviente, y la real distinción de sus grados metafísicos, contra el mismo autor.

«Prueba (disp. 18, sect. 1, núms. 5 y 6) que las criaturas verdaderamente son causas efectivas, porque si no lo fueran, serían vanas sus virtudes y cualidades; y todas las cosas, según Aristóteles, están ordenadas á su operación *(omnia esse propter suam operationem),* por lo que nada repugna más á su naturaleza y fin, que la carencia de propia operación. En esto da por fija la máxima luliana que, toda perfección simple, tanto increada como creada, tiene propio acto, al que en algún modo se ordena, como la bondad á bonificar, la grandeza á magnificar, etc., de la que deduce muchas consecuencias la Doctrina luliana en la Filosofía y Teología. Sentando (núm. 7) que la virtud activa es principalmente consentánea á las criaturas, infiere que, habiendo Dios criado todas las cosas perfectas, las dió proporcionada virtud activa; cuyo discurso, suponiendo que lo que dice perfección en la obra de Dios debe existir ó no repugna, se reduce al Método luliano que de la perfección concluye el ser y del defecto el no ser, según tengo explicado. Muchas otras máximas y métodos lulianos se descubrirán leyendo atentamente las obras de este doctísimo varón.

«Había determinado manifestar que el sutil doctor Escoto practicó también el Método luliano; pero, porque ha crecido ya demasiado esta disertación y no puedo dejar de tratar de otros sujetos, lo omito, suponiendo que fácilmente creerá cualquiera que un entendimiento tan sutil y penetrante habrá llenado sus obras de muchísimas máximas universales y trascendentes, cuando este fué su propio método, si creemos á Vuadingo cuando en sus Anales dice, que el método de Escoto fué establecer unas famosas proposiciones universales que le servían de principios para resolver sutilísimamente todas sus aserciones.

«El mismo modo de proceder observó el angélico doctor Santo Tomás de Aquino, pues, según advierte Luis Antonio Muratori en el Libro de Reflexiones sobre el buen gusto en las Artes y Ciencias (t. 2, cap. 10), bien fundado un principio, jamás le olvida el Santo, sino que de él mismo agudamente deduce tantas y tan varias conclusiones, para lo que, y para el modo de saber dudar, proponer objeciones y disolverlas, lo propone y ofrece á todos Muratori por modelo. Es constante que, si se miran atentamente sus obras, se hallarán muchísimos rasgos del Método luliano, y particularmente en la *Summa* perpetuamente usa de máximas formadas de principios implícitos del Arte, como *potentia, actus; per se, per accidens; prius, posterius; simpliciter, secundum quid,* y otros semejantes, y juntamente practica máximas formadas de principios explícitos, sentando muchos de los principales fundamentos de la Doctrina luliana.

«Sienta el Doctor Angélico (part. 1, quaest. 3, art. 3, ad. 2) que todo agente asemeja á sí su efecto, y por consecuencia todas las criaturas imitan á Dios, aunque siempre con algún defecto, según se distinguen y distan de Él; afirma (quaest. 4, art. 3) que todas, en cuanto son entes, se le asemejan como al Ser primero, que es principio universal de todo el ser; prueba (quaest. 6, art. 1) que el ser bueno principalmente conviene á Dios, como agente que se quiere á sí para comunicar su semejanza, pues Dios, según el Areopagita (Lib. de Divin. Nom. cap. 4), se dice bueno, porque de Él tienen ser todas las cosas. En estas doctrinas de Santo Tomás se funda la realidad, universalidad y primitividad de los principios y máximas lulianas, como manifesté.

«Es continuo en el Angélico Doctor el uso de la Regla de *mayoridad* y *minoridad*, y del Cuadrángulo Lógico, que infiere por la concordancia ó contrariedad de los términos entre sí, v. gr. prueba (part. 1, q. 2, art. 3) la existencia de Dios, porque habiendo tantos grados de ser, es preciso que haya un ser máximo, que es el divino. Arguye (q. 3, art. 6) que en Dios no hay accidentes, porque el ser *per accidens* de ellos es menor que el ser *per se*. De que exista la primera materia, que es ente en potencia, deduce (q. 4, art. 1) que Dios, por ser el primer agente, está principalmente en acto y es perfecto. Resuelve (q. 5, art. 3) que, porque todo ente está en acto, es perfecto, y por ser perfecto es bueno; lo que es inferir por la concordancia de los términos. Concluye (q. 14, art. 11) que Dios conoce los singulares, porque este conocimiento en nosotros dice perfección, y por consecuencia en Dios la dice mayor.

«Establece en varias partes las siguientes máximas (part. 1, q. 6, art. 1): *Todas las cosas, apeteciendo su propia perfección, apetecen á Dios, porque sus perfecciones son semejanzas de las divinas* (Art. 4). *Cada cosa se dice buena por una semejanza de la divina bondad que formalmente es su bondad propia que existe en ella y la denomina buena;* y por la misma razón se ha de decir lo propio de las demás perfecciones (Quaest. 20, art. 4). *Es necesario decir que Dios ama más las cosas mejores* (Quaest. 25, art. 1). *Cada cosa, según está en acto y es perfecta, es principio activo de otra* (Art. 2). *Cuanto más perfectamente tiene el agente su forma con que obra, tanto mayor es en obrar su potencia.* Sienta (quaes. 47, art. 2) que el mundo no sería perfecto sin una desigual graduación de sus partes, cuya desigualdad proviene de la distinción formal que es la principal; y prueba (q. 50, art. 1) la existencia de los Angeles por tener mayor semejanza con

Dios y resultar de su existencia mayor perfección del Universo.

«No me detengo más en proponer las diversas máximas y métodos que usa el Doctor Angélico, pues creo que cualquiera, por poco que entienda los principios y combinaciones lulianas, las observará practicadas continuamente en sus obras.

«Quien leyere con atención las obras de nuestro padre San Anselmo, verá practicado el Método Teológico luliano, que discurre por las perfecciones de Dios combinadas unas con otras, deduciendo lo que dice conexión con estas combinaciones; y por lo regular aplica el Santo los principios, máximas y reglas lulianas, para descubrir lo que investiga de Dios.

«Bien sabido es lo que refiere en el prólogo de su *Prosologio* sobre inquirir una razón que fuese por sí evidente y bastase sola á demostrar todo lo que con varios discursos había demostrado de Dios en el *Monologio.* Esta razón ó máxima (ex cap. 5) consiste en *haberse de atribuir á Dios todo lo que es mejor ser que no ser;* y es tan exacta, que, aplicada á cuanto tiene dicho de Dios en el Monologio, todo se evidencia fijo y constante. La misma máxima propone en varias partes el Beato Lulio, y se reducen á ella todas las Reglas para discurrir de Dios, que establece en el *Comentario del Arte Demostrativa* (dist. 2, part. 2).

«La razón con que en el Prosologio (cap. 2) de que el entendimiento conciba un ente tan bueno que no se pueda concebir otro mejor, infiere el ser de Dios, está muy en uso en las obras del Beato Lulio, y se funda en la Regla de *mayoridad* y *minoridad,* pues, siendo mayor la realidad que nuestro concepto, es más conforme á razón que exista lo que el entendimiento rectamente concibe ser mejor, porque sino, mayor y más noble fuera el concebir de nuestra mente que la realidad. Este modo de inferir la realidad del concepto lo propone universal el Beato Lulio, para discurrir en todas las cosas, pero es necesario aplicarle con rectitud y cautela para no desbarrar y exponerse á las infaustas consecuencias del que enseña Cartesio, pues, por irregular, poco explicado y mal entendido, puede producir muchos engaños.

«En el Monologio para tratar de Dios, supone San Anselmo que entiende por Dios aquel ente que es tan bueno, que no se puede concebir otro mejor; suposición que también previene el Beato Lulio en su *Apóstrofe;* y sobre ella funda uno y otro lo que discurren de Dios, pues en ella todo lo que puede tratar de Dios la Teología tiene sólido fundamento. De que existan las demás cosas que no son buenas por sí sino por otra, infiere (cap. 1) la existencia del Sumo Bien, pues es bueno por sí mismo; prueba (cap. 3) que el Sumo Bien es uno solo; arguye (cap. 4) que existe una Suma Esencia y Naturaleza que por sí misma es buena, grande y todo lo que en sí es; deduce (cap. 12) que el Sumo Bien por sí mismo está vigoroso, y que todas las cosas tienen ser y perseverancia por su influjo; declara (cap. 15) que es justo, grande, etc., y la misma justicia, grandeza, etc.; y manifiesta (cap. 26) que es espíritu y no cuerpo, porque aquél es mayor que éste: en cuyos discursos practica abiertamente las Reglas lulianas tantas veces mencionadas, como también las combinaciones, discurriendo por la igualdad de ellas mutuamente combinadas.

«El Sol de la Iglesia San Agustín, no sólo practicó el Método luliano, sino que también propuso algo de su proyecto, sentando algunas de sus máximas por las que procedió á manifestar las verdades que intentaba. Expone (Libro de Liber. Arbitr., lib. 2, cap. 10) algunas proposiciones evidentes ó principios *per se notos,* que concluye pertenecer á la Suma Sabiduría y Verdad, por la que las conocemos con evidencia y somos dirigidos en la investigación de todo; infiere (ibid. cap. 12) que hay una Suma Verdad en la que brillan todas aquellas verdades, y por ella juzgamos de las demás; resuelve (cap. 13) que esta verdad es el Sumo Bien que nos manifiesta todos los bienes verdaderos, *haec enim veritas ostendit omnia bona, quae vera sunt;* advierte (cap. 16) que en cualquiera criatura á que nos volvamos hallaremos impresos unos vestigios de Dios, por los cuales nos habla y pone formas ó impresiones dentro de nosotros, para que le conozcamos; y añade después que no podemos aprobar ni reprobar lo que percibimos con el entendimiento ó sentido, sin tener dentro de nosotros ciertas leyes de la hermosura á las que refiramos las cosas hermosas que percibimos; y como estas leyes provengan de Dios, todo está formado por la forma inconmutable, que es Dios.

«Reflexionando sobre lo alegado, se ve que San Agustín, como el Beato Lulio, sienta por fundamento sólido para conocer todas las cosas al mismo Dios, Suma Verdad, de la que todas proceden; y porque ninguna tiene ser ni verdad sino en cuanto le imita, en ella relucen todas, ella nos las manifiesta, y por ella juzgamos de todas: por cuya razón en todas hallamos sus vestigios, que son las semejanzas de las divinas perfecciones, y tenemos dentro de nosotros los primeros principios conformes á la Suma Verdad, por los que juzgamos de la hermosura ó verdad de todas. Este verdaderamente es el fondo del Método y Doctrina luliana.

«En conformidad de esto (ibid. lib. 3, cap. 5) pone esta máxima: todo lo que con verdadera razón conocieres mejor, sabe que Dios lo hizo como Hacedor de todos los bienes: *quidquid enim tibi vera ratione melius ocurrerit, scias fecisse Deum tanquam bonorum omnium conditorem,* que es la regla de *mayoridad* y *minoridad* tantas veces ponderada; y después, explicando y confirmando la expresada máxima, añade: «Puede haber algo en realidad que con tu razón no penetres; pero no puede dejar de ser lo que concibas con verdadera razón, ni puedes pensar algo mejor en la criatura, que no haya conocido el Artífice de la misma, porque el alma racional, naturalmente unida á las divinas razones de las que pende, cuando dice: esto se haría mejor que lo otro, si dice verdad y ve lo que dice, lo ve en aquellas mismas razones con las cuales dice conexión.»

Esto notoriamente es enseñar, como el Beato Lulio, que el constante fundamento de conocer nuestra alma son las razones ó perfecciones divinas y sus combinaciones aplicadas á todo lo conoscible; y sin duda este es el modo de filosofar, con que el Santo (lib. 2, contr. Academ. cap. 3) dice: «Tan evidentemente puede hallarse la verdad que se manifieste más clara, que ser diez estos números juntos: 1, 2, 3, 4; ni se ha de desesperar que se logrará un conocimiento más claro que de aquellos números;» en cuya conformidad dijo el Beato Lulio, que por su método se pueden demostrar más ciertamente las verdades, que con las demostraciones matemáticas.

«Por lo común todos los discursos del Santo se fundan en el *Cuadrángulo lógico luliano,* unido las más veces con la regla de *mayoridad* y *minoridad,* pues con él, por razón de la concordancia y contrariedad, se concluye un positivo de otro y un privativo de otro, y se niegan éstos de aquéllos: v. gr. resuelve (lib. 1 de Liber. Arbit. cap. 1) que son buenas y no malas las Disciplinas Liberales, porque convienen con la bondad; prueba (ibid. cap. 10) que la concupiscencia libidinosa no es más poderosa que nuestra mente, porque no sería buen orden que lo más vil y flaco imperara á lo más vigoroso, sino que es necesario que pueda más nuestro espíritu, porque con recto orden y justo la domina; en cuya conformidad, cotejando la virtud con el vicio, dice que es más sublime, firme é invicta.

«Concluye (lib. 2, cap. 3) que el entender es más excelente que el ser y el vivir, porque no conviene como estos actos á las piedras ni bestias, que son tan defectuosas, y pues todo conviene al inteligente, es más noble la inteligencia; manifiesta (caps. 3, 4 y 5) por los sentidos externos el interno, y por éste la razón ó discurso del alma racional, y según lo que á cada uno conviene, declara su proporcionada excelencia; y (cap. 18) infiere que la libertad humana es un bien dado por Dios, porque lo son los pies y los ojos, sin los que podemos vivir bien; luego mucho más lo es la libertad, sin la que no podemos vivir rectamente.

«Si se reflexiona su libro primero contra los Académicos, se verá palpablemente que todo su discurso procede sobre términos opuestos, v. gr. *bienaventuranza, infelicidad; perfección, defecto; verdad, falsedad; sabiduría, error; investigación* de la verdad que es el *medio,* y su *invención* que es el *fin,* y otros semejantes, concluyendo siempre un positivo de otro y un privativo de otro, ó que uno es medio conducente á su concordante, y no al revés. Del mismo modo procede en el libro de *Ordine,* en que, por pedir el orden la habitud de *principio, medio* y *fin*, todo se arregla á la exigencia de éstos, discurriendo siempre por los términos opuestos y concluyendo por los concordantes: conforme á éste es su método en el libro de *Beata Vita,* pues con la proporción de lo mayor y menor discurre por términos opuestos, y también resuelve por los concordantes; lo que siempre se observará en sus demás libros.

«Los ejemplos propuestos dan constante prueba de que los Santos Padres y Autores referidos han practicado en gran parte el método de discurrir del Arte luliana, y lo mismo se puede fácilmente hacer constar de todos los demás, particularmente en las materias abstractas que han tratado; porque no hay punto de éstos que no pertenezca á alguno de los principios explícitos ó implícitos del Arte, en cuya consecuencia es preciso que en los discursos que se forman vayan entretejidas varias combinaciones de los términos lulianos que sean el fundamento de aquellos discursos.

«Acaso alguno de estos ejemplos no parecerá adaptable á la práctica del Método luliano, por no estar formado en términos explícitos del Arte; pero reflexionando sobre las advertencias del principio de esta disertación, se conocerá claro lo que, por evitar prolijidad, no he explicado con la mayor extensión; como también, para ser más breve y menos fastidioso, he omitido la continuación del proyecto que propuse en el principio de manifestar varias sentencias lulianas usando para resolverlas de los mismos fundamentos generales de los que se han servido los autores que tengo propuestos, aplicándolos á una ú otra determinada materia.

«Los ejemplos referidos también evidencian ser connatural á nuestro entendimiento el Método luliano; y que la misma luz natural que para nuestra dirección nos imprimió el Supremo Artífice, lo manifiesta sin ningún estudio particular y nos encamina á que nuestra racionalidad lo practique y use en sus discursos; pues no habiendo reducido este Método á Arte sino el Beato Lulio, lo han practicado algunos sin haberlo podido leer, y los que le han visto, le han desconocido en Lulio y le han abrazado en su entendimiento: lo que no fuera á no ser connaturalísimo este método y pertenecer á la misma luz natural que á cada uno se comunica proporcionadamente.

«Si algunos no quieren confesar que el modo de discurrir de los expresados autores es el propio del Arte luliana, deben hacerme la honra y la justicia de reflexionar que, no habiéndole leído ni puesto cuidado en entenderlo, sólo pueden tener aquel concepto de su método que han difundido en el orbe literario algunos autores que, aunque por otra parte muy célebres, no han llegado á su fondo, ni han siquiera penetrado su primera superficie, como he manifestado de muchos: y así no tienen racional motivo para dificultarme el asenso, cuando los ejemplos propuestos claramente se reducen á lo que he explicado (Disert. 1) del Método luliano; cuyo breve resumen, si no se me da crédito sobre mi palabra, ofrezco evidenciar ser el propio del Beato Lulio por sus mismas palabras y ocular inspección de sus libros, como también los métodos que han practicado los expresados autores y otros muchísimos.»

(*Examen de la Crisis del P. Feyjóo sobre el Arte luliana;* tomo II, diser. 2).

XLIV

Los modernos tratadistas de Lógica, después de ocuparse en el criterio de la verdad y principio de la certeza, nos hablan de los grados de la certeza, y dícennos que hay unas verdades de las que estamos más ciertos que de otras; por ejemplo, estamos más ciertos—dicen—de las verdades testimoniadas por la conciencia, que de las verdades testimoniadas por la evidencia objetiva sensual, por ser más difícil que nos engañe el sentido íntimo, que los cinco sentidos corporales: estamos más ciertos de las verdades que nos proporciona la evidencia objetiva intelectual (inmediata ó mediata), que de las verdades proporcionadas por la evidencia objetiva sensual, por estar más sujeto á error el testimonio del sentido externo, que el testimonio del entendimiento. Ueberweg establece la superioridad, en el orden de la certeza, de la Psicología (cuyo criterio debe ser el de la conciencia) sobre las ciencias llamadas naturales; y es común confesar la superioridad, en el mismo orden de la certeza, de las ciencias matemáticas ó exactas (cuyo criterio debe ser la evidencia objetiva intelectual) sobre las ciencias naturales basadas en el criterio de la evidencia objetiva sensual.

Con todo no faltan excepciones. Stuart Mill, sentando que «el fundamento de todas las ciencias hasta de las deductivas ó demostrativas es la inducción,» que «cada paso aun en los raciocinios de geometría es un acto de inducción,» que «una serie de raciocinios no es más que el hecho de emplear muchas inducciones en dar cima á un mismo punto de indagación poniendo un caso dentro de una inducción por medio de otra;» enseña con tesón, que «la certeza especial que siempre se ha atribuido á las ciencias que son enteramente ó casi enteramente deductivas,» que «este carácter de necesidad atribuido á las verdades matemáticas, y hasta, con algunas reservas que hemos de hacer más adelante, la certeza especial concedida á las mismas es una ilusión, para cuyo sostenimiento se hace necesario suponer que estas verdades se refieren á objetos puramente imaginarios expresando propiedades de los mismos.» (*Sistema de Lógica demostrativa é inductiva;* lib. II, cap. 5, pág. 309.—Madrid, 1853).

Lamennais llega á decir en la obra *Essai sur l'Indifférence en matière de Religion,* que «las ciencias exactas se fundan también en el consentimiento común, que en esta parte no disfrutan ningún privilegio, y que el mismo nombre de *exactas* no es más que uno de esos *vanos títulos* con que el hombre engalana su flaqueza; que la geometría misma no subsiste sino en virtud de un convenio tácito de admitir ciertas verdades necesarias, convenio que puede expresarse en los términos siguientes: *nosotros nos obligamos á tener tales principios por ciertos; y á cualquiera que se niegue á creerlos sin demostración, le declaramos culpable de rebeldía contra el sentido común, que no es más que la autoridad del gran número.*»

Abramos ahora el grande *opus llullianum:* ¿qué dice sobre esto el Beato Raimundo Lulio? Comienza por decir que, siendo un bien la demostración necesaria, él desea saber cuál sea la demostración más necesaria, á fin de probar mediante ella la existencia del Bien supremo, Dios. Los grados de la demostración necesaria son tres: *Demostración sensual, Demostración intelectual de una cosa finita y Demostración intelectual de cosa infinita:* el segundo grado es de una necesidad mayor que el primero, y el tercer grado es de una necesidad mayor que el segundo.

El Maestro habla aquí solamente bajo el punto de vista del ascenso del entendimiento, puesto que en el descenso no hay demostraciones sensuales: todas son demostraciones intelectuales. Eso sí, en el descenso, las demostraciones intelectuales de cosa finita son también de menor certeza, que las demostraciones intelectuales de cosa infinita.

Como se observa, no hace mención alguna del grado de certeza que alcancen las verdades adquiridas mediante la conciencia. La evidencia objetiva sensual—afirma únicamente—nos ofrece una demostración necesaria, produce en nosotros verdadera certeza; la evidencia objetiva intelectual nos ofrece asimismo una demostración necesaria, produce también en nosotros verdadera certeza, empero esta demostración es *más necesaria,* esta certeza es *más superior,* que la demostración y la certeza obtenidas por medio de los sentidos externos: el entendimiento es de más fuerza demostrativa que el sentido, las ciencias deductivas son más demostrativas que las inductivas, las ciencias matemáticas son más ciertas que las naturales, y así las llamamos por antonomasia *ciencias exactas.*

Pero la evidencia objetiva intelectual (inmediata ó mediata) puede tener por objeto, ó bien una cosa finita, ó bien una cosa infinita. Por ejemplo, la evidencia con que yo—no muy docto en geometría—veo que la suma de los ángulos de un triángulo es igual á dos ángulos rectos, es una evidencia objetiva intelectual mediata que tiene por objeto una cosa finita, ya que así el triángulo como los ángulos son cosas finitas; mas la evidencia con que yo—no muy docto en filosofía—veo que, existiendo entes contingentes debe existir un ente necesario, existiendo seres finitos debe existir un Ser infinito, es una evidencia objetiva intelectual mediata que tiene por objeto una cosa infinita. ¿Cuál evidencia es más demostrativa? ¿quién tiene la certeza más cumplida? La segunda; la que tiene por objeto el Ser infinito. Así lo enseña el Doctor. ¿Por qué? Muy pronto él nos lo dirá.

Hasta aquí no hemos salido de los límites propios de la Filosofía ó Teología Natural, porque sabida cosa es que el testimonio ó criterio de la Divina Revelación (dentro empero de su esfera propia, pues no hemos de resucitar las doctrinas de Daniel Huet, Bautain, De Bonald y Bonnety) es el más firme é inexpugnable de todos los criterios de la verdad. Las demostraciones sobrenaturales son las más necesarias de todas, pues una razón sobrenatural—no traspasando sus límites propios—tiene más fuerza demostrativa que una razón natural.

Sí, las demostraciones intelectuales naturales del Ente infinito (esto es, en cuanto puede ser estudiado por las solas fuerzas de la razón humana) son de una fuerza mayor que las demostraciones matemáticas; y así leemos en la obra *De Arte Dei,* que la existencia de Dios es demostrable con una demostración más necesaria que cualquiera demostración matemática: *quòd, Deum esse, sit demonstrabile magis necessariâ demonstratione, quàm sit aliqua demonstratio mathematica.* La mente de Lulio es transparente, límpida, clarísima.

Procedamos al examen de los tres grados de certeza ó demostración necesaria admitidos por el Doctor Arcangélico. El primer grado es el más inferior; produce, en verdad, una demostración necesaria, pero esta necesidad no es tan necesaria como la producida ó engendrada por los grados segundo y tercero. Se llama *Demostración sensual.*

Y tiene dos especies, por cuanto la demostración sensual, ora tiene por objeto lo corruptible, ora tiene por objeto lo incorruptible.

Cuando tiene por objeto lo incorruptible, la demostración sensual es más necesaria, más cierta, que cuando tiene por objeto lo corruptible.

Ejemplo. Cuando yo digo: *el todo es mayor que una de sus partes,* formulo una demostración sensual. Pero ese *todo* puede ser corruptible ó incorruptible; es corruptible cuando afirmo: *el cuerpo es mayor que una de sus manos;* es incorruptible cuando afirmo: *el firmamento es mayor que una de sus partes.*

Por donde, cuando digo: *el firmamento es mayor que una de sus partes,* formulo una verdad más necesaria, más cierta, que cuando digo: *el cuerpo es mayor que una de sus manos.*

¿Por qué la segunda especie es de una necesidad mayor que la primera? Porque la eternidad conviene con lo incorruptible y disconviene con lo corruptible. Si no fuese así, lo incorruptible no sería mayor ó más noble que lo corruptible, y un todo incorruptible no sería mayor que un todo corruptible, lo cual es imposible. ¿Por qué? Por la distancia grandísima que media entre el ser incorruptible y el ser corruptible: éste puede llegar á la nada por la corrupción; aquél, no. El no-ser está muy lejos del ser incorruptible, ya que este ser nunca está en potencia para la corrupción. Mientras que el ser corruptible siempre está en potencia de corromperse; viene el acto, se corrompe, el ser corruptible pasa á la nada, por ejemplo, dejan de existir el cuerpo y la mano; y entonces deja de ser verdad, que *el cuerpo sea mayor que una de sus manos.*

¡Pero aún subsiste aquel ser incorruptible! ¡aún es verdad que *el firmamento es mayor que una de sus partes!* Luego cuando yo digo: *el firmamento es mayor que una de sus partes,* formulo una verdad más necesaria, más cierta, que al decir: *el cuerpo es mayor que una de sus manos* (1).

---

(1) *De tribus gradibus Demonstrationis necessariae.* —Sensualiter sentimus et intellectualiter intelligimus, quòd Demonstratio necessaria sit bonum; quia si esset malum, sequeretur quòd res quae dant demonstrationem de veritate et intellectus qui recipit illam demonstrationem essent malum, et quòd ignorantia et error essent bonum, et hoc est impossibile. Unde cùm sit verum quòd demonstratio sit bonum, idcirco nos inquirimus Demonstrationem maximè necessariam ad hoc ut per illam nostro intellectui sit demonstrabile supremum Bonum.

El segundo grado de la Demostración necesaria es un grado medio; produce en nosotros necesidad ó certeza, pero esta necesidad es mayor que la producida por el primer Grado y menor que la producida por el Grado tercero. La llamamos *Demostración intelectual de cosa finita.* Aquí prueba el Maestro que las ciencias deductivas son más ciertas que las inductivas.

He aquí la tesis luliana: un todo intelectual es mayor que un todo material; las demostraciones intelectuales prueban más que las demostraciones sensuales.

Pruebas.

Tres sunt gradus Demonstrationis, hoc est, Demonstratio sensualis, Demonstratio intellectualis de re finita et Demonstratio intellectualis de re infinita: secundus gradus est de majori necessitate quàm primus, et tertius quàm secundus.

Primus Gradus habet duas species, quarum prima est, velut totum corruptibile quod est plus quàm sua pars; secunda est, velut totum incorruptibile quod es plus quam sua pars. Et quia aeternitas convenit cum incorruptibili et disconvenit cum corruptibili, idcirco secunda species est de majori necessitate quàm prima.

Totum corruptibile quod est plus quàm sua pars est sic: velut corpus quod est plus quàm sua manus; et totum incorruptibile quod est plus quàm sua pars, est sic: velut firmamentum quod est plus quàm sua pars, vel mundus qui est plus quàm aliqua vel aliquae suarum specierum vel suorum particularium.

Unde quemadmodum totum incorruptibile est plus quàm sua pars, sic convenit de necessitate quòd sit plus quàm totum corruptibile quod est plus quàm sua pars corruptibilis. Et si hoc non esset ita, sequeretur quòd incorruptibile non esset plus quàm corruptibile; et hoc est impossibile, per quam impossibilitatem demonstratur, quòd majorem necessitatem afferat quòd «totum quod est incorruptibile sit plus quàm sua pars,» quàm quòd «totum corruptibile sit plus quàm sua pars.»

Quia si non afferret majorem necessitatem, sequeretur quòd totum incorruptibile non esset plus quàm totum corruptibile, et hoc est impossibile.

Cùm esse incorruptibile sit remotum ab esse corruptibili, in quantum ipsi esse corruptibili est propinqua corruptio; et non esse sit remotum ab incorruptibili, in quantum incorruptibile non est in potentia ad corruptionem ad quam esse corruptibile est in potentia; per quam potentiam devenit in tempus quo non est plus quàm sua pars, tunc, scilicet, quando corpus et manus et aliae partes sunt in privatione. (*Liber Mirandarum Demonstrationum*; lib. II, cap. 13).

Ejemplo del segundo grado de la Demostración necesaria: *la totalidad del alma es mayor que un todo material.* ¿Por qué? Porque el alma no se compone de partes, ni tiene necesidad de ser dividida, y es más noble que el cuerpo.

¿Por qué es noble? Porque de lo contrario las tres potencias del alma no serían más nobles que los cinco sentidos corporales, lo cual es imposible.

¿Por qué?

Porque si en el mundo hubiese un alma solamente, ésta valdría más que todo lo restante.

¿Por qué?

Porque el alma usa de lo sensual y de lo intelectual, y el mundo, en cuanto es sensual, no puede usar del alma ni de cosa alguna intelectual.

Por donde, á la manera que la animalidad radica ó está más en los sentidos del gusto y del tacto, que en los tres sentidos restantes (ya que el animal no puede vivir sin el gusto y el tacto y vive no obstante sin la vista, el oído y el olfato); así también la demostración necesaria tiene más fuerza mediante lo intelectual que mediante lo sensual, porque si no existiese lo intelectual, toda demostración sería imposible, pues no habría nadie capaz de recibirla ó aprehenderla.

Siendo esto así, resulta que un todo intelectual es mayor que un todo sensual ó material; y como la verdad y la demostración convienen mejor en lo intelectual que en lo sensual, por eso la demostración intelectual es de una necesidad mayor que la demostración sensual.

Dato ofrecido por la observación. Con más facilidad hacemos una demostración sensual, que una demostración intelectual: para la primera nos servimos únicamente de los sentidos externos; para la segunda, á más del entendimiento, necesitamos otra cosa, es á saber, los sentidos externos é internos. De ahí proviene que (á pesar de tener más fuerza demostrativa una razón intelectual que una razón sensual), las demostraciones intelectuales las hacemos con más obscuridad que las demostraciones sensuales. Y así no es de extrañar que parezca en la fantasía ser de mayor necesidad una demostración sensual que una demostración intelectual.

Esta es la razón por que los hombres rudos é ignorantes prefieren las demostraciones sensuales á las intelectuales; por lo que pueden engañarse más fácilmente que los que prefieren las intelectuales. Y éstos, ¿estarían más ciertos de la verdad que aquéllos, si las demostraciones sensuales fuesen de una tan grande necesidad como las demostraciones intelectuales? (1).

---

(1) Secundus Gradus Demonstrationis est, velut totalitas animae quae est plus quàm totum sensuale quod est plus quàm sua pars. Et hoc est ideo quia anima non facit partem de se ipsa, nec illi est necessarium quòd sit divisa, et est magis nobilis quàm corpus. Quia si non esset magis nobilis, sequeretur quòd tres potentiae animae non essent magis nobiles quàm quinque sensus particulares, et hoc est impossibile; quia si in mundo non esset nisi una anima tantùm, melior esset anima quàm totum residuum.

Et hoc est ideo quia anima utitur sensuali et intellectuali, et mundus, in quantum est sensualis, non potest uti animâ nec ullâ re intellectuali.

Unde quemadmodum animalitas stat magis in sensu gustûs et tactûs quàm in aliis tribus particularibus (et hoc est ideo quia nullum animal viveret sine gustare et tangere, et viveret sine videre, audire et odorari); sic demonstratio necessaria fortiùs stat et est demonstrata per intellectualitatem quàm per sensualitatem. Quia si intellectualitas nihil esset, esset impossibile quòd ulla demonstratio fieret, per hoc quia non esset qui reciperet demonstrationem.

Unde cùm hoc ita sit, per hoc est demonstratum quòd totum intellectuale sit plus quàm totum sensuale. Et quia veritas et demonstratio meliùs conveniunt in intellectuali quàm in sensuali, idcirco demonstratio intellectualis est de majori necessitate quàm sensualis.

Sed quia demonstratio sensualis faciliùs fit quàm intellectualis (per hoc quia fit ipsis sensibus sensualibus sine medio), et demonstratio intellectualis fit cum majori obscuritate (per hoc quia transit per media, hoc est, res sensuales): idcirco videtur in phantasia quòd demonstratio sensualis sit de majori necessitate quàm intellectualis.

Et ideo homines qui non habent subtilem intellectum magis amant demonstrationes quae fiunt de una sensualitate cum altera, quàm demonstrationes quae fiunt de una intellectualitate cum altera. Et ideo faciliùs possunt decipi, quàm illi qui magis amant demonstrationes intellectuales: qui non essent magis certificati, quàm amatores demonstrationum sensualium, si demonstrationes sensuales essent de tam magna necessitate sicut intellectuales. (Obra y lugar citados).

No pueden negarse la originalidad y la sutileza con que el Doctor demuestra la mayor certeza ó necesidad que alcanzan las ciencias deductivas sobre las inductivas.

Hoy día, empero, la Filosofía no escolástica sigue por otros senderos. Sienta que todas las ciencias deductivas son inductivas. «Los resultados de estas ciencias (las deductivas) son verdaderamente necesarios—enseña el gran lógico inglés Stuart-Mill—en el sentido de seguirse necesariamente de ciertos primeros principios llamados comunmente axiomas y definiciones.» ¿Y qué dice de los axiomas y definiciones? «Los axiomas de las ciencias demostrativas son verdades experimentales.» «Las definiciones, como inexactamente se las llama, son generalizaciones de la experiencia que, hablando en todo rigor, no son verdades, sino proposiciones en que, al paso que de alguna especie de objetos afirmamos alguna ó algunas propiedades que por la observación se ve que les pertenecen, negamos al mismo tiempo que posean otra, aun cuando en realidad hay siempre otras propiedades que acompañan, y que en casi todos los casos modifican, la propiedad predicada con exclusión de otra en la definición.»

Además, todas las ciencias deductivas son ciencias hipotéticas. «Sus conclusiones sólo son verdaderas en ciertas suposiciones, que son ó deben ser aproximaciones á la realidad, pero que raras veces son exactamente verdaderas, si es que lo sean alguna vez; y á este carácter hipotético debe atribuirse la certeza especial que se supone inherente á la demostración.»

La ciencia de los números, esto es, la teoría del cálculo, la aritmética y el álgebra, no es una excepción de la regla general dicha. «Así es como la ciencia de los números no es una excepción de la conclusión á que antes llegamos, esto es, que hasta los procedimientos de las ciencias deductivas son completamente inductivos, y que sus primeros principios son generalizaciones de la experiencia.» Y también, en cierto sentido, son hipotéticas las proposiciones de la ciencia de los números.

Así que, según Stuart-Mill, la propiedad característica de una ciencia demostrativa es ser hipotética. «Se ve, por consiguiente, que el método de todas las ciencias deductivas es hipotético; proceden señalando las consecuencias de ciertas suposiciones, pero dejando para otro lugar el considerar si éstas son verdaderas, y en caso de que no lo sean exactamente, si constituyen una aproximación suficiente de la verdad. La razón es obvia: puesto que, sólo en las puras cuestiones de número son exactamente verdaderas las suposiciones, y aun en ellas sólo mientras no deban fundarse en las mismas otras conclusiones que las puramente numéricas; necesariamente, en todos los otros casos de investigación deductiva, debe formar parte de la indagación el determinar hasta qué punto dejan de ser exactamente verdaderas las suposiciones.»

Todo esto, no menos que otras originales doctrinas que el Lógico inglés establece y demuestra, pone á Stuart-Mill «en estado de caracterizar, de una manera más precisa de lo que se acostumbra, la naturaleza de la evidencia demostrativa y de la necesidad lógica.» (Obra citada; lib. II, cap. 6).

El tercer grado de la Demostración necesaria es el que produce la certeza máxima, la mayor posible; tiene por objeto conocer al Ser supremo, Dios; y se le designa con el nombre de *Demostración necesaria de cosa infinita.*

Este grado tiene dos especies; pues á Dios le podemos conocer, primero, con la sola razón natural (existencia, atributos, en una palabra, lo que comprende la Teología natural); y en segundo lugar, mediante razones sobrenaturales, es á saber, con la Divina Revelación (Trinidad, Encarnación, en una palabra, lo que abraza la Teología sobrenatural).

La primera especie de este grado tiene más fuerza demostrativa, produce en nosotros más certeza, que la *Demostración necesaria intelectual de cosa finita,* ó sea, que el segundo grado. Esto equivale á decir: la Teología Natural tiene más fuerza demostrativa que todas las demás ciencias deductivas meramente naturales; la Teología Natural engendra una certeza mayor que la producida por las ciencias matemáticas. De conformidad con esto el Beato Raimundo Lulio enseña que nuestro entendimiento tiene más certeza de que en Dios sus atributos, sabiduría, poder, eternidad, etcétera, son una sola y misma cosa, que de una verdad geométrica cualquiera, por ejemplo, todo triángulo tiene tres ángulos. En la obra *Lectura compendiosa Tabulae Generalis*, dist. IV, responde negativamente á la siguiente cuestión: *Utrum intelligere, quod est medium sapientiae, sit majus quando intelligens intelligit quòd omnis triangulus habet tres angulos, quàm quando intelligit quòd divina sapientia, potestas, aeternitas, sunt idem numero.* Responde negativamente y afirmando que nuestro entender, á más de no ser mayor en las matemáticas que en la Teología Natural, ni aun es igual, sino menor.

Pero la segunda especie de este tercer grado de la Demostración necesaria tiene más fuerza demostrativa que la especie primera. Es decir, cuando para conocer alguna de las cosas relativas á Dios, por ejemplo, su Encarnación, me valgo de razones sobrenaturales, ó sea, de la Divina Revelación, alcanzo de ella, y, en el ejemplo propuesto, alcanzo del hecho de la Encarnación del Verbo una certeza mayor que cuando, verbi gratia, con la sola lumbre de la razón natural llego á saber que realmente Dios existe. (No olvidemos haber dicho el Concilio Vaticano, que la existencia del Ser supremo puede conocerse con la sola razón natural; á más de estar consignada, como es evidente, en la Divina Revelación). En una palabra: la Teología Sobrenatural produce en nosotros más certeza y evidencia (mediata, claro está), que la misma Teología Natural.

La razón es obvia: si el entendimiento humano, siendo no más una debilísima imagen del Entendimiento divino, es ya principio de la certeza y criterio legítimo de la verdad, ¿cuánto más deberá serlo Dios, fuente de toda razón y origen de toda verdad? Y ¿quién es el autor de la Revelación que nos propone la Iglesia? Dios.

De donde, hallándose contenida la Revelación en la Biblia y Tradición que la Iglesia guarda en depósito, todas las enseñanzas, así de la una como de la otra, ya sean morales, ya sean dogmáticas, debemos creerlas y abrazarlas firmísimamente, de todo corazón y sin duda alguna; debemos creerlas simplicísimamente, sin prueba alguna, sin argumentación de ningún género; debemos creerlas y abrazarlas porque son la *palabra de Dios*. Así conviene ser creídas la Biblia y la Tradición; así conviene ser creído Dios. Lo dice el filósofo de Barcelona Ramón Sibiude: «Unde postquam ille Liber est Dei, et verba illius sunt verba Dei, sequitur quòd homo debet credere totum Librum et omnia verba scripta in Libro; ita quòd totus Liber est credendus firmissimè, ex toto corde, absque aliquo dubio, et hoc illo modo qui convenit in Libro et Deo, videlicet, simpliciter, sine aliqua probatione et argumentatione, sed solùm quia Dei est et Deus dicit: et hoc est totum fundamentum credendi ipso Libro.

Et ideo tota ipsa Biblia, omnia verba ejus, reducuntur ad unum fundamentum, ad unam rationem, scilicet, quia Dei est et Deus dicit; et sub isto fundamento et sub ista ratione sunt credenda et accipienda omnia verba sacrae Bibliae et non sub aliâ. Si autem per istam portam et per istud principium et generale fundamentum non intrat quis in ipsam Bibliam, sed vult intrare per aliam portam, scilicet, per rationes et argumentationes, tunc intrare non poterit, quia iste est solus modus conveniens tam Libro Dei quàm ipsi Deo.» (*Theol. Nat.*, cap. 214).

Lejos empero de seguirse de ahí, que deba rechazarse el uso de la razón en lo tocante al dogma católico, escribe Malebranche: «El uso mejor que de nuestro entendimiento podemos hacer, es procurar el conocimiento de las verdades que creemos por la Fe, y de todo lo que concurre á confirmarlas. Creemos estas verdades, es cierto; pero la Fe no nos dispensa á los que podemos hacerlo de buscar todos los medios de convicción que se hallen á nuestro alcance, porque precisamente Dios nos ha dado la Fe para regular con ella todas las operaciones de nuestro espíritu y todos los conocimientos de nuestro corazón: nos la ha dado para guiarnos á la inteligencia de las verdades que ella misma nos enseña. (*Conversaciones sobre la Metafísica*; VI).

En otro lugar decía: «Cuando afirmaba que en materia de teología no debíamos raciocinar jamás, bien conocía yo que á semejante exigencia no se allanarían fácilmente los teólogos. Pero ahora comprendo que caía en un extremo peligroso, y que poco honraba á nuestra Religión santa, fundada por la Razón suprema, que se ha acomodado á nuestra inteligencia para hacernos más racionales. Vale más tomar el término que has adoptado de apoyar el dogma sobre las autoridades de la Iglesia y buscar las pruebas de estos dogmas en los principios más sencillos y más claros que nos presta la razón. Conviene también aplicar la Metafísica á la Religión y derramar sobre las verdades de la Fe aquella luz que da seguridad al espíritu y le pone en consonancia con el corazón.» (Obra cit.; convers. últ.).

Oigamos ahora á nuestro Doctor y Maestro: «Así como la demostración sensual que hacemos de una cosa incorruptible es de mayor necesidad que la demostración sensual que hacemos de una cosa corruptible, á la manera que la demostración que hacemos de una cosa intelectual finita contiene mayor necesidad que la demostración que hacemos de una cosa corporal, así también conviene necesariamente que haya alguna cosa intelectual infinita de la cual se haga demostración con cosas infinitas, á fin de probar ó demostrar que aquel todo infinito es de mayor necesidad que un todo cualquiera finito.

De no ser así seguiríase que la eternidad, la cual es infinita en duración, no demostraría mayor necesidad que una cosa finita en duración y cantidad; y esto es imposible. Porque, si un alma (en la cual la ignorancia y el pecado están potencialmente), es más en su totalidad que el universo mundo visible, y esto por razón de nobleza; ¿cuánto más convendrá que exista una Esencia infinita en bondad y grandeza (en la que ni la ignorancia ni el pecado ni defecto alguno existan potencial ó actualmente), cual Esencia sea la suprema Bondad, mayor por tanto que todo bien sensual é intelectual, y que demuestre mayor necesidad de sí misma que toda otra cosa?

Y la razón de esto es, porque dicha Esencia se demostrará á sí misma con cualidades esenciales de virtud infinitas en bondad y grandeza; y ninguna otra cosa puede demostrarse á sí misma, sino con cualidades y propiedades finitas y terminadas (1).

A la manera que el hombre, al contemplar la imagen de su rostro en un espejo curvo, éste demuestra sensualmente á la vista que la figura del rostro es curva, y no obstante la memoria le recuerda al hombre, que es recta la figura de su rostro: siendo verdadera la demostración que la memoria hace al entendimiento y no la que el espejo hace al sentido de la vista; así también y mucho más, y aun sin comparación, es mayor la demostración que se hace de una cosa infinita en bondad y grandeza (la cual demuestra ser ella misma bondad y grandeza infinita, y lo demuestra, ya por la infinita bondad y grandeza, ya por otra cosa infinita en bondad y grandeza), que la demostración que la memoria hace al entendimiento en el ejemplo que proponemos. ¿Preguntáis la razón? Porque la cosa ó verdad infinita en bondad y grandeza se demuestra á sí por sí misma y por otra infinita

---

(1) Tertius Gradus Demonstrationis est quòd, quemadmodum convenit quòd demonstratio sensualis, quae fit de incorruptibili, sit de majori necessitate quàm illa quae fit de corruptibili; et demonstratio, quae fit de re intellectuali finita, continet majorem necessitatem quàm illa quae fit de re corporali; sic de necessitate conveniat quòd sit aliqua res intellectualis infinita de qua fiat demonstratio cum rebus infinitis, ad demonstrandum quòd illum totum infinitum sit de majori necessitate, quàm sit ullum aliud totum quod sit finitum.

Et si hoc non esset ita, sequeretur quòd aeternitas, quae est infinita in duratione, non demonstraret majorem necessitatem quàm hoc quod est finitum in duratione et in quantitate; et hoc est impossibile. Quia si una anima (in qua ignorantia et peccatum est potentialiter) est plus in sua totalitate, quàm sit tota sensualitas, et hoc secundùm modum nobilitatis; ¿quantò magis convenit quòd sit una Essentia infinita in bonitate et magnitudine (in qua nec ignorantia nec peccatum nec ullus defectus sit potentialiter nec actualiter), quae Essentia est suprema Bonitas quae est plus boni quàm sit totum alterum bonum sensuale et intellectuale, quae demonstrat majorem necessitatem de se ipsa quàm ulla alia res?

Et hoc est ideo, quia se demonstrat cum qualitatibus essentialibus virtuosis infinitis in bonitate et magnitudine, etc.; et nulla alia res potest demonstrare se ipsam, nisi cum qualitatibus et proprietatibus finitis et terminatis. (Loco citato).

en bondad y grandeza; y la memoria no demuestra al entendimiento sino mediante cosas finitas.

Y como la demostración de cosas ó verdades infinitas conviene con la mayoridad, la verdad, la perfección y con la eternidad; y la demostración que hacemos de cosas finitas conviene con la minoridad y con el principio y fin; síguese de ahí por necesidad, que la demostración de cosas ó verdades infinitas conviene mucho mejor con el ser, que la demostración de las cosas finitas. ¿Cómo sería posible que la demostración de las cosas finitas conviniese más con el ser, que la demostración de las cosas ó verdades infinitas? —Si ningún bien de las cosas ó verdades infinitas fuese demostrable (1).

De lo dicho se desprende, que el tercer grado de la Demostración necesaria es el que lleva en sí mayor necesidad ó fuerza demostrativa.

Empero sucede que cuando el hombre asciende á una montaña altísima se fatiga mucho más que cuando sube á un

---

(1) Quemadmodum homo qui se respicit in speculo curvo, et speculum sensualiter demonstrat visui quòd figura faciei sit curva, et recolitio memoriae (quae recolit figuram faciei esse rectam) demonstrat intellectui quòd illa figura sit bonae dispositionis; et demonstratio quam memoria facit intellectui qui intelligit est de necessitate, et non illa quam speculum facit visui sensuali; sic et multò meliùs etiam sine omni comparatione est major demonstratio quae fit de re infinita in bonitate, magnitudine, etc., (quae demonstrat se ipsam per infinitam bonitatem, magnitudinem, etc., esse infinitam bonitatem, magnitudinem, etc., et per aliam rem infinitam in bonitate, magnitudine, etc.), quàm sit demonstratio quam memoria facit intellectui, secundùm quòd supra dictum est.

Et hoc est ideo, quia una res infinita in bonitate, etc., se demonstrat per se ipsam et per alteram infinitam in bonitate, etc.; et memoria non demonstrat intellectui, nisi per res finitas.

Et quia demonstratio de rebus infinitis convenit cum majoritate, veritate, perfectione et cum aeternitate; et demonstratio quae fit de rebus finitis convenit cum minoritate et cum principio et fine; idcirco de necessitate sequitur quòd demonstratio de rebus infinitis multò meliùs conveniat cum esse, quàm demonstratio de rebus finitis. Quae demonstratio de rebus finitis meliùs conveniret cum esse, quàm demonstratio de rebus infinitis, si nullum bonum de rebus infinitis esset demonstrabile. (Ibidem).

pequeño collado; así también con más dificultad recibe el entendimiento las demostraciones hechas de cosas ó verdades infinitas, que las hechas de cosas finitas. Por eso parece en la fantasía, que nuestro entendimiento no entiende tanto, ni con tan grande necesidad ó certeza, en las demostraciones hechas por este tercer grado (en el cual realmente entiende más), como en las demostraciones hechas por los grados primero y segundo (en los cuales en verdad entiende menos). Ya que, si entendiera tanto en éstos como en aquél, resultaría que el tercer grado no ofrecería mayor y más necesaria demostración que los grados primero y segundo (1).

Esta es, en compendio, la Doctrina luliana sobre los diversos grados de certeza que nos proporcionan el criterio de la evidencia objetiva sensual, el de la evidencia objetiva intelectual y el de la Divina Revelación. Para nada habla aquí del testimonio del sentido común. Y nosotros, al ocuparnos en los criterios de verdad y principios de certeza que admite el Arcangélico Doctor, omitimos adrede el testimonio de la Divina Revelación, porque sabida cosa es que ningún buen católico puede rechazar este criterio, no abrazándolo empero á la manera de Huet, Bautain y De Bonald, sino aceptándolo únicamente encerrado en su propia esfera, para sólo el orden sobrenatural, tal como enseña nuestra Santa Madre la Iglesia Católica.

---

(1) Cùm demonstraverimus per *tertium Gradum Demonstrationis* supremam Demonstrationem, quae est supremum Bonum; idcirco convenit affirmare, majorem necessitatem demonstrationis esse per hunc tertium gradum, quàm per alium.

Sed sicuti, quando homo ascendit in altum montem fortiùs defatigatur, quàm quando ascendit in colles qui sunt depressi; sic intellectus graviùs recipit demonstrationes quae fiunt de rebus infinitis, quam illas quae fiunt de rebus finitis.

Et ideo in phantasia videtur, quòd intellectus non tantum intelligat, nec de tam magna necessitate, in demonstratione quae fit per tertium gradum, in quo plùs intelligit, quàm per demonstrationem quae fit per primum et per secundum, in quibus tantum non intelligit. Quia si in illis tantum intelligeret, sequeretur quòd tertius gradus non daret majorem et magis necessariam demonstrationem, quàm primus et secundus. (Ibidem).

Consecuente con los principios sentados, en el *Libro de los Proverbios,* ó Sentencias filosóficas, morales, etc., dice ser la Teología la ciencia que está más lejos del error, así como el sol está más lejos de las tinieblas que la luna. «Sicut sol est magis remotus a tenebris quàm luna, ita Theologia est magis remota ab errore, quàm alia scientia.» Y porque los actos de las divinas y eternas Razones son los principios universales de la Teología, siendo estos actos mayores que otros algunos, por eso la Teología es mayor sujeto que toda otra ciencia. «Generalia Principia Theologiae sunt Actus divinarum Rationum.—Quia Actus divinarum Rationum sunt majores quàm alii, ideo Theologia est majus subjectum, quàm alia scientia.»

De ahí se sigue lo que afirma más arriba, ó sea, que en ninguna ciencia es tan noble nuestro entendimiento como en la Teología. «Per nullam scientiam est intellectus tam nobilis, sicut per Theologiam.» Y no se crea que esto sea debido á las ventajas y excelencias que la Fe lleva sobre el entendimiento, ya que á renglón seguido escribe el Beato que ningún entendimiento es tan noble creyendo como entendiendo. «Nullus intellectus est tam nobilis per credere, sicut per intelligere.» Sí, la enseñanza de la Teología más consiste en entender que en creer; y si la Teología no fuese argumentativa, ¿cómo llevaríamos á cabo la conversión de los infieles? «Declaratio Theologiae magis consistit per intelligere, quàm per credere.—Si Theologia non esset argumentativa, destructio infidelitatis non esset possibilis.» (Parte III, cap. 76).

Es notable lo que dice en el cap. 73, segunda parte, de la misma obra. *Porque Dios es,* —escribe—la proposición afirmativa tiene más necesidad lógica que la negativa, ó sea, la primera engendra en nosotros una certeza mayor que la segunda. «Quia Deus est, Affirmatio habet majorem necessitatem, quàm Negatio.» Y continúa: hablando de Dios el hombre dice una verdad mayor cuando afirma, que cuando niega. Por donde, es mayor verdad decir: Dios es eternidad, que decir: Dios no es un asno; puesto que Dios es Dios, no porque no sea un asno, sino que Dios es Dios, porque es eternidad. Y concluye: á una verdad mayor es debida una afirmación mayor; y á la mayor falsedad le debemos la mayor negación. «De Deo dicit homo majorem veritatem affirmando, quàm negando.—Major veritas est dicere: Deus est aeternitas, quàm dicere: Deus non est asinus.—Deus non est Deus, quia non est asinus; et est Deus, quia est aeternitas.—De majori Veritate major Affirmatio; et de majori falsitate major negatio.»

XLV

Para la mayor inteligencia de la doctrina luliana, que precede, sobre el problema de la certeza, vean nuestros lectores la solución que da el Maestro á las siguientes cuestiones.

Sea la primera: *Utrum intelligere; quod est medium sapientiae, sit majus quando intelligens intelligit quòd omnis triangulus habet tres angulos, quàm quando intelligit quòd divina sapientia, potestas, aeternitas sunt idem numero:* Si el entendimiento está más cierto de las verdades matemáticas (por ejemplo, todo triángulo tiene tres ángulos), que de las verdades relativas á la Teología Natural (v. gr. los divinos atributos, sabiduría, poder, eternidad, etc., son en Dios una sola y misma cosa).

Solución: estamos más ciertos de lo relativo á Dios, aun conocido por la sola lumbre de la razón natural, que del contenido de las ciencias llamadas exactas.

He aquí la prueba.

Nuestro entendimiento alcanza unas veces más certeza que otras, á la manera que la voluntad hoy, por ejemplo, ama con más intensidad que ayer.

Ahora bien, cuando el entendimiento comprende que un triángulo tiene tres ángulos, ayúdase para ello de las potencias sensitiva é imaginativa, pues el triángulo es un objeto sensible é imaginable; mas, al comprender la identidad de los atributos divinos, para nada le sirven ni los sentidos externos ni los internos, pues la identidad del poder, sabiduría y eternidad en Dios no cae bajo el dominio del sentido externo ni de la imaginación.

¿Qué sucede entonces?—Sencillamente: nos parece estar más ciertos de aquella verdad matemática, que de la verdad relativa á Dios; pues, en el primer caso, alcanzamos la verdad mediante el auxilio de tres potencias: el sentido externo, la imaginación y el entendimiento; al paso que, después, alcanzamos la verdad con la sola potencia del entendimiento. Y clara cosa es que mayor certeza producen tres testimonios que uno solo.

Con todo, luego que vemos los inconvenientes que se seguirían de no ser en Dios una sola y misma cosa la eternidad y el poder, entonces nuestro entendimiento hácese demostrativo, y más demostrativo y necesario que al comprender la verdad: todo triángulo tiene tres ángulos. La razón es, porque, de no ser la eternidad, el poder y la sabiduría una sola y misma cosa en Dios, que es un ser infinito, seguiríanse inconvenientes infinitos; ya que la eternidad no sería infinita en poder, si no fuese una misma cosa con el poder; ni el poder sería infinito en duración, si no fuese una misma cosa con la eternidad; y dígase lo mismo de la sabiduría y demás atributos divinos. ¿Podemos acaso soñar que sean accidentes las Dignidades de Dios?

Mientras que los inconvenientes que se seguirían de no ser tres los ángulos del triángulo, serían finitos ó de cosa finita.

En consecuencia, nuestro entendimiento está más cierto de que todos los atributos ó dignidades divinas son en Dios una sola y misma cosa, que de ser tres los ángulos del triángulo, aunque á primera vista nos parezca lo contrario (1).

---

(1) Intellectus quandoque habet majus intelligere, quandoque minus; sicut voluntas in uno tempore magis diligit quàm in alio.

Unde quando intelligens intelligit quòd triangulus habet tres angulos, sensitivum et imaginativum adjuvant ipsum ad intelligendum, cùm triangulus sit sensibilis et imaginabilis.

Sed quia identitas numeri aeternitatis, potestatis et sapientiae Dei est insensibilis et inimaginabilis, quando intellectus intelligit identitatem non ha-

En el *Libro de las cuestiones solucionadas según el Arte demostrativa* pregunta é inquiere: *Utrum possit fieri major Affirmatio et Demonstratio de intellectualibus rebus, quàm de sensualibus rebus:* Si tenemos más certeza de las demostraciones que hacemos sobre objetos intelectuales, que de las hechas sobre cosas sensuales.

Responde, claro está, que estamos más ciertos de las verdades intelectuales, que de las que tienen por objeto una cosa del orden sensible. Pruébalo con cuatro razones.

a) Puesto que Dios es Ente inteligible, y no sensible, mayor certeza alcanzamos de los entes intelectuales que de los entes sensuales. Y la razón es obvia, pues lo inteligible concuerda con la Mayoridad, y lo sensual concuerda con la Minoridad.

Verdad es que la demostración de una cosa sensual compréndela más fácilmente nuestro entendimiento, que otra perteneciente al orden intelectual, pero esto acontece accidentalmente, ó sea, por el sentido, ya que el sentido tiene mayor concordancia con la menor recepción de la verdad que con la mayor, siendo como son menores los constituti-

---

bet adjutorium per sensitivum nec per imaginativum; et sic videtur ei quòd non tantum intelligat per unam potentiam quàm per tres, et etiam quia eum in principio oportet credere et supponere, antequam sit investigativus. Sed postmodum quando attingit inconvenientias quae sequerentur, si aeternitas et potestas Dei non essent idem numero, tunc intellectus efficitur demonstrativus, et magis demonstrativus et necessarius quàm quando intelligit quòd triangulus habet tres angulos.

Et hoc est, quia de infinitis sequerentur impossibilia et inconvenientia quae essent infinita; nam aeternitas non esset infinita in potestate, si non esset idem numero cum ipsa; nec potestas esset infinita in duratione, si non esset durans per se ipsam; et idem de sapientiâ; imo durarent per accidens. Etiam aeternitas et sapientia essent potentes per accidens.

Sed illa impossibilia et inconvenientia quae sequerentur de hoc, quòd triangulus non haberet tres angulos, vel quòd haberet plus quàm tres, non essent nisi finita vel de finitis.

Ergo intellectus magis intelligit quando intelligit quòd aeternitas, potestas et sapientia sunt idem numero in Deo, quàm quando intelligit quòd triangulus habet tres angulos, licet non videatur ei quòd tantum intelligat.

(*Lectura Compendiosa Tabulae Generalis;* dist. IV, prima pars).

vos del sentido que los constitutivos de la potencia intelectiva (1).

b) Hay tres clases ó modos de Demostración: el primero se llama *per aequiparantiam;* el segundo, *per quid;* y el tercero, *per quia.*

La Mayoridad de la Bondad, Grandeza y demás principios es más demostrable por el primer modo que por los otros dos; y la razón es porque allí se demuestra mediante la igualdad de la Bondad, Grandeza, etc., sin Mayoridad ni Minoridad.

Ahora bien, observemos que en Dios hay una igualdad suma; y observemos también que, en las cosas sensuales y en las intelectuales, es mayor la igualdad que la desigualdad. Por donde estamos más ciertos de la demostración de cosas intelectuales, que de la de cosas sensuales (2).

c) La verdad es mayor en un sujeto intelectual que en un sujeto sensual. Pero la verdad es el objeto del entendimiento, y lo es asimismo la bondad, grandeza y demás principios de la propia verdad. De consiguiente la bondad del entendimiento, su grandeza, etc., etc., concuerdan más con la

---

(1) Quia Deus est Ens intelligibile, et non sensibile, potest fieri major affirmatio et demonstratio de intellectuali ente, quàm de sensuali. Et hoc est per se manifestum, ut intelligibile affirmativè et demonstrativè habeat concordantiam cum Majoritate, sensibile verò cum Minoritate.

Sed quoad receptionem illius affirmationis et demonstrationis sensibile faciliùs capitur, quàm intelligibile; sed hoc est per accidens, id est, per sensum, quia sensus habet majorem concordantiam cum minori receptione, quàm cum majori, cùm ipse sensus sit constitutus de minoribus respectu intellectivae potentiae.

(Quaestio LXXX).

(2) Sunt tres modi Demonstrationis, quorum primus est *per Æquiparantiam*, secundus *per Quid*, tertius *per Quia*.

Majoritas autem Bonitatis, Magnitudinis, etc., est demonstrabilior per Æquiparantiam quàm per alios duos modos, quia fit per Æqualitatem Bonitatis, Magnitudinis, etc., sine Majoritate et Minoritate.

Sed quia potissimè in Deo est aequalitas et non inaequalitas; et quia aequalitas etiam in rebus sensualibus et intellectualibus est major quàm inaequalitas; ergo potest fieri major affirmatio et demonstratio de intellectuali quàm de sensuali.

bondad del objeto intelectual que con la del objeto sensual.

Y por eso el entendimiento naturalmente halla mejor la verdad no saliéndose de su naturaleza, que saliéndose de ella.

Por tanto son más ciertas la afirmación y la demostración de cosas intelectuales que las de cosas sensuales (1).

d) La creación de la potencia intelectiva del hombre, así como la creación de todos los seres inteligibles, es debida á que Dios es inteligible.

Por lo que—atendiendo al Principio, Medio y Fin por los que fué criada la potencia intelectiva del hombre, y por los que fueron criados también todos los seres inteligibles—declárase que es mayor la certeza que tenemos de las cosas intelectuales que la de las cosas sensuales. De lo contrario la justicia y sabiduría divinas contrariarían á la grandeza de los predichos Principio, Medio y Fin, lo cual es imposible.

Luego la certeza que alcanzamos de lo intelectual es mayor que la que obtenemos de lo sensual (2).

Otra faz del mismo problema de la certeza preséntala nuestro Beato al preguntar en el mismo *Libro de las cuestiones solucionadas según el Arte demostrativa*, cuestión 99, si el entendimiento entiende con más verdad y certeza los objetos inteligibles sin el auxilio de la imaginación, que los

---

(1) Veritas est major in intellectuali subjecto quàm in sensuali. Sed veritas est objectum intellectûs; atque etiam bonitas, magnitudo, etc., ipsius veritatis. Ergo bonitas intellectûs, et magnitudo, etc., illius, habent majorem concordantiam cum bonitate intellectualis objecti quàm sensualis. Et ideo intellectus naturaliter melius potest recipere et invenire et etiam attingere verum secundum suam naturam quàm secundum alienam naturam. Ergo potest fieri major affirmatio et demonstratio de intellectuali re, quàm de sensuali.

(2) Quia, sicut praedictum est, Deus est intelligibilis, est creatum intellectivum, et sunt creata omnia intelligibilia entia. Et ideo, respectu Principii, Medii et Finis quare est intellectivum animae, et quare sunt intelligibilia, manifestatur, quòd possit et debeat fieri major affirmatio et demonstratio de intellectualibus rebus quàm de sensualibus. Aliàs divina Justitia et Sapientia essent contra magnitudinem praedicti Finis, Medii et Principii; quod est impossibile.

Ergo potest fieri major affirmatio et demonstratio de intellectuali re quàm de sensuali.

objetos sensibles mediante la imaginación. *Utrum intellectus veriùs intelligat intelligibilia objecta sine imaginatione, quàm sensibilia cum imaginatione.*

El Maestro se declara á favor de la respuesta afirmativa, y procede á demostrarla con cuatro hermosísimos argumentos, de los que nosotros nos haremos eco del primero solamente.

El entendimiento—dice—tiene un concepto más verdadero del calor de los cuerpos, cuando la potencia sensitiva siente dicho calor por medio del tacto, que cuando fantasea la semejanza del calor por medio de la imaginación. Esto es evidente.

Por donde se ve que (siendo la relación que hay entre el hombre y el entendimiento tocante á la naturaleza corpórea, semejante á la que hay entre los mismos tocante á la naturaleza intelectual) el humano entendimiento alcanza con más verdad los objetos intelectuales sin la imaginación, que los sensuales con el auxilio de la imaginación; ya que mejor entiende por la potencia sensitiva en el acto de sentir ésta el calor, que por la potencia imaginativa imaginando dicho calor en ausencia de la sensitiva.

De lo contrario, nuestro entendimiento tendría mayor virtud accidentalmente que substancialmente; lo que es imposible. En consecuencia, entendemos con más verdad los objetos intelectuales sin la imaginación, que los sensuales con la imaginación (1).

(1) Intellectus veriùs intelligit caliditatem corporis, quando sensitiva per tactum sentit caliditatem, quàm dum intelligit phantasticam similitudinem caliditatis per imaginationem subjectam illi similitudini; ut per se patet.

Unde est manifestum quod (sicut homo se habet ad intellectum respectu corporeae naturae, ita similiter respectu intellectualis naturae) intellectus veracius possit intelligere intellectuale objectum sine imaginatione, quam sensuale cum imaginatione; cum melius intelligat per sensitivam sentientem caliditatem, quam per imaginativam imaginantem caliditatem in absentia sensitivae.

Nam aliter intellectus haberet majorem virtutem accidentaliter, quam substantialiter; quod est impossibile. Igitur intellectus verius intelligit intelligibilia objecta sine imaginatione, quam sensibilia cum imaginatione.

XLVI

Es un hecho indudable, por lo evidente, que el Beato Raimundo Lulio ha sido siempre, y es aún, objeto de los juicios más contradictorios. Para unos, el Sistema Científico luliano—en sus dos partes de ascenso y descenso del entendimiento,—es muy apto para inquirir y hallar la verdad y hacer adelantar todas las ciencias racionales; para otros, este mismo Sistema no es más que una jerigonza de palabras indescifrables é ininteligibles, y por ende inútil para todo fin científico. Según aquéllos, el Polígrafo catalán estaba dotado de una inteligencia poderosísima que descubría los secretos más escondidos de la naturaleza racional; según éstos, el Autor del *Ars Magna* tenía mucha imaginación y poco entendimiento, tenía más corazón que lógica: en una palabra, era un iluso. Otros dicen que todas las demostraciones lulianas, en el descenso del entendimiento, son rigurosamente matemáticas, pues, á la manera que en la ciencia de los números un teorema se prueba por otro y éste por uno anterior, y así sucesivamente hasta llegar á un postulado ó á un axioma, los cuales son ciertísimos aunque carezcan de demostración; así también, en la Ciencia Universal ó descenso del entendimiento, la verdad de las *Reglas* se prueba por las *Condiciones,* y la verdad de éstas por las *Definiciones,* y la verdad de las *Definiciones* por la *existencia de Dios*. «Ninguno, por corta razón que tenga, deja de saber—dice un docto lulista—que Dios es un Ser tan noble, bueno y cumplido, que no puede concebirse otro mejor y más noble, y por consecuencia que se le debe atribuir la mayor bondad, nobleza y perfección. Por medio de esta tan clara y sabida máxima intento manifestar los fundamentos del Arte luliano» (ó sea las *Definiciones* de los Principios lulianos ó Atributos de la Divinidad). Luego, *si Dios existe,* el descenso luliano del entendimiento es *concluyente* y *matemático*. Mientras no faltan quienes afirman que estas razones ó demostraciones lulianas son endebles, pueriles, vulgares, ridículas, sin ilación alguna, y sin base ó fundamento.

Enseñan también los discípulos del Beato que el Arte Magna comprende el ascenso aristotélico y el descenso de Platón; pero vienen los adversarios y dicen que el Sistema luliano abraza solamente la teoría de las ideas arquetipas ó universales salidas de la calenturienta imaginación del Filósofo de la Academia.

Afirmamos nosotros que Lulio habla muy claro; sientan otros que habla muy obscuro, y que no es posible entenderle, porque ni él mismo, dicen, se entendía.

Afirmamos nosotros que la aplicación del Sistema Científico luliano á la Sagrada Teología se basa en la Santa Escritura y en otros fundamentos teológicos; y otros establecen, que Lulio procede siempre solo y solitario, tan solo y solitario que da temor y escalofríos, desechando toda autoridad divina y humana.

Afirmamos nosotros que el método teológico más comunmente seguido por el Maestro, por el que de las perfecciones divinas, y de sus propiedades y condiciones, dedúcense los múltiples puntos teológicos, lo emplean también las Sagradas Escrituras y los Santos Padres; vienen otros y dicen que las Doctrinas lulianas y las de los Santos Padres distan *toto coelo* y se oponen *per diametrum*.

Afirmamos nosotros que los argumentos sacados de las criaturas—tales como los toma el Beato Raimundo,—por los que mira de declarar y manifestar á Dios y sus misterios, son conducentes y conformes con la Escritura y los Padres; otros vociferan que Lulio es en este punto un verdadero racionalista y aun de los más exagerados.

Afirmamos nosotros que los orígenes de la Filosofía luliana se hallan en Aristóteles y en Platón, y los de la Teología luliana en la Patrística y la Escolástica; afirman otros que los orígenes, así de su Filosofía como de su Teología, deben buscarse y se encuentran realmente en los Sufíes árabes y españoles del Alcorán.

Afirmamos nosotros que en las obras de nuestro Maestro no hay ningún error filosófico ni teológico; dicen otros que hay muchísimas obras plagadas de ambas clases de errores.

Y cuenta que esta lista podría aún alargarse muchísimo, hasta constituir una verdadera letanía ó syllabus de juicios, no sólo contrarios, sino también contradictorios.

Esto sin meternos en la Historia del Lulismo, que de ella no saldríamos mejor librados que de la crítica filosófica del mismo. Unos dirían que una Bula del Papa Gregorio XI condenó más de veinte libros escritos por el Doctor; otros afirmarían que el autor de dicha Bula no fué Gregorio XI, sino el falsario Nicolás Aymerich. Replicarían aquéllos que la Santa Sede es contraria á las Doctrinas lulianas; contestarían los segundos que las Doctrinas lulianas fueron aprobadas por el Sacrosanto Concilio Tridentino. Dirían los adversarios que Lulio fué un hereje; rotundamente afirmarían los discípulos que Lulio es un Santo. Etc., etc.

¿Quién tiene de su parte la razón?

O mejor, preguntemos: ¿cuál es la causa de juicios tan encontrados? Porque, sabida esta causa, fácil cosa ha de ser señalar con el dedo quién tiene la razón de su parte.

Tocante á la Historia, los documentos han de fallar. Y los de la vindicación luliana los poseemos ciertamente los defensores del Maestro; mas sucede que nuestros adversarios... *no tienen tiempo para enterarse de ellos y siguen tranquilos negando la existencia de los mismos.*

Tocante á la crítica filosófica del Lulismo, la contrariedad de dichos juicios proviene de la complejidad de la persona del Polígrafo y de la consiguiente complejidad de sus escritos. La persona del Beato Raimundo Lulio es muy compleja; sus obras son muy complejas y heterogéneas: ahí es todo.

El Beato Lulio es filósofo, teólogo, sociólogo, jurista, médico, alquimista, naturalista, apologista de la Religión, apóstol de Cristo, literato, poeta, novelista, escritor clásico y patriarca de las letras catalanas... Ahora bien, bajo todos estos aspectos ¿está á una misma altura, si no igual á lo menos aproximada? De ninguna manera. En una misma persona vemos al filósofo sesudo, guiado siempre por el *ne quid nimis,* y al sociólogo utopista; al teólogo profundo y al jurista insignificante; al naturalista importantísimo y al médico *secundi aut tertii subselii;* al apologista de la Religión como el Autor de la *Summa contra Gentes* y al reformador de la Iglesia como un Savanarola mitigado; al apóstol de Cristo como San Pablo y al guerrero belicoso como Pedro el Ermitaño; en literatura es sublime y pueril, interesante y vulgarísimo, ameno y cabalístico; muchas de sus obras son buscadas con afán y pagadas á peso de oro como modelos insuperables de la lengua catalana, y otras muchas son despreciadas como hijas de la manía alquimista, creyendo algunos prestar un buen servicio al Beato esforzándose en probar que éstas no salieron de su pluma. ¿Quiérese una persona más compleja? ¿quiérense unas obras más heterogéneas? ¿quiérese más diversidad de elementos antitéticos en la composición del grande *opus lullianum?* He aquí la causa *ocasional* de la contrariedad de los juicios emitidos sobre el Lulismo; la causa *formal* es el no saber distinguir.

Acontece en la persona de Lulio lo que no suele acontecer en las otras. Balmes, por ejemplo, es un filósofo notabilísimo, fué también apologista del Cristianismo y además escribió de política española y aun europea. Pero su *Protestantismo,* obra eminentemente apologética, en nada desmerece de la *Filosofía Fundamental* y de *El Criterio,* que son dos pedestales de su gloria en el campo de la Filosofía; sus *Escritos Políticos,* el *Pío IX,* la *República Francesa,* en nada tampoco desmerecen de su *Lógica, Metafísica, Etica* é *Historia de la Filosofía.* Era Balmes lo que decimos en catalán: *un home tot d' una pessa.*

No así el Beato Lulio. Sus obras sociológicas, jurídicas, médicas y alquimistas, no son ni siquiera comparables con las propiamente filosóficas y teológicas; y aun entre las pertenecientes á la filosofía y teología hay algunas que desmerecen muchísimo al lado de las otras.

Balmes es siempre en todas sus obras una estrella de segunda magnitud; el Beato Lulio es una estrella de primera magnitud, ciertamente, en muchas ó la mayor parte de sus obras propiamente filosóficas y teológicas (en literatura y lengua catalana también), pero en todas las demás dista mucho de llegar donde otros ya llegaron.

¿Qué nos dice esto? Que al emitir algún juicio sobre el Maestro ó sus Doctrinas, hay que andar muy despacio, hay que distinguir muy bien. No olviden ¡por Dios! los adversarios del Lulismo aquellos dos *satelicios* ó escudos de toda crítica sensata que dictó el gran Luis Vives: *Matura,* quod aliter dicitur, *Festina tarde; Inter spinas, calceatus.* Si queremos hacer la crítica filosófica ó teológica del Lulismo, debemos acudir *por necesidad* á las obras propiamente filosóficas y teológicas de Lulio; no á sus versos ni demás obras de bella literatura. Estas obras, ni la misma vida del Beato, *nada han de decirnos, ni pueden decirnos* para juzgar acertadamente la filosofía y teología lulianas. ¿Qué tiene que ver una cosa con la otra? Observando esta regla, que es muy rudimentaria, nadie repetirá las palabras que *hablando de Lulio como filósofo* escribió un docto Catedrático del Seminario de Barcelona, en un discurso sobre Balmes: «En Llull es moltes vegades dut per sa escalfada imaginació, *com ses poesíes y sa mateixa vida ens ho demostra.*» En los volúmenes de la Edición moguntina, y en las obras allí no comprendidas, pero también expositivas y prácticas del Sistema luliano, así en el ascenso como en el descenso del entendimiento, que luego nosotros vamos á citar y recomendar, no hay vestigios siquiera de imaginación alguna calenturienta, sino que dominan allí una sobriedad y reflexión admirables. ¡En las *Obras Rimadas,* y en otras cien obras no filosóficas ni teológicas, hay que buscar las efusiones del gran corazón que dictara el *Desconort!...*

En la Enciclopedia luliana hay doctrinas que merecen ser resucitadas; otras, no. Si por éstas juzgamos aquéllas, nos equivocaremos lastimosamente. ¿Qué puede resucitarse de Lulio? Su grandioso Sistema Científico, en sus dos partes de ascenso y descenso del entendimiento, y la aplicación del mismo á la Filosofía, Teología, Derecho Natural, Medicina (en su parte de necesariedad y universalidad únicamente) y demás ciencias racionales. Pues bien, quien desee conocer estas Doctrinas lulianas restaurables, quien desee hacer la crítica de las mismas, acuda á las obras de Lulio que versen expresamente sobre ellas, y considere un pecado *contra jus-*

titiam obrar de distinta manera. ¡A fuera las doctrinas sociológicas de Lulio, sus libros de bella literatura, sus versos científicos y no científicos, sus obras de Derecho, Medicina y Alquimia! ¡á fuera sus libros que no son propiamente filosóficos y teológicos! ¡á fuera también sus libros de filosofía y teología, pero en los cuales se haga un *abuso* de las fórmulas semi-algebraicas y de las figuras geométricas: circulares, triangulares, cuadrangulares! Quien por alguna de estas obras quiera juzgar de la filosofía y teología lulianas, ni se acredita de buen crítico ni acertará en nada. Y, sin embargo, todos los adversarios del Beato han procedido de esta manera.

El corazón del Beato Raimundo Lulio es semejante al de San Juan de la Cruz; su apostolado es semejante al de San Pablo. Pero su filosofía y teología muestran por doquiera el reposo, la sobriedad, la reflexión y la madurez de Santo Tomás de Aquino, del cardenal Cayetano y de Suárez. ¿Que esto es imposible? ¿que no se da una persona tan compleja? Muy sencillo: invitamos, mejor dicho, provocamos á la lectura y estudio detenido de sus *obras propiamente filosóficas y teológicas*, cuyos nombres daremos luego. Datos, datos son lo que faltan á los contradictores del Lulismo. Pero sentar premisas sacadas de la vida del Beato y deducir de ellas consecuencias valederas en la esfera de la filosofía y teología, esto que sería lícito hacerlo respecto de otros autores, esto no es concluyente tratándose de nuestro Maestro. ¿Por qué? Por la complejidad de su persona. ¿No lo creéis? Examinad sus obras filosóficas y teológicas: las que luego recomendaremos. Me parece que nosotros no huímos por la tangente, sino que abordamos el problema en toda su integridad y lo proponemos en sus términos justos, propios, capitales y esenciales. Otra cosa es andarse por los episodios de la vida del Autor y por sus libros de bella literatura.

Pero la vida del Beato Raimundo es más conocida que sus obras expositivas del ascenso y descenso del entendimiento; sus libros de bella literatura han contado más ediciones que las obras en que usa, emplea y practica aquel ascenso y aquel descenso en la Filosofía y en la Teología; y de ahí que, tomando el rábano por las hojas—como vulgarmente se dice—se han formulado, y en tono magistral, juicios sobre Lulio filósofo y teólogo, basados en hechos históricos y en obras literarias que nada tenían que ver ni con la filosofía ni con la teología. Casi puede afirmarse que las obras propiamente filosóficas y teológicas del Maestro sólo una vez han sido publicadas: en la Edición de Moguncia por los años de 1700 y pico. Es la edición más numerosa, completa y ordenada ó metódica. Ha habido, es verdad, no pocas ediciones de obras individuales, pero ellas no bastan, ni mucho menos, para estudiar y comprender en su integridad, ni siquiera en sus partes más importantes, el Sistema Científico luliano. La publicación de los *textos originales catalanes* del Beato, que están efectuando algunos beneméritos literatos de Mallorca, aun después de haber salido de las prensas los treinta volúmenes anunciados (los títulos de cuyas obras se han divulgado ya), tampoco serán ni de lejos suficientes para alcanzar un concepto mediano de la filosofía y teología lulianas. No son catalanes los textos originales de las obras expositivas y prácticas del ascenso y descenso del entendimiento. A lo menos hoy no los poseemos. Como tampoco poseemos los textos originales arábigos de nuestro Doctor. Sin la Edición moguntina hoy sería imposible el renacimiento filosófico y teológico de la Escuela luliana.

Además, efecto de esa misma complejidad y heterogeneidad de las obras lulianas, hay que guardar cierto orden en la lectura y estudio de ellas, aun de las obras propiamente filosóficas y teológicas; y si no guardamos escrupulosamente ese orden, malgastaremos el tiempo y emitiremos juicios equivocadísimos sobre el valor científico del Lulismo.

Otrosí, como el Beato era hombre de acción, y de una acción extraordinaria, además de hombre de ciencia, claro está que no compuso sus libros con el método con que los redacta un fraile en su celda solitaria: Lulio es en esto un escritor indisciplinado. Ni frecuentó mucho las escuelas, con estudiar los Santos Padres y la Escolástica muchísimo más que los que las frecuentaban; ni vació la redacción de sus obras en los moldes de los Doctores contemporáneos. Tenía que exponer, por ejemplo, una de las partes más importantes de su Sistema, y redactaba para ello un libro pequeñísimo, en el que todo se halla tan compendiado y resumido, que es poco menos que imposible hacerse cargo de la doctrina luliana. Luego escribía sobre lo mismo otra obra ya más extensa, en la cual, por tanto, son frecuentes las repeticiones de lo expuesto en la primera. Después un tercer libro sobre la misma materia, más extenso que el segundo, y con más defectos consiguientes. Y á veces viene aún una cuarta obra... He aquí los títulos, por ejemplo: *Ars inveniendi... Lectura super Artem inveniendi... Commentum super Artem inveniendi... Practica Artis inveniendi...* Cuando toda la doctrina expuesta en cuatro libros cabía muy bien en uno solo, con lo que habría ganado en mérito didáctico su Autor y nosotros también, sus discípulos, ahorrando el tiempo de estudio. De donde resulta á veces que para saber *algo* (que no es mucho, sino *poco,* de las Doctrinas lulianas) hay que leer *muchos* libros del Beato.

Pero vienen luego los de la escuela filosófica de enfrente, y como quieren formar concepto del Lulismo por la lectura de dos, tres, ó pocas más obras del Beato, cuando éste vació lo principal de sus enseñanzas, es á saber, la exposición y la práctica de su grandioso Sistema Científico, en más de cien libros, de ahí resulta lo disparatado de sus juicios.

Para colmo de la desgracia, las obras filosóficas más editadas, y por ende las más conocidas, son las más incompletas, las más obscuras, las que no pueden darnos ni siquiera una idea aproximada de lo que es el *Ars Magna* en sus dos partes de ascenso y descenso del entendimiento; tales como: el *Ars Brevis, Ars Generalis et ultima, De auditu kabbalistico, Opera parva, Opera medica, Philosophia amoris, Arbor scientiae,* y otras por el estilo.

Verdaderamente, quien sólo ha leído estas obras y quien conoce todas ó casi todas las obras contenidas en los ocho volúmenes en folio de la Edición moguntina, por fuerza emitirán del Beato Lulio los juicios más contradictorios, ante los cuales el Maestro resultará para un tercero un verdadero jeroglífico sin solución.

¿Qué nos dice ello? Que hay que distinguir, que hay que separar los diversos componentes del grande *opus lullianum;* que hay que estudiar á Lulio *metódicamente,* si aspiramos á conocerle en verdad.

Si hacemos esto, si ante todo analizamos escrupulosamente la obra de nuestro Doctor, *extensa* y *varia,* desaparecerá la confusión, desaparecerá la antítesis de las opiniones referidas.

Si alguien viniera á consultarnos: *¿cómo había de estudiar á Lulio, filósofo y teólogo?* le responderíamos lo siguiente:

En primer lugar deje V. á un lado toda obra del Maestro, que no sea filosófica ó teológica en el estricto sentido de la palabra; déjese V. de libros como la *Doctrina pueril, Felix de les maravelles, Libre de mil proverbis, Obres rimades, Blanquerna* y otras semejantes. Sobre todo no caiga en la tentación de creer á cierto autor moderno, quien ha escrito lleno de seriedad, en Cataluña, que el pensamiento filosófico de nuestro Doctor se halla expresado con más claridad en las obras en verso que en las escritas en prosa llana y casera.

Poseyendo luego todas ó la mayor parte de las obras filosóficas y teológicas (su número no puede bajar de ochenta), ellas mismas reclaman una grande división: obras expositivas del Sistema Científico luliano y obras prácticas del mismo (en la Filosofía y en la Teología).

Mas el Sistema Científico luliano comprende—como es sabido—el ascenso del entendimiento y el descenso del mismo; y así de éste como de aquél compuso el Maestro obras expositivas y obras prácticas.

Pues bien, primeramente deben leerse y estudiarse las obras expositivas del ascenso; en segundo lugar, las obras prácticas del mismo ascenso; después, las expositivas del descenso; y por último, las prácticas de este descenso.

¿Cuáles son las obras que pertenecen á cada uno de los grupos referidos? ¿Hay que hacer alguna excepción? Los principiantes en el estudio del Lulismo, ¿deben acaso tener en cuenta algunas observaciones?

La respuesta es como sigue:

Orden y reglas con que deben estudiarse las obras que integran la grande Enciclopedia Luliana, á fin de conocer la Filosofía y la Teología del Doctor Arcangélico.

Nuestra tesis: *La Filosofía y Teología lulianas se hallan contenidas en las obras del Maestro expositivas y prácticas del grandioso Sistema Científico luliano,* ó Ars Magna, *en sus dos partes de ascenso y descenso del entendimiento.*

I

Obras expositivas del ascenso del entendimiento.

1.—Logica nova.
2.—Logicalia parva.
3.—Duodecim Principia Philosophiae.
4.—Liber facilis scientiae.
5.—De novo modo demonstrandi seu Ars praedicativa magnitudinis.
6.—Liber correlativorum.
7.—De venatione Medii inter subjectum et praedicatum.
8.—De conversione subjecti et praedicati per Medium.
9.—De substantia et accidente.
10.—De demonstratione per Æquiparantiam.
11.—Compendium Logicae Algazelis.
12.—Liber de Loco Minori ad Majorem.
13.—Liber de possibili et impossibili.
14.—Los capítulos del *Liber Magnus Contemplationis in Deum,* en que se trata de los cinco sentidos corporales (ver, oír, oler, gustar y tocar), y de los cinco sentidos intelectuales *(cogitatio, perceptio, conscientia, subtilitas, animositas vel fervor).* Tales son: desde el capítulo 103 al 237 inclusive.
15.—Liber de Affirmatione et Negatione.
16.—Liber de Concordantia et Contrarietate.

Nota.—Las obras señaladas con los números 6, 7, 8 y 9, son disposiciones previas, según decían los antiguos lulistas, para la inteligencia de la obra señalada con el número 10.

II

Obras prácticas del ascenso del entendimiento.

1.—Liber de ascensu et descensu intellectûs.
2.—Liber de quinque Praedicabilibus et decem Praedicamentis.
3.—Quaestiones super Librum facilis scientiae.
4.—Liber de naturali modo intelligendi.
5.—Liber contradictionis.
6.—Liber differentiae correlativorum divinarum Dignitatum.
7.—Liber novus Physicorum.
8.—Metaphysica nova.
9.—Liber de Affatu seu sexto sensu.
10.—Liber Chaos.
11.—Liber de Anima rationali.
12.—Liber de Homine.
13.—Liber de Natura.
14.—Liber de Memoria.
15.—Liber ad memoriam confirmandam.
16.—Ars intellectûs.
17.—Liber de Voluntate.
18.—Liber de syllogismis contradictionis.
19.—Liber de Efficiente et Effectu.
20.—Liber de Ente simpliciter per se et propter se existente et agente.
21.—Liber de Ente reali et rationis.
22.—Liber de Essentia et Esse Dei.
23.—Liber de Esse infinito.
24.—Liber de Ente simpliciter absoluto.
25.—Liber de Esse perfecto.

III

Obras expositivas de la Ciencia Universal ó descenso luliano del entendimiento.

1.—Ars Universalis seu Lectura super Artem compendiosam inveniendi veritatem.

2.—Introductoria Artis demonstrativae.

3.—Ars demonstrativa.

4.—Lectura super figuras Artis demonstrativae.

5.—Compendium seu Commentum Artis demonstrativae.

6.—Ars inveniendi particularia in universalibus.

7.—Liber propositionum secundùm Artem demonstrativam.

8.—Ars inventiva veritatis.

9.—Tabula Generalis.

10.—Brevis practica Tabulae Generalis.

11.—Lectura compendiosa Tabulae Generalis.

12.—Lectura Artis inventivae et Tabulae Generalis.

13.—Liber principiorum Philosophiae.

14.—Liber principiorum Theologiae.

15.—Ars Generalis ad omnes scientias.

16.—Introductorium magnae Artis Generalis.

17.—Investigatio Generalium Mixtionum.

18.—Liber de Conditionibus figurarum et numerorum.

19.—Liber exponens Figuram Elementalem Artis Demonstrativae.

20.—Ars mixtiva Theologiae et Philosophiae.

NOTAS.—a) A este grupo pertenece la obra intitulada *Ars Magna et Major seu Ars compendiosa inveniendi veritatem.*

Aunque Salzinger la llame (y con justicia) *clavis et clausura omnium artium et scientiarum et omnium operum Divi Authoris,* nosotros somos de parecer que nadie debe leerla. Todas sus páginas están llenas de fórmulas semialgebraicas; y, además, es muy breve é incompleta, atendidas las muchas partes que abraza del descenso del entendimiento.

Quien por otros libros no sepa en qué consiste el descenso intelectual del Beato Lulio, aunque lea esta obra cien años seguidos, jamás llegará á formarse una idea aproximada de él, ni mucho menos exacta, total y verdadera.

Ante ella, los lulistas noveles desisten de estudiar á nuestro Doctor; y los hombres ya maduros—si bien ayunos de Lulismo—desprecian al Beato y á su Arte Magna. *ERGO*... que nadie la lea.

b) Tampoco deben estudiarse, ni siquiera leerse, las siguientes obras:

1.—Ars Brevis, seu Compendium et Isagoge Artis Magnae;

2.—De auditu kabbalistico, sive Ad omnes scientias Introductorium;

3.—Ars Magna Generalis et Ultima.

Si conocemos solamente estas obras, al escribir la crítica del Sistema Científico luliano repetiremos lo que dijeron el Cardenal Ceferino González, D. Fernando Weyler y Laviña, el P. Feyjóo y el P. Mariana. Mas en nada acertaremos. Al leer las obras primera y tercera, y ver allí tantas fórmulas semi-algebraicas y tantas figuras circulares, triangulares y cuadrangulares, lo primero que se nos ocurrirá será dar crédito al título de la segunda obra *De auditu kabbalistico;* creeremos que se trata de una ciencia cabalística. Nada de eso. El libro *De auditu kabbalistico* no trata otras materias que las del *Ars Brevis* y el *Ars Magna Generalis et Ultima,* y éstas son resúmenes ó compendios de algunas partes (las menos importantes) del descenso del entendimiento. ¿Por qué, pues, bautizó aquella su obra con el nombre de la cábala? Por una razón muy especiosa que él mismo explica en el prólogo del librejo.

Véase la *Historia de la Filosofía,* del citado Cardenal (así la obra grande en castellano, como el compendio en latín), y observará todo el mundo, que el sabio Dominico bebió solamente en las obras que nosotros recomendamos no leer.

Sobran en dichos libros del Maestro el Arte combinatoria, las fórmulas semi-algebraicas y todas las figuras geométricas; faltan, empero, la teoría y práctica ó aplicación de las Definiciones, Condiciones y Reglas de la Ciencia Universal ó descenso luliano del entendimiento, que es lo importante y esencial de la segunda parte del *Arte Magna*. Son ellos verdadera piedra de escándalo para todos los principiantes en el estudio del Lulismo.

c) La obra *Arbor Scientiae* no da á conocer, cual para el caso se requiere—con tratar de ello—ni el ascenso del entendimiento ni el descenso: ¡y en estas dos escalas, y sólo en ellas, consiste el *Ars Magna!* Es, mejor, un tratado sobre la división de las ciencias.

Quien haya leído los cuatro grupos ó clases de obras que nosotros recomendamos leer y estudiar, entonces podrá leer *inofenso pede* el Arbol de la Ciencia; antes, no. Una vez impuestos del Sistema Científico luliano, lo de esta obra que antes nos pareciera arbitrario, poco ó nada concluyente y vulgar; veremos claramente que tiene razón de ser, que es muy concluyente por ser muy matemático, y que nada tiene de pueril para quien, como el Beato Lulio, aspire á democratizar la ciencia.

Conocida el Arte Magna, y únicamente entonces, tres cosas se nos aparecerán en seguida ante la lectura del *Arbor Scientiae:* muchos puntos de vista geniales, una gran fuerza de raciocinio y el constante propósito de hacer asequibles á todos los hombres, de cualquier clase y condición que fueren, los frutos del árbol del saber; si desconocemos el Arte Magna, no acertaremos á ver sino un grande esfuerzo de una imaginación ya de sí calenturienta, ninguna solidez por doquiera y frivolidades á granel. ¿Verdad, señor Weyler y Laviña?

d) No debe leerse la obra escrita en verso catalán é intitulada: *Aplicació de l' Art General.*

Es muy extensa; en ella se enseña el modo de aplicar el descenso del entendimiento á la Teología, Filosofía, Lógica, Derecho natural, Medicina, Retórica y Moral.

A D. Jerónimo Rosselló le asaltó la duda de si esta obra era la misma que el P. Pasqual titula *Reglas introductorias al Arte demostrativa*. No hay por qué dudar: es distinta.

La *Aplicació de l' Art General* fué publicada por el mismo Rosselló en el volumen *Obras rimadas de Ramón Lull* (páginas 386 á 423); y las *Reglas introductorias al Arte demostrativa* fueron publicadas por Salzinger en el tomo IV de la Edición moguntina. Aquella obra consta de muchos miles de versos; ésta contiene cien versos solamente. Se conoce que Rosselló, al publicar las *Obras rimadas,* conocía tan sólo de oídas la Edición moguntina de Salzinger. Y que le asaltó aquella duda lo dice él propio en las *Obras rimadas,* página 384.

¿Por qué prohibimos la lectura de esta obra expositiva del descenso del entendimiento? Hable el Sr. Rosselló, que en esto anda muy acertado: «Es poco menos que imposible entender perfectamente el texto de la obra á los que no están algún tanto versados en el mecanismo de la gran máquina del raciocinio á que llamó Lulio *Arte general,* ni en la disposición de sus varias y bien combinadas tablas y figuras, el uso de las cuales explica y enseña. Y esto hace que sea muy pesada su lectura, ya de suyo poco amena por la índole exclusivamente didáctica del poema.» (Lugar citado).

IV

Obras prácticas de la Ciencia Universal ó descenso luliano del entendimiento.

1.—Applicatio Artis Generalis ad varias scientias.
2.—Liber de experientia realitatis Artis Generalis.
3.—Liber Conceptionis Virginalis.
4.—Liber de Gentili et tribus Sapientibus.
5.—Liber de Sancto Spiritu.
6.—Liber de quinque Sapientibus.
7.—Liber Mirandarum Demonstrationum.
8.—Liber de XIV Articulis Fidei.
9.—Quaestiones per Artem Demonstrativam seu Inventivam solubiles.
10.—Disputatio Eremitae et Raymundi super aliquibus

dubiis Quaestionibus Sententiarum Magistri Petri Lombardi.

11.—Liber super psalmum: *Quicunque vult...;* sive: Liber Tartari et Christiani.

12.—Disputatio Fidelis et Infidelis.

13.—Liber qui est: Disputatio Raymundi christiani et Hamar saraceni.

14.—Disputatio Fidei et Intellectûs.

15.—Liber de Articulis Fidei sacrosanctae et salutiferae Legis Christianae; sive Liber Apostrophe (1).

16.—Supplicatio Sacrae Theologiae Professoribus ac Baccalaureis Studii Parisiensis.

17.—Liber de convenientià Fidei et Intellectûs in objecto.

18.—Ars amativa boni.

19.—De Arte Dei seu Ars Divina.

20.—De Congruo adducto ad necessariam probationem.

21.—De Trinitate et Incarnatione.

22.—De esse Dei.

23.—Quaestiones Magistri Thomae Attrebatensis.

24.—Liber de Cognitione Dei.

25.—Declaratio Raymundi per modum Dialogi edita contra aliquorum Philosophorum et eorum sequacium opiniones erroneas et damnatas ab Episcopo Parisiensi (2).

---

(1) El Beato Lulio compuso este libro en lengua catalana, estando en Roma, poniendo fin al mismo la vigilia de San Juan Bautista del año 1296; pero seguidamente él mismo lo tradujo al latín, estando también en Roma, no empero literalmente, sino guardando sólo el sentido y aun añadiendo no pocas cosas, razón por la cual en el catálogo de las obras del Maestro cuéntanse siempre dos libros distintos aunque bajo un mismo título.

(2) A los 7 de Marzo de 1277, el obispo de París, Esteban Tempier, asesorado por una asamblea de teólogos, condenó 219 proposiciones erróneas que entonces gozaban de gran predicamento en las Escuelas. Muchas de ellas eran de Santo Tomás de Aquino.

El Beato Raimundo Lulio compuso la obra arriba citada contra aquellas proposiciones; mas, por respeto á la gran sabiduría, y á la fama de santo del Doctor Angélico, se abstuvo siempre de escribir el nombre de Tomás de Aquino.

26.—Liber Magnus Contemplationis in Deum (excepto los capítulos ya citados en el grupo I y aquellos de los cuales vamos luego á prohibir la lectura) (1).

27.—Liber de Deo et Jesu Christo.

28.—Liber de Actu majori.

29.—Liber de Actibus propriis et communibus divinarum Dignitatum.

30.—Liber de Angelis.

31.—Liber de Creatione.

NOTAS.—a) A esta misma clase pertenece la obra en catalán intitulada *Reglas introductorias al Arte Demostrativa;* mas, por ser muy cortita (4 páginas en fóleo) y por estar escrita en verso, y de consiguiente incompletísima y obscura para fines científicos, recomendamos sobremanera á los principiantes no la lean, pues más les serviría de piedra de escándalo que de otra cosa.

b) El libro *Ars amativa boni* es una bellísima aplicación del descenso del entendimiento al Amor que debemos á Dios: es una obra importante.

Pero luego el Maestro escribió tres obras en que hace aplicación del *Ars amativa boni;* y son: *Arbor Philosophiae Amoris, Flores Amoris et Intelligentiae* y *Arbor Philosophiae desideratae.*

Pues bien, estas obras no deben leerlas los que estudien la Filosofía y Teología lulianas. ¿Por qué? Porque en ellas la aplicación del descenso del entendimiento es *incompletí-*

El Beato Lulio escribió tres obras sobre las doctrinas de Santo Tomás; he aquí los títulos: *Testamentum Thomae de Aquino, Thesaurus abbreviatus Thomae de Aquino, Semita recta Thomae de Aquino.* ¿Cómo no ser tomistas nosotros, si lo fué nuestro Doctor y Maestro?

En Oxford, á los 18 de Marzo de 1277, el arzobispo de Cantorbéry, Roberto Kilwardby, condenó también al Tomismo; y su sucesor en la sede arzobispal, J. Peckham, renovó la prohibición de las tesis tomistas controvertidas. *(M. de Wulf:* Histoire de la Philosophie Médiévale; pág. 302). Sin embargo, el Tomismo, porque es la verdad, triunfó.

(1) Escribió Salzinger, que sin el *Libro de la Contemplación* nunca hubiera penetrado suficientemente el artificio ó los secretos del Sistema Científico luliano. *(Praecursor Introductoriae...* cap. I).

sima, y por tanto, aunque indirectamente, induce á error; porque son escritas con un fin místico y no con un fin científico, y, por tanto, inducen á creer á los no muy entendidos en el Lulismo, que el descenso del entendimiento no es un procedimiento rigurosamente científico, sino más bien un procedimiento místico.

Son muchos los autores de talento y de saber que tropezaron con estas obras, y por ellas formaron un concepto equivocadísimo de la personalidad filosófica y teológica de nuestro Doctor y Maestro.

c) Somos de parecer que no conviene la lectura de algunos capítulos del *Liber Magnus Contemplationis in Deum*, por el abuso que en ellos se hace de fórmulas semialgebraicas. Tales son: desde el capítulo 329 al 347 inclusive, el 359, y desde el 361 al 364 inclusive. Aquello descorazona y escandaliza á todos los principiantes.

d) Para el estudio é inteligencia del *Gran Libro de la Contemplación* conviene advertir lo que ya su Autor advirtió, ó sea, que, de los tres volúmenes en que la obra se divide, primeramente se lea el primero, después el segundo, y por último el tercero. La razón es—continúa el Beato—porque el segundo volumen es más obscuro y difícil de entender que el primero, y el tercero lo es más que el segundo. La bondad y utilidad de esta obra (son también palabras suyas) es mayor y mejor en el segundo volumen que en el primero; y en el tercero que en el segundo.

Quiere asimismo el Doctor, que, antes de proceder á la lectura de la obra, sean conocidos y leídos los títulos ó rúbricas de los 366 capítulos de que se compone.

No debe leer este *Libro* quien ignore el tecnicismo de la Filosofía y el de la Teología, pues este tal no entenderá las razones filosóficas y teológicas de que está compuesto y formado.

Si observando estas advertencias aun no entendemos suficientemente las doctrinas de este *Libro*, recurramos al *Libro del Gentil y los tres Sabios*, llamado también por otro nombre *Liber Quaestionum et Petitionum*.

Hasta aquí son palabras del Autor en el capítulo último

de la obra, donde trata (en su segunda parte) *De modo discendi et docendi istum Librum*. Pone allí otras reglas ó advertencias que nosotros omitimos en gracia de la brevedad.

Observaciones generales.—1) Como es de suponer, las obras expositivas guardan íntimas relaciones con las obras prácticas, no solamente las relativas al ascenso, sino también las del descenso. Pero, de un modo especialísimo, obsérvase esa íntima relación en las obras pertenecientes al descenso. Las expositivas de éste no comprenden casi nunca todas las partes que lo integran: la obra *a* comprende sólo dos partes, la obra *b* comprende tres, etc., etc. ¿Qué hace, pues, el Beato en las obras de aplicación ó práctica? Compone una en que tan sólo se hace la aplicación de las dos partes del descenso comprendidas en la obra *a;* compone otra en que únicamente se aplican las tres partes del descenso comprendidas en la obra *b;* y así sucesivamente.

Así vemos que los libros *Del Gentil y los tres Sabios, Del Espíritu Santo, De los cinco Sabios, De las Demostraciones admirables* y *De los XIV Artículos de la Fe* (números 4, 5, 6, 7 y 8 del grupo IV), son exclusivamente la aplicación, el uso ó práctica de las obras *Arte Universal ó Lectura sobre el Arte compendiosa de hallar la Verdad, Libro de los Principios de la Filosofía* y *Libro de los Principios de la Teología* (números 1, 13 y 14 del grupo III).

Observamos asimismo que las obras *Cuestiones solucionadas mediante el Arte Demostrativa, Cuestiones sobre el Maestro de las Sentencias, Libro sobre el salmo «Quicunque vult,» Disputa del Fiel y del Infiel, Disputa de Raimundo cristiano y Hamar sarraceno, Disputa de la Fe y el Entendimiento, Libro de los Artículos de la Fe ó Libro del Apóstrofe, Súplica á los Profesores y Bachilleres de la Sorbona de París* y el *Libro de la conveniencia de la Fe y el Entendimiento en el Objeto* (números 9, 10, 11, 12, 13, 14, 15, 16 y 17 del grupo IV), son exclusivamente la aplicación, el uso ó práctica de los libros intitulados *Introductorio del Arte Demostrativa, Arte Demostrativa, Lectura sobre las Figuras del Arte Demostrativa, Compendio ó comentario del Arte Demostrativa, Arte de hallar lo particular en lo univer-*

sal, Libro de las proposiciones según el Arte Demostrativa (números 2, 3, 4, 5, 6 y 7 del grupo III).

A primera vista, entre las obras del Beato no hay orden ni concierto; mas, si las examinamos detenidamente, se nos aparece luego un orden admirable.

2) Quien de veras desee conocer la Filosofía y Teología del Beato Raimundo Lulio, debe leer y estudiar las obras del Maestro por el mismo orden rigurosamente que nosotros aquí señalamos: en manera alguna es lícito proceder á la lectura de las obras del segundo grupo sin haber estudiado antes las obras del primero; y nadie presuma leer los libros del cuarto grupo sin tener conocimiento de los del primero, segundo y tercero. Las cosas, ó deben hacerse bien ó no hacerse. *Age quod agis.* ¡Cuántos autores rectificarían totalmente sus juicios críticos sobre el *Ars Magna,* si ahora procediesen á estudiar los libros lulianos por el orden que nosotros en estas páginas indicamos!

3) El que sólo aspire á filósofo ó teólogo lulista debe tener por rigurosamente prohibido leer las obras médicas y jurídicas del Polígrafo: nada aprendería en ellas que le conviniese, antes al contrario, serían la rémora de sus estudios favoritos, cuando no una piedra de escándalo. Sobre todo no leer las siguientes:

Ars compendiosa Medicinae,
Liber de Lumine,
De levitate et ponderositate elementorum,
De regionibus sanitatis et infirmitatis.

Por ser libros muy incompletos y por contener una dosis no pequeña del Arte combinatoria, fórmulas semi-algebraicas en abundancia y figuras geométricas de todas clases, son aplicaciones poco importantes, y algún tanto desdichadas, del Sistema luliano á la Medicina.

4) Para no equivocarse de un modo lamentable sobre la significación del Doctor Arcangélico en la Filosofía y Teología, tampoco conviene leer sus libros morales, ni los predicables, ni siquiera los místicos, ni mucho menos los que traten de alquimia. El P. Pasqual, en sus *Vindicaciones lulianas,* lleva el título de los comprendidos en estas clases.

Sólo pueden estudiarse con fruto los que traten de su Sistema Científico: aquellos que lo expongan y usen ó practiquen; y aun de éstos solamente los que notamos nosotros. A fuera libros como *Félix de las maravillas del mundo, Doctrina pueril, Libro del Fin, Libro de la Orden de Caballería, Blanquerna, Obras rimadas* y otros semejantes. Aun sin quererlo, el juicio que, después de la lectura de estas obras, formamos de la personalidad científica del Autor, lo trasladamos al campo de la filosofía y teología, esto es, á la región de la crítica filosófica y teológica de Lulio, y en ello la verdad padece grandes desafueros.

5) No se crea que los libros expositivos de la Ciencia Universal, ó descenso luliano del entendimiento, que nosotros recomendamos leer y estudiar, estén exentos de figuras geométricas y fórmulas semi-algebraicas. Nada de eso; pues, como el Beato Lulio era un espíritu muy exigente y de grande claridad, tenía muchísimas aficiones al método y signos matemáticos; de manera que son raras las obras, especialmente las expositivas, en que no use de tales procedimientos pedagógicos, además del Arte combinatoria.

Pero las que nosotros recomendamos pueden leerse con fruto, y con muchísimo fruto; las otras, no; á no ser que las estudien los que ya conozcan las recomendadas. La razón es obvia: en las recomendadas no hay *abuso* del Arte combinatoria, ni de figuras geométricas, ni de fórmulas semi-algebraicas; en las otras, sí.

6) ¿De qué modo emplea Lulio las fórmulas semi-algebraicas?

Lo que Salzinger llama *Algebra Speciosa Lulliana* es el Arte y Ciencia Universal (ó descenso luliano del entendimiento) *qua per litteras alphabeti, tanquam signa universalissima nominibus et rebus universalibus et particularibus per nomina significatis substituta, fit investigatio, inventio et demonstratio veritatis in omni Scientia particulari:* un artificio por el cual inquirimos, hallamos y demostramos la verdad en todas las ciencias particulares, mediante las letras del alfabeto, empleadas como signos universalísimos substituidos á los nombres y á las cosas universales y particulares que nos vienen significados por vocablos. Fué invención admirable del Doctor Arcangélico.

El Maestro lo usó de dos maneras: explícita é implícitamente.

Explícitamente, reduciendo los Principios universales del descenso del entendimiento á las letras del alfabeto, y poniendo estas letras en lugar de los Principios al solucionar las cuestiones propuestas; y esto, á su vez, de dos maneras: ó poniendo las cámeras (ó conjunto) de las letras que contienen implícitamente las soluciones de las cuestiones, ú ofreciendo las mismas soluciones en lenguaje llano y corriente.

Implícitamente, anteponiendo, en las Figuras geométricas, á cada uno de los Principios del descenso las letras del alfabeto; pero, en la práctica de las Figuras, sirviéndose de los mismos Principios en lugar de las letras.

Ambos modos los veremos practicados en las obras lulianas por nosotros recomendadas.

El primer modo es más noble y alto que el segundo; y en ninguna parte lo vemos practicado con más claridad que en la distinción 40, volumen III, del *Libro de la Contemplación,* capítulos del 328 al 366 (*Salzinger:* Praecursor Introductoriae... cap. I).

7) Claro está que, hojeando la inmensa Enciclopedia luliana, aun podríamos continuar cada una de las listas de los cuatro grupos en que dividimos las obras filosóficas y teológicas del gran Polígrafo; empero las obras señaladas bastan al efecto apetecido. Ellas son las que nosotros hemos estudiado para imponernos bien en la Filosofía y Teología lulianas; de manera que las recomendamos de ciencia propia.

8) Puede que alguien se escandalice al ver que prohibimos la lectura de ciertas obras que gozan de grandísimo predicamento. No hay para qué. Aquí damos únicamente reglas para formar un filósofo y teólogo lulista. Nuestro objetivo es éste y no otro. Para ello señalamos lo que conviene estudiar y lo que no conviene estudiar. Nada más.

Y la razón que tenemos es potísima, ya que, precisamente, por no leer lo que conviene y por leer lo que no conviene, hanse originado todas las críticas del Lulismo inexactas y equivocadas. Y aun lo que conviene leer debe leerse con cierto orden.

Dicho queda con esto que nada más lejos de nuestro ánimo, que negar el mérito de las obras que son joyas insuperables de la lengua y literatura catalanas. Literaria y lingüísticamente valdrán muchísimo: cierto; pero en el campo de la filosofía y teología poco ó nada valen, y sólo sirven á los principiantes de piedra de escándalo.

9) Asimismo, advertimos que, según nuestro humilde sentir, antes de proceder al estudio de las obras expositivas y prácticas de la Ciencia Universal ó descenso luliano del entendimiento, deben consultarse y leerse algunos Comentaristas de las Doctrinas lulianas. Esto nos allanará el camino de aquellas obras. Además, las obras por nosotros recomendadas son muchas, y ¿quién va á encontrarlas todas, ni siquiera la mayor parte? Mientras que en un solo Comentarista, si es bueno, hallaremos lo que dice el Beato en diez obras.

¿Comentaristas buenos? Los siguientes:

a) P. Pasqual: todo el volumen II de la obra *Examen de la crisis del P. Feyjóo sobre el Arte Luliana;*

b) Del mismo autor: *Ostenditur utilitas Methodi Lullianae, etiam in Theologicis, ejusque securitas, proprietas, claritas, usus et conformitas;* cuatro extensas disertaciones. (Hállase en el tomo I de las *Vindiciae Lullianae).*

c) Salzinger: *Revelatio secretorum Artis;* obra voluminosa. (Hállase en el tomo I de la Edición moguntina).

d) Del mismo autor: *Praecursor Introductoriae in Algebram Speciosam Universalem, vel Artem Magnam Universalem sciendi et demonstrandi Beati Raymundi Lulli.* (En el tomo III de la ed. mogunt.).

e) El capuchino Luis de Flandes: *Tratado y resumen del Caos lulliano* (ó sea, exposición de la Cosmología luliana); Palma de Mallorca, 1730. Hízose segunda edición, en latín, el año de 1740, también en Palma.

f) Del mismo autor: *Tractatus de Theologico Systemate Lulliano cum expositione figurarum et elementorum ad tuto percurrenda opera sapientissimi Magistri et Doctoris illuminati Beati Raymundi Lulli;* Mallorca, 1741.

g) Bernardo de Lavinheta, capuchino: *Explanatio compendiosaque Applicatio Artis Illuminati Doctoris Magistri Raymundi Lulli ad omnes Facultates;* obra voluminosa.

Estos Comentaristas bastan.

Pero sobre todo no leer los Comentarios lulianos de Giordano Bruno, Cornelio Agripa, Valerio de Valeriis, Enrique Alstedio y Fernando Weyler Laviña. Los cuatro primeros señores conocieron algunas partes del grandioso Sistema luliano y las comentaron bien; pero no llegaron á conocer, por falta de obras lulianas seguramente, lo principal y esencial del Sistema, es á saber, el ascenso y descenso del entendimiento. Sus obras en nada aprovechan, antes estorban muy mucho, á los lulistas noveles.

De la obra del Sr. Weyler y Laviña, algo voluminosa y toda ella contraria á las Doctrinas lulianas, parécenos del caso repetir lo que escribió el ilustrísimo Sr. Maura: «Por lo que respecta á la obra rotulada: *Raimundo Lulio juzgado por sí mismo (la del señor Weyler),* que se imprimió en Mallorca no hace muchos años, me abstengo de calificarla; sólo os diré de pasada que, á mi juicio, es un engendro pura y sencillamente inofensivo, tan pobre de doctrina filosófica y de toda clase de doctrina, que ni en pro ni en contra de nuestro Filósofo merece ser citada.» *Revista Luliana;* n.º 2, Noviembre de 1901.—(NOTA A).

El estudioso que desee un buen Comentario del *Arte Combinatoria luliana* (parte no muy importante del Sistema del Beato), puede leer las obras *ad hoc* de Leibniz, Atanasio Kircher y Sánchez de Lizarazo.

10) Por último observamos, que todo lo precedente son reglas para facilitar el estudio de la filosofía y teología lulianas, y *sólo esto.*

Si ahora se nos preguntase, qué libros deben estudiarse para saber la aplicación de la Ciencia Universal, ó descenso luliano del entendimiento, al Derecho Natural y á la Medicina (en su parte de universalidad y necesariedad tan sólo, por supuesto), nuestra respuesta sería categórica:

El Doctor y Maestro escribió muchas obras, así expositivas como prácticas, de la aplicación susodicha; pues bien, antes de leer y estudiar estas obras requiérese haber conocido la teoría del descenso del entendimiento en general y la práctica del mismo en la Filosofía, ó sea, hay que haber leído una buena parte de las obras citadas por nosotros en los grupos III y IV. Sin esto, es moralmente imposible saber aplicar el descenso del entendimiento (ó segunda parte del Sistema luliano) al Derecho Natural y á la Medicina, aunque uno haya leído las obras jurídicas y médicas de Lulio, tales como:

Liber Principiorum Juris;
Ars Juris, etc.;
Liber Principiorum Medicinae;
Ars compendiosa Medicinae, etc.

Las obras jurídicas y médicas del Beato *en sí mismas* valen poco; empero, consideradas como complemento de la aplicación del Sistema luliano á la Filosofía y como ensayos de la aplicación del mismo al Derecho y á la Medicina, valen muchísimo.

La gloria *capitalísima* del Beato Raimundo Lulio radica en las dos partes de su Sistema Científico y en la aplicación de las mismas á la Filosofía y Teología; y no en otra cosa. Pero como el descenso del entendimiento *al Dret e Medicina e a tot saber val...*—aunque se escandalicen los que no han penetrado las Doctrinas lulianas—el Maestro compuso varias obras expositivas y prácticas de su Sistema en el Derecho Natural y en la parte que dijimos de la Medicina. Mas forzoso es confesar, que estas obras, aun prescindiendo de la parte *abusiva* que en ellas tienen el Arte combinatoria, las fórmulas semi-algebraicas y las figuras circulares, triangulares y cuadrangulares, distan mucho de llegar en mérito científico á las expositivas y prácticas del Sistema en la Filosofía y Teología, que son la gloria inmarcesible del Doctor Arcangélico.

Empero, de todos modos, el Sistema Científico luliano *al Dret e Medicina e a tot saber val...* he aquí, pues, el gran valor originario de las obras jurídicas y médicas del Beato

Lulio, ya que ellas son ensayos, normas, orientaciones, para componer ahora, después de los preliminares del Maestro, grandes obras y notabilísimas de aplicación del Sistema luliano al Derecho Natural y á la parte de universalidad y necesariedad que, como todas las ciencias, tiene la Medicina. Lo que no hizo el Beato, lo podemos hacer nosotros.

En resumen: quien desee estudiar únicamente la Filosofía y Teología lulianas, no abra para nada las obras jurídicas y médicas del Maestro; quien desee conocer la aplicación del Sistema luliano al Derecho Natural y á la Medicina, primeramente debe estar bien impuesto en la teoría del descenso del entendimiento en general y su aplicación á la Filosofía, y *sólo entonces* podrá leer y estudiar con fruto—y muchísimo fruto ciertamente—las obras jurídicas y médicas de nuestro Doctor.

NOTA A (pág. 383)

Pues bien, de la obra del Sr. Weyler y Laviña: *Raimundo Lulio juzgado por sí mismo,*—que, según el sabio Prelado de Orihuela, es igual á cero,—se vale D. Miguel Asín para manifestar las relaciones filosóficas que median, á su juicio, entre Raimundo Lulio y los sufíes musulmanes en general y particularmente el murciano Mohidín; llegando á afirmar—quizás sin haberlo meditado bastante—que la obra del Sr. Weyler y Laviña «es indudablemente lo más completo que existe sobre el filósofo mallorquín.» ¡Poco enterado está de los escritores lulianos quien pudo dictar estas palabras! Que se lo perdonen los manes de Salzinger, el Padre Pasqual, D. Francisco de Paula Canalejas y tantísimos otros...

Sobre el mismo tema de las supuestas relaciones de nuestro Maestro con los sufíes musulmanes en general, y particularmente con Mohidín, dice también el distinguido catedrático de Lengua árabe en la Universidad de Madrid, que cree haber hallado «un dato nuevo que arroja mucha luz sobre el problema, sino es que lo resuelve definitivamente.» Adviértase que el Sr. Asín está por la afirmativa, es á saber, que existen relaciones *filosóficas* entre el Beato Lulio y los sufíes musulmanes, en especial Mohidín.

¿Qué dato nuevo es ese? Atended. De las Doctrinas lulianas sólo conoce el docto sacerdote—según propia confesión—la obra del Sr. Weyler y Laviña, y la colección, impresa en Strasburgo en 1617, que lleva por título *Raymundi Lulli opera ea quae ad adinventam ab ipso Artem Universalem, scientiarum artiumque omnium... pertinent.* Confiesa paladinamente que no ha visto la Edición moguntina.

Comprende la colección de Strasburgo el *Ars brevis, De auditu kabbalistico, Duodecim principia Philosophiae, Ars Generalis et Ultima, Articuli Fidei sacrosanctae ac salutiferae Legis christianae;* y luego después, algunos *tratados lógicos* del Beato, pero enmendados y corregidos por Bernardo de Lavinheta, la *Retórica* asimismo de Lulio corregida por el mismo Lavinheta y los comentarios lulianos de Giordano Bruno, Cornelio Agripa, Valerio de Valeriis y Enrique Alstedio. Total, muy pocas obras apreciables, como nuestros lectores habrán visto en las listas y observaciones que preceden.

Ahora bien, entre el opúsculo *De auditu kabbalistico* y el tratado que lleva por título *Duodecim Principia Philosophiae*—explica el Sr. Asín—aparece una figura circular de cuyo centro se destacan tres radios, encerrando la circunferencia la siguiente leyenda: *Figura totum repraesentans creatum,* y habiendo debajo la figura esta otra: *Totum creatum est corpus sphaericum extra quod nihil est.* Pero el Catedrático de Madrid no sabe de dónde viene esta figura ni á dónde va. Oigámosle. «En ninguno de estos tratados *(los de la colección de Strasburgo)* existe explicación alguna, completa ni incompleta, que venga á arrojar luz sobre su oculto sentido, y por esto llega el lector á sospechar si la tal figura, encontrada por los lulianos entre los papeles sueltos del Maestro, fué por ellos incluida en las ediciones de sus obras, y colocada allí donde bien les plugo, ya que no hallasen lugar en que encajara por derecho propio, ó bien que constituía un *schema* de doctrinas transmitidas de palabra en su escuela.»

Continúa luego D. Miguel Asín: «Pues bien: ese círculo luliano que parece resistirse á toda interpretación, y cuyo oculto sentido no se aclara, que sepamos, ni por las obras de Lulio ni por las de sus numerosos discípulos, encuéntrase en el citado libro de Mohidín, *Alfotuhat,* con idéntica forma, inscripciones semejantes y, lo que es más, con explicaciones metafísicas tan amplias y luminosas, que viene á constituir el quicio sobre que gira el sistema panteista y místico de su Autor, el cual incesantemente vuelve sobre él, aludiéndolo en los cuatro voluminosos tomos que comprende su citada obra maestra.»

Ergo—concluye nuestro autor—existen y quedan demostradas las relaciones filosóficas entre el Beato Raimundo Lulio y Mohidín.

¿Qué decimos del argumento precedente? ¿son verdaderas las premisas? ¿es lógica la conclusión que deduce? Ni lo uno ni lo otro.

Veámoslo.

En la misma página de la colección de Strasburgo, donde halló aquella figura circular, hay otras dos figuras: un triángulo y un cuadrángulo. Pues abra D. Miguel el volumen III de la Edición moguntina, y allí, en la obra de Salzinger, que precede á las del Maestro, *Praecursor introductoriae,* pág. 22, columna segunda, encontrará una después de otra las tres figuras que hay en aquella página de la colección de Strasburgo, y la explicación de cada una de las mismas, donde verá que ellas nada absolutamente tienen que ver con el círculo y las inscripciones de Mohidín.

¿Por qué el Sr. D. Miguel Asín, encontrando en aquella página de la colección de Strasburgo el círculo, el triángulo y el cuadrángulo, nos habla del círculo solamente? ¿Será porque en la obra *Alfotuhat* del Sufí murciano no aparecen triángulos y cuadrángulos? Y claro, entonces no quedarían demostradas las relaciones filosóficas de Lulio con Mohidín...

Explicación de las tres figuras.

En la Escuela luliana háblase mucho de la materia particular y de la forma particular. En qué consisten ellas, poco nos interesa ahora el saberlo.

Háblase también muchísimo, en la misma Escuela, de la materia universal y de la forma universal. ¿Qué es la *Materia universal* del descenso luliano del entendimiento? Es el Alfabeto. Por él expone muchas veces el Doctor, en fórmulas semi-algebraicas, la Ciencia Universal ó descenso del entendimiento; y por él además hace aplicaciones de la misma en las ciencias particulares, Filosofía, Teología, Derecho Natural, Medicina, etc. ¿Qué es la *Forma universal* del descenso luliano del entendimiento? Son las tres figuras geométricas que el Sr. Asín encontró en aquella página de la colección de Strasburgo: el círculo, el triángulo y el cuadrángulo.

El Beato Lulio expone y aplica su descenso del entendimiento mediante fórmulas semi-algebraicas y mediante figuras geométricas. El Alfabeto—del que se componían las fórmulas algebraicas—era conocido en la antigua Escuela lulista con el nombre de *Materia universal.* Las figuras geométricas más usadas: el círculo, el triángulo y el cuadrángulo—de las que se componían las demás también en uso—eran conocidas en la antigua Escuela lulista con el nombre de *Forma universal.*

También eran llamadas, dichas tres figuras, *formas simples;* y se conocían con el nombre de *formas compuestas* las muchas figuras en uso compuestas del círculo, triángulo y cuadrángulo.

En el centro del círculo ponían los antiguos lulistas la letra *A,* que significaba á Dios; en cada uno de los vértices del triángulo ponían las letras *B, C, D,* que significaban á los principios lulianos Diferencia, Concordancia, Igualdad; y en cada uno de los vértices del cuadrángulo las letras *E, F, G, H,* que significaban á los principios Bondad, Grandeza, Poder, Perfección.

Alguien replicará: pero en el círculo hallado por el señor Asín nó hay la letra *A* ni la palabra *Dios;* luego el círculo de V. y el círculo del Sr. Asín son distintos, y por tanto tendrían, en la antigua Escuela lulista, distinta significación. Calma. No siempre el círculo representaba á Dios; como tampoco no siempre las letras del triángulo representaban la Diferencia, Concordancia, Igualdad; ni las del cuadrángulo la Bondad, Grandeza, Poder, Perfección. Dichas tres figuras geométricas servían para *hacer demostraciones;* y así, según la materia cuya verdad se inquiría, las figuras ó sus letras representaban un concepto ú otro: lo esencial era que la demostración procediera de la unidad, del ternario y del cuaternario.

A veces, en lugar de Dios, el círculo representaba el *cielo,* la *piedra,* la *generación,* ó cualquier *ente* ó *esencia;* por donde, en aquella página de la colección de Strasburgo, pudo muy bien representar el *universo creado:* Figura totum representans creatum. No lo decimos nosotros, lo dice Salzinger, de quien hemos traducido la anterior explicación de las figuras: «In hoc Systemate *septem litterae* alphabeti semper manent, sed nomina e regione litterarum posita mutantur in alia quaevis; v. gr., loco *Deus* ponitur *coelum* vel *lapis* vel *generatio* vel quodlibet *ens* vel *essentia.*»

Y la leyenda puesta debajo del círculo de la colección de Strasburgo: *Totum creatum est corpus sphaericum extra quod nihil est,* es sencillamente un comentario de la leyenda anterior —*Figura totum representans creatum*— que se lee en medio de la circunferencia; ya que, opinaban los antiguos lulistas, y no anda en desacuerdo con ello la ciencia moderna, que el universo creado, fuera del cual, claro está, hay la nada, forma una esfera; y siendo así, ¿qué mucho que se valieran del círculo para representar el universo creado?

¿Qué más? Santos Padres ha habido, y Doctores y escritores eclesiásticos, que se han valido asimismo del círculo, ora para representar á Dios, ora para representar al universo creado.

Continúa diciendo Salzinger: «En lugar de los principios *Diferencia, Concordancia, Igualdad,* puédese poner otro *ternario* cualquiera, necesario para hacer las demostraciones *de assumpta unitate,* v. gr.: tivum, bile, are —Esse, Necessitas, Privatio—Possibile, Impossibile, Necessarium—etc. Y en lugar del cuaternario dicho del cuadrángulo—Bondad, Grandeza, Poder, Perfección—puédese poner cualquier otro cuaternario que sirva al caso ofrecido, v. gr.: *Esse, Privatio, Perfectio, Defectus—Possibile, Impossibile, Potentiale, Actuale—majoritas, minoritas, affirmatio, negatio—additio, subtractio, multiplicatio, divisio—Positio, Privatio, Absentio, Praesentia*— etc.

Empero, los términos de los ternarios y cuaternarios deben siempre guardar entre sí alguna *proporción* y *habitud*, para poderse hacer *comparaciones* de un principio con otro, el concepto ó palabra inscrito en el círculo; por que es de saber, que el concepto ó palabra inscrito en medio del círculo es la matèria de la que debe hacerse la demostración.

Dicha proporción ó habitud la obtenemos fácilmente, porque, como todo lo particular—que es todo lo que se inquiere—sea reducible ó á los principios absolutos Bondad, Grandeza, etc., ó á los principios relativos Concordancia, Diferencia, etc.; y todos los principios absolutos guardan entre sí una *proporción aritmética*, esto es, la de *igualdad*, y todos los principios relativos guardan entre sí una *proporción geométrica*, esto es, la de *mayoridad* y *minoridad;* si los términos de la cuestión que se inquiere son reducibles á los principios absolutos, siempre estarán en la proporción de igualdad; mas, si son reducibles á los principios relativos, siempre estarán en la proporción de mayoridad y minoridad. Si son reducibles á una y otra clase de principios, entonces participarán de las dos proporciones referidas. Esto se ve claro con ejemplos.» (Obra y lugar citados).

¿Para qué sirve el círculo luliano (siempre juntamente con el triángulo y el cuadrángulo)? Ya lo hemos dicho; para hacer demostraciones lógicas; dichas figuras constituyen la Lógica luliana del descenso del entendimiento. En la distinción II del *Praecursor Introductoriae*, cap. I, II y III, hallará el estudioso la práctica de aquellas figuras en la Lógica del descenso.

He aquí la explicación de lo que llama el Sr. Asín «oculto sentido del círculo luliano;» sentido que, según el mismo señor, «no se aclara ni por las obras de Lulio, ni por las de sus numerosos discípulos,» por la sencilla razón de que el sabio Catedrático de la Central no conoce, al parecer, ni las obras de Lulio, ni las de sus discípulos. En el *Libro de la Contemplación* del Beato hubiera hallado la explicación del sentido del círculo luliano, y también en la citada obra de Salzinger, quien allí sólo comenta, desarrolla y ejemplifica, la Lógica luliana del descenso contenida en el *Libro de la Contemplación*.

Preguntemos ahora: el círculo luliano ¿es el círculo que hay en la obra *Alfotuhat* del sufí Mohidín? No, por cierto.

Pruebas.

Habla D. Miguel Asín explicando la figura del Sufí murciano: «En ella, como se ve, hay tres inscripciones: una corresponde al punto céntrico del círculo, y significa literalmente *la Verdad*, nombre con que nuestro místico designa á Dios; otra, contenida dentro del círculo por debajo del último radio, dice así: «Lo posible es el espacio comprendido entre el centro, que es la Verdad, y la circunferencia;» y la tercera, en fin, extiéndese á lo largo de la periferia, y significa: «Lo que hay más allá de la parte exterior convexa de la circunferencia, es la nada.» El menos avisado advertirá de repente la identidad de estas dos últimas inscripciones con las que se leen en el círculo luliano, si se tiene en cuenta que para Mohidín lo posible es sinónimo de lo creado.»

Después el Sr. Asín traduce «con fidelidad aquellos trozos de Mohidín que ha creído necesarios para la inteligencia de su círculo, poniendo todo empeño en que la versión sea lo más literal que permita el genio de la lengua árabe.» Y no hace otra cosa. Así concluye el trabajo, intitulado *Mohidín*, del docto Catedrático, que se halla en el *Homenaje á Menéndez y Pelayo en el año vigésimoquinto de su profesorado*, tomo II, pág. 217-256.

Dos cosas hay que considerar en el círculo luliano: la inscripción que hay en él y el uso del mismo. Pero, así en lo uno como en lo otro, el círculo luliano no es idéntico al círculo de Mohidín. Luego el fundamento de las supuestas relaciones filosóficas de Lulio con Mohidín es nulo.

Verdad es que las dos últimas inscripciones del círculo de Mohidín son idénticas á la inscripción del círculo luliano; pero también es verdad que, en la Lógica luliana del descenso del entendimiento, así pueden ponerse dentro del círculo las palabras *universo creado*, como otras cualesquiera, según sea la materia objeto de la inquisición científica; pues dicho queda que, sirviendo así el círculo como el triángulo y el cuadrángulo para hacer demostraciones, hay que poner dentro del círculo la inscripción correspondiente á la materia de la cual se inquiera alguna verdad. Si se trata de demostrar, por ejemplo, la existencia del alma, dentro del círculo luliano hay que poner la palabra *alma*, ó mejor, *Figura representans animam;* y no la inscripción *Figura representans universum creatum;* si se trata de demostrar la existencia de los ángeles, hay que poner la inscripción *Figura representans angelos;* si se trata de demostrar la existencia de Dios, hay que poner la inscripción *Figura representans Deum;* y así por el estilo. Y como realmente el círculo luliano puede representar á todos y cada uno de los entes creados, no hay inconveniente alguno en poner asimismo en él la siguiente inscripción: *Figura representans universum creatum.*

¿Puede afirmarse esto mismo de las inscripciones del círculo de Mohidín? De ninguna manera. Ahí están las páginas escritas por el Sr. Asín y los trozos por él traducidos del Sufí murciano, que nos guardarán de hablar con parcialidad é inexactitudes.

De consiguiente, *en realidad de verdad*, el círculo luliano y el círculo de Mohidín no son idénticos, sino muy diversos, tocante á sus respectivas inscripciones.

Tampoco son idénticos, sino muy diversos, en cuanto al uso en que los emplean sus respectivos autores, el filósofo cristiano y el filósofo musulmán. El Beato Lulio lo emplea, como hemos visto, para hacer demostraciones (en compañía del triángulo y del cuadrángulo) en su Lógica del descenso del entendimiento. Mohidín lo emplea para declarar gráficamente las relaciones que median entre el Criador y la criatura. Copiamos á Mohidín, traducido por el docto Catedrático: «El centro es la Verdad (Dios); el vacío exterior á la circunferencia, la nada, ó si se quiere la obscuridad; el espacio comprendido entre el centro y dicho vacío exterior á la circunferencia, lo posible...

Si suponemos que del centro salen líneas en dirección á la periferia, todas ellas terminan en puntos, y la circunferencia toda resulta de esta unión de líneas que arrancan del centro. Por esto se dice en el Alcorán: Alá está tras de ellos como una circunferencia; en otro lugar: Alá abraza como una circunferencia á todas las cosas.

Cada uno de los puntos de la circunferencia es el término del radio, y su principio es el punto céntrico del cual arranca el radio hacia la circunferencia. Así también Dios es el principio y el fin: el principio de toda cosa posible, como el centro es el principio de todo radio.

Lo que está fuera, excluido del ser de la Verdad, es la nada, que no puede recibir el ser.

Las líneas salientes tienen su principio en Dios y en El tienen su fin, porque á Dios vuelven todas las cosas.» (Página 228).

Consecuencia final: Son absolutamente nulas las relaciones filosóficas de Lulio con Mohidín, fundadas en el círculo luliano que halló el Sr. Asín en la mencionada página de la colección de Strasburgo, y en el círculo que Mohidín pintó en su obra *Alfotuhat*, tomo III, pág. 364.

Como creemos estar en terreno muy firme, proseguimos y decimos: Supongamos ahora que, realmente, en la inmensa Enciclopedia luliana, hallamos un círculo con que nuestro Doctor y Maestro declare gráficamente, ni más ni menos que Mohidín, las relaciones entre el Criador y las criaturas. ¿Síguese de ahí que existan relaciones filosóficas entre Lulio y el Sufí murciano? ¿síguese de ahí que el filósofo cristiano bebiese de la ciencia musulmana? ¿síguese de ahí que los orígenes de la filosofía del Beato hayamos de buscarlos en la filosofía arábiga, como lo afirman los Sres. D. Julián Ribera y su discípulo D. Miguel Asín? No, mil veces no.

Muchos Padres y Doctores de la Iglesia, antes y después de Mohidín, han trazado y explicado el círculo del *Alfotuhat*, esto es, en idéntico sentido al del célebre Sufí; ¿por qué, pues, el Beato Raimundo Lulio tendría que haberlo aprendido en la filosofía arábiga, y no en la filosofía cristiana anterior ó posterior á Mohidín? Si el docto Catedrático de Madrid, en lugar de afirmar que existen relaciones filosóficas entre Lulio y Mohidín bajo el falso supuesto de la identidad de aquellos dos círculos, hubiese dicho que los orígenes de muchas verdades de la filosofía arábiga (y entre ellas la doctrina por la que declaranse gráficamente las relaciones entre Dios y sus criaturas mediante la circunferencia y sus radios) hay que buscarlos en la filosofía y teología de los Santos Padres, hubiera sentado una gran verdad, porque es evidente que el círculo de Mohidín es un eco de lo que San Dionisio el Areopagita escribió en el capítulo V de su obra *De divinis nominibus*.

No transcribiremos aquí las palabras del Santo: cualquiera puede leerlas en la Patrología griega, tomo III, página 819, y en la voluminosa obra de Ernesto Dubois: *De Exemplarismo Divino,* tomo II, apéndice, pág. 699; lo que sí copiaremos es el resumen, exactísimo, que de las palabras del Areopagita hizo el sabio tomista Ernesto Dubois en la obra y lugar citados. Helo en seguida:

«Sanctus Dionysius Areopagita omnia entia creata comparat radiis erumpentibus ex unico Centro, scilicet ex Esse divino, quod est plenitudo totius esse, ita ut omnia entia in divino Esse habeant suum esse ideale, sive collective, sive singulariter spectentur. Ab eo quoque habent suum esse reale proprium et singulare, quod in creatione sua acceperunt, tanquam primum donum ac caeterorum Dei beneficiorum fundamentum. Igitur Esse divinum, seu summum Bonum, est prima et unica Causa efficiens, exemplaris ac finalis omnis esse; est prima Unitas, Veritas, Bonitas, Pulchritudo, a qua, secundùm quam, et propter quam, res omnes singulariter participant suum esse et operari, per propriam et specificam suam formam substantialem, et cum ea suam unitatem, veritatem, bonitatem, pulchritudinem et reliquam omnem perfectionem, quae in forma substantiali fundatur.

«Ergo res omnes, quae sunt mundi partes ac variâ analogiâ participant divinum Esse et operari, circa illud Esse circularitur ordinantur ac moventur, velut in variis zonis quae communi Centro propinquiores sunt, vel ab eo remotiores, secundùm suae perfectionis gradum. Sic autem cum Deo et inter se mirè colligantur per communem variamque conformitatem analogicam cum divina Forma, et harmonicam mundi universalitatem constituunt.»

Luego el círculo de Mohidín es idéntico al círculo de San Dionisio; y aquél un eco de éste. De donde, para pintar círculos de esta especie, el Beato no tenía necesidad de acudir á la filosofía arábiga; bastábale, y aun le sobraba, con la filosofía cristiana.

Decimos que *aun le sobraba,* pues círculos como el del *Alfotuhat,* ó parecidísimos, los hallamos á granel en la Patrística y en la Escolástica.

Mamerto Claudiano, de la noción del círculo y del punto, elévase á las eternas medidas que Dios concibe en su mente. *(De Statu animae;* lib. I, cap. 25).

Boecio compara la divina Forma á una esfera que, moviendo todo lo creado, permanece inmóvil siempre. *(De Consolatione Philosophiae;* lib. III, prosa 12).

Ruperto Tuitense considera al círculo como la figura más apta para representar la divina perfección. *(In Eccles.;* Patrol., tomo 168, pág. 1202).

San Buenaventura enseña que el círculo es la figura más á propósito para representar á la Divinidad, porque es simplicísima, perfectísima, capacísima y nobilísima. (Exp. 2.ª in psal. 118). En el círculo hallamos—dice en otro lugar—toda virtuosidad, toda ejemplaridad y toda comunicabilidad, y por esto *ex ipso, et per ipsum, et in ipso sunt omnia. (Itinerar. mentis ad Deum;* cap. 5).

Gerson explica la hermosura de la divina Trinidad por la figura del círculo y la del triángulo. (Opuscul. part. I, n. 82, Tract. 3 super Magnificat.).

El Areopagita—en distinto lugar del citado anteriormente—compara el movimiento del amor en Dios á un círculo que nace eternamente del sumo Bien, que es la misma Naturaleza divina; sale después *ad extra* para comunicar el sumo Bien á las criaturas y para representarlo en ellas; finalmente vuelve al sumo Bien del cual y por el cual procede y en el que eternamente permanece. *(De divinis nominibus;* cap. 4).

Dante, el poeta de la teología cristiana, figura la divina Trinidad con tres círculos que tienen la circunferencia igual, pero pintados con colores diversos, de los cuales el uno es reflejado por el otro, como el iris es reflejado por el iris. *(Div. Comedia;* Parad., cant. 33).

Si recorriésemos ahora los monumentos de la iconografía cristiana, observaríamos lo mismo que en los autores precedentes.

Pero la Patrística y la Escolástica, no sólo representaban por el círculo el orden increado y ejemplar, sino además el orden creado y ejemplado.

El figurar por medio de círculos el orden de la perfección de todas las criaturas, se apoya en las cuatro ruedas que vió Ezequiel en su conocidísima visión.

San Gregorio Nacianceno compara el mundo movido circularmente por Dios á una esfera siempre en movimiento en virtud de Motor siempre inmóvil. (En sus poesías).

San Máximo, en la Mystagogia, nos habla de la circunferencia, del centro, de las líneas que partiendo del centro van á parar á la circunferencia, de que Dios abraza á todas las criaturas como una circunferencia; de manera que parece el modelo que tuvieron á la vista así Mohidín como el autor del Alcorán. (Cap. I, ad finem).

San Agustín aplica la comparación del círculo, no sólo al mundo mayor, sino también al mundo menor, ó sea, al alma del hombre. *(De Ordine;* lib. I, cap. 2). Y en el libro *De quantitate animae* compara la vida del justo á un círculo equidistante por todas partes de su centro. (Cap. 16).

Boecio sienta que el mundo, mediante la divina Providencia, es movido circularmente *a Deo, ad Deum et circa Deum. (De Consolat. philosoph.;* lib. IV, prosa 6).

Y Ernesto Dubois—de quien hemos tomado las notas precedentes—transcribe luego textos de Ricardo de San Víctor, Alberto Magno, Santo Tomás de Aquino, San Buenaventura y Dante, en corroboración de la misma tesis, es á saber, que la Escolástica representaba por el círculo el orden de las criaturas. (Obra y lugar citados, pág. 700).

Consecuencias: 1) el círculo de Mohidín—donde se representa así el orden increado y ejemplar como el orden creado y ejemplado—es un eco fidelísimo de la Filosofía y Teología cristianas; 2) aunque en la Enciclopedia luliana encontrásemos algún círculo parecido ó idéntico al de Mohidín, no hay razón alguna para afirmar la existencia de relaciones filosóficas del Beato Lulio con el Sufí murciano, tratándose, como se trata, de una materia sobre la que ambos bebieron en las fuentes de la ciencia cristiana.

Queda probado, pues, lo que nos propusimos, esto es, que las premisas del argumento del Sr. Asín—con que pretende demostrar las relaciones filosóficas de nuestro Maestro con Mohidín—son absolutamente falsas; y, en segundo lugar, que aun siendo verdaderas, es falsa la deducción que de ellas saca. Los orígenes de la Filosofía luliana hay que buscarlos en la Patrística y en la Escolástica. Allí realmente se hallan, y no en otra parte.

Una palabra más para concluir. En las notas que á su trabajo sobre Mohidín pone el docto sacerdote y Catedrático de la Central, hace notar dos coincidencias, á su parecer, entre Lulio y el Sufí murciano; primera, que ambos filósofos emplean la luz como emblema de la Verdad, del Ser necesario, de Dios; segunda, que ambos asimismo otorgan alma á los cielos, en lo que, dice el Sr. Asín, el Beato se aparta de la Escolástica.

Pues bien, ¿quiere D. Miguel que transcribamos los textos de los Santos Padres, Doctores y escritores de la Iglesia, en los que se emplea también la luz como emblema de la Divinidad? Tenemos innumerables. Si ya el evangelista San Juan empezó por decir que Dios *erat lux vera quae illuminat omnem hominem venientem in hunc mundum...* Además, no lejos del pueblo en que escribimos—en San Quírico de Tarrasa—hay la industriosa ciudad de Manresa, y allí todos los años celébrase con gran esplendor *la festa de la llum, lo misteri de la llum.* ¿De qué luz se trata? ¿á qué luz se refieren los piadosos manresanos? A la Santísima Trinidad.

Mohidín otorga alma á los cielos. ¿Qué clase de alma?

¿vegetativa, sensitiva, imaginativa, racional? No lo dice el Sr. Asín.

El Beato Lulio otorga alma á los cielos. ¿Qué clase de alma? *Alma motiva,* esto es, una virtud ó forma intrínseca motiva. El alma que nuestro Maestro otorga á los cielos no es vegetativa, sensitiva, imaginativa, ni racional, sino que es forma ó virtud intrínseca motiva.

La filosofía árabe enseñaba que los cielos eran *animados.* Esto jamás lo enseñó el Beato Raimundo Lulio; pues el alma que el Beato otorga á los cielos es un alma motiva, y sólo motiva, no vegetativa, sensitiva, imaginativa, ni racional, sino—como hemos dicho—una forma ó virtud intrínseca motiva. Por tanto, tampoco en esto el Beato Lulio coincide con la doctrina de los musulmanes.

Pero sí coincide con la Escolástica—y perdone el señor Asín, quien afirma lo contrario,—pues todos los escolásticos otorgan á los cielos una virtud ó forma intrínseca motiva, ó sea, en lenguaje luliano, un alma motiva.

Don Miguel Asín ha confundido el alma motiva de la Escuela luliana con el alma vegetativa, sensitiva é imaginativa de la Escuela común; de ahí proviene el *lapsus.* Son muy distintas. Lea el docto sacerdote las obras de nuestro Doctor y Maestro. Ya cayó en el mismo error el P. Feyjóo, como es de ver en el Prólogo Apologético que precede al tomo II de la obra *Examen de la Crisis del P. Feyjóo sobre el Arte luliana,* conocida de nuestros lectores (número 124).

Las equivocaciones de nuestros adversarios sobre la filosofía luliana siempre nacen de lo mismo: de la ignorancia de las obras del Maestro.

Basta. Reconocemos que es mucha la extensión de esta nota. Pero la cosa no tiene remedio: es necesario hablar alto y claro.

Somos los primeros en confesar, admirar y aplaudir los altos prestigios del presbítero D. Miguel Asín en la ciencia arábigo-hispana; sin embargo, estos mismos prestigios nos han movido á hablar alto y claro. ¿Por qué? Porque nadie se llame á engaño tratándose de la magna cuestión de la verdadera significación del Doctor Arcangélico en la filosofía y teología cristianas. El Beato Raimundo Lulio no es un *sufí* cristiano; antes por el contrario, los orígenes de la filosofía y teología lulianas hay que buscarlos y se hallan en la Patrística y en la Escolástica.

Ha sucedido que, habiendo el Sr. Asín pretendido demostrar—y con infelicísima suerte, según acabamos de ver—que existen relaciones filosóficas entre Lulio y Mohidín, el Sr. Menéndez y Pelayo, fiado seguramente en la escogida erudición de aquel brillantísimo joven, como él le llama, se hace eco de las afirmaciones del Sr. Asín, primero, en el prólogo á la traducción castellana de la novela de Abentofáil *El Filósofo Autodidacto,* y después en el prólogo á la obra del mismo D. Miguel intitulada *Algazel.* Viene luego el sapientísimo Obispo de Orihuela, y, fiado en la inmensa erudición del Sr. Menéndez y Pelayo, se hace eco de las palabras de éste en la *Revista Luliana,* número 3, Diciembre de 1901. Y otros repetirán, á no dudarlo, lo que escribió el ilustrísimo Sr. Maura. Sin embargo, el origen es vicioso; el fundamento es falsísimo. ¡Así se escribe la historia de las ideas filosóficas! Esta es la causa de que aun hoy día sea desconocida la verdadera significación de nuestro Maestro en la filosofía y teología cristianas. Hay que desconfiar muchísimo de todos los autores que se han ocupado en las doctrinas del Beato Raimundo. Les faltaron libros, les faltaron datos, y no llegaron á abrazar todas las partes del Sistema Científico luliano, ni aun sus dos ramas esencialísimas: el ascenso y descenso del entendimiento.

Para hablar del Lulismo con conocimiento de causa se necesitan muchísimos libros del Maestro, y, además, muchísimo tiempo para leerlos y estudiarlos. *El talento más claro no libra á nadie de dar traspiés en lo que ignora,* escribió el mismo Menéndez y Pelayo. Pero sepas, lector querido, que no todos los trabajos de D. Miguel son como el intitulado *Mohidín;* antes muy al revés. El docto Sacerdote es un brillante prestigio de la ciencia arábigo-hispana.

XLVII

Como se ha dicho repetidas veces, el descenso del entendimiento desde lo universal á lo particular es connatural á una parte de las leyes del humano razonamiento. Sí, todos usamos de este descenso; todos lo empleamos inconscientemente, sin darnos cuenta de ello, doctos é indoctos, pues los doctos no han ido á leer sus cánones en las obras del Arcangélico, sino sólo á leer los del ascenso en las obras del Estagirita.

Esta nuestra afirmación nos explica el por qué, en la Historia de la Filosofía, nunca dejan de aparecer manifestaciones y aun ensayos más ó menos precisos é insistentes de un descenso intelectual. Fenómeno que así lo observamos antes del Cristianismo, como después de la venida de Jesucristo; y ahora, tanto en la Filosofía heterodoxa como en la Filosofía cristiana.

Platón, San Agustín, San Anselmo, San Buenaventura y otros muchos, escribieron largos pasajes que pueden considerarse como el *alma mater* del descenso que nos ocupa. En tiempos más cercanos, la ciencia trascendental que excogitaron los modernos alemanes y el ontologismo de Malebranche, Gerdil, Rosmini, etc., son, en los campos heterodoxo y católico respectivamente, una *visión* del descenso del entendimiento, pero visión incipiente, confusa, indeterminada, no digerida, y por lo tanto errónea.

Un filósofo *desconocido,* el Beato Raimundo Lulio, es el único que, fiel observador y analizador de las leyes *íntegras* de nuestro discurso, ha redactado en páginas inmortales los cánones de ese descenso; y decimos filósofo *desconocido,* porque, por razones que sería largo explicar, Lulio no fué escuchado en su tiempo; después, los pocos que le han estudiado integralmente y se han fijado en lo substancial é imperecedero de sus doctrinas, tampoco llegaron á ser oídos por el ruido que metían otras escuelas más numerosas y afortunadas. Y si bien es verdad que se ha hablado mucho de Lulio, también lo es que sólo se ha hablado de él como escritor, como aventurero, como apóstol de la Religión y de la ciencia, no conociéndose de su Sistema Científico y de su Filosofía y Teología otra cosa que el Arte Combinatoria, esto es, lo extrínseco, poco importante, á veces abusivo y siempre poco del gusto de los doctos. Muchos han hablado de Lulio y desconocían á Lulio, porque Lulio, el gran Lulio, es el que redactó los cánones del descenso intelectual; Lulio, el gran Lulio, es el que, una vez aplicado el ascenso, aplicó y practicó el descenso del entendimiento en la Filosofía, Teología y Derecho Natural; y á este Lulio no le conocieron los Mariana, los Feyjóo, los Weyler, ni le conocen los copistas que aun hoy día cuentan estos señores. Nuestro Doctor y Maestro es un *desconocido célebre.*

San Agustín, San Anselmo y otros de que pronto hablaremos, practicaron el descenso intelectual en la inquisición de *algunas* verdades pertenecientes á la Teología, pero no en la de otras muchísimas, ni mucho menos en la de las relativas á la Filosofía; el Beato Lulio por el contrario lo practicó en todas las ciencias conocidas en su tiempo: Filosofía, Teología, Derecho Natural, etc. ¿Cuál es la razón de ello? Porque en aquellos Santos el descenso era sólo una inclinación, una tendencia, una orientación más ó menos pronunciada; mientras que en nuestro Filósofo fué siempre un método, y método consciente, reflexivo, fijo, constante y universal, pero no único, ya que aplicaba también y practicaba el ascenso.

San Agustín, cuyos escritos—como dice el Cardenal González en sus *Estudios sobre la Filosofía de Santo Tomás,* tomo III, cap. 10,—«revelan una predilección marcada hacia la filosofía de Platón y especialmente hacia sus ideas,» ha escrito las siguientes palabras: *Omnia in prima veritate cognoscuntur et per ipsam de omnibus judicamus:* Todo lo conocemos en la primera verdad, que es Dios, y por ella juzgamos de todas las cosas. (*De vera Religione,* cap. 31).

También hallamos en el libro XII *de Trinitate,* cap. 2: «Sublimioris rationis est judicare de istis corporalibus secundùm rationes incorporales et sempiternas, quæ nisi supra mentem humanam essent, incommutabiles profecto non essent.» Mejor es juzgar de las cosas corporales según razones incorporales y eternas, las cuales, por ser superiores á nuestra razón, son en verdad inconmutables.

Leemos segunda vez en la misma obra, libro IX, cap. 7: «In illa æterna veritate ex qua temporalia facta sunt omnia, formam secundum quam sumus, et secundum quam vel in nobis vel in corporibus vera et recta ratione aliquid operamur, visu mentis aspicimus; atque inde conceptam rerum veracem notitiam tamquam verbum apud nos habemus et dicendo intus gignimus.» En aquella eterna verdad, de la que procede todo lo criado, vemos nosotros con la lumbre de la mente, no sólo nuestra existencia, sino además nuestras operaciones todas; y de allí sacamos el verdadero conocimiento de las cosas.

Por fin, escribió el Santo en el libro XII, cap. 25, de sus admirables *Confesiones:* «Si ambo videmus verum esse quod dicis, et ambo videmus verum esse quod dico, ubi, quaeso, id videmus? Nec ego utique in te, nec tu in me, sed ambo in ipsa quae supra mentes nostras est, incommutabili veritate.» Si los dos vemos ser verdad lo que tú dices, y asimismo los dos vemos ser verdad lo que digo yo, dime ahora, ¿en dónde vemos esto? Ni yo por cierto lo veo en tú, ni tú tampoco lo ves en mí, sino que ambos lo vemos en Dios, verdad inconmutable que está sobre nuestras cabezas.

Estas citas y otras muchísimas que pudiéramos copiar del mismo Santo Doctor, nos dicen en alta voz, que, además de los sentidos externos, tenemos en Dios otro fundamento ó punto de apoyo de los humanos razonamientos; es decir, nos declaran lo mismo que el Beato Raimundo al enseñar, como hemos visto repetidas veces, que, en el descenso del entendimiento, el fundamento de nuestros discursos es el mismo Dios, sus divinos Atributos, Bondad, Grandeza, Eternidad, Sabiduría, Poder, etc.

Los pasajes citados de San Agustín debieran tenerlos grabados en su memoria todos los buenos lulistas, pues ellos son, ya lo dijimos, el *alma mater* del descenso intelectual que propugnamos; y también debieran siempre recordar algunos otros de San Anselmo en su *Proslogio* y en su *Mo-*

nologio, y muchos de San Buenaventura en su *Itinerarium mentis ad Deum,* los cuales pudieran ponerse muy bien al principio de los libros del Beato en que se explica ó practica el descenso intelectual como la proposición mayor del argumento que prueba la legitimidad de este descenso.

Pero bien, estos pasajes del Santo Obispo de Hipona, como los de San Anselmo y San Buenaventura á qué nos referimos (y no copiamos por no abultar estas páginas) son los que aducen en favor de sus doctrinas los ontologistas así radicales como mitigados; y si bien es verdad que los escolásticos entendidos vindican eficazmente de la desdichada nota ontologista la memoria y doctrina de aquellos Santos Doctores, cabe preguntar con recelo: ¿es acaso ontologista la doctrina luliana del descenso? ¿ó á lo menos tiende á los ensueños sublimes, poco ensueños al fin, del P. Malebranche?

Nada de eso. El Beato Raimundo Lulio, en el ascenso del entendimiento, concede á los sentidos externos, á los internos, al entendimiento agente y al entendimiento posible, como vimos ya, tanta importancia é influencia en el origen y desarrollo de nuestros conocimientos como Aristóteles y Santo Tomás de Aquino; pero después admite el descenso. Y este descenso no es anterior al ascenso, sino posterior; ni tampoco es independiente del ascenso, sino muy subordinado al mismo, puesto que nace de él; ni goza siquiera de algo absoluto, sino que es sólo subsidiario del ascenso, es decir, corrobora las verdades habidas primero mediante el ascenso.

¿Qué inconvenientes hay en admitir un descenso de esa calidad? ¿son esas por ventura las antinomias que algunos pretenden hallar en las Doctrinas lulianas? ¿ó será quizás una *herejía natural,* como alguien ha escrito, el admitir ese doble procedimiento de nuestra razón? Porque la verdad es que en resumidas cuentas el Sistema Científico luliano no consiste en otra cosa, substancialmente, que en los dichos ascenso y descenso del entendimiento. O sino, ahí están los libros del Beato que nos guardarán muy mucho de mentir. Sí, ahí están los libros del Beato que no leyeron los que echaron sobre el Lulismo el sambenito de las antinomias y de la herejía natural, sin parar mientes en lo que hacían.

Malebranche parte de un principio verdadero: *la verdad de las cosas la vemos en Dios*. Pero cae por dos conceptos; primero, porque no admite el ascenso del entendimiento al lado del descenso que defiende por el que vemos las cosas en Dios; segundo, porque no sabe salvar la distancia que hay entre Dios y el entendimiento del hombre, y así dice que vemos la verdad en Dios *inmediatamente*.

Por el primer error, afirma, contra toda filosofía sensata, que los sentidos y las cosas sensibles no son más que una ocasión ó una condición del desarrollo de la inteligencia; por el segundo, se opone á la doctrina católica, ya que el Santo Oficio declaró en 1861 no ser verdadera la siguiente proposición: «Immediata Dei cognitio, habitualis saltem, intellectui humano essentialis est, ita ut sine ea nihil cognoscere possit: siquidem est ipsum lumen intellectuale.»

Aparte del ascenso, admitido *semper et pro semper* por el Beato Raimundo Lulio, le faltó á Malebranche lo que tuvo asimismo nuestro Lulio para salvar la distancia entre Dios y el humano entendimiento, es á saber, el análisis de nuestras ideas: por él hubiera llegado á ver que todas las palabras, términos ó dicciones que integran el humano razonamiento, se hallan explícitos ó implícitos en los atributos de la Divinidad; por él hubiera llegado al conocimiento de las Condiciones y de las Reglas del descenso luliano; por él hubiera llegado á dar por base del *conocimiento de las cosas en Dios* la Psicología, en lugar de la visión *inmediata*, como lo hizo; por él hubiese salvado admirablemente la distancia que media entre Dios y el hombre, pues hubiera comparado y combinado todas nuestras ideas, inquirido su naturaleza y relaciones necesarias, y dádoles *la mayor amplitud y universalidad posibles, á fin de reducirlas á formas sencillas y fecundas, fácilmente aplicables á todos los conocimientos humanos*. La *visión inmediata* de Malebranche es un ensueño sublime, pero al fin ensueño, hijo legítimo y natural del idealismo del pueblo francés; el *estudio analítico de nuestras ideas*, en que Lulio fundó su descenso intelectual, es hijo legítimo y natural del sentido práctico de Cataluña, moderado, reflexivo, analítico.

La verdad de las cosas la vemos en Dios, escribe también nuestro Doctor y Maestro; pero no inmediatamente—añade—sino mediante las Definiciones de los atributos divinos, sus Condiciones y Reglas. ¿Y cómo hemos llegado á saber las relaciones que existen entre los atributos divinos, sus Condiciones, Reglas, y nuestro entendimiento? Por el estudio analítico de nuestras ideas (1).

A más de lo dicho que por sí solo basta, y muy suficientemente, para demostrar que las Doctrinas lulianas ni de lejos participan del ontologismo de Malebranche, tenemos otras muchísimas razones asimismo concluyentes.

En todos los manuales de Filosofía y Teología, para evidenciar que los Santos Agustín, Anselmo y Buenaventura no profesan el ontologismo del célebre autor *De la Recherche de la vérité,* aducen los buenos escolásticos el argumento de que los Santos citados enseñan clara y terminantemente ser imposible en la vida presente la visión inmediata de Dios.

Lo mismo enseña nuestro Doctor y Maestro.

En el libro de las *Cuestiones solucionadas por el Arte Demostrativa,* cuestión 50, dice que el alma, mientras está en este mundo, conoce á Dios de una manera, y que cuando está en el Cielo lo conoce de otra muy diferente. En este mundo lo conoce mediante el verbo intelectual que resulta del conocimiento de las divinas semejanzas, *de manera que no percibe á Dios inmediatamente,* sino que conoce sus divinas semejanzas. Pues si viera á Dios inmediatamente, tendríamos que, estando aún en la vida presente, el alma alcanzaría ya su fin esencial, y eso es á todas luces imposible.

---

(1) Ahora recordamos haber leído que Lulio es una *excepción* en la Historia del Pensamiento Catalán por no haber sido psicólogo y sí metafísico. Cuando precisamente vemos que, en el descenso del entendimiento, á la Metafísica le da por fundamento la Psicología. ¡Con cuánta verdad dijo quien aquello afirmó, que no había leído suficientemente á Lulio!

«*Quomodo anima intelligat Deum.*—Solutio.—Dum anima est in Via ratiocinatur de Deo per unum modum, quando autem est in Patria per alium videt illum; etiam, quando est in Via intelligit eum prout supra dictum est in illa quaestione in qua quaeritur: *Quomodo anima sit considerabilis.*

Dum enim est in Via intelligit Deum mediante verbo concepto et aggregato in reali ratione de similitudinibus Dei; ita quod non potest immediatè attingere Deum, sed attingit ejus similitudines, ut supra dictum est. Nam, si ipsum attingeret sine medio, ipsa non existens in Fine consequeretur suum Finem in Via; quod est manifestè impossibile.»

¿En qué se diferencia la precedente doctrina de la que enseña el Doctor Aquinatense sobre el mismo particular? (NOTA A).

Respondiendo el ascenso y el descenso del entendimiento á las dos inclinaciones connaturales á nuestro espíritu de buscar y hallar la verdad primeramente ascendiendo desde lo sensual á lo intelectual y después descendiendo de lo universal á lo particular, fácilmente observamos que todos los grandes pensadores son á la vez sensualistas y ontólogos. Santo Tomás de Aquino es sensualista y ontólogo, pero el sensualista predomina sobre el ontólogo; San Agustín es también sensualista y ontólogo, pero el ontólogo predomina sobre el sensualista. No así el Beato Lulio; nuestro Doctor y Maestro es igualmente sensualista que ontólogo: es sensualista en el ascenso y ontólogo en el descenso, si bien el ontólogo nace del sensualista, como quiera que el descenso nace del ascenso.

Es indudable, para quien sepa leer, que San Agustín se eleva al conocimiento de Dios por el conocimiento de las criaturas, y por tanto que admite en su integridad el ascenso del entendimiento; pero también es indudable que cristianizó la semilla del descenso intelectual que nos legara el divino Platón: es indudable que, en páginas innumerables de sus obras, sentó la gran verdad de que podemos leer en Dios el contenido de la ciencia humana: es indudable que enseñó, que, después de haber subido por los peldaños de los sentidos externos, internos y el entendimiento, Dios, la primera Verdad, la Verdad inconmutable, puede ser á su vez el primer eslabón de la cadena que por una especie de descenso nos conduzca á la adquisición de las verdades filosóficas: es indudable que escribió páginas enteras que son el *alma mater* del descenso del entendimiento ó Ciencia Universal luliana. Sólo que no desarrolló ni completó dicho descenso intelectual. Platón dió el primer paso; San Agustín algunos pasos más... ¡pero cuánto faltaba aún! La gloria de haberlo desarrollado y completado y practicado cabe, sí, al Beato Raimundo Lulio.

Son del Santo Obispo de Hipona las siguientes palabras: «Novit atque intuetur in rationibus rerum quae sit pulchritudo doctrinae, qua continentur notitiae signorum.» Nuestra alma conoce y ve en las razones eternas de las cosas la hermosura de la doctrina en la cual se contiene la ciencia humana. (*De Trinitate,* lib. VIII, cap. 9).

«Haec enim Veritas ostendit omnia bona quae vera sunt... fortis acies mentis, et vegeta, cum multa vera et incommutabilia certa ratione conspexerit, dirigit se in ipsam Veritatem qua cuncta monstrantur.» La primera Verdad, Dios, declara todas las cosas que son verdaderas... la mirada de nuestra inteligencia, cuando acierta á ver lo inconmutable y verdadero, señal es que se dirige hacia aquella Verdad en que se manifiestan todas las cosas. (*De libero Arbitrio,* lib. II, cap. 13).

«Ex notitia virtutum amamus, quas novimus in ipsa Veritate.» Amamos á alguna persona por la noticia que tenemos de sus virtudes, las cuales conocimos en la misma Verdad, en Dios. (*De Trinitate,* lib. X, cap. 1).

«Et judicamus haec secundum illas interiores regulas Veritatis quas communiter cernimus; de ipsis verò nullo modo quis judicat.» Hablamos de estas cosas según aquellas reglas interiores ó connaturales de la Verdad, las cuales vemos todos comunmente; de estas reglas nadie puede juzgar. (*De libero Arbitrio,* lib. II, cap. 12).

Estos pasajes, y otros innumerables que podríamos ofrecer, dícennos á voz en grito dos cosas; primera, que ciertas verdades las vemos en las razones eternas de las cosas, es á saber, en las divinas Dignidades: Bondad, Grandeza, Eternidad, Poder, Sabiduría, etc.; segunda, que las razones eternas ó atributos de Dios son el fundamento y la regla de nuestros discursos.

Dejamos al cuidado del lector la comparación entre esta doctrina de San Agustín y la que arriba dejamos expuesta del Beato Raimundo Lulio.

Sí, lo mismo que nuestro Doctor y Maestro, admite el grande San Agustín un ascenso y un descenso del entendimiento. En palabras terminantes lo escribe el Cardenal Zigliara, no sospechoso de Lulismo: «Hinc juxta Sanctum Augustinum ex creaturis per ordinem *ascensivum* pervenimus scientificè ad Deum, et ex Deo per ordinem *descensivum* metimur creaturas.» Por tanto, según San Agustín, desde las criaturas llegamos por el ascenso del entendimiento al conocimiento científico de Dios; y luego después, en el descenso intelectual, Dios nos sirve de medida para conocer las criaturas. (*Theologia Naturalis*, lib. I, cap. 1, art. 1). Advertimos que las dos significativas palabras no las subrayamos nosotros, sino el propio Cardenal.

Santo Tomás de Aquino, sintiendo un gran respeto y veneración por San Agustín, no desconoce las diferencias que le separan de él, y por eso vemos que trabaja siempre por atraerle á sí, esto es, á las doctrinas *exclusivas* del ascenso: nunca trata el Angélico de irse con armas y bagajes al campo del Obispo de Hipona, eso no.

Entre otras razones, nosotros nos explicamos este hecho por ser una de las notas características del Doctor de Aquino el no admitir sino lo más generalmente aceptado, de manera que algunos le han llamado *Doctor Communis*, el Doctor Común. Seguía siempre Santo Tomás el camino trillado, conocido, desbrozado ya, *lo camí ral*, que decimos en lengua catalana (1).

---

(1) El celebrado teólogo tomista Guillermo Estio, hablando contra los que atribuyen á Santo Tomás de Aquino la opinión favorable á la Inmaculada Concepción de María, dice que sería demasiado absurdo atribuir al Angéli-

Los tomistas trabajan y aun sudan por interpretar á favor de sus doctrinas los textos de San Agustín, y, claro está, no llegan á realizar sus deseos, porque, como ellos sólo admiten el ascenso del entendimiento, hay textos agustinianos que se les escapan, no saben por dónde cogerlos, y son los relativos al descenso. Los partidarios de Malebranche, por el contrario, encastillados sobre el exclusivismo del descenso, quieren atraerse también al Santo, mas los textos donde el grande Obispo da á los sentidos externos la importancia que se merecen, se les escapan asimismo, no saben cómo explicarlos. La Psicología de San Agustín tiene una explicación obvia, sencilla y natural dentro las Doctrinas lulianas, pues éstas admiten así el ascenso como el descenso intelectual, cuyo doble procedimiento de nuestra razón es el que asigna el Cardenal Zigliara á las teorías psicológicas del Santo Obispo.

Dijo el Beato Lulio, que allí donde terminaba la filosofía de Platón, allí comenzaba la suya propia; pues bien, con la misma razón podía haber dicho, que allí donde termina la Psicología de San Agustín, allí comienza la Psicología luliana. En efecto, el Beato Raimundo Lulio es el continuador de San Agustín.

---

co lo que los teólogos anteriores no admitieron, según el testimonio del coetáneo San Buenaventura, no acostumbrando Santo Tomás á ser autor de opiniones nuevas, sino al revés, gustando de seguir, en cuanto fuese lícito, la doctrina más generalmente admitida, por cuya razón algunos le han llamado el *Doctor Común*.

«Deinde nimis absurdum Sancto Thomae eam opinionem ascribere, quam nullus doctor ante eum tenuit, ut testatur coaetaneus Bonaventura: cum non soleat Thomas esse auctor novarum opinionum, sed libenter sequi quantum liceret communem doctrinam, propter quod et a quibusdam *Doctor Communis* appellatur.» (*In IV libros Magistri Sententiarum;* lib. III, dist. 3).

De conformidad con esta opinión de muchísimos tomistas, escribe el señor Menéndez y Pelayo: «Ninguno de los principios filosóficos de Santo Tomás ha sido formulado primeramente por el Santo, sino que todos estaban contenidos, ó en germen ó en desarrollo pleno, en Aristóteles y sus comentadores, ó en los platónicos, ó en San Agustín, ó en los escolásticos anteriores al Santo. (*La Ciencia Española*, tomo III: Contestación á un Filósofo tomista).

La explicación legítima, natural, fácil y obvia de los pasajes de San Agustín, San Anselmo, San Buenaventura y otros, que tanto hacen sudar á los tomistas, es considerarlos como la semilla del descenso luliano del entendimiento, pero no dejando de admitir el ascenso, antes bien, poniendo en éste el origen de aquél.

Así todo se concilia. Que se fijen en nuestras humildes palabras los filósofos de Lovaina y los teólogos de Roma.

Pretenden los tomistas evidenciar que San Agustín, al hablar de la primera y suprema Verdad en la que vemos todas las cosas, se refería á los primeros principios admitidos en la Escuela Tomista, esto es, á los principios del ascenso del entendimiento, porque realmente—dicen ellos—estos primeros principios son como una semejanza ó participación de la Verdad inconmutable impresa en nuestra mente. Empero, según nuestro humilde parecer, interpretar aquellos textos haciéndolos referir á los primeros principios del ascenso y no á los primeros principios el descenso, que son los atributos de Dios, las *razones eternas* de que nos habla *expressis verbis* el Santo Obispo de Hipona, es violentar las palabras del Filósofo.

Hay primeros principios del ascenso y primeros principios del descenso.

Son primeros principios del ascenso del entendimiento, por ejemplo, *el todo es mayor que una de sus partes; dos cosas iguales á una tercera son iguales entre sí; una cosa no puede ser y dejar de ser á un mismo tiempo y bajo un mismo respecto;* etc., etc. «Sunt principia prima non solum in speculativis, ut, *omne totum est majus sua parte,* et similia, sed etiam in operativis ut *malum esse fugiendum,* et hujusmodi: haec autem naturaliter cognita sunt principia *totius* cognitionis sequentis, quae per studium acquiritur, sive sit practica, sive speculativa.» (Santo Tomás en las Cuestiones Disputadas, *De virtutibus in communi,* cuest. I, art. 8). Como se ve, el Angélico admite *solamente* los primeros principios del ascenso: *principia totius cognitionis sequentis.*

Son primeros principios del descenso del entendimiento: *Dios,* verdad primera, suprema, inconmutable; *los atributos divinos,* Bondad, Grandeza, Eternidad, Poder, Sabiduría, Virtud, etc.; las proposiciones formadas con los atributos, *La bondad es grande en la sabiduría, La eternidad concuerda con la virtud, El poder no es amable sin la virtud,* etcétera, etc.; en una palabra, son primeros principios del descenso intelectual las *razones eternas* de las cosas que no son más que los atributos de la Divinidad, pues el Universo ha sido creado por Dios, por donde cada cosa es una participación, semejanza, vestigio ó imagen de la Bondad, Grandeza, Eternidad, Sabiduría, Virtud, Gloria, etc., divinas.

Pues bien, admitidos los primeros principios del ascenso del entendimiento, admitido integralmente el ascenso, como lo hallamos en Aristóteles y Santo Tomás, afirmamos que los referidos textos de San Agustín carecen de explicación natural, obvia y legítima, sino aplicados á los primeros principios del descenso luliano: Bondad, Grandeza, Eternidad, etc., atributos de la Divinidad y *razones eternas* de todas las criaturas.

Si los textos consabidos del Filósofo se referían *únicamente* á la luz que proyectan sobre nuestra alma los principios *el todo es mayor que una de sus partes, dos cosas iguales á una tercera son iguales entre sí,* ¿por qué hablarnos tanto en ellos, y con tantísima insistencia, de la Verdad primera y suprema, de la Verdad inconmutable, de ver todas las cosas en Dios, de ver todas las cosas en las *razones eternas* de todo lo criado?

Para evidenciar que el Santo admite el ascenso del entendimiento, no hay por cierto que acudir á tan violentas é ilegítimas interpretaciones, cuando en sus libros abundan, como no podía menos de suceder, los párrafos y aun teorías donde se explica el origen de las ideas comenzando por la actividad de nuestros cinco sentidos corporales.

Pero luego explica el Santo *otro* origen de nuestras ideas: *Dios, los atributos divinos, las razones eternas de todo lo criado.* Aquí es donde comienza el descenso intelectual.

Decir que vemos las cosas en Dios, en los divinos atributos, en las razones eternas de todo criado, y referirse con tales expresiones—como pretenden algunos—al vulgarísimo principio *el todo es mayor que una de sus partes*, es mucho más que hablar metafóricamente... es hablar de un modo ininteligible. Y esto no hay que suponerlo en San Agustín.

Confiados en la exactitud de nuestros juicios y apreciaciones, dejamos al cuidado del lector el examen de los textos de San Agustín arriba transcritos.

Seamos sinceros, y confesemos con el Cardenal Zigliara que la Psicología de San Agustín consta de dos partes: el ascenso y el descenso del entendimiento. Ni más ni menos que la Psicología del Beato Raimundo Lulio.

El mal está en que San Agustín solamente lo inició el descenso intelectual, no lo desarrolló ni mucho menos lo aplicó de una manera conscientemente filosófica ó como método científico universal. San Agustín aportó algún desarrollo al descenso de Platón; los ontologistas han aportado algún desarrollo al descenso de San Agustín; pero unos y otros hicieron *tan poco*, en comparación de lo que se requiere, para, mediante el descenso, hallar la verdad filosófica ó teológica *A* ó *B*, que puede decirse, que en conjunto todos no hicieron más que iniciar el descenso referido. El desarrollo filosófico y completo del descenso y su aplicación como método científico universal, á Lulio se deben, y sólo á Lulio. Pero Lulio ha sido siempre muy desconocido: á lo menos lo substancial de sus doctrinas, es á saber, el ascenso y el descenso del entendimiento.

¡Cómo gustaríamos ahora de hablar de San Buenaventura, de sus doctrinas sobre el descenso intelectual, y sobre todo de aquellas sus palabras: «enseñan los Santos y los filósofos, que Dios conoce por medio de ideas y tiene en sí las razones y semejanzas de todo lo criado y conoce estas razones y semejanzas; *en las cuales, no solamente conoce El, sino también cuantos miran á Dios:* y estas razones llámalas San Agustín ideas y causas primordiales!» «Est alia positio, et secundum Sanctos et secundum philosophos, quod Deus cognoscit per ideas et habet in se rationes et similitudines rerum, quas cognoscit, in quibus non tantum ipse cognoscit, sed etiam aspicientes in Eum: et has rationes vocat Augustinus ideas et causas primordiales.» *(In I Sent. art. unic. quaest. 1).*

¿No es verdad, lector querido, que si alguien te dijera ahora que el Doctor Seráfico, al hablar de las *ideas, razones y semejanzas de lo criado conocidas por Dios, y en las cuales no sólo conoce El, sino además cuantos miran á Dios,* referíase tan sólo al principio *el todo es mayor que una de sus partes,* no es verdad, digo, que encontrarías arbitraria y violentísima semejante interpretación?

Deberían extraerse de las obras de San Agustín, San Anselmo, San Buenaventura y otros Doctores de la Iglesia todos los pasajes relativos al descenso del entendimiento, y veríase como de allí arranca de una manera naturalísima el descenso luliano ó Ciencia Universal. Los orígenes del Arte Magna ó Sistema Científico luliano, en sus dos partes substanciales de ascenso y descenso intelectual, hay que buscarlos en aquellos Santos Doctores, y no en la filosofía de los árabes, como han pretendido, muy equivocadamente, los Sres. Miguel Asín y Julián Ribera, de la Universidad Central (1). Aunque, á decir verdad, estamos persuadidos de

---

(1) D. Julián Ribera dice que los orígenes de la filosofía luliana hay que buscarlos en la filosofía de los árabes, por cuanto nuestro Beato conocía el árabe é ignoraba la lengua latina.

Se equivoca grandemente el docto Catedrático. El Beato Raimundo Lulio estudiaba libros escritos en latín y los comentaba, hablaba la lengua latina y escribía obras en latín. He aquí las pruebas.

1) Nuestro Doctor y Maestro, al igual que todos los Doctores de la Escolástica más ilustres, compuso una voluminosa obra (que se halla en la edición moguntina) comentando los *IV Libros de las Sentencias* de Pedro Lombardo: ¿quién dirá que el Maestro de las Sentencias haya podido ser estudiado en otra lengua que no fuese la latina? ¿quién habló jamás de las versiones árabes de los *Sentenciarios?*

2) En esta obra el mismo Beato afirma que, al componerla, él estudiaba en París; ¿y en qué lengua se daban las explicaciones de cátedra, sino en la lengua del Lacio?

3) El autor anónimo de la *Vida den Ramón Llull* (coetáneo del Beato, y que recibió de la boca de éste, según él mismo afirma, los datos para componer la historia), sienta que su Biografiado enseñó públicamente el Arte Magna en la Universidad de París, en tiempo del canciller Bertoldo, y con

que, si dichos señores y cuantos han repetido á coro sus gratuitas afirmaciones hubiesen llegado á saber del Lulismo esto solo, á saber, que el Arte Magna se compone como par-

---

especial permiso de éste. Este hecho importantísimo nos viene corroborado por César de Boulay en su acreditada *Historia de la Universidad de París.*

Ahora bien, suponemos que nadie tendrá la frescura de afirmar que Lulio daría sus explicaciones en árabe ó en catalán, únicas lenguas que, según el Sr. Ribera, conocía nuestro Beato.

4) El mismo César de Boulay nos dice que la Sorbona de París dió á Lulio el muy honroso título de *Magister;* y ¿á quién entonces se graduaba de Doctor sin conocer la lengua latina?

5) Entre las obras del Beato se cuenta el *Libro de los Angeles;* y en él nos dice su Autor, que lo escribió originariamente en catalán por los años de 1277, pero que después, ó sea en 1307, él mismo lo tradujo á la lengua latina.

La obra *Disputatio Raymundi christiani et Hamar Saraceni* primeramente la compuso en árabe y después, habiéndola perdido en un naufragio, la redactó en latín y envióla al Papa y á los Cardenales. Esto lo sabemos por afirmarlo el Beato en su libro.

De otras obras lulianas podríamos decir lo mismo, por boca del propio Autor, pero alargaríamos demasiado esta nota.

El fundamento en que apoya sus palabras el Sr. Ribera estriba en el prólogo de la obra en verso catalán *Els cent noms de Deu;* pero de esa objeción se hacía ya cargo el señor Rosselló por los años de 1859, y la solucionaba de una manera muy satisfactoria. Habla el benemérito lulista: «Algunos han querido deducir del contexto del citado prólogo, que Lulio no poseía el latín, puesto que dirige su voz al Santo Padre de la Iglesia y á los Cardenales para que dispongan una versión latina del poema. Mas sobre no probar esto la suposición, consta por otra parte de datos positivos que Raimundo no sólo sabía escribir en aquel idioma, sino que en él explicaba su *Arte General* en la Universidad de París y en muchas de las escuelas en que le enseñó; y aun manifiesta que le fué necesario introducir en el poema algunas voces latinas para explicar más propiamente los conceptos; por consiguiente, aquel dicho en que se apoyan los antagonistas de Lulio que se empeñan en deprimir su valer, no justifica otra cosa, sino que deseaba que el poema se pusiese en un latín castizo, bello y elegante; cosa á decir verdad no muy asequible en aquel tiempo en que tanto se había barbarizado el idioma de Horacio.» *(Obras Rimadas;* pág. 196).

Los orígenes de la filosofía luliana se hallan en la filosofía patrística.

El trabajo del Sr. Ribera, inserto en el *Homenaje á Menéndez y Pelayo,* con motivo del aniversario vigésimoquinto de su profesorado, adolece de una suma ligereza: fáltale á su autor el más rudimentario estudio de los libros filosóficos y teológicos del Beato. Ya hablamos algún tanto de este trabajo en la *Revista Luliana.*

tes substanciales del ascenso y descenso del entendimiento, jamás hubieran sacado á colación lo de la filosofía de los árabes. ¡Y ello es la primera lección que debe saber un lulista!

El mismo Lulio nos señala con el dedo los orígenes de su doctrina relativa al descenso del entendimiento: Platón.

Decíanos cierto día un Padre dominico mientras nosotros le exponíamos el descenso luliano deduciéndolo de Platón, pero explicado cristianamente, es decir, sin el innatismo de las ideas: me parece, Sr. Bové, que el Beato Lulio ni pizca conocía de Platón.

Lo que no conocía el buen Padre era la afirmación categórica de Lulio: *allí donde acaba la Filosofía de Platón, allí comienza la mía.* ¿Hubiera Lulio escrito estas palabras, si no hubiese conocido á Platón?

Conocía á Platón y conocía asimismo á Aristóteles, de cuya filosofía afirma que es poco aplicable á la Teología. Pregunta en la obra *Lectura Artis inventivae et Tabulae Generalis:* «¿Quare est Philosophia Aristotelis tam malè applicabilis ad Theologiam?» *(Dist. III, parte 2).* Lo mismo que San Agustín, cuyas preferencias por Platón obedecían á que, en general, las doctrinas de éste son más conformes con la Revelación cristiana que las del Estagirita, según leímos más arriba en unas palabras del propio Santo.

El Doctor Arcangélico conocía á Platón y conocía á Aristóteles, y por eso pudo levantar su grandiosa concepción filosófica, su doctrina sobre el origen de las ideas, su Arte Magna ó Sistema Científico Universal, sobre lo verdadero de las doctrinas de uno y de otro, sobre el ascenso y el descenso del entendimiento, sobre los dos procedimientos, igualmente legítimos, naturales y fecundos, que emplea nuestra mente al razonar. Lo que no quiso aceptar, ni de Platón, ni de Aristóteles, fué el exclusivismo. Decía el primero: solamente con el descenso adquiriremos la ciencia; decía el otro: el ascenso es la única fuente de los humanos conocimientos. Pero el Beato Raimundo Lulio, espíritu amplio, conciliador, reflexivo, práctico, amigo del justo medio, pudo con tan bellas cualidades observar fácilmente que tan connaturales eran á nuestro entendimiento las leyes del ascenso como las del descenso, y así no fué partidario exclusivo de las unas ni de las otras, como habían hecho los filósofos anteriores, sino que ambas abrazólas con amor.

Aquí vemos resplandecer un gran sentido práctico y además estamos en presencia de un espíritu altamente observador, analítico, psicológico (pues dicho queda repetidas veces, que Lulio llegó á la síntesis que presupone el descenso intelectual por el estudio analítico de nuestras ideas, comparándolas, combinándolas, inquiriendo su naturaleza y relaciones necesarias, dándoles la mayor amplitud y universalidad posibles, á fin de reducirlas á formas sencillas y fecundas, fácilmente aplicables á todos los conocimientos humanos). Sí, el Beato Lulio es el Filósofo de Cataluña, sigue la regla de la tradición científica catalana, pues distínguese este pueblo, según parecer unánime de amigos y adversarios, por tener un gran sentido práctico y estar adornado de un espíritu altamente observador, analítico, psicológico.

Por medio del Beato Raimundo Lulio, por el Arte Magna consistente en el ascenso y descenso del entendimiento, el Genio de Cataluña aportó la semilla de un progreso incalculable al campo de las ciencias filosóficas. La divina Providencia deparó esa gloria al pueblo del sentido práctico y de la observación y el análisis.

En el estudio de las obras de Platón nos hemos preguntado muchas veces: pero ¿es verdad que, para el Filósofo de la Academia, *tan sólo* es legítimo, natural y fecundo el descenso del entendimiento? Hemos de confesar nuestra insuficiencia: no sabemos qué responder; no nos atrevemos á defender ni la afirmativa, ni la negativa. Verdad es que, así los aristotélicos como los platónicos, afirman rotundamente ser uno y único el origen de las ideas para el Autor de los *Diálogos* inmortales, es á saber, el descenso desde las razones arquetipas, universales y necesarias; mas nosotros no nos atrevemos á tanto, ni aun después de leídas y releídas las obras del Filósofo: son bastantes los textos que pudiéramos aducir y en los cuales fundamos nuestra duda. El defecto de Platón es doble: primero, ser poco explícito y aun obscuro tocante al ascenso; segundo, no haber desarrollado y aplicado el descenso que proponía.

Lo indudable es que, para Platón, las ideas ó razones universales, necesarias y eternas de todo lo criado son el principio del conocimiento de las cosas y del ser de las mismas: *cum ideae a Platone ponerentur principia cognitionis rerum et generationis ipsarum,* escribe el Angélico en la *Suma Teológica,* cuest. XV, art. 3. E igualmente es indudable que este doble carácter lo tienen los atributos divinos y, en cuanto se verifican en Dios, las Definiciones, Condiciones y Reglas del descenso luliano.

Como dejamos declarado y probado, la tendencia á un descenso del entendimiento es connatural al espíritu humano; y este hecho es la explicación de muchas, al parecer, antinomias que observamos en varios filósofos. Porque es de saber que hasta en el mismo Santo Tomás de Aquino encuéntranse numerosos pasajes que casi podrían ponerse al lado de los que hemos dado en llamar el *alma mater* del descenso cristiano del entendimiento; hasta el mismo Santo Tomás de Aquino ha sido acusado de favorecer al ontologismo, de enseñar el innatismo de las ideas. Injustísimas acusaciones.

Aristóteles y el Angélico Doctor son los jefes indiscutibles de la escuela exclusiva del ascenso del entendimiento. No hay que señalar una obra: todas evidencian nuestra afirmación. Y no extrañemos los textos á que aludimos, pues no puede ser de otro modo, como quiera que el descenso es una tendencia naturalísima de nuestra naturaleza intelectual. He aquí las palabras del Angélico: «Anima convertitur rationibus aeternis in quantum impressio quaedam rationum aeternarum est in mente nostra.» Conviértese el alma á las razones eternas *(los atributos de Dios, bondad, grandeza, eternidad,* etc.) en cuanto tenemos en nuestra mente cierta impresión de aquellas eternas razones. *(Quaestiones disputatae; De Veritate,* q. 8, art. 7).

«Prima principia quorum cognitio est nobis innata sunt quaedam similitudines increatae Veritatis: unde secundum quod per eas de aliis judicamus, dicimur judicare de rebus per rationes immutabiles vel Veritatem increatam.» Los primeros principios cuyo conocimiento es innato en nosotros, son las semejanzas de la Verdad increada: por donde cuando juzgamos de las cosas mediante dichas semejanzas, decimos que juzgamos de las cosas por medio de las razones eternas ó la Verdad increada, que es Dios. *(Loco citato,* q. 10, art. 6).

NOTA A (Pág. 406)

A fin de que se vea mejor la diferencia capitalísima que hay entre *la visión de las cosas en las Definiciones, Condiciones y Reglas* del descenso luliano del entendimiento (no de todas las cosas, sino tan sólo de las del orden universal y necesario que tiene cada ciencia particular), y *la visión de las cosas en Dios* que preconiza el genio de Malebranche, parécenos del caso transcribir aquí las mismas palabras del filósofo francés.

La teoría luliana la conocen ya nuestros lectores. La de la obra *De Inquisitione veritatis,* es como sigue:

Nos omnia in Deo videre: que todo lo vemos en Dios: tal es el título del capítulo VI del libro III.

«Ut id possit intelligi, revocanda sunt in memoriam ea quae capite praecedenti dicta sunt, scilicet, necesse est Deum in se habere ideas omnium quae creavit, cùm alioqui ea non potuisset producere; ac illum proinde videre ea omnia considerando perfectiones quas includit in se, et ad quas referuntur. Sciendum est praeterea Deum cum mentibus nostris praesentià suà arctissimè conjunctum esse; adeo ut Deus dici possit locus spirituum, quemadmodum spatium est locus corporum. His duobus positis certum est mentem id posse videre quod in Deo est quod repraesentat res creatas, cum id sit maximè spirituale, intelligibile et menti praesentissimum. Mens itaque in Deo potest videre opera Dei, dummodo Deus velit ipsi retegere id quod in se habet quod illa repraesentat opera. Jam autem haec sunt argumenta quae probare videntur Deum id potius velle quàm creare numerum infinitum idearum in unaquaque mente.

«Non modo ex ratione, verum etiam ex oeconomia totius naturae liquet, Deum nunquam id facere per rationes difficiles quod fieri potest per rationes simplicissimas et facillimas... Cum igitur Deus possit per se omnia mentibus patefacere, volendo simpliciter ut videant id quod est intra ipsos seu in medio ipsorum, hoc est, id quod in ipso est quod relationem habet ad illas res, quodque illas repraesentat, verisimile non est ipsum rem aliter facere et ad illum finem obtinendum producere totidem infinitates numerorum infinitorum idearum quot sunt mentes creatae.»

Los argumentos del P. Malebranche son dos. Primero: Dios tiene en sí las ideas de todo lo criado, y ve lo criado considerando las divinas perfecciones á las cuales lo criado se refiere; además, Dios está unido tan íntimamente con el entendimiento humano, que puede afirmarse ser Dios el lugar de los espíritus, á la manera que el espacio es el lugar de los cuerpos. De consiguiente, nuestra mente puede ver aquello que en Dios representa las criaturas, puesto que ello es sumamente espiritual, inteligible y presentísimo á la mente. Por donde, el alma ve en Dios las obras de Dios.

Segundo: la economía de la naturaleza requiere que Dios no haga por manera difícil lo que puede hacer por manera sencillísima. Mas Dios puede manifestar por sí mismo todas las cosas al entendimiento del hombre. Luego no es verosímil que lo haya hecho de otra manera: no es verosímil que haya producido un número infinito de ideas para cada una de las mentes humanas.

Como se ve, esta teoría adolece del defecto capitalísimo de poner en Dios el *solo* y *único* origen de los humanos conocimientos; no establece que la ciencia comience por el sentido; no admite el ascenso del entendimiento. Esto es un crimen de *lesa filosofía,* es una herejía natural, es un pecado contra el sentido común filosófico.

No cayó en ello, como ya tenemos probado, el Beato Raimundo Lulio.

Aun tiene otro defecto, tanto ó más capital que el anterior: la visión *inmediata* de las cosas en Dios.

No hay tal. Semejante doctrina nos conduciría al racionalismo, al eclecticismo y al panteísmo.

¿De qué manera, pues, explicarse las palabras del IV Evangelio: *erat lux vera quae illuminat omnem hominem venientem in hunc mundum,* palabras que toma Lulio en confirmación de su teoría sobre el descenso del entendimiento ó Ciencia Universal?

Todo lo vemos en Dios—dice el Beato,—pero no inmediatamente, sino mediante la reducción de todos los conceptos, términos ó palabras que integran el discurso humano á los atributos de la Divinidad: Bondad, Grandeza, Eternidad, Poder, Sabiduría, Verdad, Gloria, etc.

Defínense estos atributos de manera que sus definiciones se verifiquen en Dios y proporcionadamente en la criatura; de tales Definiciones, compuestas y combinadas unas con otras, se originan otras proposiciones que llamamos Condiciones en el tecnicismo de la Escuela luliana; y del examen de las entrañas de esas Condiciones nacen unas Reglas, algo más concreto, más particular, que las Condiciones, y por ende aún mucho más que las Definiciones.

Hecho esto, contraídas y especificadas á lo particular que se inquiere las Definiciones, Condiciones y Reglas, hallaráse la solución del problema propuesto.

Por otra parte, las Definiciones, Condiciones y Reglas no son más que las leyes ó cánones del humano razonar: el hombre razona ascendiendo, pero también razona *descendiendo;* las Definiciones, Condiciones y Reglas son hijas legítimas y naturales del estudio analítico de nuestras ideas.

Malebranche es un metafísico sublime; el Beato Raimundo Lulio es un psicólogo consumadísimo.

No todo, empero, lo vemos en Dios—dice el Autor en el capítulo VII.—Hay cuatro diversas maneras de ver las cosas: a) la visión inmediata de la cosa por sí misma; b) por las ideas de las cosas; c) por la conciencia, ó sea, por el sentido interno; d) por conjetura. «Primus est quo res per seipsas cognoscit. Secundus quo illas cognoscit per ideas ipsarum, hoc est, ut rem hìc intelligo per aliquid diversum a rebus ipsis. Tertius quo res cognoscit per *conscientiam* seu per sensum internum. Quartus quo illas cognoscit per conjecturam.»

A Dios lo vemos inmediata y directamente. «Deus solus per seipsum cognoscitur... Deum solum videmus visu immediato et directo. Ipse solus potest illuminare mentem per propriam substantiam.»

Los cuerpos y sus propiedades los vemos en Dios. «In Deo itaque, et per ideas suas a nobis conspiciuntur corpora cum suis proprietatibus; atque hinc est quod cognitio quam de illis habemus sit perfectissima.»

El alma propia no es conocida sino mediante la propia conciencia. «Res secus se habet de mente; illam non cognoscimus per ideam suam; illam in Deo non videmus; illam tantùm per *conscientiam* cognoscimus. Et hanc ob causam cognitio quam de illa habemus est imperfecta.»

Conocemos el alma de los demás y á los ángeles por conjetura. «Ex iis omnibus quae cognoscere possumus nihil amplius superest praeter mentes caeterorum hominum et puras intelligentias; jam vero manifestum est nos illas non cognoscere nisi per conjecturam.» (*Tractatus de inquisitione veritatis;* tomus prior.—Genevae, apud fratres de Tournes, 1753).

El haber puesto estos cuatro modos de conocer es debido á que el filósofo no admitía el ascenso del entendimiento; sentía el vacío que se abría á sus plantas, y procuró remediar aquella deficiencia de un modo ú otro.

En la doctrina luliana la cuestión es más sencilla y además naturalísima. En el ascenso del entendimiento conocemos á Dios, los cuerpos, el alma propia y la de los demás; en el descenso conocemos sólo lo universal y necesario que comprenden las ciencias.

Si Malebranche hubiese conocido el Sistema Científico luliano, la filosofía hubiera dado un paso de gigante.

XLVII

Aparte de algunas opiniones equivocadísimas sobre el Lulismo, rectificadas ya en páginas anteriores, dos son además las afirmaciones que, emitidas por personas que han salido en público diciendo estar enteradas de las obras del Beato, son actualmente la causa de que muchos tengan por inútiles las Doctrinas lulianas.

Primero: se ha dicho que el Beato Raimundo Lulio es una especie de *sufí* cristiano, por suponerse que tomó de la filosofía árabe los conceptos más trascendentales de su metafísica, y además los tecnicismos y los medios figurativos y esquemáticos (círculos concéntricos, excéntricos, cuadrados, etc.) con que procuraba hacer más asequible su doctrina.

Segundo: el filósofo mallorquín no se quemó las cejas leyendo: su comunión de espíritu con los otros pensadores fué intuitiva ó recibida en la corriente de la general ilustración.

No hablaríamos de estas dos afirmaciones falsísimas, si ellas no fueran de tan fatales consecuencias como son en verdad. Efectivamente, si el Lulismo tiene sus orígenes en la filosofía árabe, ¿cómo proponer en serio la restauración de la filosofía y teología lulianas? Si de la doctrina luliana puede decirse que es *proles sine matre creata,* ¿cómo querer incorporarla en los tesoros de la Ciencia Cristiana?

Pero como el antecedente no es verdadero, contestamos nosotros, tampoco lo es el consiguiente.

En la NOTA correspondiente al capítulo XLV ensayamos á probar que se equivocó grandemente el Rdo. Sr. Asín al pretender hallar relaciones entre la filosofía de Lulio y la del *sufí* Mohidín. No, Lulio no tomó de los árabes los conceptos de su metafísica, ni los trascendentales, ni los que no lo son. El *Arte Magna Luliana* consta de dos partes substanciales: el *Ascenso* y el *Descenso* del entendimiento. Por lo que toca al Ascenso no dice más, *substancialmente,* nuestro Maestro que Aristóteles y Santo Tomás de Aquino; y los orígenes del Descenso nadie los hallará en la filosofía árabe, sino que se hallan en la filosofía y teología patrísticas, y singularmente en San Agustín y en San Anselmo, como en este capítulo vamos á probar. Se nos ocurre una pregunta: el brillante autor del *Averroismo de Santo Tomás de Aquino,* ¿llegó á leer los libros lulianos donde el

Beato expone la teoría y práctica del ascenso y el descenso referidos? ¿Llegó á saber que el Sistema Científico luliano consta sólo, como partes substanciales, del ascenso y descenso? Preguntamos esto, porque en sus escritos sobre Lulio, ó mucho nos equivocamos, ó aparece ignorar estas cosas que son capitalísimas en toda crítica del Lulismo y harto rudimentarias en el conocimiento exacto del mismo.

Donosa es también la ocurrencia de que Lulio tomó de los árabes el empleo y uso constante de círculos, triángulos y cuadrángulos con que grabar más fácil é intensamente en la memoria de sus discípulos las doctrinas por él enseñadas. Y decimos que es donosa la ocurrencia, porque, con haber leído á Lulio, había lo suficiente para el desengaño: él mismo nos manifiesta de qué autor tomó aquellos medios figurativos y esquemáticos, y no cita á ningún árabe, sino á Aristóteles. Dice nuestro Doctor y Maestro: «porque, así como el Filósofo en el libro *de Coelo et Mundo* por medio de Figuras sensuales investiga las cosas intelectuales, así nosotros nos valemos de las Figuras sensuales para contemplar ó investigar la Verdad intelectual suprema; y de la misma manera que el hombre, mediante estas cuatro Figuras, obtiene el conocimiento de la Verdad divina, así también mediante las mismas Figuras puede obtener igualmente la verdad que hay en las criaturas» (1).

Aunque no tuviésemos esta confesión del Beato, explícita, categórica y terminante, tampoco había por qué citar á los árabes, pues en la ciencia cristiana hallaba Lulio asi-

---

(1) Unde benedicta et glorificata, orata et contemplata sit, Domine Deus, tua perfecta Veritas, quam oravimus et contemplati sumus per sensuales et intellectuales Figuras; quia sicut Philosophus, in Libro de *Coelo et Mundo*, per Figuras sensuales inquirebat res intellectuales, ita nos per Figuras sensuales contemplamur tuam intellectualem Veritatem: et sicut homo per istas quatuor Figuras habet cognitionem de tua divina Veritate, ita per easdem potest habere cognitionem de veritate quae est in creaturis. Igitur cum hoc ita sit, qui vult invenire, cognoscere et amare Veritatem, habeat cognitionem de praedictis quatuor Figuris ad laudem et gloriam et reverentiam tuae sanctae gloriosae Veritatis Divinae. (*Liber Contemplationis in Deum;* tomo XIV, página 109, edición de Palma de Mallorca, 1749).

mismo el uso de aquellos medios figurativos y esquemáticos. Habla el tomista Ernesto Dubois en su libro *De Exemplarismo Divino* (obra pequeña): «Idcirco praecipui philosophi et theologi omnium scholarum has rationes explicare consueverunt ope figurarum geometricarum et numerorum. In majori opere citamus Pythagoraeos, Platonicos, Aristotelem, S. Dionysium Areopagitam, S. Cyrillum Alexandrinum, S. Augustinum, Boetium, Cassiodorum, S. Isidorum Hispalensem, B. Albertum Magnum, S. Thomam, S. Bonaventuram, *Raymundum Lullum,* Cardinalem Cusanum, Cartesium Malebranchium, Leibnitium, de Maistre.» (Parte III, página 4).

No un discípulo del Beato Raimundo Lulio, sino un discípulo de Santo Tomás de Aquino, es quien defiende el empleo y uso de figuras geométricas en la filosofía y teología lulianas; un discípulo de Santo Tomás de Aquino es quien declara la conveniencia y bondad de aquel procedimiento para la recta explicación de las doctrinas teológicas; un discípulo de Santo Tomás es quien hace el elogio del Beato Raimundo Lulio; un discípulo de Santo Tomás es quien dice que el fundamento del *Arte Magna luliana* es *solidísimo* y que el método de la propia Arte es también *sólido.*

«El método del Beato Lulio consiste en primer lugar—dice Dubois—en explicar la espiritual doctrina por medio de signos sensibles, en razón de la física analogía que existe entre la verdad significada y la verdad del signo. Esta analogía se funda en el Ejemplarismo, esto es, en que las cosas espirituales y las cosas sensibles representan aunque diversamente la única y suprema Verdad que es Dios, Ejemplar de toda verdad. Pues, como todas las verdades creadas estén conformes si bien de diversa manera con la Verdad increada, clara cosa es que todos los seres creados á lo menos analógicamente convienen por necesidad con Dios y entre sí, aunque difieran mutuamente en género ó especie. Y en esta universal analogía se fundan todas las relaciones entre el Criador y las criaturas, y asimismo las relaciones entre las criaturas espirituales y las materiales, las cuales representan á su común Autor por modo de imagen ó por modo de vestigio.

De esta analogía nace que las cosas y las figuras representen á lo menos imperfectamente á las cosas espirituales; de manera que el hombre, compuesto de materia y espíritu, sea conducido al conocimiento de lo espiritual por medio de signos sensibles apropiados á su naturaleza» (1).

«El *fundamento* del Arte Magna es *solidísimo*—continúa el distinguido Presbítero de la Congregación del Redentor, —puesto que se apoya en el divino Ejemplarismo, el cual se funda á su vez, según el sentir de todos los sabios, así paganos como cristianos, en la misma Sabiduría de Dios, Artífice de todo lo criado; y no sin razón, pues todos los hombres pensadores vense constringidos á admitir una necesaria analogía del efecto con su causa y de consiguiente de toda criatura con su Criador.

«Además el *método* de Lulio es *sólido*, porque se funda en la doble naturaleza del hombre, compuesta de espíritu y materia; y por eso es muy conveniente que la doctrina espiritual sea propuesta á los hombres mediante signos sensibles, y que las formas interiores é invisibles sean declaradas por medio de figuras visibles» (2).

---

(1) Lulli methodus in hoc primo consistit quod spiritualem doctrinam explicat per sensibilia signa, ratione physicae analogiae quae inter veritatem significatam et veritatem signi existit. Haec autem analogia ipso fundatur Exemplarismo, scilicet, in hoc quod res spirituales et res sensibiles diversimode repraesentant unam supremam Veritatem, quae Deus est, omnis veritatis Exemplar. Etenim, cum omnes veritates creatae diversimode conformentur increatae Veritati, manifestum est quod cunctae res creatae, analogice saltem, cum Deo et inter se necessario conveniunt, licet genere aut specie ab invicem differant.

Atque in hac universali analogia fundantur omnes relationes inter Creatorem et creaturas, sicut et relationes inter creaturas spirituales et materiales, quae communem Creatorem suum repraesentant per modum imaginis aut per modum vestigii. Ex hac analogia oritur ut res et figurae repraesentent, saltem imperfectè, res spirituales; ita ut homo, materia et spiritu compositus, per sensibilia media naturae ejus appropriata, manuducatur ad spiritualia. *(De Divino Exemplarismo:* vol. I, pág. 692).

(2) Profecto *fundamentum* Artis Magnae *solidissimum est*, cum nitatur

El Beato Raimundo Lulio se valió del círculo, del triángulo, de los números y de los colores; y de todo esto halló precedentes en la filosofía antigua y en la ciencia cristiana, tanto ó más numerosos que en los libros de los árabes (1).

---

divino Exemplarismo, quo cuncti sapientes, tam pagani quam christiani, consentunt cum ipsa Dei sapientia, omnium rerum Artifice; quicumque enim sapiunt admittere tenentur necessariam analogiam effectus cum sua causa, ac proin omnis creaturae cum suo Creatore.

Methodus quoque Lulli *solida est*, quia fundatur in duplici hominis natura, spiritu et anima composita; ideo convenientissimum est ut doctrina spiritualis hominibus explicetur per signa sensibilia, atque ut formae interiores et invisibiles per figuras visibiles sensibiliter manifestentur. *(Ibidem;* pág. 697).

(1) El tomista Dubois se ocupa largo y tendido en las siguientes materias:

Cap. I.—*De Figurarum Geometricarum in Philosophia et Theologia usu in genere.*

Harum Figurarum usus commendatur: 1) ex doctrina divinae Sapientiae seu sacrae Scripturae a Sancto Augustino explicata; 2) ex doctrina sapientium paganorum; 3) ex doctrina sapientium christianorum in antiquo aevo; 4) in medio aevo; 5) in moderno aevo.

Cap. II.—*De praestantia circuli et trianguli.*

Sicut in Capite praecedenti, trademus doctrinam paganorum et christianorum sapientium.

Cap. III.—*De circulo et triangulo trinum ordinem increatum et exemplarem figurantibus.*

Pagani et christiani sapientes Deum circulo vel sphaerae comparaverunt, Christiani triangulum huic symbolo addiderunt, et utraque figura Deum unitrinum repraesentat in monumentis christianae iconographiae.

Cap. IV.—*De circulo trinum ordinem creatum et exemplatum figurante.*

§ 1.—Doctrina sapientium paganorum.

§ 2.—Doctrina christianorum sapientium in antiquitate.

§ 3.—Doctrina christianorum sapientium in medio aevo.

§ 4.—Doctrina christianorum sapientium in moderno aevo.

Cap. V.—*De usu numerorum ac praesertim ternarii in doctrina Exemplarismi.*

Legitimus numerorum usus probatur, tum ex eorum connexione cum Exemplarismi doctrina, tum ex auctoritate sapientium paganorum et christianorum omnium temporum.

Cap. VI.—*De usu colorum in Exemplarismo.*

Legitimitatem usus illius probabimus: 1) ex colorum relatione ad doctrinam Exemplarismi; 2) ex auctoritate Scripturae sacrae; 3) ex auctoritate sapientium christianorum. *(De Exemplarismo divino*—obra grande—tomo II, págs. 687 á 717).

Don Julián Ribera, de la Universidad Central, buscó también los *Orígenes de la Filosofía de Raimundo Lulio,* y para ello *recorrió las obras de que pudo disfrutar: Blanquerna, Félix, Obras rimadas.* (Pág. 196, tomo I del *Homenaje á Menéndez y Pelayo).* Y observando, por estas obras, que nuestro Beato amaba mucho á los sarracenos; que el libro místico del *Amigo y del Amado* es una imitación de otros libros análogos compuestos por los árabes; que Lulio enseñaba en verso hasta la lógica; que andaba errante de pueblo en pueblo por el Norte de Africa; que se decía iluminado por Dios; que tiene afirmaciones atrevidas, quizás panteístas ó quietistas; con otras observaciones del mismo género para demostrar la semejanza de ideas y conducta entre Lulio y los *sufís;* concluye tener la convicción profunda de que el célebre filósofo mallorquín es un *sufí* cristiano.

¿Qué respondemos á ello?—Pues sencillamente, que ir á buscar *el hilo conductor que le había de guiar en la investigación de los modelos filosóficos* del Lulismo—como escribe el mismo Sr. Ribera—en el libro de *Blanquerna* (novela más ó menos ingeniosa), en las *Obras rimadas* y en el *Félix de les maravelles del mon* (obra de recreación y pasatiempo, mejor que de filosofía y teología), no nos parece de buen sentido crítico, ni siquiera mediano. Sería lo mismo que ir á buscar en el *Oficio divino,* que compuso Santo Tomás para ser rezado en la festividad del *Corpus,* el hilo conductor que nos hubiese de guiar en la investigación de los modelos filosóficos del Tomismo; ó buscar en las *Poesías póstumas* de Balmes el hilo conductor para llegar á investigar los orígenes de la *Filosofía Fundamental.*

¿Por ventura se han perdido ó son escasas las obras filosóficas y teológicas del Doctor Arcangélico? Y quien no pueda disfrutar de tales obras, mejor será que no se meta á investigar por sí mismo los *Orígenes de la Filosofía de Raimundo Lulio.*

Porque, vamos á ver, ¿qué tienen que ver todas las pretendidas semejanzas de ideas y conducta entre Lulio y los *sufís,* sacadas del *Blanquerna,* de las *Obras rimadas* y del *Félix de les maravelles;* qué tienen que ver todas las observaciones del Sr. Ribera, arriba consignadas, y otras del mismo género; más aún; ¿qué tiene que ver todo el contenido de esas obras (obras en verso, místicas ó de pasatiempo) con el Sistema Científico que comprende el ascenso y descenso del entendimiento, y con la aplicación de ese Sistema á la Filosofía y Teología? Las obras *expositivas* y las obras *prácticas* del Sistema luliano: ahí es donde se halla el hilo conductor que debe guiarnos en la investigación de los modelos filosóficos de nuestro Doctor y Maestro. Siguiendo por ese camino llegaríamos á la conclusión de que los orígenes del Sistema Científico luliano se encuentran, no en la filosofía de los árabes, sino por lo tocante al ascenso en Aristóteles, y por lo tocante al descenso en Platón; veríamos además que los orígenes de la aplicación del ascenso á la Filosofía y Teología se hallan en todas las páginas de la ciencia cristiana; y los de la aplicación del descenso, en algunos Doctores de la Iglesia, y muy especialmente en San Agustín y San Anselmo, como luego probaremos.

Dice el sabio Prelado de Vich en la *Tradició Catalana:* «El Filósofo mallorquín no se quemó las cejas leyendo: su comunión de espíritu con los otros pensadores fué intuitiva ó recibida en la corriente de la general ilustración.» (Página 298).

Al leer este par de líneas no sabemos apartar nuestros ojos de ellas y las volvemos á leer una, dos, tres veces más... Después, sin acertar á salir de nuestro asombro, nos vienen á la memoria las palabras que escribiera el reverendísimo Abad, P. Pasqual, ante unas censuras parecidas contra el mismo Lulio: «¡Cuán poco hay que fiarse de ninguno en este mundo! Hombres tan grandes, autores tan célebres, ingenios tan penetrantes y entendimientos tan sublimes, decidieron inadvertidos en materia que ignoraban. Creyeron saber lo bastante para juzgar, y no conocieron lo más fácil: sin llegar al fondo, ni aun penetraron la superficie en que se detuvieron. Bien pueden escarmentar todos, particularmente en aquellas materias que tienen especial artificio ó encierran varias particularidades. El engaño, que en esto padecieron, da un justo temor de si se habrán engañado en lo demás, porque quien falta en una cosa se hace á lo menos en otras semejantes sospechoso. El único remedio es la regla del Beato Lulio: *No asentir á lo que dicen los hombres, sin razón evidente que necesite al asenso.» (Examen de la crisis*... tomo II, pág. 352).

En efecto, aquel par de líneas de la *Tradició Catalana* no puede escribirlo quien conozca las obras filosóficas y teológicas del Beato Raimundo Lulio.

Nuestro Doctor y Maestro—hemos dicho más arriba,—al igual que todos los Doctores de la Escolástica, Alberto Magno, Santo Tomás, San Buenaventura, Duns Escoto, Durando, Guillermo Occam, etc., compuso una voluminosa obra (que se halla en la edición moguntina) comentando los *IV libros de las Sentencias,* de Pedro Lombardo. Con sólo decir esto, estamos segurísimos de que si el lector conoce al Maestro de las Sentencias, en seguida exclamará: Ciertamente, de quien comenta los IV libros de las Sentencias no puede afirmarse que su comunión de espíritu con los otros pensadores sea intuitiva ó recibida en la corriente de la general ilustración.

Pues ahora nosotros diremos aún más: «Quitad de por medio los *Comentarios al Maestro de las Sentencias;* supongamos que el Beato no compuso esta obra; sabed que las demás obras teológicas de nuestro Doctor comprenden y en ellas se estudian todas las cuestiones de los *Sentenciarios* y otras innumerables, realmente innumerables.» ¿Y qué diremos de las materias contenidas en las obras propiamente filosóficas? A la manera que espanta y casi da vértigo la sola enumeración de las cuestiones tratadas por un Doctor del siglo XIII ó XIV, así también espanta y casi da vértigo la sola enumeración de las materias filosóficas y teológicas examinadas por el Beato Lulio en sus libros de aplicación del *Arte Magna* á la Filosofía y Teología. Con ó sin los *Sentenciarios lulianos,* no puede afirmarse de Lulio, sin manifiesta y palmaria inexactitud, que su comunión de espíritu con los otros pensadores fuese intuitiva ó recibida en la corriente de la general ilustración.

Es ello tan evidente, que el mismo Prelado de Vich, ante

uno solo de los libros del Doctor, hubo de exclamar: «el *Libro de la Contemplación* comprende casi todos los conocimientos de la época.» (Pág. 236). Pues si *un libro sólo* de Lulio *comprende casi todos los conocimientos de la época,* ¿podemos decir que su comunión de espíritu con los otros pensadores fué *intuitiva ó recibida en la corriente de la general ilustración?* ¿Acaso puede escribirse sobre los conocimientos todos del siglo XIII, sin quemarse las cejas leyendo, sin estudiar? ¿ó pueden saberse por *intuición?* ¿ó el saberlos constituía *la corriente de la general ilustración?*

Y de un autor que abarque en una sola de sus obras casi todos los conocimientos de la época de los siglos XIII y XIV, ¿puede decirse que tenga *una erudición filosófica escasa,* como del Beato lo afirma la mencionada *Tradición?* ¿Era por ventura escasa la filosofía en aquel par de siglos?

En sus obras, el Beato Raimundo Lulio explica y mejora el ascenso aristotélico del entendimiento; y explica y mejora el descenso platónico-agustiniano. Hecho esto, practica, así el ascenso como el descenso, en todas las cuestiones filosóficas y teológicas que se ventilaban en los siglos XIII y XIV. Esta es la obra del Doctor Arcangélico. Ahora vea el lector entendido en la Filosofía y Teología medioevales, si es posible realizar esta obra con una comunión de espíritu con los otros pensadores *intuitiva ó recibida en la corriente de la general ilustración.*

Ese concepto equivocadísimo sobre Lulio, de que no es un sabio *como los otros,* de que es un sabio *extraño,* un sabio *que no estudió;* ese concepto—digo—no es de nuestros días, sino muy antiguo. Lo rechazaron ya en siglos pasados los discípulos del Doctor, y probaron con luz meridiana la falsedad del mismo. Pero nuestros adversarios no llegan á enterarse, pues, á semejanza del P. Feyjóo, no quieren malbaratar el tiempo ni estudiando á Lulio ni escuchando á sus discípulos: quieren, sí, repetir de siglo en siglo las mismas censuras, las mismas acusaciones y... *las mismas ignorancias.*

Véase sino como ya el P. Pasqual se veía obligado á probar lo mismo que nosotros ante las afirmaciones de la *Tra-*

dició Catalana: «Nedum haec omnia demonstrant Lullum consuluisse Auctores Facultatum principalium, ut intelligeret speciales terminos ipsarum, qua cognitione posset applicare generalia Principia ad detegendas veritates de rebus, quae in dictis Facultatibus tractantur; sed etiam idem ostenditur in doctrina quam etiam in primis libris, quos scripsit, exhibet de materia pertinente ad praedictas Facultates. Nam non potuisset, tum in *Arte compendiosa inveniendi veritatem,* quam ante omnia scripsit, tum in ejus *Lectura* et in *Introductoria Artis Demonstrativae,* tum maximè in *Libro Contemplationum,* tot et tanta dicere de Logica, de Metaphisica, item de Grammatica et Rethorica, et maximè de Philosophia et Theologia; nedum proprias exponendo sententias, sed etiam eas esse vel contra vel praeter aliorum Auctorum dictamen. Cùm enim non sit credendum haec fuisse eidem revelata, necessarium fit ipsum in dictis Auctoribus, nedum inquisivisse terminorum intelligentiam, sed etiam eorum sententias, quibus tamen, librata rerum veritate ad pondus Sanctuarii id est conformiter ad principia generalia sibi manifestata, contradicit easque impugnat ac defectum quo laborant ostendit.

Hoc maximè videtur in rebus Theologicis; nam, licet Raymundus ex quo post reditum Majoricae studiis incubuit, cum suis piis exercitiis conformibus, instructum supponam in intima Articulorum Fidei intelligentiâ, non poterat, nisi aliqualem ab Auctoribus desumpsisset intelligentiam, agere de Theologia expositiva et sensibus Sacrae Scripturae, de quibus breviter in *Arte compendiosa,* sed diffussè tractat in *Libro Contemplationum.*

Praeterea neque poterat errores Haereticorum impugnare, ut saepè facit jam *in Libris primò scriptis,* ni saltem in Libris Catholicorum, eorum didicisset sensum: praesertim, cùm disputet contra eosdem de punctis abstrusissimis circa Trinitatem, Incarnationem et Praedestinationem. Tandem non potuisset circa Theologiam Scholasticam puncta subtilissima discurrere, et aliam a communiori sententiam, vel quoad rem vel quoad modum praeferre multoties, nisi in Auctoribus didicisset cardinem difficultatis; licet enim ex refulgentia illius luminis, quo directè quoad veritates generales fuit illustratus, plurima Theologica, quasi per quandam reverberationem, cognoverit, ut autem determinaret sententiam de rebus particularibus Theologicis, debuit, ut ipse fatetur, applicare illas generales veritates, ut ex ipsis deduceret determinatam de particularibus sententiam: adeoque, nedùm quoad terminorum intelligentiam, sed etiam ad percipiendam aliorum sententiam, cui proprium praeferret sensum, debuit eosdem consulere. Non minus manifestantur omnia praedicta in rebus Philosophicis; nam sub terminis, et rebus communiter expositis a Philosophis, proprium systema philosophicum, jam ab initio, instituit, ab aliis omninò diversum, ut etiam ipse frequenter fatetur. Quid enim apud Philosophos notiùs, quàm elementa quatuor eorumque proprietates? Et tamen quot et quanta, ab aliis ignota, *jam in primis libris exponit,* de eorum simplicitate, compositione, mixtione, proprietatibus, graduum earum distributione, et innumeris aliis apud alios intactis? Adeo plura cognovit in elementis delitescere, ut figuram elementalem instituerit tanquam unum ex praecipuis fundamentis suae Artis generalis, ita scilicet ut deserviret tanquam exemplum et speculum, in quo nedùm inspiceretur varia coordinatio actuum potentiarum animae rationalis, sed etiam varia combinatio principiorum generalium eorumque proprietates. Sicut quoad elementa, omnibus nota, proprium instituit Lullus systema, ita quoad alia etiam communiter in Philosophia cognita, praesertim illa alia naturalia principia praeter elementativam, scilicet substantiam vel virtutem vegetativam, sensitivam et imaginativam, quibus unita rationali in homine, formatur Microcosmus; nam quoad haec omnia, tum quoad eorum substantiam, virtutes, operationem, unionem in mixtis, et praecipuè in homine, proprium prae aliis elegit systema, manifestando in homine miram praedictarum potentiarum seu virtutum coordinationem et harmoniam. *(Pasqual:* Vindiciae Lullianae, vol. I, caput IX, páginas 73, 74 y 75).

Aunque el Doctor Arcangélico no se muestre muy aficionado á citar autores, no por eso deducirán que no tenga erudición filosófica y teológica los que se tomen la molestia de leer sus obras y no sean legos en ese género de ciencias. Todas sus obras dicen en voz muy alta, que la erudición filosófica y teológica del Beato corría parejas con la de los otros Doctores de la Escolástica contemporáneos.

En los tiempos de Lulio la Ciencia cristiana sostenía una lucha gigantesca, épica, contra los errores de Avérroes, el gran Corruptor de Aristóteles, no Comentador. ¿Estaría Lulio enterado á fondo de las cuestiones que se debatían? ¿Escribiría alguna obra contra Avérroes, como lo hicieron los Doctores contemporáneos?—No sólo hemos de responder afirmativamente á las dos preguntas anteriores, sino que añadimos haber sido nuestro Doctor el héroe de la cruzada contra el Averroísmo. Estudiaba, disputaba, escribía, se presentaba á la Sorbona de París, á Montpeller, á Génova, á Nápoles, á Pisa, al Concilio ecuménico de Viena... ¿para qué todo esto? Para combatir al Averroísmo y lograr su condenación.

Los libros que á este fin compuso son muchísimos: ningún otro Doctor compuso tantos:

Liber reprobationis aliquorum errorum Averrois.
Disputatio Raymundi et Averroistae.
Expostulatio Philosophiae contra Averroistas.
Sermones contra errores Averrois.

Y aunque en el título no se nombre al célebre Filósofo, tienen la misma finalidad las obras siguientes, entre muchas otras:

Liber de efficiente et effectu,
De possibili et impossibili,
Liber Contradictionis,
Liber de Syllogismis Contradictionis,
De Perseitate et finalitate Dei,
De Deo ignoto et mundo ignoto, etc.

Dígasenos ahora con toda sinceridad: quien así había estudiado tan á fondo las cuestiones filosóficas y teológicas más debatidas en su tiempo, ¿tendría una erudición filosófica escasa, tendría una comunión de espíritu con los otros pensadores solamente intuitiva ó recibida en la corriente de la general ilustración?

Nuestras afirmaciones no son hijas del amor al Maestro, sino del amor á la verdad y á la justicia. Renan no era lulista, pero, ante los datos de la historia, reconoce lo mismo. «Mais le héros de cette croisade contre l'averroïsme fut sans contredit Raymond Lulle. L'averroïsme était à ses yeux l'islamisme en philosophie; or la destruction de l'islamisme fut, on le sait, le rêve de toute sa vie. De 1310 à 1312 surtout le zèle de Lulle atteignit son paroxysme; on le retrouve à Paris, à Vienne, à Montpellier, à Gênes, à Naples, à Pise, poursuivi de cette idée fixe, réfutant Averroès et Mahomet...

En 1311, au concile de Vienne, il adresse trois requêtes à Clément V: la création d'un nouvel ordre militaire pour la destruction de l'islamisme, la fondation de colléges pour l'étude de l'arabe, la condemnation d'Averroès et de ses partisans. Raymond voulait la suppression absolue dans les écoles des oeuvres du Commentateur, et que défense fut faite à tout chrétien de les lire...

Paris fût surtout le théâtre des exploits de Lulle contre les averroïstes. Il a consigné dans une foule de petits traités, datés des années 1310 et 1312, les procès-verbaux de ses disputes. (*Averroès et l'Averroïsme;* chap. II, § X, p. 255.—París, 1893).

No es muy aficionado, que digamos, á citar autores nuestro Doctor y Maestro; no obstante nosotros hemos llegado á contar en sus obras, no cuatro ó cinco citas, sino más de cuarenta y cincuenta. Vemos citados varias veces á Platón, Aristóteles, San Agustín, San Anselmo, Ricardo de San Víctor, Avicena, Algacel (cuya *Lógica* tradujo), Avérroes, Santo Tomás de Aquino, Egidio Romano...

En sus libros de Medicina refiérese á cada paso á autores de dicha ciencia, citando á los árabes más famosos, á Plateario, á Constancio, y al libro *De animalibus* del Estagirita.

El libro de *Doctrina Pueril* no es muy á propósito, como su nombre ya indica, para nombrar autores de filosofía; con todo no deja de citar algunos, y en el capítulo 77 nos ofrece una breve exposición de la Filosofía natural, ó Ciencia natural como dice él, advirtiéndose de lejos que bebió su doctrina en las obras de Aristóteles; y no satisfecho con ello, antes de dar fin al capítulo, nos expone el argumento y resume la doctrina de los siguientes libros del Estagirita: *Meteorologicorum libri quatuor, Physicorum libri octo, De coelo et Mundo, De generatione et corruptione, De anima libri tres, De somno et vigilia, De sensu et sensili, De animalibus.*

La *Summa contra Gentes* de Santo Tomás la conocía Lulio muy bien y la cita algunas veces.

Y no sólo cita autores y el título de sus obras, sino que además, *expressis verbis,* se ocupa, ó para comentarlas, ó para confirmarlas, ó para combatirlas, en materias y en cuestiones que trataron los grandes Maestros. La obra *Excusatio Raymundi* se divide en cinco partes: la primera y segunda versan sobre la Trinidad y la Encarnación; la tercera sobre diez cuestiones de Santo Tomás de Aquino; la cuarta sobre otras diez cuestiones de Ricardo de San Víctor; y la última sobre otras diez de Egidio Romano. «*Tertia est de decem quaestionibus Fratris Thomae de Aquino, Magistri in Theologiâ; quarta de decem quaestionibus Fratris Richardi, Magistri in Theologiâ; quinta de decem quaestionibus Fratris Egidii, Magistri in Theologiâ.*»

Los eruditos citan aún otros libros del Beato cuyo sólo título es ya una confirmación de nuestra tesis. Nicolás Antonio cita un *Libro sobre los cuatro sentidos de la Sagrada Escritura* y unos *Comentarios sobre el capítulo I del Evangelio de San Juan.*

Otra de sus obras se intitula: *Liber ad intelligendum Doctores antiquos.* Señal, pues, que él los conocía á los Doctores antiguos.

¿Y quién no recuerda el título de las obras de Lulio comentando la doctrina tomista? Salzinger cita las siguientes: *Testamentum Fratris Thomae de Aquino, Thesaurus abbreviatus Fratris Thomae de Aquino, Semita recta Fratris Thomae de Aquino.*

No recordamos en estos momentos el catálogo donde la vimos citada, pero llegó á nosotros la noticia de una obra intitulada *De laudibus Fratris Thomae de Aquino.*

De quien todo eso estudió, de quien todo eso escribió, no

puede en manera alguna afirmarse, que su comunión de espíritu con los otros pensadores fuese intuitiva ó recibida en la corriente de la general ilustración.

Réstanos ahora declarar que el descenso luliano del entendimiento tiene sus antecedentes en San Agustín, San Anselmo y otros grandes escritores de la Iglesia. Pero mejor será que lo guardemos para otro capítulo.

XLVIII

El descenso luliano del entendimiento ó Ciencia Universal tiene sus antecedentes en los tiempos de la Patrística: algunos Padres y Doctores lo emplearon constantemente en la Sagrada Teología. Y desde entonces para acá, sino todas, muchas partes de aquel descenso han estado siempre en vigor, así aplicadas á la Filosofía como á la Teología. Por lo que no podemos asentir á lo dicho por algunos, ó sea, que el Beato Lulio ha tenido pocos seguidores: conscientes, *lo concedemos;* inconscientes, *lo negamos.*

El descenso luliano del entendimiento aplicado á la Teología consiste principalmente en dos cosas:

a) de las perfecciones de Dios, y de las propiedades y condiciones de esas perfecciones, deducir las variadas materias teológicas;

b) declarar lo relativo á Dios y sus misterios, tomando por punto de partida las condiciones que hallamos en la criatura.

Dios es bondad, grandeza, eternidad, virtud, sabiduría, verdad, etc., infinitas; en la criatura hay las semejanzas de estas divinas perfecciones: he aquí el primer anillo de la cadena del descenso.

Sentémoslo, pues, muy alto y muy claro: en la Ciencia cristiana hallamos siempre el uso constante, ora de dichas perfecciones, ora de sus múltiples combinaciones entre sí, para inquirir, aplicar y establecer las verdades teológicas.

El descenso luliano ha sido siempre una tendencia; sólo alcanza los honores de *método* en Lulio y sus discípulos.

Ha sido siempre una tendencia, y la prueba está en que lo practicamos en las conversaciones familiares, cuando escribimos, en el estudio de todas las ciencias, y de un modo especial en la Sagrada Teología. Esto último es lo que vamos á demostrar someramente.

«Considero entre los sabios como otra Ara al *Ignoto Deo* que descubrió el Apóstol entre los del Areopago. Todos explícita ó implícitamente veneran una Ciencia Universal, pues dándole el nombre de *universal Filosofía,* ó practicando sus máximas generales, la respetan, pero no habiéndola puesto en forma, sólo la conocen confusamente: conocimiento que corresponde al *ignoto. Quod ergo ignorantes* (dice el Beato Lulio) *colitis, hoc ego annuntio vobis.* Act. XVII, 23. —La deidad científica que veneráis con respeto é ignoráis por inadvertencia, es la que os predican mis Libros, la que os explican mis cláusulas. Despreciáis lo que os propone mi pluma, siendo lo mismo á que consagrasteis esa ara.

Reparaos y la conoceréis por las pintas. No está lejos de vosotros, pues la palpáis en los discursos, la sentís en vuestras razones y la veis en todo lo que miráis. Sois feliz prosapia de su linaje, pues lo sabio de que gozáis desciende por recta línea de su extirpe. Es el primitivo origen de éste vuestro ser; pues vive por su intrínseco influjo en vosotros la razón, es acertado el movimiento de vuestros discursos y sois tanto como sois siendo sabios, pues esta Ciencia es el fondo de todo lo que sabéis.

¡Cosa rara! ¡Se desconoció en el Beato Lulio lo que ninguno puede dejar de conocer en sí mismo! Todo el que usa de razón tiene en sí su tanto más ó menos de esta universal Ciencia, y sólo está la diferencia en el lenguaje y modo diverso de explicarse el Beato Lulio; pues ¿qué razón hay, cuando se dice una misma cosa, de censurar la sentencia por proferirse con expresión distinta? Tanta, como si se contradijera al que pronuncia evidentes verdades en Arábigo. Lo propio es confesar lo que no se entiende, y no dejarse llevar de la apariencia.

Lo que en otros se halla en parte, lo comprende en un todo perfecto el Beato Lulio; en aquéllos se esparcen arroyos de esta agua saludable, en éste el río entero con su manantial perenne; en aquéllos no tiene compostura, en éste va adornada con todos los dijes su belleza; en aquéllos sólo se descubre en las naturales ideas que variamente concibe nuestro espíritu, en éste se pinta con artificio y se expone en sensibles formas de ruedas, tablas, cámeras, etc.: medios los más oportunos para imprimirse bien en el alma; pero, como ellos no la han tratado en este traje, la desconocen, desprecian y calumnian, y es en su boca una jerigonza, greguería, confusión, trampantojo, laberinto, y sobre todo un nada. Pero descúbranle la cara, tiren ese primoroso velo del rostro, que aseguro les parecerá hermosa como una perla.» (*Examen de la Crisis del P. Feyjóo...*, tomo II, página 352).

Son verdaderamente de oro las 113 páginas que llenan las cuatro *Disertaciones* del reverendísimo P. Pasqual sobre el descenso luliano del entendimiento.

Versa la primera sobre el referido descenso intelectual y cuán conducente es para la adquisición de las ciencias, donde declara tres puntos importantísimos:

1) expone el descenso ó Ciencia Universal;

2) prueba la verdad y necesariedad de los fundamentos del descenso, enseñando la manera como de ellos se deducen las verdades científicas;

3) prueba la utilidad del descenso por la autoridad de los Doctores que enseñan el mismo procedimiento ú otro semejante, por la de los que lo alaban, lo practican ó usan en sus libros de un método parecido.

El título de la segunda disertación es éste: *Declárase que el Método teológico luliano se basa en la Sagrada Escritura y en otros fundamentos teológicos.*

Ese Método teológico luliano no es otra cosa que la aplicación del descenso intelectual á la ciencia teológica.

Comprende dos artículos: a) expone el sistema teológico del Beato Lulio en vista de su *Libro de los Principios de la Teología;* b) evidencia que el Método teológico luliano se funda en las Sagradas Escrituras y en otros fundamentos teológicos.

La disertación tercera es, si cabe, aún más importante. *De la rectitud y seguridad del Método teológico luliano, el cual procede mediante razones deducidas ya de los principios del descenso intelectual, ya de las propias perfecciones de Dios, ya de las condiciones que hallamos en la criatura; y, además, de la conformidad del Método teológico luliano con la Escritura y los Santos Padres.*

Abarca cuatro partes:

1) expónese el método de discurrir en la Teología siguiendo los principios del descenso intelectual; y se manifiesta su rectitud y conformidad;

2) explícase el Método teológico más común en las obras del Maestro, con el que de las perfecciones de Dios, y de las propiedades y condiciones de dichas perfecciones, se deducen las verdades teológicas; y se prueba después que usaron de este método la Escritura y los Santos Padres;

3) declárase como el argumentar tomando por punto de partida las condiciones que hallamos en la criatura para manifestar lo relativo á Dios y sus misterios, como lo hace el Beato Lulio, es un procedimiento recto y conforme á la Escritura y á los Santos Padres;

4) evidencíase que el método por el que (supuesta la Fe y otros fundamentos ó principios) con la sola razón procede casi siempre el Beato Lulio, es un método recto y conforme á lo menos á algunos Santos Padres y Doctores escolásticos.

Por último, la disertación cuarta estudia *la claridad, propiedad, utilidad y uso de todo el Método luliano.*

Proposición I: El Método luliano, como geométrico que es, y puesto que procede de lo universal á lo particular, es muy claro y en manera alguna obscuro.

Proposición II: Los términos empleados en el Método luliano son propios y aptos para expresar con claridad sus significados: por tanto, la doctrina de Lulio no es impropia.

Proposición III: El Método luliano conduce con rectitud y seguridad al descubrimiento de las verdades científicas, y en consecuencia no es inútil, ni peligroso, ni ofrece detrimento alguno.

Proposición IV: Aunque el Método luliano no esté generalmente en uso en cuanto á todas sus partes, sin embargo ninguna de ellas déjase de hallar en los autores á lo menos de un modo substancial: por donde la doctrina luliana no discrepa en realidad de la doctrina común, ni hay por qué huir de su pretendida novedad.

Proposición V: El Método y la Doctrina del Beato Lulio han tenido muchos é ilustres seguidores, teólogos, católicos y piadosos.

Convidamos al lector estudioso á leer esas brillantísimas páginas del P. Pasqual; y allí verá que el descenso luliano del entendimiento tiene sus antecedentes en San Agustín, San Anselmo y otros grandes escritores de la Iglesia.

El *Monologio* del Arzobispo de Cantorbery es un tejido de razones ó argumentos sacados del descenso luliano. En su capítulo primero demuéstrase la existencia de Dios mediante los principios Bondad, Grandeza, Poder, Justicia, Dios, Criatura, Operación, Mayoridad, Igualdad y Minoridad.

En el capítulo tercero empléanse para las demostraciones los principios *Unidad, Pluralidad, Per se, Per aliud,* tan empleados asimismo en el descenso luliano y en idéntico sentido. A lo que añade Salzinger: toma esos principios, pónlos en los principios de la Figura X ó de la Predestinación (que son los siguientes: Ciencia, Sabiduría, Predestinación, Perfección, Mérito, Poder, Gloria, Ser, Ignorancia, Justicia, Libre arbitrio, Defecto, Culpa, Voluntad, Pena, Privación), y en el cuadrángulo de la Lógica del descenso *Ser, Perfección, No-ser, Imperfección,* y verás que el capítulo tercero del *Monologio* es un tejido de todo eso.

En el capítulo cuarto, á los mismos cuatro términos *Unidad, Pluralidad, Per se, Per aliud,* añade los principios del descenso tales como *mayoridad, igualdad, minoridad,* y procede según la Regla luliana que se llama de *Mayoridad y Minoridad.*

El capítulo quinto está formado por los cuatro principios que, exponiendo una parte del descenso, explica el Beato en el libro IV de la obra intitulada de la *Contemplación,* llamados *Factor, Materia, Forma, Finis,* y por el dicho cuadrángulo de la Lógica del descenso, mezclándolos con los principios precedentes.

Los capítulos sexto, séptimo y octavo están amoldados á la teoría y práctica de los principios (explicados en el mismo libro IV de la *Contemplación) Ser, Necesidad* y *Privación,* ó, por mejor decir, la teoría y práctica de estos principios parecen sacadas de aquellos tres capítulos.

En los capítulos siguientes prepara al entendimiento para la explicación del misterio de la Santísima Trinidad; los cuales capítulos, si conocieres, oh buen lector, el descenso luliano, reducirás con gran facilidad á los principios de ese descenso (1).

En el capítulo 14 prueba la existencia de Dios con el principio *Ser* y *No-ser* ó *Ser* y *Privación,* que emplea para lo mismo nuestro Doctor y Maestro, y cuyo uso es continuo en el descenso intelectual. Hasta las palabras de San Anselmo recuerdan las de nuestro Beato: son casi las mismas. Dice el *Monologio: «quare necesse est, esse eam viventem, sapientem, potentem, omnipotentem, veram, justam, beatam, aeternam, et quidquid simpliciter absolutè melius quàm non ipsum. ¿Quid ergo quaeratur amplius, quid summa illa sit Natura, si manifestum est quid omnium sit et quid non sit?»*

---

(1) Unde ad dictam demonstrationem properans, pauca delibo ex capite 14 de oppositione terminorum, tam necessaria scitu ad faciendas demonstrationes more in Schola Lulliana argumentandi frequentissimo sine tricis figurarum et modorum Aristotelicorum. Hoc ergo capite ait sanctus Doctor Anselmus: «Ipsum et non ipsum, non aliud hic intelligo quam verum, non verum; corpus, non corpus et his similia. Melius quidem est omnino aliquid quam non ipsum; ut sapiens, quam non sapiens, id est, melius est sapiens quam non sapiens. Quamvis enim justus non sapiens melior videatur quam non justus sapiens, non tamen melius simpliciter est non sapiens quam sapiens. Omne enim non sapiens simpliciter, in quantum non sapiens, est minus quam sapiens; quia omne non sapiens melius esset, si esset sapiens. Similiter omnino melius est verum quam non ipsum, id est, quam non verum; et justum, quam non justum; et vivit, quam non vivit; etc.» *(Salzinger;* in Praefatione ad tomum II Operum Beati Lulli.—Pag. 14).

En semejantes términos opuestos se fundan los capítulos que luego vienen, el 15, 16, 17, 18, 19, 20, 21, 22, y así continuamente. Pues en el capítulo 15 practícanse de un modo especial los términos ó principios *quidditas* y *qualitas;* en el 16, los principios *simplicitas, compositio, unitas, pluralitas;* y en los demás empléase casi siempre el principio *Eternidad* ó *Duración*. En verdad, quien haya saludado el descenso luliano del entendimiento, á cada paso hallará en esos capítulos todos los Principios absolutos y relativos del Arte Magna; y aun añade Salzinger, no haber Figura, Tabla ó Arbol del descenso intelectual de que no se sirva en sus demostraciones el santo Autor del *Cur Deus homo,* considerándolas por un igual necesarias ó verdaderas necesariamente, como podrá observarlo *si quis in Arte peritus vel modicam attentionem praebeat.*

¿Qué es todo eso sino la práctica del descenso luliano del entendimiento? ¿Por ventura el juego de los Principios lulianos en el descenso no se funda en la oposición de los términos?

Alguien, quizás, dirá, concluye Salzinger, de quien hemos tomado los datos precedentes: ¿cómo pudo San Anselmo usar del descenso luliano del entendimiento, si no conoció al Beato ni á su Arte Magna, habiendo florecido dos siglos antes? O por ser naturalísimo el razonar por el descenso intelectual ó por haber leído nuestro Doctor y Maestro los libros de San Anselmo: no cabe medio. Nosotros creemos que el hecho se explica por ambas razones.

El estudio comparativo de las obras del Beato, expositivas y prácticas de su descenso intelectual, y de los libros de San Anselmo nos diría con toda precisión en donde se hallan los modelos filosóficos y teológicos del Arte Magna Luliana; y, además, cotejando una á una las páginas de ambos Autores, veríamos ser indudable que el Beato Lulio conoció á San Anselmo. Haciendo ese estudio y ese cotejo, para nada necesitaríamos entonces las citas que algunos echan de menos en las obras lulianas, ni para buscar los orígenes de la Filosofía luliana, ni para saber que era mucha la erudición del Arcangélico.

Si del *Monologio* pasáramos al *Proslogio*, se nos ofrecería igual espectáculo. Busca el Santo Doctor una razón evidente y por sí misma bastante para demostrar lo que con muchos razonamientos ha probado en el *Monologio*. ¿Y cuál establece? Pues ésta: *débese atribuir á Dios todo lo que es mejor ser, que no ser*. Que es precisamente la primera de las *Reglas lulianas*, reglas que—según arriba dijimos—constituyen el tercero y último de los cánones del descenso luliano del entendimiento.

Esa razón, regla ó canon, es la piedra angular del *Libro del Gentil y los tres sabios*, en ella se fundan los argumentos todos de este libro memorable; y en la primera página del mismo la encontramos redactada en los términos siguientes: *Prima Conditio est, quòd quilibet semper debeat attribuere Deo et in Ipso agnoscere omnem majorem nobilitatem in Essentia et Virtutibus et in Operationibus.*

Otro tanto podríamos hacer ahora con los restantes libros de San Anselmo, con el *Liber de Fide Trinitatis et de Incarnatione Verbi*, y el llamado *Cur Deus homo;* siendo idéntica á la anterior la consecuencia que de ese nuevo estudio comparativo sacaríamos, ó sea, que el descenso luliano del entendimiento tiene sus antecedentes en San Anselmo, que los modelos lulianos se hallan en la filosofía y teología patrísticas, y no en las de los árabes, que el Beato Lulio conocía las obras de aquel insigne Doctor.

Los Principios del descenso luliano del entendimiento, es á saber, los atributos de la Divinidad, fácilmente se reducen, y por modo naturalísimo, á estotros conceptos ó principios: *Ser, Privación de ser, Perfección, Defecto.* Pues bien, sepa todo el mundo que ellos son el gran secreto, si no el mayor, ó la clave para demostrar las verdades científicas en el descenso luliano. Y si los tenemos presentes advertiremos las grandes analogías que existen entre las demostraciones filosóficas y teológicas de San Agustín, San Anselmo y otros, y las demostraciones que Lulio hace cuando practica su descenso del entendimiento.

En todos los seres de la naturaleza hallamos dos cosas contra otras dos, cada una de ellas contra una de las otras; y he aquí como, en tanta multitud de cosas particulares como hizo el Criador, hallamos siempre la concordancia y la unidad: la concordancia y unidad de los cuatro conceptos universalísimos: dos positivos y dos negativos, esto es, dos cosas contra otras dos, y cada una de ellas contra una de las otras. Es lo que dice San Agustín en el *Liber I ad Simplicium*, cuestión 2: «*Et sic intuere omnia opera Altissimi, duo contra duo, unum contra unum.*»

«Si preguntas ¿quiénes son esos cuatro? Respondo: el *Ser*, la *Privación de ser*, la *Perfección* y el *Defecto*. Estas son las cuatro ruedas del carro con el que la humana razón anda por el camino llano, seguro y natural de la investigación de la verdad; estas son la forma y la materia universal de demostrar en el descenso intelectual, madre fecunda de todas las formas y materias particulares. Si dudas de ello haz el experimento, que consistirá en leer las obras del Beato Lulio en que se aplique el descenso del entendimiento, y en leer después las obras de San Anselmo, San Agustín y otros.» Así habla Salzinger en el *Prefacio* el tomo II de la Edición moguntina. Y examinando ahora las obras del santo Obispo de Hipona, veríamos lo mismo que en las de San Anselmo.

No podemos seguir nosotros al docto sacerdote alemán en el brillantísimo estudio que hace demostrando que el descenso luliano del entendimiento tiene sus antecedentes en los libros de San Agustín y San Anselmo; pero entérense de ello ¡por Dios! quienes deseen saber la *verdad sobre el Lulismo,* y no quieran repetir las *ignorancias* de tan gran número de autores que se han ocupado en Lulio sin la suficiente lectura del mismo; ignorancias de que ya se ríen los siglos por ver que se les obliga siempre á representar la misma comedia.

Dichos Santos Doctores practicaron algunas de las partes del descenso luliano, emplearon el mismo Método de demostrar que nuestro Doctor Arcangélico, aplicaron los mismos Principios; y entre ellos y Lulio no hay otra diferencia sino que el Beato Raimundo desarrolla sus Demostraciones con más claridad y por modo matemático muy ordenadamente, distinguiendo una de otra, mas aquellos Doctores desarrollan las suyas con obscuridad y por modo oratorio, enlazando una con otra en larga serie de ilaciones. En Lulio hallamos el Uso y el Arte juntamente del descenso intelectual; en aquéllos sólo encontramos el Uso (1).

El ilustrísimo obispo de Mallorca D. Benito Panyelles y Escardó (siglo XVIII) veía tal conexión entre la doctrina del Doctor Arcangélico y la de San Anselmo, que decía no poderse despreciar al primero sin despreciar *ipso facto* al segundo.

Véase también el estudio comparativo entre dichos Doctores, que lleva el P. Bartolomé Fornes en su notabilísima obra *Liber Apologeticus Artis Magnae* (Salmanticae, 1746).

XLIX

No ha faltado quien, confesando no haber leído suficientemente los libros del Beato, hase permitido sin embargo la libertad de estampar la afirmación de que el *Arte Magna*

---

(1) Jam libet progredi ad ipsa particularia praemissis universalibus, exhibendo scilicet particularia quaedam specimina incomparabilis Artis Lullianae demonstrandi ex supra nominatorum duorum Sanctorum Patrum operibus excerpta; quibus ad oculum convincam adversarios non aliam imo eandem prorsus Methodum demonstrandi fuisse adhibitam a Sanctis Patribus, quae a Beato Raymundo; eadem Principia huic et illis fuisse; nec ullam inter illos esse differentiam nisi quod Illuminatus Doctor suas Demonstrationes clariores et ad modum geometricarum ordinatissime quamlibet distinctam ab altera proferat, Sancti vero Patres suas obscuriores et modo oratorio unam connectendo cum altera longa illationum serie proponant: hic Artem et Usum Artis simul, illi autem solum Usum Artis tradiderint.

Revertamur itaque ad Sanctum Anselmum, et videamus quam praeclare demonstret mysteria Fidei per totum suum *Monologium* ad amussim *insistendo semitae Artis Lullianae;* non autem transumam integras Demonstrationes ob vitandam prolixitatem, sed formas tantum aliquas generales operandi et Principia dictarum Demonstrationum monstrabo, remittendo Lectorem ad ipsum Librum deficientia suppleturum. (*Lugar citado*, pág. 15).

tiene honda analogía con el *arte impresionista*, suponiendo ser doctrina luliana que *las ciencias sagradas y profanas son inútiles* y, además, que *con pocos conceptos y con poco tiempo el hombre puede ser iluminado con la luz de la ciencia*. Suposición gratuitísima que en conciencia no puede hacer quien tiene en su salón de estudio las obras del insigne Doctor. A eso sí que se llama escribir *por impresión*, no con conocimiento de causa.

El Arte Magna tiene dos partes: el ascenso y el descenso del entendimiento; en la primera parte el procedimiento ideológico es el mismo de Aristóteles y Santo Tomás, es el tradicional; en la segunda parte el procedimiento ideológico es el que inició Platón, desarrolló un poco San Agustín, practicaron algunos Santos Padres y Doctores de la Iglesia y está latente en los pliegues más recónditos de la humana mentalidad.

Y así en el ascenso como en el descenso, la ciencia no se adquiere sino estudiando mucho, como enseñaron y practicaron el Beato Lulio y sus discípulos.

Lo que sí diremos es que el descenso luliano del entendimiento (hay que distinguir cuidadosamente entre el descenso y el Arte Magna, como la parte se distingue del todo, lo que no hacen jamás nuestros contra-opinantes) es un Arte y Ciencia *matemáticos*.

La primera verdad de esas si queréis nuevas *Matemáticas* es la siguiente: *lo finito se conoce por lo Infinito*.

Los Santos Padres y Doctores de la Iglesia que admitieron y *practicaron* esta verdad en sus disquisiciones filosóficas y teológicas son verdaderos *precursores* del descenso luliano del entendimiento.

A ella añadieron la afirmación de una necesidad moral en Dios, admitida por los más renombrados teólogos; y con estas dos afirmaciones, guiados siempre por la tendencia connatural al hombre de hallar ciertas verdades mediante ideas universales, lanzáronse á la investigación de la ciencia teológica y levantaron monumentos imperecederos, tales como los libros de *Trinitate* del Santo Obispo de Hipona, el *Monologio*, el *Proslogio*, el *Cur Deus homo* de San Anselmo, y otras obras de no pocos sabios cristianos que el estudioso hallará hojeando los cuatro tomos voluminosos de la *Vindiciae Lullianae.*

Lo Infinito es una condición para conocer bien lo finito, decía el Arcangélico; y por eso nos ofreció las Dignidades ó atributos de Dios como el modelo de nuestra ciencia, el molde de los humanos razonamientos, la verdad cuya suposición es necesaria si queremos que no perezcan las demás. Otrosí, Dios puede de potencia absoluta lo que no puede de potencia ordinaria, como quiera que las divinas Dignidades bondad, grandeza, sabiduría, etc., pidan, exijan, ó digan habitud á algo determinado por más conforme y conducente á la manifestación de las mismas; de donde Dios en cierto modo debe obrar lo que sus Dignidades piden, no por un débito fundado en la criatura, sino fundado en sus mismas Dignidades. Y esta es la necesidad moral que propugna el Beato Raimundo, por la que Dios siempre hace ó debe hacer lo más perfecto y más noble, como establecen San Ambrosio, San Agustín y San Bernardo. Ni esta necesidad, derivada de la exigencia de las divinas perfecciones, es antecedente á la Voluntad divina, porque, según escriben repetidamente el Beato Lulio y el Doctor Aquinatense, la divina Voluntad es lo mismo que la Bondad, Grandeza, Sabiduría, etc., infinitas (1).

---

(1) Plane in adductis doctrinis duplex illa potestas in Deo agnoscitur, dum dicitur Deum aliquid posse de potentia quod non potest de justitia vel secundum justitiam vel secundum bonitatem vel pietatem vel sapientiam vel quod non potest ex decentia. Cujusmodi expressiones, ut explicat divus Thomas Aquinatensis, indicant Deum posse aliquid de potentia absoluta quod non potest de ordinata. Hoc autem non posse de potestate ordinata fundatur in hoc quod Dei dignitates, nempe, Bonitas, Sapientia, Justitia, etc., exigant, postulent, vel se habeant ad aliquid determinatum conformius et conducentius ad earum manifestationem; et propter hoc Deus quodammodo debet, non debito vel justitia fundata in creatura, sed in suismet perfectionibus, illud agere quod ipsae postulant. Et haec est necessitas moralis ac de bene esse seu ex decentia quam praedicat Beatus Lullus; qua eadem se habet et debet agere quod est melius, perfectius et nobilius, ut expresse statuunt Ambrosius, Augustinus et Bernardus.

Quin tamen haec necessitas, orta ex divinarum Perfectionum exigentia

¿Quién duda que algunos Santos Padres y Doctores de la Iglesia, y otros muchísimos escritores eclesiásticos, á la luz de estas dos afirmaciones capitalísimas inquirieron las verdades teológicas?

No podemos hacer nosotros lo que en un caso análogo hizo Rocabertí, el insigne Arzobispo de Valencia. Negaba Bossuet que la tradición de la Iglesia se hubiese declarado á favor del Primado de Roma, y ¿qué replicó el sabio Prelado valentino? Puso una imprenta en su mismo Palacio y dió á luz más de cuarenta gruesos volúmenes conteniendo innumerables obras de Santos Padres y Doctores de la Iglesia y otros muchísimos escritores eclesiásticos á favor de dicho Primado.

Nosotros no; nosotros no podemos editar las obras innumerables de los Santos Padres y Doctores de la Iglesia y otros muchos escritores eclesiásticos donde se hallan los antecedentes del descenso intelectual luliano, ¡pero esas obras existen! *E pur si mouve!*

La diferencia que hay entre ellas y las de nuestro Doctor y Maestro, es que en las de Lulio la inquisición de la verdad alcanza todos los honores de un procedimiento rigurosamente matemático, mientras que en las de aquéllos no hay tal cosa. En su descenso del entendimiento el Beato parece un precursor de la modalidad, no ya descriptiva, sino metrológica, de que tanto gustan los sabios modernos. En vista de la concatenación de las leyes que integran el descenso intelectual luliano; observando la teoría y práctica de aquellas *Definiciones, Condiciones* y *Reglas,* tan enla-

---

vel habitudine, debeat dici simpliciter antecedens divinam voluntatem, quia, ut saepe repetit Beatus Lullus et exprimit divus Thomas Aquinatensis adductus numero antecedenti, divina voluntas est idem omnino cum divina bonitate, sapientia, justitia, etc. Et ita quia est voluntas quae est bonitas, sapientia, justitia, etc., per seipsam vult et nulla antecedentia adigitur ad volendum quod est conformius bonitati, justitiae, etc. Unde solum potest dici quod haec moralis necessitas antecedit divinam voluntatem secundum nostrum defectuosum concipiendi modum, quo concipimus Deum operari eo modo quo nos operamur. (*Vindiciae Lullianae;* tomo IV, pág. 144).

zadas entre sí como que las segundas nacen de las primeras y las terceras nacen de las segundas, semejantes á los teoremas de las Matemáticas; Raimundo Lulio hubiera podido parafrasear á Lord Kelvin, el gran físico inglés, en estos ó parecidos términos: «Si podéis medir la cosa de que habláis por una ley y expresarla por un número, alcanzasteis algo ya de la verdad; pero, si no podéis medirla por una ley ó expresarla por un número, vuestros conocimientos pueden resultar verdaderos, es cierto, mas no son seguros ó naturales, ni mucho menos satisfactorios: serán conocimientos verdaderos, pero rudimentarios, no verdaderamente científicos. La ciencia es número, es ley, es método, es... *Matemática.*»

Ya lo dicen los Libros Sagrados: la naturaleza es peso, número y medida.

Por lo dicho, vese claramente que los discípulos del Arcangélico no vamos en busca de una pretendida ciencia nueva, como afirman gratuitamente nuestros adversarios: no somos atraídos por lo maravilloso y extraordinario, ni empujados por el camino de una sabiduría arcana... Muy al contrario: el descenso del entendimiento es tan antiguo como el mundo, por ser uno de los dos modos *naturalísimos* del humano razonar; ni gustamos en ello de lo que es maravilloso y extraordinario, sino de lo que es normal, lógico y matemático; ni puede, sin notoria injusticia, ser calificada despectivamente de sabiduría arcana la que es sólo una interpretación fidelísima de nuestra naturaleza intelectual. Pero, ya se ve, quien tal escribiera ni aun llegó á saber que el Sistema Científico luliano ó Arte Magna conste de dos partes esencialísimas, el Ascenso y Descenso del entendimiento...

Habla el P. Pasqual en sus *Vindicaciones lulianas,* volumen I, pág. 92: «El método natural y lógico procede de lo universal á lo particular, de lo simple á lo compuesto. Obsérvase en la Gramática, la primera de las ciencias. *En primer lugar* aprendemos el valor de las letras por sí y separadamente; *en segundo lugar,* la combinación de las letras con lo que sabemos el valor simple y compuesto de cada una; *en tercer lugar* formamos las dicciones según el valor de las letras y de las combinaciones; *en cuarto lugar* expónese la naturaleza y propiedades de las dicciones, se estudian las inflexiones, habitudes y respectos de éstas; y *finalmente* formamos la oración.

Nadie duda que ese método sea clarísimo y cuantos hayan leído suficientemente los libros lulianos afirmarán ser el mismo que el de nuestro Doctor y Maestro. En el descenso luliano del entendimiento, pónense en el lugar de las letras los *Principios* simples universales, cuyo valor y propiedades son declarados mediante sus *Definiciones;* se forman después las varias combinaciones ó *Condiciones* de los principios, no sólo universalmente con los principios universales, sino también especialmente con la contracción de los mismos á las materias particulares que se inquieren; y de estas Condiciones nacen unas *Reglas,* según las cuales formulamos los razonamientos universales, ó bien los especiales contrayendo lo universal á los objetos especiales» (1).

Dice Salzinger poco más ó menos en su *Revelatio Secretorum Artis,* cap. II:

«En el descenso luliano del entendimiento los *atributos*

(1) Praeterea, secundum hucusque dicta nemo ambigere potest, Methodum Lullianam ex generalibus ad particularia descendere; statuere generales notiones, maximas vel axiomata per quae particularium habeatur cognitio; et regulas exponere qualiter omnia peragi debeant.

Notum est ex Dissertatione I, Lulliana principia esse generalia omnibusque rebus convenire; eorumque definitiones, combinationes seu conditiones, et omnia alia Artis fundamenta, quae ex ipsis statuntur, esse solida et universalitater vera; ac proinde nihil magis conducere potest ad hoc ut intellectus claram habeat rerum perceptionem, quam ut ex praedictis generalibus et veris principiis per eorum applicationem ad particularia deducatur in eorum cognitionem. Haec sane methodus statuitur in Geometria, quae omnium consensu rectissimo et clarissimo procedit ordine. Unde non possum credere hominem cordatum, qui reflectare velit ad intrinsecam Artis Lullianae structuram, illam de obscuritate posse accusare, cum pedetentim per gradus deducat intellectum ab universalissimis principiis ad propinquiora sibi genera; a magis generali, ad minus generale; ab hoc ad speciale, et tandem ad particulare; semper manuducente intellectum veritate generali quae primo cognoscitur et per regulas debite applicatur. (*Vindiciae Lullianae;* tomo I, disert. 4, pág. 93).

de la Divinidad—bondad, grandeza, eternidad, poder, sabiduría, etc.—son letras racionales supremas que dirigen á todas las demás letras racionales inferiores (esto es, los otros conceptos del humano discurso) á las cuales influyen aquellas sus respectivas semejanzas. Con esas letras racionales supremas formamos las sílabas racionales supremas que llamamos proposiciones, máximas ó *Condiciones*. Con las Condiciones formamos las *Reglas*.

La verdad y exactitud de las Condiciones y las Reglas demuéstrase por las Definiciones de los Principios, ó sea, de los atributos de la Divinidad.

Y á la manera como las letras racionales supremas (ó sea los Principios bondad, grandeza, eternidad, etc.), dirigen las demás letras racionales inferiores (es á saber, todos los demás conceptos, ideas, términos ó palabras que integran el humano razonamiento); así también las sílabas racionales supremas, esto es, las Condiciones formadas explícitamente con los atributos de la Divinidad, dirigen á todas las sílabas racionales inferiores, ó sea, á las proposiciones ó Condiciones en que estén implícitos dichos atributos, por haberse verificado ya la contracción y especificación de los mismos á la materia particular que se inquiere.

Por fin, con las sílabas racionales supremas componemos las palabras racionales supremas, es á saber, las demostraciones supremas, las cuales son norma y ejemplar de todas las palabras racionales inferiores ó sea de cualesquiera otras demostraciones.»

Lo que hallarás, estudioso lector, en las obras teóricas y prácticas del descenso intelectual del Doctor Arcangélico.

¿Quiérese un procedimiento más matemático? Esa gloria cabe sólo al Beato Raimundo Lulio (1).

---

(1) ¿Quis unquam hactenus in Geometria vel quacunque alia scientia scivit reducere principia hujus Scientiae ad certum numerum et ad talem aequalitatem ut essent circularia, ex quibus tanquam litteris geometricis conficere potuisset tales syllabas geometricas et ex his verba geometrica sine numero per certam et infallibilem methodum demonstrativam? Certe nemo;

Vuelve á hablar el P. Pasqual en la obra y lugar citados: «Lo mismo debe afirmarse del Método luliano aplicado á la Teología; por el que de los Principios universales, de sus Definiciones y Condiciones, y de las Reglas nacidas de éstas, dedúcense á cada paso las múltiples doctrinas teológicas. Ni éste difiere substancialmente del que usaron los buenos escolásticos, pues todos—según es de ver en Santo Tomás, San Buenaventura, el Venerable Escoto, Durando, etc. —resolvieron y declararon las cuestiones teológicas valiéndose de algún principio semejante tomado de la Metafísica aristotélica; hasta el punto que la variedad de opiniones en las cuestiones escolásticas toma origen por lo regular de la variada inteligencia y aplicación de los principios metafísicos de Aristóteles. Con la sola diferencia que esos principios metafísicos, empleados comunmente por los Escolásticos, no son tan universales como los Principios Lulianos, ni su empleo y uso están sujetos á un método determinado, sino tan sólo se emplean según lo exigen las materias ó el ingenio lo sugiere. Y no holgará la observación de que todos los principios metafísicos, usados por los teólogos escolásticos, ó están contenidos formalmente en los Principios lulianos, ó á ellos como más universales pueden reducirse. Lo que fácilmente podríamos demostrar.

A veces deduce Lulio las resoluciones teológicas tomando como punto de partida las perfecciones de Dios y las propiedades de las mismas y su varia combinación entre sí. No puede excogitarse un método más claro. ¿Qué más claro

et quamvis ipso opere hoc praestitisset, nondum assecutus esset supremam et universalissimam Methodum demonstrandi.

Discipulus.—Verum est quod hic asseris, Pater; nam legi quotquot de hac materia celebres scriptores reperire potui, nec in illis inveni quod tamdiu quaesivi et quod a te nunc tanta benignitate recipio. Unum inter praeclariores commemorem, scilicet, ingeniosissimum Leibnizium, celeberrimum mathematicum, cujus *Dissertatio de Arte Combinatoria* mentionem facit tuae *Artis Magnae*, multaque in tua Methodo ob insufficientem informationem desiderare videtur.

(*Salzinger:* Revelatio Secretorum Artis, cap. II, pág. 25.—Vol. I de la Edición Moguntina).

que inferir de las perfecciones conocidas en Dios, y de las propiedades de las mismas y sus habitudes, todo lo concerniente á Dios, afirmando de El cuanto convenga necesariamente con dichas perfecciones y sus propiedades y habitudes, y negando cuanto á ellas repugne de algún modo?... Eso en verdad lo hacen todos los teólogos... Pero, en las Escuelas no lulianas, por lo regular se atiende únicamente á la perfección divina que se halla *expressis terminis* en la cuestión propuesta, y sólo se estudia por sí aquella perfección y como artificialmente; mientras que, en el descenso luliano del entendimiento, no solamente se atiende á las divinas perfecciones que se hallan *expressis verbis* en la cuestión propuesta, sino también á todas las demás perfecciones divinas á las cuales puede hacerse alguna alusión: pues, en primer lugar, considérase cada perfección de por sí, y después se la estudia en conformidad con las habitudes que guarda con las demás perfecciones. Y, en virtud de todo eso, resuélvese la cuestión según las Reglas de discurrir nacidas de aquellos mismos fundamentos ó Condiciones. ¿Puede acaso exigirse mayor claridad?

No diremos que esté en uso esa universal combinación de las perfecciones de Dios en las Escuelas no lulianas, pero sí que algunos Padres y Doctores de la Iglesia y otros muchísimos teólogos la admitieron y la practicaron.

Infiero yo de todo lo expuesto que el descenso luliano del entendimiento no es falso, ni impropio, ni inútil; y también, que fácilmente puede conocerse ser verdades sólidas en Dios todas aquellas combinaciones debidas; como asimismo, que dicho descenso intelectual es un método rigurosamente matemático, y por ende clarísimo; y en último lugar, que el Lulismo tiene sus antecedentes en la Patrística y aun en la misma Escolástica.»

He aquí finalmente como, no sólo hemos probado lo que nos propusimos en este capítulo, es á saber, que el descenso luliano del entendimiento es un método matemático; sino también dejamos corroborada la tesis del capítulo anterior, donde establecimos que el descenso intelectual de nuestro Polígrafo tiene sus antecedentes en San Agustín, San Anselmo y otros.

Siendo esto así, como realmente lo es, forzosamente hemos de disentir del sabio autor de la *Tradició Catalana* al afirmar que el Beato Lulio *se levantó contra la ciencia existente;* que el Sistema luliano es *invenciblemente obscuro* y le faltan las *ataduras del raciocinio;* que además dicho Sistema *no es asimilable,* sino *híbrido* y de ningunos *resultados prácticos;* en fin, que en Lulio *todo es poesía,* siendo nuestro Filósofo *una especie de doctor Faust y de Childe-Harold todo en una pieza.* En efecto, el Polígrafo español no se levantó contra la ciencia existente, pues las partes esencialísimas de su Sistema Científico son el ascenso aristotélico y el descenso de Platón, cristianizado por San Agustín y seguido substancialmente por muchos y notabilísimos pensadores cristianos; el Sistema luliano no es invenciblemente obscuro, pues ha tenido en varias naciones cátedras públicas que han vivido largos siglos, ni le faltan las ataduras del raciocinio, puesto que es un procedimiento rigurosamente matemático; tampoco puede decirse que sea inasimilable, híbrido y de ningunos resultados prácticos, como quiera que en su primera parte, ó ascenso, es el sistema más común de las Escuelas, y en la segunda parte, ó descenso, tiene sus orígenes en algunos Santos Padres y Doctores de la Iglesia y en otros muchos escritores eclesiásticos; por último, al que le pareciera que en Lulio todo es poesía, siendo nuestro Filósofo una especie de doctor Faust y de Childe-Harold todo en una pieza, nos permitiremos decirle que lea los *Comentarios* lulianos *al Maestro de las Sentencias,* y en general todas las obras así expositivas como prácticas del ascenso y descenso del entendimiento, y con ello se convencerá fuertemente de todo lo contrario.

Es viva lástima que el sabio Prelado de Vich, cuyas obras vivirán en la Historia, y que ahora mismo ya pasarían la frontera de Cataluña si escribiera en lengua castellana, haya echado en la balanza el peso de su reputación y de su nombre del lado en que están los del inquisidor Aymerich, P. Mariana, P. Feyjóo, Fernando Weyler Laviña y tantos otros convictos de no haber conocido el Sistema que impugnaban. Es viva lástima, además, porque en Cataluña son muchos los que *jurant in verba* del insigne Prelado, creyéndose dispensados de sujetar al reactivo de la lectura de los libros del Beato las afirmaciones del ilustrísimo Torras y Bages.

Nosotros hemos leído y estudiado por muchos años, y dicho sea sin inmodestia, las obras del Doctor y Maestro, y no podemos en conciencia asentir á los juicios emitidos en la *Tradició Catalana* y otros libros del mismo autor, relativos al Sistema Científico luliano ó Arte Magna en sus dos partes capitalísimas de ascenso y descenso del entendimiento. ¿Nos equivocámos nosotros por miopia intelectual? Puede que sí. Pero, en la duda, ante la declaración sincerísima del propio Torras y Bages de no haber leído suficientemente los libros del Beato Raimundo Lulio, y ante los gruesos volúmenes latinos y castellanos del reverendísimo Abad del Císter P. Pasqual, quien enseñó Filosofía y Teología lulianas por espacio de *cuarenta años,* volúmenes de comentarios lulianos que recuerdan por su maestría y solidez los comentarios tomistas del Cardenal Cayetano, parécenos que la elección no es dudosa, y debemos inclinarnos del lado del reverendísimo P. Pasqual afirmando la utilidad de las Doctrinas lulianas.

Estudioso lector, si quieres formar un concepto cabal, justo y verdadero de Lulio, *filósofo y teólogo,* pasa por alto las ochenta páginas de la *Tradició Catalana* que tratan de ello; quítalas, mejor dicho, de aquel libro por otra parte precioso; y lee y pon en su lugar estas cuatro ó cinco del P. Pasqual, más breves, más concisas, pero muchísimo más verdaderas.

«1.—Por el dibujo expuesto del proyecto científico luliano, verá el más ciego que el Beato Lulio es el autor más metódico en la tradición de las ciencias, pues á todas las propone con el orden más exacto, procediendo de los principios á las combinaciones, reglas y cuestiones en que se demuestran las verdades adquiridas; y sub-ordena todas las ciencias particulares al Arte y Ciencia universal ó descenso luliano del entendimiento, en que todas se fundan y por la que se demuestran.

«2.—Se descubre la vastísima comprensión de su entendimiento que complicó tan diversas especies y arregló en el mapa de su mente tanta variedad de ideas; la vivísima penetración de su ingenio cavando hasta lo íntimo de las cosas y llegando hasta sus primitivos principios; la profundísima sutileza de sus pensamientos con que de unas, al parecer, tan triviales é ineptas especies deduce tan selectas noticias y expone tan evidentes verdades. De suerte que las mismas especies, que por tan usuales no merecen nuestro aprecio, le sirven como de gradas por penetrar las íntimas connexiones y escondidos resortes de los objetos para elevarse en altísimas consideraciones y manifestar profundísimos secretos; y finalmente se percibe la firmísima solidez de sus discursos, pues su primitivo fundamento es el mismo Dios y sus perfecciones: fundamento tan seguro y cierto que, usando de la razón, el entendimiento no puede dejar de confesarlo.

«3.—Por cualquiera parte que se mire al Beato Lulio, se ve dotado de una viva, fértil y hermosa imaginación, abundante en invenciones é ideas, para más facilitar el conocimiento de las cosas; cuyos efectos son la variedad de figuras en círculos, triángulos, cuadrángulos, tablas, árboles y colores de ellas, con que manifiesta á la vista todo el sublime Proyecto de las Ciencias; y se halla asistido de una brillante claridad de Doctrina, pues, además del orden exactísimo que observa, usa continuamente de ejemplos, los más en cosas sensibles, con que hace como palpables las sutiles ideas que explica; y da como varios tornos á una cosa que trata en varias partes para que, mirada á diferentes visos, por uno ú otro, se facilite la capción del entendimiento, introduciendo casi siempre los Diálogos, por ser el método más apto para la instrucción, y mezclando las Disputas que con las objeciones y respuestas desmenuzan íntimamente las materias y las hacen más perceptibles.

«4.—Es su estilo semejante á la varonil hermosura que, no cuidando de colores, pinturas, ni afeites, se viste y compone con el nativo brío y gala de su entendimiento, que concibe bien, explica con propiedad sus noticias, ordena con discreción las especies y pone la fuerza de sus persuasiones, no en el deleite de las apariencias, sino en la solidez de sus razones: basto parece á la delicadeza y melindre de la elocuencia romana, pero tiene un esplendor natural con que brilla en la propiedad de explicarse, introduciendo unas locuciones que, aunque desusadas, son propiísimas y necesarias para declarar con la debida exactitud las materias; y da también á las voces ya introducidas nuevas y más universales acepciones, para que sirvan á las expresiones precisas en la manifestación de las verdades: en fin, sólo piensa en concebir bien y proferir simple y exactamente sus conceptos.

«5.—Sujeta la razón con la exactitud de su Método á seguir en sus razonamientos los sólidos principios y firmes reglas á fin de que, estrechada en sus límites, no desbarre en los discursos, y, fundada en tan seguros apoyos, destruya los errores, salga de las dudas y opiniones y se adorne el entendimiento con la preciosísima joya de la ciencia que, satisfaciendo, cuanto es posible, al natural apetito, calme la inquietud que continuamente agita nuestro espíritu y lo enderece por ese conocimiento á distinguir la Verdad Suprema, amarla y servirla sabiamente.

«6.—Reluce en todo lo que trata el buen gusto ó crítica discreción, no sólo en las resoluciones que toma, conformes exactamente á las reglas críticas de su Arte, sino también en las materias que propone, en las razones con que manifiesta, en las objeciones que disuelve y en todas las demás circunstancias; pues siempre mira á lo más principal y digno de saberse. Con lo que observa una grande brevedad, en que expone sin fastidio lo substancial del asunto; y acostumbra á que se enseñe el mismo entendimiento, informándose por su propio discurso en aquellos puntos de que queda iniciado por la concisa brevedad de sus Tratados; dejando por eso mucho á la meditación y discurso de cada uno, para que la ciencia del que los estudia no se reduzca á un puro saber de *Comentario,* que con tanta razón notó Séneca.

«7.—Forma siempre al entendimiento en la universal noticia de todas las cosas y casi en todos sus Libros las considera todas, facilitando con su Método la comprensión de tan diversas especies; pues, coordenando entre sí y con la Ciencia general todas las especiales, las dispone para comprenderse con brevedad, y por el orden las deja sin confusión y claras para recordarlas fácilmente la memoria y ser un hombre dueño de tantas especies que pueda proferir con orden y distinción cuando quiera y convenga.

«8.—Conforme á esto se observa, que, aun en lo teológico, no sólo es Teólogo, sino Filósofo, Médico, Jurista, Matemático, etc., y al contrario en todas las demás materias; porque siempre interpola y mezcla otras varias noticias; sin cometer en esto importuna digresión, pues todas nacen y tienen conexión con la materia que principalmente trata. Dando así el modo de saber pasar el entendimiento de las verdades descubiertas en una Ciencia á otras proporcionadas en las demás, según lo declara en varios Libros y expresamente, hablando de este asunto, lo ejemplifica y manifiesta en el *de los Principios de Medicina.*

«9.—Pero hablando del carácter en cada una de estas Ciencias, considero al Beato Lulio en la Teología *divino,* en la Filosofía *profundo,* en la Jurisprudencia *sabio* y en la Medicina *discreto.* Trata con tal sublimidad las materias teológicas, que, habiendo bebido, como otro Juan, en el pecho de Cristo los raudales de sabiduría, llega el primer vuelo de su pluma al mismo Dios; y, así como en sí y por sí, esto es, en sus mismas perfecciones, se conoce Dios y penetra todas las cosas, de un semejante modo el Beato Lulio en ellas, y por razón de su infinita grandeza, descubre todos los puntos teológicos.

«10.—En la Filosofía penetra tan íntimamente la Naturaleza, descubriendo sus recónditos principios y más secretos movimientos, como si la hubiera observado con la vista. Y en realidad la contempló mucho en las operaciones químicas, que, bien ejecutadas, la descubren sin rebozo; pues el perito químico conoce su genio, sabe sus resortes, penetra sus amistades, entiende sus repugnancias y comprende en fin todos los modos con que la Naturaleza procede y nos esconde sus menores obras. Pero empieza á tratarla con cariño, la introduce sus mayores amigos que con su afecto se la unen, aplica los medios que muevan la obra de sus resortes, y en fin la maneja con tal maña, que le descubre todos sus senos, no con la furiosa violencia del fuego, como lo ejecuta la Química ordinaria, sino con el fomento de un leve y suave calor proporcionado al que ella usa en sus operaciones.

«11.—La Jurisprudencia no consiste en saber varios principios de lo justo y diversas leyes que previenen lo recto, ni en retener en la memoria muchas constituciones, sino principalmente en la sabia aplicación de sus estatutos para decidir prácticamente, conforme á la recta razón, lo justo y lo injusto: para lo que lo más conducente es estar fundado el entendimiento en las máximas de la equidad natural; y por lo mismo aspira el Beato Lulio á reducir al Natural todos los Derechos, instruyendo al mismo tiempo de las más sólidas máximas de la rectitud innata para que brevemente se terminen las causas, seguramente se decidan y gustosamente se ejecuten.

«12.—La partida principal en la Medicina es la atenta sagacidad con que, observando los movimientos de la Naturaleza y discerniendo entre sus indicios, se conocen las enfermedades; y á proporción del temperamento, calidades y demás numerosas circunstancias que deben todas atenderse, se prescriben á su tiempo y lugar los remedios oportunos: todo lo cual no puede dirigirse bien, si no lo gobierna una discreción sagacísima; y ésta es la que previene el Beato Lulio, después de dar una exacta noticia de todos los principios y circunstancias que pueden ocurrir en las enfermedades y su curación.

«13.—Procede en las demás Facultades con el más exacto orden y perfección, descubriendo sus principios y modos y arreglándolos al Método de su Arte y Ciencia general. Por lo que puedo decir del Beato Lulio, mejor que Rapin de Aristóteles, *(Comparación de Plat. y Arist.; tomo I, part. 3, cap. 8)*, que nada puede producirse de bueno en las Ciencias y nadie puede escribir cosa sólida, exacta y arreglada, sino conforme á los preceptos, principios y reglas que ha propuesto en sus Libros; pues constan en ellos los sólidos fundamentos de todas las Ciencias.

«14.—Reflexionando finalmente todo lo dicho, se conoce fácilmente, que no se puede hallar mejor orden, disposición y proporción, que el que tienen las partes del Artificio Luliano. Los términos, ó *Principios,* determinados en corto número, tienen necesaria conexión entre sí; dimanan de ellos inmediatamente conexas las combinaciones, ó *Condiciones;* y de éstas se originan las *Reglas* del mismo modo proporcionadas. Todo esto se aplica al descubrimiento de la verdad por la ordenada contracción á los géneros, especies é individuos. Los mismos principios y máximas son el peso y fuerza de todos los discursos y razones; pues, siendo universales y perteneciendo al primitivo ser de todas las cosas, son el fundamento y vigor de todas las demostraciones y las verdaderas universales semillas que, sembradas en el campo feraz del entendimiento, germinan todos los discursos.» (*Examen de la Crisis del P. Feyjóo sobre el Arte Luliana;* tomo II, pág. 354 y sig.).

Quien ha leído *insuficientemente* los libros del Beato Lulio, escribe lo que estampó en la *Tradició Catalana* el ilustrísimo Torras y Bages; quien los ha leído *suficientemente* escribe las copiadas palabras del reverendísimo Abad del Císter P. Antonio Raimundo Pasqual. Quien del Lulismo no sabe otra cosa que los Textos originales catalanes que editan los lulófilos de Palma de Mallorca, escribe sobre las Doctrinas lulianas lo que de ellas han escrito D. Mateo Obrador Bennassar y el capuchino Miguel de Esplugas; quien para enterarse del Sistema Científico luliano ha estudiado los libros arriba mencionados del ascenso y descenso del entendimiento, asentirá, no lo dudamos, á la exposición y crítica del Lulismo que hacemos nosotros en la presente obra.

La edición de los *Textos originales catalanes,* labor meritísima en el campo de la lengua y literatura de Cataluña, hace un mal grandísimo al Beato Lulio, *filósofo y teólogo.* La gente se cree que aquello es el Sistema y Doctrinas del Doctor y Maestro; y como son rarísimas las obras del ascenso y descenso, no es cosa fácil el sacar á la gente de tan craso error. Muchos desean saber en qué consiste la Filosofía y

Teología lulianas, saben que en Mallorca se publican obras de Lulio y procúranse, claro está, los consabidos libros. Los abren, los leen; y, como aquéllos no son libros propiamente filosóficos y teológicos (salvo rarísimas excepciones), ni mucho menos son los expositivos y prácticos de la ignorada *Arte Magna* que tanto inquieta en los momentos actuales á un sinnúmero de sacerdotes y seglares estudiosos, los libros se les caen de las manos, *els hi cauhen les ales del cor*, como decimos en catalán, y confírmanse en la errada creencia que se respira, como un miasma maléfico, en el ambiente científico tradicional, de que la Filosofía y Teología del Doctor Arcangélico no valen un comino. ¿Qué más? Leen los prólogos del señor Obrador y Bennassar á esa Edición; y las palabras nada meditadas del docto bibliotecario y literato (pero nada más que bibliotecario y literato), definitivamente para los tales deciden la cuestión contra el novísimo Renacimiento luliano. He aquí el origen de las censuras anti-lulianas del P. Miguel de Esplugas. Origen pobrísimo, en verdad, para todo crítico concienzudo, *emunctae naris;* pero al fin origen. No sucediera eso, si el prologuista; fijando con toda exactitud el objetivo y finalidad *exclusivos* (que son los meramente lingüísticos y literarios) de la Edición de los textos originales catalanes, no inmiscuyéndose directa ni indirectamente en la cuestión sobre el valor doctrinal del Lulismo (para lo que le falta quizás la debida preparación), y omitiendo la crítica de la antigua Escuela lulista y del novísimo Renacimiento luliano, que no viene al caso, remitiera á otras obras del Beato, que no las catalanas, al estudioso lector que desease imponerse bien en el conocimiento del *Arte Magna* y de su práctica ó aplicación á la Filosofía y Teología.

Siempre creímos en la altísima conveniencia de presentar el Lulismo de la manera que ofrecemos presentarle en los veinte volúmenes de la obra latina que prometemos, mas ahora, en vista del daño considerable que hace al Beato Lulio, *filósofo* y *teólogo,* la Edición de los textos mencionados, cien veces nos vemos ratificado en nuestra antigua convicción.

Nosotros hemos trazado ya á nuestro espíritu la trayectoria que debe seguir, mal que pese á los enemigos, blancos ó rojos, del Beato Raimundo Lulio; y la seguiremos, Dios mediante, siempre, siempre, indeficientemente, con calma, con serenidad, con el sonrís en los labios, con el espíritu de la santa continuación... ¿Qué trayectoria es esa? Declarar y evidenciar en qué consiste el *Arte Magna* ó Sistema Científico luliano (ó sea, el ascenso y descenso del entendimiento) y en hacer práctica ó aplicación del mismo en la Filosofía y Teología. Lo que siempre hemos dicho á los Seminaristas de Barcelona y otras diócesis.

La razón está de nuestra de parte, nada debemos temer. Luchamos, no contra la verdad, sino contra la ignorancia.

Nuestra obra es positiva; no negativa.

Los obstáculos, por grandes que sean, no lograrán que cejemos en nuestro empeño; no han de obscurecer nuestro entendimiento ni debilitar nuestra voluntad, sino muy al contrario estamos segurísimos, que ellos han de prestarnos nuevas luces para dirigirnos más de frente hacia la meta de nuestras aspiraciones y han de fortalecernos con alientos soberanos para trabajar sin descanso en una obra tan laudable y dignísima.

Tal somos nosotros. *Crescit agitata virtus.*

¿Cómo se nos presentan los modernos adversarios del Beato Raimundo Lulio? Lo que debe decirse del articulista P. Miguel de Esplugas, puede en general afirmarse de los demás: está muy convencido de lo que dice, pero ignora totalmente el Sistema Científico luliano y la Filosofía y Teología de nuestro Doctor y Maestro.

Si hemos manuscrito tan largas páginas ya impresas por Pasqual, es por tres razones: 1.ª porque nosotros no hubiéramos sabido decir lo mismo, ni otra cosa *ad hoc,* con más nervio filosófico ni más selecta erudición luliana; 2.ª porque las obras de dicho lulista pueden considerarse como casi inéditas por lo desconocidas y rarísimas; 3.ª porque alguien no caiga en la tentación de decir que el novísimo Renacimiento luliano no es una extensión de la personalidad del insigne

Polígrafo, una exacta expresión del espíritu y de las doctrinas del Maestro; porque alguien no diga que nosotros no hemos sabido enfocar á Lulio ni verlo de cuerpo entero á la luz de sus verdaderos libros; porque alguien no diga que hemos falseado y contrahecho el pensamiento del gran Doctor.

¿Quién se atreverá á estampar que el sapientísimo Padre Pasqual no expresó exactamente el espíritu y las doctrinas de su Maestro? ¿Qué *lulófilo* osará decir que el autor de las *Vindiciae Lullianae* no enfocó bien al Beato Raimundo ni lo vió de cuerpo entero á la luz de sus verdaderos libros? ¿Qué adversario más ó menos declarado del novísimo Renacimiento luliano escribirá con su firma al pie, que el invencible Contradictor del P. Feyjóo falseó y contrahizo el pensamiento del Arte Magna Luliana?

Hemos nombrado á los lulófilos, porque hoy en Cataluña distínguese entre *lulistas* y *lulófilos*, señalándose con el primer nombre á los admiradores de las doctrinas filosóficas y teológicas de nuestro Pensador, y con el segundo á los que sólo admiran los textos originales catalanes del Beato mallorquín que fué también el Patriarca de la lengua y literatura catalana; dándose el caso—harto lamentable y extraño—que sean los lulófilos los contradictores más declarados del novísimo Renacimiento luliano.

El novísimo Renacimiento luliano es una extensión ó expresión exacta del *Arte Magna* en sus dos partes esencialísimas de ascenso y descenso del entendimiento; de aquellas famosas Cátedras lulianas, oficiales y públicas, de la Edad Media, que vivieron hasta muy entrado el siglo XIX; de la Escuela del capuchino Bernardo de Lavinheta, de nuestro monje de Santas Creus Jaime Janer, de Salzinger, de Pasqual, de Fornes, del ilustrísimo señor Obispo de Vich Raimundo Strauch...

El novísimo Renacimiento luliano sigue las inspiraciones y los escritos luminosísimos del actual Prelado de Orihuela, el sapientísimo D. Juan Maura y Gelabert.

Mientras que quizás fuese fácil evidenciar, que las noticias *del Sistema Científico luliano* alcanzadas por sus modernos adversarios no son mayores que las obtenidas del mismo por los herejes Giordano Bruno, Enrique Alstedio y Valerio de Valeriis, ó por el P. Mariana, el P. Feyjóo, Weyler Laviña y el autor cómico Moratín quien asimismo hizo chacota del *Arte Magna* que ignoraba en su obra *El Café*.

Por lo demás, sería donosa la objeción (por alguien apuntada ya, si bien de un modo tímido y vergonzoso) de que no son *verdaderamente* del Beato Raimundo los libros en que estudian los lulistas de nuestros tiempos, de que no son auténticas las obras de la magna Edición Moguntina, los libros expositivos y prácticos del ascenso y descenso del entendimiento.

Si fuéramos ambiciosos, si gustáramos de vestirnos con ricas plumas ajenas, aun podríamos dar la razón á nuestros adversarios ¿qué más podríamos desear nosotros, que ser autores del *Arte Magna*? Otra razón: si no fué el Beato Lulio quien redactó y practicó los cánones del ascenso y descenso del entendimiento cuya teoría y aplicación encontramos en las obras de la Edición Moguntina, nosotros nos descubriríamos igualmente ante el Autor desconocido de dichos Cánones, veneraríamos igualmente la memoria de ese *célebre desconocido* y estudiaríamos con igual amor y afán que ahora esos libros admirables, portento de ingenio y sabiduría. Si las versiones latinas contenidas en la Edición Moguntina dicen lo que dicen y nosotros hemos trasladado á estas páginas, poco nos ha de importar el nombre de su autor. ¿No hay en ellas la interpretación fidelísima de las leyes del humano pensamiento? ¿No es aquello profundamente filosófico y teológico? ¿No hay allí la *verdad*, objeto de nuestro entendimiento? Pues eso nos basta.

Al escribir estas líneas recordamos una objeción parecida que los enemigos de nuestra Religión dirigen á la Iglesia Católica. Dicen ellos: la doctrina moral y teológica de la Iglesia no tiene un origen divino, porque no es la misma de Jesús. Poco importa—replica la Iglesia—que se llame ó no Jesús el autor de mi doctrina para probar la divinidad de la misma. Mi argumento consiste en que mi doctrina es tan alta y sublime que no puede ser humana; luego es divina.

Prúebase que puede ser humana, y quedaré convencida de que puede dejar de ser divina. Si no es Jesús quien me la dió, aquel de quien la tomé... merece ser Jesús.

Otro tanto, en conclusión, diremos nosotros: si no es el Beato Lulio el autor de los libros teóricos y prácticos del ascenso y descenso intelectual, cuyas versiones latinas tenemos en la Edición de Moguncia; sino es aquel Lulio tan admirado y aplaudido por los siglos... merece serlo quien los compuso.

Se ha escrito muy mucho contra las Doctrinas lulianas, y á veces por personas bastante autorizadas, sino por los conocimientos que demuestran tener del Lulismo, por otras razones muy atendibles. En estas páginas hallarás, estudioso lector, la refutación de todo ello, al menos en su parte más principal. Pero, al refutar á nuestros adversarios, no nos hemos limitado á triturar sus argumentos (tarea harto fácil), ni tan siquiera nos hemos fijado demasiado en ellos; por temer, y no sin razón, que semejante proceder nos habría hecho olvidar á menudo el análisis y la discusión del fondo mismo del *Arte Magna* ó Sistema Científico luliano, que es lo principal y aun lo desconocido por nuestros contra-opinantes. Hemos obrado con mucha holgura. Sin dejar incontestadas las objeciones dignas de tenerse en cuenta en los momentos actuales, creemos haber hecho una completa y adecuada exposición y crítica del grandioso Sistema Científico del Doctor Arcangélico. (NOTA A).

NOTA A (Pág. 465)

El Doctor Arcangélico

En Cataluña, debido sin duda á los diez años que cuenta ya la novísima propaganda del Lulismo, es cosa muy usual aplicar al Beato Raimundo Lulio el título de *Doctor Arcangélico.* Y pues ahora comenzamos á escribir en castellano para la mayor divulgación de las Doctrinas lulianas, fuerza es declarar al resto de España el por qué decimos *Ar-*

cangélico á nuestro Doctor y Maestro: no fuera nadie á creer que somos nosotros los autores de ese título luliano.

No se lo ha dado el entusiasmo ó la pasión de algún discípulo, sino que fueron los siglos quienes pusieron en las sienes del Beato Lulio la corona de ese título glorioso; y no en Mallorca ó Cataluña solamente, sino en todos los pueblos de civilización cristiana. ¿Qué razón tuvieron para ello?

Sabida cosa es que en la Edad Media solían los Escolásticos dar un título especial á cada uno de sus Maestros de mayor fama en conformidad con el carácter peculiar que los distinguía. Así observamos, á principios ya del siglo XII, que á Alano de Lisle le llaman *Doctor Universalis* por la universalidad de sus conocimientos; á Alejandro de Hales decíanle *Doctor Irrefragabilis,* porque á la verdad parecían no tener vuelta de hoja los argumentos que aducía.

Santo Tomás de Aquino, por la grandísima comprensión de su inteligencia que con pocos principios veía muchas ideas, cosa propia del entendimiento de los Angeles, es conocido con el nombre de *Doctor Angélico;* San Buenaventura, por el inflamado amor divino que resplandece en todos sus libros, es llamado *Doctor Seráfico;* el Venerable Duns Escoto, por la sutileza de sus argumentos, es el *Doctor Sutil.* Y una cosa parecida podríamos decir de todos los siguientes y otros que aún nos dejamos en el tintero:

Alberto Magno, el *Doctor Universalis;*
San Bernardo, el *Doctor Mellifluus;*
Rogerio Bacón, el *Doctor Mirabilis;*
Enrique de Gante, el *Doctor Solemnis;*
Egidio Romano, el *Doctor Fundatissimus;*
Guillermo Warron, el *Doctor Fundatus;*
Francisco Mayronis, el *Doctor Acutus;*
Antonio Andreu, el *Doctor Dulcifluus;*
Juan de Bassols (natural de Olot) el *Doctor Ordinatissimus;*
Pedro Oriol, el *Doctor Facundus;*
Durando, el *Doctor Resolutissimus;*
Guillermo Occam, el *Doctor Invincibilis;*
Juan Tauler, el *Doctor Illuminatus;*

Gerson, el *Doctor Christianissimus;*
Nicolás de Lira, el *Doctor Utilis;*
Ricardo de Midletown, el *Doctor Solidus;*
Gualtero Barleu, el *Doctor Clarus;*
Landolfo Caraccioli, el *Doctor Collectivus;*
Suárez, el *Doctor Eximius.*

Ahora bien, al Autor del *Arte Magna* siempre y en todas partes se le dieron los títulos de Doctor *Iluminado* y Doctor *Arcangélico;* si bien el primero vulgarizóse en mayor escala que el segundo. Llamábanle *Doctor Iluminado,* por haber sido ilustrado con luces especiales por Dios Nuestro Señor para la redacción de su grandioso Sistema Científico, ó *Arte Magna,* ó armonía y unión del ascenso y descenso del entendimiento; y decíanle *Doctor Arcangélico,* por haber señalado los Principios científicos más universales y trascendentales que conocemos en la Historia de la Filosofía y de la Teología; unos Principios donde vemos más ideas, que en los de otros pensadores; los Principios universalísimos de todas las ciencias; los Principios, en fin, con que probamos ó declaramos, no solamente las cuestiones filosóficas y teológicas, sino aun aquella parte de universalidad y necesariedad que, como todas las ciencias, logran también el Derecho y la Medicina: porque el Beato Lulio halló (en su descenso del entendimiento) la *Ciencia universal, la unidad de las ciencias;* porque *la concepción científica luliana es la más una* de cuantas hallamos noticia en los anales de la Ciencia.

Y no sin razón. Enseña la Sagrada Teología ser propio del entendimiento angélico el ver en pocos principios muchísimas ideas; al contrario de lo que pasa en el hombre, quien casi necesita tantos principios cuantas son sus ideas. El ángel y el hombre se parecen en eso al maestro y su discípulo. El maestro ve en muy pocos principios una multitud innumerable de ideas que no alcanza á ver el discípulo; así también el ángel no necesita tan gran número de principios como el hombre para obtener la verdad de las cosas.

Otra afirmación teológica sienta, que los Angeles superiores requieren menos principios que los inferiores para sus actos intelectuales; y que, ascendiendo en la escala de los seres, llegamos por fin á Dios, ente purísimo y actualísimo, entendimiento *unísimo,* en quien se identifican la potencia intelectiva, el principio y la idea.

Siendo esto así, como realmente lo es, ¿qué mucho que los Escolásticos de la Edad Media, amigos ó adversarios del *Arte Magna,* concedieran al Beato Raimundo Lulio el título de *Doctor Arcangélico?*

Angélico decimos á Tomás de Aquino, por la grandísima comprensión y elevación de su entendimiento; con todo, no trazó siquiera las líneas de la Ciencia Universal. Y *Arcangélico* decimos al Beato Raimundo, por habernos ofrecido el organismo acabado, perfecto y vivo de la *Ciencia Universal,* en la que, con un número de Principios menor que el de todas las demás ciencias inventariadas en la Historia, obtenemos las verdades del orden universal y necesario, no de esta ó aquella ciencia, sino de todas las conocidas.

Podrá ser discutida la utilidad de los Principios universalísimos de la Ciencia Universal ó descenso luliano del entendimiento; pero es innegable que la concepción científica luliana *es la más universal, la más una,* de cuantas conocemos; y en esa teoría y práctica de la unidad de las ciencias fundáronse los pueblos y los siglos (y tú, lector, dirás con cuánto fundamento), para distinguir al Beato Raimundo Lulio con el sobrenombre de *Arcangélico Doctor.*

Por lo demás, no sabemos que haya en la actualidad quien se ocupe en examinar, para aprobarlas ó reprobarlas, las razones que tuvo la Edad Media en dar á sus Doctores más predilectos aquellos títulos por un igual gloriosísimos.

Que éstas sean las razones por que á Lulio llamamos *Arcangélico,* lo saben á maravilla quienes han leído las obras de sus discípulos que tratan de ello. Nosotros *relata referimus* (1).

---

(1) Véase ahora como el Beato Raimundo Lulio y Santo Tomás de Aquino coinciden en enseñar lo mismo, esto es, que los Angeles superiores tienen un conocimiento más universal que los inferiores; que las semejan-

En cierta ocasión nos preguntaban unos seminaristas de Barcelona, cuál era, según nuestro parecer, el título más glorioso de los muchos que en los siglos medios la Escolástica otorgaba, como vimos, á los Doctores más celebrados. Lo que entonces respondimos no holgará repetirlo ahora,

---

zas inteligibles de que usan los Angeles superiores son menos numerosas, pero más universales, que las de los Angeles inferiores. Igual doctrina enseñaron siempre las escuelas respectivas.

Dice nuestro Maestro en la *Introductoria Artis Demonstrativae*, capítulo 42:

«Reperitur in scriptis, quòd Angeli superiores habeant cognitionem magis universalem, quàm inferiores... consideratur universalitas cognitionis ex parte cognoscentis, quia videlicet ejus virtus cognoscitiva est fortior et perfectior, propter quod ex paucis potest tot videre, quod alius minùs perfectae virtutis ex multis; sicut magister in uno principio videt multas conclusiones, quas non videt discipulus, nisi deducatur ad singulas per specialia principia.»

Santo Tomás escribió en la *Summa contra Gentes*, libro II, cap. 98:

«Quanto autem aliqua substantia separata est superior, tanto ejus natura est divinae naturae similior; et ideo est minus contracta, utpote propinquius accedens ad ens universale, perfectum et bonum, et propter hoc universaliorem boni et entis participationem habens; et ideo similitudines intelligibiles in substantia superiori existentes, sunt minus multiplicatae et magis universales.

Et hoc est quod Dionysius *(Coel. Hier. cap. 12)* dicit quòd Angeli superiores habent scientiam magis universalem; et in libro *De causis* (lec. 10) dicitur quòd intelligentiae superiores habent formas magis universales. Summum autem hujusmodi universalitatis est in Deo, qui per unum, scilicet, per essentiam suam, omnia cognoscit; infimum autem in intellectu humano, qui ad unumquodque intelligibile indiget specie intelligibili propria et ei coaequata.

. . . .

Similitudo autem intelligibilis quae est in substantia separata est universalioris virtutis, ad plura repraesentanda sufficiens, et ideo non facit imperfectiorem cognitionem, sed perfectiorem; est enim universalis virtute ad modum formae agentis in causa universali, quae quanto fuerit universalior, tanto ad plura se extendit et efficacius producit.»

Lo mismo dice en otros capítulos de la propia *Summa* y en varios de sus libros.

Un Maestro General de la Orden de Predicadores, comentando esas palabras del Angélico, dice así:

por si alguien al llegar aquí nos hiciese la misma pregunta: ninguno es más honroso ó glorioso que los demás; todos son igualmente dignísimos y nobilísimos; en aquella República Escolástica todos los Doctores católicos son igualmente Príncipes. Ni *seráfico* quiere decir más que *arcangélico,* ni *arcangélico* quiere decir más que *angélico,* ni *angélico* más que *sutil,* ni *sutil* más que otro cualquiera, ni menos tampoco. Todos aquellos Doctores son igualmente grandes, igualmente sabios, y hasta algunos de ellos igualmente santos. Todos son igualmente Príncipes del pensamiento y de la ciencia cristiana.

Sólo que, en atención al carácter privativo de sus doc-

«Tertia conclusio est: Similitudines intelligibiles in substantia superiori existentes sunt minus multiplicatae et magis universales...

Circa conclusionem ipsam advertendum est quòd dupliciter potest intelligi angelum sive intelligentiam superiorem per pauciores species intelligere. Uno modo secundum superioritatem in gradu specifico, ita videlicet quòd omnis angelus alio secundum differentiam specificam superior, per pauciores et universaliores species intelligat quàm inferior. Alio modo secundùm superioritatem ordinis ad ordinem, ita scilicet quòd angeli ad superiorem et nobiliorem angelorum ordinem pertinentes, per pauciores et universaliores species intelligant quàm angeli ordinis inferioris: omnes tamen ejusdem ordinis per aequales numero species intelligant, licet in eodem ordine angeli specificè nobiliores limpidiùs clariùsque cognoscant.

Licet autem ad utrumque sensum conclusio possit intelligi, probabiliùs tamen videtur quod in secundo sensu sit accipienda. Non enim probabile videtur ut angeli qui in eodem ordine sunt propinquissimi, secundum speciem hanc habeant diversitatem, ut superior per pauciores species intelligat. Videmus enim quòd multa animalia irrationalia secundum speciem distincta non sic distinguuntur quòd unum habeat plures vires sensitivas alio, sed quia easdem numero potentias habentia, unum perfectiores alio habet.

Probabiliùs ergo est quòd omnes angeli ejusdem ordinis per aequales numero species intelligant, sed angeli superioris ordinis intelligant per pauciores quàm angeli inferioris ordinis: videturque hoc ad mentem Dionysii esse, qui angelos in hierarchias ipsasque in ordines distinxit, et secundùm hanc distinctionem de eorum dignitatibus determinat.»

(Fratris Francisci de Silvestris Ferrariensis, Artium et Sacrae Theologiae Professoris celeberrimi, Ordinis Praedicatorum quondam Generalis Magistri, in quatuor libros Divi Thomae de Aquino contra Gentiles Commentaria praeclarissima: in caput XCVIII, libri II: Fol. 217).

trinas, á cada uno se le dió un título conforme con la especialidad respectiva.

En un cuaderno de notas lulianas tenemos muchísimas tomadas de los discípulos del Beato, en cuyos libros se da siempre al Maestro el sobrenombre de Doctor Arcangélico. Apuntaremos aquí algunas de las pertenecientes á los últimos siglos, para que se vea que la tradición escolástica medioeval ha llegado hasta nuestros días.

a) El presbítero Juan de Aubry, de Montpeller, consejero y médico ordinario del rey de Francia, publicó en París, el año de 1645, una obra intitulada *Triumphus amoris*, en cuya primera página se leen estas palabras: «Mirabilia mirabilium maxime admirandorum *Doctoris Archangelici* Sancti Raymundi Lulli Martyris, Magistri Sapientiae, Principis Intelligentiae, Inventoris Doctrinae, Fundatoris Scientiae et Monarchae omnium Philosophorum et Doctorum.»

b) El Dr. Pedro Bennassar, canónigo de Palma de Mallorca, escribe, en el año de 1688, que el Beato Lulio es llamado por muchos en París *Doctor Arcangélico*, citando á continuación el juicio favorabilísimo que merecieron al sabio Gerson las Doctrinas lulianas. «... Beatum Raymundum Lullum, virum in toto orbe litterario celeberrimum, in Regno Baleari vocari Doctorem Illuminatum *et a plurimis Parisiensibus vocari Doctorem Archangelicum*, qui quidem plurimos in lucem edidit libros, speciali methodo, doctrina altissima et verissima existente, ut sic doctissimus Gerson, Cancellarius Parisiensis Universitatis his verbis: Doctrina Raymundi Lulli, altissima et verissima, tamen in aliis discrepat a modo loquendi Doctorum.» (*Breve ac compendiosum rescriptum Nativitatem, Vitam, Martyrium, Cultum immemorabilem... Raymundi Lulli... complectens;* cap. III, pág. 151. — Majoricis. Ex officina Viduae Guasp. Anno 1688).

c) Hemos visto muchas estampas de diferentes tamaños, editadas en Francia durante el mismo siglo XVII, que llevan al pie una leyenda, llamando *Doctor Arcangélico* á nuestro Beato. Una de ellas la reproducimos en nuestra obra *Homenatge al Doctor Arcangèlich*. Decía así: «*Le Doc-*

teur Archangelique Saint Raymond Lulle, Martyr (du tiers Ord. S. François), l'Apostre de l'Affrique, le premier Fondateur de toutes les Missions et Seminaires du Monde, suivant le R. P. Caussin de la Compagnie de Jesus, en la *Cour Sainte;* etc.»

d) Abramos el siglo XVIII. Hemos pasado á Mallorca. A los 25 de Enero, Fiesta de la Conversión del Beato Lulio, del año 1734, el capuchino Fr. José María de Mallorca predicó en la iglesia de San Francisco de Palma un sermón *en elogio de la infundida doctrina del Beato Raimundo Lullio.* Y en su página 28 leemos: «Porque encuentran los sabios todos en la doctrina del *Arcangélico Maestro* con que llenar sus afanes con copiosos científicos frutos...» (Impreso en Palma de Mallorca, en casa de la Viuda Guasp).

e) En 1744 comenzaron á imprimirse en Palma diversos tratados filosóficos del Beato, formando la colección de volúmenes rotulada *Opera Parva.* El primer volumen contiene seis tratados; y al frente de ellos aparecen, claro está, la censura y aprobación de un teólogo calificado, quien dice asimismo *Arcangélico* á nuestro Doctor y Maestro. Es don Salvador Artigues, Canónigo Penitenciario, Catedrático de Filosofía Luliana en aquella Universidad y Calificador del Santo Oficio. «Libros sex, scilicet, Ars brevis, Correlativorum, De venatione medii, De conversione medii, De substantia et accidente et De demonstratione per aequiparantiam nuncupatos, authore invictissimo Christi martyre *Archangelico* atque Illuminato *Doctore* Beato Raymundo Lullo, ex commissione Perillustris...»

f) En el mismo año y en la misma ciudad de Palma, imprimióse el *Liber de ascensu et descensu intellectus;* y en la censura y aprobación de dicha obra luliana repite diferentes veces D. Salvador Artigues el calificativo de *Arcangélico.*

«Ut muneri mihi injuncto a Perillustri Domino hujus Dioecesis Provisore et Vicario Generali dignissimo D. Nicolao de Salas et Berga, facerem satis, Librum de Ascensu et Descensu intellectus *Archangelici* atque Illuminati *Doctoris*... perlegi... Hinc librum istum (in cujus scala, velut in altera Jacob, *Archangelicos Lullianos intellectus* ascendentes et descendentes conspicio) nihil catholicae Fidei aut bonis moribus dissonum immo magnopere profitura continere, censeo.»

g) Lleva la fecha del año 1755 el volumen *Opera Medica.* Abraza cuatro libros del Beato; y precédele un largo estudio sobre la medicina luliana, escrito por el médico don Andrés Oliver, donde se otorga á Lulio varias veces el título de *Doctor Arcangélico.*

«Miramini omnes cur Ars Compendiosa Medicinae, Liber de regionibus sanitatis et infirmitatum, alter De levitate et ponderositate elementorum et liber pariter De lumine, *Archangelici Praeceptoris mei* Beati Raymundi Lulli nobiles foetus, diu desiderati, sine intermissione quaesiti et aliquando concupiscenti animo praeparati, tam sero lumen aspiciant!... Aggrediamur ergo pro accurata judicii libra grandaevum opus, audiamus sive pro sui eloquio digno, sive pro nostri eruditione; sed antea penicillo brevi aliquantulum illud depingam, ut qui totaliter *Archangelici Doctoris* Artem ignorant debitum judicium illius afferre valeant, uti ex ungue leonem... Et si aliquis animadverteret diminutum processisse *nostrum Archangelicum Praeceptorem* in hac Arte et in reliquis libris Medicinae ab ipso conscriptis, quia solum de morbis...»

h) La oficina de la Viuda Frau, de Palma de Mallorca, dió á luz en 1753 la versión castellana del *Libro del Ascenso y Descenso del entendimiento.* La censura y aprobación fírmalas el M. R. P. Juan Mayol, de la Compañía de Jesús, Calificador del Santo Oficio. Dice: «La doctrina admirable de este pequeño, bien que precioso, libro del Beato Raimundo Lulio, *Doctor Arcangélico* y Mártir glorioso de Jesucristo, que se intitula *Del Ascenso y Descenso del entendimiento,* sobre ser muy útil é ingeniosa, es toda muy bien fundada, sólida...»

Luego sigue una segunda aprobación, y lleva á su fin el nombre de don Guillermo Bestard, Catedrático de Instituta en la Universidad Literaria Luliana de Mallorca. Dice: «...en una palabra, y esta es la mayor ponderación que se puede hacer, el Libro es producción hermosa del Iluminado y *Arcangélico Doctor*.»

i) Tomemos otro libro, un libro de Mística luliana, salido de las prensas de Mallorca en 1760, la «Exposición de los Cánticos de Amor, compuestos por el Beato Lulio en el libro del Amigo y del Amado, dada y místicamente practicada por la Venerable Madre Sor Ana María del Santísimo Sacramento, religiosa dominica del Convento de Palma.» En el juicio crítico que la precede, su autor el M. R. P. Presentado Fr. Cosme José Feminia, del Orden de la Santísima Trinidad, Catedrático de Sagrada Escritura en la Pontificia y Real Universidad Luliana de Palma, escribe: «Una y otra vez con mucho gusto y deleite de mi corazón leí los escritos en que esta gran Sierva de Dios explicó los Cánticos que, como profundas parábolas, en el libro del Amigo y del Amado, dejó escritos la Luz mayor de este Reino y asombro del orbe todo, ínclito mártir de Jesucristo, *Doctor Arcangélico* é Iluminado, el Beato Raimundo Lulio, nuestro insigne paisano.»

j) No sólo en París y en Mallorca publicábanse libros que daban á nuestro filósofo el título de *Doctor Arcangélico,* sino que también los hallamos entre los impresos en Salamanca. El *Liber Apologeticus Artis Magnae,* editado allí el año 1746, escrito por el Padre Bartolomé Fornes, Catedrático de Teología en la Universidad Literaria de la capital castellana, llama *Doctor Arcangélico* al insigne mallorquín en su Distinción II, cap. 3, pág. 71.

k) Veamos ahora por fin como en las aulas de Filosofía y Teología lulianas, alumnos y catedráticos designaban constantemente con el sobrenombre de *Doctor Arcangélico* á su estimado Maestro.

Tenemos tres volúmenes manuscritos (propiedad del excelente amigo y canónigo don José Miralles) que habían pertenecido al alumno Miguel Bordoy y Tellades, doctor en Filosofía luliana, y son de los años 1793 y 1794. Comprenden varios tratados teológicos *ad mentem Beati Raymundi Lulli,* y constituyen las *Explicaciones de Cátedra* del sapientísimo Padre Pasqual. En ellos á cada paso se le dice *Arcan-*

gélico á nuestro Lulio. Por ejemplo, el segundo volumen comienza por decir:

«*Tractatus de Trinitate.*—Deus, cum tua gratia, sapientia et amore incipit Tractatus de ineffabili Sanctissimae Trinitatis Mysterio juxta mentem *Archangelici* et Illuminati *Doctoris* Beati Raymundi Lulli, Christi Martyris invictissimi, Marianique Immaculatae conceptus aserrimi defensoris.»

El tratado *De Scientia Dei* concluye con estas palabras: «Quae diximus hucusque sufficiant pro aliquali notitia eorum quae ad tractatum De Scientia Dei pertinere dignoscuntur; quae omnia humiliter subjicio correctioni S. R. E. Cedant omnia in laudem honoremque uni trinique Dei, B. Virginis Mariae, nec non nostri *Archangelici* et Illuminati *Praeceptoris* Beati Raymundi Lulli, cujus doctrinam et ore et corde profitemur.»

Léase, al terminar, en el tratado *De Providentia:* «Sufficiant ergo dicta pro tractatu De Providentiâ, quae humiliter S. C. R. E., virorumque prudentium judicio, subjicio; cedant igitur omnia in omnium Coeli Civium honorem, praesertim B. Virginis Mariae et *Archangelici Praeceptoris* Beati Raymundi Lulli, primevae marianae gratiae vindicis aserrimi.»

Otro tratado: «Deus, cum tua divina gratia, sapientia et amore, incipit tractatus De profundissimo Praedestinationis et Reprobationis arcano, juxta mentem *Archangelici* et Illuminati *Doctoris* Beati Raymundi Lulli.»

l) Interroguemos á otro Profesor de Teología Luliana. En la Biblioteca-Museo Episcopal de Vich hay manuscrita una *Teología Luliana,* cuyo autor no es otro sino el Prelado de aquella Diócesis, ilustrísimo don Ramón Strauch.

Ojead el manuscrito y hallaréis en seguida: «*Tractatus de Sacramentis* juxta tutissimam *Archangelici* et Illuminati *Doctoris,* Christique invictissimi Martyris, Beati Raymundi Lulli mentem, in quotidianis praelectionibus hujus Regiae et Pontificiae Balaearicae Universitatis, a P. Fr. Raymundo Strauch, Ordinis Minorum Regularis Observantiae, Artium Magistro et in eadem Universitate pro Lulliana opinione Sacrae Theologiae Doctore, ex-Cathedratico, traditus a die 18 Octobris anni 1798.»

Un segundo tratado: «Divino patrocinante numine, perutilis incipit tractatus De Sacra Scriptura juxta tutissimam nostri *Archangelici* atque Illuminati *Doctoris* Beati Raymundi Lulli, Christi invictissimi Martyris, mentem. In lucem editus a P. Fr. Raymundo Strauch, Artium Magistro, ac pro Lulliana opinione, in hoc Regali S. P. N. S. Francisci Palmae Conventu, Sacrae Theologiae Lectore. Cui prima imponitur manus die 24 Novembris anni 1794.»

Tratado tercero: «Divino patrocinante numine incipimus tractatum theologico-dogmaticum De capite visibili militantis Ecclesiae, scilicet, Summo Pontifice Romano, juxta mentem *Archangelici* et Illuminati *Doctoris,* martyrisque invictissimi Jesu Christi, Beati Raymundi Lulli, elucubratum a P. Fr. Raymundo Strauch, Sacrae Theologiae pro Lulliana opinione, in S. P. S. Francisci Palmae conventu, Lectore. Cui prima imponitur manus die 9 Septembris anni Domini 1797.»

Cuarto tratado: «Expositio fundamentorum Religionis ipsorumque vindicatio juxta tutissimam *Archangelici* et Illuminati *Doctoris,* invictissimi Christi Martyris, Beati Raymundi Lulli doctrinam, tradita a P. Fr. Raymundo Strauch, Sacri Ordinis Minorum Lectore Jubilato et in hac Regia Universitate Sacrae Theologiae Doctore et Cathedratico, a die 19 Octobris anni 1801.»

Estos serían los tratados que enseñaría, el que después fué Obispo de Vich, en la Universidad Luliana y en el Convento de San Francisco de Palma de Mallorca.

m) Existe asimismo en la Biblioteca-Museo de dicha ciudad otro manuscrito conteniendo dos tratados teológicos cuyos autores son los Padres franciscanos Pellicer y Alcover, maestros de Raymundo Strauch. Son de puño y letra de nuestro Strauch, como él mismo lo dice, al terminar cada tratado, con estas palabras: *Scripsit Fr. Raymundus Strauch, Subdiaconus.*

En ellos dase también á cada paso al Beato Lulio el título de *Doctor Arcangélico.*

1.º—«Deus, cum tua gratia, sapientia et bonitate incipit valde utilis Tractatus de Domini Verbi Incarnatione, juxta mentem *Archangelici* et Illuminati *Doctoris*, Beati Raymundi Lulli, Christi martyris; elaboratus a P. Fr. Michaele Pellicer, Sacrae Theologiae Lectore. Prima imponitur manus in Conventu S. P. N. Francisci, die 10 Septembris anni Domini 1781.»

2.°—«Super ejusdem numinis juvamine prosequitur perutilis valdeque necessarius Tractatus de ineffabili divinae Incarnationis mysterio, magno Fidei defensore Beato Raymundo Lullo, *Doctore* Illuminatissimo atque *Archangelico*, catholicae religionis propugnatore maximo, Christique martyre invictissimo, praelucente R. P. Fr. Antonio Alcover, Philosophiae Doctore et ex-Cathedratico atque in Sacra Theologia pro Lulliana opinione Lectore exponente. Primam imponendo manum in hoc Seraphico Patris Nostri S. Francisci Coenobio civitatis Palmae, Regni Balearium, die 9 Septembris anno a Verbi divini Incarnatione 1782.»

n) El calificativo de *Arcangélico* también era conocido en otras Cátedras lejos de Mallorca, como los colegios de Jesuitas de Cataluña, la Universidad de Cervera y el colegio Cordelles de Barcelona. Podríamos evidenciarlo transcribiendo numerosísimos pasajes de los *Apuntes* de clase que en tomos manuscritos compramos nosotros en los *Encants* de la ciudad Condal.

No que allí se enseñaran las Doctrinas lulianas; al contrario, en cada tratado, ora de Filosofía, ora de Teología, encuéntrase un *Respondetur Lullistis* (y en letras muy visibles) indicando claramente que se combaten en aquellas páginas las enseñanzas del Beato Lulio expuestas con anterioridad. Pero sí que, á semejanza de los lulistas, los adversarios del *Arte Magna* daban también al Autor de ésta el título de *Doctor Arcangélico*.

Al ordenar y mandar el Gobierno español, en 1830, que se cerrase la Universidad Luliana, Real y Pontificia de Palma de Mallorca, cesó la *enseñanza oficial* del Lulismo en España, que había logrado una existencia cinco veces secular; viviendo las Doctrinas lulianas desde entonces solamente en los Conventos de Padres Franciscanos, así de Mallorca como de Cataluña, hasta que de un modo paulatino han ido desapareciendo de las Aulas.

Enmudecidas la Filosofía y Teología lulianas, ¿qué se ha leído y estudiado de nuestro gran Polígrafo? Unicamente algunos textos originales catalanes; y tan sólo por su valor lingüístico y literario. Esto ha sido la causa de que se haya olvidado el título de *Doctor Arcangélico,* hasta el punto de parecer novedad é invención arbitraria lo que tiene una tradición de más de cinco siglos y está muy fundado en razón. Pero digamos lo del Poeta: *Multa renascentur quae jam cecidere.*

Harto bien noto yo que esta Nota es muy extensa y no se relaciona directamente con la exposición y crítica del Sistema Científico luliano, objeto preferente de esta Obra; sírvame de excusa el temor, bien fundado por cierto en vista de ciertas exageraciones antilulianas, de que se atribuya á nuestra invención ó entusiasmo por las doctrinas del Filósofo el título de *Doctor Arcangélico,* tantas veces repetido en estas páginas.

No hay tal.

Si designamos al Autor del Arte Magna con el calificativo de *Arcangélico* es por las razones alegadas:

1.ª porque así le llamaron amigos y adversarios, en Cataluña y en otras naciones, durante los siglos XIV, XV, XVI, XVII, XVIII y XIX;

2.ª porque ese título, aplicado al Beato Raimundo Lulio, está muy fundado en razón, toda vez que el Polígrafo nos ha dado á conocer unos Principios científicos los más universales y trascendentales de que nos da cuenta la historia de la Filosofía; y sabida cosa es que los Angeles superiores entienden mediante unos principios más generales que los Angeles inferiores.

Haec sufficiant.

L

Algunas personalidades muy distinguidas en la república de las letras nos hicieron el alto honor de combatir la tesis que defendimos en una Conferencia dada en el *Ateneo Barcelonés,* la noche del 17 de Marzo de 1902. Tratábamos en ella de la Filosofía indígena de Cataluña.

Nuestros contradictores pusieron el grito en el cielo, rasgaron sus vestiduras llenos de escándalo y llegaron á señalarnos como á verdaderos enemigos, si bien inconscientes, del propio Lulismo.

Parécenos que no hay para tanto. Calma y reflexión.

Los términos de la cuestión debatida no son otros que los siguientes: si cada pueblo ó nación tiene *su* filosofía, ó, á lo menos, puede tenerla; si Cataluña es un pueblo ó nación; si la Filosofía luliana es la filosofía nacional de Cataluña.

¿Hanse presentado algunos argumentos contra la afirmativa de las tres precedentes cuestiones? De ninguna manera. Nuestros contra-opinantes han omitido esos puntos de vista que son los substanciales y han sacado á colación mil diferentes cosas, pero no han hablado de eso que es lo principal, mejor dicho, lo único que debe debatirse.

Que cada pueblo ó nación tenga *su* filosofía, ó, á lo menos, pueda tenerla, lo afirman todos los grandes pensadores modernos. Dice Fouillée en su obra *Psychologie du peuple français* (París, 1898): «Il y a une logique nationale; chaque peuple se fait plus ou moins consciemment son *Discours de la Méthode*. L'un préfère observer, comme le Anglais, l'autre raisonner, comme le Français; l'un aime mieux déduire, l'autre induire. Chaque peuple a même ses erreurs préfèrées, ses péchés mignons de logique, sa sophistique nationale. Ainsi non seulement nous devons à notre nation un certain nombre de pensées et des idées déterminées, mais nous lui devons des formes de pensée, des cadres tout faits où les idées viennent se classer, des catégories sous lesquelles nous les rangeons et qui nous semblent *a priori*. La langue Nationale, qui fixe et les idées et les méthodes, impose ces formes intellectuelles á chaque individu et l'oblige á rester dans le moule commun.» *(Les facteurs des caractères nationaux)*.

El Prelado de Vich, Dr. Torras y Bages, quéjase amargamente en la *Tradició Catalana* de que en la Universidad de Barcelona (mera sucursal como las demás españolas, según dice él, del Ministerio de Fomento) nada se enseñe de lo que es propio, característico é indígena de la Nación Catalana: ni artes, ni literatura, ni ciencia. Y saliendo al paso de la objeción vulgarísima, manoseada y harto endeble, de que la ciencia tiene un carácter universal y trascendente, afirma que pueden existir y existen realmente *filosofías nacionales*. Y como habla de que los Gobiernos de Madrid no se preocupan de la enseñanza *del arte, literatura y ciencia que Cataluña ha producido,* algo y aún algos concede á la afirmación de la *filosofía nacional de Cataluña* el actual señor Obispo de la Diócesis ausetana.

Traducimos al castellano las palabras de la *Tradició Catalana* á fin de que todos los españoles conozcan la mente del sabio Prelado catalán: «La Universidad de Cataluña ha de ser el complemento de la resurrección regional; la generación que ha llenado el mundo de ruinas con el pretexto de conquistar la libertad de pensamiento, ha visto convertir las Universidades regionales en otras tantas sucursales del Ministerio de Fomento; y muy exactamente, y sin exagerar, podemos decir, como el antiguo profeta, que hemos de comprar nuestro propio pan, producido por nuestros campos y en la heredad de nuestros padres. Nada se aprende de Cataluña en la Universidad oficial, fuera de lo que algunos Catedráticos de buena voluntad puedan voluntariamente, saliéndose de la vía oficial, explicar á sus discípulos. Las artes, la literatura, la ciencia, son estudiadas como plantas exóticas, y las que la tierra produjo de su propia alma son olvidadas. La actual ilustración universitaria (de Cataluña) no es ilustración catalana.

Claro está que la ciencia tiene un carácter universal y trascendente, pero hasta la que viene á ser como la más alta representación de la ciencia, *la filosofía, manifiesta diverso temperamento, según las regiones donde es estudiada,* como la misma planta se modifica según la tierra donde se cría. Por eso creemos nosotros que la riqueza de la civilización internacional se multiplicaría con el regionalismo debidamente practicado, que el pensamiento humano se desarrollaría más espléndidamente con la espontaneidad de vida de los diferentes pueblos. La verdad es católica, es decir, universal; pero mientras la viadora humanidad la obtiene solamente por medio de sombras y figuras, *la verdad ha de adecuarse al hombre y sus manifestaciones han de encajar con los diferentes espíritus.*» (Pág. 715 y 716).

Fácil nos habría de ser dar muestras de erudición en lo tocante á esa primera tesis.

Que Cataluña sea un pueblo ó nación, hoy lo dice en nuestra tierra toda persona medianamente ilustrada. Para probarlo, el ilustrísimo señor Obispo de Vich, Dr. Torras y Bages, escribió su magistral *Tradició Catalana;* y el notable pensador Enrique Prat de la Riba, el libro muy meditado *La Nacionalitat Catalana.*

¿Será la de Lulio la Filosofía nacional de Cataluña? Puede que sí, puede que no. Como quiera que sea, la verdad es que los argumentos aducidos en pro en la Conferencia del Ateneo, débiles ó poderosos, no han sido contestados aún. Quienes niegan nuestra afirmación, dan muestras evidentemente, por lo que dicen y alegan, de que no conocen las Doctrinas lulianas ni el espíritu que las vivifica, ni tan siquiera demuestran haber leído las obras propiamente filosóficas del Polígrafo catalán.

El argumento Aquiles de los tales es el haber sido, según su parecer, un gran solitario en el pensamiento catalán nuestro Beato Raimundo Lulio. Con ello dan á entender que no conocen la Historia del Lulismo en Cataluña. ¿Lulio, solitario en Cataluña? No se borra con desconocerla, ó ignorarla totalmente, la gloriosa Historia del Lulismo en todas las tierras de lengua catalana. Ni siquiera fuera de Cataluña es solitario nuestro Doctor y Maestro.

Una doctrina filosófica necesita un ambiente espiritual que la fecunde. Por eso todas las grandes figuras de la humanidad son concreciones. Y una de las pruebas de que una doctrina filosófica responde á un estado latente de opinión, de que tal ó cual doctrina sale de las entrañas de un pueblo, de que es una concreción, de que es una filosofía nacional, está sin duda en sus resultados, en su historia, en su Escuela. Si no alcanza á tener historia, á tener Escuela, sí, en verdad, el filósofo es entonces un peñón solitario, aunque gigantesco; entonces será verdad que la filosofía propuesta jamás podrá enorgullecerse con el título de nacional. No que todas las filosofías que lleguen á tener Escuela, seguida largos siglos, hayan de ser nacionales; pero sí que la requieren necesariamente esa Escuela las filosofías que aspiren al dictado de indígenas ó nacionales.

Si Lulio no la hubiese tenido, no podría ser el Filósofo nacional de su patria.

Dígannos ahora los entendidos, los que no repiten las ignorancias de un tercero, si es un hecho ó no en la Historia la existencia de una Escuela luliana en Cataluña, Mallorca, Rosellón y Valencia, ó sea, en el conjunto de regiones de nuestra antigua nacionalidad, por largos siglos seguida.

Ese argumento Aquiles tiene, como Aquiles, un punto flaco: se basa en un falso supuesto.

Nuestro Doctor y Maestro no es peñón solitario en Cataluña, ni tan siquiera en Europa. ¿Cómo ser peñón solitario en Cataluña, cómo estar desligado por completo—según afirman—de todos los demás pensadores de lengua catalana, si tuvo aquí numerosísima y dilatadísima Escuela? Ningún otro pensador catalán la ha tenido más numerosa ni más dilatada, ni siquiera igual... ni mucho menos. ¿Qué digo? Ningún otro pensador catalán ha llegado á formar *propiamente* Escuela *filosófica*. Ni Luis Vives.

¿Y quién ignora la numerosa y dilatada Escuela que también alcanzó en otras naciones de Europa?

Por otra parte, ¿cómo calificar de *peñón solitario en medio de un desierto y desligado por completo de todos los demás pensadores* á un Sistema Científico cuya razón de ser es la *admisión y la harmonía ó conciliación* de las dos tendencias intelectuales del espíritu humano, el Ascenso aristotélico y el Descenso de Platón y San Agustín? ¿Acaso Lulio se separó de la filosofía tradicional, de la filosofía perenne? No, mil veces no. Ni en el Ascenso ni en el Descenso.

Suponer en nuestro Filósofo lo contrario es ignorar que las partes capitalísimas, mejor dicho, esencialísimas, del Sistema Científico luliano, ó Arte Magna, son el Ascenso y Descenso del entendimiento.

Exageraron el objetivo y alcance de nuestra Conferencia; irreflexivos, no acertaron á ver la ilación de sus argumentos; y, en cambio, la pasión les hizo ver lo que allí no había. ¿Qué hicimos nosotros? Comiénzase á producir en Cataluña aquella enérgica pleamar espiritual precursora de un movimiento filosófico; y, siendo una de las buenas cualidades del pueblo catalán la inclinación ó tendencia á seguir el consejo de Sócrates: *nosce te ipsum,* nosotros creímos responder á un estado de opinión, latente, pero real y verdadero, al decir á la juventud estudiosa: Aquí tienes el primer libro que debes estudiar; aquí tienes al Beato Raimundo Lulio. ¿Qué mal hicimos con ello?

El novísimo Renacimiento luliano no se presenta con énfasis imperialista, como si quisiera absorber en Cataluña al resto de las doctrinas filosóficas y teológicas, sino del modo más humilde. ¿Pretendemos la restauración del Lulismo? Sí y no. Lo que de momento pretendemos es que se estudien las obras *propiamente filosóficas* y *teológicas* del Maestro, ó sea, las teóricas y prácticas de su Ascenso y Descenso intelectual (á fuera sus obras rimadas y la mayor parte de sus textos originales catalanes, que para conocer á Lulio, *filósofo* y *teólogo,* de nada sirven, si no es para estorbar muchísimo). Pero que se estudien con ánimo tranquilo y sereno, con buenísima y rectísima voluntad de abrazar lo verdadero donde quiera que lo hallemos; que se estudien sin prevención alguna, sin prejuicios de escuela siempre tan comunes, sin prestar oídos al inquisidor Aymerich, al Padre Mariana, al P. Feyjóo, á Moratín, á Weyler Laviña... Cuanto escriben los modernos adversarios del Beato son meras repeticiones de lo dicho por aquéllos.

A todos llamamos cariñosamente, humildemente, amigablemente, *pero insistentemente,* al estudio del grande *opus* luliano: al ilustrísimo Sr. Torras y Bages, á los canónigos de Barcelona Sres. Ribera y Vallet, al Sr. Julián Ribera, á los Rdos. Miguel Asín Palacios y Enrique Pla Deniel y al capuchino Ruperto de Manresa.

De momento, sólo pretendemos que se estudie; que antes de combatir al Lulismo, se estudie al Lulismo; que nadie diga, sin conocer al Lulismo, pero gustando combatirlo, que no quiere malbaratar el tiempo leyendo á Lulio.

Después de esto ya vendrá, si Dios es servido en ello, la restauración de las Doctrinas lulianas. A lo menos así lo creemos nosotros.

Hecho un estudio directo y concienzudo de las obras propiamente filosóficas y teológicas del Maestro, las distinguidas personalidades que hemos nombrado escribirían entonces del Beato Lulio (¿qué duda cabe?) lo que ayer escribieron el reverendísimo Pasqual y el ilustrísimo Raimundo Strauch y lo que al presente escribe del mismo Beato el sabio Prelado de la diócesis de Orihuela.

Pretender y aspirar á eso, ¿debe conceptuarse un anacronismo de mal gusto, un absurdo y un ridículo? (1). Se nos figura que todas las personas comedidas, si hablan con rectitud, sinceridad y alteza de miras, dirán resueltamente que no.

A todos llamamos cariñosamente, humildemente, amigablemente, *pero insistentemente,* al estudio de la Filosofía y Teología lulianas.

Lo que en substancia hicimos en la tan discutida Conferencia fué seguir la orientación que nos trazara nuestro Balmes. En el *Pensamiento de la Nación,* periódico dirigido y casi totalmente redactado por él, número 116, correspondiente al miércoles 22 de Abril de 1846, á continuación del primer artículo, firmado con las iniciales J. B. (Jaime Balmes), hallamos un muy visible *Anuncio* dando cuenta de haber visto la luz pública el primer volumen de la *Filosofía Fundamental,* y en seguida las siguientes palabras: La «*Filosofía Fundamental*» *no es copia ni imitación de ninguna filosofía extranjera; no es ni alemana, ni francesa, ni escocesa; su autor ha querido contribuir por su parte á que tengamos también una filosofía española.* Palabras que, por hallarse en el *Pensamiento de la Nación,* y, á mayor abunda-

(1) Así lo afirmó un articulista de la *Revista de Estudios Franciscanos*, de Barcelona, ó sea, el P. Miguel de Esplugas.

miento, con motivo de la aparición de la *Filosofía Fundamental,* ó fueron redactadas por el mismo Balmes ó merecieron al menos su aquiescencia y beneplácito. Nosotros creemos lo primero.

De manera que, en igual sentido que decimos filosofía *alemana,* filosofía *francesa,* filosofía *escocesa,* Balmes trabajaba para que hubiese también filosofía *española.* ¿Habremos de advertir ahora que, al decir filosofía *alemana,* señalamos, no las doctrinas filosóficas de un autor nacido en dicha nación, sino la filosofía derivada legítimamente del espíritu peculiar de aquel gran pueblo? Por ende, no damos el nombre de filosofía *francesa* y filosofía *escocesa* sino á los organismos filosóficos que llevan en sus entrañas el sello del carácter francés ó bien del alma escocesa. Es indudable, pues, que el Filósofo de Vich aspiraba á que tuviésemos una filosofía *indígena, nacional de España.*

Mas, desde Balmes para acá, ha sido interrogada y estudiada muy mucho la naturaleza de los pueblos que integran el Estado español; habiéndose llegado á la conclusión, después de la lectura de las mencionadas obras del señor Obispo de Vich y de Prat de la Riba, de que España es una expresión geográfica solamente, de que España no es una nación, de que el Estado español es un conjunto de naciones, que se llaman Castilla, Cataluña, Aragón, Basconia y Galicia. Si Balmes viviera en nuestros días, ¿querría asimismo contribuir por su parte á que tuviésemos también una filosofía *catalana?*

Ese nacionalismo de Balmes lo reconocieron sus discípulos inmediatos, confesándolo por boca de D. José Leopoldo Feu, quien dijo: «El gran servicio prestado por Balmes á la sociedad española consiste principalmente en haberla salvado del escollo del panteísmo *y en la rehabilitación del criterio nacional al través de la influencia extranjera* que por todas partes nos asalta y sojuzga.» *(Datos y Apuntes para la Historia de la moderna Literatura catalana;* pág. 20.—Barcelona, 1865).

Al seguir las orientaciones que Balmes nos trazara no creemos caer en exageración alguna, ni amar excesivamente á Cataluña. No nos apartamos del reconocido equilibrio balmesiano.

Tampoco holgará decir que la Conferencia consabida fué un eco débil de las soberanas lecciones de un hombre que ha mamado leche castellana, del único castellano que en nuestros días tiene fama europea, del gran Menéndez y Pelayo, el amigo de todas las naciones de España. El fué quien lanzó ante los tímidos la valiente afirmación de que cada pueblo tiene su filosofía *indígena*. Oíd: «Yo creo que le hay siempre *(un lazo íntimo)* entre los pensadores de un mismo pueblo, y en tal concepto ninguno carece de *filosofía nacional*, más ó menos influyente y desarrollada. Y si nunca oímos hablar de filosofía rusa, ni de filosofía escandínava, será, ó porque estos y otros países no han tenido pensadores de primero ni de segundo orden, ó porque nadie se ha cuidado de investigar sus relaciones y analogías, ó porque estas investigaciones no han entrado en el general comercio científico. De otra suerte, es imposible que filósofos de un mismo pueblo y raza no ofrezcan uno y aun muchos puntos de semejanza en el encadenamiento lógico de sus ideas. *(La Ciencia Española)*.

Yo no sé, lector querido, si por ventura has visto nunca unas páginas de D. Juan Valera, no sospechoso por cierto á nuestros adversarios. El pulcro y ático escritor castellano viene á proponer el siguiente argumento: Cuando la filosofía hablaba una sola lengua, una lengua muerta, la lengua latina, no existían filosofías *nacionales*. Pero, así que los filósofos hablan la lengua de sus pueblos respectivos, aparecen en seguida las filosofías nacionales.

No basta ser gran filósofo para crear una filosofía nacional; requiérese además hablar y escribir la lengua de la respectiva nación. La razón es porque, usando una lengua que no les es propia, los pensadores quedan divorciados espiritualmente de su pueblo; empleando la lengua nativa, hay un feliz maridaje entre nuestro espíritu y su manifestación, de donde nace que nuestras lucubraciones filosóficas sean hijas legítimas y naturales así de nuestra alma como del verbo nacional, verbo y alma que llevan impresos en los pliegues más recónditos de su naturaleza lo propio, lo característico, lo indígena de la nación á que pertenecen.

Santo Tomás de Aquino fué un gran filósofo, es cierto; pero si preguntáis por la Filosofía nacional de Italia (patria del Santo) nadie os hablará de la filosofía tomista, sino del *Rinnovamento* de Mamiani y sus discípulos.

Grande filósofo fué también Alberto Magno; con todo, si preguntáis por la filosofía nacional de Alemania (patria de aquél), nadie os presentará los infolios latinos del Maestro de Santo Tomás, ni siquiera los de Leibniz, sino los libros de Hegel escritos en alemán.

El escocés Duns Escoto no es el creador de la Filosofía escocesa, sino que lo fueron Reid y Hamilton. Ni San Bernardo y Abelardo son los filósofos nacionales de Francia, su patria, con ser profundísimos filósofos, sino Descartes.

En vista de eso, ¿nos será lícito preguntar humildemente, si en el Beato Raimundo Lulio, filósofo de primera magnitud, en quien por vez primera el pensamiento filosófico de nuestra Patria expresóse en la lengua del país, hoy impreso é inviscerado el carácter propio, peculiar, nacional é indígena que distingue á la mentalidad catalana? (1).

---

(1) Y no sólo el principio religioso común contribuía á esta unidad de la filosofía, sino también la unidad de la lengua en que se filosofaba, que era la latina. Parece que no, á primera vista; pero si con atención se considera, se advertirá que acaso la índole de la lengua en que se filosofa, provoca y despierta en el ánimo pensamientos é ideas, y quizás hasta sistemas, que de otra suerte no hubieran nacido. Y no se nos acuse por esto de dar sobrada importancia á la palabra, que en sí no es más que un signo; porque la palabra fué hechura espontánea de la mente humana, y ántes es natural y nada tiene de misterioso, el que vuelva la mente humana por la reflexión y por el discurso á explicar y completar lo que al principio creó de un modo espontáneo, y dejó en embrión en el habla vulgar, como por instinto profético.

Sea como sea, las escuelas filosóficas, que llevan el epíteto patronímico de una nación, tienen por carácter exterior que casi todos cuantos trabajos pertenecen á dicha escuela están en el idioma de la nación misma. Y con ser exterior este carácter, determina, sin embargo, dichas escuelas filosóficas; prueba cierta de que se funda en algo de interior y más profundo; así, por ejemplo, cuando se habla de filosofía alemana, á nadie se le ocurre pensar en Alberto Magno ó en Reuchlín; y cuando de filosofía francesa, nadie pien-

Para nosotros es indudable que el *Arte Magna* ó grandioso Sistema Científico luliano es la epopeya científica que circunda las sienes de la nacionalidad catalana.

Se nos objeta que exageramos; pues yo digo que nosotros no somos responsables de nuestras exageraciones, sino tan sólo de nuestros principios y de las consecuencias que de ellos saquemos. ¿Son falsos nuestros principios? ¿Son ilegítimas nuestras deducciones? Ahí está la cuestión.

Algo sin duda aceptaría de nuestra tesis don Francisco de Paula Canalejas cuando, en su estudio sobre Lulio, dice que la teoría luliana *surge pura y viva del fondo del cristianismo popular español, verdadera inspiración y escuela del Doctor iluminado y mártir;* cuando, en la historia de la filosofía, tiene á nuestro Polígrafo por el *verdadero representante del ingenio español,* pues *interpretó y expuso la ciencia, dócil al sentido de su raza y representa con toda la energía de la espontaneidad, y con todos sus defectos, y con todas sus ventajas, esta tendencia sintética y plástica á la vez del ingenio español.* Y si no piden una restauración luliana, por ser Lulio—en sentir de Canalejas—el verdadero representante del ingenio español, no sabemos lo que significan las palabras con que da fin á su hermoso libro *Las Doctrinas del Doctor Iluminado Raimundo Lulio*: «Si para la educación filosófica de nuestro pueblo es ó no camino más llano y fácil, el de exponer á Lulio interpretándole latísimamente en el sentido moderno, que el importar enseñanzas extranjeras, muy propias de sajones ó germanos, pero antipáticas al genio de nuestra raza y á la índole de nuestra inspiración y de nuestra historia; es tesis que hoy no resuelvo, pero que confieso me solicita con energía, quizás

---

sa en San Bernardo, en Abelardo ó en Pedro Ramus. Las filosofías alemana y francesa, propiamente dichas, son modernas, y están en alemán y en francés. Antes, Francia y Alemania tuvieron filósofos, mas no tuvieron peculiar filosofía. Tal es, si no la razón, una de las razones por que no la tuvo España. (*Disertaciones y Juicios literarios:* De la Filosofía Española.—Tomo II, pág. 61.—Sevilla 1882).

por el vivo deseo que me anima, de que no se borre el sello individual que presta tintas tan originales á nuestro arte, á nuestra ciencia y á nuestra religión.

En lo político como en lo científico las nacionalidades constituyen un organismo necesario para que la verdad se produzca en el trascurso de una edad bajo todas sus fases y en todas sus maneras. ¿No se atenta á esta ley histórica cediendo al deseo de copiar y reproducir lo extraño sin consultar lo propio? ¿No es preferible renovar y rejuvenecer que comentar, cuando al fin se alcanza mejor de aquella manera?» (Pág. 16, 111, 121).

Entre las condiciones de la mentalidad de Lulio, ¿hay alguna quizás que le impida ser el filósofo por antonomasia de las tierras de lengua catalana? Hase afirmado que sí, señalándose el ser nuestro Doctor y Maestro—según dicen—un genio metafísico; siendo por otra parte muy práctico y positivista el pueblo catalán.

Este argumento no tiene valor sino ante las personas de mediana ilustración filosófica, que toman la palabra «metafísica» como sinónima de «utópicos idealismos.» No es así. La Metafísica es la ciencia de la realidad, y por tanto la base de las verdades prácticas.

¿Que ha habido metafísicos utópicamente idealistas, por ejemplo, los modernos de Alemania? ¿Qué duda cabe? Semejante pensador no podría ser en verdad el filósofo nacional de Cataluña, nación positivista y práctica cual ninguna otra. Pero ¿es el Beato Raimundo un metafísico de esa laya?

La Metafísica es la ciencia de la realidad y, por tanto, la base de las verdades prácticas: que las verdades prácticas no son *exclusivamente*—como el vulgo cree—las verdades del orden físico y experimental. Infiero yo de esto, que un adepto de la Filosofía escocesa (la cual niega la verdad y realidad de la Metafísica) no encarnaría el genio filosófico de la raza catalana. El Filósofo nacional de Cataluña debe ser metafísico (1).

(1) Eso mismo lo dijimos ya en nuestra obra *La Filosofía Nacional de Cataluña;* pero un articulista de la *Revista de Estudios Franciscanos*, de Bar-

Tampoco lo encarnaría quien fuera un soñador é idealista, como Fichte, Hegel, Schelling; pero estos filósofos y nuestro Lulio *opponuntur per diametrum*. La Metafísica de Lulio es sobria como el pueblo cuyo espíritu traduce. Bien lo saben los que han leído *suficientemente* las obras del insigne Doctor.

Además, la Metafísica de Lulio se basa en la Psicología, según arriba probamos con razones y argumentos del sapientísimo Sr. Maura; y sabe todo el mundo que la nota psicológica es una de las características del pueblo catalán.

¿Dónde está pues la fuerza del argumento aducido?

Distamos infinito de sentir que Lulio deba ser el educador y formador único de las generaciones actuales, el único maestro posible de filosofía para nuestro pueblo. Bien clara y explícitamente nos expresamos en un discurso del *Congreso Universitario Catalán*. Muy al contrario, el novísimo Renacimiento luliano aspira á que se incorporen á nuestra mentalidad nuevos mundos. Pero sí creemos—mejor dicho, vemos—que el Beato Lulio construyó un sistema armónico de filosofía y teología, que formó un cuerpo de doctrina científica; sistema de filosofía y cuerpo de doctrina que todos hallarán en las obras teóricas y prácticas del Ascenso y Descenso del entendimiento (1), en las cuales resplandecen,

---

celona, se ha permitido tergiversarlo con el fin, poco apetecible, de echar sobre nosotros todo el repertorio de las palabras desagradables, malsonantes é injustas. Líbrenos Dios de seguir nosotros por ese camino. Creemos que las desdeñosas vehemencias siempre resultan vanas; creemos que el dicterio es un factor irregular de la crítica filosófica, como de toda crítica; y saben todos la fatal predestinación de tales factores irregulares: la nada.

Dicho articulista responde al nombre de P. Miguel de Esplugas.

(1) No será ocioso repetir, lector amado, que tales obras no has de hallarlas en la *Edición de los textos originales catalanes* que actualmente sale á luz en Palma de Mallorca. Allí publican tan sólo los textos *catalanes* que han podido encontrar. Estos son pocos en relación al crecido número de los libros escritos por el Doctor; y aun resulta que muy pocos de ellos pertenecen á los cuatro grupos en que nosotros dividimos las obras del Ascenso y Descenso. De donde, por desgracia, para conocer á Lulio, *filósofo y teólogo*, de nada sirve, ó de poquísimo, la *Edición de los textos originales catalanes*.

desde la primera hasta la última de sus páginas, claridad de ideas, serenidad de espíritu, armonía de conjunto y labor paciente y concienzuda. Léanse estas obras del Ascenso y Descenso, y desaparecerá para siempre la leyenda del Lulio soñador é idealista, del Lulio autor de creaciones meramente ideales.

Sin embargo, fuerza es confesar que esa leyenda no recluta ya nuevos prosélitos. La mantienen aún las personalidades, venerables por su edad y ciencia, que no han sabido desprenderse de los antiguos prejuicios de escuela; pero nuestra juventud estudiosa la rechaza ya. Nuestra juventud intelectual contempla y ve en el Doctor Arcangélico al pensador que supo *dar el tono que dentro del general sentir filosófico convenía á nuestra tierra;* al pensador enamorado, *no de ideales abstractos y hermosas visiones cerebrales,* sino de la nobilísima *convicción racional,* de la *práctica de la idealidad. No que lleve*—dice textualmente—*el hermoso ramaje de la copa del árbol, sino que lleve la gran utilidad de la savia que esparce elemento vital.* (Revista *La Cataluña,* Enero 1908).

A estas palabras del brillante joven José María Bassols debemos unir las de Eugenio de Ors, entendimiento claro y profundo, quien reconoce en el Beato Lulio al filósofo *nacional, gran arbitrario ante el Altísimo;* ni es para olvidar el mismo concepto salido esta vez de la pluma del eximio poeta, y pensador además notabilísimo, que llamamos José Carner.

Es un hecho muy significativo, como palpitación de los

Las obras del Ascenso y Descenso, si no todas la mayor parte, hay que ir á buscarlas en la Edición de Moguncia y en otras ediciones latinas publicadas en Mallorca durante todo el siglo XVIII.

Hay que hacer esas declaraciones, porque sino la gente se desvía con grandísima facilidad. Muchos creen que los editores de Palma de Mallorca van á publicar *todas las obras conocidas* del Doctor Arcangélico, cuando tan sólo publicarán los *textos originales catalanes que han podido hallar,* lo cual es muy distinto. Así observamos que la *Revista de Estudios Franciscanos* habla de la *edición catalana de las obras de Ramón Llull,* debiendo decir *edición de las obras catalanas de Ramón Llull.*

tiempos, que nuestra juventud intelectual, echando en el panteón del olvido los viejos prejuicios contra el Maestro, de que aun se alimentan venerables personalidades, al buscar el representante de nuestro pensamiento nacional, el genio que encarnara la tendencia filosófica del pueblo catalán, vuelve siempre la vista hacia el Beato Raimundo Lulio, Doctor Arcangélico y Mártir.

Eso ensancha el corazón, eso nos da alientos y esperanzas, eso nos hace columbrar un porvenir risueño para el Lulismo.

¿Es esto sólo? No. El Renacimiento luliano no es sólo una aspiración ó deseo, es ya un hecho, aunque humilde, y, como todos los hechos, innegable. Dígalo sino el *Certamen de Ciencias Eclesiásticas,* organizado por la *Revista Luliana,* que se celebró en Barcelona á los 9 de Junio de 1907. Distinguiéronse en él, con *Premio* ó con *Accessit* (aparte de otros trabajos valiosísimos), veintitrés composiciones—algunas de ellas verdaderos tomos—referentes á la Historia del Lulismo y á la Filosofía y Teología lulianas. Son sus autores Religiosos, Sacerdotes y Seminaristas de las diócesis de Barcelona, Gerona, Tarragona, Mallorca y Navarra. ¿Quién no se alboroza ante un cuadro semejante? ¿Quién no da por bien empleados el tiempo, las energías, la salud, la vida entera en la propaganda de las Doctrinas lulianas?

Dichos trabajos se dividen en tres grupos: *Teología, Filosofía, Historia.*

a) El presbítero D. Juan Massana es autor de los tratados de *De Deo uno et De Deo incarnato ad mentem Beati Raymundi Lulli, Doctoris Archangelici et Martyris.*

El que se intitula *Tractatus lullianus de Deo trino* es debido á la pluma del presbítero D. Gabriel Clauselles y Aymerich, licenciado en Teología.

El presbítero y licenciado en Sagrada Teología don Joaquín Coll y Agramunt compuso dos tratados *ad mentem Lulli,* es á saber: *De Deo elevante* y *De Peccato originali.*

También compuso dos tratados de Teología luliana el presbítero D. Ramiro Oliver y Llorens, intitulados *De Angelis* y *De Sacramentis.*

Por último, el tratado *De Moralibus juxta Scholam Lullianam* resultó ser del presbítero D. Juan Rodríguez y Grau.

Todos estos señores pertenecen al obispado de Barcelona.

b) Tocante á la Filosofía, el presbítero y licenciado en Teología D. José Castellá y Casarramona es autor de una muy discreta *Summa Philosophica Lulliana;* y al mismo fué debida una extensa composición sobre la *Originalidad del Sistema Científico del Beato Raimundo Lulio.*

Otro presbítero de la diócesis de Barcelona, como el anterior, D. José Tarré y Sans, redactó una disertación que lleva por nombre *Algo sobre la Lógica Luliana;* y el seminarista de Barcelona D. Luis Carreras y Mas disertó sobre la *Metafísica y Psicología del Beato Lulio.* Es del propio seminarista la brillante composición, algún tanto voluminosa, escrita en prosa catalana é intitulada *Lo Misticisme Luliá.*

Había señalado en el Cartel del Certamen el siguiente tema: *Un capítulo de Historia de la Filosofía relativo al Beato Raimundo Lulio, que substituya á todos los de las Historias en boga; ó sea, una brevísima biografía del iluminado Doctor y sucinta exposición y crítica de sus ideas filosóficas, que no pase de veinte páginas en cuarto impresas y sirva de apéndice á cualquiera Manual de Historia de la Filosofía.* Dos trabajos fueron distinguidos con el *accessit* á ese Premio: debido el primero al presbítero de Palma de Mallorca D. Antonio Moragas y Gual, ex-colegial de la Sapiencia; y el segundo, al Padre escolapio D. Nicolás Yábar, de Irache (Navarra).

El diácono del Seminario de Tarragona D. José Miró y Recasens (hoy presbítero y Doctor en Teología, Filosofía escolástica y Derecho Canónico) compuso en lengua catalana una *Breu exposició de la Ars Magna Luliana.*

Don Miguel Frau y Bosch, abogado de Palma de Mallorca y ex-colegial de la Sapiencia, fué distinguido con *accessit* por su trabajo *Relaciones y armonías entre la Ciencia y la Fe según las Doctrinas lulianas.*

Otro tema luliano, importante cual ningún otro, decía así: *Las cien proposiciones hereticales atribuídas al Beato Raimundo Lulio, que constan en el «Directorium Inquisitorum» del dominico Nicolás Aymerich; copiadas después por Natal Alejandro en su «Historia Eclesiástica;» por el editor Luis Vives, de París, en la «Teología Moral» de San Alfonso María de Ligorio; por Enrique Denzinger en su obra «Enquiridion Symbolorum et Definitionum, etc.,» y por otros muchos autores; no se hallan en las obras del Doctor Arcangélico.* El premio se adjudicó al seminarista de Gerona D. Francisco Villaronga y Ferrer; y el *accessit,* al presbítero del obispado de Barcelona D. Moisés Alujas y Bros.

c) El conocido historiador Padre Faustino D. Gazulla, Mercedario, obtuvo el Premio concedido por el Excelentísimo Ayuntamiento de Palma de Mallorca á la mejor *Historia de la falsa Bula á nombre del Papa Gregorio XI, inventada por el inquisidor Fray Nicolás Aymerich y Marrell, dominico, para perseguir á los Lulistas.*

El presbítero de Barcelona D. Antonio Blanch y Virgili llevóse un *accessit* por su trabajo en catalán *Apuntaments pera la Historia del Lulisme;* y el cura-párroco de Cabrera de Piera (Barcelona) D. Juan Avinyó y Andréu, compuso en correctísima prosa catalana la *Vida del Beat Ramón Llull, Doctor Arcangélich y Martre de Crist.*

Por fin, fué distinguida con *accessit* un biografía del sabio lulista Fr. Raimundo Strauch y Vidal, obispo de Vich, acompañada de un *estudio sobre los diversos Tratados teológico-dogmáticos que existen manuscritos en la Biblioteca-Museo de la ciudad de Vich, compuestos, según dice la portada de los mismos, «juxta tutissimam Archangelici et Illuminati Doctoris Christique invictissimi Martyris Beati Raymundi Lulli mentem, a P. Fr. Raymundo Strauch, Ordinis Minoris Regularis Observantiae, Artium Magistro et in Regia et Pontificia Balearica Universitate, pro Lulliana opinione, Sacrae Theologiae Doctore et Cathedratico.»* Su autor: el diácono D. José Viader y Malla, abogado y seminarista de

Barcelona, quien entonces cursaba en el *Colegio Español de San José*, de Roma (1).

Lo repetimos: ¿quién no se llena de alegría ante un espectáculo semejante? ¿Quién no da por bien empleados el tiempo, las energías, la salud, la vida entera, en la divulgación de las Doctrinas lulianas, cuando tales frutos se recogen?

Pueden estar satisfechos los reverendísimos Prelados de Burgos, Orihuela, Lérida, el muy ilustre señor Vicario Capitular de Ibiza y las otras distinguidas personalidades que ofrecieron valiosos premios pidiendo temas lulianos: á su voz respondió con entusiasmo el clero joven, los hombres prestigiosos de mañana. Atraído suavemente por el resplandor doctrinal del Lulismo, el clero joven, los hombres prestigiosos de mañana, dedica largas vigilias al estudio del Doctor Arcangélico. Esto es innegable. El Renacimiento luliano es un hecho.

---

(1) Resultaron premiados también en el mismo Certamen, ó distinguidos con *accessit*, el citado Padre escolapio D. Nicolás Yábar, por un *Estudio sobre el filósofo Luis Vives;* el seminarista de la Seo de Urgel D. Juan Corts y Peyret, por un folleto intitulado *Eficacia de nuestra Religión en el reconocimiento y mantenimiento de la libertad y de la dignidad humanas;* D. Fernando Acín y Samitier, párroco-arcipreste de Sariñena (Huesca), el repetido P. Yábar y el P. Fructuoso García Prat, Misionero Hijo del Inmaculado Corazón de María, con residencia en Don Benito-Badajoz, por trabajos referentes al tema anterior;

el presbítero de Madrid D. Filiberto Díaz y el citado Fernando Acín, por dos composiciones del tema siguiente: *Estudio crítico, con aplicación á las teorías contemporáneas, de los textos de los Santos Padres y Doctores de la Iglesia relativos á la naturaleza y limitaciones del derecho de propiedad;*

el alumno del Colegio Español de San José, de Roma, D. Francisco Franch (perteneciente á la diócesis de Gerona), y el arriba citado seminarista de Gerona D. Francisco Villaronga, por dos trabajos, ambos redactados en lengua catalana, que llevaban por título *Lo Doctor Mossen Jaume Balmes, apologista y filosoph;*

y finalmente, el capuchino Francisco de Barbens y el alumno del Colegio Español de San José, de Roma, D. Pedro Pous y Solá (perteneciente á la diócesis de Vich), por dos trabajos titulados ambos *Las doctrinas positivistas de Herbert Spencer refutadas por el espiritualismo de las Escuelas cristianas.*

El señor Obispo de Orihuela, Dr. Maura, tiene ya discípulos.

Los modernos lulistas afirmaron una vez más—como sus predecesores—en el *Certamen de Ciencias Eclesiásticas*, de Barcelona, que la Escuela Luliana tiene base científica y substancia doctrinal propia.

El *Certamen de Ciencias Eclesiásticas*, celebrado en Barcelona á los 9 de Junio de 1907, merecerá sin duda señalarse con piedra blanca en los anales de la Ciencia española, y adquirirá en la Historia—no lo dudamos—las proporciones de grandioso é inusitado acontecimiento patrio, como anticipadamente había predicho el P. Querubín de Carcagente, Ministro Provincial de los Capuchinos de Valencia (1).

---

(1) A vista de eso hay que afirmar una vez más, que los numerosos trabajos en sentido luliano del Ilmo. Sr. Maura, todos publicados en la *Revista Luliana*, van dando ya los frutos que eran de esperar, atendida la competencia de tan docto Prelado y el viril empeño con que se ha tomado el estudio de las obras del Maestro y su vindicación doctrinal, frente á frente de los ecos que aun repercuten (los últimos han de ser seguramente) de los Padres Mariana y Feyjóo y de Moratín.

A dichos trabajos coadyuvaron asimismo los del sabio agustino Pedro Martínez Vélez en la revista *España y América*, quien ahora desde la capital del Perú prepara un voluminoso libro sobre *El Beato Raimundo Lulio y Santo Tomás de Aquino;* los del P. Querubín de Carcagente en la revista *Florecillas de San Francisco* y en la *Revista Luliana;* el canónigo don José Miralles con sus varios *Panegíricos* del Beato Lulio y con su magistral *Discurso* de Presidente en el referido *Certamen de Ciencias Eclesiásticas;* el P. agustino Conrado Muiños y tantos otros.

Todos estos señores y otros que sería largo enumerar están acordes en tres puntos capitalísimos que deciden definitivamente en favor de la Escuela Luliana la antigua y secular cuestión entre lulistas y anti-lulistas, para todo hombre de buena voluntad:

a) hay que olvidar de una vez para siempre los tradicionales prejuicios de escuela contra el Doctor Arcangélico y sus Doctrinas;

b) se impone el estudio imparcial, paciente y concienzudo de las obras propiamente filosóficas y teológicas del Polígrafo, es á saber, de las que exponen y aplican el Sistema Científico luliano ó Arte Magna comprendido en el Ascenso y Descenso del entendimiento;

c) de las obras del Beato Lulio, estudiadas sin prejuicios de escuela y con imparcial criterio, puede sacarse un precioso caudal de doctrina con

LI

Síntesis ideológica luliana

Hemos llegado al fin. ¿Cuál es, en síntesis, el proceso ideológico luliano, base de la concepción armónica de la Ciencia en la Enciclopedia de nuestro Pensador?

Helo aquí.

Al abrir los ojos al mundo que nos rodea, el entendimiento del hombre es como un papel blanco en que nada hay escrito: *Sicut tabula rasa in qua nihil scriptum est*. No hay ninguna idea innata.

Los sentidos externos nos proporcionan los primeros conocimientos. Esos sentidos son seis, esto es, los cinco vulgarmente conocidos y el sentido llamado *afato,* el mismo que los modernos fisiólogos de allende los Pirineos llaman *sentido muscular*.

ASCENSO DEL ENTENDIMIENTO.— *Primera escala por donde subimos al templo de la Ciencia: los sentidos externos.*—Habla el ilustrísimo Sr. Maura: «El animal se une con las especies sensibles próximas, y, mediante éstas, con las cosas sensibles remotas, es decir, que están fuera de él. Pero estas cosas sensibles, ó mejor dicho, las semejanzas de ellas, son recibidas en el ser sensitivo por medio de la naturaleza vegetal y elemental á él unida, pues el principio sensitivo se apoya, digámoslo así, en la naturaleza vegetal, y no existe fuera ni separado de ella. (Son palabras textuales de Lulio).

«Efectúase esta operación de la naturaleza sensitiva de cinco distintas maneras por ser cinco los sentidos que la ponen en comunicación con los objetos exteriores; y es, en

---

que enriquecer al Neo-Escolasticismo. (Palabras textuales, estas últimas, del Ilmo. Sr. Maura).

Y cuenta, lector amable, que esos tres puntos son los únicos que defiende, en substancia, el novísimo Renacimiento luliano.

Vamos, por tanto, con buenas compañías.

parte, *activa* y, en parte, *pasiva:* es activa, en cuanto consiste en el acto de ver, de oír, de tocar, etc.; y pasiva, en cuanto es impresión recibida de un objeto visible, oíble, tangible, etc. Por manera que las potencias de ver, de oír, de tocar, etc. *(visivum, auditivum,* etc., así las llama Lulio) son potencias sensitivas que contienen en sí los objetos sensibles propios; pero los contienen, no como son ellos en sí mismos ú objetivamente, sino revestidos de la propia naturaleza del ente sensitivo—*Sensitivum habens visibile et audibile,* etc., *videlicet, sensibile quod est una natura secum;* —porque del conocimiento sensitivo puede decirse análogamente lo que del conocimiento intelectual, á saber: *sentitum est in sentiente, secundum naturam sentientis.*

«Así, pues, los objetos exteriores, penetrando, por medio de los sentidos, en el interior del ente sensitivo, se transforman en especies sensibles, viniendo á participar de la naturaleza de éste—*Similitudines exteriores, per aliquas lineas de extra et intra, participant cum interioribus similitudinibus indutis.*—Y como estas especies sensibles son de cinco maneras, á saber, visibles, oíbles, tangibles, etc., por esta razón, los objetos exteriores entran en el interior del ser sensitivo revestidos de forma visible, oíble, tangible, etcétera—*Induuntur illae formae intra quinque modis, videlicet, visibiliter, audibiliter,* etc.—Hay, pues, en el animal una *operación objetiva* que fluye y refluye, es decir, que el ente sensitivo se pone en comunicación con los objetos exteriores recibiendo de ellos una impresión sensorial *(fluit),* y excitado por esta impresión, reacciona *(refluit),* desplegando su actividad cognoscitiva, y llegando, por este medio, á producir ó engendrar el conocimiento de los objetos exteriores representados por las especies sensibles interiores, impresas y expresas. Así es que estos objetos son conocidos en sí mismos mediante las similitudes ó especies interiores abstraídas y aprehendidas por la potencia de conocer.

«Aquí haremos notar de paso con cuanta propiedad expresa nuestro Filósofo su pensamiento. No diría más, ni lo diría mejor, quien se propusiese compendiar en pocas palabras la condenación del idealismo y el agnosticismo contemporáneos: *Et sic,* dice, *res extrasensibilis sentitur objective in suis similitudinibus abstractis et attinctis in similitudinibus interioribus.*

«Resultado de todo esto es que el animal engendra un conocimiento sensitivo, compuesto materialmente de las impresiones causadas en los sentidos por los objetos exteriores, y formalmente de las semejanzas ó especies sensibles interiores—*Et concipitur unum quid sensibiliter constitutum de similitudinibus exterioribus materialiter, et de similitudinibus interioribus formaliter.*» (*Psicología luliana;* El verbo sensible y el sexto sentido. *Revista Luliana,* cuaderno 50-51). Todo lo anterior es asimismo texto de Lulio.

Segunda escala por donde subimos al templo de la Ciencia: los sentidos internos.—El Beato Lulio no admite más que un sentido interno; y es de notar que algunos escolásticos, entre ellos el Doctor Eximio, siguen esta opinión.

Tiene otra vez la palabra el doctísimo Sr. Maura: «El Beato Lulio no admite más que un sentido interno, es decir, la *imaginación* ó *imaginativa,* á la cual atribuye, por muy ingeniosa manera, todas las operaciones de la sensibilidad, tanto las *cognoscitivas* como las *apetitivas,* concediéndole, además, una gran influencia sobre los fenómenos de la vida *vegetativa.*

«La *imaginación* es, según nuestro Filósofo, una semejanza del alma *intelectiva,* de la *sensitiva* y de la *vegetativa.*

«Efectivamente, como el sentir es cierta manera ó especie de *conocer,* y la imaginación es la potencia sensitiva más noble y menos material dentro de la esfera de la sensibilidad, claro está que ha de tener puntos de analogía con el entendimiento, ó sea, con la facultad cognoscitiva superior—*Habet similitudinem intellectivae.*—Y, en efecto, en la parte cognoscitiva superior hay: memoria intelectiva, entendimiento y apetito racional ó voluntad. Así también en la parte cognoscitiva inferior, ó sea, en el orden de la sensibilidad, se encuentra: memoria sensitiva, estimativa y apetitiva ó apetito sensitivo—*Habet tres potentias: memorativam, aestimativam et appetitivam; memorativa est imago memoriae, aestimativa imago intellectus, et appetitiva imago voluntatis.* Es la *memorativa* imagen de la memoria intelectiva, porque, así como ésta conserva y reproduce las *ideas* de las cosas, así también aquélla guarda y reproduce las *imágenes* de las sensaciones. La *estimativa* es semejanza del entendimiento, porque juzga, con cierta manera de juicio implícito, de las cosas útiles ó nocivas al individuo ó á la especie. Por último, la *apetitiva* es imagen de la voluntad, porque, así como ésta consiste en la tendencia al bien intelectualmente conocido, así también aquélla es natural y espontánea inclinación al bien sensiblemente aprehendido.

«Es, además, la *imaginativa* semejanza, ó mejor dicho, cifra y resumen de toda la sensibilidad, pues tiene poder para reproducir las imágenes de los cinco sentidos externos —*Habet quinque potentias, videlicet, imagines vel similitudines quinque sensuum;*—y reproduciéndolas, puede *recordar, estimar y apetecer* lo visible, lo tangible y demás cosas cuyas imágenes ó fantasmas conserva, tanto si estas imágenes son de cosas existentes y reales, como si se refieren á cosas puramente imaginarias. (Omitimos el texto luliano).

«Es, por último, la *imaginativa* semejanza de las potencias vegetativas del alma, es decir, que la imaginativa tiene estrechas relaciones con la vida vegetativa, siendo poderoso auxiliar de ella, porque puede recordar, estimar y apetecer las cosas que son necesarias á las potencias *nutritiva, conservativa, aumentativa* y *generativa.*» (Lugar citado).

El proceso psicológico de la imaginación es como sigue:

«Hay que considerar, dice Lulio, en la imaginativa lo imaginable próximo y lo imaginable remoto *(imaginabile propinquum et imaginabile remotum).* Lo imaginable remoto está fuera del ente imaginativo, pero penetra en él por medio de los sentidos externos que radican en la sensibilidad, la cual, á su vez, está íntimamente unida con la naturaleza vegetativa y elementativa del ser animal (1)—*Hoc*

---

(1) Cuando dice el Beato Lulio que lo sensible remoto y lo imaginable remoto están conexos con la naturaleza *vegetativa* y *elementativa* del animal

imaginabile remotum est sensatum vegetatum elementatum unitum ipsi naturae imaginativae animalis imaginativi.— Los sentidos externos, pues, trasmiten á la fantasía las imágenes de los objetos exteriores; y estas imágenes se convierten en *imaginable próximo,* porque revisten las propias formas y la propia naturaleza de la imaginación. Por manera que el animal imaginativo recibe de fuera, por medio de los sentidos externos dotados de vida sensitiva y vegetativa *(sensatum vegetatum elementatum),* las semejanzas ó especies impresas de los objetos exteriores, las cuales semejanzas se trasforman en especies expresas por las cuales alcanza la imaginación el conocimiento sensitivo de aquellas cosas que están fuera de ella. Por eso dice Lulio que *animal imaginativum habet operationem objectivam fluentem et refluentem,* conforme con lo que antes dijo respecto á los sentidos externos: y añade que por este procedimiento psicológico se engendra en la imaginación lo que nosotros llamamos *ídolo* ó *verbo sensible* y él denomina *quid imaginabiliter constitutum de similitudinibus exterioribus materialiter, et de similitudinibus interioribus formaliter.* Ved ahí porque el animal dotado de imaginativa produce obras mecánicas ó artísticas, fiel expresión de estas concepciones de la fantasía, de este verbo sensible. (Omitimos el texto luliano).

«No queremos terminar este artículo sin hacer una observación.

«A nuestro juicio, el lector que haya cotejado los textos lulianos con los de Santo Tomás, habrá de convenir en que de este cotejo no pueden aquéllos salir perjudicados. Más diremos: aun después de leído lo que escribe el Doctor Angélico, léese todavía con interés y provecho lo que escribe el Doctor Iluminado.» (Lugar citado).

«También el Beato Lulio llama expresamente verbo á

(quod est vegetatum elementatum), quiere expresar indudablemente que los fenómenos de la sensibilidad son, á un mismo tiempo, *fisiológicos* y *psicológicos.* O mucho nos equivocamos, ó esta observación puede servir de clave para descifrar el pensamiento del Beato Lulio á través de la fraseología algo revesada en que va envuelto. (Nota del propio Sr. Maura).

las imágenes ó semejanzas que están en hábito en la fantasía y que se actúan, ora cuando el entendimiento las necesita para la formación del verbo mental, ora cuando las exigen las funciones de la vida sensitiva. Así es que también en los brutos son actuadas estas imágenes por la *memorativa*, la *estimativa* y la *apetitiva*. (Omitimos la cita luliana).

«*Reducuntur ad actum, dum verbum generatur in ratione:* Con estas palabras quiere significar nuestro Filósofo, que el entendimiento no puede entender sino *per conversionem ad phantasmata*, y que, por tanto, el *verbo mental* tiene su punto de partida en el *ídolo* ó *verbo sensible*.» (Lugar citado).

Queda expuesta ya, si bien de un modo muy sucinto, la teoría luliana acerca del modo de formarse, así en los sentidos externos como en los internos, las especies expresas.

«Hemos de advertir—sigue diciendo el venerable Prelado y sapientísimo lulista—que la teoría del Beato Lulio tiene evidente parentesco con la de Santo Tomás, expuesta en el *libro* IV de la *Summa contra Gentiles, cap.* XI; y que el fin que se proponen ambos Doctores es idéntico, es decir, explicar, en cuanto cabe, la eterna generación del Verbo divino por razones de analogía tomadas de la naturaleza del verbo humano, partiendo de las operaciones de los seres inorgánicos, y siguiendo por las propias de los seres vivientes, desde el vegetal hasta el hombre.

«Es indudable que el Beato Lulio conocía la susodicha obra del Doctor Angélico, pues se refiere á ella expresamente. Con todo eso, Lulio no es, ni podía ser, dado su genio independiente, servil imitador de teorías ajenas, tenía por necesidad que amoldarlas á su original concepción filosófica, y así lo hace en el caso presente. Para que el lector pueda juzgar por sí mismo de las geniales modificaciones que introdujo Lulio en la teoría tomista, pondremos á continuación de los textos lulianos los de Santo Tomás en las notas respectivas.» (Lugar citado).

Tercera escala por donde subimos al templo de la Ciencia: el entendimiento.—Examinada la teoría luliana sobre el conocimiento sensitivo, procede el examen de la que nos diera el mismo Doctor para explicar el conocimiento intelectual; y en ella hemos de estudiar, 1.º la existencia del entendimiento agente y el entendimiento posible, y 2.º el verbo mental.

Son palabras del Sr. Maura: «En la vasta concepción filosófico-teológica del Doctor Iluminado entran todos, ó casi todos, los elementos de la Escolástica, fundidos en el crisol de aquel ingenio peregrino y vaciados en los originalísimos moldes de su *Arte Magna.*» De esos moldes, dice el mismo Prelado, que *hacen brotar, no pocas veces, del agudo y fecundísimo ingenio del Doctor Iluminado conceptos maravillosos.* (Revista Luliana, cuaderno 37-38).

a) *El entendimiento agente y el entendimiento posible.*— Oigamos asimismo de los labios del señor Obispo de Orihuela la explicación de ese tercer peldaño del Ascenso luliano del entendimiento. «Hay, dice nuestro Filósofo, en el alma humana dos clases de potencias: *activas* y *pasivas*. Las activas son las que, puestas en contacto con su propio objeto, obran sobre él eficazmente; así ocurre con el entendimiento que, del objeto que ha de ser conocido, saca especies ó semejanzas conocibles. Este entendimiento se denomina *agente* ó productor, porque produce estas especies ó similitudes del objeto. (Omitimos el texto latino de Lulio).

«Las potencias pasivas son aquellas que reciben ó pueden recibir en sí las impresiones y semejanzas ó especies de las cosas que están fuera de nosotros. Así la facultad de entender, intrínseca y esencial á nuestra alma, puede recibir en sí misma las especies de las cosas exteriores. Por lo cual esta facultad se llama entendimiento *posible* y tiene la misma esencia que el entendimiento *agente,* diferenciándose entre sí tan sólo por razón de materia y forma, de acción y pasión. (Omitimos asimismo el texto latino de Lulio).

«En este texto, como se ve, está expuesta con toda precisión la teoría escolástica en sus líneas generales. En otros encontraremos explicaciones y detalles interesantísimos, y á la vez pruebas originales que, aparte de su valor intrínseco, dan á conocer al pensador genial y profundo.

«Veamos, sino, cómo prueba la existencia del entendimiento agente y el entendimiento posible.

«En el libro titulado *Quaest. super Libr. Sententiarum* propone la cuestión siguiente: «¿Es necesario admitir un en«tendimiento agente natural que se diferencie del entendi«miento posible?»

«Para mejor inteligencia de los textos que vamos á transcribir, no estarán de sobra algunas observaciones preliminares.

«Aficionado, en demasía tal vez, nuestro Filósofo, á dividir y subdividir los conceptos para analizarlos minuciosamente, descubre en cada potencia del alma tres cosas diversas y determinadas *(tria concreta)*, á saber: la *potencia* considerada en sí misma y prescindiendo de su actual ejercicio; el *objeto* en que ejerce la potencia su actividad propia; y el *acto* de ejercerla. Así en la voluntad hay que considerar la *facultad* de querer *(volitivum)*, el *objeto* sobre que recae su acción *(volibile)* y el *acto* ó realización del querer *(velle)*. Lo mismo ha de decirse de las demás potencias: en la intelectiva hay *intellectivum, intelligibile* é *intelligere;* en la sensitiva, *sensitivum, sensibile* y *sentire;* en la vegetativa, *vegetativum, vegetabile* y *vegetare*.

«Siendo esto así, se comprende que una potencia no puede actuarse íntegramente sin que precedan diversos actos parciales de los que resulte el acto total y completo.

«En primer lugar, se requiere un acto por el cual la potencia elija su objeto adecuado y se lo apropie, pues claro está que sin objeto la potencia no puede obrar. Este acto se llama, si se trata de la voluntad, *volens agens;* si del entendimiento, *intellectus agens;* si de los sentidos, *sensus agens;* si de la potencia vegetativa, *agens vegetans*.

«Además, el objeto elegido ó determinado por este *agente* adquiere, por esta determinación, un *carácter* especial que le hace apto para unirse con la potencia y actuarla. Así el objeto determinado por la voluntad se hace *apetecible*, é informando la potencia volitiva produce el *querer;* el determinado por el agente intelectual se hace *inteligible*, é informando la facultad intelectiva engendra el *entender;* etcétera.

«El Beato Lulio, además, da el nombre de *querer consubstancial* y *entender consubstancial* á la voluntad y al entendimiento respectivamente, considerados en sí mismos, como potencias que radican invariable é inalterablemente en la substancia ó esencia del alma; y les llama así para diferenciarles de sus actos que son meros accidentes de la potencia, porque van y vienen en incesante flujo y reflujo—*fluunt et refluunt;*—y por esto les apellida *velle accidentale* é *intelligere accidentale.*

«Veamos ahora el originalísimo texto del Beato Lulio, á que nos referíamos antes.

«Plantea, como dijimos, la cuestión en estos términos: *Utrum ad actum intelligendi sit necessarium ponere intellectum agentem naturalem differentem a possibili?* La resuelve en esta forma:

«Solución. Dijo Raimundo: «En el hombre hay una vo«luntad que reune en sí tres elementos determinados *(tria «concreta)* que le son consubstanciales y naturales, según «hemos indicado en la *tercera* y *quinta Cuestión,* á saber: la «facultad volitiva *(volitivum),* el objeto apetecible *(volibi«le)* y el acto de querer *(velle);* y todo esto es necesario «atendida la naturaleza de la voluntad y el libre albedrío, y «la del fin para que la voluntad ha sido criada, que es Dios, «objeto sumamente apetecible y amable.

«Por lo mismo, para el *acto de querer* es necesario un «agente volitivo *(agens volens),* el cual ha de pertenecer á «la esencia misma de la voluntad, para que sea libre y ca«paz de merecer (1). Es necesario, además, que este agente «tenga su *propio* y *natural objeto* apetecible, en el cual pue«da imprimir las especies que él libremente elija *(in quod «possit deducere electas species),* y hacerlas de este modo «apetecibles á la facultad volitiva (2), y producir en ella *(in*

---

(1) Para la libertad y el mérito es necesario la *voluntariedad,* la cual tiene su raíz en un principio intrínseco al agente. *Voluntarium est a principio intrinseco;* por eso dice el Beato Lulio que el agente volitivo ha de pertenecer á la *esencia* de la voluntad.

(2) Como la voluntad no quiere necesariamente los bienes particulares, para querer uno determinado ha de considerarle bajo algunos de los aspectos que lo hagan apetecible. Esto quiere, sin duda, significar el Beato Lulio cuando dice que el agente volitivo pone en el objeto *electas species.*

«*velle consubstantiale)* el *querer accidental,* es decir, los *ac-*
«*tos* de la voluntad.»

«Así también, dígote, oh Ermitaño, que para el acto de «entender es necesario un *entendimiento agente* natural que «se diferencie del *entendimiento posible,* y que uno y otro «pertenezcan á la esencia del entendimiento y posean un *en-*«*tendimiento intrínseco* y *consubstancial,* formando los tres «un solo entendimiento. Es necesario, además, que el *enten-*«*dimiento agente* ponga é imprima en el *entendimiento posi-*«*ble* las especies adquiridas y les dé inteligibilidad, de suer-«te que, intrínsecamente, en la esencia y naturaleza del entendimiento, las cosas se hagan inteligibles, y por ese me-«dio se adquiera el *entender accidental* (es decir, *el acto* de «entender) que fluye y refluye del *entender substancial* (de «la *facultad intelectiva)* que es intrínseco.»

«Contestó el Ermitaño: «Para el acto de entender no es «necesario poner un entendimiento agente, pues basta con «el posible, toda vez que éste por sí mismo puede adquirir «el conocimiento de las cosas; del mismo modo que para «sentir no hay necesidad de un sentido agente, puesto que «hay bastante con el posible ó sensible. Y como la natura-«leza nada exige que sea inútil ó superfluo, claro está que «no existe un entendimiento agente para el acto de enten-«der, así como no existe un sentido agente para el acto de «sentir.»

«Replicó Raimundo: «En la potencia vegetativa son ne-«cesarias tres cosas: una actividad vegetativa propia *(pro-*«*prium vegetativum),* un objeto asimilable propio *(pro-*«*prium vegetabile)* y un acto de vegetar, también propio «*(proprium vegetare),* pues, de lo contrario, serían imposi-«bles la generación y la trasmutación de la materia de una «especie en otra; y es necesario igualmente que estos tres «elementos pertenezcan á la esencia de la facultad vegetativa, «y que ésta esté constituída por ellos (1). Además, para la

(1) No parece sino que las teorías modernas acerca de la vida vegetativa están calcadas sobre la de nuestro Beato Lulio. Léase, si no, el siguiente

«realización completa del acto de vegetar se requieren un «*objeto asimilable* y un *modo de asimilárselo*, apropiados y «adecuados á la naturaleza de la potencia vegetativa *(appro-«priatum vegetabile et vegetare)*. Así, la comida en el estó-«mago es un objeto asimilable *(vegetabile)* en su propia po-«tencia asimilativa *(in proprio vegetabili)*, y cuando se ha «convertido en la carne y la especie del animal adquiere el «carácter y condición de los seres que vegetan *(characterem «vegetationis)*. De donde se sigue que, para el acto de vege-«tar, es necesario un agente vegetante *(agens vegetans)* que «convierta el asimilable remoto en asimilable propio suyo; «de lo contrario, aquél no pudiera por sí solo trasmutarse, «pues no tiene cualidades vegetativas. Lo mismo ha de de-«cirse de la potencia sensitiva, pues ha de haber en ella un «*sentido agente* (1) que convierta el sensible *remoto* en sensi-«ble *propio*. Y otro tanto decimos dèl *entendimiento posible* «que no lograría entender cosa alguna *(non posset esse intel-«ligibilis)* sin la mediación del *entendimiento agente*, por el «cual reciben el *carácter de inteligibilidad* las especies ad-«quiridas; además de que el *entendimiento posible*, siendo de «suyo *pasivo*, no puede hacerse á sí propio inteligente en «acto, porque no puede actuarse por sí solo, como lo efectúa «la potencia activa por su naturaleza.»

«Hay, sin duda alguna, en los aducidos textos lulianos, proposiciones discutibles, como las hay igualmente en las teorías de los más conspicuos filósofos que se afanaron por dilucidar esta cuestión. Se trata de un problema ideológico

---

pasaje, que no tendríamos reparo en adoptar como traducción libre del texto luliano. «La asimilación es una función transformativa, ejercida por la planta en virtud y por exigencia de una fuerza íntima suya que hace que la materia asimilada pertenezca á la misma planta y sea una con ella, viniendo á ser uno mismo el agente y el recipiente de la nutrición.» *Urráburu*, Razón y Fe, Marzo de 1904, pág. 322.

(1) En esta cuestión del *sentido agente* están divididos los escolásticos. Unos le admiten indistintamente para todos los sentidos. Otros le niegan en absoluto. Otros, en fin, como Suárez, siguen un término medio, limitándole á los sentidos internos. (Notas del Sr. Maura).

sembrado de dificultades y escollos, y envuelto en obscuridades que rarísimas veces alumbra la luz de la evidencia. Los datos de la observación psicológica no son tan completos cual fuera de desear; y las deducciones que en ellos se fundan, no tienen, por lo común, más base que la probabilidad. ¿Se ha de exigir al Beato Lulio lo que no lograron los mayores ingenios? En Filosofía, como en todos los ramos del saber, hay problemas que hasta ahora no han sido resueltos de una manera completamente satisfactoria, ni es de creer que lo serán jamás. Con todo, los trabajos practicados para resolverlos no son trabajos perdidos, porque, además de ejercitar el ingenio y fortalecerle, nos dejan entrever algo de lo mucho que falta por explorar en el vastísimo campo de la ciencia.

«De todos modos, estamos persuadidos de que el lector imparcial convendrá en que las doctrinas del Beato Lulio, expuestas en los pasajes transcritos, son dignas de ser conocidas y estudiadas por los amantes de la buena y sana filosofía, y aun por aquellos que, sin distinguir de colores ni dar mucha importancia á estos estudios, gustan de seguir la marcha de los grandes ingenios á través del campo de la Filosofía.» *(Revista Luliana,* cuaderno 39-40).

Aquí se nos ofrece otra cuestión asaz importante: el entendimiento ¿cómo conoce lo individual y concreto del orden sensible? Porque es común sentir de la Escuela luliana, y aun de la tomista, si exceptuamos á Suárez, que *directa* é *inmediatamente* el entendimiento conoce tan sólo lo *universal* abstraído de las especies individuantes, no las cosas particulares ó materiales. Mas, como quiera que también las conocemos de algún modo dichas cosas corporales por medio del entendimiento, inquiérese con razón por qué procedimiento intelectual alcanzamos á conocerlas.

Dice á ese propósito Juan de Santo Tomás *(Philosophia Naturalis;* tomo II, cuest. 10, art. 4): «El concepto de la cosa universal, abstraída de la especie sensible, tiene por fin *(terminus ad quem)* el mismo objeto universal, y por punto de partida *(terminus a quo)* lo singular de donde abstrae la especie, prescindiendo de la singularidad; mas el concepto de una cosa particular parte del conocimiento de lo universal *(terminus a quo)*, no prescindiendo de la universalidad, sino por el contrario reflejándola sobre lo particular, pues las cosas singulares están representadas por lo universal connotativa é indirectamente *(in connotato et obliquo)* y como punto de partida del acto intelectual.»

A lo que añade el ilustrísimo Sr. Maura: «El pasaje transcrito puede, sin violencia alguna, servir de comentario á un texto del Beato Lulio, en el cual se expone compendiosamente la teoría escolástica sobre la presente cuestión.

«Con su característico lenguaje y peculiar manera de discurrir, dice nuestro Doctor que la inteligibilidad de las cosas sensibles é imaginables mueve el entendimiento al conocimiento de su *inteligible propio (lo universal)*, de suerte que lo particular es también, según el Beato Lulio, el punto de partida *(terminus a quo)* del conocimiento de lo universal adquirido por la inteligencia. En este inteligible propio, ó sea, en lo universal, encuentra el entendimiento los objetos propios de las potencias inferiores que están con él íntimamente unidas, es decir, lo particular. Mas, ¿cómo descubre el entendimiento lo particular sensible é imaginable en lo universal? Lo descubre, dice el Beato Lulio, reverberando la especie inteligible expresa, esto es, el concepto ó verbo mental, sobre las cosas particulares, sensibles é imaginables. *(Ab universali reflectit ipsum conceptum ad singulare,* dice Juan de Santo Tomás). Esto se verifica en virtud de encontrarse reunidas y unidas estrechamente entre sí las potencias inferiores y las superiores en un mismo sujeto, es decir, en el hombre; por esta unión, la realidad del objeto, pasando por las potencias inferiores, llega hasta el entendimiento, y el entendimiento se vuelve hacia el objeto reflexionando sobre los actos de las potencias inferiores.

«En otro lugar dice: «Cuando los objetos materiales están ausentes de los sentidos, el entendimiento mueve la imaginación en la cual están grabadas las imágenes de aquellos objetos; y ved ahí porque el entendimiento adquiere el conocimiento de las cosas sensibles ó singulares poniendo en juego la fantasía, en cuyas imágenes ve reproducidas estas mismas cosas sensibles ó singulares.» (Omitimos los textos latinos).

«Finalmente, en el mismo libro, tratando *ex professo* la cuestión, la propone en estos términos: *Quomodo intellectus, cum sit universalis, possit attingere particularia?*

«Son, en nuestro concepto, dignas de leerse las pruebas que aquí se aducen, sobre todo la primera y la cuarta, que á continuación reproducimos traducidas libremente y á manera de comentario. El texto literal va en la nota.

«Dice, en primer lugar, que el humano entendimiento adquiere la ciencia recogiendo las especies sensibles presentadas por el sentido y la fantasía *(attrahendo modo hanc phantasiam, modo illam)*, para transformarlas y convertirlas en ideas que se fijan en la mente y en ella permanecen en forma de hábito; por eso se dice que el entendimiento es universal, pues crea y adquiere el hábito de la ciencia, que es universal. Y como este hábito se formó y creció con la adquisición de muchas ideas particulares, de ahí que el entendimiento pueda descender sucesivamente de lo universal á lo particular.

«La otra prueba es como sigue: El entendimiento conoce primeramente lo más universal *(intelligibile proprium)*, luego lo menos universal *(intelligibile remotum)*, después lo que es menos universal todavía *(aliud magis remotum intelligibile)*, y así sucesivamente hasta llegar á lo remotísimo, ó sea, á lo particular, al modo que la potencia visible por lo visible inmediato alcanza lo visible remoto. En efecto, en el acto de ver se verifica que una parte del espacio *(una pars in aëre)* está en contacto inmediato con el ojo y con la otra parte del mismo espacio que inmediatamente la sigue, y así sucesivamente; de modo que la visión se prolonga pasando de una parte á la inmediata y abarcando, en línea no interrumpida, todos los puntos del espacio desde el más próximo al más distante en donde está situado el objeto que ha de ser visto.

«Este riguroso encadenamiento de las ideas más universales con las menos universales que, eslabonándose en progresión descendente, llevan el entendimiento á conocer los objetos sensibles ó individuales, aunque expuesto por Lulio ne forma nueva y original y con ingeniosos pormenores, en el fondo poco ó nada difiere de la teoría aristotélica.» (Lugar citado).

b) *Formación del verbo mental según las Doctrinas lulianas.*—Continúa la exposición del Ascenso luliano del entendimiento, hecha por el señor Maura:

«Asienta el Beato Lulio, en primer término, el principio general escolástico de que «la cosa inteligible, para ser entendida, debe estar en el entendimiento, ya que no en su propia realidad objetiva, en similitud, imagen ó representación.» *Intellectivum intelligit intelligibile in intelligere in quantum in ipso accipit illius similitudinem.*

«Describiendo después el proceso psicológico de la intelección, dice: «El alma recibe de los sentidos las especies de las cosas exteriores, de los sentidos las traspasa á la imaginación, y, tomándolas de la imaginación, las pone en sí misma, ó se las apropia; estas especies son semejanzas ó imágenes de las cosas corpóreas. Cuando el alma las recibe en sí misma despojadas de la corporeidad, las espiritualiza, convirtiéndolas de imaginables en espirituales.» Este pasaje es sencillamente una explicación del principio: *cognitum est in cognoscente, secundum naturam cognoscentis.*

Señalando la razón y las causas de esta serie de operaciones psicológicas que, empezando en los sentidos externos, vienen á parar en la parte superior del alma produciendo el conocimiento intelectual, escribe: «Como el alma no puede ejercer su actividad interna, si no se pone en contacto con las especies exteriores, es necesario que de fuera le vengan impresiones que se graben dentro; así es que las percepciones de la vista y demás sentidos se imprimen en la imaginación, y por la imaginación en la inteligibilidad interna, en la cual el entendimiento conoce la inteligibilidad de las cosas exteriores, y de este modo forma sus juicios.» En otro texto paralelo explica cómo de la formación de este verbo se pasa á la producción del *verbo mental,* es decir, del que se refiere al conocimiento de las cosas inmateriales ó espirituales. «El entendimiento, dice, conoce las cosas sensibles moviendo la fantasía, que es espejo é imagen de estas cosas. Mas, cuando ha de conocer las cosas inmateriales, es decir, á sí mismo, ó la voluntad ó la memoria ú otras cosas análogas, primeramente aprehende con la imaginación, que es reproductora de los seres corpóreos, las semejanzas ó imágenes de estos seres, de las cuales el entendimiento está habituado á extraer las semejanzas ó imágenes de los seres suprasensibles, como, v. gr., cuando de la idea de bondad material y de magnitud material, etc., extrae la idea de bondad inmaterial, grandeza inmaterial, etc., etc., y con estas ideas ó imágenes forma el verbo.»

«En otros pasajes analiza más profundamente la cuestión, exponiéndola en forma muy original y con pormenores genialísimos.

«Vamos á transcribir uno en el cual campea el singular ingenio de nuestro Filósofo. Para facilitar su inteligencia, lo comentaremos en el lenguaje usual y corriente.

«El hombre, dice, está dotado de una alma racional que, permaneciendo una, se compone de memoria, entendimiento y voluntad; y, por consiguiente, la racionalidad consta de tres potencias activas, á saber: memorativa, intelectiva y volitiva.»

«Pero el alma no sólo puede raciocinar actuando sus potencias, sino que puede además ser ella misma el objeto en que se ejercite su raciocinio, ó, en otros términos, puede discurrir sobre sí propia y conocerse; luego el alma no sólo es racional ó conocedora, sino que es también conocida, y, por tanto, conocible ó inteligible. Más aún: entre las cosas en que puede ejercitarse nuestra razón, entre las cosas conocibles, el alma es lo conocible que está más próximo á nosotros, pues nada tan próximo é inmediato al alma, como el alma misma. Por eso el Beato Lulio da el nombre de *conocible ó inteligible inmediato (rationabile propinquum)* á las tres facultades del alma en cuanto pueden ser conocidas por ella misma; *Rationabile propinquum in tria distinctum est, videlicet, in recolibile, intelligibile et volibile.* Con estas palabras quiere significar que la memoria puede ser *recordada,* la inteligencia *entendida,* y la voluntad *querida;* y como en todos estos actos toma parte muy principal el *conocer,* pues no se recuerda ni se quiere sino aquello que de algún modo es conocido, claro está que sin impropiedad pueden llamarse *conocibles* ó *inteligibles* las tres potencias en cuanto son objeto, cada una respectivamente, de su propia actividad; por ejemplo, la inteligencia, cuando se conoce á sí propia, y la memoria y la voluntad, cuando á sí mismas se recuerdan ó quieren.

«Las demás cosas que no pertenecen directamente á estas tres potencias, sin duda alguna pueden ser también conocidas de nosotros; pero, como no forman parte de la memoria, del entendimiento ni de la voluntad, sino que por el contrario difieren esencialmente de ellas, no puede decirse que estén próximas é inmediatas al alma racional; por eso el Beato Lulio las designa con el nombre de *conocible remoto (rationabile remotum)*. Sin embargo, de estas cosas hay algunas, como la imaginación, el sentido común, el sentido íntimo y los sentidos externos, que, aunque se encuentren en nosotros mismos formando parte de nuestro ser, pues radican en la esencia del alma racional, con todo eso, no tienen para nosotros inteligibilidad, sino porque la reciben de las facultades superiores; por esta razón las apellida el Beato Lulio *inteligible remoto interno: Rationabile remotum conjunctum ipsi animae rationali, videlicet, imaginatum, sensatum,* etc. Las cosas que están situadas fuera de nosotros, ora sean materiales, ora inmateriales, constituyen lo *inteligible* ó *conocible remoto externo.*

«Ahora bien: para que una cosa sea conocida, se requiere que, sobre ser conocible, esté próxima á la potencia conocedora, que se ponga en contacto con ella, que se una con ella: luego lo conocido *remoto,* sea interno, sea externo, para ser conocido ha de convertirse en *conocible inmediato.* ¿Cómo se verifica esta conversión? De la manera siguiente: el alma, poniendo en ejercicio sus tres potencias superiores, porque las tres concurren á los actos mentales, atrae hacia sí, valiéndose de los sentidos externos y de la imaginación, las cosas conocibles remotas. *Rationans in homine rationativum suum rationabile propinquum, rationatur rationabile remotum.* Y así atraídas estas cosas, las reviste de su propia naturaleza, las idealiza, les comunica, con la virtud del entendimiento agente, inteligibilidad inmediata. *Et sic agendo, induit de similitudinibus animae rationalis similitudines ipsius rationabilis remoti.* De esta manera y por este procedimiento psicológico, lo conocible *remoto* pasa á ser conocible *próximo,* pues viene á quedar revestido de la propia naturaleza del alma racional. *Et sic induto, reducuntur in rationabile propinquum.* De esta manera es, continúa el Beato Lulio, como se engendra el verbo, compuesto de las especies ó imágenes exteriores, como materia, y de las interiores, como forma. *Et generatur inde verbum constitutum de similitudinibus exterioribus materialiter, et de similitudinibus interioribus formaliter.* Después el hombre exterioriza este verbo natural, y lo reproduce artificialmente en la palabra hablada, en la ciencia, en el arte, en las mil y mil variadas formas á que puede adaptarse la expresión del pensamiento; de esta manera la operación exterior del hombre se extiende y dilata y circula por doquier en incesante flujo y reflujo. *Verbo generato, homo producit similitudines hujus verbi ad exteriora in artificialem figuram, et sic fluit et refluit objetiva operatio hominis.*

«Mas, entre los objetos conocibles, los hay que están fuera del alcance de la imaginación y de los sentidos externos, como, v. gr., el alma, la ciencia y las demás cosas inmateriales. Para conocer estos objetos, el alma se sobrepone á las impresiones de los sentidos y á las imágenes de la fantasía, remontándose á las regiones de la inteligibilidad pura, en donde engendra el verbo mental con la inteligencia de estas cosas suprasensibles.

«Vamos ahora á copiar íntegro el texto luliano, tan literalmente como lo consienta la índole especialísima de su estilo y lenguaje. Dice así: «Pasemos á estudiar al hombre, cuyo cognoscitivo *(facultad de conocer)* y conocible próximo *(cualidad de ser conocido)* son su propia alma racional (1),

---

(1) No es esto decir que el alma tenga *inteligibilidad inmediata,* ó que se conozca á sí misma *directamente,* sino que lo conocible que *está más inmediato* al alma es el alma misma.

que, no siendo más que una, consta, sin embargo, de tres elementos diversos, á saber, la memoria, el entendimiento y la voluntad. Por consiguiente, la facultad de conocer consta de memorativa, intelectiva y volitiva; y lo conocible inmediato al alma lo componen lo recordable, lo inteligible y lo apetecible. Así, pues, cuando el alma racional discurre sobre las cosas conocibles inmediatas á ella, raciocina, á la vez, sobre lo conocible lejano ó remoto que está unido con la misma alma racional, es decir, sobre lo imaginado, lo sentido, etc.; y obrando de esta suerte, la razón reviste de sus propias formas las imágenes ó semejanzas de lo conocible remoto interno, é igualmente las de lo conocible remoto exterior. Estas imágenes así revestidas de las formas de la razón, se convierten de conocible remoto en conocible próximo, engendrándose de esta manera el verbo, compuesto, materialmente, de las imágenes exteriores, y, formalmente de las interiores. Engendrado el verbo, el hombre lo exterioriza artificialmente; y de este modo la operación objetiva del hombre fluye y refluye constantemente. Mas, como hay muchas cosas que no están sujetas al sentido ni á la imaginación, sino tan solamente á la razón, para conocerlas el alma se despoja de las imágenes del sentido y la fantasía, como, v. gr., cuando elige por objeto de sus especulaciones á sí misma, ó las substancias separadas, ó la ciencia, etc., etc.»

«Hemos visto que, según el Beato Lulio, en la producción del verbo mental intervienen las tres potencias superiores, la memoria, el entendimiento y la voluntad.

«En efecto, es tan íntima, esencial y necesaria la conexión que existe entre las tres potencias, y tan eficaz su acción recíproca, que ninguna de ellas puede obrar independientemente de las otras.

«La voluntad ejerce una soberanía absoluta sobre el entendimiento y la memoria. Si la voluntad no quiere, ni el entendimiento despliega su actividad investigadora, ni la memoria facilita las ideas que guarda depositadas en su fondo. Si el entendimiento no alumbrase, la voluntad andaría en tinieblas y se movería al acaso; y la memoria no sabría apreciar ni discernir las ideas que reproduce, ignorando si están fielmente reproducidas. Si la memoria, en fin, no suministrase oportunamente los datos que atesora, el entendimiento nada sabría de lo que anteriormente ha investigado y aprendido, y sus conocimientos no tendrían enlace alguno, serían anillos sueltos que jamás llegarían á eslabonarse; y la voluntad ni pudiera proporcionarse un fin, ni escoger los medios para alcanzarlo.

«Hermosamente describe nuestro Filósofo esta conexión y mutuas relaciones de las tres potencias, especialmente en dos pasajes que á continuación transcribimos.

«Dice en uno de ellos: «El entendimiento con su entender el bien, mueve la voluntad á amarle, y la memoria á recordarle; la voluntad con su amar la verdad de algún bien, mueve el entendimiento á conocer esta verdad, y la memoria á recordarla; y cuando la memoria recuerda alguna especie antigua, mueve el entendimiento á conocerla otra vez, y la voluntad á otra vez quererla ú odiarla.»

«En otro: «Así como la nave que cruza el mar, deja en pos de sí una estela que señala su paso y describe sus movimientos en la superficie de las aguas, así también el entendimiento, cuando discurre, deja huellas de su movimiento en la memoria, es decir, que le trasmite las especies inteligibles que él va elaborando, y la memoria las recibe, porque este es su oficio, y las recibe de modo que las conserva y guarda, dispuesta siempre á devolvérselas al entendimiento, cuando éste se las reclame.»

«Igual papel adjudica á la memoria Santo Tomás de Aquino.» (*Revista Luliana;* cuaderno 43 á 46).

Explica luego el docto Prelado el papel importante y principalísimo que juega la memoria, según el Angel de las Escuelas, en la producción del verbo mental. Y, expuestas las doctrinas tomistas, añade: «En frase más llana, pero de igual profundidad psicológica, expresa el Beato Lulio estos mismos conceptos, cuando dice que *la memoria es generadora del entendimiento,* no porque el entendimiento sea producido por la memoria, sino porque la memoria suministra las especies inteligibles que, informando el entendimiento, engendran el acto de entender.»

Continúa diciendo: «A los que no están iniciados en las teorías psicológicas del Doctor Angélico, parecerá, tal vez, incomprensible y hasta absurdo el hacer intervenir la memoria, por tan principal y eficaz manera, en la producción del verbo mental.» Manifiesta que no es así; y, haciendo notar la analogía de las doctrinas tomistas y lulianas relativas á eso, concluye: «Así es que, sin impropiedad, pudo decir nuestro Beato Lulio *memoria generat intellectum et intellectus generatur a memoria,* refiriéndose, no precisamente á la potencia intelectiva, sino á su ejercicio actual, ó sea, al entendimiento *en acto segundo;* por eso añade que «el entendimiento, en cuanto entiende por medio de la memoria, es decir, por medio de las especies que le suministra la memoria, es engendrado por la memoria.» (Lugar citado).

Este es el Ascenso luliano del entendimiento, en sus líneas principales, expuesto magistralmente por el sabio Prelado de Orihuela, Dr. D. Juan Maura y Gelabert.

Es el mismo de Aristóteles y Santo Tomás de Aquino, si bien con pormenores originalísimos.

Nos hemos valido para ello de los escritos del señor Obispo de Orihuela para oponer su ciencia y autoridad á las del actual señor Obispo de Vich, Dr. Torras y Bages, quien afirma que el Beato Raimundo no enseñó el Ascenso intelectual de Aristóteles y Santo Tomás, por estas palabras: «*Lo procedir de la rahó que ell ensenya no es aquell admirable desembolicarse la inteligencia dels bolquers de la materia y de lo contingent pera alçarse al conexement del esperit, del abstracte y del absolut, seguint la vía natural del conexement humá admirablement explicada per Aristótil y Sant Tomás; ell vol començar la ciencia per lo Ser realíssim, font de la existencia, y en aquell sobirá concepte vol trobarhi tot lo demés.*» (La Tradició Catalana, página 310).

No hay tal; equivocóse lastimosamente, por falta de datos, el sabio Prelado de Vich.

El Sistema Científico luliano comienza á levantar el palacio de la Ciencia valiéndose de los sentidos corporales ó externos, no del Ser realísimo ó Dios; sube desde la materia y lo contingente al conocimiento de lo espiritual, de lo necesario, de lo abstracto, de lo absoluto y de lo universal; y, una vez llegado aquí, emprende el Descenso intelectual, esto es, baja desde el Ser realísimo, fuente de la existencia, hasta llegar á lo material, á lo contingente, á lo particular, á lo relativo, á lo concreto. Este es el Sistema Científico luliano *completo;* esta es el Arte Magna *completa.*

Transición del Ascenso al Descenso.—La última afirmación científica que alcanzamos mediante el Ascenso del entendimiento, es la siguiente:

Existe Dios, y Dios es bondad, grandeza, sabiduría, virtud, gloria, verdad, etc., infinitas.

Pero luego observamos, analizando escrupulosamente las palabras, conceptos ó ideas de que nos servimos en el humano discurso, que todas esas palabras, conceptos ó ideas se hallan, explícitos ó implícitos, en los atributos de la Divinidad: bondad, grandeza, poder, sabiduría, etc.; y que las diferentes y múltiples verdades que enunciamos, así en una ciencia como en otra, todas, absolutamente todas, se reducen á las varias y múltiples combinaciones que pueden hacerse de las referidas Dignidades divinas, y, en efecto, acostumbramos hacer para estudiar al Ser supremo en cuanto nos lo declara la lumbre de la razón natural.

De donde, el Beato Lulio redujo todas las palabras ó términos que integran el discurso humano á los mencionados Atributos divinos; y todas las proposiciones con que enunciamos una verdad, así en la ciencia A como en la ciencia B, á las combinaciones que acostumbramos hacer de los mismos Atributos.

Esto es, en cierto modo, la unidad de la ciencia.

Efectivamente, el Beato Raimundo buscó la unidad de la ciencia «en el estudio analítico de nuestras ideas, comparándolas, combinándolas, inquiriendo su naturaleza y relaciones necesarias, dándoles la mayor amplitud y universalidad posibles, á fin de reducirlas á formas sencillas y fecundas, fácilmente aplicables á todos los conocimientos humanos. ¡Pensamiento sublime, repito, que por sí solo nos da la medida del profundo ingenio de su Autor!» (Palabras del Dr. Maura).

Así, pues, la última afirmación *científica* que obtenemos por medio del Ascenso intelectual, es á saber: *Existe Dios, y Dios es bondad, grandeza, sabiduría y todas las demás perfecciones «simpliciter simplices» en grado infinito,* viene á ser y lo es realmente la primera afirmación ó el primer peldaño del Descenso del entendimiento.

No hay ideas innatas en el Sistema Científico luliano; las ideas universalísimas y trascendentales de bondad, grandeza, poder, etc., que constituyen la primera escala del Descenso luliano del entendimiento, las adquirimos originariamente por medio de los sentidos corporales.

DESCENSO DEL ENTENDIMIENTO.—*Primera escala por la que descendemos hasta llegar á lo particular que se inquiere: los atributos de la Divinidad, bondad, grandeza, poder, eternidad, etc., con sus Definiciones.*

Estos atributos se definen; y para hallar, mediante las Definiciones, una verdad cualquiera, es necesario contraer y especificar la Definición correspondiente á la cuestión que se propone.

La razón es porque dichos atributos, á más de ser los de la Divinidad, son igualmente *aliqualiter et divisim* los atributos de toda criatura, así espiritual como corporal; y, en segundo lugar, porque todas las palabras, conceptos ó ideas que integran el humano razonamiento se hallan, explícitos ó implícitos, en aquellos atributos divinos.

No puede ser verdadero para el entendimiento divino lo que se opone á lo que piden y demandan los atributos de la Divinidad; por ejemplo, no puede ser verdadero para el divino entendimiento el que la bondad en Dios sea mala, pequeña, ignorante, etc. De igual modo, siendo el humano entendimiento un vestigio del entender de Dios, tampoco puede ser verdadero para nosotros lo que repugne á la naturaleza de la bondad, grandeza, virtud, sabiduría, etc. (consideradas no *in re,* sino trascendentalmente), las cuales son *aliqualiter et divisim,* como dijimos, atributos del ser de toda criatura. Ejemplo, en el orden trascendental, hasta en el mundo de las existencias finitas siempre será verdad que *la bondad es razón á lo bueno para obrar lo bueno.*

Sin embargo, como el fin último ó práctico de la ciencia no es el hallar verdades universalísimas y trascendentales, sino particulares y concretas, ¿de qué nos servirá la verdad *trascendental* de las Definiciones de los atributos de la Divinidad, que además resultan en alguna manera atributos del ser de toda criatura? De nada efectivamente nos servirían las Definiciones de los Principios del Descenso luliano, si no las contrayésemos y especificásemos á lo particular que inquirimos. En esa contracción y especificación hallaremos la verdad *particular* y *concreta.*

Esas Definiciones, ¿son la fuente ú origen de las verdades científicas? No; son tan sólo una verdad cuya suposición es necesaria si no se quiere que perezcan las demás.

Ya hemos explicado en páginas anteriores la teoría y práctica de las *Definiciones* lulianas ó Canon primero del Descenso del entendimiento; allí declaramos largamente la verdad y exactitud de las *Definiciones,* su contracción y especificación á lo particular que se inquiere y propusimos ejemplos de aplicación de las *Definiciones* á la inquisición de las verdades filosóficas. Igualmente enseñamos á reducir todas las palabras, conceptos ó ideas de que se compone el humano razonamiento, á dichos atributos de la Divinidad, con otros detalles importantísimos.

Léanlo, y se convencerán de la verdad de su contenido. Se halla en el capítulo XIX, pág. 49 á 64.

Segunda escala por la que descendemos hasta llegar á lo particular que se inquiere: las Condiciones lulianas.—Llámanse *Condiciones,* en el tecnicismo luliano, á las proposiciones formadas con dos ó más atributos divinos ó Principios del Descenso.

La inquisición de las verdades filosóficas por medio de las *Definiciones*, es algo dificultosa; pero es muy fácil y llana, si aplicamos las *Condiciones* lulianas.

La verdad y exactitud de las *Condiciones* pruébala el Beato Raimundo por verificarse en Dios; si una *Condición*, ó proposición formada con dos ó más atributos divinos, se verifica realmente en Dios, será verdadera; de lo contrario, será falsa.

Las *Condiciones* ó proposiciones que, por verificarse en Dios, sean verdaderas para el entendimiento divino, lo serán igualmente, en el orden trascendental, para nuestro entendimiento.

Y del orden trascendental descendemos á lo particular y concreto mediante la contracción y especificación de las *Condiciones* á la cuestión que proponemos.

Una oración gramatical, por ejemplo, *el alma es libre, espiritual é inmortal*, para que enuncie una verdad, requiérese que las palabras ó términos de que se compone tengan en la oración el mismo orden que tienen en la *Condición* correspondiente los respectivos atributos divinos, ó sea, aquellos á que deben reducirse las palabras ó términos de la oración gramatical propuesta.

Las *Condiciones* tampoco son origen ó fuente de las verdades científicas, sino tan sólo verdades cuya suposición es necesaria si no queremos que perezcan las demás. Declárase esta doctrina aquí mismo en el capítulo XXXVI, página 198 y siguientes.

No hay por qué aducir ahora ejemplos de *Condiciones*, ni declarar tampoco el procedimiento por el que aplicamos dichas *Condiciones* á la inquisición de las verdades filosóficas y teológicas, cuando ya lo hicimos en el capítulo XX, página 64 á 69: á ello remitimos al estudioso lector.

Como se observa con facilidad, la teoría y práctica de las *Definiciones* es semejante, sino ya la misma, á la de las *Condiciones* lulianas.

El proceso ideológico luliano, en el Descenso del entendimiento, es un proceso *matemático*.

Tercera y última escala por la que descendemos hasta

llegar á lo particular que se inquiere: las Reglas lulianas. —Las *Condiciones* se forman con los Principios ó con las *Definiciones* de éstos, las *Reglas* nacen de las *Condiciones:* ¿quiérese un procedimiento más rigurosamente matemático?

La inquisición de las verdades científicas mediante las *Condiciones* es más fácil que por medio de las *Definiciones;* y el resolver las cuestiones propuestas valiéndonos de las *Reglas* lulianas, nos resulta menos dificultoso de aprender que usando de las *Condiciones;* la razón es obvia: á medida que se ávanza en el Descenso del entendimiento, el horizonte trascendental y universalísimo de un principio va particularizándose más y más, y concretándose progresiva y matemáticamente.

Las *Reglas* son verdaderas, si se verifican en Dios; son falsas, si no se verifican en Dios. La piedra de toque para conocer la verdad de los tres Cánones del Descenso luliano del entendimiento, es siempre Dios.

El Beato Lulio escribió el nombre de Dios en todas y cada una de las páginas de sus libros innumerables, ¡y ha sido tenido por racionalista y hereje! ¡Cuán grande ha sido, por parte de muchos, el desconocimiento de las Doctrinas lulianas!

Las *Reglas* son, lo mismo que las *Definiciones* y *Condiciones,* el punto de apoyo de los humanos conocimientos, ó sea, verdades cuya suposición es necesaria, si no queremos que perezcan las otras; en una palabra, las Definiciones, Condiciones y Reglas son *el criterio de verdad* en el Descenso del entendimiento. Véase capítulo XLIII, pág. 304 y siguientes.

Toda palabra, término ó dicción puede reducirse á alguno de los atributos de la Divinidad ó *Principios* lulianos del Descenso; toda proposición ú oración gramatical puede reducirse á alguna de las *Condiciones* lulianas; y todo argumento, prueba ó demostración puede reducirse á alguna de las *Reglas* lulianas.

El orden, peso, número y medida constituyen el alma del Descenso luliano del entendimiento.

¿Ejemplos de *Reglas* lulianas? ¿Su verdad y exactitud?

¿Su teoría completa? ¿Su práctica en la inquisición de las verdades científicas? ¿Ejemplos de esa práctica? Todo lo has de hallar en el capítulo XXI, pág. 69 á 75.

Si deseas sobre todo casos prácticos, muchos casos prácticos, de aplicación científica *integral* de ese Descenso del entendimiento, esto es, de las Definiciones, Condiciones y Reglas, lee la Nota *A, in integrum,* correspondiente al capítulo XLIII, pág. 320 á 337.

Basta.

Hemos expuesto someramente la *Síntesis ideológica luliana,* pero de un modo integral, es á saber, abarcando las dos partes capitalísimas, ó mejor dicho, esenciales, del *Arte Magna* ó Sistema Científico luliano: el Ascenso y Descenso del entendimiento.

A tener un ingenio y una pluma como los de Abentofáil, hubiéramos escrito en lugar del presente capítulo, seco, áspero y desaliñado, un esbozo siquiera de otra novela filosófica, de un nuevo *Filósofo Autodidacto,* donde por manera genial y hermosísima nuestro héroe hubiera subido por sí solo, semejante en todo á Hay Benyocdán, por las tres escalas del Ascenso del entendimiento: los sentidos externos, los internos, el entendimiento; y luego por sí solo también, amaestrado por la naturaleza, después de haber llegado á la conclusión científica de la existencia de Dios y de sus divinos atributos, bondad, grandeza, eternidad, etc., hubiera bajado por las otras tres escalas del Descenso intelectual: las Definiciones, Condiciones y Reglas. Este es el ideal de la ciencia, mientras el hombre viva en este mundo.

La unidad absoluta (ó *unicidad)* de la ciencia es un absurdo; la visión inmediata de Dios y de todas las cosas en Dios, en la vida presente, es una herejía. Unidad *relativa,* visión *mediata* y *parcial:* he aquí el *ne quid nimis,* la sobriedad eterna; he aquí la verdad; he aquí el Sistema Científico luliano.

Hay Benyocdán, acompañado de Asal, marchó al mundo para predicar á las gentes el ascetismo y la vida mística; pero las predicaciones místicas de Hay disgustaron á los habitantes de la isla de Asal, la primera donde arribaron.

Convencióse Hay de la inutilidad de sus esfuerzos, porque el vulgo no es capaz de conocer otra cosa que el sentido literal y externo de la ley religiosa; y en compañía de Asal regresa á su isla, donde ambos acabaron sus días, entregados al servicio de Dios.

También nosotros, en compañía de los escritos lulianos del sabio Prelado de Orihuela, ilustrísimo Sr. Maura, marchamos al mundo á predicar, á cuantos se interesen por las cuestiones filosóficas, que el hasta hoy desconocido Sistema Científico luliano, ó *Arte Magna,* compónese substancialmente del Ascenso y Descenso del entendimiento, y que este Descenso intelectual es útil para la ciencia y muy provechoso para el adelantamiento de la misma.

¿Resultarán inútiles nuestros esfuerzos? Creemos que no; creemos que en los Seminarios de España se hará justicia al Sistema Científico luliano; y que los teólogos de las Universidades de Roma y los filósofos del Instituto Superior de Lovaina reconocerán con nosotros, que el Beato Raimundo Lulio admitió el Ascenso aristotélico y de Santo Tomás, y que el Descenso que nos propone es muy útil y conducente para inquisición de la verdad.

Relaciones entre el Ascenso y el Descenso del entendimiento.—El Descenso del entendimiento es muy posible, y en nada obsta á los principios tradicionales de toda filosofía sensata, explicado como lo explica nuestro Doctor y Maestro, es á saber, la ciencia *comienza por el Ascenso;* el Descenso tiene sólo un carácter *subsidiario* ó de complemento, corroboración y perfección respecto del Ascenso; llegamos al conocimiento de los Principios del Descenso intelectual: bondad, grandeza, poder, etc., *por medio del Ascenso,* por los sentidos corporales originariamente, y no, de ninguna manera, por medio de ideas innatas. Esto salva toda objeción fundada. ¿No es verdad?

El grandioso Sistema Científico luliano ó Arte Magna, en sus dos partes de Ascenso y Descenso del entendimiento, es la conciliación y armonía de Platón con Aristóteles; conciliación y armonía que siempre han sido la aspiración constante de los más grandes pensadores, y lo es aún hoy día representada por notabilísimos escritores de Francia y Alemania.

Admitido el Descenso luliano del entendimiento, no por eso quedan inhabilitados los Lulistas para trabajar en el campo de las ciencias experimentales ó psicológicas; pues, como Lulio admite el Ascenso y en él muestra marcadas preferencias por el método inductivo y experimental, nosotros, sus discípulos, podemos y debemos completar la obra del Maestro. ¿Quién no sabe que Lulio fué un *gran experimentalista* en la ciencia del alma y además un precursor *notabilísimo* de las ciencias naturales, físicas y químicas de nuestros días?

El hombre observa, experimenta, induce, silogiza, apoyado en los datos que le ofrecen los sentidos; pero también raciocina mediante leyes *universalísimas* y trascendentales: he aquí, pues, la razón de ser del Ascenso y Descenso del entendimiento. Tan legítimo y connatural es al hombre el Ascenso como el Descenso: rechazar uno ú otro es oponerse al curso triunfal de la ciencia. ¿No es así? El hombre levanta el palacio de la ciencia de dos maneras: *ascendiendo* y *descendiendo*.

Estamos convencidísimos de que el Descenso luliano del entendimiento es *asimilable;* de que es útil para la adquisición de la verdad y provechoso para el adelantamiento de las ciencias. ¿Disientes de ello, lector querido?

De consiguiente, no vemos inconveniente alguno en afirmar la posibilidad de una Ciencia Universal, ó Descenso del entendimiento, en el sentido en que la propugna el Beato Raimundo Lulio, ó sea, únicamente para lo *universal* y *necesario* que tienen todas las ciencias, no para lo particular y contingente que las mismas comprenden.

Según nuestro humilde parecer, los cánones del Descenso luliano del entendimiento, esto es, las Definiciones, Condiciones y Reglas lulianas, son leyes del pensamiento humano, tan naturales y legítimas—y tan fecundas para la ciencia—como las mismas leyes del Ascenso que redactara el genio de Aristóteles.

Tengo para mí, que la ciencia es incompleta con sólo el Ascenso; y que el complemento y perfección de la ciencia se hallan en el Descenso. ¿Cómo no, si lo que hizo el Estagirita respecto al Ascenso lo hizo también nuestro Lulio relativamente al Descenso, es á saber, redactar los cánones de ese Descenso *después de haber observado* que todos los hombres lo practicamos, si bien de una manera inconsciente?

Siendo el Descenso luliano del entendimiento el complemento y perfección del Ascenso aristotélico, se nos figura que una moderada restauración del Lulismo (en el sentido por nosotros indicado) podría ser muy bien el coronamiento del Neo-tomismo del Instituto superior de Filosofía de Lovaina. ¿Qué les parece á nuestros amigos?

El objetivo de la presente obra es llamar poderosamente la atención de quienes se interesan por cuestiones filosóficas, *y sobre todo de los teólogos de las Universidades de Roma y de los filósofos de Lovaina,* hacia la utilidad del Descenso luliano del entendimiento en la Filosofía y Teología. ¿Por ventura no hay motivos para ello?

Debe hacerse con el Lulismo lo que hizo Mercier con el Tomismo: darlo á conocer *convenientemente* y aprovecharnos de él para las necesidades y exigencias de la ciencia contemporánea.

Por lo demás, estamos seguros de que, si viviera en nuestros días el Beato Lulio, crearía *laboratorios de Psicología experimental.* Ahora bien, lo que él haría con toda seguridad, ¿por qué no debemos hacerlo nosotros?

Nuestro objeto no es la resurrección arcaica del Lulismo, sino la resurrección de lo *vivo, permanente, imperecedero* é *inmortal* que se esconde en los libros lulianos. Todas las obras tienen algo que envejece (aun siendo verdaderas) y otro algo que *vive siempre:* la verdad. Así también las obras de Lulio. Nosotros predicamos la restauración, no de lo que ha envejecido con el tiempo en las obras del Doctor, sino de lo que *vive aún* y vivirá siempre. ¿Nos equivocamos quizás?

Por donde parécenos que han sufrido un lastimoso yerro, no por falta de talento y rectitud, sino por carecer de libros lulianos donde estudiar, cuantos han dicho que el Lulismo debe sólo ocupar un capítulo en la Historia de la Filosofía, no invizcerarse en el organismo de la ciencia contemporánea; y creemos demostrar plenamente nuestras firmes convicciones en el curso de la presente obra. En efecto, habiendo evidenciado en páginas anteriores que el Arte Magna ó Sistema Científico luliano consta de dos partes esenciales, el Ascenso y Descenso del entendimiento, creemos sincera y firmemente que deben incorporarse en los tesoros de la Ciencia cristiana así el Ascenso como el Descenso lulianos.

Urge, por tanto, la publicación de las obras lulianas, despojándolas anteriormente del Arte combinatoria, de las fórmulas semi-algebraicas y de toda clase de figuras geométricas: circulares, triangulares, cuadrangulares, etc. Conviene asimismo publicarlas—para mayor claridad de exposición—á semejanza de la *Suma Teológica* de Santo Tomás de Aquino: cuestiones, artículos: *Utrum* tal, *utrum* cual, *Videretur dicendum quod... Sed contra est quod dicit... Conclusio... Respondeo dicendum quod... Ad primum dicendum quod...* Nos forjamos la ilusión de que serán muchísimos los que asentirán á nuestras palabras.

En última consecuencia, produciría un grandísimo fruto la publicación de una *Ars Magna ascensum intellectus simul et descensum in Philosophia ac Theologia complectens in usum Scholarum accommodata.*

Punto final. La asociación de Barcelona, intitulada *Estudios Universitarios Catalanes,* que lleva abiertas ya diez ó doce cátedras de diversos estudios, debería abrir también —según nuestro humilde parecer—una *Cátedra de Filosofía* donde podría ser explicado el Sistema Científico luliano ó *Arte Magna,* en sus dos partes de Ascenso y Descenso intelectual; Sistema que, á más de ser una gloria de la ciencia catalana, lo es también del Cristianismo, alma y corazón de toda filosofía verdadera.

Conclusión.—No nos lisonjeamos de haber compuesto una obra perfecta: el camino que hemos recorrido no lo habían recorrido otros, á lo menos en su totalidad, pues nosotros hemos expuesto el Sistema Científico luliano *integralmente*, y despojándolo además de cuanto lo afea en los libros del Doctor y Maestro, cosa nueva y desconocida hasta el presente; y por otra parte nuestros pocos años y el haber empleado en la redacción del libro la lengua castellana, lengua que no es la que aprendimos desde pequeños, pueden haber dado motivo—y lo han dado seguramente—á que se deslizaran muchos defectos en estas numerosas páginas.

Séame lícito, pues, repetir las palabras de Bacón de Verulamio: «*Si qua in re vel male credimus, vel obdormivimus, et minus attendimus, vel defecimus in via et inquisitionem abrupimus, nihilominus iis modis res nudas et apertas exhibemus, ut et errores nostri notari et separari possint, atque etiam ut facilis et expedita sit laborum nostrorum continuatio.*»

LII

LO QUE NOS PROPONEMOS

Nos proponemos dar á conocer el Sistema Científico luliano, ó **Arte Magna**, *y la Doctrina adquirida mediante él por el mismo Beato Raimundo Lulio, con las obras del Maestro en la mano.*

Hoy se habla y se escribe del Lulismo sin haber leído jamás á Lulio; hoy son rechazadas y despreciadas las Doctrinas lulianas por hombres eminentes por su saber y piedad (algunos de los cuales ocupan un puesto muy distinguido en la jerarquía eclesiástica), pero que tocante á nuestro Filósofo sólo conocen lo que escribieron de él los Padres Mariana y Feyjóo (mil veces victoriosamente contestado) y las solas Obras **catalanas** *del Doctor, que se publican en Palma de Mallorca, las cuales, como no son* **expositivas** *del Sistema Luliano, ni* **prácticas** *del mismo, dejan in albis* **al lector** *por lo que dice relación á la genuina é integral Concepción Filosófica Luliana y á la Doctrina habida con ella.*

Hoy por hoy la Filosofía y Teología del Doctor Arcangélico hay que estudiarlas en las Obras **latinas**, *y principalmente en la Edición de Moguncia.*

Personas ilustradísimas conocemos que, después de haber leído más de dos veces todos los volúmenes de los textos originales **catalanes** *publicados en Mallorca, aún no llegaron á saber que las partes substanciales del Sistema Científico luliano ó* **Ars Magna** *son dos: el Ascenso y el Descenso del entendimiento.*

Nos proponemos cultivar, desarrollar y aplicar á las tendencias de la ciencia moderna el Ascenso luliano del entendimiento, que no difiere substancialmente del aristotélico ó tomista, siguiendo las huellas luminosísimas, y ya gloriosas, del Instituto superior de Filosofía, de Lovaina. Y lo que en ese Ascenso hallaremos propio y original de nuestro Doctor y Maestro, verdadero, útil, asimilable, proponemos trabajar con tesón y constancia hasta llegar á incorporarlo en los tesoros de la Ciencia cristiana admitidos universalmente. En el Ascenso, nuestro Lulismo no pasa de ahí; mejor dicho, es un Tomismo: es el Neo-Escolasticismo de Mercier en Lovaina.

Nos proponemos asimismo declarar, manifestar y probar la utilidad y conducencia para la adquisición de las verdades científicas, del Descenso del entendimiento ó Ciencia Universal luliana; y, una vez hecho esto, trabajar para incorporarlo en los tesoros que hemos dicho de la Ciencia cristiana.

Este Descenso no es ninguna novedad en la Ciencia cristiana; es el Descenso que, tomado del divino Platón, fué cristianizado por San Agustín, y aplicado conscientemente *á la inquisición de algunas verdades relativas á Dios por el mismo San Agustín, por San Anselmo, San Buenaventura y otros; es además el Descenso que todos los hombres, absolutamente todos, usamos al razonar, si bien por manera* inconsciente, *como se ha dicho y probado ya.*

Lo que dichos Santos aplicaron conscientemente *á algunas verdades de la Teología; lo que todos aplicamos* por manera inconsciente *á cada paso y en todas las cuestiones; el Doctor Arcangélico enseña á practicarlo de un modo consciente y además científico en la Teología, Filosofía, Derecho Natural y demás ciencias particulares, en el sentido arriba explicado. Lo que en otros fué sólo tendencia ó inclinación, en nuestro Lulio es método constante, fijo y definitivo.*

Tal es la razón de ser de nuestro Lulismo, tal es el fundamento de la restauración luliana por la que trabajamos.

Estos son, y no otros, nuestros propósitos.

¿Apologías del Maestro y sus Doctrinas? Ninguna.

Estudio de sus libros, eso sí; estudio continuado é intenso.—Expurgar lo inútil y aprovecharnos de lo útil.

¿Réplicas á sus adversarios? Tampoco.

Ya lo dijimos al aparecer la Revista Luliana *en Octubre de 1901. Solamente hacer notar el punto flaco de los enemigos del Beato, y siempre con cristiana caridad, cuando éstos hablen por boca de una persona muy autorizada ó en la Igle-*

sia ó en la república de las letras. En resumen, seguir las palabras de San Jerónimo, en carta á San Agustín, que hemos puesto por lema de esta obra y en la primera página de la misma: **Sufficit mihi mea probare et aliena non carpere;** *las cuales, aplicadas á nuestro caso, pueden traducirse así:* **Tengo yo bastante con probar las Doctrinas del Beato y no molestar á sus adversarios.**

LIII

A QUÉ ASPIRAMOS

Aspiramos, primero, á que cuantos han tenido hasta el presente por inútiles las Doctrinas lulianas por lo que de ellas han escrito personas distinguidas en virtud y ciencia, si bien ayunas del Sistema Científico luliano; ahora, en vista del presente Libro, se convenzan y persuadan de que debe suspenderse aquel juicio desfavorable: no que ya las consideren desde luego útiles y conducentes al progreso de la Ciencia, sino que afirmen tan sólo que debe procederse á una revisión de lo que podríamos llamar el **Proceso luliano;** *aspiramos á que, en vista de lo que nosotros decimos, suspendan todos el juicio desfavorable y definitivo del Lulismo; que, dando de mano á las censuras de los adversarios del Beato, radicales ó mitigados, afirmen todos que se impone el estudio de los libros del Maestro para fallar en definitiva, que se impone el estudio del Sistema Científico luliano, ó* **Arte Magna,** *en sus dos partes substanciales de Ascenso y Descenso del entendimiento, y después el estudio de la Filosofía y Teología lulianas.*

Segundo, aspiramos á que, una vez conocida la obra latina que prometemos, los hombres imparciales y doctos tengan por muy útiles las Doctrinas lulianas y muy conducentes á la inquisición de la verdad, no sólo en el Ascenso del entendimiento, sino muy particularmente en el Descenso del mismo ó Ciencia Universal luliana.

Por último, aspiramos á que, dentro pocos años, en las

Universidades Católicas, en las cátedras de Filosofía y Teología de los Seminarios Conciliares y en los ejercicios de oposición á las canongías de nuestras Catedrales, amén del uso tradicional del Ascenso aristotélico, se emplee asimismo de una manera consciente y científica—**more lulliano**—*el Descenso del entendimiento ó Ciencia Universal luliana: aspiramos á oír en las oposiciones á canónigo argumentos deducidos de las Definiciones, Condiciones y Reglas del* **Arte Magna** *ó grandioso Sistema Científico del Beato Raimundo Lulio.*

Aspiramos á que fijen su benévola atención en el Lulismo, ó sea, en el Ascenso y Descenso del entendimiento, los sabios profesores del Instituto superior de Filosofía de Lovaina y los egregios teólogos de la Universidad Gregoriana de Roma y demás centros de enseñanza eclesiástica de la Ciudad inmortal de los Papas.

Incorporado así en la Ciencia cristiana lo que haya de verdadero, útil, imperecedero y eterno en el Sistema Científico luliano y en la Filosofía y Teología habidas con él, ó sea, mediante el Ascenso y Descenso referidos, con muchísimo gusto entonaremos entonces el cántico **Nunc dimittis...**

San Quírico de Tarrasa, 8 Mayo 1908.

APÉNDICE I

Indice de las materias que comprenderá el volumen intitulado *Prolegomena*, el primero de los veinte tomos en latín que prometemos, de la obra *Ars Magna ascensum intellectus simul et descensum in Philosophia ac Theologia complectens, ex operibus Beati Raymundi Lulli, Doctoris Archangelici Christique invictissimi Martyris, accurate deprompta et in usum Scholarum accommodata*, cuya Portada y Dedicatoria van al principio de este libro.

INDEX RERUM QUAE IN PRIMO VOLUMINE CONTINEBUNTUR

PARS PRIOR

QUAESTIO I

Prooemialis

Articulus unicus.—Utrum Ars Magna, a Beato Raymundo Lullo adinventa, sit scientificum Systema ascensum intellectus simul et descensum complectens.

DE ASCENSU INTELLECTUS

QUAESTIO II

De principiis essendi

Art. I.—Utrum Deus in omni creatura influat similitudines suas, nempe, Bonitatem, Magnitudinem, Æternitatem, Potestatem, Sapientiam, Voluntatem, Virtutem, Veritatem, Gloriam, etc.

Art. II.—Utrum principia essendi quae habet elementativa sint Dei similitudines in creaturâ influxae, nempè, Bonitas, Magnitudo, Æternitas, Potestas, Sapientia, Voluntas, Virtus, Veritas, Gloria, etc.

Art. III.—Utrum principia essendi quae habet sensitiva sint Dei similitudines influxae in creaturâ, scilicet, Bonitas, Magnitudo, Æternitas, Potestas, Sapientia, Voluntas, etc.

Art. IV.—Utrum principia essendi quae habet imaginativa sint Dei similitudines in creatura influxae, nimirum, Bonitas, Magnitudo, Æternitas, etc.

Art. V.—Utrum principia essendi quae habet intellectiva sint Dei similitudines in creatura influxae, videlicet, Bonitas, Magnitudo, Æternitas, etc.

Art. VI.—Utrum dicta essendi Principia, nempe, Bonitas, Magnitudo, Æternitas, Potestas, Sapientia, Voluntas, etc., sint absoluta, universalia, primitiva et necessaria.

Quaestio III

De definitionibus Principiorum essendi

Art. I.— Utrum Beatus Lullus universalia Principia rectè definierit.

Art. II.—Utrum recta detur definitio Bonitatis.

Art. III.—Utrum recta et vera detur definitio Magnitudinis.

Art. IV.—Utrum convenienter, a Beato Lullo, Duratio et Potestas, utpote universalia essendi principia, definiantur.

Art. V.—Utrum recta et vera sit definitio Sapientiae.

Art. VI.—Utrum rectè definiatur Voluntas.

Art. VII.—Utrum vera sit definitio Virtutis.

Art. VIII.—Utrum propria et vera detur definitio Veritatis.

Art. IX. — Utrum recta sit definitio Gloriae ab Archangelico tradita.

Quaestio IV

De Principiis universalibus respectivis eorumque definitionibus

Art. I.—Utrum, praeter dicta Principia absoluta, alia sint Principia rerum universalia, primitiva et necessaria, sed respectiva, scilicet, Differentia, Concordantia, Contrarietas, Principium, Medium, Finis, Majoritas, Æqualitas, Minoritas.

Art. II—Utrum recta detur definitio Differentiae.

Art. III—Utrum recta detur definitio Concordantiae.

Art. IV.—Utrum recta detur definitio Contrarietatis.

Art. V.—Utrum recta detur definitio Principii.

Art. VI.—Utrum recta detur definitio Medii.
Art. VII.—Utrum recta detur definitio Finis.
Art. VIII.—Utrum recta detur definitio Majoritatis.
Art. IX.—Utrum recta detur definitio Æqualitatis.
Art. X.—Utrum recta detur definitio Minoritatis.

QUAESTIO V

De speciebus Principiorum respectivorum

Art. unicus.—Utrum Principia universalia respectiva habeant species, et quot numerentur.

QUAESTIO VI

De rectâ et verâ notione Naturae

Art. I.—Utrum in omni essentia sint haec tria correlativa, videlicet, actio, passio et connexio utriusque, quae quidem sint innata, primitiva, vera, necessaria, intranea, realia et distincta.
Art. II.—Utrum sit forma et quomodo.
Art. III.—Utrum sit materia et quomodo.
Art. IV.—Utrum sit Forma Universalis.
Art. V.—Utrum sit Materia Universalis.
Art. VI.—Utrum Universalis Materia possit esse sine Universali Forma.
Art. VII—Utrum fiat generatio et quomodo.
Art. VIII.—Utrum fiat corruptio et quomodo.

QUAESTIO VII

De scientiâ objectivâ adversus idealismum

Art. I—Utrum detur sextus sensus corporalis.
Art. II.—Utrum visus attingat sensibilitates ad extra et quomodo.
Art. III.—Utrum auditus attingat sensibilitates ad extra et quomodo.
Art. IV.—Utrum odoratus attingat sensibilitates ad extra et quomodo.
Art. V.—Utrum gustatus attingat sensibilitates ad extra et quomodo.

Art. VI.—Utrum tactus attingat sensibilitates ad extra et quomodo.
Art. VII.—Utrum affatus attingat sensibilitates ad extra et quomodo.

Quaestio VIII

De rationibus seminalibus rerum

Art. I.—Utrum originaliter ac primordialiter in quadam textura elementorum cuncta jam creata sint, sed acceptis opportunitatibus prodeant.
Art. II.—Utrum seminales rationes, secundum quas alia ex aliis proveniunt, sint quinque Praedicabiles cum decem Praedicamentis.
Art. III.—Utrum quinque Praedicabiles et decem Praedicamenta sint realiter in potentia activa et passiva Formae et Materiae Universalis Chaos.
Art. IV.—Utrum potentia activa et passiva Formae et Materiae Universalis Chaos perveniat ad actualitatem et conceptionem per actum generativum parentum.
Art. V.—Utrum, mortuo Petro, praedicabiles et praedicamenta quae in ipso habebantur redeant ad potentialitatem et habitum, nempe, ad potentiam activam et passivam Formae et Materiae Universalis Chaos.
Art. VI.—Utrum hoc genus «animal» sit suppositum, cùm nec formam nec materiam specificam habeat; an e contra sit ille punctus generalis in quo fit naturalis mixtio et conjunctio potentiae vegetativae et sensitivae.
Art. VII.—Utrum hujusmodi punctus generalis, in quo fit naturalis mixtio et conjunctio potentiae vegetativae et sensitivae, sit creatura et unum principiorum naturae.

Quaestio IX

DE QUINQUE PRAEDICABILIBUS

De lullianâ doctrinâ super quinque Praedicabiles, per quam intellectus humanus est habituatus ad cognoscendum secreta eorum

Art. I.—Utrum Genus Universale sit ens reale.
Art. II.—Utrum, juxta Beatum Lullum et Beatum Joannem Duns Escotum, coordinatio essentialis sit realis.

Quaestio X

DE DECEM PRAEDICAMENTIS

De lulliana doctrina super decem Praedicamenta, per quam intellectus humanus est habituatus ad cognoscendum secreta eorum

Art. I.—Utrum substantia creata, esto quod possit a suis accidentibus denudari, habeat esse extra animam.
Art. II.—Utrum quantitas sit de essentia substantiae.
Art. III.—Utrum qualitas sit ens reale et generale.

Quaestio XI

De primo gradu Ascensûs

Art. I.— Utrum, juxta lullianam doctrinam, scientia incipiat a sensibus, sicut docuit Aristoteles.
Art. II.—Utrum sensus prius incipiat ab universali, quàm a particulari.
Art. III.—Utrum sensitiva sit major in agendo, quàm in patiendo.

Quaestio XII

De secundo gradu Ascensûs

Art. I.—Utrum imaginativa sit in re vel in ratione.
Art. II.—Utrum imaginativa sit activa et passiva potentia et quomodo.
Art. III.—Utrum, juxta Artem Magnam Lullianam, potentia intellectiva sumat objecta per imaginativam.
Art. IV.—Utrum anima possit intelligere sine phantasmatibus.
Art. V.—Utrum imaginativa habeat majorem concordantiam cum aliquo sensu quam cum alio, et quis ille sit.
Art. VI.—Utrum differentia inter sensualia sit sensibilis vel imaginabilis.

Quaestio XIII

De tertio et ultimo gradu Ascensûs

Art. I.—Utrum anima in intellectu possibili intelligat quidquid intelligit.

Art. II.—Utrum Divus Thomas inquirat existentiam intellectûs possibilis, attentis solummodò operationibus intellectûs.

Art. III.—Utrum Beatus Lullus inquirat existentiam intellectûs possibilis, attentâ solummodo naturâ intellectûs.

Art. IV.—Utrum ad actum intelligendi sit necessarium ponere intellectum agentem naturalem differentem a possibili.

Art. V.—Utrum anima generet verbum et quomodo.

Art. VI.—Utrum in actu intelligendi hominis requirantur species propter potentialitatem intellectus, vel propter absentiam objecti.

Art. VII.—Utrum intellectus denudet suum intelligere ab imaginari et quomodo.

Art. VIII.—Utrum imaginatio impediat intellectum et quomodo.

Art. IX.—Utrum potentiae animae sint activae et passivae.

Art. X.—Utrum anima agat in se et extra se et quomodo.

Art. XI.—Utrum intellectus, cùm sit universalis, possit intelligere particularia, et quomodo.

Art. XII.—Utrum alia potentiarum moveat aliam et quomodo.

Art. XIII.—Utrum forma moveat materiam et quomodo.

Art. XIV.—Utrum objectum moveat potentiam et quomodo.

Quaestio XIV

De punctis transcendentalibus cognitionis

Art. I.—Utrum detur punctus transcendentalis.

Art. II.—Utrum in omni re cujus sit capax intellectus noster detur punctus transcendentalis.

Quaestio XV

De aristotelico descensu intellectûs.

Art. unicus.—Utrum, juxta Doctorem Archangelicum, praeter descensum intellectùs a principiis universalissimis usque ad infima elementata, more platonico, sit insuper et alius descensus intellectùs per eosdem nempè sensus, tum externos tum internos, necnon per intellectum, quibus primò ascensus factus fuit, quemadmodum et practicavit Aristoteles.

Quaestio XVI

De ordine quo in operationibus intellectualibus progrediatur Beatus Lullus.

Art. unicus.—Utrum in Arte Magnâ priùs ascendat Beatus Lullus per sensum, imaginationem, intellectum agentem et intellectum possibilem, quàm descendat per similitudines Dei influxas in creaturâ, nempè, per Bonitatem, Magnitudinem, Æternitatem, etc.

PARS ALTERA

De Descensu intellectùs sive de Scientiâ Universali

Quaestio XVII

De natura descensus intellectûs

Art. I.— Utrum sit etiam, juxta doctrinam lullianam, aliquis intellectùs descensus a principiis nempe universalissimis usque ad infima principiata, eo, scilicet, modo quo asseritur a Platone.

Art. II —Utrum descensus intellectus sit possibilis absque ullo ascensu ejusdem.

Art. III.—Utrum ascensus intellectus, omni praetermisso descensu, verè ac realiter scientiam generet.

Art. IV.—Utrum scientia per ascensum intellectùs acquisita firmetur ac perficiatur ab hujusmodi descensu.

Quaestio XVIII

De principiis essendi et cognoscendi

Art. I.—Utrum principia essendi sint principia cognoscendi.

Art. II.— Utrum praedicta essendi principia, nempè Bonitas, Magnitudo, Æternitas, Potestas, Sapientia, Voluntas, Virtus, Veritas, Gloria, etc., sint etiam principia cognoscendi.

Art. III. – Utrum ideae Bonitatis, Magnitudinis, Æternitatis, Potestatis, Sapientiae, Voluntatis, etc., sint innatae vel e contra ministerio sensuum acquisitae.

QUAESTIO XIX

De principiis Scientiae Universalis

Art. I.— Utrum descensus intellectûs in Arte Magna traditus Scientiam Universalem constituat.

Art. II.—Utrum praedicta essendi et cognoscendi principia, nimirùm, Bonitas, Magnitudo, Æternitas, Potestas, Sapientia, Voluntas etc., sint principia Scientiae Universalis.

Art. III.—Utrum, praeter dicta principia Scientiae Universalis, Bonitas, nempè, Magnitudo, Æternitas, etc., alia etiam principia requirantur ad eumdem intellectûs descensum seu Scientiam Universalem, videlicet, Differentia, Concordantia, Contrarietas, Principium, Medium, Finis, Majoritas, Æqualitas, Minoritas.

QUAESTIO XX

De natura et proprietatibus Principiorum Scientiae Universalis

Art. I.—Utrum principia descensus seu Scientiae Universalis sint primitiva, realia et necessaria.

Art. II.—Utrum conveniens sit, ut descensus intellectûs seu Scientiae Universalis principia habeat per se nota quae non indigeant probari.

Art. III.—Utrum principia descensûs, seu Scientiae Universalis, aliquo modo dici possint principia per se nota vel lumine naturae cognita, et quo sensu.

QUAESTIO XXI

De possibilitate, utilitate et necessitate Scientiae Universalis

Art. I.—Utrum sit possibilis Ars et Scientia Universalis.

Art. II.– Utrum hujusmodi Ars et Scientia Universalis sit utilis.

Art. III.—Utrum Scientia Universalis sit necessaria.

QUAESTIO XXII

De extensione Scientiae Universalis

Art. I.—Utrum haec Scientia Universalis sit universalior quàm Metaphysica et Logica.

Art. II—Utrum Ars et Scientia, a Beato Lullo excogitata, sit Universalis seu generalis ad omnes scientias.

Art. III.—Utrum Scientia Universalis sit fundamentum scientiarum particularium.
Art. IV.—Utrum, habitâ Scientiae Universalis cognitione, ipso facto scientiae particulares cognoscantur, videlicet, Theologia, Philosophia, Jus Naturalis, Medicina trascendentalis, etc.
Art. V.—Utrum Scientia Universalis de omnibus quaerat quaestionibus quae dari possunt.
Art. VI.—Utrum ad cognitionem rerum singularium, numerabilium et contingentium deserviat descensus intellectùs seu Scientia Universalis, an e contra ascensus intellectùs solummodò deserviat.

Quaestio XXIII

De genesi Scientiae Universalis Lullianae

Art. I.—Utrum in absona identitate universali, an e contra in analysi nostrarum idearum, suam Scientiam Universalem Archangelicus fundaverit.
Art. II.—Utrum omnes conceptus sive ideae quibus utitur homo contineantur, tum explicitè tum implicitè, in principiis absolutis et respectivis Scientiae Universalis.
Art. III.—Utrum principia descensùs seu Scientiae Universalis convenienter Beatus Lullus assignaverit.

Quaestio XXIV

De applicatione Principiorum universalium ad particulare quaesitum, seu fundamentum primum Scientiae Universalis Lullianae.

Art. I.—Utrum principia descensùs seu Scientiae Universalis esse debeant generalia ad Deum et creaturam.
Art. II.—Utrum per descensum intellectùs, seu per Scientiam Universalem Lullianam, particulare inveniatur in universali.
Art. III.—Utrum principia universalia, quatenus universalia, aliquid dicant de rebus particularibus.
Art. IV.—Utrum in applicatione universalium principiorum ad particulare quaesitum requiratur praecognosci quid dicitur per nomen.
Art. V.—Utrum universalium principiorum applicatio ad particulare quaesitum fiat per contractionem et specificationem.
Art. VI.—Utrum necesse sit, ut veritas definitionum principiorum

universalium, juxta suam connaturalem et propriam intelligentiam, verificetur in omni re cujus sit capax intellectus noster.
Art. VII.—Utrum Principiorum definitiones misceantur seu componantur inter se, et quomodo.
Art. VIII.—Utrum Principiorum definitiones convertantur inter se, et quomodo.

Quaestio XXV

De applicatione Conditionum universalium ad particulare quaesitum, seu fundamentum alterum Scientiae Universalis Lullianae

Art. I.—Utrum ad praedictum intellectûs descensum, seu Scientiam Universalem, praeter generalia principia Deo et creaturae convenientia, alia necessariò requirantur, nempè, Conditiones et Regulae.
Art. II.—Utrum recta detur definitio Conditionis.
Art. III.—Utrum verae demonstrentur Conditiones lullianae.
Art. IV.—Utrum veritas Conditionum in omni re cujus sit capax intellectus noster necessario verificetur.
Art. V.—Utrum applicatio Conditionum universalium ad quaesitum particulare fiat per contractionem et specificationem, et quomodo.
Art. VI.—Utrum Conditiones lullianae misceantur seu componantur inter se, et quomodo.
Art. VII.—Utrum Conditiones lullianae convertantur inter se, et quomodo.

Quaestio XXVI

De applicatione Regularum ad particulare quaesitum, seu tertium et ultimum fundamentum Scientiae Universalis Lullianae

Art. I.—Utrum recta detur definitio Regulae.
Art. II.—Utrum verae demonstrentur Regulae lullianae.

Quaestio XXVII

De exemplificatione quaestionum

Art. I.—Utrum, per universalium Principiorum definitiones, haec quaestio solvi possit, nempè, «an mundus possit esse aeternus.»
Art. II.—Utrum per Conditiones lullianas haec quaestio solvi pos-

sit, nempè, «an potentiae animae in Patria habeant aequalem gloriam.»

Art. III.—Utrum per Regulas lullianas haec quaestio solvi possit, nempè, «quare Deus non est incarnatus in pluribus hominibus.»

Quaestio XXVIII

De applicatione Scientiae Universalis seu Descensûs intellectûs ad Theologiam.

Art. I.—Utrum Beatus Lullus rectè assignaverit principia Theologiae.

Art. II.—Utrum Theologica Methodus Lulliana stabiliatur in Sacrâ Scripturâ aliisque theologicis fundamentis.

Art. III.—Utrum methodus discurrendi in Theologicis per primum fundamentum Descensûs intellectûs seu Scientiae Universalis, id est, per Principia absoluta, sit recta et conformis Scripturae et Patribus.

Art. IV.—Utrum methodus discurrendi in Theologicis per secundum fundamentum Descensûs intellectûs seu Scientiae Universalis, id est, per Conditiones seu maximas generales, sit recta et conformis Scripturae et Patribus.

Art. V.—Utrum methodus discurrendi in Theologicis per tertium et ultimum fundamentum Descensûs intellectûs seu Scientiae Universalis, id est, per Regulas Artis lullianae, sit recta et conformis Scripturae et Patribus.

Art. VI.—Utrum methodus theologica communior apud Beatum Lullum, quâ ex perfectionibus Dei, earumque proprietatibus et conditionibus deducit et manifestat puncta Theologica, sit recta et conformis Scripturae et Patribus.

Art. VII.—Utrum methodus theologica, qualis a Beato Lullo usurpatur, qua manifestat Deum ejusque mysteria ex creatis conditionibus, sit recta et conformis Scripturae et Patribus.

Art. VIII.—Utrum methodus quâ, supposita Fide aliisque fundamentis, ex solâ ratione ferè semper procedit Beatus Lullus in Theologicis explanandis, sit recta et conformis aliquibus saltem Patribus et Doctoribus Scholasticis.

Art. IX.—Utrum Ars Magna in descensu intellectûs, seu in Scientia Universali, utpote geometrica et ex universalibus ad particularia procedens, sit valde clara et non obscura.

Art. X.—Utrum Ars Magna in descensu intellectûs seu in Scientiâ

Universali rectè et securè conducat ad manifestandam veritatem; ac proinde utrum sit inutilis, periculosa vel aliquod afferat detrimentum vel afferre possit.

Art. XI.—Utrum, quamvis Ars Magna in descensu intellectùs seu in Scientiâ Universali quoad omnes suas partes non sit communiter in usu, aliqua sit ejus partium quae saltem quoad substantiam non usurpetur apud aliquos; ac proinde utrum reverâ absolutè abhorreat a communi Doctrina et sit ejus praetensa novitas evitanda.

Art. XII.—Utrum ostendatur utilitas Artis Magnae in descensu intellectùs seu in Scientia Universali auctoritate Doctorum qui ipsam vel similem doceant, eam approbent, in praxim deducant vel simili methodo in suis utantur libris.

Art. XIII.—Utrum Ars Magna in descensu intellectûs seu in Scientiâ Universali multos habuerit et habeat illustres sequaces theologos catholicos et pios.

PARS TERTIA

De iis quae sunt communia Ascensui et Descensui intellectûs

METHODOLOGIA LULLIANA

Methodus Prima

De usu figurarum geometricarum

Quaestio XXIX

Prolegomena ad totam hujusmodi partem

Art. I.—Utrum fundamentum Artis Magnae Lullianae sit solidum.

Art. II.—Utrum methodus Artis Magnae Lullianae sit solida.

Art. III.—Utrum termini quibus utitur Ars Magna lulliana sint proprii et apti ad clarè explicanda significata, adeoque utrum sit propria Beati Lulli Doctrina.

Art. IV.—Utrum, in Arte Magna Lullianâ, Systema artificiale intentionale intelligendi sit conforme cum Systemate naturali et reali essendi.

Quaestio XXX

De usu figurarum geometricarum ad quamlibet scientiam exponendam

Art. I.—Utrum circulus et triangulus sint figurae praestantiores in Geometria.
Art. II.—Utrum Beatus Lullus convenienter adhibuerit in Arte Magna figuras geometricas ad explicandas quaestiones philosophicas et theologicas.
Art. III.—Utrum Beatus Lullus, in Arte Magna, ad figurandum trinum ordinem increatum et exemplarem, rectè usus fuerit circulo et triangulo.
Art. IV.—Utrum Beatus Lullus, in Arte Magna, convenienter usus fuerit circulo ad trinum ordinem creatum et exemplatum figurandum.
Art. V.—Utrum convenienter, in Arte Magna, Beatus Lullus triangulo usus fuerit ad ordinem creatum et exemplatum figurandum.
Art. VI.—Utrum ad exponendam theoriam et practicam Principiorum absolutorum Beatus Lullus convenienter usus fuerit figurâ circulari.
Art. VII.—Utrum ad exponendam theoriam et practicam Principiorum respectivorum Beatus Lullus convenienter usus fuerit figurâ triangulari.

METHODUS ALTERA

De usu litterarum et numerorum

Quaestio XXXI

Art. I.—Utrum convenienter Artem Magnam per litteras alphabeti, more algebraico, Beatus Lullus exposuerit et explicaverit.
Art. II.—Utrum convenienter, in Philosophia ac Theologia, Beatus Lullus usus fuerit numeris ac praesertim ternario.
Art. III.—Utrum Algebra Speciosa Universalis, seu Ars Magna Universalis sciendi et demonstrandi lulliana, differat ab Algebra Speciosa usitata in Geometria et Arithmetica.

METHODUS TERTIA

De Arte Combinatoria

QUAESTIO XXXII

Quid sid Ars Combinatoria

Art. I.—Utrum Ars Combinatoria stabiliatur in naturâ rerum.
Art. II.—Utrum Ars Combinatoria, cum moderamine usitata, deserviat ad clarè et utilè exponendas scientificas quaestiones.

QUAESTIO XXXIII

De subjectis universalibus in quibus omnia comprehenduntur

Art. I.—Utrum Beatus Lullus convenienter novem subjecta universalia assignaverit in quibus omnia comprehendantur.
Art. II.—Utrum Deus sit primum subjectum universale; et quae in Eo consideranda veniunt.
Art. III.—Utrum Angelus sit subjectum universale alterum et quid in eo considerandum venit.
Art. IV.—Utrum Mundus sit tertium subjectum universale; et quae in ipso consideranda veniunt.
Art. V.—Utrum Homo sit quartum subjectum universale; et quid in eo considerandum venit.
Art. VI.—Utrum imaginativa sit quintum subjectum universale; et quid in ipsa considerandum venit.
Art. VII.—Utrum sensitiva sit sextum subjectum universale; et quid in eâ considerandum venit.
Art. VIII.—Utrum vegetativa sit septimum subjectum universale; et quid in eâ considerandum venit.
Art. IX.—Utrum elementativa sit octavum subjectum universale; et quid in eâ considerandum venit.
Art. X.—Utrum instrumentativa sit nonum et ultimum subjectum universale; et quid in eâ considerandum venit.

Quaestio XXXIV

De quaestionibus generalibus quae fieri possunt de quolibet subjecto

Art. I.—Utrum Beatus Lullus convenienter assignaverit decem quaestiones generales quae fieri possunt de quolibet subjecto.

Art. II.—Utrum sit quaestio «De possibilitate» et quot species habeat.

Art. III.—Utrum sit quaestio «De quidditate» et quot species habeat.

Art. IV.—Utrum sit quaestio «De materialitate» et quot species habeat.

Art. V.—Utrum sit quaestio «De quare» et quot species habeat.

Art. VI.—Utrum sit quaestio «De quantitate» et quot species habeat.

Art. VII.—Utrum sit quaestio «De qualitate» et quot species habeat.

Art. VIII.—Utrum sit quaestio «De tempore» et quot species habeat.

Art. IX.—Utrum sit quaestio «De loco» et quot species habeat.

Art. X.—Utrum sit quaestio «De modo» et quot species habeat.

Art. XI.—Utrum sit quaestio «De instrumentalitate» et quot species habeat.

Quaestio XXXV

De novem subjectis discursis per Principia et per quaestiones generales

Art. I.—Utrum quodlibet ex novem subjectibus sit deducibile per Principia Artis Magnae, tum absoluta tum respectiva, necnon per quaestiones generales; et quot conditiones ad hoc requirantur.

Art. II.—Utrum Deus sit discursibilis per Principia et per Quaestiones generales; et quomodo.

Art. III.—Utrum Angelus sit discursibilis per Principia et per Quaestiones generales; et quomodo.

Art. IV.—Utrum Mundus sit discursibilis per Principia et per Quaestiones generales; et quomodo.

Art. V.—Utrum Homo sit discursibilis per Principia et per Quaestiones generales; et quomodo.

Art. VI.—Utrum Imaginativa sit discursibilis per Principia et per Quaestiones generales; et quomodo.

Art. VII.—Utrum Sensitiva sit discursibilis per Principia et per Quaestiones generales; et quomodo.

Art. VIII.—Utrum Vegetativa sit discursibilis per Principia et per Quaestiones generales; et quomodo.

Art. IX.—Utrum Elementativa sit discursibilis per Principia et per Quaestiones generales; et quomodo.

Art. X.—Utrum Instrumentativa sit discursibilis per Principia et per Quaestiones generales; et quomodo.

APÉNDICE II

MAIORICEN.

CONFIRMATIONIS CULTUS FAMULI DEI

RAYMUNDI LULLI

TERTII ORDINIS S. FRANCISCI BEATI NUNCUPATI

SEU DECLARATIONIS CASUS EXCEPTI

A DECRETIS SA: ME: URBANI PAPAE VIII

RESPONSIO

AD ADNOTATIONES R. P. D. PROMOTORIS FIDEI SUPER DUBIO AN CONSTET DE CULTU PUBLICO ECCLESIASTICO PRAEFATO DEI SERVO EXHIBITO, SEU DE CASU EXCEPTO A DECRETIS SA: ME: URBANI PAPAE VIII, IN CASU ET AD EFFECTUM DE QUO AGITUR? (1).

EME. AC REVME. DOMINE,

1.—Illa demum allucescet dies, quam tamdiu Maioricensis Ecclesiae Clerus et fideles sibi avebant, quippequae viro martyri fortissimo, cuius nomen tot saeculis decus suae civitatis insonuit, ius plenum honoris, uti spem fovere iuvat, firmabit vestraque sententia

---

(1) A los 13 de Febrero de 1904, el Ilustrísimo señor Obispo, Clero y Fieles de Mallorca pidieron á Su Santidad la Confirmación del Culto sagrado y público que desde tiempo inmemorial se tributa en aquella Isla al Beato Raimundo Lulio, Doctor Arcangélico y Mártir.

La Causa fué despachada y fallada favorablemente por la Sagrada Con-

PP. EE. ratum faciet. Spem fovere iuvat profecto, si enim quominus felici vado optatum diu portum causa attingat nil aliud adfuerit quam illud unum obstaculum, quod fidei Vindex oculatissimus, ut suo muneri absolutissime satisfaceret, prudentiae vestrae cavendum significavit, ea est prorsus susceptae causae iustitia ut ex ipso caeterorum objectorum pondere firmari magis quam concuti, potiusque illustrari quam obnubilari videatur.

2.—Scilicet Cl. Vir vel ab initio suarum adnotationum fateri nullatenus dubitavit: «Si quis vel leviter momenta expendat, quibus innituntur Sacro Huic Ordini oblatae preces, ut cultus Raymundo Lullo tributus Apostolicae Sedis auctoritate ratus habeatur riteque confirmetur, equidem *fateri cogitur nullum impedimentum esse quominus quod petitur facillime impetretur*.» Est profecto quod de huiusmodi confessione gratulemur meritasque optimo Censori rependamus gratias; siquidem inde ab initio dubitationem omnem amovit quin praesens disquisitio humanissimorum Suffragantium favorem sibi sit plane conciliatura, etsi virium nostrarum tenuitas atque in novis rebus peragendis imperitia nil emolumenti eidem valeret afferre. Alacri proinde animo ea diluere aggredimur quae praestantissimus vir adnotanda autumavit; certus quidem si quae non plane a Sacro Ordine soluta videantur ea non difficultatis ponderi atque naturae tributum, sed defensoris potius inexperientiae condonatum iri.

3.—Propter officii Missaeque concessionem in honorem Raymundi Lulli non semel factam, *in qua stat supremum pondus ecclesiastici cultus et indubitatum casus excepti fundamentum*, casum nostrum inter exceptos a Decretis Urbanianis connumerari admittit Censor; proindeque ad illius cultus confirmationem nihil aliud requiri edicit quam in medium afferre obtenta Apostolica Indulta. Quod reipsa nos fecimus illa in forma authentica in actis exhibendo, prout prostant

---

gregación de Ritos á los 11 de Abril de 1905, habiendo sido Relator de la misma el Eminentísimo Cardenal catalán Vives y Tutó, gran devoto del Beato mallorquín.

Somos de parecer que, con la publicación de tan autorizadísimo Documento, ciérrase el período apologético de la Persona y de las Doctrinas del Beato Raimundo Lulio. ¿Qué se puede decir contra la ortodoxia de las Doctrinas lulianas, que no lo haya refutado victoriosamente el Ilmo. César de Sanctis? Cerrado el período apologético, debemos abrir en seguida el período de *estudio del Lulismo*, ó sea, de las obras expositivas y prácticas del Ascenso y Descenso del entendimiento. *Hic opus, hic labor*. (Nota del Autor).

in Summario (p. 4 N. III et p. 8 N. IV). Huiusmodi vero apostolica Indulta non efficere *iuridicam* cultus approbationem, sed necesse esse ut huius Sacri Ordinis solemne interveniat iudicium, quo possessio cultus legitima auctoritate recognoscatur, etiam nos minime habuimus. Revera hanc ob rem hodie vehementer instamus ut sicuti in similibus casibus á Censore enumeratis vel in aliis quamplurimis penes Sacram Rituum Congregationem actitatis responsum fuit: «affirmative seu constare de caso excepto á Decretis Urbani Papae VIII,» ita pariter, prolatis requisitis Indultis, enunciato dubio respondendum erit. Quod enim semel placuit amplius displicere non debet.

4.—Verum si hoc ex capite res tam plana et expedita est (sequitur Amplissimus Censor), e contra implicata nimis et plena difficultatis apparet si peculiaris huius causae indoles et adiuncta parumper considerentur. Optime dixit «*apparet*» Censor, quia revera ita minime est. Namque si ipse pro indole et adiunctis causae intelligat illam contentionem, uti volunt, exortam inter eruditos quoad scripta Raymundi, haec nullam hodie amplius facit difficultatem, uti infra videbimus. Quod si pro indole et adiunctis causae intelligat illam mirabilem vitam, qua Raymundus floruit, illum nobilissimum cultum, singularem venerationem magnamque devotionem quibus Raymundus noster inde ab obitu per tot saecula prosequutus est; haec quam maxime ad rem nostram faciunt, uti liquido constat tum ex iis, quae in nostra Informatiuncula diximus et in Summariolo retulimus, tum quoque ex iis, quae a Cl. Censore in Adn: 4, 5, 6 et 7 fuse exponuntur quoad historiam vicissitudinesque huius nobilissimae causae. Attamen si ad ornatum Causae et ad rem magis illustrandam alia desiderentur argumenta, pene innumera reperiri datum est in tabulis processualibus, potissimum anni 1747, quae vel á Clarissimo Viro quam maxime laudantur. Praeter splendidum testimonium in Adn: 5 relatum plura alia habentur, ex quibus patet fere omnia publici cultus signa ab immemorabili Raymundo nostro exhiberi. Revera in honorem Beati Raymundi iampridem altaria erigi, imagines aureolis vel radiis redemitas publicae venerationi exponi, vota suspendi, lampades cereosque accendi, preces recitari, festa cum magno fidelium concursu celebrari, titulo Beati vel Sancti honestari, Reliquias venerari atque magna cum pompa deferri, omnes testes unanimiter fatentur in praefato processu anni 1747. Praestat unius vel alterius verba referre. Canonicus Antonius Ripoll sub Sacramenti religione testatur *(Fol. 23 tergo)*: «Atteso che io moltissime volte sono andato alla sua Cappella, cioé ove sta il suo sepolcro nell'accennata Cappella, vi ho veduto continuamente delle lampade accese, e molte volte anche dei ceri e candele accese, ed ho visto mentre io mi vi ritrovavo, che venivano molte persone a fare orazione e vi ho veduti moti volti di cera, d' oro e d' argento, che pubblicamente si dice esservi stati posti per grazie ricevute da Nostro Signor Gesú Cristo per intercessione di detto Beato Raimondo, e vi ho veduto da molto tempo in qua una lampada sospesa cosí bassa, che perfino li fanciulli di sette o otto anni possono arrivare a prendere dell'oglio che in essa vi sia, la qual lampada sempre l'ho veduta ardente, e stando ivi in orazione ho veduto molte persone, che venivano e prendevano dell'oglio colle loro dita e si ungevano il collo o le braccia o le gambe, e si diceva e pubblicamente si dice, che ciò lo fanno per curarsi delle loro rispettive infermità, e parimente ho osservato molto bene l'immagine di detto Beato Raimondo, che sta in detto sepolcro, ed è di marmo, ha li raggi in segno del culto che gli vien dato come riputato per Beato.» Idem insuper haec enarrat *(fol. 24)*: «Io ho veduto moltissime immagini del detto Beato Raimondo Lulli, e tra le altre una, che sta collocata nella Cappella della Madonna della Corona sopra la cancellata di ferro della medesima nella Chiesa Cattedrale di Palma, un'altra che sta collocata nella Cappella di S. Caterina della Chiesa Parrocchiale di S. Eulalia di questa città di Palma, ed un'altra collocata nella Cappella della Trinità della Chiesa del Convento de'Trinitari, tutte le quali sono molto antiche, ed hanno li raggi sul capo; e questo dico esser così, a saperlo di certa scienza, poichè l' ho veduto e l' ho udito dire fin da che ho l' uso di ragione, ed ho anche udito dire pubblicamente da molte persone degne di fede, che in molte altre parti di questo Regno ve ne sono molte altre; siccome pure ne ho vedute moltissime stampate nelle Conclusioni; e tanto le une come le altre sempre le ho vedute coi raggi, nè mai ho udito dire nè veduto che ve ne sia alcuna senza li medesimi.»

5.—Audite alterum testem haec loquentem: *(fol. 213 terg. et seq.)*: «Contiene il vero questo articolo e lo so per averlo io coi miei proprii occhi veduto da 47 anni, tempo in cui mi ritrovo esser religioso, qualmente in tutte le feste, che si celebrano del detto Beato Raimondo ogni anno, dal giorno antecedente alla festa fino a tutto il giorno della medesima inclusive, sempre stanno esposte alla pubblica venerazione de' Fedeli le mascelle del Beato Raimondo in un altarino sotto un baldacchino, con due candele accanto, qual altarino si colloca nella colonna laterale della Cappella, ove sta il di lui sepolcro, ed ivi interviene gran concorso di popolo dell'uno e l'altro sesso all'adorazione di tal reliquia, ed ancora li Signori conservatori rappresentanti la città e Regno di Maiorca vanno all'adorazione; siccome prima del presente governo politico vi andavano li Signori Giurati, chè così si chiamavano quelli che rappresentavano la Città, ed avevano l'istesso impiego che al presente hanno li Signori Conservatori. Vanno ancora all'adorazione della medesima Reliquia li quattro grembi o facoltà dell'Università letteraria, come sono li Dottori di Teología, quelli di Leggi e Canoni, quei di Filosofia e gli altri di medicina, e dopo terminata la Messa accompagnati dalla Comunità dei Religiosi del nostro Convento, si portano tutti all'adorazione delle dette mascelle con molta venerazione e divozione come Reliquia di Santo, essendo riputato come tale da tutta questa Diocesi, e so, per averlo udito da'miei maggiori, che non solamente avevano veduto a tempo loro, che le dette mascelle erano adorate e si portavano a molti infermi, li quali le richiedevano per divozione che avevano al detto Beato Raimondo Lulli, sperando che Iddio Nostro Signore per intercessione di lui li avrebbe risanati dalli loro malori, ma di più avevano udito dire dai suoi maggiori, che anch'essi l'avevano veduto così osservare e questo è cosa pubblica etc.

6.—Has aliasque publici cultus significationes Raymundo praestitas fuisse, Auctoritate ecclesiastica probante et consentiente, passim docent testes in praefata inquisitione perpensi. Sic eorum alter refert *(fol. 479 terg.)*: «Contienesi il vero in questo articolo, e dico di saperlo per essere io moltissime volte intervenuto alle sontuose feste, che in onore del Beato Raimondo Lulli ogni anno si celebrano coll' intervento come si dice in questo articolo, ed io in due distinte feste, cioè alli 30 de Giugno fattagli celebrare dalla Città di Palma, in diversi anni, ed in altra alli 25 di Gennaio fattagli celebrare dalla Università, feci il Panegirico in lode del medesimo Beato Raimondo; e non solo so che molti di tali panegirici si danno alla stampa, ma ancora che si stampano le Novene, che ogni anno pubblicamente si fanno nella Chiesa di S. Francesco ad onore e gloria di lui con approvazione e licenza degli ordinarii; siccome essendo io stato Revisore della Novena, che si diede alla stampa nell'anno 1743, vacando la Sede Vescovile di questa Diocesi, l' approvai per averla ritrovata composta in ottima forma e molto conducente per la salvazione delle anime, e diede la licenza per la stampa il molto Illustre Signore De Nicola Salas e Berga, Sacerdote e Canonico della Chiesa Cattedrale, Vicario Capitolare Sede Vacante, e fin da fanciullo ho sperimentato esser tanto pubblica e notoria la celebrazione delle dette Feste, che si va per le strade solite di questa Città a suono di trombe e tamburi proclamando pubblicamente in qual giorno si ha da celebrare la festa e chi sarà il Predicatore, che ha da sermoneggiare delle gloriose gesta di detto Beato Raimondo Lulli.»

7.—Ex hisce satis luculenter patet cultum Raymundo praestitum perantiquum, nobilem, diffusum fuisse, ex eius virtutibus heroicis et miraculorum fama partum. Unde non est mirum si pro eiusdem cultus confirmatione a S. Sede obtinenda acta processualia inita sunt; non est mirum si Urbaniana Decreta fere eo tempore, quo processibus primitus opera dabatur, prodita nihil obfuerunt huic cultui, qui a saeculo et amplius in sua erat possessione. Hinc tunc temporis Episcopi, Decretorum Executores, cultum nostro Raymundo exhibitum uti legitimum recognoverunt, nec removendum curarunt, dum contra fecerunt quoad alios Servos Dei, quibus publici cultus signa deferri prohibuerunt. De hoc nos edocent iidem testes. Ita eorum alter enarrat: *(fol. 606 sub fine et terg. et seq.)*: «Ed in quanto a ciò che in questo articolo si esprime delli Sinodo fatti dalli Illmi. e Rmi. Monsignori Vescovi Santander e Escolano, io ho solamente veduto il Sinodo di Mons. Don Diego Escolano dell'anno 1659, in cui si cita la Costituzione della santa mem. d'Urbano Papa VIII e nel margine si cita la Costituzione Sinodale di Mons. Santander, e dico esser vero, che io sempre fin da fanciullo ho udito dire, qualmente in vigore della detta Costituzione Urbana fu tolto il culto e venerazione pubblica ad alcuni venerabili Servi di Dio, alli quali in quel tempo si dava in Maiorca, perchè non l'avevano immemorabile o da 100 anni prima della pubblicazione di detta Costituzione e per questo ho udito dire che fu tolto alla Ven. Suor Caterina Thomás Monica del Monastero di S. Maddalena, di questa Città di Palma, ed al Ven. P. Fra Michele Bennosser, del Convento di S. Domenico, della medesima Città, e ad altri Venerabili Religiosi dell'istesso Convento di S. Domenico, nella qual Chiesa prima che la rinnovassero molte volte vi ho vedute le tombe delli detti Venerabili, che sporgevano qualche poco di fuori delle muraglie collaterali delle Cappelle ove stavano.» Et paulo infra: «E sebbene in vigore della detta Costituzione si tolse il culto a tutti li suddetti Venerabili, ho udito però sempre dire fin dalla mia fanciullezza che al detto Beato Raimondo Lulli non fu tolto il culto, siccome pure che il motivo di non essergli stato tolto fu perchè il detto Beato Raimondo l'aveva immemorabile ovvero più di 100 anni prima di detta Costituzione; e l'istesso ancora ho letto nelli citati PP. Custurer e Solliero, li quali diffusamente parlano del culto immemorabile di questo Beato Raimondo Lulli, e per quanto ho detto ed altresì letto nelli medisimi, tengo per certo che si continuava il detto culto, venerazione e feste nel tempo stesso che si celebrarono li detti Sinodi delli menzionati Monsignori Santander e Escolano, e fu pubblicata la citata Costituzione Urbana «Coelestis Jerusalem,» la quale per altro non comprese il detto Beato Raimondo Lulli per avere il culto immemorabile, o più di 100 anni prima della pubblicazione della medesima, essendo certo che in Maiorca questo è publica voce e fama etc.»

8.—Ex hisce igitur aliisque sexcentis argumentis manifestissima sese ostendit nostrae causae iustitia adeo ut vel ipse fidei Vindex, pro ea qua pollet ingenuitate ac religione, tanta monumentorum mole adstrictus edicere coactus sit *(Adn. 7)*: «Profiteri non abnuo Raymundi Lulli causam pro cultus confirmatione ab Apostolica Sede obtinenda tot esse probationibus communitam, ut paucis sane eiusmodi causis comparari queat, quae pariter ad Sacrum Hunc Ordinem delatae, plane admodum atque expedite optatum exitum consequutae sunt».

9.—Cur autem haec praeclarissima causa ad suum exitum nondum perducta fuerit, quaerit Censura in duabus postremis adnotationibus, in quibus unis hodiernae quaestionis vertitur cardo. Et nullam sane aliam adsignare datum est causam praeter Raymundi Lulli scripta, quippe quae nondum fuerunt revisa et in quibus diiudicandis non parum quoque dominata sunt partium studia. Equidem negare non possum hanc fuisse causam ob quam in hoc iudicio progressus ad ulteriora factus non fuit; sed hanc *unicam dumtaxat* fuisse prorsus contendo. Ideoque Benedictus XIV non ob difficultates ex scriptis derivantes permotus est ad edenda citata Decreta, sed ob legem, uti infra videbimus, tunc vigentem, quae prohibebat fieri signaturam commissionis nisi prius scripta Servi Dei essent revisa. Quod haec Decreta, quae tum in tabulario Sacrae Rituum Congregationis, tum alibi inveniri adhuc datum non est (1), pro obiecto habuisse solummodo revisionem scriptorum, quae ratio decidendi in mente Pontificis fuit, facillime deducitur ex Decretis Summorum Pontificum Clementis XIII et Pii VI. Re quidem vera Clemens in Decreto, quod in Summario prostat *(pag. 12 N. V.)*, ita loquitur: «Sanctitas Sua benigne annuit ut Postulatores possint interea parare et instruere, quae necessaria sunt ad proponendum dubium super

---

(1) Haec iam typis impressa erant cum demun Decreta Benedictina in Tabulario S. R. C. reperta sunt, queis nostrae deductiones amussim concordant, uti videre est in Summario additionali, ubi prostant Alleg. *A* et *B*.

signatura Commissionis: sed ea conditione et lege ut commissio non signetur si prius revisa non fuerint scripta omnia huius Servi Dei *secundum Decreta* (notentur Verba) *alias edita a sa: me: Benedicto Pontifice XIV* die 21 Novembris 1750 et die 3 Martii 1753.» Insuper praedicto Decreto inhaerendo et ideo etiam Decreti Benedicti XIV, idem Clemens XIII alio Decreto *(Summ. p. 13 N. VI)* mixtam nominavit commissionem, cui onus incumbebat decidendi, (cum quamplura scripta nomine Lulli pervagarentur) «*An et quae scripta* Ven. Servi Dei praedicti revisioni subiici debeant et deinde revidendi ea quae examini subiicienda esse censuerint.» Haec tamen commissio suum mandatum ad exitum, nescio qua ex causa, nondum perduxit, nec ullam circa huiusmodi quaestionem edidit sententiam; nihil enim hac super re inventum est in Tabulario S. C. Univ. Inquisitionis, uti patet ex attestatione in Summario Additionali relata *(All. D)*. Pius vero VI suo Decreto *(Summ. p. 14 N. VI)* ad primum Decretum Clementis XIII sese retulit. Ideoque quaestio de revisione scriptorum Beati Lulli adhuc integra manet suo tempore resolvenda.

10.—Verum heic ultra procedere minime possum quin Fidei Vindici respondeam, qui in suum lucrum vertit factum infractionis simulacri anno 1699 peracti *(Adn. 8)*. Namque si praestantissimus vir testimonia in actis relata probe perpendisset non haereses, non partium studia, quae dominata sunt, animadvertisset, sed potius unius iuvenis impietatem aut impudentiam (non aliter appellandam esse puto) in eo facinore recognovisset. Quanti igitur hoc factum ducendum sit videant EE. PP. tum ex Edicto, communem indignationem praeseferente quod Episcopus tunc edidit quodque in Summario Additionali prostat, *(Alleg. C.)* tum ex iis, quae alter ex testibus enarrat. Audite *(fol. 566 sub fine et seq.)*: «Ma ancor è certo ed è pubblico in questa Diocesi, e notorio che essendo successo nell'anno 1699 che un scolare ruppe l'immagine di rilievo, che stava in un baciletto, con cui nell'Università Letteraria si raccoglievano le limosine per la causa pia della canonizazione di detto Beato, e per le spese delle Feste, che gli si fanno, e colle quali gli viene a continuare il culto, essendosi pubblicato un Editto d' ordine dell'Illmo. e Rmo. Monsignor Arcivescovo Don Pietro d'Alagon Vescovo di Maiorca, citando sotto pena di scommunica maggiore gli aggressori (così si esprime nell'Editto) di sì atroce e detestabile delitto degno di esemplare gastigo, ordinando che venissero denunziati da chi n' avrebbe notizia sotto l'istessa pena; essendosi poscia scoperto che quello che avea commeso tal delitto era uno scolare fu pronunziata la sentenza dell'Ordinario Ecclesiastico nell'anno 1700, in cui fu dichiarato quel tal scolare incorso nelle censure e pene comminate e imposte da Sua Signora Illma. nel citato Editto; e che fosse dichiarato e pubblicato per tale nella Chiesa Cattedrale, e nelle altre Chiese Parrocchiali di questa Città, di Palma in giorno di Domenica all' Offertorio della Messa Conventuale, condannandolo parimenti all' esilio da questa Città per lo spazio di sei mesi, e multandolo che a sue spese si facesse una lampada d'argento del valore di L. 100 di moneta di Maiorca, la quale si dovesse appendere nella Cappella, ove sta il cadavere di detto Beato, innanzi la sua urna nella Chiesa del Convento di S. Francesco come fu fatto: ed io lo so perchè dopo d' essere stata posta innanzi a detto sepolcro tal lampada, in quel tempo io avrò avuto l'età di 9 o 10 anni, si diceva e l'udii dire più volte che quella lampada era la multa in cui era stato condannato colui, che aveva fatta in pezzi l' immagine del Beato Raimondo, il che udii io dire molte volte, in casa di mio Padre, parlandosi di tal successo, e dello scolare, il quale era figlio di persona cognita; e similmente mi si ricorda d'aver udito dire l'istesso in occasione che poco dopo si dovette stampare in questa Città il Libro in quarto intitolato «Dissertazioni storiche del Beato Raimondo Lulli,» composto dal P. Giacomo Custerer, della Compagnia di Gesù, che si stampò in nome dell'Università Letteraria di questo Regno in detto anno 1700; poichè mio padre portò in casa tal libro, ed ivi io le udii leggere molte cose del medesimo, e mi ricordo come un giorno leggendo in esso la detta sentenza, avvertì e disse che il detto P. Custerer aveva lasciato il nome di tal scolare, come in fatti lo tace, referendo nel corpo del medesimo libro il successo; ed il tenore della condanna della medesima sentenza, lo porta descritto ad *literam* nel margine ed antecedentemente vi porta pure descritto il citato Editto, siccome diverse volte d'allora in poi io l'ho veduto e letto nel medesimo. E che la detta lampada fosso ivi accesa ed anche presentemente vi perseveri, siccome si vede, per ordine positivo ed in esecuzione della detta sentenza pubblicata dall'Ordinario Ecclesiastico di questa Città per sgravio dell'ingiuria commessa dal tal scolare contro il culto e venerazione del suddetto Beato Raimondo Lulli è cosa pubblica e notoria.»

11.—Hoc detestabile facinus á perverso iuvene admissum nil detraxisse cultui Raymundo nostro praestito, imo exinde magis magisque revixisse succrevisseque passim edicunt testes. Unum vel alterum loquentem adducam *(fol. 319):* «Nel l'anno 1699 nell'Università Lulliana vi era un baciletto, sul quale vi si vedeva una statuetta del Beato Raimondo Lulli e con esso si raccoglievano por le scuole di detta Università la limosine che alcuni divoti scolari davano in onore del detto Beato Raimondo; questa statuetta dunque fu fatta in pezzi, in uno dei quali vi fu attacata una iscrizione che diceva: «Inter haereticos locum;» ciò però non fu bastante ad effetto di abolire o diminuire la buona fama del Beato Raimondo Lulli, anzi la suddetta fama e divozione vieppiù si aumentò, mentre per sgravio di un tal fatto fu celebrata sontuosa festa, siccome ho udito dire da persone degne di fede e per essere stata una cosa tanto pubblica e notoria io la tengo per cosa certa, sebbene io non intervenissi alla detta festa, la quale si celebrò nella Chiesa Cattedrale di questa Città, e siccome si dice v' intervennero il Signor Vicerè, li signori Giurati rappresentando il Magistrato della Città, l'Illmo. e Remo. Monsignor Arcivescovo Don Pietro D'Alagon, che in quel tempo era Vescovo di Maiorca, li Signori Inquisitori, Molta Nobiltà e gran concorso di popolo, e nel Panegirico, che fu fatto, si pubblicarono le glorie del Beato Raimondo; e susseguentemente accresciuta in tal guisa la buona fama di lui ha perseverato e persevera fino al giorno d'oggi, senza che io abbia saputo, nè sappia che contro essa siasi fatto detto nè visto in tempo mio veruna cosa in contrario.» Nec dissimilia edicit alius testis respondens ad 12 Interr. *(fol. 355)* sub fine «ciò *(factum infractionis)* però non fu bastevole per abolire in tutto o in parte, nè meno per deteriorare la buona fama ed opinione della Santità, in cui si ritrovava questo Beato Raimundo Lulli, anzi vieppiù si andiede aumentando e nella Chiesa Cattedrale per sgravio si celebrò una suntuosa festa, in cui si sermoneggiò delle glorie di detto Beato, alla qual festa v'intervenne l'Illmo. e Rmo. Mr. Arcivescovo D. Pietro d'Alagon, che in quel tempo era Vescovo di questa Diocesi, il Signor Vicere, li signori Giurati, il Tribunale del S. Offizio, rappresentato dalli Signori Inquisitori contro l'eretica pravità, molta Nobiltà e gran concorso di popolo, siccome pure lo so da persone degne di fede, e la medesima buona fama, in cui si tiene questo Beato Raimondo Lulli è sempre perseverata e presentemente persevera in tutta questa Diocesi, secondo che è cosa publica, etc.»

12.—Haec ad factum infractionis simulacri a quavis leva suspicione vindicandum sufficiant, nunc ad praefata Decreta Summorum Pontificum revertendo, quaeri potest cur ipsi constanter ita sese gesserunt? Responsio facilis est, quia tunc temporis praxis id postulabat; ordo enim iudiciorum, uti Cl. Censor fatetur, tunc constitutus etiam pro causis procedentibus per viam cultus requirebat ut de illis quoque antequam de culto praestito quaestio fieret, manu Summi

Pontificis commissio signaretur, quam proinde scriptorum revisio praecedere debebat. En quomodo horum iudiciorum ordo tunc vigens a Benedicto XIV describitur. *(lib. II, c. 17 n. 2)*. «Porro quod attinet ad usum in hisce Beatificationis et Canonizationis causis receptum, is est qui sequitur. Primo fit ab Ordinario Processus super fama Virtutum ac Miraculorum et petitur *Signatura Commissionis* iuxta ea quae in superioribus dicta sunt. Deinde, si factus fuerit ab Ordinario Processus super casu excepto, ab eodemque lata sit de ipso sententia, proponitur in S. Congregatione Ordinaria dubium: *An sententia Iudicis Ordinarii super casu excepto sit confirmanda vel infirmanda:* si confectus vero non sit ab Ordinario Processus idem super casu excepto, petuntur Litterae Remissoriales pro eiusdem confectione auctoritate apostolica; tum, eodem absoluto et prout mos est aperto, proponitur in S. Congregatione Ordinaria dubium «An sententia Iudicis Delegati super casu excepto sit confirmanda vel infirmanda. Postremo scribente Fidei Promotore tum contra validitatem tum contra efficacitatem processus quam *relevantiam* dicunt, Procuratoribus et Advocatis respondentibus, si excitatae difficultates sublatae fuerint, Sacra Congregatio respondet vel pro confirmatione sententiae, vel quod sufficienter constat de casu ab Urbani Decretis excepto: quo quidem Sacrae Congregationis responsio a Summo Pontifice comprobato, absolutum dicitur super casu excepto iudicium.» Et sic Dei Servus dicitur aequipollenter beatificatus; cum enim Beatificatio nil aliud sit, quam permissio cultus pro aliquibus determinatis locis, de cultus permissione dubitari nequit si casus exceptus approbetur, de aequipollenti idcirco Beatificatione minime dubitandum esse videtur *(lib. I, c. 21, n. 4)*.

13.—Iuxta igitur praxim tunc vigentem imprimis requiritur signatura Commissionis: quae ab eodem Pontifice ita exponitur *(lib. II, c. 37, n. 1 et 2)*: «Commissio introductionis causae post Decreta Urbani VIII procedentis per viam casus excepti importat facultatem nominandi sententiam a Iudice Ordinario latam super casu excepto a Decretis Urbani VIII quatenus vero ab Ordinario non fuerit confectus processus super casu excepto, nec ab eo idcirco lata fuerit sententia super eodem articulo, facultatem importat constituendi Iudicem Delegatum, qui auctoritate apostolica processum faciat super casu excepto et sententiam ferat, de cuius *subsistentia* quaestio postea in Sacra Congregatione instituatur.» Mox n. 2 subdit: «Requisita in antecedenti capite exposita pro obtinenda *signatura commissionis* in causis, quae introducuntur post Decreta Urbani VIII et quae procedunt per viam non cultus sibi vindicant locum etiam pro obtinenda

Commissione in causis, quae introducuntur post Decreta Urbani VIII et quae procedunt per viam casus excepti.» Iamvero inter huiusmodi requisita, quae commissionem praecedere debent, adest revisio scriptorum; tertium, ait Pontifex, *(lib. II, c. 36, n. 2)* quod petitio non proponatur nisi revisis operibus conscriptis a Servo vel Serva Dei si scripsisse constiterit. Quod iam monuerat cap. 27, n. 5: «Sequitur usus recensior Sacrae Congregationis, quo attento, operum Revisio *praecedere debet Signaturam Commissionis*, si tunc habeatur notitia operum a Dei Servo conscriptorum; uti desumitur ex Decretis editis in Causis Oxomen Servi Dei Ioannis de Palafox 1 Martii 1698, Limana Servi Dei Francisci de Castillo 3 Octobris 1699, etcétera. Quin imo quoties Postulatores viderunt quod in meis Animadversionibus super signatura commissionis opposui Dei Servum opera conscripsisse eademque non fuisse revisa destiterunt a propositione causae super ipsa *Signatura Commissionis* et suplicarunt pro designatione seu, uti dicitur, *deputatione Revisoris* Operum quemadmodum factum fuit, ut coetera praetereantur, in Causa Panormitana Servi Dei Hieronymi a Panormo et in Causa Indiarum Servi Dei Vincentii Bernedo.» Ex hac igitur Summi Pontificis doctrina liquet disceptationem dubii super casu excepto antecedere omnino debere tum revisionem scriptorum, tum dein Signaturam Commissionis.

14.—Ast hodie benigniori utimur iure: Decreto enim a Leone XII edito onus signandae commissionis remisuum est ideoque etiam revisionis scriptorum: iudiciorum scilicet, quae per viam casus excepti procedunt duplex forma facta est. Altera ad Beatificationem, quam aequipollentem vocant, seu ad simplicem confirmationem cultus ab antiquis temporibus quibusdam Dei Famulis praestiti pertinet. Altera ad solemnem Sanctorum coelitum adscriptionem spectat, quae nonnisi per formulas pro Beatorum Canonizationibus constitutas et perpetuo servatas haberi potest. Profecto ante Leonis XII Decretum, quod an.: 1826 die 20 Decembris editum est, quem adhuc integra Urbaniana Decreta de aequipollenti Beatificatione vigerunt, illud, uti vidimus, constitutum erat ut aeque scripta ad trutinam revòcarentur et Commissio signaretur tum si de simplici cultus confirmatione, tum si de solemnibus coelestium honoribus ageretur. Ast ex praefato Leonis XII Decreto «novus longe facilior et expeditior introductus est ordo sub ea specie quod *antiquus rigor retinendus sit dumtaxat* si sententia dicta de casu excepto progredi mens sit *ad formalem Canonizationem*, non autem *si legitimus cultus adprobari petatur*.» Et revera ab hoc Decreto usque ad praesens quamplurimae hac methodo penes Sacram Rituum Congregationem agitatae sunt causae et feliciter resolutae, quin Fidei Vindex, si de simplici cultus confirmatione res foret, requireret praeviam scriptorum revisionem aut signaturam Commissionis.

15.—Ex quo liquet evidentissime causam nostram in hac parte dictam esse. Nihil enim de Raymundo nostro petimus nisi ut legitimus cultus probetur ope Indultorum iam a Sede apostolica non semel concessorum. Ruit igitur peremptorium obstaculum quod ex scriptis obtendit Fidei Vindex; revisio enim scriptorum tum peragenda et resolvenda est quando, favente Deo, transitus fiet ad solemnem Canonizationem; nec praefatum Decretum distinguit inter causam et causam, et quando lex non distinguit nec nos distinguere debemus; tunc tandem aliquando Raymundus noster a calumniis eidem impactis plene vindicabitur. Modo instamus ipsum in legitima cultus possessione, quem ab immemorabili habet, auctoritate vestra, EE. PP., iuridice manuteneri. Nec immerito; siquidem causis Urbaniano Decreto exceptis, uti perbelle adnotavit cl. Patronus causae Blesensis (*Blesen. seu Briocen. Confir. cultus Caroli De Blesis. Resp. ad Animad.* § *188*), in quibus de Beatorum honoribus confirmandis agitur, similes causae sunt, quae de manutenda possessione in foro civili agitantur. Veluti in his ad causam obtinendam satis est ut *fumus dominii* delibetur, integro tamen servato iure quaestionis in *judicio petitorio* de iure dominii, ita in illis fumus cultus possessionis vel virtutum delibari debet, integro tamen servato iure ut cum de maioribus sanctorum coelitum honoribus decernendis incidit quaestio, meritum causae seu virtutes quoque in specie discutiantur praevia operum revisione et signatura commissionis.

16.—Huc usque dicta satis superque sunt ad causae nostrae iustitiam demonstrandam quin obstaculum ex scriptis petitum aliquod in hac iudicii sede afferat detrimentum. Attamen quia Censor nos invitat ad illud, quantum fas est, amoliendum, eidem libenter morem gerimus, potissimum quia quaestio, de qua agit Benedictus XIV in Summario Obiectionali a Censore relato, iam fuse atque absolutissime ab eruditis discussa, maxime in Ephemeride Lulliana (1), quae Maioricae duobus abhinc annis prodit, penitus resoluta est in favorem Raymundi Lulli, qui a calumniis eidem impactis plane vindicatus est. Veruntamen ad ipsam quaestionem recte iudicandam duo

---

(1) La *Revista Luliana* no se publicaba en Mallorca, sino en Barcelona; y vivió desde Octubre de 1901 hasta Diciembre de 1905 inclusive. (Nota del Autor).

prae oculis habenda sunt ab EE. PP.: 1.° Post Benedictum XIV alia inventa sunt documenta, quae pro Lullo invicte dimicant quaeque Lambertinum prorsus latuere, secus a sua sententia absque dubio recessisset; 2.° Progressus sanae critices nonnulla documenta, praesertim Bullam Gregorii XI, quibus Benedictus XIV innititur, respuit. Hisce praenotatis ad rem statim accedimus.

17.—Itaque Benedictus XIV in loco a Censore transcripto fundatur praefata Bulla Gregorii XI, expedita anno VI sui Pontificatus, qua damnantur quamplurimi Raymundi Lulli libri, utpote errores haeresesque continentes. Attamen praedicta Bulla, cuius existentia a multis iure negatur, saltem ita dubiae est authenticitatis, ut eam ipsemet Benedictus XIV nec probare assequitur: authographum enim quod memorat asservatum in Archivio Gerundae et transumpta quae supponit in Archiviis Barcinonis, Tarraconae ac Valentiae nunquam apparuerunt nisi in libris detractorum Lulli. Qua ex re tota argumenti Benedicti XIV vis Fr. Nicolai Eymerich testimonio innititur, quod quidem testimonium nullatenus admitti potest ob rationes praecipue adductas a Ioanne Baptista Solerio Soc. Iesu in suo opere, extracto a celebri Bollandianorum collectione Acta Sanctorum nuncupata: «*Acta Raymundi Lulli Maioricensis, Doctoris Illuminati, Bugiae in Africa Martyris et ab eo denominatae Lullisticae Academiae Patroni, collecta, digesta et illustrata-anno MDCCVIII:*» nec non a DD. Antonio Raymundo Pascual Cisterciensi, in suo egregrio opere: «*Vindiciae Lullianae sive demonstratio critica immunitatis Doctrinae Illuminati Doctoris B. Raymundi Lulli Martyris ab erroribus eidem a Nicolao Eymerico impactis, a Censuris ab Albitio Cardinali relatis, reliquisque aliorum lituris, etc., anno MDCCLXXVIII*» et a quamplurimus eruditis scriptoribus.

18.—Benedictus XIV in loco citato, agens de re tunc temporis adeo inter scriptores agitata, non potuit adductas rationes probe expendere et examinata documenta hinc inde existentia rite, uti par erat, conferre, sed una tantum ratione, omissis coeteris omnibus, suam sententiam ita profert, ut unus ex multis impugnatoribus Lulli recensendus videatur, capite et duce Nicolao Eymerich, qui aetate nostra unanimiter veluti princeps calumniatorum Raymundi Lulli iure habetur ut ex infra dicendis patebit.

19.—Ast nonnulla de Raymundo praemittere oportet. Ab anno 1272, quo Raymundus scribere coepit libros, horum doctrina uti catholica habita est. Ipse vivens docuit et edidit eos in praecipuis Europae Universitatibus et Civitatibus, nec Urbe Roma excepta, quam saepius adiit ut a Romano Pontifice, cui scripta semper subiiciebat, suorum negotiorum atque inceptorum pro fidei dilatatione approbationem reciperet. Eius libri, utpote vernacula lingua exarati, omnium manibus versabantur quin Romanus Pontifex vel Cardinales, vel Episcopi vel alii viri sanctitate et doctrina insignes, uti Raymundus de Pennafort, qui absque ullo dubio Lulli opera noverant, si quidem ea frequentissime consulebant, uti liquet ex vita auctoris cuiusdam ignoti coëtanei, tales libros prohiberent. Habuit insuper sive vivens sive post mortem, ipso testante Nicolao Eymerich, multos discipulos, quos inter ex testimonio Petri Aragoniae Regis in epistola data anno MCCCLXXVII ad Pontificem, multi accensebantur clerici atque religiosi. Nullus illorum temporum auctor, qui de erroribus scripsit, signanter Guido Carmelita, qui bene Raymundum novit ut nedum pene conterraneus, sed Maioricensis etiam Episcopus (1320 ad 1332) nullam doctrinae Lullianae notam inussit. Itaque per integrum saeculum, quo doctrina tanti viri prout e foecundissimo auctoris calamo manaverat, libri inter eremitas, moniales, sapientes, clericos, religiosos absque ulla erroris seu haeresis nota imo vero omnium aedificatione atque laude in Ecclesia floruere.

20.—Post haec, tot iam lapsis annis, Eymericus quem Bened. XIV asserit fuisse virum gravem et egregie de religione meritum, de quo tamen non idem iudicium tulerunt illius temporis Aragoniae Reges, qui ipsum optime noverant *(Pasqual- Vindiciae Lullianae- Tom. I, Cap. XXXI, paragr. XIX et seq.)* omnium primus fuit qui Raymundo Lulli eiusque asseclis errores attribuit. Quid tunc temporis accidit? Haec perpendere oportet per summa capita.

21.—Nicolaus Eymerich, Aragoniae Inquisitor, Raymundum Lulli de erroribus accusavit apud Gregorium XI, qui nonis Iunii 1372 Bullam expedivit mandans Archiepiscopo Tarraconensi ut libros Raymundi examinaret et si errores in eis inveniret combureret. Peracto examine, nullus error fuit in libris repertus, et tum doctrina tum cultus Raymundi, ex dispositione eiusdem Archiepiscopi, in eodem statu permansere, uti constat ex informatione eiusdem Praesulis, anno 1373 ad praefatum Pontificem data *(Pasqual. Op. cit. Tom. I, cap. XXXIII, pág. 383)*. Hoc ita esse probatur ex silentio Nicolai Eymerici in suo *Directorio Inquisitorum;* ibi enim refert praedictum Archiepiscopum ex mandato pontificio libros Raymundi de Tarraga, seu Neophiti, se interveniente combussisse; ast de examine Librorum Raymundi Lulli ab Archiepiscopo atque a se facto nullum facit verbum, immo de dicta Bulla anni 1372 ne verbum quidem edicit, ita ut nisi in Romanis editionibus sui *Directorii* fuisset evulgata, de ipsa nullum haberetur indicium. Quis vero credet Eymericum instasse pro examinandis comburendisque libris Raymundi de Tarraga, Fratris sui Ordinis, non autem pro illis Raymundi Lulli, quos adeo insectabatur, interveniente mandato de eodem tempore pro utrisque? Neque insuper praetereundum est Directorium Eymerici manuscriptum extitisse usque ad annum 1503, quo Inquisitor Maioricensis depositus et Barcinone exilio mulctatus Frater Guillelmus Caselles, Ordinis Praedicatorum, Lullianae doctrinae adversarius, illud in lucem edidit. Postea noviter Romae typis mandatum fuit.

22.—Uterque, Archiepiscopus scilicet et Inquisitor, informationem ad Summum Pontificem Gregorium misit, qui Avenione Octavo Kalendas Februarii, Pontificatus anno VI (1376) Bullam expedivit, qua Summus Pontifex sententiam approbat ab ipsis latam contra Raymundum de Tarraga, quoad Raymundum vero Lulli, cum illi inter se dissentirent, causam eius ad Sedem Apostolicam avocavit, relicto in suo statu cultu et doctrina eiusdem. *(Honorius Cordier Ord. Min. in Libro: Vera Artis Lullianae Principia, edito Coloniae et Francofurti anno 1771, cuius copia sumpta fuit ex fasciculo variorum, signato N. 42, asservato inter regesta Curiae Ultramontanae custodita in Secretaria eiusdem Curiae existentis in Aracoelitano Coenobio. Romae, Maii 4, an. 1768).*

23.—Ast Nicolaus Eymericus in praefato Directorio aliam affert Bullam eiusdem Pontificis Gregorii et sub eadem data, scilicet octavo Kalendas Februarii Pontificatus anno VI, qua dumtaxat innititur Benedictus XIV in loco de quo agimus, omissis iis, quae praecipue ad rem faciunt: verum hodie, sedatis animorum aestibus et recognita veritate, ab omnibus absque temeritatis nota uti ficta atque nullius momenti Bulla *Eymericiana* putatur. Re quidem vera ipsa simul ac promulgata fuit tamquam falsa repudiata est, et prout constat ex authentico documento *(Sollerius, op. cit, pag. 81 et 90 paragr. 88)* anno 1395 reperta minime fuit in originali Registro Pontificio, integro quidem, quum ab eius data solummodo undeviginti anni essent elapsi. Ipsa autem structura Bullae illam evertit omnino. Dirigitur enim ad Archiepiscopum Tarraconensem, cui anno 1372 mandatum dederat Raymundi Lulli libros examinare; ideoque consequens erat ut ad Archiepiscopi memoriam primum illum mandatum, uti fieri solet, revocaret; at Bulla dirigitur ad Archiepiscopum tanquam ad hominem huius negotii penitus ignarum; et dum refert instantiam a Nicolao Eymerico factam, silentio praeterit primum mandatum ex praedicta instantia factum.

24.—Praeterea fictionem Bullae confirmat epistola Petri Aragoniae Regis, data die 7 Ianuarii 1377 ad Gregorium XI *(Sollerii, op.*

cit., pag. 36 paragr. 68-et Pasqual, op. cit. T. I cap. XXX pag. 358 paragr. XI). Re sane vera dicta Bulla damnantur Lulli libri, in quibus *multi continebantur errores et haereses manifestae;* ideoque non ad eam Rex, sed ad aliam superius relatam in sua epistola refertur. Si enim iam damnata fuisset doctrina Lulliana in illo Diplomate, frustra curaret Rex illam sartam tectamque servare; quod est unicum ipsius intentum et propterea petit libros Raymundi Barcinone examinari ubi melius intelligitur lingua. Sese igitur refert ad primam a nobis laudatam, quae est epistola, uti aiunt, compulsorialis, quaeque efficit ut, peracto examine, immunis omnino evadat doctrina Lulli. Quapropter Regis epistola supponit quidem Rescriptum Pontificium seu litteras compulsoriales, non vero illud Diploma, quod affert Eymericus in Directorio, quodque prorsus omittit in quodam quaterno, cui titulus «*Condemnatio,*» quo divulgavit a Gregorio XI fuisse proscriptos quosdam Raymundi Lulli articulos.

25.—Insuper anno 1386, ipso vivente Eymerico, Bernardus Ermengaudi Ord. Praed. Inquisitor Aragoniae cum aliis sui ordinis ac Fr. Minorum Magistris declaravit tres articulos, ex iis ab Eymerico divulgatis, attributos libro Raymundi *Philosophia Amoris* in ipso nullatenus contineri. Solum autem hunc librum illi ad trutinam revocarunt, aliorum enim originalia haud habuerunt; ideoque praetensae Bullae Gregorianae ne ullum quidem tunc temporis habebatur vestigium, alioquin ne ausi fuissent manum mittere in negotium a Sede Apostolica iam decisum. *(Sollerio pag. 88 paragr. 78-Pascual, op. cit. T. I pag. 360 paragr. XIII).* Exinde etiam deducitur falsitas praefati Diplomatis quod nulla de ipso habita est ratio nec a populo nec ab Episcopis nec a Regibus, qui multa posthac emanavere diplomata ut in toto Regno Lulliana doctrina, uti reapse factum est, divulgaretur *(Pasqual op. cit.).*—Sedato tandem schismate, Commissarius Apostolicus die 24 Martii 1419 declaravit nullam habendam esse rationem de praetensa Bulla, *de falsitate evidenti nimis suspecta,* res Lullianas in eodem statu, quo ante illud tempus, reliquit et Sedi Apostolicae «cuius est de talibus cognoscere et ordinare *sicut ipsemet Doctor,* ut verus catholicus expresse submittit» postremam sententiam reservavit. *(Soller., op. cit., pag. 92 paragr. 94).*

26.—In sacro Oecumenico Concilio Tridentino omnis consopita fuit contentio. Siquidem examinatis per Sacrum Collegium RR. DD. a toto Concilio ad hos consimilesque actus specialiter deputatorum, concordi sententia prima die Septembris 1563 decreverunt expungendam Raymundi Lulli quamcumque operum improbationem ab Indicibus praesertim Papae Pauli IV, cuius nimis severum iudicium librorum prohibitorum apprime noscitur, ubi allegatur praedicta Bulla Gregorii XI fictitia ex sola mentione, quae de illa reperitur facta in privato cuiusdam opere, *illud autem statutum iam post videmus servatum in Cathalogo (Vileta, in Art. Brev., impresso anno 1565 Inquisitionis permissu)*. Hic auctor Vileta, Canonicus Barcinonensis comitatus fuit proprium Episcopum ad Concilium Tridentinum tamquam Theologus Consultor a Cathalauniae delegatus.—Anno autem 1580, instantibus Lullistis, Gregorius XIII certior factus fuit post diligentem in Archiviis inquisitionem de defectu praefatae Bullae in illius temporis regestis.

27.—Ad haec adiicere oportet Decretum diei 3 Iunii 1594, quod sic se habet: «In Congregatione Indicis, praesentibus Cardinalibus Marco Antonio Columna, Francisco Toleto et aliis, lecto memoriali pro Raymundo Lullo, et omnibus consideratis quae proponebantur, praesertim quoniam super hoc Catholici Regis litterae ad suum Oratorem in Urbe habebantur, decretum fuit ut in novo Indice Lullus non reponatur, iisdem de causis quibus deputati in Sacro Concilio Tridentino eundem Raymundum ab Indice sustulerunt.» *(Arch. Ep. Maioric.)*. Per posteriora eiusdem Congregationis Rescripta, scilicet, diei 11 Iunii 1594 et 4 Martii 1595, instantibus Rege Catholico Episcopisque Barcinonensi ac Maioricensi decretum fuit, ut Litterae Compulsoriales quam citius expedirentur ad effectum ut omnes scripturae, acta, libri sive opera Raymundi Lulli ad Urbem transmitterentur Quas expeditas a praefato Cardinali de Columna die 8 Martii anno 1595, regnante Clemente VIII, executioni demandavit Fr. Simon Bauzá, Episcopus Maioricensis Ord. Praed. Ad Sacram Indicis Congregationem missa sunt opera Raymundi, prout haec omnia constant ex documentis in Tabulario Episcopali Maioricensi asservatis. Quae quidem librorum traditio ita fideliter atque sponte facta est ut modus in negotio agendi omnem fraudis suspicionem excludat. Sic enim ad Pontificem adibat causae Procurator: «Beatissime Pater: Fr. Ioannes Riera, Procurator Regni Maioricensis humiliter exponit V. S. quod ipse praesentavit Congregationi Sanctae Inquisitionis vigenti libros Venerabilis Doctoris Raymundi Lulli. At inter libros aliqui erant non authentici et unus incompletus, quod absque mala intentione accidit. Nunc ergo iam dictus Procurator omnes praedictos viginti libros authenticos reddidit Illmo. Cardinali Bellarmino, et complementum quod uni eorum deerat, offert et etiam exemplares alios ad fidelitatem comprobandam. Et ut facilius possit hoc memoriale expediri supplicat etiam ut remittatur ad Illmum. Cardinalem Bellarminum ut Sacrae referat Congregationi.» Cum vero protraheretur optatum librorum Lulli examen, instantius illud petierunt causae Procuratores prout apparet in libro manuscripto Archivii Episcopalis maioricen. *(fol. 348 ad 350)*. Et in praefatis libris examinandis sese occuparunt Iudices deputati et potissimum Bellarminus, qui quamvis Lulli peculiarem mentis audaciam, ut infideles rationibus ad sinum Ecclesiae celerius convolarent, esse quandoque, praetermisso auctoris scopo, sterilem et periculosam fateatur, tamen in libro de Scriptoribus Ecclesiasticis, ad annum 1290, edito anno 1613, de Doctore Maioricensi optime scribit: «Aliqui laudatorum Patrum Societatis Iesu, qui Artem aut particularem quamdam scientiam Beati Raymundi Lulli Doctoris nostri in aliquibus impugnant, id egerunt secundum praeconceptam, quam de doctrina ipsius tunc poterant habere, hypothesim, quamque potius *aliunde quam e propriis suis libris desumere cogebantur;* si vero ea quae nunc orbi litterario communicamus vidissent, legissent et intellexissent opera, nullus dubito quin viri hi sapientes et aequissimi veritatis defensores longe aliud iudicium protulissent; quod ipsum a posteris huius Sacrae Societatis Iesu Doctoribus indubitanter et cum foenere obtenturum illuminatum Doctorem nostrum Beatum Raymundum Lullum speramus.»

28.—Sic, minime obstantibus impugnatorum conatibus, nullos in libris fuisse errores inventos strenue probatur quoque ex eo quod Lulli doctrina apostolica auctoritate iterum iterumque commendata reperitur. In Constitutionibus Collegii Maioricensis de Sapientia nuncupati vi Brevis Urbani VIII, dati VI Octobris 1635, praecipitur alumnos omnes, duobus postremis studiorum annis *teneri* singulis diebus audire lectionem Artis B. Raymundi Lulli. In Capitulo Generali totius Ordinis Fratrum Minorum Romae celebrato die 5 Junii 1688 in Conventu Sanctae Mariae de Ara Coeli, Praeside Emo. Cardinali Cibo ab Innocentio XI ad id specialiter delegato, decretum fuit quod sequitur: «Pro Provincia Maioricae, in qua doctrina Beati Raymundi Lulli Doctoris Illuminati maxime ad haec usque tempora floruit, consulto sancimus, quod tertius cuiuslibet studii Theologiae Lector, Lectiones iuxta ipsius Doctoris Illuminati mentem semper legat, et publica conclusione quolibet anno disputandas proponat. Dum autem nova dictae tertiae lecturae provisio se obtulerit quin lector pro ea praevia oppositione approbatus in Provincia reperiatur, oppositio more solito coram Definitorio ac quatuor Patribus in praefata doctrina versatis a Provincia designandis indispensabiliter fiat, in qua illi oppositori conferatur qui magis idoneus ad eam docendam a maiori parte Judicum fuerit inventus. Nec ulli tempus ad iubilationem computetur, qui aliter ad dictam tertiam lecturam fuerit promotus, vel secus in ea se gerere praesumpserit.» Quod quidem Decretum approbatum fuit a Sacra Congregatione Episcoporum et Regularium die 25 Januarii 1689. Iamvero quomodo haec omnia fieri poterant si doctrina Lulliana per Bullam Pontificiam fuisset damnata?

29.—Nec satis. In Martyrologio Romano Seraphico, auctoritate apostolica vi Bullae Pii VI datae die VI Septembris 1785 approbato, et novissime edito, auspice Pio IX, Romae ex Typographia Polyglotta S. C. De Propaganda Fide (1878) festum B. Raymundo Lullo Martyri die 27 Novembris assignatur hisce verbis: «In Africa passio Beati Raymundi Lulli, Tertii Ordinis, qui ob fidei christianae praedicationem a Saracenis multis plagis affectus, lapidibus obrutus, martyrii palmam meruit obtinere.»

30.—Nec omittere fas est, quae in splendida operum Lulli editione, Moguntiae typis mandata, Franciscus Philippus Wolff, Seminarii moguntini Studiorum Director ac Censor Librorum Ordinarius, in sua favorabili et laudatoria Censura, 7 Septembris 1722, praemittit haec scribens: «facto de eis accuratiori examine ac scrutinio gratis pro gloria Dei operi, iuxta tenorem et vigorem Constitutionis novissimi Concilii Tridentini et ante hoc Lateranensis, post tot tantorum tam pietate insignium, quam doctrina et nobilitate illustrium virorum ex variis statibus authentica et gravissima testimonia, censuras, approbationes et Vindicias contra calumnia, ex facultate et auctoritate Eminentissimi Ordinarii clementissime concesso impertiri nullatenus dubito.»

31.—Tandem ipse Benedictus XIV, cum fuerit ad Summum Pontificatum evectus, nullam edidit Bullam, qua Lullum tamquam haereticali labe infectum damnaverat, aliter nunquam prout fecit cultum Lullo praestitum permisisset.

32.—*Figmentum Eymerici* fuisse ergo Bullam damnatoriam errorum Raymundi Lulli, hodie communis est inter criticos sententia, qui res Lullianas absque ulla animi passione, ex authenticis fontibus hauriunt. Eymericum docet historia veluti primum adversarium Lulli; quod optime explicatur; namque sicut ille Inquisitor fuit omnium primus qui asseruit et defendit sententiam de Immaculata Virginis Conceptione esse haereticam, ita esse primus debuit calumniator Raymundi qui in scholis demicavit strenue pro tanto Virginis Mariae privilegio; quod tandem aliquando tamquam dogma ab immortali Pio IX definitum fuit et elapso anno de quinquagenariis solemniis totus catholicus orbis laetus gestivit. Deleta igitur Bulla, penitus ruit obiectio ex Benedicto XIV in opere citato desumpta.

33.—Sic Libri Lulliani, quorum ortodoxia, non obstantibus Eymerici eiusque asseclarum insidiis, incolumis evasit, laudati uniformiter a Censoribus a Sisto IV assignatis, approbati ab Innocentio VIII, sub Alexandro VI novam retulerunt victoriam (*Sollerii op. cit. pag. 98 parag. 122*); nunc sedata tempestate una voce laudibus extolluntur ab excellentioribus Episcopis, quos inter memorare liceat Oriolensem et Vicensem, qui de doctrina Lulli longe lateque disserunt. Et Episcopus maioricensis ne oblivioni tradantur libri Raymundi, deficiente antiqua *Pontificia Universitate*, in qua ab insignioribus Theologis explicabantur, quotannis in certamine scientifico-litterario (coram S. Sedis Nuntio celebrato anno 1902) sui Seminarii, quoddam ex Lullianis operibus examini proponit, ut inter alumnos propositum thema pertractantes et in stadio currentes unus accipiat oblatum bravium. Aetate autem nostra, investigationibus criticis tantopere dedita, Raymundi Lulli opera noviter in lucem eduntur, transumpta directe ex antiquioribus et praestantissimis manuscriptis, faventibus quamplurimis Episcopis, nec non auspice Catholico Hispaniarum Rege, qui placita praedecessorum suorum, plaudente regno et cooperante Gubernio, prosequi non recusat.

34.—Non obstantibus igitur contumeliis Nicolai Eymerich, qui non tam Inquisitoris quam persecutoris officium, etiam adversus (quamvis infeliciori successu) insignem sui Ordinis Praeconem Sanctum Vincentium Ferreri; doctrina Raymundi Lulli, qui illam semper iudicio Ecclesiae submisit, a suppositis erroribus et maculis propriis operibus vindicata pristino splendore fulgebit, quem Auctoritas Vestra, EE. PP. tandem aliquando, uti sperare placet, in alia iudicii sede augebit. Sed satis haec, nam coepit urceus et, currente rota, exiit amphora.

35.—Cum itaque plane constet de cultu publico Ecclesiastico Raymundo iam tot labentibus annis per Apostolica Indulta exhibito, cum ex Decreto Leonis XII quaestio de revisione scriptorum, in quam Censor solummodo animadvertit, ad aliam sedem amandanda sit, cumque demum ex superius dictis Raymundus noster penitus vindicatus sit a calumniis eidem gratuito impactis ab Eymerico eiusque asseclis, spes animis nostris insidet fore ut Emi. Patres de proposito dubio secundum ferant suffragium, veluti cum Rmo. Episcopo Maioricensi eiusque Clero populoque universo iterum enixis precibus deprecamur.

Quare etc.

Romae die 9 Martii 1905.

Caesar de Sanctis.

REVISA

Angelus *Adv.* Mariani

S. R. C. Assessor et S. Fidei Subpromotor.

APÉNDICE III

LA FILOSOFÍA Y TEOLOGÍA LULIANAS

SEGÚN EL OBISPO DE ORIHUELA

ILMO. Y RDMO. SR. DR. D. JUAN MAURA Y GELABERT (1)

(PEQUEÑOS FRAGMENTOS)

I

La Filosofía Luliana merece ser estudiada detenidamente

Dije que la Filosofía del Beato Raimundo Lulio merece ser estudiada detenidamente. Y, en efecto, es tan profunda, tan extensa y variada, y lleva tal sello de originalidad en su método y exposición, que fuera notoria injusticia no colocar á su Autor al nivel de los mayores ingenios que han sobresalido en el estudio de las ciencias filosóficas. (*Revista Luliana;* n.° 2.—Estudios sobre la Filosofía del Beato Raimundo Lulio).

II

Importancia filosófica del Arte Magna luliana

Para comprobar la importancia filosófica del *Arte Magna* basta con fijarse en el fin que se propuso su Autor, aun prescindiendo de

---

(1) Los escritos del actual Prelado de Orihuela son respetados y admirados en España y en el extranjero.

Sus *Disputationes theologico-philosophicae*, aplaudidísimas en los Congresos científicos internacionales de Bruselas y Friburgo, pueden ponerse al lado de los mejores tratados de Franzelin, Mazella, Hurter y Billot, y demuestran claramente que el doctor Maura ha heredado la claridad y profundidad de Billuart y Balmes.

De este Obispo puede decirse lo que San Gregorio Nazianceno escribía de San Atanasio: que no hay noticia que le sea peregrina, ni facultad que no le sea doméstica: *Quod disciplinae genus in quo versatus non sit?*

Baste decir ser hoy en Cataluña común creencia de los doctos en ciencias eclesiásticas, que el actual Prelado de Orihuela es el pensador más notable y el más grande filósofo y teólogo de la moderna Cataluña y aún de España entera.

que no lograse realizarlo. Sólo un ingenio dotado de potente iniciativa y de intensísima y audaz intuición podía concebir una obra de vuelo tan levantado; pues en ella se propuso el Beato Lulio nada menos que crear una ciencia trascendental que comprendiese y unificase los principios generales de todas las ciencias, según afirma en el proemio de dicha obra. (Lugar citado).

III

De la concepción filosófico-teológica del Beato Raimundo Lulio

En la vasta concepción filosófico-teológica del Doctor Iluminado, entran todos, ó casi todos, los elementos de la Escolástica, fundidos en el crisol de aquel ingenio peregrino y vaciados en los originalísimos moldes de su *Arte Magna*.

La Filosofía Luliana, á pesar de sus huecos y lunares, tiene á nuestro juicio síntesis luminosas, atisbos y revelaciones sorprendentes, y puntos de vista verdaderamente geniales que patentizan el entendimiento robusto, sagaz y profundamente observador de nuestro Filósofo. (*Revista Luliana;* cuaderno 37 y 38.—El entendimiento agente y el entendimiento posible).

IV

Grandiosidad y sublimidad de la Ciencia Universal del Beato Raimundo Lulio.—Diferencia capitalísima entre la Ciencia Universal luliana y la Ciencia trascendental de los filósofos alemanes.

Sabido es que toda ciencia está fundada en cierto número de verdades axiomáticas y de principios que sirven, á un mismo tiempo, de orientación y punto de partida á las investigaciones del entendimiento humano. Sin estas verdades axiomáticas, sin estos principios particulares, la ciencia sería de todo punto imposible, porque nuestros conocimientos, sobre carecer de base sólida, estarían faltos del enlace y trabazón indispensables para la *unidad*, que es elemento esencial de toda ciencia. Gracias á esta unidad, las verdades científicas, dentro de su respectiva esfera, tienen un punto de convergencia, es decir, un centro común de donde parte nuestro entendimiento para recorrerlas una por una en sus variadas y numerosas ramificaciones.

Esto nos explica por qué una ciencia, fuere la que fuere, no se domina bien, sino cuando el entendimiento posee el secreto de su *unidad*, es decir, cuando, situándose en los primeros principios de la ciencia, sabe descender desde allí hasta las consecuencias más remotas, ó, fijándose en éstas, retroceder y remontarse á los primeros principios. Entonces, y sólo entonces, es cuando, en un orden dado de conocimientos, se ve cómo una verdad dimana de la otra, cómo se ayuntan todas, y se compenetran y fecundizan; y se llega á conocer la natural y legítima filiación de cada una.

Es, pues, la *unidad* condición y requisito esencial para que un conjunto de conocimientos logre constituir una ciencia; y esta unidad depende de cierto número de verdades primordiales de las cuales aquéllos se derivan, como de su raíz y origen.

Ahora bien; así como toda ciencia tiene sus principios peculiares y propios, que son, como he dicho, el punto de convergencia y centro común de todas las verdades que cada una respectivamente enseña; pensó el Beato Lulio que estos principios particulares tendrían, á su vez, un centro común de convergencia; y que, si fuese posible encontrarlo, alcanzaríamos á fundar una ciencia trascendental que facilitaría la adquisición de todas las ciencias particulares.

Oíd cómo se expresa en el Prólogo del *Arte Magna*: *Et quia quaelibet scientia habet sua principia propria et diversa a principiis aliarum scientiarum; idcirco requirit et appetit intellectus quod sit una Scientia Generalis ad omnes scientias, et hoc cum suis principiis generalibus, in quibus principia aliarum scientiarum particularium sint implicita et contenta sicut particulare in universali.*

Así, pues, el pensamiento del Beato Lulio era fundar una ciencia que en cierto número de principios universales y trascendentes comprendiese y unificase los particulares de todas las demás ciencias; á fin de que, así como las verdades fundamentales de una ciencia particular, bien comprendidas y aplicadas, nos ponen en posesión de la misma, así también aquellos principios trascendentales, científicamente desenvueltos, nos allanasen el camino de todos los conocimientos humanos. ¡Pensamiento grandioso, digno de ocupar un puesto preeminente en la Historia de la Filosofía!

Yo no sé si antes de nuestro Beato Lulio había concebido nadie la idea de una ciencia universal; lo que parece cierto es que nadie la expresó, ni la insinuó siquiera. Posteriormente, la Filosofía alemana, que, á pesar de sus grandes desvaríos, cuenta con talentos de primer orden, y hasta con verdaderos genios, imaginó la apellidada *ciencia trascendental*, que obedece á un pensamiento análogo al del Filósofo catalán. Pero ¡cuánto dista el uno del otro! La Filosofía trascendental va á buscar la unidad de la ciencia en la *unidad del Ser*, en el desarrollo mecánico é inconsciente de lo *Absoluto (real* ó *ideal*, según la escuela) de quien dimanan y en quien se identifican todos los seres.

Ni por asomo, es el Beato Lulio panteista. No va á buscar la unidad de la ciencia en la soñada y monstruosa *identidad universal* que fantasean los filósofos alemanes; sino en el estudio analítico de nuestras ideas, comparándolas, combinándolas, inquiriendo su naturaleza y relaciones necesarias, dándoles la mayor amplitud y universalidad posibles, á fin de reducirlas á formas sencillas y fecundas fácilmente aplicables á todos los conocimientos humanos. ¡Pensamiento sublime, repito, que por sí solo nos da la medida del profundo ingenio de su Autor! (Lugar citado).

V

Confesiones notabilísimas del Dr. Maura

Confieso ingénuamente que yo he participado por algún tiempo del error, común entre los que no conocen á nuestro Filósofo, de creer que el *Arte Magna* es una especie de composición cabalística, un revesado enigma, un enmarañado logogrifo, y, en fin, si se permite la frase, un potro inventado para descoyuntar el ingenio. Tantas veces había oído repetir que el *Arte Magna* era ininteligible, que llegué á creerlo de buena fe; y, habiendo comenzado allá en mis mocedades á leerla con esta prevención, me confirmé más y más en ella. Aquellas figuras geométricas, aquellos signos alfabéticos, aquellas sutiles combinaciones acompañadas de extraño y rudo tecnicismo; todo esto, que constituye á un mismo tiempo el armazón y la clave del *Arte Magna*, confunde y desalienta al novel filósofo todavía no avezado á las sutilezas metafísicas.

Pero no vayáis á creer que estas dificultades sean peculiares y características de la Filosofía luliana. Idénticas las ofrece en general la Escolástica; y las obras mismas del incomparable Doctor de Aquino y las de sus más conspicuos expositores, son punto menos que ininteligibles para los que no hayan sido iniciados en el tecnicismo de la Escuela.

Sea como fuere, lo cierto es que en el fondo de los signos algebraicos y frases técnicas del *Arte Magna* está oculto un rico venero de sublime filosofía; pudiéndose afimar de ella lo que de la Escolástica decía el gran Leibniz, á saber, que de la escoria de aquellas toscas palabras puede extraerse oro finísimo. (Lugar citado).

VI

No hay exageración en las palabras de Su Ilustrísima

Para convenceros de que no hay exageración en mis palabras; para que podáis comprender que el *Arte Magna* es parto prodigioso de un genio más prodigioso todavía, fijad la atención en la parte undécima de este libro, titulada *De Quaestionibus*. En ella veréis con asombro aplicado el método luliano á todas las cuestiones que podían suscitarse respecto á todas las ciencias conocidas en el siglo XIII. La Teología, la Filosofía, la Jurisprudencia, la Política, la Gramática, la Retórica, la Música, las Matemáticas, la Astronomía, la Náutica, la Medicina, todo cae bajo la jurisdicción del *Arte Magna*.

Y, si exceptuamos las que dicen relación á las ciencias experimentales, muy atrasadas en aquella época, todas las cuestiones científicas se encuentran allí planteadas con tal método, con tan lógico encadenamiento, desde un punto de vista tan elevado, comprensivo y trascendental, que parece imposible se pueda ir más allá, sino en todas, al menos en la mayoría de ellas. (*Revista Luliana*, número 3. —Estudios sobre...)

VII

Crítica del Cardenal González

El P. Ceferino González que, con decir que es de la Orden de Predicadores, dicho está que es testigo de mayor excepción en la defensa del Beato Lulio, escribe que el *Arte Magna* está muy lejos de ser la obra de un sofista, como algunos han pretendido, sino que, por el contrario, revela ingenio y originalidad: *ingenium et originalitatem redolet*.

Pero añade que el método de dicha *Arte* sirve más bien para hacer eruditos que para formar sabios; pues se fija más en la superficie de las cosas que en el fondo de ellas: *formas externas potius quam rei substantiam attingit*. (Hist. Philosoph., tert. epoc. paragr. 5).

Paréceme completamente equivocado este juicio. Tan lejos está, á mi entender, el Filósofo catalán de contentarse con examinar la superficie de las cosas, que, si por algún lado peca su sistema, es por el extremo opuesto. Su potente y sutil ingenio ahonda tanto en las cuestiones, que no parece ser posible ya investigación más amplia, ni más intensa y comprensiva que la suya; sólo se detiene cuando pisa los lindes del misterio. Y aun al fijar su atrevida planta en tan resbaladizo y peligroso terreno, lo veréis crecer, levantarse, desplegar las alas y cernerse majestuosa y reposadamente sobre los más pavorosos abismos, ávido de columbrar algo siquiera de lo que se oculta en aquellas tenebrosas profundidades.

Motivos hay para presumir que el P. Ceferino González no ha leído más obras del Beato Lulio que el *Arte Magna*, pues de no ser así, su imparcialidad y recto criterio no le hubiese permitido formar de nuestro Filósofo juicio tan desfavorable. Y, aun en la suposición de que no haya leído más que dicha obra, no sé explicarme como afirma que el *Arte* luliana se detiene en la superficie de las cuestiones, cuando basta escoger á la ventura una cualquiera de ellas para convencerse de que, resuelta por aquel procedimiento, ha de quedar poco menos que agotada.

Véase como están propuestas en los capítulos del *Arte* las más importantes cuestiones. Léanse las proposiciones que formula tocante á la Naturaleza de Dios y sus atributos; á las facultades del alma, al entendimiento, la voluntad, la imaginación, etc., etc.; á la naturaleza del tiempo, del espacio, del lugar, de los universales y á otras mil y mil cuestiones filosóficas; y no podrá menos de convenirse en que el Beato Raimundo Lulio había penetrado en los más hondos arcanos de la ciencia guiado por los principios de su *Arte*. (*Revista Luliana*, número 3.—Estudios sobre...).

VIII

Sobre la Lógica Luliana

Usa el Arte Luliano de una pauta especial para resolver, mediante la combinación de las Figuras *(que es donde se hallan los Principios de las ciencias)*, todas las cuestiones posibles: *omnes quaestiones quae factae sunt, fiunt vel fieri possunt*, dice textualmente el Beato Lulio. De Dios y del hombre, de la naturaleza y de la gracia, de lo temporal y lo eterno, se pregunta invariablemente: *si la cosa es, qué es, por qué es, cuánta es, cuál es, cómo es, en qué tiempo es, dónde es, de qué es, con qué es*. Estas preguntas son correlativas de otras tantas *Reglas* llamadas: *de possibilitate, de quidditate, de materialitate, de formalitate, de quantitate, de qualitate, de temporalitate, de localitate, de modalitate, de instrumentalitate.*

Estas reglas y preguntas hacen brotar, no pocas veces, del agudo y fecundísimo ingenio del Doctor Iluminado conceptos maravillosos. (*Revista Luliana*, cuaderno 37 y 38, pág. 137).

IX

El método luliano es un método verdaderamente científico

El método luliano por su orden y encadenamiento es un método verdaderamente científico; pues en él se establecen primero los principios trascendentales con las definiciones que los explican y aclaran; después se combinan estos principios, formándose con ellos proposiciones universales; y, por último, se dan reglas para aplicarlos á la solución de las cuestiones particulares.

Esta aplicación se verifica por un procedimiento rigurosamente demostrativo; pues sentado un término ó proposición universal, se contrae en seguida á la especie inmediata inferior, y, por medio de ésta, al individuo, ó sea al caso particular que se quiere resolver. (*Revista Luliana*, número 3.—Estudios sobre la Filosofía del Beato R. Lulio).

X

Las doctrinas del Doctor Arcangélico forman de por sí época y escuela; son todo un sistema de filosofía original, profundo y notabilísimo.

Si se estudian con imparcial criterio las doctrinas filosóficas del insigne escritor cuyo nombre encabeza estas líneas, se echará de ver que el Filósofo Catalán no pertenece á ninguna de las renombradas escuelas que, en los siglos XIII y anteriores, se disputaron en Europa la soberanía de la ciencia. Las doctrinas del Doctor Iluminado forman de por sí época y escuela; son todo un sistema de filosofía original y profundo, notabilísimo, ya por su método y exposición, ya por la maravillosa lógica y el riguroso encadenamiento de todas sus partes.

Si alguna vez toma el Beato Lulio por punto de partida de sus disquisiciones filosóficas las doctrinas de Platón, Aristóteles ó de algún otro ingenio, no es para poner el suyo al servicio de una escuela, ó seguir, más ó menos servilmente, las gloriosas huellas de algún maestro; sino para vaciar los conceptos ajenos en el originalísimo molde de su portentoso y fecundo talento, y, una vez fundidos y amoldados, hacerlos servir de base á una nueva é ingeniosa teoría, ó ajustarlos á las vastas proporciones de su grandioso Sistema.

Así sucede con su sistema sobre la naturaleza del alma humana. Partiendo de las doctrinas peripatéticas, se remonta á una concepción psicológica sublime, llena de profundo sentido filosófico, y digna de figurar entre las más notables que ha producido el humano ingenio. Voy á exponerla con la extensión que permite la índole de este trabajo. (*Revista Luliana;* número 14.—Estudios sobre la Filosofía del Beato Raimundo Lulio: Psicología I).

XI

Sobre la naturaleza del alma humana enseña el Beato Lulio, que siendo el alma forma del cuerpo, con todo, no es forma de sí misma, sino que tiene á su vez propia materia y propia forma por las cuales es ella constituída.—Gran valor científico de esta teoría, que revela en su autor un talento filosófico de primera fuerza.

Enseña textualmente nuestro Doctor y Maestro, que «siendo el alma forma del cuerpo, con todo, no es forma de sí misma, sino que tiene á su vez propia materia y propia forma por las cuales es ella constituída.»

A lo que añade Su Ilustrísima:

«Para comprender todo el alcance filosófico y toda la originalidad de esta teoría psicológica, es preciso conocer la doctrina peripatética respecto á la materia y forma, que, como es sabido, constituye uno de los puntos cardinales de la ciencia escolástica.»

Expone en seguida la doctrina de Aristóteles relativa á la materia y forma.

Conclusión aristotélica: Los cuerpos se componen de materia y forma; el alma es la forma del cuerpo humano. Nada más.

Dice á continuación el doctor Maura:

«Pero el vasto ingenio del Beato Lulio, ávido siempre de sondear todos los arcanos de la Metafísica, se sentía impulsado á llevar más lejos sus investigaciones, con el objeto de dar la mayor amplitud posible á las teorías científicas, y unificarlas al propio tiempo, haciéndolas girar con toda regularidad alrededor de un centro común.

«Una vez probado que la materia y la forma constituyen la esencia de los cuerpos, ¿por qué no ha de verificarse otro tanto, guardadas las debidas proporciones, respecto á los espíritus? Si el universo obedece á un plan sapientísimo, cuyos diversos órdenes de seres están unidos entre sí, no sólo por el lado de relaciones reales, sino también por el de sorprendentes analogías, ¿por qué la constitución intrínseca de los espíritus no ha de estar basada en un principio análogo al que regula la constitución de los cuerpos? Fundado en estas consideraciones, hizo extensiva nuestro Filósofo la teoría aristotélica á la naturaleza del alma humana, afirmando de ella, según hemos visto, que es compuesta de materia y forma. *Anima... quantum ad se ipsam, non est forma, sed est de forma et de materia.*

«Pasemos ahora á ver por qué ingeniosa y profunda manera desenvuelve el Beato Lulio esta teoría psicológica.»

Sigue la explicación de la doctrina luliana.

Hecho lo cual, continúa:

«Esta es la teoría del Beato Lulio, despojada del tecnicismo que le era peculiar; teoría á la que, sea cualquiera su valor científico (que en mi sentir es grande), no se le puede negar el mérito de la originalidad, ni el de revelar en su autor un talento filosófico de primera fuerza.»

Comparando esta originalísima doctrina luliana con la que enseña Santo Tomás de Aquino, y con él todos los filósofos católicos, á saber, que todas las criaturas, así espirituales como corporales, se componen de esencia y existencia, escribe el señor Obispo de Orihuela:

«No seré yo ciertamente quien pretenda que existan afinidades de ningún género entre la teoría tomista y la del Filósofo Mallorquín; pero ¿podrá negarse que haya entre ellas cierta analogía, derivada tal vez, aunque remotamente, de un principio filosófico común á entrambas? Como quiera que sea, es preciso convenir en que la concepción psicológica del Beato Lulio es parto dignísimo de un gran talento.» (Lugar citado).

XII

El Beato Raimundo Lulio se anticipó algunos siglos á las soluciones de la Filosofía contemporánea sobre la existencia de un sexto sentido corporal.

Tratándose de Psicología luliana no se puede prescindir de la cuestión del *sexto sentido*. Fué el Beato Lulio, sino el primero, uno de los primeros en plantearla; y es muy digno de notarse que se anticipó algunos siglos á las soluciones de la Filosofía contemporánea, como veremos luego.

Las principales teorías modernas que establecen la *existencia* del sexto sentido, coinciden con la del Filósofo catalán, y, en el fondo, no son sino el desarrollo de ella. Ignoramos si sus autores habrán leído al Beato Lulio, lo cierto es que para nada se refieren á él en esta cuestión. De todos modos, sean las citadas teorías meras coincidencias, sean simple desarrollo y confirmación científica de la teoría luliana, el hecho es que nuestro Filósofo defendió, cinco siglos ha, la existencia de un sexto sentido, con razones no diversas de las empleadas por los modernos, siendo, por este solo título, merecedor de admiración y de aplauso.» (*Revista Luliana*, cuaderno 50 y 51).

XIII

La doctrina de la Fisiología moderna sobre «el sentido muscular» es la misma que la del Beato Raimundo sobre el sexto sentido corporal, llamado «afato» por nuestro Doctor y Maestro.—Según el Arcangélico, las sensaciones que corresponden al sexto sentido tienen su origen inmediato en el corazón y en el cerebro.

Prueba el Doctor Maura que nuestro Balmes defendía también, ni más ni menos que el Autor del *Arte Magna*, la *existencia* de un sexto sentido corporal; y sigue diciendo:

«Balmes, según acabamos de ver, no dió nombre especial al sexto sentido; se limitó á probar su existencia. Sin embargo, ya por aquellos días comenzó á hablarse de sensaciones musculares; y poco después se adoptó en definitiva la denominación llamando *sentido muscular* al sexto sentido.»

Al llegar aquí expone largamente la teoría del *sentido muscular* que enseña la Fisiología moderna, de conformidad con el notabilísimo artículo intitulado *Le sixième sens*, que publicó la *Revue des questions scientifiques* el año de 1905, tomo 57, página 384.

Sigue escribiendo:

«Vengamos ya á la teoría luliana.

Escribió el Beato Lulio un tratado acerca del *sexto sentido;* así lo afirma él expresamente: Probatum est, *dice*, quòd sit sextus sensus, qui vocatur *Affatus*, et ejus probatio est in *Tractatu* quem fecimus de *sexto sensu*. (Lectura Artis; dist. III; pág. 325, tom. III, edición Maguncia).

No hemos tenido hasta aquí la suerte de leer este tratado que figura todavía entre los libros inéditos de nuestro Filósofo, y que echamos muy de menos, porque su lectura nos permitiría probablemente completar con interesantes pormenores la teoría que ahora sólo conocemos en sus líneas generales. Pero, así y todo, en la citada página de la edición de Maguncia, en la cual deben de estar comprendidos los principales conceptos del *Tratado*, hay lo bastante para probar que el Beato Lulio se anticipó á la moderna teoría del *sentido muscular*. Verdad que él no usa ni podía usar de estos términos desconocidos de la Filosofía de su tiempo, pero emplea otros equivalentes que, en nuestro entender, no dejan resquicio á duda. Veremos luego con cuanta propiedad este sentido es llamado *afato*.

El sexto sentido, según el Beato Lulio, experimenta cierta clase de sensaciones conscientes provocadas por el *placer*, la *ira* y demás pasiones. *Affatus est ideo, ut unum animal alteri possit manifestare suos conceptus quos concipit per delectationem vel per iram.*

Ya vimos que las pasiones tienen una acción especial, excitante ó deprimente, sobre los músculos, produciendo en ellos determinadas sensaciones. Podría el Beato Lulio ignorar que esta clase de sensaciones, causadas por la pasión en el organismo animal, tienen su asiento en los músculos; pero conocía su existencia, y las atribuía á un *sentido especial*, al *sexto sentido*. Podría ignorar que las condiciones del clima, de los alimentos, de los objetos que nos rodean, y, en general, del medio en que vivimos, modifican notablemente la tonicidad de los músculos, causando diversidad de sensaciones; pero sabía muy bien que todas estas circunstancias influyen poderosamente en el organismo animal, dando origen á sensaciones propias y exclusivas del *sexto sentido*. Así es que dice que el *afato* siente más y expresa mejor sus sensaciones en la primavera que en el otoño, en el estío que en el invierno; y que, por este motivo, las aves cantan en la primavera y en el estío, y los hombres, en estas estaciones, están más alegres y expresivos. *Affatus melius manifestat id quod conceptum est, in vere quam in autumno, in aestate quam in hyeme; et ideo cantant aves in vere et in aestate, et homines sunt illo tempore hilariores in loquendo.*

Que las sensaciones atribuídas por el Beato Lulio al *sexto sentido* son diversas de las de los cinco restantes y que coinciden con las que los modernos llaman *musculares*, parece inferirse, sin género de duda, del hecho de afirmar nuestro Filósofo, que el origen inmediato de ellas está en el *corazón* y el *cerebro*.

Sabemos ya que los defensores del *sentido muscular* conceden á las *emociones* una gran influencia sobre la tonicidad de los músculos, y que de esta influencia hacen derivar sensaciones especiales y características; de modo que la coincidencia es evidente. *Affatus concipit in corde et in cerebro illorum animalium quae habent cor; et solum in cerebro illorum animalium quae non habent cor.*

Hay que convenir, pues, en que el Beato Lulio presentía y adivinaba la existencia del *sentido muscular;* y la gran prueba de ello está en el vocablo mismo que empleó para denominarlo.» (Lugar citado).

XIV

Que muy propiamente llamamos «afato» al sexto sentido corporal

«El *afato,* en la teoría luliana, no es el órgano del sexto sentido, entendiendo por órgano el instrumento con cuyo concurso se engendran las sensaciones; este instrumento, bien claro lo dice nuestro autor, es el corazón y el cerebro del animal. Se llama órgano en el sentido de que sirve, no para producir, sino para externar las sensaciones conocientes.

Pero, ¿por qué se le da el nombre de *afato*? ¿Tiene algo que ver el *habla* con el *sexto sentido*? Es que el *sentido muscular,* según observan sus modernos defensores, y experimentalmente puede cualquiera convencerse de ello, es impresionado de una manera muy especial en los músculos de la fonación.»

Con fragmentos del citado artículo, de la *Revue des questions scientifiques,* prueba esta última afirmación. Dice después:

«Y no sólo eso, la experiencia enseña además que las sensaciones de la vista, del oído, etc., ejercen especial influencia sobre los músculos de la *expresión*.»

Copia nuevos pasajes de *Le sixième sens,* y concluye diciendo:

El sexto sentido no sólo es impresionado en los músculos de la *fonación* y de la *expresión* por las estimulaciones de todos los sentidos externos, sino que á veces siente además las modificaciones más profundas del organismo. De suerte que podemos afirmar que «el sexto sentido recoge todas las estimulaciones, cualesquiera que sean, así internas como externas, que experimenta el organismo, tanto las que suben de la profundidad de las vísceras, como las que ponen en movimiento las partes más delicadas de los órganos sensoriales; y de este conjunto de impresiones, tan diversas y tan multiplicadas, resultan contracciones más ó menos profundas, desde el simple aumento de tonicidad hasta los movimientos más expresivos. A veces la corriente sensitiva es tan intensa, que se convierte, casi á pesar nuestro, en pataleos, en aplausos y en gritos: *el sexto sentido es verdaderamente el sentido que habla.» (Le sixième sens).*

¿Qué vocablo, pues, más propio, más adecuado y expresivo, más filosófico, en fin, que el de *afato,* aplicado por nuestro gran Filósofo al *sexto sentido*?» (Lugar citado).

XV

La antigua Escuela lulista.—Grande es el partido que puede sacarse de la lectura de los Comentaristas del Beato.—Entre ellos sobresale la gigantesca figura del P. Pasqual.—Si hubiese consagrado su pluma y su talento á comentar á Santo Tomás de Aquino, hoy su nombre figuraría dignamente al lado de los más celebrados comentaristas del Tomismo.

En otros tiempos floreció una *Escuela lulista* que alçanzó en toda Europa justo y merecido renombre por los varones de indiscutible talento que consagraron toda la actividad y el vigor de sus facultades intelectuales á comentar y difundir los libros de su Iluminado Doctor y amadísimo Maestro. Grande es, á mi entender, el partido que puede sacarse de la lectura de algunos de estos comentarios, ya por el talento é ingeniosidad que revelan, ya porque nos dan la clave del tecnicismo lulista, hoy completamente olvidado, y, con todo, indispensable para leer con provecho las obras científicas del Beato Lulio.

Al llegar á este punto habéis de permitirme una breve digresión en obsequio de uno de los mejores talentos que ha producido nuestra Isla (Mallorca), madre fecunda de tantos hijos esclarecidos. Hablo del sapientísimo cisterciense P. Pasqual, que dedicó su vida entera á la defensa del Beato Lulio; y, en obras de selecta erudición teológica y filosófica, dió muestras, al par que de un talento extraordinario y de excepcionales dotes de polemista, de una abnegación y una constancia inquebrantables para vindicar la venerada memoria de su idolatrado Maestro. Las obras de este ilustre escritor yacen arrinconadas en los estantes de nuestras bibliotecas; apenas si es conocido de sus conciudadanos el nombre del sabio cisterciense. Sin embargo, yo me atrevo á afirmar que, si hubiese consagrado su pluma y su talento á comentar á Santo Tomás de Aquino, hoy su nombre figuraría dignamente al lado de los más celebrados comentaristas, y sería citado en las escuelas como autoridad respetable.

(*Revista Luliana*, número 2.—Estudios sobre la Filosofía del Beato Raimundo Lulio).

XVI

El Beato Raimundo Lulio no pretendió jamás demostrar ó probar con razones necesarias los misterios de nuestra Fe.—Este es uno de los intencionados é injustísimos cargos que la crítica anti lulista hace al insigne Teólogo catalán.—La Doctrina luliana sobre las relaciones entre la Ciencia y la Fe, es la misma de Santo Tomás de Aquino y del Concilio Vaticano.—El Beato Raimundo imita siempre en la presente cuestión á los Santos Padres y Doctores de la Iglesia, hasta cuando escribe estas palabras: «razones necesarias.»—Inconsecuencia grandísima de Hettinger y sus imitadores **(1).**

Escribe el doctor Maura y Gelabert: «Replicarán nuestros adversarios, que el Beato Lulio se empeñó en *demostrar* ó probar con *razones necesarias* los misterios de nuestra Fe.

---

(1) Llámase Teosofía á la teoría que pretende demostrarlo todo por medio de la razón, hasta los misterios. *Nous entendons par théosophie, une theorie qui prétend tout démontrer par la raison, même les mystères (M. de Wulf;* Histoire de la Philosophie Médiévale, libre III, pag. 337.—Louvain, 1900).

Pues bien, M. de Wulf, el distinguido profesor de la Universidad de Lovaina, acusa á nuestro Doctor y Maestro de haber caído en la Teosofía. En la obra y lugar citados, dice textualmente: *A l'averroïsme R. Lullus oppose la théosophie; il combat une erreur par une autre erreur... Pour combattre la doctrine averroïste des deux vérités, R. Lullus dénature les rapports de la philosophie et de la théologie, en effaçant les limites du rationnel et du suprarationnel, de la nature et de la révelation.*

Posteriormente, en otra de sus obras, ó sea, en la *Introduction a la Philosophie neo-scolastique*, vuelve á insistir en lo mismo por estas palabras: *Plus d'une fois en effet en cours de son histoire la scolastique a vu des deviations de ses principes. Des enthousiastes, comme Raymond Lullus, pour avoir outré la compenetration de la vérité théologique et de la vérité philosophique, ont conduit la scolastique aux confins de la théosophie.*

Ese cargo es injustísimo y no tiene otra base que el desconocimiento de las obras del Beato.

Hay que repetirlo mil y mil veces: para hablar de Lulio, hay que estudiar á Lulio.

Y á dicho estudio convidamos humilde y amigablemente á los sabios Profesores del Instituto superior de Filosofía de la Universidad de Lovaina.

En las siguientes páginas prueba admirablemente el señor Obispo de

Ya sabemos que éste es uno de los innumerables, intencionados é injustísimos cargos que la crítica anti-lulista hace al insigne Teólogo catalán.»

A continuación el señor Obispo de Orihuela expone largamente la doctrina católica relativa á las relaciones entre la Ciencia y la Fe, y dice al terminar:

«Mucho nos hemos extendido en esta cuestión preliminar; pero en el curso de estos artículos han podido convencerse nuestros lectores de que al vindicar la ortodoxia del Beato Lulio se hace preciso repetir cosas de todos sabidas, aunque maliciosamente olvidadas por los detractores del gran Teólogo mallorquín.»

«¿Se propuso el Beato Lulio alguna vez *demostrar*, en el riguroso sentido de la palabra, los misterios de nuestra Religión?»

«Contestamos categóricamente que no, que de ninguna manera. Lo que el Beato Lulio se propuso al discurrir sobre los misterios, lo declara él mismo en términos que no admiten tergiversación, ni réplica, ni duda.

En el Libro *De convenientia fidei et intellectus in objecto*, dice ser muy conveniente razonar nuestras creencias y explicarlas y probarlas; y que así lo ha hecho él en todos los escritos siguiendo el camino trazado por los Padres y Doctores de la Iglesia. De modo, que en este punto no fué el Beato Lulio innovador, ni presumió de tal, sino simple imitador y continuador del procedimiento racional y científico iniciado por los Padres y seguido invariablemente por los Escolásticos. Y si en algo se separó de ellos, no fué seguramente en querer *demostrar* lo que no puede serlo, sino tan sólo en el método de exposición, que es originalísimo, y en la índole de las pruebas (no *demostraciones*) que ideó para convencer y atraer á la Fe á los que vivían de ella apartados. Podrá equivocarse alguna vez (no siempre) teniendo por firmes é incontestables ciertas pruebas que en realidad son endebles; pero no yerra en cuanto á la intención, ni al fin que se propone, pues bien sabe, y así lo expresa, que los misterios ni se *comprenden* ni se *demuestran*. Y tanto es así, que en el Libro citado afirma terminantemente que, en sus procedimientos científicos apli-

---

Orihuela, que Lulio no desnaturalizó las relaciones entre la filosofía y la teología, que jamás se sirvió de la *Teosofía*, sino que, por el contrario, la doctrina luliana sobre los lazos que unen la Ciencia y la Fe es la misma de Santo Tomás de Aquino y del Concilio Vaticano. Y lo prueba con las obras del Beato en la mano.

cados al estudio del dogma, quiere imitar á San Agustín en el Libro *De Trinitate*, á Santo Tomás en la *Summa contra Gentiles*, y á los Doctores Católicos en sus disquisiciones teológicas. Véase sino lo que dice el mencionado Libro....»

Y aquí transcribe un pasaje del Doctor Arcangélico, demostrativo de lo que Su Ilustrísima acaba de afirmar.

Seguidamente:

«Véase ahora cómo la doctrina del Beato Lulio se identifica con la de Santo Tomás en el Libro *Contra Gentiles*.»

Pone frente á frente las palabras del Beato Raimundo y las del Angélico Doctor, y hace notar que son las mismas.

«Igual le da al Beato Lulio que estas pruebas se llamen *demostraciones* ó simples *persuasiones*. Y, en realidad, con uno y otro nombre las designan indistintamente los Padres y los Teólogos.»

En efecto, dice el Beato Lulio en una cita traducida por el Doctor Maura, copiada un poco antes:

«Tales son las pruebas que yo presento. Llámeselas *pruebas* ó *demostraciones* ó *persuasiones*, ó como se quiera llamarlas: el nombre no varía el fondo ni la naturaleza de las cosas.»

***

Una vez hecho esto, aduce textos de San Agustín donde se habla de *ratione demonstrare*, aplicando esta frase al misterio de la Santísima Trinidad; y, tocante al Angel de las Escuelas, dice sin ambajes:

«Santo Tomás, al filosofar sobre los más altos misterios para hacerlos asequibles en cuanto lo permite nuestra flaca razón, emplea con muchísima frecuencia las frases *ostensum est*, *necesse est*, sin que nadie le atribuya la intención de *demostrar* los misterios con razones naturales y necesarias, á pesar de que hace de ellas frecuente uso. Léase, sino, entre otros mil que pudieran citarse, el siguiente texto alusivo á la procesión del Espíritu Santo...»

«Un teólogo contemporáneo (Perrone), que ya hemos citado más arriba, dice que los Padres no se contentaron con defender los dogmas con la autoridad de la Escritura y la Tradición, sino que *haec ipsa dogmata subjecerunt philosophicae et scientificae investigationi*, y que los expusieron y explicaron de tal suerte, *ut dogmata ipsa, imo et mysteria planiora intelligentiae nostrae ac suasibilia ipsi rationi efficerent*.

¿Por qué, pues, no ha de ser permitido al Beato Lulio emplear *razones naturales* para *explicar* los misterios de nuestra Fe, y hasta llamarlas *razones necesarias*? ¿Por qué estas frases en la pluma del Beato Lulio han de significar presunciones ó intentos y conatos de *demostración*, si no se les da este significado en los escritos de los demás teólogos? No será ciertamente porque el Beato Lulio no se exprese con claridad en los textos transcritos, y con mayor, si cabe, en los que copiaremos luego.

Hettinger dice que «cuando los Padres y los teólogos hablan de un *intellectus ex fide*, y de *rationibus necessariis*, tocante al misterio, dan únicamente á entender que los principios en que su demostración se funda, están tomados de la Revelación, explicando esta necesidad en el sentido de una simple conveniencia.» (Teol. Fundamental; tom. II, pág. 488).

Pues ¡asómbrense nuestros lectores! el propio Hettinger, que tan indulgente se muestra con los Padres y los teólogos que hablan de *rationibus necessariis* y de un *intellectus ex fide*, zahiere de pasada á nuestro insigne Doctor, y le gradúa de hereje por las mismas frases que tan benignamente interpreta en los demás teólogos católicos. Es el eterno y cómodo sistema de los adversarios del Beato Lulio. Para ellos el Doctor Iluminado está fuera de toda legalidad teológica. Se le condena sin oirle; y sin tomarse la molestia de leerle, se le niega el agua y el fuego.

Pasemos adelante, y veamos por otros textos lo que pensaba el Beato Lulio acerca de la posibilidad de *comprender* y *demostrar* los misterios sobrenaturales.»

Transcribe algunos pasajes del Doctor Arcangélico, y dice luego:

«¿Cómo, pues, ha de empeñarse el Beato Lulio en *demostrar* los misterios, si según él, por más que el entendimiento se remonte en alas de la especulación, la Fe está siempre mucho más alta, y mora en regiones inaccesibles al humano discurso?

Pero ¿qué quiere dar á entender el Beato Lulio con la frase *razones necesarias*? ¿Qué valor da á estas *razones*? Veámoslo. Dice la Fe al entendimiento: «Bien sabes que la divina Trinidad es incomprensible, porque es infinita y tú eres finito, y entre lo finito y lo infinito no hay proporción alguna. De donde se sigue que tú, durante esta vida, no puedes entender la Trinidad por *razones necesarias;* porque si pudieses, lo finito comprendería á lo infinito, lo cual es imposible y contrario á la razón.» El entendimiento replica: «A tu afirmación he de responder *concediendo* lo que dices acerca de la *incomprensibilidad* de la Trinidad divina; pero añado que, si tengo de ésta *algunas razones necesarias, no se sigue de ahí que yo sea comprehensor, sino simplemente aprehensor:* Nam dico quod, si de divina

Trinitate habeam aliquas necessarias rationes, non sequatur quod sim *comprehensor*, sed tantum *aprehensor*.»

Pero ¿qué género de conocimiento es el que se adquiere por estas *razones necesárias*? ¿Qué significa en la mente del Beato Lulio la palabra *aprehensor*? Hacemos estas preguntas (que por nimias bien pudieran excusarse), para cerrar la puerta á todas las argucias y sutilezas del adversario. Pues bien, la palabra *aprehensor* no significa otra cosa sino que «la razón, ilustrada por la Fe y auxiliada por la gracia, puede llegar *á conocer algo* de la Trinidad, y que este conocimiento *no se extiende mucho más allá de lo preciso para refutar los errores contrarios á este misterio*.» Es exactamente lo mismo que enseña el Concilio Vaticano. Compárense los dos textos. Dice el Beato Lulio: «Per te *(por la Fé)* et per lumen *(la luz de la gracia)* habeo quod possum *aliquid extensivè apprehendere* de Trinitate, et hoc est *in tantum quoad me, in quantum habeam sufficientiam ad confundendum omnes errores contra ipsam*.» Y dice el Concilio Vaticano: «Ac ratio quidem, *fide illustrata, aliquam*, Deo dante, *mysteriorum intelligentiam (aliquid extensivè apprehendere*, dice el Beato Lulio) eamque fructuosissimam, assequitur, tum ex eorum, quae naturaliter cognoscit, analogia, tum e mysteriorum ipsorum nexu inter se et cum fine hominis ultimo.» Cap. IV, *De fide et ratione* (1).

Es evidente, pues, que el Beato Lulio no quiso *demostrar* los misterios de nuestra Fe, como equivocadamente, y con más ó menos sana intención, han supuesto los adversarios. No quiso sino alcanzar, por medio de razones naturales, *algún conocimiento, alguna inteligencia* de aquellas altísimas verdades: *aliquid extensivè apprehendere*, presuponiendo siempre las enseñanzas de la Fe: *mediante Fide*.

Ahora, si se nos pregunta cuál es el valor intrínseco de sus pruebas y raciocinios, contestaremos que, si no todos, la gran mayoría de ellos son profundísimos y de fuerza lógica incontrastable. Así lo reconoce el P. Ceferino González, de quien alejan toda sospecha de parcialidad las tradiciones de escuela y de familia. Diríase que habla un ferviente apologista del Doctor Iluminado: «...uno de los rasgos característicos de su doctrina, dice, sobre el cual se ha fijado poco la atención, es la profundidad y la fuerza lógica que entrañan sus raciocinios para establecer y probar la existencia de la pluralidad de

(1) La acusación contra el Beato Lulio, tan bellamente refutada aquí por el doctísimo señor Maura, hállase en la *Tradició Catalana*, edición primera, página 303.

personas en Dios, la divinidad y la igualdad de las mismas, con otras verdades relativas á este misterio. Es digno de seria meditación el raciocinio, por medio del cual, partiendo de la idea de la bondad infinita de Dios comparada con la finita de las creaturas, prueba la necesidad y la existencia de una producción divina terminada á un supuesto divino ó persona infinita.» Historia de la Filosofía; tomo II, pág. 348.»

Hasta aquí son palabras del señor Maura en su obra el *El Optimismo del Beato Raimundo Lulio,* art. V.

Ese cargo intencionado é injustísimo contra Lulio, tan victoriosamente contestado por el Prelado de Orihuela, hállase también en algunos libros de texto y *Apuntes de clase* de nuestros Seminarios Conciliares. A borrarlo, pues, en seguida de allí y de todas partes.

XVII

Las sistemáticas acusaciones de herejía lanzadas contra el Beato Raimundo Lulio.

Hemos leído, con asombro, que se han reproducido (1) contra el Doctor Iluminado las sistemáticas acusaciones de herejía que formuló en otros tiempos el casi siempre apasionado y parcial espíritu de escuela, y que, habiendo sido mil veces victoriosamente combatidas, considerábamos sepultadas ya para siempre en el olvido.

Se trata ahora de puntos concretos de filosofía y teología lulianas, á saber: del *optimismo* y la *Encarnación,* acerca de los cuales se supone que enseñó el Beato Lulio doctrinas *poco conformes con el dogma católico* y *exactamente idénticas* con las que defendieron después Leibniz y Malebranche.

En todo lo que concierne á la *ortodoxia* del Doctor Iluminado, creemos que no puede encontrarse más experto guía y consumado maestro que el sabio cisterciense P. Pasqual, quien, con su vasta erudición lulista y sus nada comunes conocimientos teológicos y filosóficos, casi dijo sobre este asunto la última palabra, y, como quiera, dejó bien allanado el camino para la vindicación del gran Filósofo catalán.

---

(1) Las acusaciones á que alude el Dr. Maura hállanse en la obra *Proludium de primatu Domini N. Jesu Christi et causa motiva Incarnationis a P. Joanne Baptista a Parvo-Bornand;* Barcinone, 1902; y además las leemos todos los años en los *Apuntes de clase* de algún Seminario Conciliar de Cataluña.

Poco es, á nuestro juicio, lo que puede añadirse á las *Vindicaciones lulianas* del P. Pasqual, si atendemos al fondo de su argumentación, siempre sólida, vigorosa y contundente: sólo la forma es susceptible de ser modificada.

(*El Optimismo del B. Raimundo Lulio;* pág. 1.—Barcelona; Fidel Giró, impresor, 1904).

XVIII

El Beato Raimundo no enseña la absurda doctrina de la necesidad de las operaciones divinas «ad extra,» ni en consecuencia la necesidad de la creación (1).

«Se empezó por atribuir á nuestro Filósofo la absurda doctrina de la *necesidad* de las operaciones divinas *ad extra,* y, en consecuencia, la *necesidad* de la creación. Pretendieron fundar acusación tan grave en algunos pasajes aislados de la totalidad del contexto, y, con más ó menos habilidad é intención más ó menos recta y sana, entresacados de las obras del insigne pensador; no parando mientes en que por semejante procedimiento se puede poner en litigio hasta la ortodoxia de las Sagradas Escrituras.»

«Pero la verdad es que tamaño dislate jamás fué defendido por nuestro Beato Lulio, sino todo lo contrario.» (Lugar citado).

Y lo demuestra extensamente el Sr. Maura con textos del Maestro categóricos y decisivos, que nosotros no podemos transcribir so pena de abultar en demasía estas páginas.

XIX

Nuestro Doctor y Maestro tampoco enseñó el «optimismo» (2).—*Sus doctrinas sobre este particular coinciden con las de Santo Tomás de Aquino.*

«Probado que nuestro Filósofo no enseñó la *necesidad* de la creación, réstanos demostrar que tampoco fué defensor ni partidario del *optimismo.*»

---

(1) Esta acusación la encontramos repetida no pocas veces en los *Apuntes de clase* de un Seminario Conciliar de Cataluña.

(2) Deben también corregirse, tocante á eso, los *Apuntes de la clase de Teología* del Seminario aludido.

En seguida expone el error optimista, tal como se halla en la primera parte de la obra de Leibniz, intitulada *Essais de Teodicée*, y refútalo después con doctrina de Santo Tomás y Suárez.

«Eran necesarios estos preliminares para tratar, con pleno conocimiento de la materia, del pretenso *optimismo* del Beato Lulio; y averiguar si sus teorías tienen algo que ver con las de Leibniz, como por algunos se ha supuesto.

Es esta cabalmente una de las cuestiones que nuestro Filósofo discutió *ex professo*. En el libro titulado *Quaestiones per Artem Demonstrativam solubiles*, cuestión XXXI, la plantea en estos términos: *Quare Deus non creavit tantum bonum quantum potest creare?*

Bien á la vista está que la pregunta por sí sola es la negación más rotunda del *optimismo*. Porque, si Dios no crió un bien tan grande como *puede* criarlo, claro está que no crió lo *mejor posible*, lo *óptimo*. Aparte de la afirmación categórica, contenida en la pregunta, de que Dios *puede* hacer *cosas mejores*, si el Beato Lulio creyese que el Poder divino no alcanza á criar *más* y *mejor* de lo que ha criado, la pregunta no tendría sentido y holgaría por completo; no habría siquiera cuestión.

Por lo demás, en la *solución* se expresa tan claramente que no deja lugar á la duda. «Dios —dice— puede criar cosas mejores, tanto por lo que respecta á las mismas cosas que crió, como por lo que toca á sí mismo.» *Deus autem potest plus creare quam creavit, respectu hujus quod creavit, et respectu sui;* y si no las crió, es porque no le plugo hacerlo: *sed hoc noluit.*»

No podemos seguir al doctor Maura en la exposición y comentario de otros textos lulianos. Sentando al final el Prelado oriolense, que «el Beato Lulio en el fondo no dice más ni menos, aunque lo exprese en otra forma, de lo que dicen todos los teólogos católicos.»

En eso, lo original de Lulio es el método que sigue en la investigación de la verdad; Lulio se sirve en la presente cuestión de su Descenso del entendimiento, es á saber, de las Definiciones, Condiciones y Reglas que constituyen la segunda parte del *Arte Magna* luliana. Dice Su Ilustrísima: «Con su singular y originalísimo modo de discurrir, busca siempre el Beato Lulio la armonía y concordancia entre las perfecciones divinas, para buscar en esta *concordancia* sus pruebas y razonamientos.»

Por último, el señor Maura se hace cargo de los textos aducidos por nuestros adversarios, en los que, *al parecer*, el Beato pone al poder de Dios ciertas limitaciones incompatibles con la perfección infinita. Y decimos *al parecer*, porque realmente, quien no juzgue á tontas y á locas sino que recuerde bien las nociones elementales de la Teología en la cuestión que nos ocupa, no dirá jamás que Lulio fuese *optimista*.

Con su maestría acostumbrada expone esas nociones nuestro venerable Mentor, y añade: «Estas ideas son elementales en Teología; y si las recordamos aquí, es sencillamente porque parece que los adversarios del Beato ponen empeño en olvidarlas. Con ellas tienen un sentido perfectamente racional y ortodoxo aquellos textos lulianos en que se ponen al poder de Dios ciertas limitaciones incompatibles, al parecer, con su perfección infinita. El Beato Lulio en el fondo no dice más ni menos, aunque lo exprese en otra forma, de lo que dicen todos los teólogos católicos...»

«¿Qué tiene que ver esto con el *optimismo*? Menester es mala fe ó ignorancia supina para atribuir al Beato Lulio este error.

Si el Beato Lulio es *optimista, optimista* será también Santo Tomás que enseña exactamente lo mismo que nuestro Filósofo en los textos aducidos. Véase, sino, lo que dice el Doctor Angélico: «La voluntad de Dios no puede mudarse; por consiguiente, *no puede* Dios hacer cosa alguna de aquellas que *quiso* El no fuesen hechas.» *Contra Gentes;* lib. II, cap. 25.»

Aduce más textos del Angélico donde se patentiza la conformidad entre las enseñanzas tomistas y las lulistas, y concluye diciendo:

«Parécenos suficientemente probado que, en este punto, las doctrinas del Beato Lulio no discrepan en lo más mínimo del común sentir de los teólogos; pero, á mayor abundamiento, compárase el último pasaje de Santo Tomás con el que á continuación transcribimos, y se verá más claro aún, si cabe, que las doctrinas del Doctor Iluminado coinciden exactamente con las del Angélico Doctor.» (Lugar citado).

¿Verdad, lector querido, que podemos dar fe á las palabras del Sr. obispo Maura, y que no hay necesidad de copiar aquí el pasaje luliano que él transcribe?

XX

La Encarnación del Verbo divino, ¿fué necesaria absoluta é inevitablemente?—El Beato Raimundo Lulio responde que no, de conformidad con la teología católica (1).

«El error de Malebranche consiste en afirmar que, supuesta la creación, la *Encarnación* era de todo punto, absoluta é inevitablemente *necesaria*.

Hagamos constar ante todo que el Beato Lulio no enseñó la *necesidad absoluta* de la Encarnación.

Entre los muchos pasajes que pudiéramos aducir, escogeremos algunos claros y decisivos que no admiten ningún género de duda.

En el libro *Disputatio Fidei et Intellectus,* que, como el título indica, es un diálogo ó controversia que finge el Beato Lulio entre el entendimiento y la Fe, tratando de la Encarnación se esfuerza el entendimiento en probar que ésta fué *necesaria;* mas la Fe le contesta: «Tu argumentación no vale, porque no es de ningún modo necesario aquello que la divina Voluntad pudo no querer; pero la divina Voluntad *pudo no querer la Encarnación;* luego la Encarnación *no es necesaria,* sino *contingente,* y existe porque *lo quiso* la Voluntad divina.» (Omitimos el texto latino de Lulio en gracia á la brevedad).

En otro lugar se lee á este mismo propósito: «Jesús es Dios y Hombre, *voluntariamente* por parte de la Naturaleza divina, y *necesariamente* por parte de la humana; Jesús es *voluntariamente* Dios y Hombre, porque Dios *libremente,* y no *necesariamente, quiere* ser Hombre, pues si El *no hubiese querido* no se hubiera hecho Hombre, y la naturaleza humana necesariamente fué hecha hombre *después que quiso* Dios ser Hombre.» *Liber de Deo et Jesu Christo;* parte 2, cuestión IX). Omitimos también, por la razón dicha, el texto latino de Lulio.

Pero no podemos resistir á la tentación de copiar el siguiente pasaje que el Doctor Maura transcribe asimismo:

Major Libertas quam Deus habuit in creatura fuit per Incarnationem. (Liber Proverbiorum; parte I, capítulo 14).

Continúa Su Ilustrísima:

---

(1) Que Lulio enseñara la necesidad absoluta de la Encarnación, hállase en la *Tradición Catalana,* página 315, edición primera, y en los *Apuntes de la clase de Teología* del Seminario á que nos venimos refiriendo.

«Verdad es que en algunos textos lulianos se habla de la *necesidad* de la Encarnación; y de ahí han tomado ocasión y pretexto los adversarios para atacar al insigne teólogo, sin pararse á examinar el sentido que tiene en aquellos textos la palabra *necesidad*.

«Afortunadamente, el mismo Beato Lulio se anticipó á desvanecer la objeción, explicando qué género de *necesidad* era la que atribuía él á la Encarnación del Verbo. Dice que no se trata aquí de una *necesidad natural*, incompatible por cierto con la libertad, sino de una simple *necesidad de conveniencia (quoad bene esse)*, de una *necesidad moral*, perfectamente armonizable con la libertad; se trata, en suma, de la manera de obrar de un agente que produce sus efectos *libremente y según le place:* Sicut agens qui libere et ad placitum causat effectum.

«Non dico quod necessitas Incarnationis fuisset naturalis, sed quoad bene esse, et moraliter, et libere intellecta et considerata; sicut agens qui libere et ad placitum causat effectum.» *(Disputatio Raymundi christiani et Hamar saraceni;* parte II, cap. 1.º).

«En otro lugar dice: «De ahí se sigue *necesariamente* la Encarnación; mas no hablo de *una necesidad suprema,* cual es la *necesidad de la Trinidad divina,* porque esta necesidad es *necesidad natural;* hablo de una *necesidad subalternada,* porque es de simple conveniencia. *(De novo modo demonstrandi;* distinción III, número 5).» Omitimos el texto latino.

«Para no extendernos demasiado, y porque no se necesitan más textos, terminaremos con éste: «Cuestión: ¿Si Dios se encarnó necesariamente? Contesto y digo *que no,* si se trata de *necesidad suprema,* porque aquí no hubo sino *necesidad subalternada*. *(De novo modo demonstrandi;* parte 3.ª). Omitimos el texto latino.

«Es evidente que la *necesidad* que supone el Beato Lulio en la Encarnación es la misma que suponen todos los teólogos sin distinción alguna, á saber, *necesidad de congruencia*, de *concordancia* y *armonía* entre las operaciones *ad extra* y los atributos divinos (1); nunca *absoluta*, nunca *natural* é *ineludible*.

---

(1) El fundar las razones y argumentos con que probamos las verdades científicas en la concordancia y armonía entre las operaciones *ad extra* y los atributos divinos, constituye una de las fases del primer Canon del Descenso luliano del entendimiento, esto es, la teoría y práctica de los Principios lulianos y sus Definiciones; y como San Agustín, San Anselmo, San Buenaventura y otros Doctores de la Iglesia, y, además, teólogos católicos innu-

«Nos contentaremos con transcribir algunos pasajes de los teólogos más conspícuos. El lector los cotejará con los de nuestro Beato Lulio, y sacará de ahí las consecuencias que le dicten la lógica y el buen sentido.

«San Alberto Magno prueba la *conveniencia* de la Encarnación, infiriéndola, lo mismo que el Beato Lulio, de la naturaleza de los atributos divinos.»

Ahora transcribe el doctor Maura largos pasajes del Maestro de Santo Tomás de Aquino.

Luego añade:

«Se objetará, tal vez, que San Alberto Magno reduce estas pruebas á su justo valor encerrándolas en los límites de pura *congruencia;* pues añade al final que nos *guardemos de tomarlas por demostraciones* ó *razones necesarias.*

«Pues esto es cabalmente lo que hace el Beato Lulio al terminar el texto que sólo en parte hemos transcrito más arriba, y que vamos ahora á reproducir íntegro para que resalte más y más la identidad de doctrina y de argumentación de uno y otro teólogo.»

No hay necesidad de que lo copiemos nosotros: nos parece que basta la palabra de Su Ilustrísima.

Termina diciendo:

«Resulta, pues, que si no hemos vuelto la espalda á la lógica, ó se ha de dar por buena y ortodoxa la doctrina del Beato Lulio, ó hemos de envolver á éste y á San Alberto Magno en un común anatema.»

Después de compararlas con las de Alberto Magno, compara asimismo las Doctrinas lulianas con las respectivas de San Buenaventura y Santo Tomás de Aquino, y halla también que estos doctores dicen lo mismo que el Beato Raimundo Lulio. (En la obra *El Optimismo del Beato Raimundo Lulio,* III, pág. 17 y siguientes).

---

merables, han declarado no pocas materias teológicas apoyándose en la referida concordancia y armonía, de ahí es que hayamos afirmado nosotros en capítulos anteriores, que el Descenso luliano del entendimiento no es en el fondo ninguna novedad, sino que tiene sus precedentes en la misma Ciencia cristiana y sus precursores en los más ilustres representantes de la Patrística y de la Escolástica. La fase primera de ese primer Canon del Descenso intelectual, es el discurrir por comparación de los atributos divinos entre sí. ¿Y quién no sabe que esto lo hicieron también los Padres, Doctores y teólogos de la Iglesia?

XXI

Los textos lulianos no necesitan benevolencias ni pías interpretaciones para acomodarlos al común sentir de la Teología católica, como las necesitan algunos pasajes de algunos Santos Padres y Doctores de la Iglesia.—Falta de lógica y de imparcialidad de los adversarios del Beato.

«Para cerrar el paso á las objeciones de los adversarios, haremos una sencilla observación que, á nuestro entender, completa la vindicación del Beato Lulio.

Algunos Padres hablan de la *necesidad de la Encarnación* en términos tan absolutos, tan expresivos y categóricos, que, para acomodarlos al común sentir, no valen atenuaciones, distingos ni componendas. Suárez cita á este propósito á San Atanasio y á San Anselmo.»

Copia y traduce las palabras de estos dos Santos.

Después:

«Suárez, no encontrando para estos textos una explicación satisfactoria, dice que *son algo exagerados*, y que *han de interpretarse piadosamente*.

«Cita también el mismo autor textos, no tan exagerados, de San Ambrosio, San León Papa, etc., en los cuales se afirma que la Encarnación fué *necesaria*, como el *único medio* de redimir al hombre; y dice que semejantes textos pueden explicarse refiriéndolos á la *necesidad* que los teólogos llaman de *inmutabilidad*, esto es, que supuesta la voluntad de Dios de redimirnos por este medio, no era posible que nos salvásemos por otro. También, añade, puede entenderse *necesidad* en el sentido de *suma conveniencia*.

«Ahora bien (y esta es la observación á que antes nos referíamos); ¿por qué esta regla de crítica, tan sabia y piadosamente aplicada por Suárez á los referidos textos, no habría de aplicarse también á los textos lulianos, *en el supuesto* de que se leyese en ellos alguna proposición *en apariencia mal sonante*? ¿Por qué, cuando de Beato Lulio se trata, la crítica de los adversarios siempre ha de ser intransigente, ceñuda, implacable? ¿Dónde está la imparcialidad? ¿Dónde está la lógica?

«Afortunadamente no tenemos necesidad alguna de mendigar para el gran Lulio *benevolencias* ni *pías interpretaciones*, como las que excogita Suárez para los textos aducidos; interpretaciones que, por lo demás, nos regatearían los adversarios. El Beato Lulio se explica á sí mismo, cuando nos dice que no habla *de necesidad natural, sino de simple conveniencia,* quoad bene esse.» (Lugar citado).

Un poco antes había escrito el Sr. Maura:

«¿Por qué esa falta de lógica é imparcialidad? Nos parece que lo menos que tenemos derecho á exigir de los adversarios es que en la interpretación de los pasajes *dudosos* apliquen al texto luliano el mismo criterio que suelen aplicar á los escritos de los Padres y Doctores católicos, cuando se encuentra en ellos alguna frase ó sentencia que á primera vista pugna ó no está del todo conforme con la doctrina de la Iglesia.» (Obra citada, pág. 6).

XXII

Dice el dogma católico: El alma racional é intelectiva es forma del cuerpo humano por sí y esencialmente.—Enorme injusticia que cometen los detractores del Lulismo al afirmar que erró en esto el Beato mallorquín (1).

«Tratándose del Beato Raimundo Lulio, contra cuya ortodoxia hubo, en época no muy remota, infundados recelos é injustísimas prevenciones, hoy casi del todo desvanecidos, no estará de más hacer constar que en la cuestión que nos ocupa, nada enseña el Filósofo catalán que no se ajuste perfectamente á los principios del dogma católico.

«El P. Pasqual hace gran derroche de erudición y de ingenio para vindicar á su Maestro de la nota de hereje con que en la presente cuestión, como en otras muchas, se empeñaron en desacreditarle sus apasionados é implacables detractores. No se necesita tanto, á nuestro juicio, para vindicar al Beato Lulio; basta con reproducir textualmente alguno de los innumerables pasajes en los cuales afirma nuestro Filósofo por manera categórica y terminante que *el alma racional es forma del cuerpo,* y forma de tanta virtud y eficacia que le comunica la *esencia* y *naturaleza* de cuerpo humano. Y decimos que con esto solo queda justificada la ortodoxia del Beato Lulio, porque esto es, ni más ni menos, lo que, tocante á esta cuestión, definió posteriormente el Concilio General de Viena (1311).»

Pone frente á frente la Doctrina luliana y la del Concilio, y proclama muy alto la ortodoxia del gran Teólogo catalán. *(Revista Luliana;* n.° 16.—Estudios sobre la Filosofía del Beato Raimundo Lulio).

---

(1) A pesar de ello así lo afirman los *Apuntes de la clase de Teología,* del Seminario tantas veces aludido.

XXIII

Punto final.—Nuestro programa.

El gran Filósofo mallorquín cuenta hoy con muchos y muy inteligentes y entusiastas admiradores en Mallorca y en Cataluña; sin embargo, se nos figura que ninguno de ellos tiene el propósito de hacer revivir la antigua Escuela lulista con sus revesadas formas y su exótico tecnicismo. El proyecto sería irrealizable; y los trabajos que en este sentido se practicasen, por necesidad habrían de resultar contraproducentes.

A nuestro entender, el Renacimiento Luliano, una vez bien sentada la ortodoxia del insigne Doctor, ha de limitarse á propagar el conocimiento de sus doctrinas y hacer resaltar el alcance y la originalidad de su vasta concepción filosófica, digna de figurar entre las más renombradas que en época alguna produjo el humano ingenio. Estos son, sin género de duda, los más gloriosos laureles con que podemos adornar la frente del inmortal Polígrafo sus devotos admiradores.

De las obras del Beato Lulio, estudiadas sin prejuicios de escuela y con imparcial criterio, puede sacarse un precioso caudal de doctrina con que enriquecer al Neo-Escolasticismo que, armonizando lo antiguo con lo moderno—*vetera novis augendo,*—va abriéndose paso conquistando en el campo de la filosofía nuevas y excelentes posiciones, de las cuales no logran desalojarle sus más irreconciliables enemigos.

A estas conquistas de la ciencia escolástica pueden cooperar los lulistas modernos cultivando sin intransigencias, ni exclusivismos, ni entusiasmos exagerados, el estudio de las doctrinas del *Maestro,* que, levantadas de la postración y el olvido en que yacían, van llamando ya la atención de los doctos recobrando paulatinamente el respeto y consideración que poco ha se les negaba, y de que son merecedoras, sin duda alguna. (*El Optimismo del Beato Raimundo Lulio;* Al Lector).

JUAN MAURA,
Obispo de Orihuela.

AD MAJOREM DEI GLORIAM

CENSURA ECLESIÁSTICA

Ilmo. y Rvmo. Sr.:

En virtud de la comisión que antecede, he examinado la obra del Rdo. Lic. D. Salvador Bové, Pbro., intitulada: *Algo sobre el Arte Magna Luliana—La Filosofía y Teología lulianas, según el ilustrísimo y Rvmo. Dr. D. Juan Maura, obispo de Orihuela.*

El Autor estudia las Doctrinas lulianas declarando que éstas en substancia consisten en el Ascenso y Descenso del entendimiento en la inquisición de la verdad. Por lo que toca al Ascenso, el autor no hace otra cosa que conciliar las doctrinas del B. Lulio con las de Santo Tomás de Aquino. Por lo que respecta al Descenso, demuestra el autor, que dicho procedimiento ideológico tiene sus precedentes en la Ciencia cristiana y sus precursores en ilustres representantes de la Patrística y Escolástica, como San Agustín, San Anselmo y San Buenaventura.

Probado que las Doctrinas lulianas nada ofrecen en substancia de novedad dentro del sentir tradicional de la Filosofía cristiana, vindica la ortodoxia del Beato Raimundo Lulio transcribiendo la Defensa que de la persona y escritos del Polígrafo mallorquín hizo el Ilmo. Dr. César de Sanctis en la Causa de beatificación de aquel Siervo de Dios, incoada en Roma en 1904.

En este Libro propónese el Rdo. Sr. Bové seguir las orientaciones que ha trazado recientemente á propósito del Lulismo el Ilustrísimo Dr. D. Juan Maura, obispo de Orihuela, al decir que «de las obras del Beato Lulio, estudiadas sin prejuicios de escuela y con imparcial criterio, puede sacarse un precioso caudal de doctrina con que enriquecer al nuevo Escolasticismo que, armonizando lo antiguo con lo moderno—*vetera novis augendo*—va abriéndose paso, conquistando en el campo de la Filosofía nuevas y excelentes posiciones, de las cuales no logran desalojarle sus más irreconciliables enemigos.»

A mi humilde juicio, pues, y *salvo meliori*, el intento del Libro es laudable, y éste no contiene cosa alguna contraria al dogma y á la moral católica. Dios guarde á V. S. Ilma. muchos años.

Barcelona, 11 de Junio de 1908.

José M.ª Baranera, *Pbro.*

Ilmo. y Rvmo. Sr. Obispo de Eudoxia, Auxiliar, y Vicario General de Barcelona.

LICENCIA DEL ORDINARIO

VICARIATO GENERAL DE LA DIÓCESIS DE BARCELONA

Por lo que á Nos toca, concedemos nuestro permiso para publicarse el libro titulado: *Algo sobre el Arte Magna Luliana—La Filosofía y Teología lulianas según el Ilmo. y Rvmo. Dr. D. Juan Maura, obispo de Orihuela*, mediante que de nuestra orden ha sido examinado y no contiene, según la censura, cosa alguna contraria al dogma católico y á la sana moral. Imprímase esta licencia al principio ó final del libro, y entréguense dos ejemplares de éste, rubricados por el Censor, en la Secretaría de Cámara y Gobierno de este Obispado.

Barcelona, 13 de Junio de 1908.

El Vicario General,
† RICARDO, *Obispo de Eudoxia.*

Por mandato de Su Señoría,
LIC. JOSÉ M.ª DE ROS, *Pbro.,*
Scrio. Can.

ERRATAS

PÁGINA	LÍNEA	DICE	LÉASE
421	32	XLVII	XLVIII
436	8	XLVIII	XLIX
445	15	XLIX	L
448	18	mouve!	muove!
478	32	L	LI
487	19	hoy	hay
497	1	LI	LII
529	1	LII	LIII
531	8	LIII	LIV
550	5	habuimus	abnuimus

APROBACIÓN DEL CONCILIO TRIDENTINO

Patriarcha Venetus, quatuor Archiepiscopi, quatuor Episcopi, Abbas unus, duo Generales Ordinum et quatuor Doctores, ex universo fermè Orbe christiano, a toto Concilio Tridentino selecti, post exactam excussionem, scrupulosumque examen per biennium ferè non interruptum, approbârunt decreveruntque expurgandam esse quamcunque improbationem Librorum Beati Raymundi Lulli.

(Acta secreta Sacrosancti Concilii Tridentini, die primâ Septembris 1563).

LOS CARDENALES CISNEROS Y BELARMINO

EN FAVOR DE

LAS DOCTRINAS LULIANAS

Muy nobles señores: El Secretario Alfonso de Proaza me envió vuestras letras y la traslación de los títulos y privilegios de la Doctrina del Maestro Raymundo Lulio, Doctor Iluminadísimo, y he recibido gran placer en verla, así como todo lo que sobre él me escribisteis; porque, en verdad, tengo gran afición hacia todas sus Obras, pues son de gran utilidad y doctrina; y así, creed que en todo cuanto pueda, proseguiré en favorecerle, y trabajaré para que se publiquen y lean en todas las Escuelas.

(Carta del Cardenal Cisneros á los Jurados de Mallorca, dada en Alcalá á los 8 de Octubre de 1513).

Aliqui laudatorum Patrum Societatis Jesu qui Artem aut particularem quamdam scientiam Beati Raymundi Lulli, Doctoris nostri, in aliquibus impugnant, id egerunt secundùm praeconceptam quam de Doctrina ipsius tunc poterant habere, hypotesin, quamque potiùs aliunde quàm e propriis suis Libris desumere cogebantur; si vero ea quae nunc orbi litterario communicamus vidissent, legissent et intellexissent Opera, nullus dubito quin viri hi sapientes et aequissimi veritatis defensores longè aliud judicium protulissent; quod ipsum a posteris hujus Sacrae Societatis Jesu Doctoribus indubitanter et cum foenore obtenturum Illuminatum Doctorem nostrum, Beatum Raymundum Lullum, speramus.

(Bellarminus: *In Libro de Scriptoribus Ecclesiasticis, ad annum 1290, edito anno 1613).*

Lightning Source UK Ltd.
Milton Keynes UK
UKHW021946220722
406266UK00011B/60